Lothar Semper
Werner Gress
Guntram Mahl
Klaus Franke
Bernhard Gress

Die Neue Handwerker-Fibel

Dr. Lothar Semper
Dipl.-Kfm. Werner Gress
Dr. Guntram Mahl
Ass. Klaus Franke
Dipl.-Kfm. Bernhard Gress

An der Bearbeitung dieses Bandes haben mitgewirkt:
Dipl.-Kfm. Bernhard Gress
Dipl.-Kfm. Dr. Wolfgang U. Schwarz
Dr. Lothar Semper

Die Neue Handwerker-Fibel

für die praxisnahe Vorbereitung auf
die Meisterprüfung/Prüfung Technischer Fachwirt/in (Hwk)

Band 1 Grundlagen des Rechnungswesens und Controllings
Grundlagen wirtschaftlichen Handelns im Betrieb

mit Übungs- und Prüfungsaufgaben

41., überarbeitete Auflage

Holzmann Buchverlag

Die Handwerker-Fibel enthält in der Regel Berufsbezeichnungen, Gruppenbezeichnungen usw. nur in der männlichen Form. Wir bitten diese sinngemäß als Doppelbezeichnungen wie zum Beispiel Frau/Mann, Handwerksmeisterin/Handwerksmeister, Betriebsinhaberin/Betriebsinhaber usw. zu interpretieren und anzuwenden, um auch dem Anteil der weiblichen Berufsangehörigen des Handwerks zu entsprechen.

Impressum
41., überarbeitete Auflage 2002
Band 1: Best.-Nr. 1741.11 ISBN 3-7783-0531-X
Band 1 bis 3: Best.-Nr. 1741.99 ISBN 3-7783-0534-4
© 2002 by Hans Holzmann Verlag, Bad Wörishofen
Alle Rechte, auch des auszugsweisen Nachdrucks und der Übersetzung bei Hans Holzmann Verlag
Umschlaggestaltung: Atelier Günter Egger, Bad Wörishofen
Satz: abc.Mediaservice GmbH, Buchloe
Herstellung: Offizin Andersen Nexö, Leipzig

Vorwort

Die weltweite **Globalisierung der Märkte**, der **Europäische Wirtschaftsraum**, die Öffnung der Märkte nach Osteuropa, der **Wandel** von der Industriegesellschaft zur Wissens- und Dienstleistungsgesellschaft sowie die **technologischen Entwicklungen** führen auch im Handwerk zu einem tief greifenden **Strukturwandel**. Die **Markt- und Wettbewerbsverhältnisse** verändern sich laufend, Handel und Industrie dringen vermehrt in angestammte Märkte des Handwerks ein. Die **Ansprüche der Kunden** an die Qualität der Produkte und Dienstleistungen steigen. Termintreue, Zuverlässigkeit, Service und Beratung, Preiswürdigkeit und **Problemlösungskompetenz** gehören zum selbstverständlichen **Erwartungshorizont der Kunden**. Dies erfordert heute eine Unternehmerqualifikation im **Handwerk**, die diesen Ansprüchen gerecht wird. Deshalb wurde für den **„Meister der Zukunft"** nicht nur ein **neues Leitbild** entworfen, sondern in der neuen Verordnung über gemeinsame Anforderungen in der Meisterprüfung im Handwerk vom 18. Juli 2000 (AMVO) und in den neuen Rahmenstoffplänen bzw. Rahmenlehrplänen für die Prüfungsteile III und IV wichtige pädagogische, rechtliche und organisatorische Voraussetzungen für die Verwirklichung geschaffen.

Die **inhaltliche, praktische und methodische Umsetzung** erfolgt im Zuge der Vorbereitung auf die Meisterprüfung und der Durchführung der Prüfungen.

Eine **unersetzliche Grundlage und Unterlage** ist dabei das **Lehrbuch** „Die Neue Handwerker-Fibel", das sich seit Jahrzehnten in der Vorbereitung auf die Meisterprüfung im Handwerk als wichtigstes Lernmittel und Begleitmaterial bestens bewährt hat. Das gesamte Lehrwerk entspricht der **neuen AMVO und den neuen Rahmenstoffplänen** für die Prüfungsteile III und IV der Meisterprüfung in vollem Umfange.

Der **Gesamtstoff** zur Vorbereitung auf die Prüfungsteile III und IV ist auf **drei Bände** mit einem großzügigen Format aufgeteilt. Dies ermöglicht eine optimale Anordnung der Texte, eine leicht lesbare Schrift, die Aufnahme zahlreicher Abbildungen und eine bessere „Handlichkeit" bei der Arbeit mit den Lehrbüchern.

Die Lerninhalte und der Prüfungsstoff für den Prüfungsteil III (betriebswirtschaftliche, kaufmännische und rechtliche Kenntnisse) sind enthalten in:

Band 1: Grundlagen des Rechnungswesens und Controllings, Grundlagen wirtschaftlichen Handelns im Betrieb

Band 2: Rechtliche und steuerliche Grundlagen

Der **Unterrichts- und Prüfungsstoff für Teil IV** (berufs- und arbeitspädagogische Kenntnisse) ist dargestellt in:

Band 3: Berufs- und Arbeitspädagogik.

Alle drei Bände bilden ein einheitliches Werk, das für die Vorbereitung auf die Teile III und IV der Meisterprüfung insgesamt notwendig ist.
Hinsichtlich näherer Einzelheiten für die Umsetzung der neuen Vorschriften der AMVO bzw. des Rahmenstoffplanes für den Prüfungsteil IV (berufs- und arbeitspädagogische Kenntnisse) bzw. die inhaltsgleiche Ausbildereignungsprüfung wird auf das Vorwort zum Band 3 der Neuen Handwerker-Fibel (41. Auflage) verwiesen.

Die inhaltliche Ausrichtung der 41. Auflage von Band 1 und Band 2 basiert
- auf Anregungen des Beirats **„Unternehmensführung im Handwerk"** des Zentralverbandes des Deutschen Handwerks (Schrift „Der Meister der Zukunft")
- auf Anregungen des **Expertenkreises des Instituts für Handwerkswirtschaft (IHW)** – Forschungsstelle im Deutschen Handwerksinstitut – (mittlerweile umbenannt in Ludwig-Fröhler-Institut für Handwerkswissenschaften, Abteilung für Handwerkswirtschaft) und wissenschaftlicher Arbeiten des **Instituts selbst**
- auf Anregungen von Mitarbeitern in Handwerkskammern auf den Gebieten des Unterrichts-, Prüfungs- und Beratungswesens sowie Dozenten aus Meistervorbereitungslehrgängen bzw. Bildungszentren und Meisterschulen
- auf der Verordnung über gemeinsame Anforderungen in der Meisterprüfung im Handwerk (AMVO) vom 18. Juli 2000 sowie den dazu veröffentlichten Erläuterungen des Bundesministeriums für Wirtschaft und Technologie
- auf dem neuen **Rahmenlehrplan** des Instituts für Handwerkswirtschaft (mittlerweile umbenannt in Ludwig-Fröhler-Institut für Handwerkswissenschaften, Abteilung für Handwerkswirtschaft) und des Deutschen Handwerkskammertages
- auf den **Erfahrungen der Autoren** der Handwerker-Fibel in der Praxis von Handwerkswirtschaft, Handwerksorganisationen sowie im Unterrichts- und Prüfungswesen des Handwerks.

Gemäß den bereits genannten Anforderungen an den „Meister bzw. die Meisterin der Zukunft" bilden **Methoden und Instrumente der modernen Betriebsführung** wie Kunden- und Dienstleistungsorientierung, Marketing, Personal- und Organisationsmanagement, Controlling, Existenzgründungs- und Betriebsübernahmemanagement, moderne Kommunikations- und Informationstechniken, Finanzierungsfragen und das Rechnungswesen als Führungsmittel im Sinne von wichtigen Chefdaten einen angemessenen Schwerpunkt. Ferner wurden Entwicklungen in der modernen Betriebswirtschaftslehre berücksichtigt.

Die zur selbstständigen **Führung eines Handwerksbetriebes** erforderlichen Kenntnisse sowie die zu erwerbende Handlungskompetenz beziehen sich in der **Grobgliederung** auf folgende **drei Handlungsfelder**:
- Grundlagen des Rechnungswesens und Controllings
- Grundlagen wirtschaftlichen Handelns im Betrieb
- Rechtliche und steuerliche Grundlagen.

Die **Untergliederungen** bzw. Handlungsbereiche innerhalb der Handlungsfelder ergeben sich aus der AMVO und dem Rahmenlehrplan sowie, was die praktische Umsetzung angeht, aus dem Inhaltsverzeichnis der Neuen Handwerker-Fibel. Die Inhalte entsprechen nach Terminologie und Gliederung dem Rahmenlehrplan.

Die Übersicht, die Lehrbarkeit und die Lernbarkeit der Inhalte werden zusätzlich erhöht durch ein tief gegliedertes **Inhaltsverzeichnis**, großzügig und zahlreich gestaltete **Überschriften, farblich hervorgehobene Texte, farbig gestaltete Abbildungen und abgesetzte Randbemerkungen.**

Ein umfangreiches **Stichwortverzeichnis** ermöglicht dem Nutzer, das Buch auch als **Nachschlagewerk** beim Selbststudium, beim gesamten Lernprozess zur Vorbereitung auf die Meisterprüfung und im späteren betrieblichen Alltag, sei es als selbstständiger Unternehmer oder als angestellte Führungskraft im Handwerk, einzusetzen. Der Schwerpunkt der Inhalte ist nicht auf Begriffswissen, sondern auf **anwendungsbezogenes Handlungswissen** ausgerichtet. Die angestrebte Qualifikation ist berufliche Handlungs- und Problemlösungskompetenz für die Praxis, also die Fähigkeit, in beruflichen Situationen sach- und fachgerecht durchdacht und in wirtschaftlicher und gesellschaftlicher Verantwortung zu handeln. Deshalb enthält der Textteil dieses Buches auch zahlreiche **Handlungsanleitungen und Ablaufschemata**.

Nach den Textteilen folgen überwiegend handlungsorientierte **Übungs- und Prüfungsaufgaben** bzw. handlungsorientierte fallbezogene Aufgaben. Dabei kommen folgende Aufgabentypen vor:

- Aufgaben mit programmierten Auswahlantworten bzw. Auswahllösungen
- Textaufgaben mit offenen Antworten
- Fallbezogene Aufgaben mit Leitfragen und offenen Antworten
- Fallbezogene Aufgaben mit freiformulierter Lösung
- Fallbezogene Aufgaben mit Berechnungen.

Die Aufgaben sind so strukturiert, dass sie auf die wesentlichen Schwerpunkte der AMVO und des Rahmenlehrplans ausgerichtet sind, wichtige Inhalte der betriebswirtschaftlichen, kaufmännischen und rechtlichen Kenntnisse und die Handlungsziele der anzueignenden Handlungskompetenz zusammenfassen, die Lernergebnisse sichern und eine Brücke zur Meisterprüfung herstellen. Sie dienen z.T. dem handlungsorientierten Vorgehen im Unterricht oder beim Selbststudium, ermöglichen eine den Lernprozess begleitende Kontrolle und eine rationelle Vorbereitung auf die Prüfung. Diese Aufgabentypen werden so auch im Prüfungsteil III der Meisterprüfung eingesetzt.

Die Aufgaben mit programmierten Auswahllösungen sind durch Ankreuzen einer der fünf vorgegebenen Lösungen zu bearbeiten. Die richtigen Lösungen sind am Schluss des Buches zur Kontrolle abgedruckt.

Bei allen Aufgaben erfolgt am Schluss der Aufgabenstellung ein Hinweis zum Textteil als Lösungshilfe und um bei festgestellten Lücken entsprechend nachlesen bzw. nacharbeiten zu können.

Ein Lehrbuch, wie es die Neue Handwerker-Fibel in allen 3 Bänden darstellt, ist auch im Zeitalter des teilweisen Einsatzes elektronischer Lernmittel und der Handlungsorientierung als didaktischer Leitkategorie für die Vorbereitungslehrgänge auf die Meisterprüfung nach wie vor die **elementare** und **unabdingbar notwendige Grundlage** für ein erfolgreiches Lernen, für die Aneignung von Handlungs- und Problemlösungskompetenz und für das Bestehen der Meisterprüfung.

Es ist ein grundlegendes Lernmittel, das das notwendige Grundlagen- und Handlungswissen zur Verfügung stellt und das handlungsorientierte Lernen bewirkt, begleitet, unterstützt und absichert.

Die bisher in 40 Auflagen mit bestem Erfolg eingesetzte Handwerker-Fibel wurde in den letzen drei Jahrzehnten von vielen jungen Handwerkern erfolgreich für die Prüfungsvorbereitung genutzt.

So dürfte auch die überarbeitete 41. Auflage der Neuen Handwerker-Fibel künftig den zahlreichen Nutzern einen erfolgreichen Weg in die Meisterprüfung, in die Tätigkeit als selbstständiger Handwerksunternehmer oder Führungskraft und somit in eine gute berufliche Zukunft eröffnen.

Da die Prüfungsanforderungen und der Rahmenlehrplan für die Durchführung des Vorbereitungslehrgangs **„Technischer Fachwirt/in (Hwk)"** absolut mit der AMVO und dem Rahmenlehrplan zu Teil III der Meisterausbildung im Handwerk, die dem Inhalt der Bände 1 und 2 der Neuen Handwerker-Fibel zugrunde liegen, übereinstimmen, sind Band 1 und 2 auch für die Vorbereitung auf die Prüfung „Technischer Fachwirt/in (Hwk)" in vollem Umfang geeignet.

Die Bände 1 und 2 sind auch ein geeignetes Lernmittel für die Vorbereitung auf die Prüfung **„Kaufmännischer Fachwirt/in (Hwk)"**, weil trotz anderer Zuordnung und Gliederung auf Prüfungsteile und Handlungsfelder die stofflichen Inhalte sehr weitgehend übereinstimmen.

Im Rahmen der Aktualisierung der 41. Auflage dieses Bandes wurden insbesondere betriebswirtschaftliche und technische Fortentwicklung berücksichtigt.

Wir wünschen Ihnen bei der Vorbereitung und Ablegung Ihrer Prüfungen viel Erfolg.

Juli 2002

Die Verfasser und der
Holzmann Buchverlag

Erwerben Sie zusätzliche Sicherheit für die erfolgreiche Ablegung der Meisterprüfung:
- Mit Hilfe von **Übungsaufgaben** mit prüfungsorientierten Inhalten und prüfungsähnlichen Bedingungen.
- Mit dem **Meister-Trainer zur Neuen Handwerker-Fibel auf CD-ROM** können Sie üben sowie die Prüfung simulieren.
- Das **Meisterlexikon zur Neuen Handwerker-Fibel auf CD-ROM** beinhaltet den gesamten Text und alle Grafiken der Neuen Handwerker-Fibel sowie eine Vielzahl von Übungs- und Prüfungsaufgaben, um Ihren Wissensstand zu testen.

Zweckmäßigerweise geben Sie zusammen mit den Kollegen Ihrer Meisterklasse bzw. Ihres -kurses **und** nach Absprache mit den zuständigen Lehrkräften eine Sammelbestellung auf an den Holzmann Buchverlag, Postfach 13 42, 86816 Bad Wörishofen, Tel. 0 82 47/3 54-1 24, Fax 0 82 47/3 54-1 90, sofern Sie die Materialien nicht automatisch vom Kurs- oder Schulträger bzw. von den Lehrkräften erhalten.

Die **Zentralstelle für Weiterbildung im Handwerk (ZWH)** hat handlungsorientierte Aufgaben für den Prüfungsteil III (betriebswirtschaftliche, kaufmännische und rechtliche Kenntnisse) als Teilnehmerunterlagen erarbeitet, **die im Verbund mit den Bänden 1 und 2 der Neuen Handwerker-Fibel** bei der Vorbereitung auf die Meisterprüfung eingesetzt werden können. Diese Unterlagen können Sie beim Holzmann Buchverlag beziehen, sofern sie nicht vom Lehrgangsträger schon zur Verfügung gestellt wurden.

Bestelladresse: Holzmann Buchverlag, Postfach 13 42
86816 Bad Wörishofen
Tel. 0 82 47/3 54-1 24
Fax: 0 82 47/3 54-1 90
Bestell-Nr. 1705 (Band 1) sowie 1706 (Band 2)

1 Handlungsfeld: Grundlagen des Rechnungswesens und Controllings ... 23

    Vorbemerkung ... 23

1.1 Buchführung ... 24

    1.1.1 Aufgaben und gesetzliche Regelungen ... 24
        1.1.1.1 Aufgaben der Buchführung ... 24
        1.1.1.2 Gesetzliche Regelungen ... 24
            Allgemeine Hinweise ... 24
            Handelsrechtliche Bestimmungen ... 25
            Steuerrechtliche Vorschriften ... 26
            Grundsätze ordnungsmäßiger Buchführung (GoB) ... 30

    1.1.2 System der doppelten Buchführung ... 33
        1.1.2.1 Überblick über Buchführungssysteme ... 33
            Doppelte Buchführung ... 33
            Einfache Buchführung ... 33
            Kameralistische Buchführung ... 33
            Kriterien für die Auswahl des geeigneten Buchführungssystems ... 33
        1.1.2.2 Doppelte Buchführung ... 34
        1.1.2.3 Grundlagen und wesentliche Arbeitsschritte ... 39
            Konto, Kontenarten, Kontenrahmen, Kontenplan ... 39
            Kontoneröffnung ... 46
        1.1.2.4 Belege, Buchungsregeln, Vorkontierung und Verbuchung der laufenden Geschäftsvorfälle ... 46
            Belege ... 46
            Buchungsregeln ... 46

    1.1.3 Inventur und Abschluss ... 49
        1.1.3.1 Wesen der Inventur ... 49
        1.1.3.2 Zweck der Inventur ... 49
        1.1.3.3 Durchführung der Inventur ... 49
        1.1.3.4 Aufstellung des Inventars ... 51
        1.1.3.5 Umbuchungen, Vorbereitung des Abschlusses, Abschlussbuchungen ... 51
            Umbuchungen ... 51
            Buchungen bei der Umsatzsteuer ... 54
            Vorbereitende Abschlussbuchungen ... 55
            Abschlussbuchungen ... 59
        1.1.3.6 Abschlussübersicht, Jahresabschluss, Zwischenabschlüsse ... 60

    1.1.4 Verfahrenstechniken ... 62
        1.1.4.1 Bücher als Grundlage der Buchführung ... 62
        1.1.4.2 Amerikanische Buchführung ... 64
            Amerikanisches Journal ... 64
            Reihenfolge der Arbeitsgänge ... 65
            Vor- und Nachteile der amerikanischen Buchführung ... 66
        1.1.4.3 Durchschreibebuchführung ... 66
            Reihenfolge der Arbeitsgänge ... 67
            Vor- und Nachteile der Durchschreibebuchführung ... 67

		1.1.4.4	Buchführung auf der Grundlage der EDV	68
			Reihenfolge der Arbeitsgänge	69
			Ausgliederung von Buchführungsarbeiten	69
			Betriebliche Voraussetzungen	70
			Einzelbereiche der Ausgliederung von Buchführungsarbeiten	70
			Praktischer Ablauf der Zusammenarbeit mit externen Datenverarbeitungsstellen	71
			Vor- und Nachteile der Datenverarbeitung außer Haus	71
		1.1.4.5	Ergebnisse der Buchführung per EDV	72
			Summen- und Saldenliste	72
			Auszug aus einer Summen- und Saldenliste	73
			Betriebswirtschaftliche Auswertung (Unternehmensspiegel)	74
	1.1.5		Beispiel zur doppelten Buchführung	78
			Übungs- und Prüfungsaufgaben	89
1.2	**Jahresabschluss und Grundzüge der Auswertung**			**96**
	1.2.1	Aufbau von Bilanz und Gewinn- und Verlustrechnung		96
		1.2.1.1	Allgemeine Hinweise	96
		1.2.1.2	Bilanz	98
			Begriff	98
			Gliederung der Bilanz	100
			Bilanzarten	102
		1.2.1.3	Gewinn- und Verlustrechnung	103
			Bedeutung	103
			Erläuterung der Begriffe Einnahmen und Ausgaben, Aufwand und Ertrag, Gewinn und Verlust	103
			Arten der Gewinnermittlung	104
			Gliederung der Gewinn- und Verlustrechnung	105
	1.2.2	Spielräume bei Ansatz und Bewertung		108
		1.2.2.1	Begriffsklärung	108
		1.2.2.2	Ansatzvorschriften	108
		1.2.2.3	Allgemeine Bilanzierungs- und Bewertungsgrundsätze	110
		1.2.2.4	Bestandsbewertung	110
			Handels- und steuerrechtliche Bewertungsvorschriften	110
			Wichtige Bewertungsbegriffe und Bewertungsmaßstäbe	110
			Allgemeine Bewertungsgrundsätze	112
			Wertansätze der Vermögensgegenstände und Schulden in Handelsbilanz und Steuerbilanz	113
			Praktische Durchführung der Bewertung	115
		1.2.2.5	Abschreibungen	116
		1.2.2.6	Rückstellungen	118
	1.2.3	Auswertung von Bilanz und Gewinn- und Verlustrechnung (Jahresabschluss und unterjährig)		119
		1.2.3.1	Bilanzanalyse und Bilanzkritik	119
		1.2.3.2	Aufbereitung des Jahresabschlusses für die betriebswirtschaftliche Auswertung	121
		1.2.3.3	Beispiel für die Durchführung einer einfachen Bilanzanalyse	123

			Auswertung der Bilanz........................	123

Auswertung der Bilanz........................ 123
Auswertung der Gewinn- und Verlustrechnung 130
Gemeinsame Auswertung von Bilanz und Gewinn-
und Verlustrechnung 133
Cash-flow................................ 135
      1.2.3.4 Auswertung von Zwischenabschlüssen 135
              Übungs- und Prüfungsfragen 136

1.3 Kosten- und Leistungsrechnung 139
              Vorbemerkung............................. 139
    1.3.1 Aufgaben und Gliederung der fachübergreifenden
          Kostenrechnung 139
          1.3.1.1 Grundsätzliches zum Preisbegriff 139
                    Marktpreis................................ 140
                    Kalkulierter betrieblicher Preis.................. 140
          1.3.1.2 Aufgaben der Kostenrechnung 140
          1.3.1.3 Gliederung und Begriffe der Kostenrechnung 141
                    Gliederung der Kostenrechnung................. 141
    1.3.2 Kostenartenrechnung 143
          1.3.2.1 Erfassungsmöglichkeiten der Kosten 143
                    Daten aus Buchführung und Jahresabschluss (effektive
                    Kosten)................................... 143
                    Verwertung sonstiger Unterlagen................ 144
                    Ansatz kalkulatorischer Kosten.................. 144
          1.3.2.2 Trennung von Einzelkosten – Gemeinkosten –
                  Sonderkosten 147
                    Einzelkosten............................... 147
                    Gemeinkosten 151
                    Sonderkosten.............................. 154
          1.3.2.3 Aufgliederung nach fixen und variablen Kosten 155
    1.3.3 Kostenstellenrechnung 155
          1.3.3.1 Aufgaben der Kostenstellenrechnung und Aufbau
                  eines einfachen Betriebsabrechnungsbogens 155
          1.3.3.2 Begriff der Kostenstelle (Hauptkostenstelle,
                  Hilfskostenstelle) und Bildung von Kostenstellen
                  nach betrieblichen Erfordernissen 156
          1.3.3.3 Zurechnung der Kosten auf Kostenstellen und
                  Kostenstellenumlage 157
          1.3.3.4 Ermittlung von Kostenverrechnungssätzen 159
                  Verrechnung der Gemeinkosten auf der Basis der
                  Lohneinzelkosten........................... 159
                  Verrechnung der Gemeinkosten auf der Basis
                  der Materialeinzelkosten 160
                  Verrechnung der Gemeinkosten auf der Basis
                  der Summe der Einzelkosten (Materialeinzel-
                  und Lohneinzelkosten) 161
                  Verrechnung der Gemeinkosten auf der Basis
                  von Lohneinzelkosten und Materialeinzelkosten 162
                  Verrechnung der Gemeinkosten auf der Basis
                  von Lohneinzelkosten, Materialeinzelkosten
                  und Herstellkosten 163

		Verrechnung auf Kostenstellen nach betrieblichen Funktionen..................................	164
		Kontrolle der Gemeinkostenzuschlagssätze	165
		Kostenverrechnungssätze mit anderen Bezugsgrößen..	166
		Beispiel für die Aufbereitung kostenrechnerischer Unterlagen und die Berechnung des Gemeinkostenzuschlagssatzes..................	166
	1.3.3.5	Beispiel eines einfachen Betriebsabrechnungsbogens .	168
1.3.4	Kostenträgerrechnung		170
	1.3.4.1	Begriff und Aufgaben der Kalkulation	170
	1.3.4.2	Kalkulationsarten	170
		Vorkalkulation..............................	170
		Nachkalkulation.............................	171
		Zwischen- oder Begleitkalkulation...............	172
	1.3.4.3	Kalkulationsmethoden	172
		Gewinn- und Wagniszuschlag bei der Kalkulation...	172
		Behandlung der Umsatzsteuer bei der Kalkulation...	173
	1.3.4.4	Divisionskalkulation	173
	1.3.4.5	Zuschlagskalkulation	174
		Stundenverrechnungssatz-Ermittlung	175
	1.3.4.6	Kalkulationsschemen für die Zuschlagskalkulation ..	175
		Kalkulationsschema mit einem betriebseinheitlichen Gemeinkostenzuschlagssatz auf Basis Lohneinzelkosten	176
		Kalkulationsschema mit mehreren Gemeinkostenzuschlagssätzen..................	176
		Kalkulationsschema für die Berechnung von betrieblichen Stundenverrechnungssätzen	176
		Kalkulationsschema für Handelswaren............	177
	1.3.4.7	Beispiele zur Zuschlagskalkulation	178
		Berechnung des Angebotspreises mit einem betriebseinheitlichen Gemeinkostenzuschlagssatz auf Basis der Lohneinzelkosten	178
		Berechnung des Angebotspreises mit mehreren Zuschlagssätzen für die Gemeinkosten, nämlich auf Materialeinzelkosten, Lohneinzelkosten und Herstellkosten	178
		Berechnung des Angebotspreises für einen betrieblichen Stundenverrechnungssatz (der Betrieb arbeitet mit einem betriebseinheitlichen Gemeinkostenzuschlagssatz)....	179
		Berechnung des Angebotspreises für eine Handelsware .	179
		Berechnung des Kalkulationszuschlags und der Handelsspanne	179
1.3.5	Erfolgsrechnung		180
	1.3.5.1	Erlösrechnung	180
	1.3.5.2	Stückerfolgsrechnung	181
	1.3.5.3	Periodenerfolgsrechnung	181
1.3.6	Kostenrechnungssysteme		181
	1.3.6.1	Übersicht	181
		Systeme der Kostenrechnung	181

	1.3.6.2	Ist- und Plankostenrechnung	182
		Istkostenrechnung	182
		Normalkostenrechnung	182
		Plankostenrechnung.	182
	1.3.6.3	Voll- und Teilkostenrechnung	183
		Vollkostenrechnung.	183
		Teilkostenrechnung	183
	1.3.6.4	Deckungsbeitragsrechnung	184
1.3.7	Anwendung der Kostenrechnung	184
	1.3.7.1	Aufbereitung von Kostenrechnungsunterlagen und Ermittlung informativer Kostendaten für betriebswirtschaftliche Analysen	184
	1.3.7.2	Kostenplanung	185
	1.3.7.3	Kostenkontrolle	185
	1.3.7.4	Entscheidungsunterstützung	186
		Leistungsprogramm	186
		Preispolitik.	186
	1.3.7.5	Gewinnschwellenanalyse	186
	Übungs- und Prüfungsfragen	188

1.4 Controlling 197

1.4.1	Aufgaben und Ziele	197	
1.4.2	Schwachstellenanalyse	198	
1.4.3	Kennzahlen, Kennzahlensysteme und Kennzahlenanalyse	199	
	1.4.3.1	Wesen und Arten von Kennzahlen	199
	1.4.3.2	Kennzahlenanalyse in der Praxis	201
		Personalwirtschaftliche Kennzahlen.	201
		Fertigungswirtschaftliche Kennzahlen	203
		Lagerwirtschaftliche Kennzahlen	204
		Verwaltungs- und vertriebs(absatz)wirtschaftliche Kennzahlen	205
		Finanzwirtschaftliche Kennzahlen	206
		Kennzahlen für die Rentabilität	208
		Spezielle Kennzahlen für Sonderinformationen	209
1.4.4	Budgetierung	209	
	Übungs- und Prüfungsaufgaben.	212	

2 Handlungsfeld: Grundlagen wirtschaftlichen Handelns im Betrieb 217

2.1 Handwerk in Wirtschaft und Gesellschaft 217

2.1.1	Stellung des Handwerks in der Volkswirtschaft	217	
	2.1.1.1	Grundzüge der volkswirtschaftlichen Zusammenhänge	217
		Bedürfnisse, Bedarf, Wirtschaft.	217
		Produktion.	217
		Brutto-Inlandprodukt	218
		Geld und Währung	219

2.1.1.2 Wirtschaftssysteme, Merkmale der sozialen
Marktwirtschaft 220
Freie Marktwirtschaft........................... 221
Zentralverwaltungswirtschaft.................... 221
Merkmale der sozialen Marktwirtschaft........... 221
Aufgaben der Wirtschaftspolitik................. 222
2.1.1.3 Einordnung des Handwerks in die Gesamtwirtschaft . 222
Volkswirtschaftliche Aufgaben des Handwerks 222
Die aktuellen Aufgaben des Handwerks............ 223
Leistungsstruktur des Handwerks................. 223
Konsumgüterhandwerke............................ 224
Investitionsgüterhandwerke 226
Dienstleistungen für die gewerbliche Wirtschaft. 227
Betriebe, Beschäftigte, Umsätze................. 227
2.1.1.4 Strukturwandel und Zukunftsperspektiven des
Handwerks 228
Hauptprobleme des Strukturwandels............... 228
Maßnahmen zur Bewältigung des Strukturwandels .. 229
*Zukunftsperspektiven und Entwicklungschancen des
Handwerks...................................... 230*

2.1.2 Gesellschaftliche und kulturelle Bedeutung des Handwerks ... 231
2.1.2.1 Gesellschaftliche Bedeutung des Handwerks 231
2.1.2.2 Kulturelle Bedeutung des Handwerks 232
Aus der Kulturgeschichte des Handwerks 232
Handwerk als Kulturträger 232

2.1.3 Aufbau, Struktur und Aufgaben der Handwerksorganisationen . 233
2.1.3.1 Aufbau der Handwerksorganisationen 233
Fachliche und regionale Organisationen 233
2.1.3.2 Strukturen und Aufgaben der einzelnen
Organisationen 234
Innung 234
Kreishandwerkerschaft........................... 236
Handwerkskammer 237
Landesinnungsverband............................ 241
Bundesinnungsverband 242
Sonstige Handwerksorganisationen 242
2.1.3.3 Beratungsdienste der Handwerksorganisationen für
die Mitgliedsbetriebe – Handwerksförderung 244
*Beratungsdienste als Teilbereiche der Handwerks-
und Gewerbeförderung, Aufgaben und Träger der
Handwerksförderung 244*
Beratungsangebote und Leistungen im Einzelnen... 246
2.1.3.4 Bezug der Handwerksorganisationen zu anderen
Wirtschafts-, Arbeitgeber- und Arbeitnehmer-
organisationen 250
Industrie- und Handelskammern 250
Wirtschaftsverbände............................. 251
Arbeitgeberverbände 252
Gewerkschaften.................................. 252

Übungs- und Prüfungsaufgaben.................. 253

2.2 Marketing ... 261
2.2.1 Konzeption des Marketing ... 261
2.2.2 Analyse des Absatz- und Beschaffungsmarktes ... 262
2.2.2.1 Methoden der Marktanalyse und Marktforschung ... 262
Informationsbeschaffung ... 262
Informationsauswertung ... 264
2.2.2.2 Gegenstände der Marktanalyse und Marktforschung ... 264
Beurteilung der allgemeinen Marktsituation ... 264
Ermittlung von Strukturdaten ... 264
Einbeziehung von Kaufkraftkennziffern ... 265
Auswertung von Kundendaten ... 265
2.2.2.3 Praktische Anwendung der Marktforschung im Handwerksbetrieb ... 267
Ermittlung des Marktvolumens ... 267
Ermittlung des Marktanteils ... 268
Ermittlung des Marktbesetzungsfaktors ... 268
2.2.2.4 Analyse der Wettbewerbssituation ... 269
Selbsteinschätzung ... 269
Befragungen ... 270
Konkurrenzanalyse ... 275
Betriebsvergleich ... 276
2.2.3 Marketingfunktionen und -instrumente auf der Absatzseite ... 276
2.2.3.1 Produkt- und Sortimentspolitik ... 276
2.2.3.2 Preis- und Konditionenpolitik ... 278
Arten der Preisbildung ... 279
Anlässe der Preisbildung ... 279
Weitere Instrumente der Preisgestaltung ... 280
2.2.3.3 Kommunikations- und Werbepolitik ... 281
Werbung ... 281
Verkaufsförderung ... 287
Öffentlichkeitsarbeit ... 288
2.2.3.4 Vertriebspolitik ... 289
Vertriebswege ... 289
Vertriebsformen ... 290
Franchising ... 292
Verkaufsverhandlungen ... 293
2.2.3.5 Unternehmensleitbild und Unternehmenskultur ... 293
2.2.3.6 Kundenorientierung und Kundenbehandlung ... 295
Kundenorientierung ... 295
Imagepflege ... 296
Kundenbehandlung ... 297
Schema für die Zusammensetzung des Verrechnungssatzes für eine Handwerkerstunde ... 299
Wichtige Merkmale für die äußere Produkt- und Leistungsgestaltung ... 299
2.2.4 Beschaffung ... 300
2.2.4.1 Beschaffungsmärkte, Beschaffungsplanung ... 300
Erkundung des Beschaffungsmarktes ... 300
Beschaffungsobjekte ... 301
Beschaffungsdispositionen ... 302

		2.2.4.2	Liefer- und Zahlungsbedingungen	302
		2.2.4.3	Material- und Rechnungskontrolle	302
		2.2.4.4	Vorratshaltung und Lagerdisposition	303
			Übungs- und Prüfungsaufgaben	303

2.3 Organisation 309

	2.3.1	Ablauforganisation		309
		2.3.1.1	Prozessanalyse und Prozessgestaltung	309
		2.3.1.2	Logistik	310
		2.3.1.3	Qualitätssicherung und Qualitätsmanagement (QM)	311
			Begriffe	311
			Aufbau eines Qualitätsmanagements	312
			Qualitätsmanagement-Handbuch (QM-Handbuch) eines Unternehmens	312
			Zertifizierung des Qualitätsmanagements	312
			Kostensenkung, Kundenzufriedenheit, Zukunftssicherung	313
			Umwelt-Management-System	313
		2.3.1.4	Arbeitszeitmodelle	314
		2.3.1.5	Gruppenorganisation	315
	2.3.2	Verwaltungs- und Büroorganisation		316
		2.3.2.1	Ablageorganisation	316
			Aktenordnung	316
			Organisation der Registratur	317
			Organisation der Aktenablage	317
			Organisationshilfsmittel in der Verwaltung	317
		2.3.2.2	Schriftverkehr und Postbearbeitung	318
		2.3.2.3	Einsatz moderner Informations- und Kommunikationstechnologien	320
			Telekommunikationsmittel	320
			Aufbau und Grundlagen eines EDV-Systems	322
			Einführung eines EDV-Systems im Handwerksbetrieb	326
			Anwendungsbereiche der EDV im Handwerksbetrieb	329
			Möglichkeiten und Grenzen des EDV-Einsatzes im Handwerksbetrieb	329
			Multimedia	329
			Nutzung des Internets im Handwerksbetrieb	330
	2.3.3	Aufbauorganisation		333
		2.3.3.1	Stellen- und Abteilungsbildung	333
		2.3.3.2	Aufgabenanalyse und Aufgabensynthese	333
		2.3.3.3	Organisationsformen	336
			Funktionale Organisation	336
			Divisionale Organisation	336
			Teamorganisation	337
			Projektorganisation	338
		2.3.3.4	Organisationsentwicklung	338
	2.3.4	Einfluss der Automatisierung und anderer Technologien auf die Betriebsorganisation		339
		2.3.4.1	Mechanisierung	339
		2.3.4.2	Automatisierung	339

2.3.5	Zwischenbetriebliche Zusammenarbeit (Kooperation)		342
	2.3.5.1	Möglichkeiten, Voraussetzungen und Schwerpunkte der zwischenbetrieblichen Zusammenarbeit	342
	2.3.5.2	Formen der Kooperation	344
	2.3.5.3	Zusammenarbeit mit Heimwerkern	346
	Übungs- und Prüfungsaufgaben		347

2.4 Personalwesen und Mitarbeiterführung ... 352

2.4.1	Personalplanung		352
	2.4.1.1	Personalbedarfsermittlung	352
		Analyse des Personalbedarfs	353
		Stellenplan	354
		Stellenbeschreibung	354
	2.4.1.2	Personalbeschaffung und Personalauswahl	354
		Personalbeschaffung	354
		Personalauswahl	355
	2.4.1.3	Personaleinsatz und Personalerhaltung	356
		Personaleinsatz	356
		Personalerhaltung	359
	2.4.1.4	Personalentwicklung	359
2.4.2	Personalverwaltung		360
	2.4.2.1	Personalaktenführung	360
	2.4.2.2	Zeugniserteilung	361
	2.4.2.3	Lohn- und Gehaltsabrechnung	362
		Abrechnungstechniken	362
		Abrechnungsunterlagen	363
		Lohn- und Gehaltsabrechnung	363
		Zahlungsmodalitäten	364
		Zahlungsrhythmus	364
2.4.3	Entlohnung		365
	2.4.3.1	Zeiterfassung	365
	2.4.3.2	Arbeitsbewertung	365
	2.4.3.3	Lohn- und Gehaltsgefüge	366
	2.4.3.4	Lohnformen	366
		Zeitlohn	367
		Leistungslohn	367
		Prämienlohn	368
2.4.4	Mitarbeiterführung		368
	2.4.4.1	Grundlagen einer aufgabenbezogenen Menschenführung	368
	2.4.4.2	Führungsstile und Führungsmittel	369
		Führungsstile	369
		Grundregeln der Mitarbeiterbehandlung	370
		Grundsätze der Menschenführung	371
		Maßnahmen zur Konfliktlösung	372
	2.4.4.3	Betriebsklima	373
	2.4.4.4	Betriebliches Sozialwesen	374
		Betriebliche Sozialleistungen	374
		Arbeitssicherheit, Unfallschutz, Gesundheitsschutz	375
	Übungs- und Prüfungsaufgaben		375

2.5 Finanzierung ... 381

- 2.5.1 Begriff und Aufgaben der Finanzierung ... 381
- 2.5.2 Grundlagen der Investitions-, Finanz- und Liquiditätsplanung ... 381
  - 2.5.2.1 Investitionsplanung ... 381
  - 2.5.2.2 Finanz- bzw. Liquiditätsplanung ... 382
    - *Kurz-, mittel- und langfristige Finanzpläne* ... 382
    - *Vorgehen bei der Aufstellung eines Liquiditätsplanes* ... 383
- 2.5.3 Investitions- und Finanzierungsanlässe im Handwerksbetrieb ... 385
- 2.5.4 Arten der Finanzierung ... 385
  - 2.5.4.1 Eigenfinanzierung ... 386
  - 2.5.4.2 Selbstfinanzierung ... 386
  - 2.5.4.3 Fremdfinanzierung ... 387
  - 2.5.4.4 Kreditarten als Mittel der Fremdfinanzierung ... 387
    - *Kontokorrentkredit* ... 387
    - *Lieferantenkredit* ... 388
    - *Wechselkredit* ... 388
    - *Kundenanzahlungskredit* ... 389
    - *Darlehen* ... 389
  - 2.5.4.5 Kreditsicherheiten ... 390
    - *Grundpfandrechte* ... 391
    - *Verpfändung von beweglichen Sachen und Rechten* ... 391
    - *Sicherungsübereignung* ... 391
    - *Abtretung von Forderungen* ... 392
    - *Lebensversicherungen* ... 392
    - *Bürgschaft* ... 392
  - 2.5.4.6 Bedeutung der Bankverbindung ... 392
  - 2.5.4.7 Leasing ... 393
  - 2.5.4.8 Factoring ... 394
  - 2.5.4.9 Spezielle Finanzierungshilfen für den Handwerksbetrieb ... 395
    - *Kreditprogramme, Mittelstandskreditprogramme, Eigenkapitalhilfe.* ... 395
    - *Aufgaben der Kreditgarantiegemeinschaften bzw. Bürgschaftsbanken* ... 396
    - *Aufgaben der Kapitalbeteiligungsgesellschaften* ... 397
- 2.5.5 Kapitalbedarfsermittlung, Finanzierungsplan, Finanzierungsregeln ... 397
  - 2.5.5.1 Kapitalbedarfsrechnung ... 397
    - *Langfristiger Kapitalbedarf (Investitionsbedarf)* ... 398
    - *Kurzfristiger Kapitalbedarf für die laufende Betriebstätigkeit (auch Betriebsmittelbedarf genannt)* ... 399
  - 2.5.5.2 Finanzierungsplan ... 399
  - 2.5.5.3 Kapitaldienst und Kapitaldienstgrenze ... 399
  - 2.5.5.4 Betriebswirtschaftliche Finanzierungsregeln ... 400
- 2.5.6 Beratungs- und Informationsmöglichkeiten in Finanzierungsfragen ... 401
- 2.5.7 Zahlungsverkehr ... 401
  - 2.5.7.1 Barzahlung ... 402
    - *Inhalt der Barzahlung* ... 402
    - *Möglichkeiten der Barzahlung* ... 402

			Nachteile der Barzahlung.	403
	2.5.7.2		Bargeldsparende Zahlung	403
	2.5.7.3		Bargeldlose Zahlung	404
			Zahlung durch Banküberweisung.	404
			Zahlung durch Lastschriftverfahren	404
			Zahlung durch Bankscheck	405
			Zahlung mit ec-Karte	408
			Zahlung mit Kreditkarten	408
			Zahlung mit Kundenkarten.	409
			Zahlung mit elektronischer Geldbörse	409
			Zahlung mittels moderner Datenübertragung bzw. Kommunikationstechnik.	410
			Zahlung durch Wechsel.	410
			Übungs- und Prüfungsaufgaben.	417
2.6	**Planung**		. . . .	424
	2.6.1	Unternehmenszielsystem und Unternehmensplanung		424
		2.6.1.1	Arten betrieblicher Ziele	424
		2.6.1.2	Gliederung des Unternehmenszielsystems	424
		2.6.1.3	Aufgaben der Unternehmensplanung	425
		2.6.1.4	Zeithorizont der Unternehmensplanung	426
	2.6.2	Planungsbereiche und deren Abstimmung		427
	2.6.3	Planungsinstrumente		431
		2.6.3.1	ABC-Analyse	431
		2.6.3.2	Stärken-/Schwächenanalyse	433
		2.6.3.3	Benchmarking	433
		2.6.3.4	Brainstorming	433
		2.6.3.5	K.o.-Kriterien	434
		2.6.3.6	Kosten-/Nutzenanalyse	434
	2.6.4	Kontrolle		434
	2.6.5	Risikovorsorge		436
		2.6.5.1	Analyse der Risiken	436
		2.6.5.2	Absicherung der Risiken	437
			Übungs- und Prüfungsaufgaben.	438
2.7	**Gründung**		. . . .	441
			Vorbemerkung.	441
	2.7.1	Unternehmenskonzept		441
		2.7.1.1	Persönliche Voraussetzungen für die berufliche Selbstständigkeit	441
		2.7.1.2	Leitbild	442
		2.7.1.3	Produkt- und Leistungsprogramm	443
		2.7.1.4	Zielgruppen, Kundenstruktur	444
	2.7.2	Markt- und Standortanalyse		444
		2.7.2.1	Absatzgebiete und Absatzmöglichkeiten	445
		2.7.2.2	Standortfaktoren	446
		2.7.2.3	Standortvergleich, Standortbeurteilung	447
	2.7.3	Rechtsfragen bei der Gründung		447

	2.7.3.1	Handwerks-, Handels- und Steuerrecht	447
		Handwerksrecht.............................	447
		Handelsrecht	448
		Steuerrecht.................................	448
	2.7.3.2	Bau-, umweltschutz- und abfallrechtliche Vorschriften	449
		Baurecht	449
		Umweltschutzrecht – Immissionsschutz..........	451
		Abfallrecht.................................	452
	2.7.3.3	Arbeitsstättenverordnung	452
	2.7.3.4	Arbeitssicherheit, Unfall- und Gesundheitsschutz ...	452
2.7.4	Wahl der Rechtsform		453
2.7.5	Planung der Gründung		454
	2.7.5.1	Betriebsgröße	454
	2.7.5.2	Betriebsräume	454
	2.7.5.3	Betriebseinrichtung, Geschäftseinrichtung, Büro	455
	2.7.5.4	Personalbedarf, Personalbeschaffung	456
		Personalbedarf..............................	456
		Personalbeschaffung	456
	2.7.5.5	Organisationsabläufe, Organisationsformen	457
	2.7.5.6	Investitionsplan	457
	2.7.5.7	Kapitalbedarfsrechnung	457
	2.7.5.8	Finanzierungsplan	460
	2.7.5.9	Ermittlung des Kapitaldienstes	461
	2.7.5.10	Öffentliche Finanzhilfen für die Existenzgründung ..	462
	2.7.5.11	Kosten-, Umsatz- und Gewinnplanung, Rentabilitätsvorschau	463
		Notwendiges Mindesteinkommen für den Existenzgründer/betrieblicher Kassenzufluss...............	463
		Kostenplan.................................	464
		Umsatzplanung, Berechnung des Mindestumsatzes..	464
		Gewinnplan, Rentabilitätsvorschau	466
	2.7.5.12	Finanz- bzw. Liquiditätsplan	467
	2.7.5.13	Einrichtung des betrieblichen Rechnungswesens	468
		Buchführung und Jahresabschluss	468
		Kostenrechnung und Kalkulation	469
	2.7.5.14	Einrichtung eines EDV-Systems	469
	2.7.5.15	Risikovorsorge – Versicherungsschutz	470
	2.7.5.16	Formalitäten bei der Gründung und Anmeldungen ..	471
2.7.6	Einführung am Markt		472
	2.7.6.1	Geschäftseröffnung	472
	2.7.6.2	Marketingmaßnahmen, Werbung, Öffentlichkeitsarbeit	473
		Marketingmaßnahmen........................	473
		Werbung	474
		Öffentlichkeitsarbeit..........................	475
2.7.7	Betriebsübernahme, Betriebsbeteiligung		475
	2.7.7.1	Betriebsübergabe aus der Sicht des Übergebers	476
	2.7.7.2	Vor- und Nachteile der Selbstständigmachung durch Betriebsübernahme	476

	2.7.7.3	Formen der Betriebsübernahme	477
	2.7.7.4	Analyse der vergangenen und künftigen Entwicklung des Betriebes	477
		Aktueller Zustand des Betriebes	478
		Analyse der bisherigen Entwicklung des Betriebes ...	479
		Künftige Entwicklung des Betriebes	480
	2.7.7.5	Betrieblicher Bestandsschutz	481
	2.7.7.6	Betriebsbewertung – Kriterien der Kaufpreisermittlung .	482
		Ermittlung des Substanzwertes	483
		Ermittlung des Firmenwertes	484
		Berechnung des Kaufpreises....................	485
	2.7.7.7	Gestaltung der Verträge bei den häufigsten Formen der Betriebsübernahme	486
		Kauf des Betriebes............................	486
		Pachtweise Betriebsübernahme	486
		Kauf und Miete	487
		Erbfolge, Schenkung..........................	487
	2.7.7.8	Gesetzliche und vertragliche Pflichten	488
	2.7.7.9	Finanzierung der Betriebsübernahme	489
	2.7.7.10	Förderungsmaßnahmen zur Betriebsübernahme	489
	2.7.7.11	Formalitäten bei der Betriebsübernahme	490
	2.7.7.12	Betriebsbeteiligung	490
		Berufliche Selbstständigkeit auf der Basis der Partnerschaft.............................	491
		Formen der Beteiligung, Rechtsformen...........	492
2.7.8	Beratungsleistungen zur Betriebsgründung und Betriebsübernahme, Lehrgänge, Literatur		493
	2.7.8.1	Möglichkeiten der Inanspruchnahme von Beratungsleistungen	493
	2.7.8.2	Lehrgänge für Gründung und Übernahme	495
	2.7.8.3	Fachliteratur zur Existenzgründung und Betriebsübernahme	495
2.7.9	Mitgliedschaft bei Berufsorganisationen		496
	Übungs- und Prüfungsaufgaben...................		496

Lösungen zu den Übungs- und Prüfungsaufgaben 505

Stichwortverzeichnis 509

1 Handlungsfeld: Grundlagen des Rechnungswesens und Controllings

Vorbemerkung

Das betriebliche Rechnungswesen umfasst folgende Zweige: *Zweige des Rechnungswesens*
- Buchführung und Jahresabschluss
  - Buchführung
  - Inventar
  - Jahresabschluss
  - Sonder- und Zwischenbilanzen
- Kostenrechnung
  - Betriebsabrechnung
  - Kalkulation
- Betriebswirtschaftliche Statistik und Vergleichsrechnung
  - Betriebswirtschaftliche Statistik
  - Einzelbetrieblicher Vergleich
  - Zwischenbetrieblicher Vergleich
- Planungsrechnung
  - Finanzierung von Investitionsvorhaben
  - Prüfung der Rentabilität neuer Produktionsverfahren.

> Wesentliche Aufgaben des Rechnungswesens sind: *Aufgaben*
> - die Wirtschaftlichkeit und den Erfolg des betrieblichen Geschehens zu kontrollieren
> - sowie dem Betriebsinhaber wichtige Informationen für seine Entscheidungen zu liefern.
>
> Insgesamt liefert das Rechnungswesen aber nicht nur Informationen für Betriebsinhaber und Mitarbeiter (betriebsintern), sondern auch für Banken, Geschäftspartner, Finanzamt und Öffentlichkeit (betriebsextern).

Das Rechnungswesen ist damit einerseits
- aus betriebswirtschaftlichen Erwägungen für die notwendigen Informationen

und andererseits
- aus rechtlichen Gründen wegen bestimmter Anforderungen an den Unternehmer, die ein ordnungsmäßiges Rechnungswesen voraussetzen,

erforderlich.

1.1 Buchführung

1.1.1 Aufgaben und gesetzliche Regelungen

1.1.1.1 Aufgaben der Buchführung

Auch wenn sie vielfach nur als notwendiges Übel betrachtet wird, so muss sich doch jeder Betriebsinhaber im Handwerk darüber klar sein, dass eine den jeweiligen Anforderungen des Betriebes entsprechende Buchführung der wichtigste und sozusagen der Basiszweig des gesamten betrieblichen Rechnungswesens ist. Dabei geht es darum, konsequent und lückenlos alle Geschäftsvorfälle festzuhalten. Die Buchführung ist die Basis des gesamten Rechnungswesens. Aus ihr werden die anderen Zweige des Rechnungswesens entwickelt.

Basiszweig

> Eine optimale Buchführung ist für alle Betriebe aus betriebswirtschaftlichen und für viele auch aus handelsrechtlichen und steuerrechtlichen Gründen zwingend notwendig.

Abbildung 1

1.1.1.2 Gesetzliche Regelungen

Allgemeine Hinweise

Die Verpflichtung zu Buchführung und Bilanzierung ergibt sich aus verschiedenen Vorschriften.

1.1.1 Aufgaben und gesetzliche Regelungen

Abbildung 2

Bei der Rechnungslegung und der Aufstellung des Jahresabschlusses sind generell die Grundsätze ordnungsmäßiger Buchführung zu beachten. Die Vorschriften im Einzelnen sind im Handelsgesetzbuch (HGB) und in mehreren Steuergesetzen niedergelegt.

Grundsätze ordnungsmäßiger Buchführung (GoB)

Handelsrechtliche Bestimmungen

Grundsätzlich ist nach § 238 HGB „jeder Kaufmann verpflichtet, Bücher zu führen". Wer Kaufmann ist, bestimmen die §§ 1–7 des HGB.

Dort wird ersichtlich, dass auch der Handwerker vielfach Kaufmann im Sinne des Gesetzes ist oder durch Eintragenlassen einer Firma im Handelsregister werden muss.

Firmen, die ins Handelsregister eingetragen sind, müssen in jedem Fall die handelsrechtlichen Buchführungsvorschriften beachten. Diese sind für die im Handwerk vorherrschenden Rechtsformen insbesondere geregelt in den §§ 238 ff., 257 ff. und 336 ff. HGB und dem § 41 GmbH-Gesetz.

Rechtliche Grundlagen

Die wesentlichen Bestimmungen beziehen sich auf:
- Die Führung der Handelsbücher und das Inventar
  - In den Büchern sind die Handelsgeschäfte und die Lage des Vermögens nach den Grundsätzen ordnungsmäßiger Buchführung ersichtlich zu machen.
  - Von allen abgesandten Handelsbriefen müssen Wiedergaben (zum Beispiel in Form einer Kopie) zurückbehalten werden.
- Die Eröffnungsbilanz und den Jahresabschluss
  - Der Kaufmann hat die Pflicht, einen Abschluss durch Gegenüberstellung des Vermögens und der Schulden sowie eine Gewinn- und Verlustrechnung durch Gegenüberstellung der Aufwendungen und Erträge, jeweils nach den Grundsätzen ordnungsmäßiger Buchführung, aufzustellen; dabei gilt es, das Verrechnungsverbot (keine Verrechnung der Posten der Aktiv- und der Passivseite der Bilanz sowie der Aufwendungen und Erträge in der Gewinn- und Verlustrechnung) sowie die Notwendigkeit der Bildung von Rückstellungen und Rechnungsabgrenzungen zu beachten.
  - Der Jahresabschluss ist vom Betriebsinhaber unter Angabe des Datums zu unterzeichnen.

Verrechnungsverbot

- Die Bilanzansätze und die Bewertung
  - Für Bilanzansätze sowie die Bewertung der Vermögensgegenstände und Schulden gelten einschlägige Bestimmungen.
- Die Aufbewahrung und Vorlage von Aufzeichnungen
  - Der Kaufmann ist verpflichtet, seine Unterlagen geordnet aufzubewahren: und zwar Bücher, Inventare, Eröffnungsbilanzen, Jahresabschlüsse, Lageberichte, sonstige Organisationsunterlagen und Belege zehn Jahre sowie Handelsbriefe sechs Jahre (siehe auch Abbildung 7).

Aufbewahrungsfristen

Abbildung 3

Steuerrechtliche Vorschriften

Die Buchführung bildet auch die wichtigste Unterlage für die Ermittlung der Besteuerungsgrundlagen. Daher sind die Aufzeichnungen auch aus steuerlichen Gründen erforderlich. Grundsätzlich gilt, dass derjenige, der bereits nach anderen Gesetzen, insbesondere nach dem HGB, Bücher und Aufzeichnungen zu führen hat, diese Verpflichtungen auch für die Besteuerung erfüllen muss (so genannte abgeleitete Buchführungspflicht). Die abgeleitete Buchführungspflicht beginnt mit dem Zeitpunkt des Erwerbs der Kaufmannseigenschaft. Mit deren Verlust endet die Buchführungspflicht.

Abgeleitete Buchführungspflicht

> Eine originäre, also eigenständig begründete Buchführungspflicht nach Steuerrecht besteht für alle Unternehmer und Unternehmen, wenn
> - Umsätze, einschließlich der steuerfreien, von mehr als 260.000,00 EUR im Kalenderjahr oder
> - ein Gewinn aus Gewerbebetrieb von mehr als 25.000,00 EUR im Wirtschaftsjahr
>
> gegeben sind.

Originäre Buchführungspflicht

Die Buchführungspflicht ist vom Beginn des Wirtschaftsjahres an zu erfüllen, das auf die Bekanntgabe der Mitteilung durch die Finanzbehörde folgt, durch die diese auf die Verpflichtung hingewiesen hat. Sie endet mit Ablauf des Wirtschaftsjahres, das auf das Wirtschaftsjahr folgt, in dem die Finanzbehörde feststellt, dass die Verpflichtung zur Buchführung nicht mehr vorliegt. Die Buchführungspflicht geht auch auf denjenigen über, der den Betrieb im Ganzen übernimmt.

1.1.1 Aufgaben und gesetzliche Regelungen

Abbildung 4

Die entsprechenden Regelungen sind überwiegend in folgenden Gesetzen und Bestimmungen enthalten:

- §§ 4–7k, 41 Einkommensteuergesetz als wichtigste steuerliche Buchführungsvorschriften
- §§ 140–148 Abgabenordnung
- § 22 Umsatzsteuergesetz in Verbindung mit §§ 63 ff. Umsatzsteuer-Durchführungs-Verordnung
- § 4 Lohnsteuer-Durchführungs-Verordnung.

Rechtliche Grundlagen

> Für alle gewerblichen Unternehmer besteht die Pflicht zur Führung des Wareneingangsbuches und des Warenausgangsbuches. Sie erübrigt sich für solche Unternehmer, die schon nach anderen Vorschriften zur Führung von Handelsbüchern oder vergleichbaren Aufzeichnungen verpflichtet sind und diese ordnungsgemäß führen.

Mindestaufzeichnungen

Aufzeichnung des Wareneingangs

Im Rahmen des Wareneingangs müssen alle Waren aufgezeichnet werden einschließlich der Rohstoffe, unfertigen Erzeugnisse, Hilfsstoffe und Zutaten, die der Unternehmer im Rahmen seines Gewerbebetriebes zur Weiterveräußerung oder zum Verbrauch entgeltlich oder unentgeltlich, für eigene oder fremde Rechnung, erwirbt. Dies gilt auch dann, wenn die Waren vor der Weiterveräußerung oder dem Verbrauch be- oder verarbeitet werden sollen. Waren, die nach Art des Betriebes üblicherweise für den Betrieb zur Weiterveräußerung oder zum Verbrauch erworben werden, sind auch dann aufzuzeichnen, wenn sie für betriebsfremde Zwecke verwendet werden.

Aufzeichnungen des Wareneingangs
- Tag des Wareneingangs oder Datum der Rechnung
- Namen oder Firma und Anschrift des Lieferers
- handelsübliche Bezeichnung der Ware
- Preis der Ware
- Hinweis auf den Beleg

Abbildung 5

Aufzeichnung des Warenausgangs

Die Aufzeichnung des Warenausgangs ist bei gewerblichen Unternehmern erforderlich, die nach Art ihres Geschäftsbetriebes Waren regelmäßig an andere gewerbliche Unternehmer zur Weiterveräußerung oder zum Verbrauch als Hilfsstoffe liefern. Sie gilt ferner für alle Waren, die der Unternehmer auf Rechnung, durch Tausch, unentgeltlich oder gegen Barzahlung liefert, wenn die Ware wegen der abgenommenen Menge zu einem Preis veräußert wird, der niedriger ist als der übliche Preis für Verbraucher.

Aufzeichnungen des Warenausgangs
- Tag des Warenausgangs oder Datum der Rechnung
- Namen oder Firma und Anschrift des Abnehmers
- handelsübliche Bezeichnung der Ware
- Preis der Ware
- Hinweis auf den Beleg

Abbildung 6

Belegpflicht

Der Unternehmer muss über jeden Warenausgang einen Beleg erteilen, der diese Angaben sowie seinen Namen oder die Firma und seine Anschrift enthält. Ausnahmen hierzu sieht das Umsatzsteuergesetz vor.

Aufzeichnungen für Zwecke der Umsatzsteuer

Nach den umsatzsteuerlichen Vorschriften müssen aus den Aufzeichnungen insbesondere zu ersehen sein:
- Die vereinbarten Entgelte für die vom Unternehmer ausgeführten Lieferungen und sonstigen Leistungen. Dabei ist ersichtlich zu machen, wie sich die Entgelte auf die steuerpflichtigen Umsätze, getrennt nach Steuersätzen, und auf die steuerfreien Umsätze verteilen.
- Die vereinnahmten Entgelte und Teilentgelte für noch nicht ausgeführte Lieferungen und sonstige Leistungen.
  Dabei ist ebenfalls ersichtlich zu machen, wie sich Entgelte und Teilentgelte verteilen.
- Die Bemessungsgrundlagen für die Entnahme eines Gegenstandes durch den Unternehmer für Zwecke, die außerhalb des Unternehmens liegen, unentgeltliche Zuwendung eines Gegenstandes durch den Unternehmer an sein Personal für dessen privaten Bedarf (sofern keine lohnsteuerfreien Aufmerksamkeiten).
- Die Entgelte für steuerpflichtige Lieferungen und sonstige Leistungen, die an den Unternehmer für sein Unternehmen ausgeführt worden sind, und die vor Ausführung dieser Umsätze gezahlten Entgelte und Teilentgelte sowie die auf Entgelte und Teilentgelte entfallenden Steuerbeträge; also alle Material- und Wareneinkäufe sowie Vorleistungen und die entsprechenden Vorsteuern.
- Die Bemessungsgrundlagen für die Einfuhr von Gegenständen sowie die dafür entrichtete oder zu entrichtende Einfuhrumsatzsteuer.
- Die Bemessungsgrundlagen für den innergemeinschaftlichen (Mitgliedstaaten der Europäischen Gemeinschaft) Erwerb von Gegenständen sowie die hierauf entfallenden Steuerbeträge.

Der Gesetz- und Verordnungsgeber hat aus praktischen Erwägungen in gewissen Punkten Vereinfachungen der Aufzeichnungspflicht zugelassen. Für Handwerksbetriebsinhaber sind dabei folgende Bestimmungen von besonderer Bedeutung:

Aufzeichnungserleichterungen

- Sowohl auf der Verkaufs- wie auch auf der Einkaufsseite des Betriebes ist eine Bruttoaufzeichnung möglich; das heißt, das Entgelt oder Teilentgelt und der Steuerbetrag werden in einer Summe aufgezeichnet. Spätestens zum Schluss jedes Voranmeldungszeitraumes sind jedoch die Summe der Entgelte oder Teilentgelte und die auf sie entfallenden Steuerbeträge jeweils in einer Summe, getrennt nach den angewandten Steuersätzen, aufzuzeichnen.
- Dem Unternehmer, dem wegen der Art und des Umfangs des Geschäfts eine Trennung der Entgelte oder Teilentgelte nach Steuersätzen nicht zuzumuten ist, kann das Finanzamt auf Antrag gestatten, dass er sie nachträglich auf der Grundlage der Wareneingänge oder nach anderen Merkmalen trennt.

Für Kleinunternehmer ist die Aufzeichnungspflicht zudem stark eingeschränkt. Wenn bei einem Unternehmer der Umsatz inklusive der darauf entfallenden Umsatzsteuer im vorangegangenen Kalenderjahr 16.620,00 EUR nicht überstiegen hat und im laufenden Kalenderjahr 50.000,00 EUR voraussichtlich nicht übersteigen wird, dann muss er lediglich Folgendes aufzeichnen:

Kleinunternehmerregelung

- Die Werte der erhaltenen Gegenleistungen für ausgeführte Lieferungen und sonstige Leistungen

und der
- Entnahmen (wie auf der vorigen Seite definiert).

Für bezogene Lieferungen und Leistungen entfällt die Aufzeichnungspflicht, soweit der Unternehmer, dessen Umsatz im vorangegangenen Kalenderjahr weniger als 61.356,00 EUR betragen hat, die abziehbaren Vorsteuerbeträge nach einem Durchschnittssatz berechnet.

<u>Führung von Lohnkonten</u>

Für den Handwerksbetriebsinhaber ist ferner die Verpflichtung zur Führung von Lohnkonten von Bedeutung. Nach dem Einkommensteuerrecht hat jeder Arbeitgeber für jeden Arbeitnehmer und jedes Kalenderjahr ein Lohnkonto zu führen. In dieses Lohnkonto sind zunächst die für den Lohnsteuerabzug erforderlichen Merkmale aus der Lohnsteuerkarte zu übernehmen: Vorname, Familienname, Geburtstag, Wohnort, Wohnung, Steuerklasse, Zahl der Kinderfreibeträge, Religionsbekenntnis, die Gemeinde, die die Steuerkarte ausgestellt hat, das Finanzamt, in dessen Bezirk die Lohnsteuerkarte ausgestellt wurde, und gegebenenfalls eine besondere Kennzeichnung für Arbeitnehmer, die in der gesetzlichen Rentenversicherung versicherungsfrei oder von der Versicherungspflicht befreit sind, sowie steuerfreie Beträge.

Lohnkonto

Aufzeichnungen — Bei jeder Lohnabrechnung ist dann im Lohnkonto vor allem Folgendes aufzuzeichnen:
- Tag der Lohnzahlung und Lohnzahlungszeitraum
- Arbeitslohn, getrennt nach Barlohn und Sachbezügen, und die davon einbehaltene Lohnsteuer
- steuerfreie Bezüge sowie
- pauschal besteuerte Bezüge und die darauf entfallende Lohnsteuer.

Erleichterungen — Arbeitgeber, die für die Lohnabrechnung ein maschinelles Verfahren anwenden, können auf Antrag von Teilaufzeichnungen freigestellt werden, wenn die Möglichkeit zur Nachprüfung in anderer Weise sichergestellt ist.

Grundsätze ordnungsmäßiger Buchführung (GoB)

Aus dem Handelsrecht, dem Steuerrecht, der Rechtsprechung, Empfehlungen, Erlassen und Gutachten von Behörden und Verbänden, Gepflogenheiten der Praxis und aus der wissenschaftlichen Diskussion haben sich im Laufe der Zeit bestimmte Regeln für die Rechnungslegung herausgebildet. Sie bilden heute die allgemeine Grundlage für Buchführung und Bilanzierung und sind verbindlich anzuwenden. Als Grundregel gilt:

Grundregel — Die Buchführung muss so beschaffen sein, dass sie einem sachverständigen Dritten innerhalb angemessener Zeit einen Überblick über die Geschäftsvorfälle und über die Lage des Unternehmens vermitteln kann. Die Geschäftsvorfälle müssen sich in ihrer Entstehung und Abwicklung verfolgen lassen.

Einzelregeln und -grundsätze

Im Einzelnen müssen für die Ordnungsmäßigkeit der Buchführung vom Handwerksbetriebsinhaber folgende Regeln und Grundsätze beachtet werden:

- Klarheit und Übersichtlichkeit
  Dazu sind Eintragungen in einer lebenden Sprache und deren Schriftzeichen erforderlich. Werden Abkürzungen, Buchstaben, Ziffern oder Symbole verwendet, so muss deren Bedeutung im Einzelfall eindeutig festliegen.

- Vollständigkeit sowie materielle und formelle Richtigkeit
  Dies bedeutet vor allem, dass alle Geschäftsvorfälle vollständig und wahrheitsgetreu dargestellt werden müssen. Eintragungen oder Aufzeichnungen dürfen auch nicht derart verändert werden, dass der ursprüngliche Inhalt nicht mehr feststellbar ist.

- Belegprinzip
  Keine Buchung darf ohne Beleg erfolgen, so dass sämtliche Buchungen jederzeit nachprüfbar sind. Als Belege dienen beispielsweise Eingangsrechnungen, Ausgangsrechnungen, Kassenbelege, Bankauszüge, Lohnlisten und anderes. Ist kein Fremdbeleg vorhanden, so ist ein Eigenbeleg zu erstellen.

- Rechtzeitige und geordnete Buchung
  Buchungen und sonst erforderliche Aufzeichnungen sind zeitgerecht und geordnet vorzunehmen. Kasseneinnahmen und Kassenausgaben sollen in der Regel täglich festgehalten werden.

Die Bücher und die sonst erforderlichen Aufzeichnungen können dabei auch in der geordneten Ablage von Belegen bestehen oder auf Datenträgern geführt werden. Im letztgenannten Fall muss jedoch sichergestellt sein, dass die Daten jederzeit verfügbar sind und unverzüglich lesbar gemacht und maschinell ausgewertet werden können. Auf Verlangen der Finanzbehörde muss der gewerbliche Unternehmer Unterlagen unverzüglich ganz oder teilweise ausdrucken lassen oder den Datenträger zur Auswertung überlassen. Die Möglichkeit der Aufbewahrung auf Bildträgern oder anderen Datenträgern gilt jedoch nicht für Eröffnungsbilanzen und Jahresabschlüsse.   *Datenträger*

- Einhaltung der Aufbewahrungsfristen
  Die Aufbewahrungsfrist beginnt jeweils mit dem Schluss des Kalenderjahres, in dem die letzte Eintragung in das Buch gemacht, das Inventar, die Eröffnungsbilanz, der Jahresabschluss oder der Lagebericht aufgestellt, der Handels- oder Geschäftsbrief empfangen oder abgesandt worden oder der Buchungsbeleg entstanden ist, ferner die Aufzeichnung vorgenommen worden ist oder die sonstigen Unterlagen entstanden sind. Die Aufbewahrungsfrist läuft nicht ab, soweit und solange Unterlagen noch für Steuern von Bedeutung sind, für die die Steuerfestsetzungsfrist noch nicht abgelaufen ist.   *Beginn*

Abbildung 7

Aufzeichnungen können auch auf Datenträgern aufbewahrt bzw. gespeichert werden (Archivierungsfunktion). Bei Bedarf müssen sie allerdings (z. B. bei Betriebsprüfung) in geeigneter Form am Bildschirm des PCs oder ausgedruckt verfügbar sein.

Da die Finanzverwaltung im Rahmen von Prüfungshandlungen Einblick in die EDV des Betriebes verlangen kann, muss auch die Software gemäß den Aufbewahrungsfristen erhalten werden, damit ein Zugang zu den entsprechenden Unterlagen und Dateien erhalten bleibt.

> Diese Ordnungsvorschriften gelten im Übrigen auch dann, wenn der Unternehmer Bücher und Aufzeichnungen führt, die für die Besteuerung von Bedeutung sind, ohne hierzu verpflichtet zu sein.

Dies trifft beispielsweise zu, wenn ein gewerblicher Unternehmer – wie allgemein zu empfehlen – aus betriebswirtschaftlichen Erwägungen Bücher führt.

Erleichterungen
Hinsichtlich der steuerrechtlichen Aufzeichnungspflichten können die Finanzbehörden für einzelne Fälle oder für bestimmte Gruppen von Fällen Erleichterungen bewilligen. Sie werden jedoch nur gewährt, wenn die Einhaltung der Buchführungs-, Aufzeichnungs- und Aufbewahrungspflichten Härten mit sich bringt und die Besteuerung durch die Erleichterung nicht beeinträchtigt wird. Solche Erleichterungen können auch rückwirkend bewilligt und widerrufen werden.

Die Grundsätze ordnungsmäßiger Buchführung

Abbildung 8

Beratungsmöglichkeiten

> Bezüglich der genauen Einhaltung und der konkreten Erfordernisse der Grundsätze ordnungsmäßiger Buchführung sollte sich der gewerbliche Unternehmer von seinem Steuerberater beraten lassen.

Denn Verstöße gegen die Grundsätze ordnungsmäßiger Buchführung können beträchtliche Folgen nach sich ziehen.

Folgen von Verstößen gegen die Buchführungs- und Aufzeichnungspflichten

> Erhebliche formelle Mängel haben zur Folge, dass keine ordnungsmäßige Buchführung vorliegt, so dass die Besteuerungsgrundlagen von den Finanzbehörden geschätzt werden. In der Regel kommt ein Unternehmer dabei immer schlechter weg. Weitere Folgen können Zwangsgeld, Geldbußen und Bestrafung sein.

Formelle Mängel bleiben allerdings dann ohne Folgen, wenn die Geschäftsvorfälle vollständig erfasst sind, sich in Entstehung und Abwicklung verfolgen lassen, das sachliche Ergebnis der Buchführung nicht beeinflusst wird und kein erheblicher Verstoß gegen die Aufbewahrungsvorschriften vorliegt.

Bei materiellen Mängeln in der Buchführung können je nach Schwere Fehlerberichtigung sowie Teil- oder Vollschätzung die Folge sein.

Schätzung

1.1.2 System der doppelten Buchführung

1.1.2.1 Überblick über Buchführungssysteme

Doppelte Buchführung

> Die doppelte Buchführung ermittelt den betrieblichen Erfolg auf zweifache Weise: durch die Bilanz und durch die Erfolgsrechnung. Sie umfasst die Bestände und deren Veränderungen einerseits sowie die erfolgswirksamen Aufwendungen und Erträge andererseits.

Dadurch erhält man insgesamt eine geschlossene Darstellung des wertmäßigen Betriebsablaufs. Die doppelte Buchführung setzt zwar umfangreiche Buchführungsarbeiten voraus, sie liefert damit aber auch die wesentlichen Grundlagen für die übrigen Bereiche des betrieblichen Rechnungswesens.

Darstellung des Betriebsablaufs

Einfache Buchführung

> Dieses Buchführungssystem kennt nur die Verbuchung der Zu- und Abgänge in zeitlicher Abfolge. Der betriebliche Erfolg lässt sich durch die Gegenüberstellung des Vermögens am Anfang und Schluss einer Rechnungsperiode ermitteln. Diese Methode gibt jedoch keinen Aufschluss darüber, wie es über Aufwendungen und Erträge zu diesem Erfolg kommt, d.h. es fehlen die Informationen, wo mögliche Gewinn- und Verlustursachen liegen.

Kameralistische Buchführung

> Die Aufgabe dieses Systems der Buchführung, das auch Behörden- oder Verwaltungsbuchführung genannt wird, besteht darin, geplanten Einnahmen und Ausgaben die dann tatsächlich eingetretenen Werte gegenüberzustellen.

Für Gewerbetreibende ist diese Form der Buchführung, die zudem weder Inventur noch Bewertung kennt, nicht geeignet.

Kriterien für die Auswahl des geeigneten Buchführungssystems

> Die Auswahl des geeigneten Buchführungssystems findet vorwiegend im Spannungsfeld zwischen Buchführungsaufwand und Aussagefähigkeit statt.

Aussagefähigkeit Aus Gründen der Aussagefähigkeit sollte nur mehr die doppelte Buchführung gewählt werden. Der damit verbundene Mehraufwand bei den Buchungsarbeiten fällt heute immer weniger ins Gewicht, da diese Arbeiten auch bei der Mehrzahl der Handwerksbetriebe über die Elektronische Datenverarbeitung (EDV) erledigt werden. Im Zweifel sollten der Steuerberater oder Berater der Handwerksorganisation zur Entscheidung hinzugezogen werden.

Abbildung 9

1.1.2.2 Doppelte Buchführung

Buchung
Gegenbuchung
> Bei der doppelten Buchführung handelt es sich um die Darstellung der Geschäftsvorfälle in doppelter Weise. Jeder Geschäftsvorfall wird sozusagen nach seiner Herkunft und nach seiner Verwendung erfasst. Es handelt sich um eine Gegenüberstellung von Leistung und Gegenleistung. Daraus folgt, dass zu jeder Buchung eine Gegenbuchung gehört. Jeder Soll-Buchung entspricht eine Haben-Buchung. Beide müssen zahlenmäßig übereinstimmen.

Dabei wirken sich bei den Aktivkonten Vermögenszunahmen auf der Soll-Seite und Vermögensabnahmen auf der Haben-Seite aus. Bei den Kapitalkonten (Eigenkapital und Fremdkapital) werden dagegen die Zunahmen im Haben und die Abnahmen im Soll erfasst.

Bestands- und
Erfolgsrechnung
> Die doppelte Buchführung ist damit eine kombinierte Bestands- und Erfolgsrechnung. In ihr werden einerseits alle Anfangsbestände und Veränderungen an Vermögen und Verbindlichkeiten (Schulden) festgehalten. Die Werte des Bilanzstichtages werden dann in der Bilanz gegenübergestellt. Andererseits werden alle Aufwendungen und Erträge erfasst, die ihrerseits wiederum in die Gewinn- und Verlustrechnung eingehen.

Die doppelte Buchführung bildet somit ein geschlossenes Bestands- und Erfolgsermittlungssystem.
Sie verfügt dementsprechend über
- Bestandskonten
    - Aktivkonten (Vermögenskonten)
    - Passivkonten (Kapitalkonten, also Eigenkapital und Fremdkapital)
    und
- Erfolgskonten
    - Aufwandskonten
    - Ertragskonten.

Durch die einzelnen Geschäftsvorfälle treten laufend Veränderungen auf, die Vermögen und Kapital beeinflussen. Hinsichtlich der Verbuchung der Geschäftsvorfälle werden folgende Grundformen unterschieden:

Verbuchung der Geschäftsvorfälle

- Aktivtausch
  Hier entspricht der Zugang auf einem Vermögenskonto dem Abgang auf einem anderen. Die Bilanzsumme bleibt deshalb unverändert.
- Passivtausch
  Hier entspricht der Zugang auf einem Kapitalkonto dem Abgang auf einem anderen. Die Bilanzsumme bleibt gleichfalls unverändert.
- Bilanzverlängerung
  Durch einen Geschäftsvorfall werden Aktivseite und Passivseite um den gleichen Betrag vermehrt. Dem Zugang auf einem Vermögenskonto entspricht auch ein Zugang auf einem Kapitalkonto und umgekehrt, so dass die Bilanzsumme insgesamt zunimmt.
- Bilanzverkürzung
  Durch einen Geschäftsvorfall werden Aktivseite und Passivseite um den gleichen Betrag vermindert. Identische Abgänge auf Vermögens- und Kapitalkonten vermindern die Bilanzsumme.

In diesen vier Fällen wird das Betriebsvermögen umgeschichtet.

- Aufwendungen und Erträge beeinflussen das Eigenkapital; sie ändern damit das Betriebsvermögen.
- Gemischte Geschäftsvorfälle
  Hiervon werden sowohl Aufwendungen und Erträge wie auch Bestände betroffen. Dies gilt beispielsweise für die Abschreibungen.

Beispiel:

Ein Handwerksmeister eröffnet zu Jahresbeginn sein Geschäft mit einem Bankguthaben von 10.000,00 EUR und einem Bestand an Vorräten von 20.000,00 EUR. Außerdem hat er Verbindlichkeiten aus Lieferungen und Leistungen in Höhe von 7.000,00 EUR sowie Wechselverbindlichkeiten über 8.000,00 EUR. Dies ergibt folgende einfache Anfangsbilanz:

Aktiva	Eröffnungsbilanz		Passiva
Vorräte	20.000,00	Eigenkapital	15.000,00
Bank	10.000,00	Verbindlichkeiten aus Lieferungen und Leistungen	7.000,00
		Wechselverbindlichkeiten	8.000,00
	30.000,00		30.000,00

Zum besseren Verständnis der Auswirkungen unterschiedlicher Geschäftsvorfälle kann man sich diese Ausgangsbilanz auch als Waage vorstellen. Diese Waage muss stets im Gleichgewicht sein, da die Summe der Aktiva und Passiva immer gleich groß sein muss.

Waage

Geschäfts-
vorfälle

Es treten nun folgende Geschäftsvorfälle auf:
a) Der Meister kauft Material für 3.000,00 EUR und zahlt per Banküberweisung.
b) Verbindlichkeiten aus Lieferungen und Leistungen in Höhe von 5.000,00 EUR werden in Wechselverbindlichkeiten umgewandelt.
c) Der Meister kauft Material auf Kredit in Höhe von 5.000,00 EUR.
d) Diese Verbindlichkeiten werden per Banküberweisung getilgt.
e) Der Meister überweist an das Finanzamt für betriebliche Steuern 1.000,00 EUR.
f) Der Meister bekommt für eine Leistung 2.000,00 EUR, die vom Kunden per Bank überwiesen werden.
g) Der Materialverbrauch beträgt für die gesamte Rechnungsperiode 4.000,00 EUR.

In der per Waage dargestellten Bilanz haben diese Geschäftsvorfälle folgende Auswirkungen:

Aktivtausch

a) Hier handelt es sich um einen Aktivtausch.

1.1.2 System der doppelten Buchführung

b) Hier handelt es sich um einen Passivtausch.

Passivtausch

c) Dieser Geschäftsvorfall hat eine Bilanzverlängerung zur Folge.

Bilanzverlängerung

d) Dieser Geschäftsvorfall hat eine Bilanzverkürzung zur Folge.

Bilanzverkürzung

Bilanzverkürzung

e) Dieser Aufwand beeinflusst das Eigenkapital und führt zu einer Bilanzverkürzung.

Bilanzverlängerung

f) Dieser Ertrag beeinflusst das Eigenkapital und führt zu einer Bilanzverlängerung.

Bilanzverkürzung

g) Vom Materialaufwand ist sowohl das Eigenkapital betroffen wie auch der Bestand an Vorräten. Die Bilanz wird dadurch verkürzt.

1.1.2 System der doppelten Buchführung

Bereits durch diese sieben Geschäftsvorfälle ergeben sich Aktiva und Passiva, die vollkommen anders sind als bei der Geschäftseröffnung.
Die Schlussbilanz hätte dann folgendes Bild:

Schlussbilanz

Aktiva	Schlussbilanz		Passiva
Vorräte	24.000,00	Eigenkapital	12.000,00
Bank	3.000,00	Verbindlichkeiten aus Lieferungen und Leistungen	2.000,00
		Wechselverbindlichkeiten	13.000,00
	27.000,00		27.000,00

Das Beispiel macht auch deutlich, dass es zwei Wege der Eigenkapitalermittlung gibt, nämlich

- Eigenkapital = Aktiva ./. Passiva = Vorräte 24.000,00 EUR + Bank 3.000,00 EUR ./. Verbindlichkeiten aus Lieferungen und Leistungen 2.000,00 EUR ./. Wechselverbindlichkeiten 13.000,00 EUR = 12.000,00 EUR

und

- Eigenkapital = Anfangsbestand 15.000,00 EUR ./. Aufwendungen 5.000,00 EUR + Ertrag 2.000,00 EUR = 12.000,00 EUR.

Eigenkapitalermittlung

In dieser Möglichkeit, das Eigenkapital am Jahresschluss auf zwei Wegen ermitteln zu können, liegt einer der Hauptvorteile der doppelten Buchführung. Die Buchungen kontrollieren sich sozusagen gegenseitig. Führen die beiden Verfahren nicht zum selben Ergebnis, so sind mit Sicherheit Buchungsfehler unterlaufen.

Gegenseitige Kontrolle

1.1.2.3 Grundlagen und wesentliche Arbeitsschritte

Konto, Kontenarten, Kontenrahmen, Kontenplan

Konto

Das Konto ist in der Buchführung die übliche Darstellungsform für die Geschäftsvorfälle. Jedes Konto hat zwei Seiten, eine Soll-Seite und eine Haben-Seite. Die Buchung auf der Haben-Seite wird auch Gutschrift und die auf der Soll-Seite Belastung genannt.

Soll
Haben

Schema eines Kontos

	Konto	
Soll		Haben
Belastung		Gutschrift

Abbildung 10

Kontenarten

Personenkonten

Sachkonten

Bestandskonten

Erfolgskonten

Man unterscheidet zunächst zwischen
- Personenkonten
und
- Sachkonten.

Personenkonten sind Konten der Kunden („Forderungen aus Lieferungen und Leistungen") und der Lieferanten („Verbindlichkeiten aus Lieferungen und Leistungen").
Innerhalb der Sachkonten wird unterteilt nach
- Bestandskonten:
  - Vermögens- oder Aktivkonten
  - Verbindlichkeiten- (Schuld-) oder Passivkonten und
- Erfolgskonten:
  - Aufwandskonten
  - Ertragskonten.

Wichtige Aktiv- oder Vermögenskonten sind zum Beispiel:
Betriebsgebäude, Maschinen, Werkzeuge, Fahrzeuge, Betriebs- und Geschäftsausstattung, Vorräte, Forderungen aus Lieferungen und Leistungen, Kasse, Bank, aktive Rechnungsabgrenzungsposten.
Zu den Verbindlichkeiten- oder Passivkonten zählen insbesondere:
Eigenkapital, Rückstellungen, Verbindlichkeiten gegenüber Kreditinstituten, Verbindlichkeiten aus Lieferungen und Leistungen, Wechselverbindlichkeiten, sonstige Verbindlichkeiten, passive Rechnungsabgrenzungsposten.
Aufwandskonten sind unter anderem:
Materialaufwand (Materialeinsatz), Löhne und Gehälter, gesetzliche Sozialabgaben, Abschreibungen, Versicherungen, Beiträge, Zins- und Diskontaufwendungen, betriebliche Steuern.
Auf Ertragskonten werden vor allem erfasst:
Umsatzerlöse, Zinserträge, sonstige betriebliche Erträge.

Abbildung 11

Kontenrahmen

Um eine klare und übersichtliche Buchführung entsprechend den Grundsätzen ordnungsmäßiger Buchführung sicherzustellen, wird in der Praxis auf Kontenrahmen zurückgegriffen. Sie legen fest, wie einzelne Geschäftsvorfälle zu verbuchen sind.

Kontenrahmen sind ein Organisations- und Gliederungsschema für das gesamte betriebliche Rechnungswesen. Sie sollen vor allem eine einheitliche Ausrichtung der Buchführungsorganisation ermöglichen, indem sie festlegen, wie die einzelnen Geschäftsvorfälle verbucht werden. Für die gesamte deutsche Wirtschaft wurde der so genannte Gemeinschaftskontenrahmen entworfen. Er ist nach dem Dezimalsystem aufgebaut, das heißt es gibt 10 Kontenklassen, diese werden wiederum in bis zu 10 Kontengruppen unterteilt und diese wiederum bei Bedarf in jeweils bis zu 10 Untergruppen. *Gemeinschaftskontenrahmen*

Auf die 10 Kontenklassen werden die einzelnen Bestandskonten, Erfolgskonten und die Abschlusskonten verteilt.

Auf der Basis dieses Gemeinschaftskontenrahmens wurden spezielle Kontenrahmen für einzelne Wirtschaftsbereiche – darunter auch für das Handwerk – entwickelt. Aus diesem Einheitskontenrahmen für das Handwerk wurden wiederum Fachkontenrahmen für einzelne Branchen ausgearbeitet. *Spezielle Kontenrahmen* *Fachkontenrahmen*

Von besonderer Bedeutung sind heute die Kontenrahmen der DATEV für Einzelfirmen und Personengesellschaften sowie für Kapitalgesellschaften, die von sehr vielen Steuerberatern für ihre Mandanten eingesetzt werden. Diese Kontenrahmen berücksichtigen die Bilanzierungsvorschriften. Die DATEV bietet rund 20 Spezialkontenrahmen an, die branchentypische und branchenspezifische Erfordernisse berücksichtigen. Die DATEV führt darunter auch einen speziellen Kontenrahmen für das Handwerk. *DATEV-Kontenrahmen*

Beispiel für die Gliederung eines Kontenrahmens (hier DATEV-Kontenrahmen SKR 03 und SKR 04, wobei Version 03 nach dem Prozessgliederungsprinzip aufgebaut ist und Version 04 nach dem Abschlussprinzip)

	SKR 03	SKR 04
Klasse 0	Anlage- und Kapitalkonten	Anlagevermögen
Klasse 1	Finanz- und Privatkonten	Umlaufvermögen
Klasse 2	Abgrenzungskonten	Passiva (Kapital, Privatentnahmen, Rücklagen, Gewinn-/Verlustvortrag, Sonderposten mit Rücklagenanteil)
Klasse 3	Wareneingangs- und Bestandskonten	Passiva (Rückstellungen, Verbindlichkeiten, Rechnungsabgrenzungsposten)
Klasse 4	betriebliche Aufwendungen	betriebliche Erträge
Klasse 5	nicht belegt (für Kostenrechnung nutzbar)	betriebliche Aufwendungen (Materialaufwand, Aufwand für bezogene Leistungen)
Klasse 6	nicht belegt (für die Kostenrechnung nutzbar)	betriebliche Aufwendungen (Personalaufwand, Sozialabgaben, Abschreibungen, sonstige Aufwendungen, kalkulatorische Kosten)

Klasse 7	Bestände an Erzeugnissen	weitere Erträge und Aufwendungen
Klasse 8	Erlöskonten	nicht belegt
Klasse 9	Vortragskonten	Vortragskonten

Abbildung 12

Nachfolgend wird beispielhaft ein Kontenrahmen auf der Basis des SKR04 dargestellt, der Konten enthält, die in der Regel für einen Handwerksbetrieb von Bedeutung sind. Dabei werden die dort üblichen Kontenbezeichnungen zugrunde gelegt. In diesem Buch werden jedoch vielfach auch Kontenbezeichnungen verwendet, die in der „Kaufmanns-Alltagssprache" gebräuchlicher sind.

Auszug aus dem Kontenrahmen SKR04 mit den für einen Handwerksbetrieb gebräuchlichen Konten

Klasse 0 – Anlagevermögen
- 0100 Konzess., gewerbl. Schutzr. u. ähnl. Rechte
- 0135 EDV-Software
- 0150 Geschäfts- oder Firmenwert
- 0200 Grundst., gr.-gl. Rechte/B. einschl. Baut
- 0230 Bauten auf eigenen Grundstücken
- 0330 Bauten auf fremden Grundstücken
- 0400 Technische Anlagen und Maschinen
- 0500 Andere Anlagen, BGA
- 0520 Pkw
- 0540 Lkw
- 0620 Werkzeuge
- 0650 Büroeinrichtung
- 0670 Geringwertige Wirtschaftsgüter bis 410,00 EUR
- 0690 Sonstige Betriebs- und Geschäftsausstattung
- 0820 Beteiligungen
- 0900 Wertpapiere des Anlagevermögens
- 0930 Sonstige Ausleihungen
- 0940 Darlehen (Ausleihungen)

Klasse 1 – Umlaufvermögen
- 1000 Roh-, Hilfs- und Betriebsstoffe (Bestand)
- 1040 Unfertige Erzeugnisse, unfertige Leistungen
- 1181 Geleistete Anzahlungen, 7 % VSt
- 1184 Geleistete Anzahlungen, 16 % Vorsteuer
- 1200 Ford. Lief/Leist. Kundengruppe 0
- 1201 Ford. Lief/Leist. Kundengruppe 1
- 1202 Ford. Lief/Leist. Kundengruppe 2

1230 Wechsel aus Lieferungen und Leistungen
1240 Zweifelhafte Forderungen
1300 Sonstige Vermögensgegenstände
1350 Kautionen
1360 Darlehensforderung
1370 Durchlaufende Posten
1400 Abziehbare Vorsteuer
1401 Abziehbare Vorsteuer 7 %
1405 Abziehbare Vorsteuer 16 %
1433 Bezahlte Einfuhrumsatzsteuer
1460 Geldtransit Bank 1
1510 Sonstige Wertpapiere
1520 Finanzwechsel
1550 Schecks
1600 Kasse
1700 Postbank
1800 Bank 1
1900 Aktive Rechnungsabgrenzung

Klasse 2 – Passiva

2000 Festkapital (Pers.ges. Vollh./Einzelunt.)
2100 Privatentnahmen allgemein (Vollhafter)
2180 Privateinlagen (Vollhafter/Einzelunternehmer)
2250 Privatspenden (Vollhafter/Einzelunternehmer)
2920 Kapitalrücklage
2930 Gesetzliche Gewinnrücklage
2950 Satzungsmäßige Gewinnrücklagen
2960 Andere Gewinnrücklagen
2970 Gewinnvortrag vor Verwendung
2978 Verlustvortrag vor Verwendung
2980 Sonderposten mit Rücklageanteil

Klasse 3 – Passiva

3000 Rückstellungen für Pensionen u. Ä.
3020 Steuerrückstellungen
3070 Sonstige Rückstellungen
3090 Rückstellungen für Gewährleistungen
3150 Verbindlichkeiten gg. Kreditinstituten
3250 Erhaltene Anzahlungen auf Bestellungen
3260 Erhaltene Anzahlungen 7 % USt
3270 Erhaltene Anzahlungen 16 % Ust
3300 Verb. aus L.u.L. Lieferantengruppe 0
3301 Verb. aus L.u.L. Lieferantengruppe 1

3302	Verb. aus L.u.L. Lieferantengruppe 2
3350	Wechselverbindlichkeiten
3500	Sonstige Verbindlichkeiten
3560	Darlehen (sonst. Verbindlichkeiten)
3700	Verb. aus Betriebsteuern und Abgaben
3720	Verbindlichkeiten aus Lohn und Gehalt
3730	Verbindlichkeiten aus Lohn- und Kirchensteuer
3740	Verb. im Rahmen der sozialen Sicherheit
3761	Verbindlichkeiten für Verbrauchssteuern
3790	Lohn- und Gehaltsverrechnung
3800	Umsatzsteuer
3801	Umsatzsteuer 7 %
3805	Umsatzsteuer 16 %
3820	Umsatzsteuer-Vorauszahlungen
3900	Passive Rechnungsabgrenzung

Klasse 4 – Betriebliche Erträge

4200	Erlöse
4300	Erlöse 7 % USt
4400	Erlöse 16 % Ust
4500	Provisionserlöse
4600	Unentgeltliche Wertabgaben
4690	Nicht steuerbare Umsätze
4730	Gewährte Skonti
4731	Gewährte Skonti 7 % USt
4735	Gewährte Skonti 16 % Ust
4830	Sonstige betriebliche Erträge
4940	Verrechnete Sachbezüge (keine Waren)
4941	Sachbezüge 7% USt (Waren)
4944	Sachbezüge 16% USt (Waren)

Klasse 5 – Betriebliche Aufwendungen

5100	Einkauf/Roh-, Hilfs- und Betriebsst.
5200	Wareneingang
5300	Wareneingang 7 % VSt
5400	Wareneingang 16 % VSt
5730	Erhaltene Skonti
5731	Erhaltene Skonti 7 % VSt
5735	Erhaltene Skonti 16 % VSt

Klasse 6 – Betriebliche Aufwendungen

6000	Löhne und Gehälter
6100	Soz. Abgaben u. Aufw. für Altersversorg.

6200	Abschr./immaterielle Vermögensgegenstände
6300	Sonstige betriebliche Aufwendungen
6305	Raumkosten
6390	Spenden
6400	Versicherungen
6420	Beiträge
6430	Sonstige Abgaben
6490	Sonstige Reparaturen und Instandhaltungen
6500	Fahrzeugkosten
6600	Werbekosten
6700	Kosten der Warenabgabe
6800	Porto
6805	Telefon
6815	Bürobedarf
6820	Zeitschriften, Bücher
6930	Forderungsverluste (übliche Höhe)
6960	Periodenfremde Aufwendungen
Klasse 7 – Weitere Erträge und Aufwendungen	
7100	Sonstige Zinsen und ähnliche Erträge
7300	Zinsen und ähnliche Aufwendungen
7400	Außerordentliche Erträge
7500	Außerordentliche Aufwendungen
7600	Körperschaftsteuer
7620	Gewerbeertragsteuer
7675	Verbrauchsteuer
7680	Grundsteuer
7685	Kfz-Steuer
Klasse 9 – Vortragskonten	
9000	Saldenvorträge Sachkonten
9008	Saldenvorträge Debitoren
9009	Saldenvorträge Kreditoren

Abbildung 13

<u>Kontenplan</u>

> Für den einzelnen Betrieb ist auf der Basis des gewählten Kontenrahmens eine betriebsindividuelle systematische Gliederung der Konten zu erstellen (Kontenplan). Er gewährleistet eine übersichtliche Buchführungsorganisation. Dabei ist darauf zu achten, dass die Zahl der anzulegenden Konten in einem angemessenen Verhältnis zur Betriebsgröße und zu den betrieblichen Gegebenheiten und Anforderungen steht. Auf jeden Fall aber müssen die Konten ausreichen, um eine ordnungsmäßige Buchführung sicherzustellen.

Deshalb wird empfohlen, den einzelbetrieblichen Kontenplan von einem Fachmann, etwa dem Steuerberater, erstellen zu lassen, zumindest aber einen fachkundigen Berater hinzuzuziehen.

Konteneröffnung

> Die Konteneröffnung beinhaltet die Einrichtung sämtlicher benötigter Konten sowie die Übernahme vorhandener Anfangsbestände.

Anfangsbestand   Dabei steht der Anfangsbestand bei Aktivkonten im Soll und bei Passivkonten im Haben.

Soll	Aktivkonto	Haben	Soll	Passivkonto	Haben
Anfangsbestand					*Anfangsbestand*

Abbildung 14

1.1.2.4 Belege, Buchungsregeln, Vorkontierung und Verbuchung der laufenden Geschäftsvorfälle

Belege
Entsprechend des schon erwähnten Belegprinzips „Keine Buchung ohne Beleg" sind Belege wie Quittungen, Rechnungen, Schecks u.v.a. die unerlässliche Grundlage für jede Buchung.

Buchungsregeln

Fragestellungen
> Anhand der Belege ist zu überlegen:
> - Welche Konten werden berührt?
> - Um was für Konten handelt es sich dabei?
> - Liegt ein Zugang oder ein Abgang vor?
> - Welche Kontenseite ist danach zu buchen?

1.1.2 System der doppelten Buchführung

In der Praxis haben sich dafür drei Wege herausgebildet:

- Man stellt sich gleichsam vor, hinter jedem Konto würde eine Person stehen. Grundsatz für die Buchung ist dann:

> Wer empfängt, der wird belastet (Soll);
> wer gibt, der wird erkannt (Haben).

Regel 1

- Man kann sich als feste Regeln einprägen:

> Aktivkonten: Anfangsbestände und Zugänge auf der linken, Abgänge auf der rechten Seite
> Passivkonten: Anfangsbestände und Zugänge auf der rechten, Abgänge auf der linken Seite
> Aufwandskonten: Zugänge links, Abgänge rechts
> Ertragskonten: Zugänge rechts, Abgänge links.

Regel 2

- Die heute übliche Form ist die Bildung von Buchungssätzen.

> Dabei wird das Konto zuerst genannt, bei dem im Soll gebucht wird, und durch „an" mit dem Konto verbunden, bei dem im Haben gebucht wird.

Regel 3

Beispiel:
„Verbindlichkeiten aus Lieferungen und Leistungen **an** Bank."
Vielfach werden dabei auch nur die entsprechenden Nummern aus dem Kontenrahmen genannt; also nach dem dargestellten Kontenrahmen SKR04: 3300 **an** 1800
Hierfür ist allerdings zum besseren Verständnis Voraussetzung, dass man auch die vorher genannten Regeln kennt.

Beispiel:
Zu verbuchen ist folgender Geschäftsvorfall: Ein Handwerksmeister kauft Material im Wert von 3.000,00 EUR auf Ziel und bezahlt nach vier Wochen per Banküberweisung.

Anwendung der Buchungsregeln

Buchungsregel 1: Das Konto Vorräte empfängt und wird belastet, also Buchung im Soll;

das Konto Verbindlichkeiten aus Lieferungen und Leistungen gibt und wird erkannt, also (Gutschrift-)Buchung im Haben;

beim Zahlungsvorgang nach vier Wochen empfängt das Konto Verbindlichkeiten aus Lieferungen und Leistungen und wird belastet; also Buchung im Soll;

das Konto Bank gibt und wird entlastet; also Buchung im Haben.

Buchungsregel 2: Das Konto Vorräte ist ein Aktivkonto, also Buchung eines Zugangs links;

das Konto Verbindlichkeiten aus Lieferungen und Leistungen ist ein Passivkonto, also Buchung eines Zugangs rechts;

beim Zahlungsvorgang nach vier Wochen Buchung des Abgangs auf dem Konto Verbindlichkeiten aus Lieferungen und Leistungen links;

das Konto Bank ist ein Aktivkonto, also Buchung eines Abgangs rechts.

Buchungsregel 3: Vorräte an Verbindlichkeiten aus Lieferungen und Leistungen;

nach vier Wochen: Verbindlichkeiten aus Lieferungen und Leistungen an Bank.

Alle drei Regeln führen dann zu folgender Kontendarstellung:

Soll	Vorräte	Haben
(Belastung)		*(Gutschrift)*
(Zugang)		*(Abgang)*
	3.000,00	

Soll	Verbindlichkeiten aus Lieferungen und Leistungen	Haben
(Belastung)		*(Gutschrift)*
(Abgang)		*(Zugang)*
	3.000,00	3.000,00

Soll	Bank	Haben
(Belastung)		*(Gutschrift)*
(Zugang)		*(Abgang)*
		3.000,00

Vorkontierung und Verbuchung der laufenden Geschäftsvorfälle

> Der Kontenplan ist ein wichtiges Hilfsmittel für die Vorkontierung. Darunter versteht man, dass bereits auf den Belegen die für die Verbuchung notwendigen Konten vermerkt werden.

In der Praxis geschieht dies mittels eines Stempels, der Platz für entsprechende Eintragungen vorsieht.

Die endgültige Verbuchung der laufenden Geschäftsvorfälle, also die Übertragung in das jeweilige Konto, wird durch diese Buchungsanweisungen erheblich erleichtert.

1.1.3 Inventur und Abschluss

1.1.3.1 Wesen der Inventur

> Die Inventur ist die zu einem bestimmten Stichtag vorgenommene körperliche Bestandsaufnahme aller Vermögensgegenstände und Schulden (Verbindlichkeiten) eines Unternehmens. Die entsprechenden Ergebnisse werden anschließend in einem Inventar schriftlich festgehalten.

Körperliche Bestandsaufnahme

1.1.3.2 Zweck der Inventur

Die Inventur ist nach Handelsrecht jedem Kaufmann vorgeschrieben. Sie muss in der Regel bei Beginn des Gewerbes (Eröffnung des Betriebes) zur Feststellung der Ausgangssituation und dann am Schluss eines jeden Geschäftsjahres zur Ermittlung eingetretener Veränderungen durchgeführt werden. Sie ist ein wesentlicher Bestandteil einer ordnungsmäßigen Buchführung.

> Die Inventur soll eine Kontrolle darüber ermöglichen, ob die tatsächlich vorhandenen Istbestände mit den sich aus den Büchern ergebenden Sollbeständen nach Art, Menge und Wert übereinstimmen. Im Falle von Abweichungen soll sie helfen, diese zu erklären.

Kontrollinstrument

Sie ist damit eine wichtige Ergänzung der buchhalterischen Aufzeichnungen und eine unerlässliche Unterlage für die Aufstellung des Jahresabschlusses.
Das Handelsrecht sieht im Inventar letztlich auch ein Instrument zur Vermögensfeststellung zum Schutz der Gläubiger.

1.1.3.3 Durchführung der Inventur

> Die Durchführung der Inventur umfasst grundsätzlich zwei Teile, nämlich die körperliche (mengenmäßige) Erfassung der Vermögensgegenstände und Schulden durch Zählen, Messen oder Wiegen und die daran anschließende oder auch gleichzeitige Bewertung.

Zählen, Messen, Wiegen

Abbildung 15

Stichtags-inventur	Bei der **Stichtagsinventur,** die zumeist am Bilanzstichtag oder zumindest zeitnah, d.h. 10 Tage vor oder nach dem Stichtag durchgeführt wird, werden bewegliches Anlagevermögen, Finanzanlagevermögen, Warenvorräte, Bargeldbestände usw. an Ort und Stelle körperlich erfasst. Sie bietet den Vorteil großer Genauigkeit, ist jedoch in vielen Fällen mit betrieblichen Stillstandszeiten und hohem personellem Aufwand verbunden.
Laufende Inventur	Deshalb werden in vielen Betrieben die Bestände nicht mehr zu einem bestimmten Stichtag, sondern laufend während des gesamten Geschäftsjahres aufgenommen. Am Bilanzstichtag werden die Bestände aus der buchmäßigen Fortschreibung dann in das Inventar übertragen. Voraussetzung für eine **laufende** oder **permanente Inventur** ist eine gute Lagerbuchführung, die nach dem Steuerrecht folgende Anforderungen erfüllen muss: • Eintragung aller Bestände sowie Zu- und Abgänge einzeln nach Tag, Art und Menge • belegmäßiger Nachweis aller Eintragungen • mindestens einmal jährliche Überprüfung der Übereinstimmung des ausgewiesenen Vorratsvermögens mit den tatsächlich vorhandenen Beständen; sowie • Anfertigung von Protokollen, die von den aufnehmenden Personen zu unterzeichnen sind.
Zeit-verschobene Inventur	Möglich und zulässig ist ferner eine **zeitverschobene Inventur.** Die jährliche körperliche Bestandsaufnahme kann dabei ganz oder teilweise innerhalb der letzten drei Monate vor oder innerhalb der ersten zwei Monate nach dem Bilanzstichtag durchgeführt werden. Voraussetzung dafür ist allerdings, dass durch entsprechende Verfahren der Wert des Bestandes zum Stichtag ermittelt werden kann.
	Die **laufende und die zeitverschobene Inventur** ist **nicht** möglich für • Bestände, bei denen durch Schwund, Verderblichkeit oder ähnliche Vorgänge ins Gewicht fallende unkontrollierbare Abgänge eintreten. • besonders wertvolle Wirtschaftsgüter.
Vereinfachungen	Unter bestimmten Voraussetzungen sind auch Inventurvereinfachungsverfahren zugelassen, wie zum Beispiel die Ermittlung des Bestandes der Vermögensgegenstände mit anerkannten mathematisch-statistischen Verfahren und der Verzicht auf die Verzeichnung der Vermögensgegenstände für den Schluss eines Geschäftsjahres. Die körperliche Bestandsaufnahme kann entfallen, wenn ein fortlaufendes Bestandsverzeichnis geführt wird.
	Hinweise für die Praxis: Bei der körperlichen Erfassung ist unter anderem darauf zu achten, dass keine Gegenstände aufgenommen werden, die dem Betrieb nicht gehören (Miete, Leasing), und kein auswärtiges Lager sowie keine beim Subunternehmer liegende Ware vergessen wird.
Bewertung	Für die Bewertung im Rahmen der Inventur gilt allgemein das Prinzip der Einzelbewertung. Vermögensgegenstände des Sachanlagevermögens sowie Roh-, Hilfs- und Betriebsstoffe können, wenn sie regelmäßig ersetzt werden und ihr Gesamtwert für das Unternehmen von nachrangiger Bedeutung ist, mit einer gleichbleibenden Menge und einem gleichbleibenden Wert angesetzt werden, sofern ihr Bestand in seiner Größe, seinem Wert und seiner Zusammensetzung nur geringen Veränderungen unterliegt. Jedoch ist in der Regel alle drei Jahre eine körperliche Bestandsaufnahme durchzuführen. Gleichartige Vermögensgegenstände des Vorrats-

vermögens sowie andere gleichartige oder annähernd gleichwertige bewegliche Vermögensgegenstände und Schulden können jeweils zu einer Gruppe zusammengefasst und mit dem gewogenen Durchschnitt angesetzt werden.

1.1.3.4 Aufstellung des Inventars

Die ermittelten Vermögensgegenstände und Schulden werden im Inventar zusammengestellt.

Jeder Kaufmann im Sinne des HGB hat zu Beginn seines Betriebes und dann für den Schluss eines jeden Geschäftsjahres ein Inventar zu erstellen. Das Inventar ist Voraussetzung für die Erstellung der Eröffnungsbilanz.
Verpflichtung

> Das Inventar ist das Verzeichnis der Grundstücke, Forderungen, Schulden, der Bargeldbestände sowie der sonstigen Vermögensgegenstände nach Art, Menge und Wert.

Inventarverzeichnis

Inventur und Inventar sind damit auch Voraussetzung für den Abschluss der Konten.

1.1.3.5 Umbuchungen, Vorbereitung des Abschlusses, Abschlussbuchungen

> Jedes Konto wird am Ende der Abrechnungsperiode, in der Regel am Ende des Geschäftsjahres abgeschlossen. Dazu werden zunächst beide Seiten des Kontos aufaddiert und anschließend die Differenz zwischen Soll- und Habenseite ermittelt. Diese Differenz nennt man Saldo. Der Saldo wird immer auf die summenschwächere Seite gesetzt, sodass insgesamt auf der linken und der rechten Seite des Kontos sich dann die gleiche Summe ergibt.
> Steht der Saldo dazu auf der Sollseite, so spricht man von einem Habensaldo, im umgekehrten Fall von einem Sollsaldo.

Kontenabschluss

Kontenabschluss

Soll	Haben	Soll	Haben
Anfangsbestand + Zugänge	Abgänge	Abgänge	Anfangsbestand + Zugänge
	(Soll-)Saldo	**(Haben-)Saldo**	

Abbildung 16

Umbuchungen

Bei einigen Konten werden die im Laufe eines Abrechnungszeitraumes gebuchten Beträge bzw. die Salden zur Erstellung des Jahresabschlusses auf andere Konten umgebucht. Die wichtigsten Fälle sind dabei:

Privatkonto

Saldo des Privatkontos auf Eigenkapitalkonto
Das Privatkonto ist ein Unterkonto des Passivkontos „Eigenkapital".

Umbuchung des Privatkontos

Soll	**Privatkonto**	Haben	Soll	**Eigenkapitalkonto**	Haben
Abgänge		Zugänge Saldo	Abgänge		Zugänge

Abbildung 17

Saldo des Kontos geringwertige Wirtschaftsgüter (GWG) auf Konto Abschreibungen

GWG

Umbuchung des Kontos geringwertige Wirtschaftsgüter (GwG)

Soll	**Geringwertige Wirtschaftsgüter**	Haben	Soll	**Abschreibungen**	Haben
Zugänge		Abgänge Saldo	Zugänge		Abgänge

Abbildung 18

Es ist allerdings auch möglich und üblich, geringwertige Wirtschaftsgüter direkt über das Konto Abschreibungen zu buchen.

Saldo des Kontos Lieferantenskonti auf Konto Vorräte bzw. auf das entsprechende Anlagenkonto

Lieferantenskonti

Nach dem Handelsrecht sind Anschaffungspreisminderungen wie Lieferantenskonti bei Gegenständen des Anlagevermögens von den Anschaffungskosten abzusetzen. Dies kann zum einen unmittelbar geschehen. Zum anderen ist es auch möglich, die Lieferantenskonti während des Geschäftsjahres auf dem Konto Lieferantenskonti zu sammeln und am Ende auf die Anlagen (Maschinen, Fahrzeuge oder Büro- und Geschäftsausstattung) umzubuchen.

Umbuchung des Kontos Lieferantenskonti auf Anlagen

Soll	**Lieferantenskonti**	Haben	Soll	**Anlagen**	Haben
Abgänge Saldo		Zugänge	Zugänge		Abgänge

Abbildung 19

Wichtig: Skontoerträge aus Lieferungen und Leistungen (Vorräte) werden auf dem Konto Lieferantenskonti (Erfolgskonto) gesammelt und über das Wareneinkaufskonto (eher üblich) oder über die Gewinn- und Verlustrechnung abgeschlossen.

1.1.3 *Inventur und Abschluss* 53

Soll	**Lieferantenkonti**	Haben		Soll	**G+V**	Haben
Abgänge		Zugänge		Zugänge		Abgänge
Saldo						

Abbildung 20

oder:

Soll	**Lieferantenkonti**	Haben		Soll	**Vorräte**	Haben
Abgänge		Zugänge		Zugänge		Abgänge
Saldo						

Abbildung 21

Saldo des Kontos Erlösschmälerungen auf Konto Umsatzerlöse Erlös-
Nach dem Handelsrecht sind Erlöse nach Abzug der Erlösschmälerungen schmälerungen
auszuweisen. Auch dies kann entweder direkt geschehen oder durch Umbuchung eines entsprechenden Kontos am Jahresende.

Umbuchung des Kontos Erlösschmälerungen

Soll	**Erlösschmälerungen**	Haben		Soll	**Umsatzerlöse**	Haben
Zugänge		Abgänge		Abgänge		Zugänge
		Saldo				

Abbildung 22

Die gesonderte buchhalterische Erfassung sowohl der Lieferantenkonti wie auch der Erlösschmälerungen empfiehlt sich aus betriebswirtschaftlichen Gründen. Der Betriebsinhaber erhält damit wichtige Informationen, beispielsweise darüber, in welchem Umfang er bei Lieferanten Skontierungsmöglichkeiten ausgeschöpft hat und inwieweit andererseits seine Kunden von der Möglichkeit des Skontoabzugs oder sonstiger Preisnachlässe Gebrauch gemacht haben.

Saldo des Kontos Vorsteuer auf Konto Verbindlichkeiten an Finanzamt für Vorsteuer
Umsatzsteuer

Umbuchung des Kontos Vorsteuer

Soll	**Vorsteuer**	Haben		Soll	**Verbindlichkeiten**	Haben
					an Finanzamt	
Zugänge		Abgänge		Abgänge		Zugänge
		Saldo				

Abbildung 23

Buchungen bei der Umsatzsteuer

Wegen der Bedeutung der Umsatzsteuer und der bereits angesprochenen Aufzeichnungspflichten nach dem Umsatzsteuerrecht, soll hier noch etwas ausführlicher auf die Buchungen bei der Umsatzsteuer eingegangen werden.

> Grundsätzlich werden bei der Buchung der Umsatzsteuer zwei Konten benötigt, nämlich
> - das Konto Vorsteuer, das die in den Eingangsrechnungen ausgewiesene Umsatzsteuer erfasst, also die vom Lieferanten an den Betrieb überwälzte Umsatzsteuer
> und
> - das Konto Verbindlichkeiten an Finanzamt für Umsatzsteuer, das die in den Ausgangsrechnungen festgehaltene Umsatzsteuer enthält, also die vom Betrieb an den Kunden überwälzte Umsatzsteuer (gegebenenfalls getrennt nach unterschiedlichen Steuersätzen).

Rechnungseingang

Bei Rechnungseingang müssen also der Waren- bzw. der Leistungswert und die an den Betrieb überwälzte Steuer getrennt erfasst werden.

Verbuchung der Umsatzsteuer bei Rechnungseingang

Soll	**Vorräte**	Haben	Soll	**Vorsteuer**	Haben
Warenwert			überwälzter Steuerbetrag		

Soll	**Verbindlichkeiten aus Lieferungen und Leistungen**	Haben
	gesamter Rechnungsbetrag	

Abbildung 24

Bruttoverbuchung

Bei der in bestimmten Fällen zulässigen Bruttoverbuchung, also Verbuchung des Warenwertes einschließlich der Umsatzsteuer auf dem Konto Vorräte, muss die überwälzte Steuer am Ende des Voranmeldungszeitraumes auf das Konto Vorsteuer umgebucht werden.

Rechnungsausgang

Bei Rechnungsausgang sind der Waren- bzw. Leistungswert und die vom Betrieb an den Kunden überwälzte Umsatzsteuer getrennt auszuweisen.

Verbuchung der Umsatzsteuer bei Rechnungsausgang

Soll	**Umsatzerlöse**	Haben	Soll	**Verbindlichkeiten an Finanzamt für Umsatzsteuer**	Haben
	Warenwert			überwälzter Steuerbetrag	

Soll	**Forderungen aus Lieferungen und Leistungen**	Haben
gesamter Rechnungsbetrag		

Abbildung 25

Sofern die Umsätze brutto verbucht werden, also Warenwert einschließ-   Brutto-
lich Umsatzsteuer auf dem Konto Umsatzerlöse, so ist die Umsatzsteuer   verbuchung
monatlich pauschal zu errechnen und auf das Konto Verbindlichkeiten an
Finanzamt für Umsatzsteuer zu buchen.

> Zu beachten ist ferner, dass sämtliche Abzüge vom Rechnungsbetrag,   Abzüge vom
> die bei der Bezahlung möglich sind (beispielsweise Lieferanten- und   Rechnungs-
> Kundenskonto, Rabatte oder Nachlässe für Mängel), mit dem gleichen   betrag
> Prozentsatz auch die Umsatzsteuer mindern; und zwar Lieferanten-
> skonti die Vorsteuer und Kundenskonti (Erlösschmälerungen) die Ver-
> bindlichkeiten an Finanzamt für Umsatzsteuer.

Dies muss auch für den Fall der Bruttoverbuchung berücksichtigt werden.
Die Vorsteuer hat den Charakter einer kurzfristigen Forderung an das
Finanzamt, die Umsatzsteuer auf den Ausgangsrechnungen stellt demgegenüber eine kurzfristige Verbindlichkeit an das Finanzamt dar.

> Durch die Umbuchung des Vorsteuerkontos auf das Konto Verbindlich-
> keiten an Finanzamt für Umsatzsteuer erhält man die Steuerzahllast, die   Steuerzahllast
> an das zuständige Finanzamt zu leisten ist.

Ermittlung der Umsatzsteuer-Zahllast

Soll	**Verbindlichkeiten**	Haben	Soll	**Vorsteuer**	Haben
	an Finanzamt für Umsatzsteuer				
Abgänge		Zugänge	Zugänge		Abgänge
+ Saldo Vorsteuer					
Saldo = Umsatz-					Saldo
steuerzahllast					

Abbildung 26

Vorbereitende Abschlussbuchungen
Neben den Umbuchungen sind weitere vorbereitende Abschlussbuchungen erforderlich. Die wichtigsten Fälle sind dabei:

Die Abschreibungen

> Abschreibungen (siehe dazu auch Abschnitt 1.2.2.5 „Abschreibungen")
> werden vorgenommen für Wertminderungen, die beim Anlagevermö-   Wert-
> gen in der Regel durch Benutzung im Betrieb und beim Umlaufvermö-   minderungen
> gen durch Anpassung an den niedrigeren Markt- oder Börsenpreis am
> Abschlussstichtag entstehen.

> Abschreibungen wirken sich zweifach aus; und zwar   Zweifache
> • als Bestandsverringerung auf dem entsprechenden Bestandskonto   Auswirkung
>   und gleichzeitig
> • als Aufwand.

Abschreibungen wirken sich insofern erfolgsmäßig aus, als sie bei Gegenständen des Anlagevermögens die entsprechend der betriebsgewöhnlichen Nutzungsdauer verteilten Anschaffungskosten sind. Beim Umlaufvermögen stehen sie für den Aufwand durch Wertminderung. Durch den Ansatz der Abschreibungen wird sichergestellt, dass in der Bilanz keine höheren Vermögenswerte ausgewiesen werden, als tatsächlich vorhanden sind. Da Abschreibungen auch echte Kosten darstellen, wären ohne ihre Berücksichtigung die im Rahmen der Buchführung ermittelten Gewinne zu hoch.

Betriebsgewöhnliche Nutzungsdauer

Abschreibungen werden in der Regel erst am Ende des Geschäftsjahres verbucht. Bei Gegenständen des Anlagevermögens richten sie sich nach der betriebsgewöhnlichen Nutzungsdauer.

Verbuchung der Abschreibungen

Soll	**Maschinen**	Haben	Soll	**Abschreibungen**	Haben
	Abschreibungsbetrag (Wertminderung)		Abschreibungsbetrag (Aufwendungen)		

Abbildung 27

Buchwert

Die Differenz zwischen Anfangsbestand und Abschreibungen auf dem jeweiligen Bestandskonto nennt man Buchwert.

Der Materialaufwand

Auf den Warenkonten (Vorräte) werden in der Regel während des Jahres nur die Zugänge verbucht, nicht jedoch die Materialien, die fortlaufend zur Produktion oder zum Verkauf entnommen werden.

Der Materialverbrauch bzw. Wareneinsatz ergibt sich erst am Jahresende über die Inventur.

Schema für die Berechnung des Materialaufwands

Anfangsbestand zu Beginn des Rechnungszeitraumes
+ Zugänge während des Rechnungszeitraumes
− Lieferantenskonti auf Zugänge
− eventuelle Rücksendungen
− Inventurbestand am Schluss des Rechnungszeitraumes

= Materialaufwand

Abbildung 28

1.1.3 Inventur und Abschluss

> Der Materialverbrauch bzw. Wareneinsatz vermindert einerseits das entsprechende Bestandskonto und stellt andererseits einen Aufwand dar.

Die Verbuchung hat dementsprechend zu erfolgen.

Die Verbuchung des Materialaufwands

Soll	**Vorräte**	Haben		Soll	**Materialaufwand**	Haben
		Wareneinsatz (Bestandsminderung)			Wareneinsatz (Aufwendungen)	

Abbildung 29

Die Jahresabgrenzung

> Um eine genaue Gewinnermittlung zu gewährleisten, dürfen nur diejenigen Aufwendungen und Erträge berücksichtigt werden, die auch tatsächlich zu dem jeweiligen Geschäftsjahr gehören.
> Aufwendungen und Erträge, die ganz oder teilweise das vorangehende oder das folgende Geschäftsjahr betreffen, müssen gesondert behandelt werden.

Man unterscheidet dabei zwei Fälle: *Fälle*
- Ausgaben bzw. Einnahmen **nach** dem Bilanzstichtag, die Aufwand bzw. Ertrag für einen Zeitraum **vor** diesem Tag darstellen.

Beispiel:
Rückständige Löhne; noch nicht bezahlte Strom- und Telefonrechnungen.
- Ausgaben bzw. Einnahmen, die **vor** dem Abschlussstichtag angefallen sind, aber erst der Zeit **danach** als Aufwand bzw. Ertrag zuzurechnen sind.

Beispiel:
Vorauszahlung der Kfz-Steuer, die sich bis in das folgende Jahr hinein erstreckt; im Voraus erzielte Mieteinnahmen.

Verbuchung bei Ausgaben bzw. Einnahmen nach dem Bilanzstichtag

Soll	**Sonstige Verbindlichkeiten**	Haben		Soll	**Aufwandskonto**	Haben
		Ausgabenbetrag			Ausgabenbetrag	

Soll	**Sonstige Forderungen**	Haben		Soll	**Ertragskonto**	Haben
	Einnahmenbetrag					Einnahmenbetrag

Abbildung 30

Zum tatsächlichen Zeitpunkt der Ausgabe bzw. Einnahme wird dann die entsprechende Verbuchung der sonstigen Verbindlichkeiten bzw. der sonstigen Forderungen mit dem jeweiligen Zahlungsmittelkonto vorgenommen.

Aktive Rechnungsabgrenzung

Passive Rechnungsabgrenzung

> Im oben dargestellten zweiten Fall werden zur Verbuchung Rechnungsabgrenzungen gebildet; und zwar
> - aktive Rechnungsabgrenzungen für Ausgaben, die im alten Geschäftsjahr noch getätigt werden, aber Aufwand des folgenden Geschäftsjahres betreffen
> und
> - passive Rechnungsabgrenzungen für Einnahmen vor dem Abschlussstichtag, die Erträge für die Zeit danach darstellen.

Buchung bei der aktiven Rechnungsabgrenzung

Soll	**Aufwandskonto**	Haben	Soll	**Aktive Rechnungsabgrenzung**	Haben
	periodenfremder Aufwand		periodenfremder Aufwand		

Abbildung 31

Buchung bei der passiven Rechnungsabgrenzung

Soll	**Ertragskonto**	Haben	Soll	**Passive Rechnungsabgrenzung**	Haben
periodenfremder Ertrag					periodenfremder Ertrag

Abbildung 32

Auflösung

Zu Beginn des neuen Geschäftsjahres werden die aktiven und passiven Rechnungsabgrenzungen dann über das entsprechende Aufwands- bzw. Ertragskonto wieder aufgelöst.

Rückstellungen

> Rückstellungen (siehe dazu auch Abschnitt 1.2.2.6 „Rückstellungen") werden vor allem gebildet für ungewisse Verbindlichkeiten und drohende Verluste aus schwebenden Geschäften sowie für Aufwand, der das abgelaufene Wirtschaftsjahr betrifft, am Bilanzstichtag bereits erkennbar, aber der Höhe und der Entstehung nach noch ungewiss ist.

Beispiel:
Die Vorauszahlungen für die Gewerbesteuer sind niedriger als die zum Abschlussstichtag berechnete Gewerbesteuerschuld.

1.1.3 Inventur und Abschluss

Buchung bei Rückstellungen

Soll	**Aufwandskonto**	Haben		Soll	**Rückstellungen**	Haben
ungewisser Betrag						ungewisser Betrag

Abbildung 33

Bei Bezahlung des entsprechenden Betrages im neuen Geschäftsjahr wird dann die jeweilige Rückstellung aufgelöst. Wenn dabei der zurückgestellte und der tatsächlich angefallene Betrag voneinander abweichen, stellt die Differenz entweder sonstige betriebliche Aufwendungen (der Rückstellungsbetrag reicht nicht aus) oder sonstige betriebliche Erträge (die Rückstellungen erwiesen sich als zu hoch) dar und ist auf diesen Konten zu verbuchen. Auflösung

Weitere vorbereitende Abschlussbuchungen

Neben den genannten wichtigsten vorbereitenden Abschlussbuchungen sind als weitere Fälle unter anderem möglich:
- Rücklagen
- uneinbringbare Kundenforderungen
- Kassenfehlbestände und -überschüsse
- privatanteilige Autokosten
- privatanteilige Telefonkosten
- Nutzungswert der Wohnung im eigenen Haus
- privatanteilige Haus- und Grundstücksaufwendungen
- Entnahmen für Zwecke, die außerhalb des Unternehmens liegen.

Abschlussbuchungen

Nach Umbuchungen und allen vorbereitenden Abschlussbuchungen werden zunächst die Aufwands- und Ertragskonten komplett saldiert und über die Gewinn- und Verlustrechnung abgeschlossen. Saldierung

Abschluss der Erfolgskonten

Abbildung 34

Eigenkapitalkonto

> In einem weiteren Schritt wird dieser Jahresüberschuss (oder auch Jahresfehlbetrag) in das Eigenkapitalkonto übertragen, so dass jetzt auch alle Bestandskonten saldiert und über die Schlussbilanz abgeschlossen werden können.

Abschluss der Bestandskonten

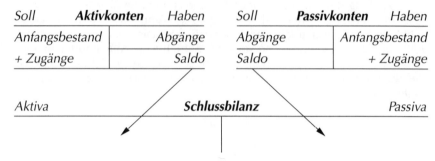

Abbildung 35

Insgesamt ergibt sich für die Abschlussarbeiten folgendes Bild:

Abschluss der verschiedenen Konten

Abbildung 36

1.1.3.6 Abschlussübersicht, Jahresabschluss, Zwischenabschlüsse

Abschlussübersicht

> Nach Ablauf des Rechnungszeitraumes wird die gesamte Buchführung abgeschlossen und eine Abschlussübersicht (auch Bilanzübersicht genannt) erstellt.

Diese stellt eine tabellarische Übersicht über alle buchhalterischen Vorgänge dar, aus der die Entwicklung aller Bestandskonten von der Eröffnungsbilanz bis zur Schlussbilanz und der Aufwands- und Ertragskonten bis zur Gewinn- und Verlustrechnung ersichtlich ist.

1.1.3 Inventur und Abschluss

Erstellung der Abschlussübersicht anhand eines einfachen Zahlenbeispiels

Abbildung 37

Handelt es sich nicht um Bestandskonten, sondern um Erfolgskonten, so ist der Ablauf vergleichbar. Am Schluss gehen die entsprechenden Beträge dann allerdings in die Gewinn- und Verlustrechnung ein.

> Die Summenbilanz eignet sich im Übrigen auch als „Probebilanz", da infolge der Buchungstechnik bei der doppelten Buchführung die Summen der Soll- und der Habenspalte jeweils den gleichen Wert ergeben müssen.

Probebilanz

Die Abschlussübersicht ermöglicht neben der Erstellung des kompletten Jahresabschlusses aus Schlussbilanz und Gewinn- und Verlustrechnung auch die laufende Erstellung von Zwischenbilanzen während des Geschäftsjahres, ohne dass dazu die einzelnen Konten der Buchführung jeweils abgeschlossen werden müssen.

Zwischenbilanzen

1.1.4 Verfahrenstechniken

Für die betriebliche Praxis wurden verschiedene Buchführungsmethoden bzw. Verfahrenstechniken mit den notwendigen Büchern, Formularen und sonstigen Datenträgern entwickelt.

> Im Handwerk kommen mit Einschränkungen – jedoch immer seltener – noch die Durchschreibebuchführung und die amerikanische Buchführung vor. Zum Standard wird jedoch auch in diesem Wirtschaftsbereich die Buchführung auf EDV-Basis. Welche Art im einzelnen Betrieb letztlich eingesetzt wird, hängt von den jeweiligen betrieblichen Gegebenheiten ab. Dabei steht dem Steuerpflichtigen grundsätzlich die Wahl der Buchführungsform frei.

Abbildung 38

Nach aktuellen Umfragen setzt bereits die überwiegende Mehrheit der Handwerksbetriebe die EDV für die Buchführung ein. Ein erheblicher Teil plant entsprechende Investitionen für die nahe Zukunft.
Dennoch wird es auch weiterhin vor allem Klein- und Kleinstbetriebe geben, die die amerikanische Methode oder die Durchschreibebuchführung anwenden.

Beratung

> Bei der Auswahl, der Einführung und auch der eventuellen späteren Änderung der Buchführungstechnik sollte der Betriebsinhaber vor allem mit seinem Steuerberater sprechen. Beratung erteilen dazu aber auch die Handwerksorganisationen (betriebswirtschaftliche Beratungsstellen, EDV-Beratung).

1.1.4.1 Bücher als Grundlage der Buchführung

Grundlage der Buchführung sind die verschiedenen Bücher, die der Unternehmer führt bzw. nach verschiedenen rechtlichen Vorschriften zu führen hat.

1.1.4 Verfahrenstechniken

Abbildung 39

In den Grundbüchern (auch Journal genannt) erfolgt die Erfassung der Geschäftsvorfälle in zeitlicher Reihenfolge. Grundlage dafür sind die Belege. Es erfolgen die Eröffnungsbuchungen, die Buchung der laufenden Geschäftsvorfälle, die vorbereitenden Abschlussbuchungen und die Abschlussbuchungen. Grundbücher sollen es ermöglichen, während der gesetzlichen Aufbewahrungsfristen Geschäftsvorfälle bis zum Beleg zurückverfolgen zu können.

Grundbücher

Das Kassenbuch ist als wichtigstes Grundbuch auch aus steuerlichen Gründen zu führen. Unter Berücksichtigung des Bargeldbestandes am Beginn eines Tages wird im Kassenbuch durch Aufaddieren und Saldieren der Kasseneinnahmen und -ausgaben der jeweilige Kassenbestand nachgewiesen. Dabei ist auch summarische Ermittlung möglich. Der Inhalt des Kassenbuches muss mit dem Kassenkonto des Hauptbuches übereinstimmen.

Kassenbuch

Im Hauptbuch werden diese Vorgänge in einer für die Erstellung von Bilanz und Gewinn- und Verlustrechnung geeigneten sachlichen Ordnung übernommen.

Hauptbuch

Im Hauptbuch werden in der Regel eingetragen
- die Anfangsbestände lt. Eröffnungsbilanz
- die monatlichen Endsummen der einzelnen Konten
- die Abschlussbuchungen.

Am Jahresende werden die Hauptbuchkonten abgeschlossen und in die Schlussbilanz sowie in die Gewinn- und Verlustrechnung übertragen. Auch Zwischenabschlüsse sind möglich.
Nebenbücher ergänzen und erläutern das Hauptbuch.

Nebenbücher

Zur Führung eines Kunden- und Lieferantenbuches ist jeder Betrieb verpflichtet, der sowohl mit Kunden wie auch mit Lieferanten Geschäfte auf Rechnung ausführt, also Geschäfte, bei denen der Zeitpunkt der Lieferung und der Bezahlung nicht zusammenfallen.

Bei Dauerkunden und Dauerlieferanten wird für jeden ein namentliches Konto angelegt. In anderen Fällen können die Konten nach den Buchstaben des Alphabetes eingerichtet werden.

Offene Posten

Die Übersicht kann auch durch eine geordnete Ablage der nicht bezahlten oder nicht voll bezahlten Rechnungen (Offene Posten) sichergestellt werden.

Die jeweiligen Kunden- und Lieferantenkonten können monatlich oder nur am Jahresende abgeschlossen werden. Auch ein Saldovortrag auf den Beginn des folgenden Jahres ist möglich. Die Salden der einzelnen Kunden- und Lieferantenkonten müssen mit dem Saldo des Kontos „Forderungen aus Lieferungen und Leistungen" bzw. „Verbindlichkeiten aus Lieferungen und Leistungen" im Hauptbuch übereinstimmen (Kontokorrentprobe).

Kontokorrentprobe

Lohnbuch

> Das Lohnbuch ist ebenfalls aus steuerlichen Gründen zu führen und muss die Arbeitsentgelte sowie die gesetzlichen und freiwilligen Abzüge ausweisen. Übereinstimmung mit den entsprechenden Konten des Hauptbuches muss gegeben sein.

Daneben kann der Betrieb ein Waren- oder Lagerbuch oder auch Bücher zu den Wechseln führen.
Hilfsbücher dienen in der Regel nur noch Kontrollzwecken.

1.1.4.2 Amerikanische Buchführung

Die amerikanische Buchführung baut auf der Zusammenfassung der zeitlichen und der sachlichen Erfassung, also der Grundbücher und des Hauptbuchs in einem Journal, dem so genannten amerikanischen Journal, auf.

Notwendige Bücher

> Zur Erfüllung der Anforderungen der Grundsätze ordnungsmäßiger Buchführung müssen in der amerikanischen Buchführung mindestens folgende Bücher vorhanden sein:
> - das Hauptbuch
> - das amerikanische Journal
> - das Kunden- und Lieferantenbuch bzw. Kontokorrentbuch
> - das Kassenbuch
> - das Lohnbuch.

Amerikanisches Journal

> Das amerikanische Journal erfasst tabellenartig alle oder zumindest die am häufigsten bewegten Konten des Hauptbuches. Damit wird das Hauptbuch entlastet und verhindert, dass es angesichts einer Fülle von Buchungen unübersichtlich wird.

Die Verbuchung im Journal erfolgt laufend und in zeitlicher Reihenfolge. Eingetragen werden grundsätzlich
- die Belegnummer
- das Datum

- der Buchungstext
- der Betrag
- die einzelnen Konten.

Dabei kann man auf Standardvordrucke zurückgreifen oder ein Journal nach den jeweiligen betrieblichen Bedürfnissen gestalten. Häufig ist es üblich, seltener bewegte Konten unter „Konto für Verschiedenes" zusammenzufassen. Am Monatsende muss dieses Konto dann allerdings bei der Übertragung der Monatssummen in das Hauptbuch wieder aufgeteilt werden.

Monatsabschluss

Reihenfolge der Arbeitsgänge

Die im Rahmen der amerikanischen Buchführung während eines Jahres erforderlichen Arbeiten lassen sich schematisch folgendermaßen darstellen:

Aufstellung des Kontenplans anhand des Kontenrahmens und Anlegen der Bücher

▼

Erstellung des Inventars und der Eröffnungsbilanz

▼

Vortragen der Anfangsbestände im Hauptbuch, im Kunden- und Lieferantenbuch und im Kassenbuch

▼

Sammlung, Prüfung und Vorkontierung der Belege

▼

Verbuchung der Geschäftsvorfälle im amerikanischen Journal und, soweit erforderlich, im Kunden- und Lieferantenbuch, im Kassenbuch und im Lohnbuch

▼

Monatsabschluss des Journals
- Addieren und Übertragen der einzelnen Summen des Journals
- Summenkontrolle, monatliche Kontokorrentprobe und Berechnung der Zahllast für die Umsatzsteuer
- Übertragen der Journalsummen der einzelnen Konten ins Hauptbuch
- Umbuchung der Vorsteuer auf das Konto Verbindlichkeiten an Finanzamt für Umsatzsteuer

▼

Durchführung des Jahresabschlusses
- Erstellung des Jahresabschlusses (auch Bilanz- oder Betriebsübersicht oder Bilanzentwicklungsübersicht genannt)
- Durchführung der Abschlussbuchungen im Hauptbuch
- Abschluss der Konten und Ermittlung der Salden im Hauptbuch und in den Nebenbüchern
- Erstellung der Schlussbilanz sowie der Gewinn- und Verlustrechnung

▼

Aufbewahrung, Ablage

Vor- und Nachteile der amerikanischen Buchführung
Wesentliche Vorteile dieser Verfahrenstechnik sind:
- Übersichtlichkeit
- Verkürzung der Schreibarbeit
- laufende Kontrolle durch Addition jeder Buchseite.

Der wesentliche Nachteil liegt vor allem in der
- beschränkten Kontenzahl.

Die amerikanische Buchführung ist deshalb allenfalls für kleinere Betriebe mit geringerem Buchungsanfall zu empfehlen.

1.1.4.3 Durchschreibebuchführung

Die Durchschreibebuchführung, die manuell oder maschinell erfolgen kann, ist dadurch gekennzeichnet, dass Sach- und Zeitbuchung in einem Arbeitsgang vorgenommen werden. Dabei erfolgt der jeweilige Eintrag im Kontenblatt und wird in das Grundbuch (Journal) durchgeschrieben (auch die umgekehrte Reihenfolge ist möglich).

Anforderungen

Zur Erfüllung der Anforderungen der Grundsätze einer ordnungsmäßigen Buchführung müssen folgende Voraussetzungen erfüllt sein:
- laufende Nummerierung der Journalblätter
- zeitlich geordnete Eintragungen mit wechselseitigen Verweisen auf Grundbuchungen, Kontenblätter und Belege
- Erfassung sämtlicher Konten im Kontenplan
- Führung eines Nachweises über alle in der Buchführung verwendeten losen Blätter.

Verfahren

Für die Durchschreibebuchführung wurden verschiedene Verfahren entwickelt. Im Handwerk kommen vor allem zur Anwendung:
- das 3-Spalten-Verfahren.
  Sowohl der Journalvordruck wie auch die Kontenblätter sind in Kunden-, Lieferanten- und Sachkonten eingeteilt.
- das 4-Spalten-Verfahren.
  Journalvordruck und Kontenblätter folgen der Kolonnenaufteilung Kunden-, Lieferanten-, Bestands- und Erfolgskonten.

Durch diese Einteilung bietet dieses Verfahren einmal einen Überblick über die Forderungen und Verbindlichkeiten und zum anderen den Vorzug, dass jede Buchung auf ein Erfolgskonto bzw. auf ein Bestandskonto automatisch auf die entsprechende Spalte des Grundbuchs durchgeschrieben wird.

Kurzfristige Erfolgsrechnung

Unter Berücksichtigung der Waren- und Materialbestandsveränderungen, Abgrenzungen und Abschreibungen kann so jederzeit eine kurzfristige Erfolgsrechnung erstellt werden.

1.1.4 Verfahrenstechniken

Reihenfolge der Arbeitsgänge

Bei der Durchschreibebuchführung fallen während des Jahres folgende Arbeitsgänge an:

Aufstellung des Kontenplans bzw. dessen Änderung

⬇

Durchführung der Eröffnungsbuchungen auf der Basis der Eröffnungsbilanz auf den Bestandskonten, Aufteilung der Salden auf die Kunden- und Lieferantenkonten mit Durchschrift in ein Eröffnungsjournal, Abschluss und Abstimmung des Eröffnungsjournals

⬇

Sammlung, Prüfung und Vorkontierung der Belege

⬇

Verbuchung der Geschäftsvorfälle auf den einzelnen Kontenblättern mit Durchschrift ins Journal

⬇

Durchführung des Monatsabschlusses
- Aufaddieren und Übertragen der einzelnen Journalseiten
- Durchführung der Monatsabschlussbuchungen
- Vornahme einer Summenkontrolle

⬇

Durchführung des Jahresabschlusses
- Aufaddieren der Kontenblätter
- Erstellung der Jahresabschlussübersicht
- Durchführung der Abschlussbuchungen auf den einzelnen Kontenblättern mit Durchschrift ins Abschlussjournal
- Addition des Abschlussjournals mit Übertrag und Summenkontrolle
- Abschluss der einzelnen Kontenblätter mit Saldenermittlung
- Zusammenstellung der Schlussbilanz sowie der Gewinn- und Verlustrechnung

⬇

Aufbewahrung, Ablage

Vor- und Nachteile der Durchschreibebuchführung

Die wesentlichen Vorzüge der Durchschreibebuchführung liegen in
- Arbeitseinsparung durch Verbuchung der Geschäftsvorfälle in Konten und Journal in einem Gang
- Vermeidung von Übertragungsfehlern und Übertragungskontrollen durch Wegfall zahlreicher Übertragungsarbeiten
- Übersichtliche Ordnung und jederzeitiger Zugriff auf die Konten
- beliebige Erweiterungsmöglichkeiten des Kontensystems
- leichte Abstimmbarkeit und Möglichkeit zum jederzeitigen Abschluss der Buchführung.

Diese Vorteile kommen jedoch nur dann zur Geltung, wenn die strengen Anforderungen an die Ordnung der Buchführung, die mit dieser Technik der Loseblattbuchführung verbunden sind, erfüllt werden. Ansonsten können leicht Übertragungsfehler auftreten und die Übersichtlichkeit kann verloren gehen.

Strenge Anforderungen

1.1.4.4 Buchführung auf der Grundlage der EDV

Die Elektronische Datenverarbeitung, bei der Daten nach der Erfassung auf entsprechenden Datenträgern maschinell weiterverarbeitet werden, ist auch für die Buchführung hervorragend geeignet. Die Buchführungsarbeit wird dadurch wesentlich vereinfacht und erleichtert. Kennzeichen der Buchführung auf der Grundlage der EDV ist, dass hier im Gegensatz zu den anderen geschilderten Verfahren die wichtigsten Abläufe nicht nacheinander, sondern gleichzeitig (simultan) vonstatten gehen.

Bei einer Buchführung auf EDV-Basis gelten ebenfalls die Prinzipien der doppelten Buchführung.

Anforderungen nach den GoBs

> Auch die Buchführung auf der Grundlage der EDV muss also selbstverständlich die Grundsätze der Ordnungsmäßigkeit der Buchführung erfüllen. Dafür wurden spezielle Grundsätze ordnungsmäßiger DV-gestützter Buchführungssysteme (GoBs) ausgearbeitet. Danach gilt insbesondere Folgendes:
> - Die buchungspflichtigen Geschäftsvorfälle müssen richtig, vollständig und zeitgerecht erfasst sein sowie sich in ihrer Entstehung und Abwicklung verfolgen lassen (Beleg- und Journalfunktion).
> - Die Geschäftsvorfälle sind so zu verarbeiten, dass sie geordnet darstellbar sind und ein Überblick über die Vermögens- und Ertragslage gewährleistet ist (Kontenfunktion).
> - Die Buchungen müssen einzeln und geordnet nach Konten und diese fortgeschrieben nach Kontensummen oder Salden sowie nach Abschlussposition dargestellt und jederzeit lesbar gemacht werden können.
> - Ein sachverständiger Dritter muss sich in dem jeweiligen Verfahren der Buchführung in angemessener Zeit zurechtfinden und sich einen Überblick über die Geschäftsvorfälle und die Lage des Unternehmens verschaffen können.
> - Das Verfahren der DV-Buchführung muss durch eine Verfahrensdokumentation, die sowohl die aktuellen als auch die historischen Verfahrensinhalte nachweist, verständlich und nachvollziehbar gemacht werden.
> - Es muss gewährleistet sein, dass das in der Dokumentation beschriebene Verfahren dem in der Praxis eingesetzten Programm (Version) voll entspricht (Programmidentität).

Schritte bei der Buchführung per EDV

Auf der Basis eines geeigneten Programms (Software) übernimmt der Computer nach der Dateneingabe alle weiteren Arbeiten. Die meisten Programme bauen auf folgenden Schritten auf:
- Erfassung der Firmendaten
- Erfassung der Steuersätze (Umsatzsteuer)
- Erfassung der Konten – entweder nach einem vorgegebenen Kontenrahmen oder betriebsindividuell (sog. Stammdaten, die konstant bleiben)
- Erfassung der Buchungen (sog. Bewegungsdaten).

Notwendige Eingaben

Für die eigentliche Buchung sind in der Regel Eingaben in folgenden Feldern nötig:
- Datum
- Belegnummer

- Betrag
- gebendes Konto
- empfangendes Konto
- Buchungstext.

Mehrwertsteuer, Vorsteuer und Skonti können zur Vereinfachung als Standard- bzw. Automatikbuchungen vorgenommen werden. Bei Buchführungsprogrammen mit Schnittstellen zu anderen Programmen wie Zahlungsverkehr und Leistungsabrechnung können entsprechende Daten auch direkt von dort übernommen (importiert) werden. Die verschiedenen Buchführungsprogramme sind teilweise auch so angelegt, dass sie dem Nutzer helfen, Fehler dadurch zu vermeiden, dass nach Eingabe im Soll des gebenden Kontos nur das Feld Haben im zugehörigen empfangenden Konto (auch Gegenkonto genannt) eine Eingabe zulässt.

Automatikbuchungen

Bei der Dateneingabe per PC wird neben dem Datenträger eine Eingabeliste (man nennt sie Primanota) erstellt. Sie bleibt als Kontrollmittel beim Betriebsinhaber.

Reihenfolge der Arbeitsgänge

Bei der Buchführung auf EDV-Basis fallen vor allem folgende Arbeitsgänge an:

Aufstellung des Kontenplans nach den besonderen Anforderungen der EDV (zum Beispiel Kontenrahmen der DATEV)

⬇

Eingabe der Anfangsbestände (soweit diese nicht automatisch vom Vorjahr übertragen werden)

⬇

Sammlung, Prüfung, Vorkontierung der Belege

⬇

Dateneingabe

⬇

Datenverarbeitung (simultane Eintragung in das Grundbuch, Ermittlung der aktuellen Kontensalden, Erstellung des Journals und Erstellung entsprechender Abschlüsse)

⬇

Datenausgabe

⬇

Datenspeicherung

Ausgliederung von Buchführungsarbeiten

Buchführungsarbeiten sind in der Regel zeitintensiv und erfordern eine geschulte Arbeitskraft. Vor allem kleine Betriebe können oder wollen diesen Aufwand an Zeit und Personal nicht erbringen. In diesen Fällen bietet sich die Ausgliederung der Buchführungsaufgaben an.

Dafür stehen dem Handwerksbetrieb folgende Stellen zur Verfügung:

Möglichkeiten

- Buchstellen
- Steuerkanzleien
- EDV-Rechenzentren.

Buchstellen

Buchstellen sind organisationseigene oder vertraglich gebundene Einrichtungen, die die Handwerksbetriebe bei der Buchführung mit den Mitteln der EDV entlasten.

Steuerkanzleien

Der Handwerksbetriebsinhaber kann dieselben Aufgaben, die Buchstellen erledigen, auch an seinen Steuerberater übertragen.

Rechenzentren

Unter einem Rechenzentrum versteht man die Konzentration leistungsfähiger EDV-Anlagen in speziell dafür errichteten Einrichtungen und Gebäuden. Den Betreibern solcher Rechenzentren können ebenfalls Buchführungsarbeiten übertragen werden. Man unterscheidet:
- Unternehmenseigene Rechenzentren (nur bei Großbetrieben)
- Unabhängige Servicerechenzentren
- Gemeinschaftsrechenzentren mehrerer Unternehmen oder einer Berufsgruppe. Diese Gemeinschaftseinrichtungen haben den Vorteil, dass sie auf die besonderen Bedürfnisse ihrer Mitglieder ausgerichtet werden können.

Auch Buchstellen und Steuerberater sind vielfach an solche Rechenzentren angeschlossen (zum Beispiel DATEV).

Datenschutz

Für alle genannten Stellen einer Ausgliederung von Buchführungsarbeiten ist selbstverständlich die Geheimhaltung der ihnen bekannt werdenden Daten oberstes Prinzip. Es gelten auch die Vorschriften des Datenschutzgesetzes. Betriebsgeheimnisse bleiben so in jedem Fall gewahrt.

Betriebliche Voraussetzungen

Notwendige Anpassungen

Ehe ein Betrieb die gesamten oder einen Teil seiner Buchführungsarbeiten ausgliedern kann und dadurch die bestmöglichen wirtschaftlichen Vorteile erzielt werden können, müssen die betrieblichen Gegebenheiten auf die Anforderungen der Buchstelle, des Steuerberaters oder des Rechenzentrums abgestimmt werden. Dies bedeutet insbesondere, dass der Betrieb seine einzelbetriebliche Organisation in diesen Bereichen an die Buchführungsprogramme der jeweiligen Stellen anpassen muss.

Vermehrt werden dazu in der Praxis – gerade in der Zusammenarbeit mit dem Steuerberater über Rechenzentren wie die DATEV – deren Spezialkontenrahmen zugrunde gelegt, die auf branchenmäßige Besonderheiten abgestimmt sind.

Einzelbereiche der Ausgliederung von Buchführungsarbeiten

Je nach betrieblichen Gegebenheiten bieten sich mehrere Formen der Ausgliederung von Buchführungsarbeiten an.

In jedem Fall muss der einzelne Betrieb nach wie vor die anfallenden Belege sammeln und ordnen. Daran anschließend hat er folgende Möglichkeiten:

Möglichkeiten der Ausgliederung

- Weitergabe dieser nicht kontierten Belege
- Vorkontierung der Belege im Betrieb und anschließende Weitergabe
- Erfassung der Geschäftsvorfälle auf EDV-Datenträgern (Disketten, CD-Roms) und Weitergabe dieser Datenträger.

Die Weitergabe der Daten ist dabei auch durch direkten Datenaustausch zwischen Betrieb und der entsprechenden Ausgliederungsstelle möglich. Diese Datenfernübertragung geschieht in der Regel über die normale Fernsprechleitung.

Als technische Voraussetzungen müssen ein entsprechender PC, ein Modem bzw. eine ISDN-Karte und die dazugehörige Kommunikationssoftware vorhanden sein.

Man spricht in diesen Fällen auch von so genannten Datenverbundsystemen. Ein solcher Datenverbund ermöglicht erhebliche Zeitersparnisse.

Datenverbundsysteme

Die Datenverarbeitung und Datenausgabe (Ergebnisse) wird im Rechenzentrum vorgenommen. Anschließend erfolgt die Rückgabe an den Betrieb.

Praktischer Ablauf der Zusammenarbeit mit externen Datenverarbeitungsstellen

Unter den geschilderten Gegebenheiten und Voraussetzungen ergibt sich folgender Ablauf der Zusammenarbeit zwischen Betrieb und Buchstelle, Steuerberater oder Rechenzentrum bei der Ausgliederung von Buchführungsarbeiten:

Grundaufzeichnungen, Belegsammlung und Belegordnung im Handwerksbetrieb

⬇

Vorkontieren nach Kontenplan und Sach- bzw. Personenkontenverzeichnis auf den Belegen oder Kontierungsstreifen (im eigenen Betrieb oder bei externer Stelle)

⬇

Maschinelle Erfassung mit PC (im eigenen Betrieb oder in externer Stelle)

⬇

Weiterleitung der Daten an das Rechenzentrum über Datenverbund oder Datenträgerübersendung

⬇

Verarbeitung der Daten im Rechenzentrum

⬇

Datenausgabe und Rücksendung der Ergebnisse direkt vom Rechenzentrum oder über Buchstelle bzw. Steuerberater an den Betrieb

⬇

Wichtige Ergebnisse

| Buchungs-journal | Konten-auszüge | Summen- und Saldenlisten für Sach- und Personenkonten | Versandfertige Mahnungen | Umsatzsteuervoranmeldung, Lohnsteueranmeldung | Betriebswirtschaftliche Auswertungen, Unternehmensspiegel, Zwischenbilanzen, Kennzahlen, Betriebsvergleichszahlen, Statistiken, Kostenrechnung |

⬇

Datenspeicherung

Vor- und Nachteile der Datenverarbeitung außer Haus

Zu den Vorteilen der Ausgliederung von Buchführungsarbeiten zählen, in Abhängigkeit von den einzelbetrieblichen Gegebenheiten, insbesondere:

Vorteile

- Kostenvorteile gegenüber der Beschaffung oder Miete (Leasing) von betriebseigenen Anlagen
- die Umgehung von Personal- und Auslastungsproblemen
- stetiger Anschluss an modernste Techniken
- Lösung auch komplexer und schwieriger Probleme über vielfältige und umfassende Programmpakete.

Nachteile

Nachteile können sich im Einzelfall ergeben durch
- die räumliche Trennung von Datenanfall und Datenverarbeitung
- Abweichungen der betriebsspezifischen Erfordernisse und der Möglichkeiten im Rahmen von Standardauswertungsprogrammen.

1.1.4.5 Ergebnisse der Buchführung per EDV

Als wichtige Ergebnisse bzw. Auswertungen erhält man bei den meisten Programmen sowohl bei der Buchführung im eigenen Haus wie auch bei der durch externe Stellen durchgeführten insbesondere:

Auswertungen
- Buchungsjournal: Vollständige Protokollierung aller Buchungen
- Kontoauszüge: Erfasste Buchungen pro Konto
- Summen- und Saldenliste: Darstellung der Konten sortiert nach den Kontonummern mit den entsprechenden Summen und Salden
- Betriebswirtschaftliche Auswertung
- Mahnungen
- Umsatzsteuer-Voranmeldung
- Zwischenbilanzen
- Jahresabschluss.

> Zwei für den Betriebsinhaber besonders wichtige Ergebnisunterlagen der Buchführung auf der Grundlage der EDV sind
> - die Summen- und Saldenliste und
> - die betriebswirtschaftliche Auswertung (auch Unternehmensspiegel genannt).

Summen- und Saldenliste

Die Summen- und Saldenliste ist in der Regel in der EDV-Fassung des zugrunde liegenden Kontenrahmens aufgebaut und enthält auch dessen Kontenbezeichnungen (z. T. allerdings verkürzt).
Sie wird zumeist so ausgestaltet, dass sie über die monatliche Entwicklung und den jeweiligen Stand der einzelnen Konten informiert.

Wesentlicher Inhalt

> Im Einzelnen enthält die Summen- und Saldenliste:
> - die Zahlen der Eröffnungsbilanz
> - die jeweiligen Monatsverkehrszahlen
> - die aufgelaufenen Jahresverkehrszahlen
> - den jeweiligen Endsaldo aus den Werten der Eröffnungsbilanz und den Jahresverkehrszahlen.

Für eine ausführliche Darstellung sind weitere Aufteilungen und Untergliederungen möglich, z.B. nach Sachkonten und Personenkonten.

1.1.4 Verfahrenstechniken

Auszug aus einer Summen- und Saldenliste

Konto	Kontenbezeichnung	Eröffnungsbilanz		Monatsverkehrszahlen		Jahresverkehrszahlen		Endsaldo	
		Soll	Haben	Soll	Haben	Soll	Haben	Soll	Haben
...	Kasse	4.898,17		11.957,18	13.678,14	38.717,17	39.816,04	3.799,30	
...	Bank	36.754,07		64.481,78	57.452,98	198.520,33	184.925,24	50.349,16	
...	Forderungen aus Lieferungen und Leistungen	9.712,83		68.819,14	72.709,59	201.616,77	200.348,14	10.981,46	
...	Verbindlichkeiten aus Lieferungen und Leistungen		4.011,16	33.817,51	27.194,22	128.916,72	129.611,12		4.705,56
...	Verbindlichkeiten an Finanzamt für Umsatzsteuer			9.279,34	10.179,34	42.032,10	43.937,36		1.905,26
...	Privat			6.190,97		36.260,99	3.950,82	32.310,17	
Summe	Kontenklasse	51.365,07	4.011,16	194.545,92	181.214,27	646.064,08	602.588,72	97.440,09	6.610,82

Abbildung 40

Betriebswirtschaftliche Auswertung (Unternehmensspiegel)

> Der Unternehmensspiegel ist eine kurzfristige Erfolgsrechnung auf der Basis der Daten aus der Summen- und Saldenliste. Er liefert dem Betriebsinhaber und anderen Entscheidungsträgern Daten über die Erlös-, Kosten-, Vermögens-, Kapital- und Liquiditätsstruktur und damit wichtige Basisinformationen für Entscheidungen und Maßnahmen.

Die hier dargestellte betriebswirtschaftliche Auswertung, wie sie die DATEV für Handwerksbetriebe erstellt (Abdruck mit Genehmigung der DATEV eG), umfasst folgende drei Abschnitte:

Kurzfristige Erfolgsrechnung
Bewegungsbilanz

- Kurzfristige Erfolgsrechnung über die Auswertung der Ertrags- und Aufwandskonten
- Bewegungsbilanz mit Informationen über Veränderungen bei einzelnen Positionen der Aktiva und Passiva sowie Mittelherkunft und Mittelverwendung

Liquiditätsrechnung

- Liquiditätsrechnung anhand verschiedener Liquiditätsgrade. Um die Entwicklung der Zahlungsfähigkeit besser beurteilen zu können, werden neben den Werten des Abrechnungsstichtages auch die Werte der vorigen Abrechnung aufgeführt.

Im Rahmen der Liquiditätsrechnung werden drei verschiedene Kennzahlen gebildet:

- **Liquidität I:** Verhältnis der liquiden Mittel 1. Ordnung (Bestände von Kasse und Bank) zu den kurzfristigen Verbindlichkeiten (Rückstellungen, Verbindlichkeiten aus Lieferungen und Leistungen, Verbindlichkeiten an Finanzamt für Umsatzsteuer u.Ä.). In der Praxis gilt hier ein Verhältnis von 1:1 als Richtschnur.
- **Liquidität II:** Verhältnis der liquiden Mittel 1. und 2. Ordnung (Forderungen aus Lieferungen und Leistungen) zu den kurzfristigen Verbindlichkeiten.
- **Liquidität III:** Verhältnis der liquiden Mittel 1., 2. und 3. Ordnung (Vorräte) zu den kurzfristigen Verbindlichkeiten.

Die Liquidität III wird von der DATEV nur bei exakter Wareneinsatzermittlung errechnet.

Vorjahreswerte

Neben der Monatssumme und der Jahressumme können im Bedarfsfall auch noch die jeweiligen Vorjahreswerte mit dazu ausgedruckt werden. Zusätzliche Informationen ergibt die Gegenüberstellung der Monats- und Jahresverkehrszahlen mit verschiedenen Basisgrößen wie Umsatz, Gesamtkosten oder Lohnkosten. Damit lassen sich wichtige Kennzahlen ermitteln wie zum Beispiel

Kennzahlen

- Umsatzrentabilität:
  Betriebsergebnis in v. H. des Umsatzes
- Lohnintensität:
  Löhne in v. H. des Umsatzes.

Durch ihren Vergleich kann man Änderungen feststellen und analysieren. Bei der Beurteilung der Aussagefähigkeit der Summen- und Saldenliste und des Unternehmensspiegels sind die betriebsindividuellen Buchungsgewohnheiten zu berücksichtigen. So wird die Belastung mit Abschreibungen meistens erst am Jahresende vorgenommen. Bei anderen Kosten wiederum kann es vorkommen, dass sie in einem Betrag gebucht werden, aber mehrere Monate betreffen (zum Beispiel Strom- oder Wasserrechnungen). Deshalb ist das Gesamtergebnis in der betriebswirtschaftlichen Auswertung während des Jahres als vorläufig zu betrachten. Trotzdem aber ist der Unternehmensspiegel geeignet, laufend zumindest wichtige Entwicklungstendenzen aufzuzeigen.

Vorläufiges Ergebnis

Betriebswirtschaftliche Auswertung zum 30.4.2002

	Monatssumme EUR	v. H. vom Umsatz	v. H. von Gesamtkosten	v. H. von Lohnkosten	Jahressumme EUR	v. H. vom Umsatz	v. H. von Gesamtkosten	v. H. von Lohnkosten
Betriebserlöse	98.120,00	100,00	108,66	452,79	418.000,00	100,00	119,06	478,75
davon Handwerkserlöse Handelserlöse	62.350,00 35.770,00	63,54 36,46	69,05 39,61	287,72 165,07	298.600,00 119.400,00	71,44 28,56	85,05 34,01	342,00 136,75
Material/Wareneinkauf	42.670,00	43,49	47,25	196,91	158.910,00	38,02	45,26	182,01
davon Materialien und Stoffe Handelswaren	29.770,00 12.900,00	30,34 13,15	32,97 14,29	137,38 59,53	114.890,00 44.020,00	27,49 10,53	32,73 12,54	131,59 50,42
Rohertrag	55.450,00	56,51	61,41	255,88	298.600,00	71,44	85,05	342,00
aus Handwerksleistungen Handelswaren	47.200,00 8.250,00	48,10 8,41	52,27 9,14	217,81 38,07	252.120,00 46.480,00	60,32 11,12	71,81 13,24	288,76 53,24
Kalkulatorischer Aufschlag insgesamt (%)	129,95				187,91			
auf Handwerksleistungen (%) auf Handelswaren (%)	158,55 63,95				219,44 105,59			
Erlösschmälerungen	2.480,00	2,53	2,75	11,44	10.120,00	2,42	2,88	11,59
Sondereinzelkosten	1.245,00	1,27	1,38	5,75	4.210,00	1,01	1,20	4,82
Löhne und Gehälter (produktive Löhne)	21.670,00	22,09	24,00	100,00	87.310,00	20,89	24,87	100,00
Gemeinkosten Sonstige Löhne und Gehälter	3.890,00	3,96	4,31	17,95	11.990,00	2,87	3,42	13,73
Gesetzliche Sozialleistungen	4.675,00	4,76	5,18	21,57	24.660,00	5,90	7,02	28,24
Freiwillige Sozialleistungen	1.120,00	1,14	1,24	5,17	3.795,00	0,91	1,08	4,35
Kleinmaterialien und Stoffe	890,00	0,91	0,99	4,11	3.160,00	0,76	0,90	3,62

1.1.4 Verfahrenstechniken

Strom/Gas/Wasser	3.895,00	3,97	4,31	17,97	17.125,00	4,10	4,88	19,61
Steuern/Versicherungen/Beiträge	670,00	0,68	0,74	3,09	1.890,00	0,45	0,54	2,16
Miete/Pacht	1.320,00	1,35	1,46	6,09	4.900,00	1,17	1,40	5,61
Reparaturen	390,00	0,40	0,43	1,80	1.560,00	0,37	0,44	1,79
Porto/Telefon/Fax	990,00	1,01	1,10	4,57	1.560,00	0,37	0,44	1,79
Büro/Zeitungen	450,00	0,46	0,50	2,08	1.980,00	0,47	0,56	2,27
EDV/Steuerberatung	285,00	0,29	0,32	1,32	1.135,00	0,27	0,32	1,30
Werbe-/Reisekosten	665,00	0,68	0,74	3,07	1.290,00	0,31	0,37	1,48
Kfz-Kosten ohne AfA	800,00	0,82	0,89	3,69	3.715,00	0,89	1,06	4,25
Abschreibungen	240,00	0,24	0,27	1,11	1.090,00	0,26	0,31	1,25
Sonstige Gemeinkosten	765,00	0,78	0,85	3,53	990,00	0,24	0,28	1,13
Kalkulatorische Kosten	3.670,00	3,74	4,06	16,94	19.800,00	4,74	5,64	22,68
Summe Gemeinkosten	24.715,00	25,19	27,37	114,05	100.640,00	24,08	28,67	115,27
Gesamtkosten	90.300,00	92,03	100,00	416,71	351.070,00	83,99	100,00	402,10
Erlöse (./. Erlösschmälerungen)	95.640,00	97,47	105,91	441,35	407.880,00	97,58	116,18	467,16
Betriebsergebnis	5.340,00	5,44	5,91	24,64	56.810,00	13,59	16,18	65,07
Neutraler Aufwand	670,00	0,68	0,74	3,09	2.815,00	0,67	0,80	3,22
Neutraler Ertrag	410,00	0,42	0,45	1,89	1.670,00	0,40	0,48	1,91
Sonstige Erlöse	0,00	0,00	0,00	0,00	3.450,00	0,83	0,98	3,95
Vorläufiges Ergebnis	5.080,00	5,18	5,63	23,44	59.115,00	14,14	16,84	67,71

Abbildung 41

1.1.5 Beispiel zur doppelten Buchführung

Praxis-
orientiertes
Beispiel

Zum besseren Verständnis der gesamten Buchungstechnik wird nachfolgend ein praxisorientiertes Beispiel mit häufig vorkommenden Geschäftsvorfällen behandelt. Dazu werden alle erforderlichen Arbeitsvorgänge dargestellt:
- Erstellung der Eröffnungsbilanz (siehe dazu auch Abschnitt 1.2.1 „Aufbau von Bilanz und Gewinn- und Verlustrechnung")
- Konteneröffnung mit Kontennummern aus dem SKR04 (siehe Abbildung 13)
- Verbuchung der Geschäftsvorfälle unter Verwendung der Kontennummern aus dem SKR04
- Verbuchung der Abschlussangaben
- Abschluss der Konten
- Erstellung von Schlussbilanz und Gewinn- und Verlustrechnung (siehe dazu auch Abschnitt 1.2.1 „Aufbau von Bilanz und Gewinn- und Verlustrechnung").

Aufgabe:

Eröffnungs-
bilanz

1. Die Eröffnungsbilanz ist aufgrund folgender Zahlen aus der Schlussbilanz des vorangegangenen Geschäftsjahres zu erstellen:

Betriebsgebäude	105.000,00 EUR
Maschinen	65.000,00 EUR
Fahrzeuge	25.000,00 EUR
Vorräte	18.500,00 EUR
Forderungen aus Lieferungen und Leistungen	15.650,00 EUR
Kasse	1.260,00 EUR
Bank	41.820,00 EUR
Verbindlichkeiten aus Lieferungen und Leistungen	10.320,00 EUR
Wechselverbindlichkeiten	13.000,00 EUR
Darlehen	128.000,00 EUR
Verbindlichkeiten im Rahmen der sozialen Sicherheit	1.200,00 EUR
Verbindlichkeiten an Finanzamt für Umsatzsteuer	2.880,00 EUR

Konteneröffnung

2. Es sind folgende Konten zu eröffnen und auf den Bestandskonten die Anfangsbestände aus der Eröffnungsbilanz vorzutragen:

Betriebsgebäude, Maschinen, Lieferantenskonti, Pkw, Geringwertige Wirtschaftsgüter, Vorräte, Vorsteuer, Wechselforderungen, Forderungen aus Lieferungen und Leistungen, Kasse, Bank, Aktive Rechnungsabgrenzungsposten, Eigenkapital, Privat, Verbindlichkeiten aus Lieferungen und Leistungen, Wechselverbindlichkeiten, Darlehen, Sonstige Verbindlichkeiten, Verbindlichkeiten aus Lohn- und Kirchensteuer, Verbindlichkeiten im Rahmen der sozialen Sicherheit, Verbindlichkeiten an Finanzamt für Umsatzsteuer, Materialaufwand, Löhne und Gehälter, Gesetzliche Sozialabgaben, Abschreibungen, Fahrzeugkosten, Sonstige betriebliche Aufwendungen, Zinsen und ähnliche Aufwendungen, betriebliche Steuern, Kfz-

1.1.5 Beispiel zur doppelten Buchführung

Steuer, Gewerbeertragsteuer, Umsatzerlöse, Erlösschmälerungen, Sonstige betriebliche Erträge, Schlussbilanz, Gewinn und Verlustrechnung.

3. Folgende Geschäftsvorfälle sind zu verbuchen, wobei ein Umsatzsteuersatz (USt) von 16 % zugrunde gelegt wird:

Geschäftsvorfälle

1) Barerlös für Handelswaren   800,00 EUR +   128,00 EUR USt
2) Kauf einer Maschine gegen Rechnung   12.440,00 EUR + 1.990,40 EUR USt
3) Privatentnahme in bar   500,00 EUR
             in Waren   450,00 EUR +   72,00 EUR USt
4) Bezahlung der gekauften Maschine (siehe Geschäftsvorfall 2) durch Banküberweisung mit 3 % Skonto
5) Lieferung an Kunden A gegen Rechnung   48.980,00 EUR + 7.836,80 EUR USt
6) Kauf von Ware gegen Rechnung bei Lieferant A   4.812,00 EUR +   769,92 EUR USt
7) Bezahlung der rückständigen Umsatzsteuer (2.880,00 EUR) und Sozialversicherungsbeiträge (1.200,00 EUR) über das Bankkonto
8) Kauf eines Lieferwagens (Pkw) bei

   Lieferant B

   Neupreis   38.170,00 EUR + 6.107,20 EUR USt

   Inzahlungnahme des alten Pkw   8.000,00 EUR + 1.280,00 EUR USt
   (Buchwert 6.500,00 EUR)
   Bezahlung durch Wechsel
9) Bezahlung durch Kunde A (siehe Geschäftsvorfall 5) per Banküberweisung unter Abzug von 3 % Skonto
10) Einzahlung von Bargeld aus der Kasse auf das Bankkonto   800,00 EUR
11) Bezahlung an Lieferant A (siehe Geschäftsvorfall 6) per Banküberweisung unter Abzug von 3 % Skonto
12) Rücksendung fehlerhafter Ware durch Kunde A und Erstattung des Wertes durch Banküberweisung   1.200,00 EUR +   192,00 EUR USt
13) Lieferant B legt den Wechsel (siehe Geschäftsvorfall 8) unserer Bank zur Einlösung vor; die Wechselspesen belaufen sich auf 30,00 EUR

14) Kauf einer Kleinmaschine
gegen Barzahlung 380,00 EUR + 60,80 EUR USt
15) Bezahlung von Fahrzeug-
kosten und Benzin in bar 128,00 EUR + 20,48 EUR USt
16) Zahlung der fälligen Zinsen 12.500,00 EUR
und der Tilgung für das Dar-
lehen per Bankeinzug 4.500,00 EUR
17) Bezahlung von Steuern per Bank
Einkommensteuer des Un-
ternehmers 1.500,00 EUR
Gewerbeertragsteuer 1.000,00 EUR
18) Lohn- und Gehaltsauszah-
lung für 5 Mitarbeiter per
Banküberweisung
Bruttolohn 14.612,00 EUR
Einbehaltene Lohn- und Kirchensteuer 1.400,00 EUR
Arbeitnehmeranteil zur Sozialversicherung 3.060,00 EUR
Arbeitgeberanteil zur Sozialversicherung 3.060,00 EUR
19) Bezahlung der Kfz-Steuer
von Oktober bis September
des folgenden Jahres per
Bankeinzugsverfahren 264,00 EUR
20) Bareinnahme für Reparatur-
leistungen 1.245,00 EUR + 199,20 EUR USt
21) Lieferung an Kunde B gegen
Wechsel 25.530,00 EUR + 4.084,80 EUR USt

Vorbereitende Abschlussbuchungen

4. Als vorbereitende Abschlussbuchungen sind vorzunehmen:
1) Bestand an Vorräten laut Inventur 14.212,00 EUR
2) Abschreibungen
   Maschinen 10.500,00 EUR
   Pkw 11.420,00 EUR
   Gebäude 4.800,00 EUR
3) Rückständige Telefonrechnung 560,00 EUR
4) Abgrenzung der Kfz-Steuer für das
folgende Geschäftsjahr
(siehe Geschäftsvorfall 19)

1.1.5 Beispiel zur doppelten Buchführung

5. Die Umbuchungen sind entsprechend der geschilderten Regeln und Verfahrensweisen vorzunehmen. — Umbuchungen

6. Aufgrund dieser Vorgaben sind Schlussbilanz sowie Gewinn- und Verlustrechnung zu erstellen. — Schlussbilanz G+V

Lösung:

1. Aus den Angaben der Eröffnungsinventur wird zunächst die Eröffnungsbilanz erstellt.

Zum Anlagevermögen gehören die Posten Betriebsgebäude, Maschinen und Fahrzeuge.
Zum Umlaufvermögen zählen Vorräte, Forderungen aus Lieferungen und Leistungen, Kasse und Bank.
Die übrigen Posten sind Verbindlichkeiten und kommen deshalb auf die Passivseite.
Aus der Differenz von Vermögen und Verbindlichkeiten ergibt sich ein Eigenkapital von 116.830,00 EUR.

2. Eröffnung der angegebenen Konten.

3. Verbuchung der Geschäftsvorfälle.

Die Verbuchung der Geschäftsvorfälle erfolgt nach den besprochenen Buchungsregeln. Dabei werden für den ersten Geschäftsvorfall alle drei Regeln behandelt. Die Verbuchung der übrigen Geschäftsvorfälle erfolgt dann, wie heute in der Praxis üblich, über Buchungssätze. — Buchungsregeln

1) **Mit Buchungsregel 1:**
   Das Kassenkonto empfängt und wird mit 928,00 EUR belastet. Das Konto Umsatzerlöse gibt und wird mit 800,00 EUR entlastet. Das Konto Verbindlichkeiten an Finanzamt für Umsatzsteuer gibt und wird mit 128,00 EUR entlastet.
   Mit Buchungsregel 2:
   Das Kassenkonto ist ein Aktivkonto. Es handelt sich um einen Zugang, also werden 928,00 EUR auf der linken Seite gebucht. Das Konto Umsatzerlöse ist ein Ertragskonto. Bei Ertragskonten kommen Zugänge auf die rechte Seite. Der Warenverkauf ist eine betriebliche Leistung und somit ein Umsatzerlös, also Buchung von 800,00 EUR auf der rechten Seite. Die an den Kunden vom Betrieb überwälzte Umsatzsteuer ist auf dem Konto Verbindlichkeiten an Finanzamt für Umsatzsteuer zu erfassen. Es handelt sich um ein Passivkonto.
   Bei diesen stehen Zugänge auf der rechten Seite, also Buchung von 128,00 EUR rechts.
   Mit Buchungsregel 3 (in Klammer sind die Kontonummern nach SKR04 von DATEV angegeben):
   Kasse (1600) 928,00 EUR **an** Umsatzerlöse (4200) 800,00 EUR und Verbindlichkeiten an Finanzamt für Umsatzsteuer (3800) 128,00 EUR

2) Maschinen (0400) 12.440,00 EUR und Vorsteuer (1400) 1.990,40 EUR **an** Verbindlichkeiten aus Lieferungen und Leistungen (3300) 14.430,40 EUR — Buchungssätze

3) Privat 1.022,00 (2100) EUR **an** Kasse (1600) 500,00 EUR, Umsatzerlöse (4200) 450,00 EUR und Verbindlichkeiten an Finanzamt für Umsatzsteuer (3800) 72,00 EUR

4) Verbindlichkeiten aus Lieferungen und Leistungen (3300) 14.430,40 EUR **an** Bank (1800) 13.997,49 EUR, Lieferantenskonti (5730) 373,20 EUR und Vorsteuer (1400) 59,71 EUR
5) Forderungen aus Lieferungen und Leistungen (1200) 56.816,80 EUR **an** Umsatzerlöse (4200) 48.980,00 EUR und Verbindlichkeiten an Finanzamt für Umsatzsteuer (3800) 7.836,80 EUR
6) Vorräte (1000) 4.812,00 EUR und Vorsteuer (1400) 769,92 EUR **an** Verbindlichkeiten aus Lieferungen und Leistungen (3300) 5.581,92 EUR
7) Verbindlichkeiten an Finanzamt für Umsatzsteuer (3800) 2.880,00 EUR und Verbindlichkeiten im Rahmen der sozialen Sicherheit (3740) 1.200,00 EUR **an** Bank (1800) 4.080,00 EUR
8) Pkw (0520) 38.170,00 EUR und Vorsteuer (1400) 6.107,20 EUR **an** Pkw (0520) 6.500,00 EUR, sonstige betriebliche Erträge (4830) 1.500,00 EUR, Verbindlichkeiten an Finanzamt für Umsatzsteuer (3800) 1.280,00 EUR und Wechselverbindlichkeiten (3350) 34.997,20 EUR
9) Bank (1800) 55.112,30 EUR, Erlösschmälerungen (4730) 1.469,40 EUR und Verbindlichkeiten an Finanzamt für Umsatzsteuer (3800) 235,10 EUR **an** Forderungen aus Lieferungen und Leistungen (1200) 56.816,80 EUR
10) Bank (1800) 800,00 EUR **an** Kasse (1600) 800,00 EUR
11) Verbindlichkeiten aus Lieferungen und Leistungen (3300) 5.581,92 EUR **an** Bank (1800) 5.414,46 EUR, Lieferantenskonti (5730) 144,36 EUR und Vorsteuer (1400) 23,10 EUR
12) Umsatzerlöse (4200) 1.200,00 EUR und Verbindlichkeiten an Finanzamt für Umsatzsteuer (3800) 192,00 EUR **an** Bank (1800) 1.392,00 EUR
13) Wechselverbindlichkeiten (3350) 34.997,20 EUR und Zinsen und ähnliche Aufwendungen (7300) 30,00 EUR **an** Bank (1800) 35.027,20 EUR
14) Geringwertige Wirtschaftsgüter (0670) 380,00 EUR und Vorsteuer (1400) 60,80 EUR **an** Kasse (1600) 440,80 EUR
15) Fahrzeugkosten (6500) 128,00 EUR und Vorsteuer (1400) 20,48 EUR **an** Kasse (1600) 148,48 EUR
16) Darlehen (3150) 4.500,00 EUR und Zinsen und ähnliche Aufwendungen (7300) 12.500,00 EUR **an** Bank (1800) 17.000,00 EUR
17) Privat (2100) 1.500,00 EUR und Gewerbeertragsteuer (7620) 1.000,00 EUR **an** Bank (1800) 2.500,00 EUR
18) Löhne und Gehälter (6000) 14.612,00 EUR **an** Verbindlichkeiten aus Lohn- und Kirchensteuer (3730) 1.400,00 EUR, Verbindlichkeiten im Rahmen der sozialen Sicherheit (3740) 3.060,00 EUR und Bank (1800) 10.152,00 EUR
sowie
Gesetzliche Sozialabgaben (6100) 3.060,00 EUR **an** Verbindlichkeiten im Rahmen der sozialen Sicherheit (3740) 3.060,00 EUR
19) Kfz-Steuer (7685) 264,00 EUR **an** Bank (1800) 264,00 EUR
20) Kasse (1600) 1.444,20 EUR **an** Umsatzerlöse (4200) 1.245,00 EUR und Verbindlichkeiten an Finanzamt für Umsatzsteuer (3800) 199,20 EUR

21) Wechselforderungen (1230) 29.614,80 EUR **an** Umsatzerlöse (4200) 25.530,00 EUR und Verbindlichkeiten an Finanzamt für Umsatzsteuer (3800) 4.084,80 EUR

4. Vorbereitende Abschlussbuchungen:

22) Berechnung des Materialaufwands:

Anfangsbestand	18.500,00 EUR
+ Zugänge	4.812,00 EUR
− Lieferantenskonti auf Vorräte	144,36 EUR
	23.167,64 EUR
− Inventurbestand	14.212,00 EUR
= Materialverbrauch	8.955,64 EUR

Abschlussbuchungen

Materialaufwand

Verbuchung: Materialaufwand (5100) 8.955,64 EUR **an** Vorräte (1000) 8.955,64 EUR

23) Abschreibungen (6200) 26.720,00 EUR **an** Maschinen (0400) 10.500,00 EUR, Pkw (0520) 11.420,00 EUR und Gebäude (0230) 4.800,00 EUR

24) Sonstige betriebliche Aufwendungen (6300) 560,00 EUR **an** Sonstige Verbindlichkeiten (3500) 560,00 EUR

25) Aktive Rechnungsabgrenzungsposten (1900) 198,00 EUR **an** Kfz-Steuer (7685) 198,00 EUR

5. Folgende Umbuchungen müssen berücksichtigt werden:

Umbuchungen

26) Privatkonto auf Eigenkapitalkonto
Eigenkapital (2000) 2.522,00 EUR **an** Privat (2100) 2.522,00 EUR

27) Vorsteuer auf Verbindlichkeiten an Finanzamt für Umsatzsteuer
Verbindlichkeiten an Finanzamt für Umsatzsteuer (3800) 8.865,99 EUR **an** Vorsteuer (1400) 8.865,99 EUR

28) Lieferantenskonti auf Vorräte
Lieferantenskonti (5730) 144,36 EUR **an** Vorräte (1000) 144,36 EUR

29) Lieferantenskonti auf Maschinen
Lieferantenskonti (5730) 373,20 EUR **an** Maschinen (0400) 373,20 EUR

30) Erlösschmälerungen auf Umsatzerlöse
Umsatzerlöse (4200) 1.469,40 EUR **an** Erlösschmälerungen (4730) 1.469,40 EUR

31) Geringwertige Wirtschaftsgüter auf Abschreibungen
Abschreibungen (6200) 380,00 EUR **an** Geringwertige Wirtschaftsgüter (0670) 380,00 EUR

Kontendarstellung:

Aktiva	Eröffnungsbilanz		Passiva
Anlagevermögen		**Eigenkapital**	116.830,00
Betriebsgebäude	105.000,00	**Verbindlichkeiten**	
Maschinen	65.000,00	Darlehen	128.000,00
Fahrzeuge	25.000,00	Verbindlichkeiten aus Lieferungen und Leistungen	10.320,00
Umlaufvermögen		Wechselverbindlichkeiten	13.000,00
Vorräte	18.500,00		
Forderungen aus Lieferungen und Leistungen	15.650,00	Verbindlichkeiten im Rahmen der soz. Sicherheit	1.200,00
Kasse	1.260,00	Verbindlichkeiten an Finanzamt für Umsatzsteuer	2.880,00
Bank	41.820,00		
	272.230,00		272.230,00

Soll	Betriebsgebäude (0230)		Haben
EB	105.000,00	23)	4.800,00
		SB	**100.200,00**
	105.000,00		105.000,00

Soll	Maschinen (0400)		Haben
EB	65.000,00	23)	10.500,00
2)	12.440,00	29)	373,20
		SB	**66.566,80**
	77.440,00		77.440,00

Soll	Pkw (0520)		Haben
EB	25.000,00	8)	6.500,00
8)	38.170,00	23)	11.420,00
		SB	**45.250,00**
	63.170,00		63.170,00

Soll	Geringwertige Wirtschaftsgüter (0670)		Haben
14)	380,00	31)	380,00
	380,00		380,00

Soll	Vorräte (1000)		Haben
EB	18.500,00	22)	8.955,64
6)	4.812,00	28)	144,36
		SB	**14.212,00**
	23.312,00		23.312,00

Soll	Lieferantenskonti (5730)		Haben
28)	144,36	4)	373,20
29)	373,20	11)	144,36
	517,56		517,56

1.1.5 Beispiel zur doppelten Buchführung

Soll	Vorsteuer (1400)		Haben
2)	1.990,40	4)	59,71
6)	769,92	11)	23,10
8)	6.107,20		
14)	60,80		
15)	20,48	27)	8.865,99
	8.948,80		8.948,80

Soll	Wechselforderungen		Haben
	(1230)		
21)	29.614,80	SB	**29.614,80**
	29.614,80		29.614,80

Soll	Forderungen aus		Haben
	Lieferungen und Leistungen (1200)		
EB	15.650,00	9)	56.816,80
5)	56.816,80	SB)	**15.650,00**
	72.466,80		72.466,80

Soll	Kasse (1600)		Haben
EB	1.260,00	3)	500,00
1)	928,00	10)	800,00
20)	1.444,20	14)	440,80
		15)	148,48
		SB	**1.742,92**
	3.632,20		3.632,20

Soll	Bank (1800)		Haben
EB	41.820,00	4)	13.997,49
9)	55.112,30	7)	4.080,00
10)	800,00	11)	5.414,46
		12)	1.392,00
		13)	35.027,20
		16)	17.000,00
		17)	2.500,00
		18)	10.152,00
		19)	264,00
		SB	**7.905,15**
	97.732,30		97.732,30

Soll	Aktive Rechnungs-		Haben
	abgrenzung (1900)		
25)	198,00	SB	**198,00**
	198,00		198,00

Soll	Eigenkapital (2000)		Haben
26)	2.522,00	EB	116.830,00
SB	**122.131,96**	G+V	7.823,96
	124.653,96		124.653,96

Soll	Privat (2100)		Haben
3)	1.022,00	26)	2.522,00
17)	1.500,00		
	2.522,00		2.522,00

Soll	Verbindlichkeiten		Haben
	aus Lieferungen		
	und Leistungen (3300)		
4)	14.430,40	EB	10.320,00
11)	5.581,92	2)	14.430,40
SB	**10.320,00**	6)	5.581,92
	30.332,32		30.332,32

Soll Wechsel- Haben		Soll Darlehen (3150) Haben	
verbindlichkeiten (3350)			
13) 34.997,20	EB 13.000,00	16) 4.500,00	EB 128.000,00
SB 13.000,00	8) 34.997,20	**SB 123.500,00**	
47.997,20	47.997,20	128.000,00	128.000,00

Soll Sonstige Haben		Soll Verbindlichkeiten Haben	
Verbindlichkeiten (3500)		aus Lohn- und Kirchensteuer (3730)	
SB 560,00	24) 560,00	SB 1.400,00	18) 1.400,00
560,00	560,00	1.400,00	1.400,00

Soll Verbindlichkeiten Haben		Soll Verbindlichkeiten Haben	
im Rahmen der soz. Sicherh. (3740)		an Finanzamt für Umsatzst. (3800)	
7) 1.200,00	EB 1.200,00	7) 2.880,00	EB 2.880,00
SB 6.120,00	18) 3.060,00	9) 235,10	1) 128,00
	18) 3.060,00	12) 192,00	3) 72,00
7.320,00	7.320,00	27) 8.865,99	5) 7.836,80
		SB 4.307,71	8) 1.280,00
			20) 199,20
			21) 4.084,80
		16.480,80	16.480,80

Soll Materialaufwand (5100) Haben		Soll Löhne u. Gehälter (6000) Haben	
22) 8.955,64	G+V 8.955,64	18) 14.612,00	G+V 14.612,00
8.955,64	8.955,64	14.612,00	14.612,00

Soll Gesetzliche Haben			
Sozialabgaben (6100)		Soll Abschreibungen (6200) Haben	
18) 3.060,00	G+V 3.060,00	23) 26.720,00	G+V 27.100,00
3.060,00	3.060,00	31) 380,00	
		27.100,00	27.100,00

		Soll Sonstige betrieb- Haben	
Soll Fahrzeugkosten (6500) Haben		liche Aufwendungen (6300)	
15) 128,00	G+V 128,00	24) 560,00	G+V 560,00
128,00	128,00	560,00	560,00

1.1.5 Beispiel zur doppelten Buchführung

Soll	Zinsen und ähnliche Aufwendungen (7300)		Haben
13)	30,00	G+V	**12.530,00**
16)	12.500,00		
	12.530,00		12.530,00

Soll	Gewerbeertragsteuer (7620)		Haben
17)	1.000,00	G+V	**1.000,00**
	1.000,00		1.000,00

Soll	Umsatzerlöse (4200)		Haben
12)	1.200,00	1)	800,00
30)	1.469,40	3)	450,00
G+V	**74.335,60**	5)	48.980,00
		20)	1.245,00
		21)	25.530,00
	77.005,00		77.005,00

Soll	Erlösschmälerungen (4730)		Haben
9)	1.469,40	30)	1.469,40
	1.469,40		1.469,40

Soll	Sonstige betriebliche Erträge (4830)		Haben
G+V	**1.500,00**	8)	1.500,00
	1.500,00		1.500,00

Soll	Kfz-Steuer (7685)		Haben
19)	264,00	25)	198,00
		G+V	**66,00**
	264,00		264,00

Aktiva	Schlussbilanz		Passiva
Betriebsgebäude	100.200,00	Eigenkapital	122.131,96
Maschinen	66.566,80	Darlehen	123.500,00
Fahrzeuge	45.250,00	Verbindlichkeiten aus Lieferungen und Leistungen	10.320,00
Vorräte	14.212,00		
Forderungen aus Lieferungen und Leistungen	15.650,00	Wechselverbindlichkeiten	13.000,00
Wechselforderungen	29.614,80	Sonstige Verbindlichkeiten	560,00
Kasse	1.742,92	Verbindlichkeiten aus Lohn- und Kirchensteuer	1.400,00
Bank	7.905,15		
Rechnungsabgrenzung	198,00	Verbindlichkeiten im Rahmen der soz. Sicherheit	6.120,00
		Verbindlichkeiten an Finanzamt für Umsatzsteuer	4.307,71
	281.339,67		281.339,67

Aufwendungen		Gewinn- und Verlustrechnung		Erträge
Materialaufwand	8.955,64	Umsatzerlöse		74.335,60
Löhne und Gehälter	14.612,00	Sonstige betriebliche		
Gesetzl. Sozialabgaben	3.060,00	Erträge		1.500,00
Abschreibungen	27.100,00			
Fahrzeugkosten	128,00			
Sonstige betriebliche Aufwendungen	560,00			
Zinsen und andere Aufwendungen	12.530,00			
Betriebliche Steuern	1.000,00			
Kfz-Steuer	66,00			
Gewinn	**7.823,96**			
	75.835,60			75.835,60

Diese Bilanz sowie Gewinn- und Verlustrechnung ergeben sich aus der Reihenfolge der einzelnen Konten innerhalb der Buchführung, die kontenrahmenorientiert ist und die dort übliche Gliederungsfolge der Konten berücksichtigt. Legt man die Gliederungsvorschriften des HGB zugrunde (vgl. auch Abbildungen 47 und 50), so ergibt sich folgende Darstellung von Bilanz und Gewinn- und Verlustrechnung.

Gliederungsvorschriften des HGB

Aktiva		Schlussbilanz		Passiva
A. Anlagevermögen		**A. Eigenkapital**		122.131,96
I. Sachanlagen				
1. Grundstücke, grundstücksgleiche Rechte, Bauten	100.200,00	**B. Verbindlichkeiten**		
		1. Verbindlichkeiten aus Lieferungen und Leistungen		10.320,00
2. Technische Anlagen und Maschinen	66.566,80	2. Wechselverbindlichkeiten		13.000,00
3. Andere Anlagen, Betriebs- und Geschäftsausstattung	45.250,00	3. Darlehen		123.500,00
B. Umlaufvermögen		4. Sonstige Verbindlichkeiten		12.387,71
I. Vorräte	14.212,00			
II. Forderungen und sonstige Vermögensgegenstände				
1. Forderungen aus Lieferungen und Leistungen	15.650,00			
2. Sonstige Forderungen	29.614,80			
III. Flüssige Mittel				
1. Kassenbestand	1.742,92			
2. Guthaben bei Kreditinstituten	7.905,15			
C. Rechnungsabgrenzungsposten	198,00			
	281.339,67			281.339,67

1.1 Buchführung

Gewinn- und Verlustrechnung nach dem Gesamtkostenverfahren

1. Umsatzerlöse	74.335,60
2. Sonstige betriebliche Erträge	+ 1.500,00
3. Materialaufwand	− 8.955,64
4. Personalaufwand	
a) Löhne und Gehälter	−14.612,00
b) soziale Abgaben	− 3.060,00
5. Abschreibungen	−27.100,00
6. Sonstige betriebliche Aufwendungen	− 754,00
7. Zinsen und ähnliche Aufwendungen	−12.530,00
8. Ergebnis der gewöhnlichen Geschäftätigkeit	8.823,96
9. Steuern	− 1.000,00
10. Jahresüberschuss	**7.823,96**

Übungs- und Prüfungsaufgaben

1. Welches ist der wichtigste Zweig des betrieblichen Rechnungswesens?
☐ a) Die Deckungsbeitragsrechnung
☐ b) Die Kalkulation
☐ c) Die Kostenrechnung
☐ d) Die Buchführung und der Jahresabschluss
☐ e) Die Statistik.

„Siehe Seite 24 des Textteils!"

2. Ist die Buchführung auch aus betriebswirtschaftlichen Gründen notwendig?
☐ a) Ja, weil sie die Grundlage für die Entwicklung neuer Fertigungstechniken darstellt.
☐ b) Ja, weil sie eine wichtige Grundlage für unternehmerische Entscheidungen darstellt.
☐ c) Nein, sie muss nur geführt werden, wenn dies die kreditgebenden Banken verlangen.
☐ d) Nein, weil man im Kleinbetrieb auch ohne Buchführung den notwendigen Überblick behalten kann.
☐ e) Nein, sie muss nur geführt werden, weil es nach steuerlichen Vorschriften Pflicht ist.

„Siehe Seite 24 des Textteils!"

3. Die Buchführung hat für den selbstständigen Handwerksmeister aus handelsrechtlichen und aus steuerrechtlichen Gründen einen hohen Stellenwert.

Aufgabe: Beschreiben Sie Aufgaben und Zweck der Buchführung!

„Siehe Seite 24 des Textteils!"

4. Wo sind die gesetzlichen Vorschriften für die Buchführung geregelt?
☐ a) Im Bürgerlichen Gesetzbuch
☐ b) Im Handelsgesetzbuch und im Steuerrecht
☐ c) In der Zivilprozessordnung
☐ d) In der Gewerbeordnung
☐ e) In der Bundesbuchführungsverordnung.

„Siehe Seite 25 des Textteils!"

5. Nach dem Steuerrecht sind bestimmte gewerbliche Unternehmer für den einzelnen Betrieb zur Buchführung verpflichtet.

Aufgabe: Als gewerblicher Unternehmer sind Sie zur Buchführung verpflichtet, wenn Sie

- ☐ a) 150.000,00 EUR Umsatz oder 41.000,00 EUR Betriebsvermögen haben.
- ☐ b) 126.000,00 EUR Umsatz oder 9.000,00 EUR Gewinn aus Gewerbebetrieb haben.
- ☐ c) 150.000,00 EUR Umsatz oder 10.000,00 EUR Gewinn aus Gewerbebetrieb haben.
- ☐ d) 260.000,00 EUR Umsatz oder 25.000,00 EUR Gewinn aus Gewerbebetrieb haben.
- ☐ e) 61.000,00 EUR Betriebsvermögen oder 15.000,00 EUR Gewinn aus Gewerbebetrieb haben.

„Siehe Seite 26 des Textteils!"

6. Als Betriebsinhaber haben Sie besondere Aufzeichnungspflichten zu erfüllen.

Aufgabe:
a) Wer ist zur gesonderten Aufzeichnung des Wareneingangs verpflichtet?
b) Was muss im Einzelnen aus den Aufzeichnungen nach den umsatzsteuerlichen Vorschriften zu ersehen sein?
c) Wer ist zur Führung von Lohnkonten verpflichtet?

„Siehe Seiten 27, 29 des Textteils!"

7. **Welche ist die wichtigste Grundregel für die ordnungsmäßige Buchführung? Eine Buchführung muss so beschaffen sein, dass**

- ☐ a) sie dem Betriebsinhaber jederzeit einen Überblick über die Vermögens- und Ertragslage des Betriebes vermitteln kann.
- ☐ b) sie nur dem Betriebsprüfer des Finanzamtes mit angemessenem Zeitaufwand einen Überblick über die Vermögens- und Ertragslage vermitteln kann.
- ☐ c) sie jedem sachverständigen Dritten innerhalb angemessener Zeit einen Überblick über die Geschäftsvorfälle und die Lage des Unternehmens vermitteln kann.
- ☐ d) der sachliche und materielle Inhalt stimmt und keine grundlegenden Mängel aufweist.
- ☐ e) vor allem die Formvorschriften beachtet wurden, die die einschlägigen Gesetze vorsehen.

„Siehe Seite 30 des Textteils!"

8. **Kasseneinnahmen und Kassenausgaben sollen**
- ☐ a) täglich festgehalten werden.
- ☐ b) mindestens jeden zweiten Tag aufgezeichnet werden.
- ☐ c) wöchentlich erfasst werden.
- ☐ d) monatlich registriert werden.
- ☐ e) nur stichprobenartig aufgezeichnet werden.

„Siehe Seite 30 des Textteils!"

9. **Die Aufbewahrungsfrist für Geschäftsbücher und Belege beträgt**
- ☐ a) einheitlich 12 Jahre.
- ☐ b) einheitlich 10 Jahre.
- ☐ c) einheitlich 5 Jahre.

1.1 Buchführung

- ☐ d) für Geschäftsbücher 8 Jahre und für Belege 6 Jahre.
- ☐ e) für Geschäftsbücher 10 Jahre und für Belege 6 Jahre.

„Siehe Seite 31 des Textteils!"

10. Für Buchführung und Bilanzierung gelten bestimmte Grundsätze, die Sie als Betriebsinhaber verbindlich anzuwenden haben.

Aufgabe: Nennen und beschreiben Sie die Grundsätze ordnungsmäßiger Buchführung?

„Siehe Seite 30 f. des Textteils!"

11. Was sind mögliche Folgen von Verstößen gegen die Grundsätze ordnungsmäßiger Buchführung?

„Siehe Seite 32 des Textteils!"

12. Welche für den Handwerksbetrieb geeigneten Buchführungssysteme gibt es und welche Kriterien sind bei der Auswahl eines geeigneten Buchführungssystems zu beachten?

„Siehe Seite 33 des Textteils!"

13. Nicht zuletzt aus Gründen der Aussagefähigkeit haben Sie sich als Betriebsinhaber für das System der doppelten Buchführung entschieden.

Aufgabe: Worin liegt für Sie der Vorteil der doppelten Buchführung? Die doppelte Buchführung ist

- ☐ a) in erster Linie eine kombinierte Bestands- und Erfolgsrechnung.
- ☐ b) nur ein System zur Ermittlung des Geschäftserfolges.
- ☐ c) nur ein System zur Erfassung von Veränderungen bei Vermögen und Verbindlichkeiten (Schulden).
- ☐ d) eine Doppelrechnung von Aufwendungen und Kosten.
- ☐ e) ein System zur Umrechnung von Einnahmen und Ausgaben in Aufwendungen und Kosten.

„Siehe Seite 34 des Textteils!"

14. Welche Kontenarten werden in der Buchführung unterschieden?

„Siehe Seite 34 des Textteils!"

15. Welche der nachfolgenden Einteilungen ist richtig?
    Sachkonten werden unterteilt in
- ☐ a) Personenkonten und Verbindlichkeiten aus Lieferungen und Leistungen.
- ☐ b) Bestandskonten und Erfolgskonten.
- ☐ c) Aufwandskonten und Personenkonten.
- ☐ d) Ertragskonten und Personenkonten.
- ☐ e) Forderungen aus Lieferungen und Leistungen sowie Verbindlichkeiten aus Lieferungen und Leistungen.

„Siehe Seite 34 des Textteils!"

16. Bei der Organisation der Buchführung in Ihrem Betrieb greifen Sie auf einen Kontenrahmen zurück.

Aufgabe:
a) Welche Funktion haben Kontenrahmen?
b) Welche Kontenrahmen sind für den Handwerksbetrieb von besonderer Bedeutung?

„Siehe Seite 41 des Textteils!"

17. Der Kontenplan hat die Aufgabe
- ☐ a) in erster Linie Buchungsregeln für die Verbuchung erstellen zu können.
- ☐ b) vorwiegend die Materialkosten erfassen und gliedern zu können.
- ☐ c) in erster Linie Datenverbundsysteme sinnvoll im Betrieb einzusetzen.
- ☐ d) in erster Linie eine übersichtliche Buchführungsorganisation zu gewährleisten.
- ☐ e) in allen Betrieben die Buchführung per EDV sicherzustellen.

„Siehe Seite 46 des Textteils!"

18. Erläutern Sie kurz die drei wichtigsten Buchungsregeln bei der doppelten Buchführung!

„Siehe Seite 47 f. des Textteils!"

19. Unter Inventur versteht man
- ☐ a) die Bestandsaufnahme aller Vermögensgegenstände und Verbindlichkeiten sowie deren Bewertung.
- ☐ b) nur die körperliche Bestandsaufnahme aller Waren und Materialvorräte.
- ☐ c) eine Aufstellung über die am Bilanzstichtag im Betrieb vorhandenen Zahlungsmittel.
- ☐ d) das Zählen und Messen wichtiger Gegenstände des Betriebsvermögens.
- ☐ e) die Zusammenstellung der Aufwendungen und Erträge.

„Siehe Seite 49 des Textteils!"

20. Wofür und wie ist ein Inventar aufzustellen?

„Siehe Seite 51 des Textteils!"

21. Unter Saldo versteht man
- ☐ a) die Summe aller Zahlen auf der linken Seite eines Kontos.
- ☐ b) die Summe aller Zahlen auf der rechten Seite eines Kontos.
- ☐ c) die Differenz zwischen der Soll- und der Habenseite eines Kontos.
- ☐ d) den Ausgleich zwischen zwei Konten in der Buchhaltung.
- ☐ e) die Differenz der Summen zwischen Bilanz sowie Gewinn- und Verlustrechnung.

„Siehe Seite 51 des Textteils!"

22. Im Rahmen der Bewertung Ihres Anlagevermögens können Sie Abschreibungen vornehmen.

Aufgabe: Die Höhe der Abschreibung richtet sich nach
- ☐ a) der jeweiligen Einschätzung des Betriebsinhabers.
- ☐ b) der betriebsgewöhnlichen Nutzungsdauer.
- ☐ c) der Art des Buchführungssystems.
- ☐ d) der Art der Buchführungsmethode.

1.1 Buchführung

☐ e) der Vorgabe der Berufsorganisation.

„Siehe Seite 55 des Textteils!"

23. Welche der nachfolgenden Aussagen ist richtig?
☐ a) Der Jahresüberschuss (Gewinn) wird auf der Habenseite des Eigenkapitals verbucht.
☐ b) Privatentnahmen werden auf der Habenseite des Eigenkapitalkontos verbucht.
☐ c) Die Verbuchung des Jahresüberschusses (Gewinns) erfolgt immer auf der Sollseite des Eigenkapitalkontos.
☐ d) Die Verbuchung des Jahresüberschusses (Gewinns) erfolgt immer auf dem Privatkonto.
☐ e) Die Verbuchung des Jahresüberschusses (Gewinns) erfolgt immer auf Konto Rückstellungen.

„Siehe Seite 60 des Textteils!"

24. Als Unternehmer führen Sie bzw. haben Sie nach verschiedenen rechtlichen Vorschriften Bücher zu führen, die Grundlage der Buchführung sind.

<u>Aufgabe:</u>
a) Was muss im Kassenbuch erfasst sein?
b) Was ist im Lohnbuch zu erfassen?

„Siehe Seiten 63 bis 64 des Textteils!"

25. Das amerikanische Journal enthält im Regelfall folgende Konten:
☐ a) Alle Konten der Buchführung
☐ b) Die Konten, die am häufigsten bewegt werden
☐ c) Alle Personenkonten der Buchführung
☐ d) Alle Bestandskonten
☐ e) Alle Erfolgskonten.

„Siehe Seite 64 des Textteils!"

26. Aufgrund der betrieblichen Gegebenheiten haben Sie sich entschieden, in Ihrem Betrieb die amerikanische Buchführung oder die Durchschreibebuchführung einzusetzen.

<u>Aufgabe:</u>
a) Nennen Sie die wichtigsten Arbeitsvorgänge bei der amerikanischen Buchführung in der zeitlich richtigen Reihenfolge!
b) Welches sind die wichtigsten Arbeitsvorgänge bei der Durchschreibebuchführung?

„Siehe Seiten 65, 67 des Textteils!"

27. Die Durchschreibebuchführung ist
☐ a) eine Buchführung mit Speicherung auf Diskette.
☐ b) eine Buchführung, die nur aus gebundenen Büchern besteht.
☐ c) eine reine Karteikasten-Buchführung.
☐ d) eine Buchführung mit Lochkartenspeicherung.
☐ e) eine Loseblatt-Buchführung.

„Siehe Seite 66 des Textteils!"

28. Nennen Sie die wesentlichen Vorteile einer Durchschreibebuchführung!

„Siehe Seite 67 des Textteils!"

29. Bei der Buchführung auf der Grundlage der EDV
- ☐ a) erübrigt sich die Sammlung, Prüfung und Vorkontierung der Belege.
- ☐ b) muss die Erlaubnis des Finanzamtes vorliegen.
- ☐ c) gelten die Prinzipien der doppelten Buchführung weiter.
- ☐ d) werden die Daten der Buchführung direkt an das Finanzamt weitergegeben.
- ☐ e) ist kein Kontenplan mehr erforderlich.

„Siehe Seite 68 des Textteils!"

30. Für die Ausgliederung von Buchführungsarbeiten stehen dem Handwerksbetrieb folgende Stellen zur Verfügung:
- ☐ a) Buchstellen, Steuerkanzleien, EDV-Rechenzentren
- ☐ b) Innungen, Handwerkskammern
- ☐ c) Institut für Handwerkswirtschaft
- ☐ d) Buchstellen, Steuerberater, Berufsgenossenschaft
- ☐ e) EDV-Rechenzentren, Rationalisierungskuratorium der Deutschen Wirtschaft.

„Siehe Seite 69 des Textteils!"

31. Was versteht man unter einem Datenverbundsystem?
- ☐ a) Zusammenfassung einzelbetrieblicher Daten nach Branchen und Betriebstypen
- ☐ b) Den Austausch von Daten zwischen mehreren Rechenzentren
- ☐ c) Rechenzentren, die als Gemeinschaftsanlage von Berufs- und Unternehmergruppen gebildet werden
- ☐ d) Die Zusammenfassung der Daten mehrerer Handwerksbetriebe bei einer Buchstelle
- ☐ e) Die Arbeitsteilung zwischen eigenbetrieblichen Computern und Rechenzentren.

„Siehe Seite 71 des Textteils!"

32. Wie viele andere Betriebsinhaber arbeiten Sie bei den Buchführungsarbeiten eng mit Ihrem Steuerberater zusammen.

Aufgabe: Schildern Sie den praktischen Ablauf der Zusammenarbeit mit derartigen externen Datenverarbeitungsstellen!

„Siehe Seite 71 des Textteils!"

33. Sie setzen als Betriebsinhaber die EDV zur Buchhaltung ein.

Aufgabe: Welche Ergebnisse liefert Ihnen die Buchführung per EDV in der Regel?
- ☐ a) unter anderem Journal, Kontoauszüge, Summen- und Saldenlisten, betriebswirtschaftliche Auswertungen und Umsatzsteuervoranmeldungen
- ☐ b) einen kompletten Betriebsabrechnungsbogen mit erweiterter Erfolgsrechnung
- ☐ c) Fertigungspläne für die Durchführung verschiedenartiger Arbeiten
- ☐ d) Auftragspläne für die Arbeitsvorbereitung im Betrieb
- ☐ e) komplett kalkulierte Preise.

„Siehe Seite 72 des Textteils!"

34. Beschreiben Sie kurz die wichtigsten Arbeitsvorgänge von der Erstellung der Eröffnungsbilanz bis zum Jahresabschluss bei einem Beispiel zur doppelten Buchführung auf T-Konten!

„Siehe Seite 78 ff. des Textteils!"

1.2 Jahresabschluss und Grundzüge der Auswertung

1.2.1 Aufbau von Bilanz und Gewinn- und Verlustrechnung

1.2.1.1 Allgemeine Hinweise

> Wie bei der Rechnungslegung, so sind auch bei der Aufstellung des Jahresabschlusses generell die Grundsätze ordnungsmäßiger Buchführung zu beachten.

Dabei gelten für den einzelnen Betrieb unterschiedliche Regelungen.

Abbildung 42

Für **Kaufleute** (Einzelunternehmen und Personengesellschaften) gelten folgende Anforderungen:
- Jahresabschluss = Bilanz, Gewinn- und Verlustrechnung und Zusatzangaben „unter der Bilanz".
  - Bilanzmindestinhalt = Anlage- und Umlaufvermögen, Eigenkapital, Verbindlichkeiten, Rechnungsabgrenzungsposten.
  - Zusatzangaben „unter der Bilanz" = bestimmte Haftungsverhältnisse wie Verbindlichkeiten aus der Begebung von Wechseln, aus Bürgschaften, Gewährleistungsverpflichtungen und anderem.

Für **Kapitalgesellschaften** gilt:

Jahresabschluss
- Jahresabschluss = Bilanz, Gewinn- und Verlustrechnung und Anhang. Gefordert wird ferner ein Lagebericht.
  - Aufstellung der Bilanz sowie der Gewinn- und Verlustrechnung nach dem im HGB vorgegebenen Schema.

Anhang
  - Anhang = Erläuterung des Jahresabschlusses und Pflichtangaben wie Angabe der angewandten Bilanzierungs- und Bewertungsmethoden sowie gegebenenfalls Angabe und Begründungen für Abweichungen davon, Gesamtbetrag der Verbindlichkeiten mit einer Restlaufzeit von mehr als 5 Jahren, durchschnittliche Zahl der während des Geschäftsjahres beschäftigten Arbeitnehmer, getrennt nach Gruppen, und Mitglieder des Geschäftsführungsorgans sowie Mitglieder eines Aufsichtsrates.

Lagebericht
  - Lagebericht = Darstellung des Geschäftsverlaufs und der Lage der Kapitalgesellschaft, so dass ein den tatsächlichen Verhältnissen entsprechendes Bild vermittelt wird. Er soll ferner auf Vorgänge besonderer Art (die nach dem Schluss des Geschäftsjahres eingetreten

sind), auf die voraussichtliche Entwicklung der Kapitalgesellschaft und auf Forschung und Entwicklung eingehen.

Für den Inhalt des Jahresabschlusses bei Kapitalgesellschaften im Einzelnen ist deren Größe von besonderer Bedeutung.

Abbildung 43

Für die Zuordnung ist entscheidend, dass an zwei aufeinander folgenden Bilanzstichtagen jeweils zwei der genannten drei Merkmale unter- bzw. überschritten werden. Die Zahl der Arbeitnehmer bezieht sich auf den Jahresdurchschnitt und enthält nicht die Auszubildenden.

Entsprechend der Betriebsgröße ergeben sich unterschiedliche Vorschriften zu einzelnen Posten der Bilanz, über die Pflicht zur Prüfung und zur Offenlegung des Jahresabschlusses.

Prüfung, Offenlegung

Kleine Kapitalgesellschaften sind beispielsweise von den Vorschriften über die Pflicht zur Erläuterung bestimmter Forderungen und Verbindlichkeiten im Anhang sowie den Vorschriften über die Aufstellung eines Anlagengitters (= Darstellung sämtlicher Anlagegüter) befreit. Kleine Kapitalgesellschaften brauchen keinen Lagebericht aufzustellen. Bezüglich der Prüfung, Aufstellung und Offenlegung des Jahresabschlusses gilt:

Befreiung von Vorschriften

- Kleine Kapitalgesellschaften
  - Aufstellung 6 Monate und Veröffentlichung 12 Monate nach Abschluss des Geschäftsjahres
  - Keine Prüfung der Rechnungslegung durch einen Abschlussprüfer
  - Einreichung der Bilanz und des Anhangs zum Handelsregister. Der Anhang braucht die Angaben zur G+V nicht zu enthalten.
  - Bekanntmachung im Bundesanzeiger, bei welchem Registergericht die Unterlagen hinterlegt sind.

- Mittelgroße Kapitalgesellschaften
  - Aufstellung 3 Monate und Veröffentlichung 12 Monate nach Abschluss des Geschäftsjahres
  - Prüfung des Jahresabschlusses und des Lageberichts durch einen Abschlussprüfer (auch vereidigte Buchprüfer)
  - Einreichung des Jahresabschlusses und des Lageberichts zum Handelsregister
  - Bekanntmachung im Bundesanzeiger, bei welchem Registergericht die Unterlagen hinterlegt sind.

- Große Kapitalgesellschaften
  - Aufstellung 3 Monate und Veröffentlichung 12 Monate nach Abschluss des Geschäftsjahres
  - Prüfung des Jahresabschlusses und des Lageberichts durch einen Abschlussprüfer
  - Veröffentlichung des Jahresabschlusses und des Lageberichts im Bundesanzeiger
  - Einreichung des Jahresabschlusses und des Lageberichts zum Handelsregister.

Auch die GmbH & Co. KG ist verpflichtet, ihren Jahresabschluss zukünftig wie eine Kapitalgesellschaft aufzustellen, prüfen zu lassen und offen zu legen. Kommt ein Unternehmen seinen Offenbarungspflichten nicht nach, so muss es mit empfindlichen Strafen rechnen.

Umfang und Form der Offenlegung

	Kleine Kapitalgesellschaft	Mittelgroße Kapitalgesellschaft	Große Kapitalgesellschaft
Umfang			
Bilanz	x	x	x
G+V		x	x
Anhang	x	x	x
Lagebericht		x	x
Form			
Handelsregister	x	x	
Bundesanzeiger			
Veröffentlichung			x
Bekanntmachung über Einreichung beim Handelsregister	x	x	

Abbildung 44

1.2.1.2 Bilanz

Begriff

> Die Bilanz ist die Gegenüberstellung des Vermögens auf der Aktivseite und des Kapitals des Unternehmens auf der Passivseite zu einem bestimmten Zeitpunkt. Sie beruht auf dem Inventar und enthält dessen einzelne Posten in teilweise zusammengefasster Darstellung.

1.2.1 Aufbau von Bilanz und Gewinn- und Verlustrechnung

- Vermögen sind grundsätzlich alle im Betrieb eingesetzten Wirtschaftsgüter und Geldmittel. Man nennt diese auch Aktiva.
- Kapital sind die betrieblichen Verbindlichkeiten (Schulden) gegenüber dem Betriebsinhaber und außenstehenden Gläubigern, auch Passiva genannt.

Vermögen

Kapital

Da eine Bilanz (der Begriff steht ursprünglich für Waage = Gleichgewicht) immer ausgeglichen sein muss, entsprechen sich auch Vermögen und Kapital wertmäßig.

> Die Passivseite der Bilanz informiert über die Herkunft der finanziellen Mittel.

Passivseite

Man unterscheidet dabei grundsätzlich zwischen
- Eigenkapital und
- Fremdkapital:
  - kurzfristige Verbindlichkeiten wie Verbindlichkeiten aus Lieferungen und Leistungen, Verbindlichkeiten gegenüber Kreditinstituten, Wechselverbindlichkeiten
  - langfristige Verbindlichkeiten wie Darlehen.

> Die Aktivseite der Bilanz spiegelt dagegen die Verwendung dieser Mittel wider.

Aktivseite

Dabei unterscheidet man folgende Gruppen:
- **Anlagevermögen**. Hierzu gehören Gegenstände, die dazu bestimmt sind, dauernd dem Geschäftsbetrieb zu dienen:
  - Materielles Anlagevermögen wie Grundstücke, Bauten, Maschinen, Geschäftsausstattung, Fahrzeuge.
  - Immaterielles Anlagevermögen wie Patente, Konzessionen.
  - Finanzanlagevermögen wie Beteiligungen, langfristige Darlehens- und Hypothekenforderungen.
- **Umlaufvermögen**, also Gegenstände, die im Betrieb verbraucht werden und sich ständig stofflich, inhaltlich, mengenmäßig usw. verändern:
  - Vorräte wie Roh-, Hilfs- und Betriebsstoffe, Halb- und Fertigfabrikate
  - Forderungen aller Art wie Forderungen aus Lieferungen und Leistungen
  - Wertpapiere kurzfristiger Art
  - Zahlungsmittel wie Bank und Kasse.

> Zur Darstellung der Bilanz wird im Allgemeinen die Form eines Kontos gewählt mit den Aktivposten auf der linken und den Passivposten auf der rechten Seite.

Konto

Gliederung der Bilanz

Kaufleute

> Der Kaufmann im Sinne des Handelsrechts hat die Bilanz als wesentlichen Bestandteil des Jahresabschlusses nach den Grundsätzen ordnungsmäßiger Buchführung aufzustellen. Sie muss klar und übersichtlich sein.

Schema einer einfachen Bilanz

Aktivseite	*Bilanz*	*Passivseite*
Anlagevermögen		Eigenkapital
Umlaufvermögen		Verbindlichkeiten
Rechnungsabgrenzungsposten		Rechnungsabgrenzungsposten

Abbildung 45

Die in Abbildung 45 genannten Posten sind gesondert auszuweisen und gegebenenfalls auch hinreichend aufzugliedern.

Kapitalgesellschaften

Zwingende Gliederungsvorschriften gibt es für Kapitalgesellschaften. Sie müssen die Bilanz in Kontenform erstellen. Das HGB regelt genau, welche Posten die Aktivseite und die Passivseite jeweils enthalten muss. Kleine Kapitalgesellschaften (darunter fallen die meisten GmbHs im Handwerk) brauchen dabei nur eine verkürzte Bilanz aufzustellen (siehe Abbildung 46). Alle Kapitalgesellschaften haben in der Bilanz zu jedem Posten den entsprechenden Betrag des vorhergehenden Geschäftsjahres anzugeben.

> In der Praxis ist es üblich, dass man sich hinsichtlich der Bilanzgliederung für Personengesellschaften bzw. Einzelunternehmen, ohne dass dies gesetzlich vorgeschrieben ist, an das Schema für Kapitalgesellschaften anlehnt.

Darüber hinaus ist es empfehlenswert, noch ausführlicher zu untergliedern, falls die Bilanz für einen Kreditantrag o.Ä. benötigt wird. Das Schema in Abbildung 47 orientiert sich insbesondere an den Positionen, die bei einem Einzelunternehmen und einer Personengesellschaft im Handwerk vorkommen.

1.2.1 Aufbau von Bilanz und Gewinn- und Verlustrechnung

Verkürzte Bilanz nach HGB für kleine Kapitalgesellschaften (gemäß § 266, Abs. 1 HGB)

Aktivseite	Passivseite

A. Anlagevermögen
    I.   Immaterielle Vermögensgegenstände
    II. Sachanlagen
    III. Finanzanlagen
 	
B. Umlaufvermögen
    I.   Vorräte
    II. Forderungen und sonstige Vermögensgegenstände
    III. Wertpapiere
    IV. Kassenbestand, Bundesbankguthaben, Guthaben bei Kreditinstituten und Schecks
 	
C. Rechnungsabgrenzungsposten
	A. Eigenkapital
	    I. Gezeichnetes Kapital
	    II. Kapitalrücklage
	    III. Gewinnrücklagen
	    IV. Gewinnvortrag/Verlustvortrag
	    V. Jahresüberschuss/Jahresfehlbetrag
	
	B. Rückstellungen
	
	C. Verbindlichkeiten
	
	D. Rechnungsabgrenzungsposten

Abbildung 46

Möglichkeiten für die ausführlichere Untergliederung

Aktivseite	Passivseite

A. Anlagevermögen
   I. Immaterielle Vermögensgegenstände
   II. Sachanlagen
      1. Grundstücke, grundstücksgleiche Rechte und Bauten
      2. Technische Anlagen und Maschinen
      3. Andere Anlagen, Betriebs- und Geschäftsausstattung
      4. Geleistete Anzahlungen und Anlagen im Bau
   III. Finanzanlagen
      1. Beteiligungen
      2. Wertpapiere des Anlagevermögens
      3. Sonstige Ausleihungen
 	
B. Umlaufvermögen
   I. Vorräte
      1. Roh-, Hilfs- und Betriebsstoffe
      2. Unfertige Erzeugnisse und unfertige Leistungen
      3. Fertige Erzeugnisse und Waren
      4. Geleistete Anzahlungen
   II. Forderungen und sonstige Vermögensgegenstände
      1. Forderungen aus Lieferungen und Leistungen
      2. Forderungen an Gesellschafter
      3. Sonstige Vermögensgegenstände
   III. Wertpapiere
   IV. Flüssige Mittel
      1. Schecks und Kassenbestand
      2. Guthaben bei Kreditinstituten
 	
C. Rechnungsabgrenzungsposten
	A. Eigenkapital
	   I. Kapitaleinlagen unbeschränkt haftender Gesellschafter
	   II. Kapitaleinlagen der Kommanditisten
	
	B. Sonderposten mit Rücklageanteil
	
	C. Rückstellungen
	
	D. Verbindlichkeiten
	   1. Verbindlichkeiten gegenüber Kreditinstituten
	   2. Erhaltene Anzahlungen
	   3. Verbindlichkeiten aus Lieferungen und Leistungen
	   4. Wechselverbindlichkeiten
	   5. Verbindlichkeiten gegenüber Gesellschaftern
	   6. Darlehen
	   7. Sonstige Verbindlichkeiten
	
	E. Rechnungsabgrenzungsposten

Abbildung 47

Bilanzarten

Je nach Anlass und Zielsetzung der Bilanzaufstellung unterscheidet man verschiedene Arten von Bilanzen:
- Nach dem Bilanzierungsanlass
  - ordentliche Bilanzen
    Eröffnungsbilanz

Ordentliche Bilanzen

1.2.1 Aufbau von Bilanz und Gewinn- und Verlustrechnung

Zwischenbilanz
Schlussbilanz
- außerordentliche, das heißt unregelmäßige, oft nur einmal auftretende Bilanzen (Sonderbilanzen) wie   *Außerordentliche Bilanzen*
    Gründungsbilanz (Eröffnungs- oder Anfangsbilanz eines Betriebes, die insbesondere über die Zusammensetzung und Werte der eingebrachten Vermögensgegenstände informieren soll)
    Umwandlungsbilanz (Sonderbilanz bei der Änderung der Rechtsform)
    Auseinandersetzungsbilanz (Sonderbilanz bei Ausscheiden eines Gesellschafters)
    Konkurs- und Liquidationsbilanz (Sonderbilanz bei Zahlungsunfähigkeit des Betriebes)
- Aus rechtlicher Sicht
  - gesetzliche Bilanzen
    Handelsbilanz
    Steuerbilanz (die Steuerbilanz ist eine unter Berücksichtigung   *Steuerbilanz*
    steuerlicher Vorschriften aus der Handelsbilanz abgeleitete Vermögensübersicht. Bei Einzelunternehmen und Personengesellschaften können beide Bilanzen identisch sein und werden dann auch nicht getrennt erstellt)
  - freiwillige Bilanzen (etwa monatliche, vierteljährliche oder halbjährliche Zwischenabschlüsse (Zwischenbilanzen) zur Vorlage bei einem Kreditinstitut, aus Anlass der Kapitalbeschaffung oder für die Herabsetzung von Steuervorauszahlungen).

Die genannten Bilanzen dienen der Information, Dokumentation, Rechenschaft und Sicherung, sei es für die Gläubiger, die Gesellschafter, die Öffentlichkeit oder auch die Finanzbehörden.

1.2.1.3 Gewinn- und Verlustrechnung

Bedeutung

Die Gewinn- und Verlustrechnung informiert darüber, welcher Gewinn oder Verlust sich aus den einzelnen Aufwendungen und Erträgen ergibt.

Erläuterung der Begriffe Einnahmen und Ausgaben, Aufwand und Ertrag, Gewinn und Verlust

Zur Beschreibung der vom gesamten betrieblichen Rechnungswesen erfassten Vorgänge sind folgende Begriffspaare besonders wichtig:
- Einnahmen und Ausgaben
  - Einnahmen = Summe aller Eingänge an Zahlungsmitteln und Forderungen   *Einnahmen*
  - Ausgaben = Summe der Abgänge an Zahlungsmitteln und der Zunahme an Verbindlichkeiten.   *Ausgaben*
- Aufwand und Ertrag
  - Aufwand = Summe der Ausgaben für die in einer Abrechnungsperiode verbrauchten Güter und Dienstleistungen.   *Aufwand*

Nicht zu den Aufwendungen gehören alle Privatentnahmen für Privatausgaben, Einkommensteuer, Solidaritätszuschlag und Kirchensteuer.

Stimmen Aufwand und Ausgaben nicht überein, so wird eine **Rechnungsabgrenzung** vorgenommen.

Sind Aufwendungen nicht durch den betrieblichen Leistungsprozess verursacht, so spricht man von **neutralem Aufwand**. Beispiele hierfür sind Spenden sowie Feuer-, Sturm- und Diebstahlschäden.

Ertrag

– Ertrag = Summe aller durch den betrieblichen Leistungsprozess bedingten Einnahmen.

Nicht zu den Erträgen gehören dementsprechend Privateinlagen und Einnahmen aus Privatverkäufen.

Soweit Erträge und Einnahmen nicht übereinstimmen, ist eine **Rechnungsabgrenzung** erforderlich.

Erträge aufgrund betriebsfremder oder außerordentlicher Vorfälle werden als **neutraler Ertrag** erfasst. Dies ist beispielsweise bei Erträgen aus Beteiligungen und bei Anlagenverkäufen über dem Buchwert der Fall.

- Gewinn und Verlust.

Gewinn/Verlust

– Gewinn oder Verlust bzw. Jahresüberschuss oder Jahresfehlbetrag = Differenz zwischen Erträgen und Aufwendungen.

Arten der Gewinnermittlung

Handels- und steuerrechtlich gibt es unterschiedliche Arten der Gewinnermittlung.

Handelsrecht

- Nach dem Handelsrecht hat jeder Kaufmann zum Schluss eines Geschäftsjahres eine Gegenüberstellung von Aufwendungen und Erträgen, die so genannte Gewinn- und Verlustrechnung, zu erstellen, aus der sich der Jahresüberschuss oder der Jahresfehlbetrag ergibt.

Steuerrecht

- Steuerrechtlich sind zwei Fälle zu unterscheiden:

Überschussrechnung

  – Gewerbetreibende, die nicht zur Führung von Büchern und Erstellung von Abschlüssen verpflichtet sind und dies auch nicht freiwillig tun, ermitteln den Gewinn als Überschuss der Betriebseinnahmen über die Betriebsausgaben (so genannte Überschussrechnung). In diesem Fall werden lediglich Einnahmen und Ausgaben aufgezeichnet.

  Diese Art der Erfolgsrechnung führt zu ungenauen Ergebnissen und genügt keinesfalls den betriebswirtschaftlichen Anforderungen an die Buchführung.

  Die Überschussrechnung kommt in der Praxis nur noch bei kleinsten Handwerksbetrieben vor, da sie steuerrechtlich nur für Steuerpflichtige zulässig ist, die keine Bücher führen müssen und auch freiwillig keine Bücher führen.

  Betriebseinnahmen und Betriebsausgaben sind insofern mit Erträgen und Aufwendungen identisch, als es sich beispielsweise nicht um Aufwendungen handelt, die nach dem Steuerrecht als Betriebsausgaben den Gewinn nicht mindern dürfen.

  – Steuerpflichtige, die Bücher führen müssen oder dies freiwillig tun, ermitteln den Gewinn durch Gegenüberstellung des Betriebsvermögens am Schluss des aktuellen und des vorangehenden Geschäftsjahres (so genannter Betriebsvermögensvergleich) unter Anrechnung der Entnahmen und Abzug der Einlagen.

Betriebsvermögensvergleich

Arten der Gewinnermittlung

Abbildung 48

Gliederung der Gewinn- und Verlustrechnung

Für den Kaufmann im Sinne des HGB gilt, dass die Gewinn- und Verlustrechnung (G+V) als wesentlicher Bestandteil des Jahresabschlusses nach den Grundsätzen ordnungsmäßiger Buchführung aufzustellen ist. Sie muss ferner klar und übersichtlich sein. Vielfach wird dazu die Kontenform gewählt.

Bestimmungen des HGB

Schema einer einfachen Gewinn- und Verlustrechnung

Aufwendungen	**Gewinn- u. Verlustrechnung (G+V)**	**Erträge**
Jahresüberschuss (Gewinn)		

Abbildung 49

Kapitalgesellschaften müssen die Gewinn- und Verlustrechnung in Staffelform aufstellen nach dem Gesamtkostenverfahren oder dem Umsatzkostenverfahren.

Kapitalgesellschaften

- Gesamtkostenverfahren
  Dabei werden die insgesamt angefallenen betrieblichen Aufwendungen unter Berücksichtigung der Bestandsveränderungen an fertigen und unfertigen Erzeugnissen den gesamten Umsatzerlösen gegenübergestellt. Dieses Verfahren ist bei uns das häufiger gebräuchliche.

Gesamtkostenverfahren

- Umsatzkostenverfahren
  Die Herstellungskosten der zur Erzielung der Umsatzerlöse erbrachten Leistungen zuzüglich der in der Abrechnungsperiode angefallenen Verwaltungs- und Vertriebsgemeinkosten und der Sonderkosten des Vertriebes werden den Umsatzerlösen gegenübergestellt.

Umsatzkostenverfahren

Das HGB schreibt genau vor, welche Einzelposten jeweils entsprechend dem gewählten Verfahren auszuweisen sind (siehe Abbildungen 50 und 51). Alle Kapitalgesellschaften haben in der Gewinn- und Verlustrechnung, wie in der Bilanz, zu jedem Posten den entsprechenden Betrag des vorhergehenden Geschäftsjahres anzugeben.

Praxis

In der Praxis lehnt man sich hinsichtlich der Gliederung der G+V auch bei Einzelunternehmen und Personengesellschaften, ohne dass dies vorgeschrieben wäre, häufig an das Schema für Kapitalgesellschaften an. Je nach einzelbetrieblichem Anfall des Zahlenmaterials wird dabei allerdings der eine oder andere Posten wegfallen und sich die G+V entsprechend verkürzen.

Je ausführlicher die G+V untergliedert ist, umso klarer wird durch sie auch, welche Ertragsquellen im Betrieb vorhanden sind und welche Aufwendungen das Gesamtbetriebsergebnis beeinflussen.

Der rechnerischen Feststellung des Gewinns über die G+V folgt die Entscheidung über die Gewinnverwendung. Die wichtigsten Formen sind dabei
- die Verteilung auf Inhaber oder Anteilseigner sowie
- die Einbehaltung im Unternehmen.

Die im Unternehmen verbleibenden Gewinnanteile erhöhen das Eigenkapital.

1.2.1 Aufbau von Bilanz und Gewinn- und Verlustrechnung

Gewinn- und Verlustrechnung nach dem Gesamtkostenverfahren

1. Umsatzerlöse	+............
2. Erhöhung oder Verminderung des Bestands an fertigen und unfertigen Erzeugnissen	±............
3. andere aktivierte Eigenleistungen	+............
4. sonstige betriebliche Erträge	+............
5. Materialaufwand:	
a) Aufwendungen für Roh-, Hilfs- und Betriebsstoffe und für bezogene Waren	−............
b) Aufwendungen für bezogene Leistungen	−............
6. Personalaufwand:	
a) Löhne und Gehälter	−............
b) soziale Abgaben und Aufwendungen für Altersversorgung und für Unterstützung, davon für Altersversorgung	−............
7. Abschreibungen	
a) auf immaterielle Vermögensgegenstände des Anlagevermögens und Sachanlagen sowie auf aktivierte Aufwendungen für die Ingangsetzung und Erweiterung des Geschäftsbetriebes	−............
b) auf Vermögensgegenstände des Umlaufvermögens, soweit diese die in der Kapitalgesellschaft üblichen Abschreibungen überschreiten	−............
8. sonstige betriebliche Aufwendungen	−............
9. Erträge aus Beteiligungen, davon aus verbundenen Unternehmen	+............
10. Erträge aus anderen Wertpapieren und Ausleihungen des Finanzanlagevermögens, davon aus verbundenen Unternehmen	+............
11. sonstige Zinsen und ähnliche Erträge, davon aus verbundenen Unternehmen	+............
12. Abschreibungen auf Finanzanlagen und auf Wertpapiere des Umlaufvermögens	−............
13. Zinsen und ähnliche Aufwendungen, davon an verbundene Unternehmen	−............
14. Ergebnis der gewöhnlichen Geschäftstätigkeit	±............
15. außerordentliche Erträge	+............
16. außerordentliche Aufwendungen	−............
17. außerordentliches Ergebnis	±............
18. Steuern vom Einkommen und vom Ertrag	−............
19. sonstige Steuern	−............
20. Jahresüberschuss/Jahresfehlbetrag	±............

Abbildung 50

Gewinn- und Verlustrechnung nach dem Umsatzkostenverfahren

1. Umsatzerlöse	+............
2. Herstellungskosten der zur Erzielung der Umsatzerlöse erbrachten Leistungen	–............
3. Bruttoergebnis vom Umsatz	±............
4. Vertriebskosten	–............
5. allgemeine Verwaltungskosten	–............
6. sonstige betriebliche Erträge	+............
7. sonstige betriebliche Aufwendungen	–............
8. Erträge aus Beteiligungen, davon aus verbundenen Unternehmen	+............
9. Erträge aus anderen Wertpapieren und Ausleihungen des Finanzanlagevermögens, davon aus verbundenen Unternehmen	+............
10. sonstige Zinsen und ähnliche Erträge, davon aus verbundenen Unternehmen	+............
11. Abschreibungen auf Finanzanlagen und auf Wertpapiere des Umlaufvermögens	–............
12. Zinsen und ähnliche Aufwendungen, davon an verbundene Unternehmen	–............
13. Ergebnis der gewöhnlichen Geschäftstätigkeit	±............
14. außerordentliche Erträge	+............
15. außerordentliche Aufwendungen	–............
16. außerordentliches Ergebnis	±............
17. Steuern vom Einkommen und vom Ertrag	–............
18. sonstige Steuern	–............
19. Jahresüberschuss/Jahresfehlbetrag	±............

Abbildung 51

1.2.2 Spielräume bei Ansatz und Bewertung

1.2.2.1 Begriffsklärung

Ansatz-
vorschriften
Bewertungs-
vorschriften

Das Handelsgesetzbuch enthält Ansatzvorschriften und Bewertungsvorschriften. Die Ansatzvorschriften beantworten die Frage, **ob** ein Wirtschaftsgut in den Jahresabschluss aufzunehmen ist. Die Bewertungsvorschriften sagen, **wie** ein Wirtschaftsgut in den Jahresabschluss aufzunehmen ist.

1.2.2.2 Ansatzvorschriften

Das Handelsgesetzbuch enthält in den §§ 246-251 verschiedene Vorschriften darüber, ob bestimmte Posten in den Jahresabschluss aufzunehmen sind. Dabei sind drei Gruppen zu unterscheiden:

Abbildung 52

Ansatzgebote:
Der Jahresabschluss muss sämtliche Vermögensgegenstände, Verbindlichkeiten (Schulden), Rechnungsabgrenzungsposten, Aufwendungen und Erträge enthalten. Rückstellungen sind zu bilden für ungewisse Verbindlichkeiten und für drohende Verluste aus schwebenden Geschäften sowie für unterlassene Aufwendungen für Instandhaltung, die im folgenden Geschäftsjahr innerhalb von drei Monaten, oder für Abraumbeseitigungen, die im folgenden Geschäftsjahr nachgeholt werden, sowie für Gewährleistungen, die ohne rechtliche Verpflichtung erbracht werden.

Ansatzgebote

Ansatzverbote:
Aufwendungen für die Gründung des Unternehmens und für die Beschaffung des Eigenkapitals dürfen in der Bilanz nicht als Aktivposten aufgenommen werden. Gleiches gilt für immaterielle Vermögensgegenstände des Anlagevermögens, die nicht entgeltlich erworben wurden. Aufwendungen für den Abschluss von Versicherungsverträgen dürfen nicht aktiviert werden.

Ansatzverbote

Ansatzwahlrechte:
Sie gelten für als Aufwand berücksichtigte Zölle und Verbrauchsteuern, soweit sie auf am Abschlussstichtag auszuweisende Vermögensgegenstände des Vorratsvermögens entfallen, sowie für als Aufwand berücksichtigte Umsatzsteuer auf am Abschlussstichtag auszuweisende oder von den Vorräten offen abgesetzte Anzahlungen. Für Rückstellungen gibt es Wahlmöglichkeit bei unterlassenen Aufwendungen für Instandhaltung, wenn die Instandhaltung zwar erst nach drei Monaten, aber innerhalb eines Jahres erfolgt; ferner bei ihrer Eigenart nach genau umschriebenen, dem Geschäftsjahr oder einem früheren zuzuordnenden Aufwendungen, die am Abschlussstichtag wahrscheinlich oder sicher, aber hinsichtlich ihrer Höhe oder des Zeitpunkts ihres Eintritts unbestimmt sind.

Ansatz-
wahlrechte

Steuerrechtlich sind die Posten, die nach Handelsrecht angesetzt werden müssen, ebenfalls auszuweisen. Es gelten allerdings gewisse Ausnahmen, insbesondere hinsichtlich der Rückstellungen. Handelsrechtliche Ansatzverbote gelten auch in der Steuerbilanz. Ansatzwahlrechte gibt es im Steuerrecht nicht. Was nach Handelsrecht aktiviert werden darf, muss dies im Steuerrecht. Was nach Handelsrecht nicht passiviert werden muss, darf es im Steuerrecht nicht.

1.2.2.3 Allgemeine Bilanzierungs- und Bewertungsgrundsätze

Bilanzierungsgrundsätze

Die wichtigsten Bilanzierungsgrundsätze sind:
- **Bilanzklarheit**
  Sie erfordert eine übersichtliche und klare Aufgliederung aller Bilanzposten.
- **Bilanzwahrheit**
  Dies bedeutet vor allem, dass die Bilanzansätze richtig und vollständig sind.
- **Bilanzkontinuität** mit folgenden Teilprinzipien:
  - **Formale Bilanzkontinuität**
    Für aufeinander folgende Bilanzen müssen Gliederung und Aufbau beibehalten werden.
  - **Materielle Bilanzkontinuität**
    Sie besagt, dass einerseits die auf den vorhergehenden Jahresabschluss angewandten Bewertungsgrundsätze und andererseits auch die Wertansätze fortgeführt werden sollen.
- **Bilanzidentität** (oder auch Bilanzstetigkeit und Bilanzzusammenhang)
  Schlussbilanz eines Jahres und Anfangsbilanz des folgenden Jahres müssen sich entsprechen.

Abbildung 53

1.2.2.4 Bestandsbewertung

Handels- und steuerrechtliche Bewertungsvorschriften

Handelsrecht

Die **handelsrechtlichen Bewertungsvorschriften** sind für alle Kaufleute
- in den §§ 252–256 des Handelsgesetzbuches
  und ergänzend für Kapitalgesellschaften
- in den §§ 279–283 des Handelsgesetzbuches

enthalten. Hinzu kommen rechtsformspezifische Ergänzungen in Spezialgesetzen wie dem Aktiengesetz, dem GmbH-Gesetz und dem Genossenschaftsgesetz.

Steuerrecht

Die **steuerrechtlichen Vorschriften** für die Bewertung finden sich
- im § 6 des Einkommensteuergesetzes.

Wichtige Bewertungsbegriffe und Bewertungsmaßstäbe

Für die Handelsbilanz und für die Steuerbilanz sind folgende Bewertungsbegriffe und Bewertungsmaßstäbe wichtig:

1.2.2 Spielräume bei Ansatz und Bewertung

- Anschaffungskosten

> Anschaffungskosten sind die Aufwendungen, die geleistet werden, um einen Vermögensgegenstand (Wirtschaftsgut) zu erwerben und in einen betriebsbereiten Zustand zu versetzen, soweit sie dem Vermögensgegenstand einzeln zugeordnet werden können.

Sie setzen sich zusammen aus dem Anschaffungspreis, den Nebenkosten (zum Beispiel Provisionen) und den nachträglichen Anschaffungskosten. Anschaffungspreisminderungen (wie Skonti und Rabatte) müssen abgesetzt werden.

- Herstellungskosten

> Herstellungskosten sind die Aufwendungen, die durch den Verbrauch von Gütern und die Inanspruchnahme von Diensten für die Herstellung eines Vermögensgegenstandes, seine Erweiterung oder für eine über seinen ursprünglichen Zustand hinausgehende wesentliche Verbesserung entstehen.

Zu den Herstellungskosten gehören Materialkosten einschließlich der notwendigen Materialgemeinkosten, die Fertigungskosten einschließlich der notwendigen Fertigungsgemeinkosten und die Sonderkosten der Fertigung (Aktivierungsgebot). [Aktivierungsgebot]
Kosten für allgemeine Verwaltung sowie Aufwendungen für soziale Leistungen brauchen nicht in die Herstellungskosten einbezogen zu werden (Aktivierungswahlrecht). [Aktivierungswahlrecht]
Vertriebskosten und der Unternehmerlohn gehören nicht zu den Herstellungskosten; ebenso Zinsen für Fremdkapital, es sei denn, sie fallen im Zeitraum der Herstellung an für Fremdkapital, das zur Finanzierung der Herstellung eines Vermögensgegenstandes verwendet wird (Aktivierungsverbot). [Aktivierungsverbot]

- Geschäfts- oder Firmenwert

> Als Geschäfts- oder Firmenwert darf der Unterschiedsbetrag angesetzt werden, um den die für die Übernahme eines Unternehmens bewirkte Gegenleistung (Kaufpreis) den Wert der einzelnen Vermögensgegenstände des Unternehmens abzüglich der Schulden zum Zeitpunkt der Übernahme übersteigt.

- Marktpreis oder Börsenkurs

> Bei Vermögensgegenständen des Umlaufvermögens ist der Wert anzusetzen, der sich aus einem niedrigeren Börsenkurs oder Marktpreis ergibt, sofern diese feststellbar sind.
> Börsenkurs ist der an einer Börse amtlich festgestellte oder ermittelte Preis zum Stichtag.
> Der Marktpreis richtet sich nach dem Beschaffungs- oder dem Absatzmarkt.

- Teilwert

> Der Teilwert ist der Betrag, den ein Erwerber des ganzen Betriebes im Rahmen des Gesamtkaufpreises für das einzelne Wirtschaftsgut ansetzen würde. Dabei ist davon auszugehen, dass der Erwerber den Betrieb fortführt.

Bewertungsbegriffe

Abbildung 54

Allgemeine Bewertungsgrundsätze

Bei der Bewertung der im Jahresabschluss ausgewiesenen Vermögensgegenstände und Schulden sind folgende Grundsätze zu beachten:

- **Bilanzidentität**
  Die Wertansätze in der Eröffnungsbilanz des Geschäftsjahres müssen mit denen der Schlussbilanz des vorhergehenden Geschäftsjahres übereinstimmen.

- **Unternehmensfortführung**
  Bei der Bewertung ist in der Regel von der Fortführung der Unternehmenstätigkeit auszugehen.

- **Einzelbewertung**
  Vermögensgegenstände und Verbindlichkeiten (Schulden) sind zum Abschlussstichtag einzeln zu bewerten. Man spricht deshalb auch vom Stichtagsprinzip.

- **Vorsichtsprinzip**
  Es ist insgesamt vorsichtig zu bewerten, insbesondere sind alle vorhersehbaren Risiken und Verluste zu berücksichtigen, die bis zum Abschlussstichtag entstanden sind. Dies gilt selbst dann, wenn sie erst zwischen Stichtag und dem Tag der Aufstellung des Jahresabschlusses bekannt geworden sind. Gewinne dürfen nur berücksichtigt werden, wenn sie am Abschlussstichtag realisiert sind.

- **Richtige zeitliche Zuordnung**
  Aufwendungen und Erträge des jeweiligen Geschäftsjahres sind unabhängig von den Zeitpunkten der entsprechenden Zahlungen im Jahresabschluss zu berücksichtigen.

- **Bewertungskontinuität bzw. materielle Bilanzkontinuität**
  Es sollen die auf den vorhergehenden Jahresabschluss angewandten Bewertungsmethoden beibehalten werden.

Allgemeine Bewertungsgrundsätze

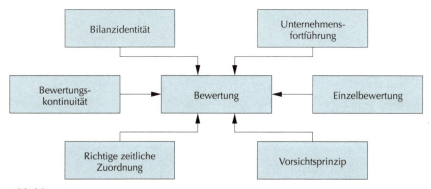

Abbildung 55

Wertansätze der Vermögensgegenstände und Schulden in Handelsbilanz und Steuerbilanz

Für die Handelsbilanz gilt:
- **Vermögensgegenstände** sind höchstens mit den Anschaffungs- oder Herstellungskosten, vermindert um die Abschreibungen, anzusetzen.
  - Dabei sind bei Vermögensgegenständen des Anlagevermögens mit begrenzter zeitlicher Nutzung die Anschaffungs- oder Herstellungskosten um planmäßige, das heißt im Voraus auf die voraussichtliche zeitliche Nutzung verteilte, Abschreibungen zu vermindern. Außerplanmäßige Abschreibungen sind möglich bei einer voraussichtlich dauernden Wertminderung, zum Beispiel durch technischen Verschleiß. *Abschreibungen*
  - Die **Abschreibungen** bei Vermögensgegenständen des Umlaufvermögens werden durch die Börsen- oder Marktpreise am Abschlussstichtag bestimmt. Nach dem Niederstwertprinzip ist von den zwei möglichen Wertansätzen Anschaffungs- oder Herstellungskosten bzw. Börsen- oder Marktpreis der jeweils niedrigere anzusetzen. *Niederstwertprinzip*
- Für den Ansatz der **Verbindlichkeiten** ist der Rückzahlungsbetrag maßgeblich. Dabei muss nach dem Höchstwertprinzip von zwei möglichen Wertansätzen stets der höhere gewählt werden, zum Beispiel wenn bei Auslandsschulden infolge Wechselkursänderungen der Tageswert unter den Anschaffungskosten liegt. *Höchstwertprinzip*
- **Rentenverpflichtungen** müssen zu ihrem Barwert bilanziert werden.

Wertansätze in der Handelsbilanz

*) Hierauf wird unter 1.2.2.6 „Rückstellungen" näher eingegangen.

Abbildung 56

Die Handelsbilanz ist grundsätzlich maßgeblich für die Steuerbilanz. In der **Steuerbilanz** sind jedoch einige wichtige und weitreichende vom Handelsrecht abweichende Ansatz- und Bewertungsregeln zu beachten:

Abnutzbare Wirtschaftsgüter

- **Wirtschaftsgüter des Anlagevermögens, die der Abnutzung unterliegen,** sind mit den Anschaffungs- oder Herstellungskosten oder dem an deren Stelle tretenden Wert, vermindert um die Absetzungen für Abnutzung (Begriff des Steuerrechts für die Abschreibungen), Sonderabschreibungen und Abzüge anzusetzen. Ist der Teilwert auf Grund einer voraussichtlich dauernden Wertminderung niedriger, so kann dieser angesetzt werden. Wirtschaftsgüter, die bereits am Schluss des vorangegangenen Wirtschaftsjahres zum Anlagevermögen des Steuerpflichtigen gehört haben, können in den folgenden Wirtschaftsjahren nur dann zum Teilwert angesetzt werden, wenn der Steuerpflichtige die Berechtigung dafür nachweisen kann.

Grund und Boden

Umlaufvermögen

- **Andere als die vorher bezeichneten Wirtschaftsgüter** (Grund und Boden, Beteiligungen, Umlaufvermögen) sind mit den Anschaffungs- oder Herstellungskosten oder dem an deren Stelle tretenden Wert, vermindert um Abzüge, anzusetzen. Ist der Teilwert auf Grund einer voraussichtlich dauernden Wertminderung niedriger, so kann dieser angesetzt werden.
- **Verbindlichkeiten** sind unter sinngemäßer Anwendung der im vorigen Punkt genannten Vorschriften anzusetzen und mit einem Zinssatz von 5,5 vom Hundert abzuzinsen. Ausgenommen von der Abzinsung sind Verbindlichkeiten, deren Laufzeit am Bilanzstichtag weniger als 12 Monate beträgt, und Verbindlichkeiten, die verzinslich sind oder auf einer Anzahlung oder Vorausleistung beruhen.
- Der Ansatz von **Entnahmen und Einlagen** erfolgt in der Regel nach dem Teilwert. Für die private Nutzung eines Kraftfahrzeuges gelten besondere Regeln.

1.2.2 Spielräume bei Ansatz und Bewertung

- Bewegliche Wirtschaftsgüter des Anlagevermögens, die einer selbstständigen Bewertung und Nutzung fähig sind, können im Jahr der Anschaffung oder Herstellung in voller Höhe als Betriebsausgaben abgezogen werden, wenn die Anschaffungs- oder Herstellungskosten abzüglich des darin enthaltenen Vorsteuerbetrags für das einzelne Wirtschaftsgut 410,00 EUR nicht übersteigen. *(Geringwertige Wirtschaftsgüter)*
- Wird ein Betrieb, ein Teilbetrieb oder der Anteil eines Mitunternehmers an einem Betrieb unentgeltlich übertragen, so sind bei der Ermittlung des Gewinns des bisherigen Betriebsinhabers (Mitunternehmers) die Wirtschaftsgüter mit den Werten anzusetzen, die sich nach den Vorschriften über die Gewinnermittlung ergeben. Der Rechtsnachfolger ist an diese Werte gebunden.
- Wird ein einzelnes Wirtschaftsgut außer in den Fällen einer Einlage unentgeltlich in das Betriebsvermögen eines anderen Steuerpflichtigen übertragen, gilt sein gemeiner Wert für das aufnehmende Betriebsvermögen als Anschaffungskosten.
- Wird ein einzelnes Wirtschaftsgut von einem Betriebsvermögen in ein anderes Betriebsvermögen desselben Steuerpflichtigen überführt, ist bei der Überführung der Wert anzusetzen, der sich nach den Vorschriften über die Gewinnermittlung ergibt, sofern die Besteuerung der stillen Reserven sichergestellt ist.
- Wird ein einzelnes Wirtschaftsgut im Wege des Tausches übertragen, bemessen sich die Anschaffungskosten nach dem gemeinen Wert des hingegebenen Gutes. Erfolgt die Übertragung im Wege der verdeckten Einlage, erhöhen sich die Anschaffungskosten der Beteiligung an der Kapitalgesellschaft um den Teilwert des eingelegten Wirtschaftsgutes.

Wichtige Wertansätze in der Steuerbilanz

Abbildung 57

Praktische Durchführung der Bewertung

In der Praxis wird unter Berücksichtigung der oben aufgeführten Bewertungsbegriffe, Bewertungsgrundsätze und Wertansätze bei den wichtigsten Bilanzpositionen eines Handwerksbetriebes folgendermaßen bewertet:

Bilanzposition	Handelsrechtliche Bewertung	Steuerrechtliche Bewertung
Anlagevermögen		
Grundstücke	Anschaffungskosten + Nebenkosten (zum Beispiel Grunderwerbsteuer) ./. Preisminderungen	Anschaffungskosten + Nebenkosten ./. Preisminderungen oder dauerhaft niedrigerer Teilwert (Wiederbeschaffungskosten)
Bauten	Anschaffungspreis + Nebenkosten ./. Preisminderungen ./. Abschreibungen	Anschaffungskosten + Nebenkosten ./. Preisminderungen ./. AfA oder dauerhaft niedrigerer Teilwert
Maschinen, Betriebs- und Geschäftsausstattung	wie Bauten	wie Bauten
Umlaufvermögen		
Vorräte	Anschaffungskosten + Nebenkosten (Frachten, Provisionen) ./. Preisminderungen	Anschaffungskosten + Nebenkosten ./. Preisminderungen oder dauerhaft niedrigerer Teilwert
Forderungen	Anschaffungskosten (Nennwert bzw. Höhe des erwarteten Eingangs) + Nebenkosten	Anschaffungskosten (Nennwert) + Nebenkosten bzw. dauerhaft niedrigerer Teilwert
Wertpapiere	Anschaffungskosten + Nebenkosten bzw. niedrigerer Börsenkurs (= Teilwert)	Anschaffungskosten + Nebenkosten oder niedrigerer Börsenkurs (= Teilwert)
Kasse, Bank	Nennwert bzw. bei ausländischen Währungen umgerechnete Beträge	Nennwert bzw. bei ausländischen Währungen umgerechnete Beträge
Verbindlichkeiten	Rückzahlungsbetrag	Rückzahlungsbetrag oder höherer Teilwert und ggf. Verzinsung

Zu den Forderungen ist anzumerken, dass eine als völlig uneinbringlich beurteilte Forderung sowie nach der Abschreibung noch weiter genutzte Gegenstände des Anlagevermögens mit 1,00 EUR als Merkposten (Erinnerungswert) angesetzt werden.

1.2.2.5 Abschreibungen

Definition

Bilanzielle Abschreibungen stehen für den Werteverzehr bei materiellen und immateriellen Gegenständen des Anlagevermögens. Basis dafür sind die Anschaffungs- oder Herstellungskosten. Die Abschreibungen können dabei planmäßig und außerplanmäßig sein. Entsprechende Vorschriften dafür finden sich sowohl im Handelsrecht wie auch im Steuerrecht.

1.2.2 Spielräume bei Ansatz und Bewertung

Abbildung 58

Nach dem **Handelsrecht** gilt für Abschreibungen:
- Bei Vermögensgegenständen des Anlagevermögens, deren Nutzung zeitlich begrenzt ist, sind die Anschaffungs- oder Herstellungskosten um planmäßige Abschreibungen zu vermindern. Der Plan muss die Anschaffungs- oder Herstellungskosten auf die Geschäftsjahre verteilen, in denen der Vermögensgegenstand voraussichtlich genutzt werden kann. *Planmäßige Abschreibungen*
- Ohne Rücksicht darauf, ob ihre Nutzung zeitlich begrenzt ist, können bei Vermögensgegenständen des Anlagevermögens außerplanmäßige Abschreibungen vorgenommen werden, um die Vermögensgegenstände mit dem niedrigeren Wert anzusetzen, der ihnen am Abschlussstichtag beizulegen ist; sie sind vorzunehmen bei einer voraussichtlich dauernden Wertminderung. *Außerplanmäßige Abschreibungen*
- Bei Vermögensgegenständen des Umlaufvermögens sind Abschreibungen vorzunehmen, um diese mit einem niedrigeren Wert anzusetzen, der sich aus einem Börsen- oder Marktpreis am Abschlussstichtag ergibt. Ist ein Börsen- oder Marktpreis nicht festzustellen und übersteigen die Anschaffungs- oder Herstellungskosten den Wert, der den Vermögensgegenständen am Abschlussstichtag beizulegen ist, so ist auf diesen Wert abzuschreiben.
- Außerdem dürfen Abschreibungen vorgenommen werden, soweit diese nach vernünftiger kaufmännischer Beurteilung notwendig sind, um zu verhindern, dass in der nächsten Zukunft der Wertansatz dieser Vermögensgegenstände auf Grund von Wertschwankungen geändert werden muss.

Nach dem **Steuerrecht** gilt für Abschreibungen:
- Bei Wirtschaftsgütern, deren Verwendung oder Nutzung durch den Steuerpflichtigen zur Erzielung von Einkünften sich erfahrungsgemäß auf einen Zeitraum von mehr als einem Jahr erstreckt, ist jeweils für ein Jahr der Teil der Anschaffungs- oder Herstellungskosten abzusetzen, der bei gleichmäßiger Verteilung dieser Kosten auf die Gesamtdauer der Verwendung oder Nutzung auf ein Jahr entfällt (lineare Abschreibung). Es ist auch die Absetzung für Abnutzung in fallenden Jahresbeträgen möglich (degressive Abschreibung). Die Absetzung bemisst sich hierbei nach der betriebsgewöhnlichen Nutzungsdauer des Wirtschaftsguts. Hierfür gibt es spezielle AfA-Tabellen. *Lineare AfA* *Degressive AfA*
- Bei beweglichen Wirtschafsgütern des Anlagevermögens, bei denen es wirtschaftlich begründet ist, die Absetzung für Abnutzung nach Maßgabe der Leistung vorzunehmen, kann der Steuerpflichtige dieses Verfahren statt der Absetzung für Abnutzung in gleichen Jahresbeträgen an-

wenden, wenn er den auf das einzelne Jahr entfallenden Umfang der Leistung nachweist.
- Absetzungen für außergewöhnliche technische oder wirtschaftliche Abnutzung sind zulässig; soweit allerdings der Grund hierfür in späteren Wirtschaftsjahren entfällt, ist eine entsprechende Zuschreibung vorzunehmen. Außerplanmäßige Abschreibungen sind beim degressiven Abschreibungsverfahren allerdings nicht möglich.
- Der Übergang vom degressiven zum linearen Abschreibungsverfahren ist möglich.
- Für Gebäude gelten besondere, langfristig angelegte, Bestimmungen.
- Werterhöhende Reparaturen müssen dem Anschaffungspreis zugeschrieben (aktiviert) werden und erhöhen damit die jährlichen Abschreibungsbeträge anteilig.

Außerplanmäßige AfA

Werterhöhung

1.2.2.6 Rückstellungen

Rückstellungen sind ein Posten der Passivseite der Bilanz. Nach dem schon erwähnten Gliederungsschema des HGB für die Bilanz sind mehrere Arten von Rückstellungen zu unterscheiden.

Abbildung 59

Sonstige Rückstellungen sind beispielsweise Rückstellungen für Preisnachlässe, für Garantieverpflichtungen und für Prozesse. Begriffsmäßig gibt es bei Rückstellungen für die Steuer- und die Handelsbilanz zwar keine Unterschiede, bei der Bewertung sind jedoch unterschiedliche Verfahren zu berücksichtigen.

Rückstellungen sind zu unterscheiden von Verbindlichkeiten und von Rücklagen. Der Unterschied zu den Verbindlichkeiten besteht darin, dass bei Rückstellungen deren Höhe und abschließende Entstehung und Fälligkeit noch ungewiss ist. Bei Rücklagen sind offene und stille zu unterscheiden. Offene Rücklagen sind Teil des Eigenkapitals. Einzelunternehmen und Personengesellschaften ist es im Gegensatz zu Kapitalgesellschaften gestattet, **stille Rücklagen** (auch stille Reserven genannt) zu bilden. Sie entstehen durch Abschreibungen, die im Rahmen vernünftiger kaufmännischer Beurteilung zulässig sind. In der betrieblichen Praxis ergeben sie sich vor allem durch Unterbewertung von Vermögensgegenständen (zum Beispiel durch Verrechnung zu hoher Abschreibungsbeträge), durch Nichtaktivieren aktivierungsfähiger Wirtschaftsgüter oder Unterlassen der Zuschreibung von Wertsteigerungen.

Stille Reserven

Diese unterschiedlichen Wertansätze wirken sich dann auch auf die Höhe des Gewinns aus. Stille Reserven vermindern den Gewinn im Jahresabschluss.

Nach dem **Handelsrecht** gilt für Rückstellungen:
- **Rückstellungen** dürfen nur in Höhe des Betrages angesetzt werden, der nach vernünftiger kaufmännischer Beurteilung notwendig ist.

Nach dem **Steuerrecht** sind Rückstellungen höchstens insbesondere unter Berücksichtigung folgender Grundsätze anzusetzen.
- Bei Rückstellungen für gleichartige Verpflichtungen ist auf der Grundlage der Erfahrungen in der Vergangenheit aus der Abwicklung solcher Verpflichtungen die Wahrscheinlichkeit zu berücksichtigen, dass der Steuerpflichtige nur zu einem Teil der Summe dieser Verpflichtungen in Anspruch genommen wird.
- Rückstellungen für Sachleistungsverpflichtungen sind mit den Einzelkosten und den angemessenen Teilen der notwendigen Gemeinkosten zu bewerten.
- Künftige Vorteile, die mit der Erfüllung der Verpflichtung voraussichtlich verbunden sein werden, sind, soweit sie nicht als Forderung zu aktivieren sind, bei ihrer Bewertung wertmindernd zu berücksichtigen.
- Rückstellungen für Verpflichtungen, für deren Entstehen im wirtschaftlichen Sinne der laufende Betrieb ursächlich ist, sind zeitanteilig in gleichen Raten anzusammeln.
- Rückstellungen für Verpflichtungen sind mit einem Zinssatz von 5,5 vom Hundert abzuzinsen. Es gelten dieselben Ausnahmen wie unter Abschnitt 1.2.2.4 bei den Verbindlichkeiten beschrieben. Für die Abzinsung von Rückstellungen für Sachleistungsverpflichtungen ist der Zeitraum bis zum Beginn der Erfüllung maßgebend.

1.2.3 Auswertung von Bilanz und Gewinn- und Verlustrechnung (Jahresabschluss und unterjährig)

1.2.3.1 Bilanzanalyse und Bilanzkritik

> Unter Bilanzanalyse versteht man das Zerlegen und Aufgliedern des gesamten Jahresabschlusses für eine umfassende Beurteilung. Diese Beurteilung selbst wird oft auch Bilanzkritik genannt.
> Sowohl Bilanzanalyse wie auch Bilanzkritik beziehen sich nicht nur auf die Bilanz, sondern auf den gesamten Jahresabschluss, also Bilanz, Gewinn- und Verlustrechnung und Anhang sowie auf den Lagebericht.

Bilanzanalyse

Bilanzkritik

Aufgaben und Ziele von Bilanzanalyse und Bilanzkritik sind:
- Information
- Wahrheitsfindung durch Tatsachenermittlung
- Urteilsbildung
- Entscheidungsfindung.

Aufgaben

Arten der Bilanzanalyse

Abbildung 60

Extern	Die externe Bilanzanalyse erfolgt von Stellen außerhalb des Unternehmens. Diese können dabei nur auf veröffentlichte oder frei zugängliche Daten über den Betrieb zurückgreifen.
Intern	Die interne Bilanzanalyse erfolgt durch den Betrieb selbst. Dementsprechend stehen alle betrieblichen Daten und Informationen zur Verfügung.
Formell	Die formelle Bilanzanalyse richtet sich an der Gliederung der Bilanz sowie der Gewinn- und Verlustrechnung aus.
Materiell	Die materielle Bilanzanalyse verfolgt die inhaltliche Auswertung der Informationen aus der Bilanz sowie der Gewinn- und Verlustrechnung.

Nach dem methodischen Vorgehen unterscheidet man im Allgemeinen zwischen
- finanzwirtschaftlicher
  und
- ertragswirtschaftlicher

Bilanzanalyse.

Die finanzwirtschaftliche Bilanzanalyse befasst sich im Einzelnen mit
- der Kapitalverwendung (Investition)
- der Kapitalaufbringung (Finanzierung)
- den Beziehungen zwischen beiden (Liquidität).

Die ertragswirtschaftliche Bilanzanalyse beinhaltet die Analyse
- des betrieblichen Ergebnisses
- der Rentabilität
- der Wertschöpfung.

1.2.3 Auswertung von Bilanz und Gewinn- und Verlustrechnung

Abbildung 61

Wichtige Größen und Bereiche für die finanzwirtschaftliche Bilanzanalyse sind vor allem:
- Anlagevermögen
- Umlaufvermögen
- Eigenkapital
- Fremdkapital
  - kurzfristiges
  - langfristiges
- Cash-flow.

Wichtige Größen

Für die ertragswirtschaftliche Bilanzanalyse sind vor allem folgende Größen und Bereiche von Bedeutung:
- Aufwendungen
- Erträge.

Bilanzanalyse und Bilanzkritik liefern insgesamt wichtige Erkenntnisse für unternehmerische Dispositionen:
- Die Bilanz ist die Grundlage der Finanzpolitik des Unternehmens.
- Die Bilanz ist die Basis für die Steuer- und Bewertungspolitik.
- Die Gewinn- und Verlustrechnung liefert das wesentliche Material für Kostenrechnung und Kalkulation.
- Die Gewinn- und Verlustrechnung ist die Basis für die Betriebsabrechnung.
- Bilanz sowie Gewinn- und Verlustrechnung stellen zusammen mit anderen Aufzeichnungen die Basis für die betriebliche Statistik und Kennzahlenrechnung dar.
- Bilanz sowie Gewinn- und Verlustrechnung ermöglichen Betriebsvergleiche.
- Der Jahresabschluss ist Ausgangspunkt für zahlreiche Rationalisierungsmaßnahmen.

Wichtige Erkenntnisse

1.2.3.2 Aufbereitung des Jahresabschlusses für die betriebswirtschaftliche Auswertung

Werden die Daten des Jahresabschlusses für die Bilanzanalyse herangezogen, so muss man sich auch der damit verbundenen Einschränkungen bewusst sein:
- Alle Jahresabschlussdaten sind Daten vergangener Perioden.
- Die Jahresabschlussdaten liefern kein vollständiges Bild des Betriebes. Wichtige Faktoren wie Auftragsbestände u.Ä. bleiben unberücksichtigt.

Einschränkungen

- Die Jahresabschlüsse von Handwerksbetrieben sind in den meisten Fällen steuerlich orientiert, so dass sie nach betriebswirtschaftlichen Gesichtspunkten aufbereitet werden müssen.
- Die Zusammenfassung von Einzel- zu Sammelgrößen verwischt Unterschiede.
- Bilanzen sind zeitpunktbezogen. Werden sie im Verlauf des folgenden Jahres für die Bildung von Kennzahlen herangezogen, so kann die tatsächliche Lage bereits ganz anders sein.

Bilanzierungsgrundsätze

Gliederung

Grundsätzlich setzt auch die betriebswirtschaftliche Auswertung voraus, dass bei der Aufstellung der Bilanz die Bilanzierungsgrundsätze (Bilanzklarheit, Bilanzwahrheit, Bilanzkontinuität und Bilanzidentität) beachtet werden. Für die Auswertung empfiehlt sich allerdings oft eine ganz andere Gliederung des Jahresabschlusses als nach den Vorschriften des Handelsrechts und des Steuerrechts erforderlich ist. Bestimmte Bilanzposten und Bilanzgruppen können nur dann sinnvoll ausgewertet werden, wenn sie auch von der Gliederung her systematisch dargestellt sind.

Wichtige Darstellungen

Für den Handwerksbetrieb ist es besonders zweckmäßig, wenn mindestens folgende Bilanzposten und Bilanzgruppen dargestellt sind:
- Anlagevermögen
- Umlaufvermögen
  - flüssige Mittel
  - sonstiges Umlaufvermögen
- Eigenkapital
- Fremdkapital
  - langfristig
  - kurzfristig

Bereinigung der G+V

Auch die G+V muss für betriebswirtschaftliche Auswertungen entsprechend umgegliedert und bereinigt werden, um von den Umsatzerlösen über die Betriebsleistung, den Rohertrag, den steuerlichen Gewinn, den bereinigten Betriebsgewinn bis zum betrieblichen Gewinn zu kommen.

Kalkulatorische Kosten

Dabei sind auch die kalkulatorischen Kosten zu berücksichtigen. Steuerlich werden sie nicht angesetzt, aber im Rahmen einer exakten betriebswirtschaftlichen Analyse dürfen sie nicht außer Acht gelassen werden, weil sie das betriebliche Ergebnis maßgeblich beeinflussen.

Außerordentliche und betriebsfremde Aufwendungen und Erträge (vgl. zur Definition die Ausführungen in Abschnitt 1.2.1.3 „Gewinn- und Verlustrechnung") sollen ausgeklammert werden, da sie das betriebliche Ergebnis verfälschen. Inwieweit dies möglich ist, hängt von der Aufgliederung und Genauigkeit des gesamten Rechnungswesens ab. Anhaltsmäßig, allerdings nicht komplett, sind diese Posten direkt aus der G+V ablesbar, auch wenn die nach dem HGB für Kapitalgesellschaften vorgeschriebenen Schemen nicht alle betriebsfremden, periodenfremden und außerordentlichen Erträge und Aufwendungen enthalten.

So werden die betriebsfremden Aufwendungen in der Regel unter den sonstigen betrieblichen Aufwendungen, die betriebsfremden Erträge unter den sonstigen betrieblichen Erträgen ausgewiesen.

So wird deutlich, dass der betriebliche Gewinn wesentlich niedriger sein kann als der steuerliche Gewinn.

Betrieblicher Gewinn

Schema für die Aufbereitung einer einfachen G+V für die betriebswirtschaftliche Auswertung:

Umsatzerlöse Handwerk und Handel
(abzüglich Erlösschmälerungen)
+ außerordentliche und betriebsfremde Erträge

= Gesamterlöse (Gesamtleistung)
− außerordentliche und betriebsfremde Erträge

= Betriebsleistung
− Materialaufwand, Wareneinsatz, Fremdleistungen

= Rohertrag (Bruttowertschöpfung)
− sämtliche Aufwendungen
+ außerordentliche und betriebsfremde Erträge

= Gewinn laut G+V (steuerlicher Gewinn)
+ außerordentliche und betriebsfremde Aufwendungen
− außerordentliche und betriebsfremde Erträge

= bereinigter Betriebsgewinn
− kalkulatorische Kosten

= Betrieblicher (betriebswirtschaftlicher) Gewinn

Mit Hilfe der Daten, die durch die verschiedenen Aufbereitungen des Jahresabschlusses gewonnen werden können, lassen sich dann Kennzahlen für die jeweiligen Bereiche bilden. Durch Vergleich dieser Kennzahlen ist es möglich, Entwicklungstendenzen aufzuzeigen und nachzuvollziehen.

Vergleiche

1.2.3.3 Beispiel für die Durchführung einer einfachen Bilanzanalyse

Auswertung der Bilanz

Für die Auswertung der Bilanz wird zuerst eine sinnvolle Gliederung nach betriebswirtschaftlichen Erfordernissen vorgenommen. Die Abbildung 62 zeigt, wie für die Auswertung Bilanzposten und Bilanzgruppen systematisch dargestellt werden können. Zur Verdeutlichung des Bilanzbildes trägt bei, wenn man dabei für die einzelnen Bilanzposten und Gruppen deren prozentualen Anteil an der gesamten Bilanzsumme angibt.

Bilanzposten
Bilanzgruppen

Das Schema enthält ferner die Zahlen mehrerer Jahre. Durch deren Gegenüberstellung erhält man entsprechende Aufschlüsse über Veränderungen bei einzelnen Bilanzposten und Gruppen, die im Zeitverlauf eintreten.

Gliederungsschema zur Auswertung einer Bilanz

Aktiva		31. 12. 2001	%	31. 12. 2000	%	31. 12. 1999	%
I.	1. Kasse, Bank	21.012	1,7	10.872	1,1	12.430	1,3
	2. Wertpapiere	7.803	0,6	1.120	0,1	1.900	0,2
	Summe zu I	**28.815**	**2,3**	**11.992**	**1,2**	**14.330**	**1,5**
II.	3. Forderungen aus Lieferungen und Leistungen	166.208	13,4	219.340	22,1	183.710	19,7
	4. Sonstige Forderungen	19.764	1,6	13.300	1,3	10.205	1,1
	Summe zu II	185.972	15,0	232.640	23,4	193.915	20,8
	Summe zu I und II	**214.787**	**17,3**	**244.632**	**24,6**	**208.245**	**22,3**
III.	5. Vorräte (Roh-, Hilfs- und Betriebsstoffe)	66.227	5,3	43.610	4,4	24.016	2,6
	6. Vorräte (Unfertige Erzeugnisse und Leistungen)	172.925	14,0	114.000	11,5	178.375	19,1
	7. Vorräte (Fertige Erzeugnisse und Waren)	144.333	11,6	119.700	12,0	95.633	10,3
	8. Geleistete Anzahlungen an Lieferanten					281	
	9. Rechnungsabgrenzungsposten aktiv	1.016	0,1	1.219	0,1	926	0,1
	Summe zu III	384.501	31,0	278.529	28,0	299.231	32,1
	Summe zu I, II und III	**599.288**	**48,3**	**523.161**	**52,6**	**507.476**	**54,4**
IV.	10. Grundstücke	121.030	9,8	101.928	10,3	100.250	10,7
	11. Bauten	186.400	15,1	79.700	8,0	80.400	8,6
	12. Bauten auf fremden Grundstücken						
	13. Technische Anlagen und Maschinen	102.000	8,2	82.575	8,3	80.005	8,6
	14. Betriebs- und Geschäftsausstattung, Werkzeuge	92.400	7,5	86.489	8,7	53.518	5,7
	15. Fahrzeuge	137.550	11,1	117.280	11,8	111.600	12,0
	16. Geleistete Anzahlungen auf Anlagevermögen						
	17.						
	Summe zu IV	639.380	51,7	467.972	47,1	425.773	45,6
	Summe zu I–IV	**1.238.668**	**100**	**991.133**	**99,8**	**933.249**	**100**
V.	18. Darlehensforderungen			2.000	0,2		
	19. Beteiligungen	300		300			
	20.						
	21.						
	22.						
	23.						
	Summe zu V	300		2.300			
	Summe zu I–V	**1.238.968**	**100**	**993.433**	**100**	**933.249**	**100**
	24.						
	25.						
	26.						
	27.						
	28.						
	29. Verlust-Vortrag						
	30. Jahresfehlbetrag (Verlust) des Jahres +						
	31. Entnahmen +						
	32. Jahresfehlbetrag (Verlust) am Bilanzstichtag						
	Summe zu I–V und Ziffer 32	**1.238.968**	**100**	**993.433**	**100**	**933.249**	**100**

Erläuterung: Summe zu I = liquide (flüssige) Mittel 1. Ordnung; Summe zu II = liquide Mittel 2. Ordnung; Summe zu III = liquide Mittel 3. Ordnung; Summe zu I, II und III = Umlaufvermögen; Summe zu IV und V = Anlagevermögen; Summe zu I–V = Gesamtvermögen

Passiva		31. 12. 2001	%	31. 12. 2000	%	31. 12. 1999	%
I.	1. Kurzfristige Rückstellungen	16.430	1,3	4.300	0,4	14.025	1,5
	2. Kurzfr. Verbindlichk. geg.über Kreditinstituten	102.300	8,3	58.620	5,9	94.147	10,1
	3. Erhaltene Anzahlungen	106.000	8,5	104.000	10,5	110.443	11,8
	4. Verbindlichkeiten aus Lieferungen u. Leistungen	216.860	17,5	191.410	19,3	183.103	19,6
	5. Verbindlichkeiten aus Wechseln			6.805	0,7	14.016	1,5
	6. Sonstige kurzfristige Verbindlichkeiten	52.904	4,3	46.817	4,7	40.032	4,3
	7. Verbindlichkeiten aus betrieblichen Steuern	2.000	0,2	1.200	0,1	900	0,1
	8. Verbindlichkeiten im Rahmen der soz. Sicherheit	1.116	0,1	1.050	0,1	700	0,1
	9. Rechnungsabgrenzungsposten passiv			3.102	0,3		
	10.						
	11.						
	12.						
	Summe zu I	497.610	40,2	417.304	42,0	457.366	49,0
II.	13. Langfr. Verbindlichk. geg.über Kreditinstituten	146.460	11,8	138.526	14,0	115.924	12,4
	14. Langfristige Darlehen	63.898	5,1	61.000	6,1	59.609	6,4
	15. Langfristige Hypotheken	94.000	7,6	82.400	8,3	86.750	9,3
	16.						
	17.						
	18.						
	19.						
	20.						
	Summe zu II	304.358	24,5	281.926	28,4	262.283	28,1
	Summe zu I und II	801.968	64,7	699.230	70,4	719.649	77,1
III.	21. Langfristige Rückstellungen	13.500	1,1	4.703	0,5	9.700	1,0
	22.						
	23.						
	24.						
	25.						
	26.						
	27.						
	Summe zu III	13.500	1,1	4.703	0,5	9.700	1,0
	Summe zu I–III	815.468	65,8	703.933	70,9	729.349	78,1
IV.	28. Eigenkapital am letzten Bilanzstichtag	289.500		203.900		92.347	
	29. Rücklagen +						
	zusammen						
	30. Jahresüberschuss (Gewinn) des Jahres +	217.336		156.800		211.148	
	31. Jahresfehlbetrag (Verlust) des Jahres −						
	Summe	506.836		360.700		303.495	
	32. Einlagen +						
	33. Entnahmen −	83.336		71.200		99.595	
	34. Eigenkapital am Bilanzstichtag	423.500	34,2	289.500	29,1	203.900	21,9
	Summe zu I–III und Ziffer 34	1.238.968	100	993.433	100	933.249	100

Erläuterung: Summe zu I = kurzfristige Verbindlichkeiten; Summe zu II und III = langfristiges Fremdkapital; Summe zu IV, Ziffer 34 = Eigenkapital; Summe zu I–III und IV, Ziffer 34 = Gesamtkapital

Abbildung 62

In einem nächsten Schritt werden dann verschiedene Bilanzposten oder Bilanzgruppen zueinander in Beziehung gesetzt. Dies wird im Folgenden anhand der Zahlenangaben aus der Abbildung 62 verdeutlicht.

Vermögensstruktur

Vermögensstruktur

Die Aufteilung in Anlagevermögen und Umlaufvermögen vermittelt Aufschluss über die Vermögensstruktur eines Betriebes.

2001: Anlagevermögen : Umlaufvermögen = 639.680 : 599.288 = 1,07 : 1
2000: Anlagevermögen : Umlaufvermögen = 470.272 : 523.161 = 0,90 : 1
1999: Anlagevermögen : Umlaufvermögen = 425.773 : 507.476 = 0,84 : 1

Das Anlagevermögen ist im untersuchten Zeitraum (1999 – 2001) schneller gewachsen als das Umlaufvermögen und übersteigt dieses im Jahr 2001.

Branchenunterschiede

Das Verhältnis von Anlagevermögen zu Umlaufvermögen hat insbesondere branchenspezifische Bedeutung. Zwischen verschiedenen Handwerkszweigen können die Abweichungen sehr groß sein; so hat zum Beispiel ein Feinwerkmechanikerbetrieb branchenüblich ein verhältnismäßig hohes Anlagevermögen, während es bei einem Malerbetrieb vergleichsweise gering ist.

Deshalb sind hier insbesondere Vergleiche mit Zahlen, die aus branchenbezogenen Betriebsvergleichen gewonnen werden, interessant.

Es ist weiter möglich, Anlagevermögen und Umlaufvermögen jeweils zum Gesamtvermögen (laut Bilanzsumme) in Beziehung zu setzen.

Anlagenintensität

Den Anteil des Anlagevermögens am Gesamtvermögen in Prozent nennt man Anlagenintensität.

2001: $\dfrac{\text{Anlagevermögen}}{\text{Gesamtvermögen}} \times 100 = \dfrac{639.680}{1.238.968} \times 100 = 52\ \%$

2000: $\dfrac{\text{Anlagevermögen}}{\text{Gesamtvermögen}} \times 100 = \dfrac{470.272}{993.433} \times 100 = 47\ \%$

1999: $\dfrac{\text{Anlagevermögen}}{\text{Gesamtvermögen}} \times 100 = \dfrac{425.773}{933.249} \times 100 = 46\ \%$

Umlaufintensität

Den Anteil des Umlaufvermögens am Gesamtvermögen in Prozent nennt man Umlaufintensität.

2001: $\dfrac{\text{Umlaufvermögen}}{\text{Gesamtvermögen}} \times 100 = \dfrac{599.288}{1.238.968} \times 100 = 48\ \%$

2000: $\dfrac{\text{Umlaufvermögen}}{\text{Gesamtvermögen}} \times 100 = \dfrac{523.161}{993.433} \times 100 = 53\ \%$

1999: $\dfrac{\text{Umlaufvermögen}}{\text{Gesamtvermögen}} \times 100 = \dfrac{507.476}{933.249} \times 100 = 54\ \%$

Anlagen- und Umlaufintensität geben an, in welcher Weise die finanziellen Mittel im Betrieb investiert sind.

Im Beispiel ist der Anteil des Anlagevermögens und des Umlaufvermögens am Gesamtvermögen jeweils in etwa gleich hoch.
Ist die Anlagenintensität außergewöhnlich hoch und geht sie über den branchenüblichen Wert deutlich hinaus, so besteht die Gefahr einer Überinvestition im Anlagenbereich. *Überinvestition*
Die Zusammensetzung des Umlaufvermögens gibt interessante Aufschlüsse, zum Beispiel hinsichtlich der Lagerbestandspolitik oder der Zahlungsmoral der Kunden im Zusammenhang mit dem Bilanzposten „Forderungen aus Lieferungen und Leistungen". *Zahlungsmoral*

Kapitalstruktur

Für die Beurteilung der Kapitalstruktur ist die Aufgliederung in Eigenkapital und Fremdkapital notwendig. *Kapitalstruktur*

2001: Eigenkapital : Fremdkapital = 423.500 : 815.468 = 1 : 1,93
2000: Eigenkapital : Fremdkapital = 289.500 : 703.933 = 1 : 2,43
1999: Eigenkapital : Fremdkapital = 203.900 : 729.349 = 1 : 3,58

Nach einer bewährten betriebswirtschaftlichen Faustregel sollten sich Eigenkapital und Fremdkapital in etwa die Waage halten, also ein Verhältnis von 1:1 aufweisen. *Regel*

Im Beispiel wird diese Regel nicht erfüllt. Das Verhältnis verbessert sich jedoch von Jahr zu Jahr.
Genauer wird die Beurteilung, wenn man sowohl das Eigenkapital wie auch das Fremdkapital jeweils in Beziehung zum Gesamtkapital (laut Bilanzsumme) setzt.

Den Anteil des Eigenkapitals am Gesamtkapital in Prozent nennt man Eigenkapitalintensität. *Eigenkapitalintensität*

2001: $\dfrac{\text{Eigenkapital}}{\text{Gesamtkapital}} \times 100 = \dfrac{423.500}{1.238.968} \times 100 = 34\,\%$

2000: $\dfrac{\text{Eigenkapital}}{\text{Gesamtkapital}} \times 100 = \dfrac{289.500}{993.433} \times 100 = 29\,\%$

1999: $\dfrac{\text{Eigenkapital}}{\text{Gesamtkapital}} \times 100 = \dfrac{203.900}{933.249} \times 100 = 22\,\%$

Den Anteil des Fremdkapitals am Gesamtkapital in Prozent nennt man Fremdkapitalintensität. *Fremdkapitalintensität*

$$2001: \frac{\text{Fremdkapital}}{\text{Gesamtkapital}} \times 100 = \frac{815.468}{1.238.968} \times 100 = 66\,\%$$

$$2000: \frac{\text{Fremdkapital}}{\text{Gesamtkapital}} \times 100 = \frac{703.933}{993.433} \times 100 = 71\,\%$$

$$1999: \frac{\text{Fremdkapital}}{\text{Gesamtkapital}} \times 100 = \frac{729.349}{933.249} \times 100 = 78\,\%$$

> Je höher der Anteil der eigenen Mittel (Eigenkapital) am Gesamtkapital eines Unternehmens ist, desto solider ist die Kapitalstruktur und desto günstiger die Finanzierung.

Im Beispiel verbessert sich die Eigenkapitalintensität von Jahr zu Jahr. In den einzelnen Handwerkszweigen kann auch dieser Wert sehr unterschiedlich sein.

Richtige Finanzierung

> Beim Fremdkapital ist ferner für die Beurteilung der richtigen Finanzierung (s. auch Abschnitt 2.5.4 „Arten der Finanzierung") eine Untersuchung des Anteils des kurzfristigen Fremdkapitals am gesamten Fremdkapital und des Anteils des langfristigen Fremdkapitals am gesamten Fremdkapital von Interesse.

Im Beispiel ergeben sich folgende Werte:

Kurzfristiges Fremdkapital

$$2001: \frac{\text{kurzfristiges Fremdkapital}}{\text{gesamtes Fremdkapital}} \times 100 = \frac{497.610}{815.468} \times 100 = 61\,\%$$

$$2000: \frac{\text{kurzfristiges Fremdkapital}}{\text{gesamtes Fremdkapital}} \times 100 = \frac{417.304}{703.933} \times 100 = 59\,\%$$

$$1999: \frac{\text{kurzfristiges Fremdkapital}}{\text{gesamtes Fremdkapital}} \times 100 = \frac{457.366}{729.349} \times 100 = 63\,\%$$

Langfristiges Fremdkapital

$$2001: \frac{\text{langfristiges Fremdkapital}}{\text{gesamtes Fremdkapital}} \times 100 = \frac{317.858}{815.468} \times 100 = 39\,\%$$

$$2000: \frac{\text{langfristiges Fremdkapital}}{\text{gesamtes Fremdkapital}} \times 100 = \frac{286.629}{703.933} \times 100 = 41\,\%$$

$$1999: \frac{\text{langfristiges Fremdkapital}}{\text{gesamtes Fremdkapital}} \times 100 = \frac{271.983}{729.349} \times 100 = 37\,\%$$

Gegenüberstellung von Vermögen und Kapital (Vermögens- und Kapitalstruktur)

Für die Beurteilung der Finanzierung eines Unternehmens ist das Verhältnis von Eigenkapital zum Anlagevermögen bzw. von Eigenkapital und langfristigem Fremdkapital zum Anlagevermögen von großer Bedeutung. Daraus ergibt sich die Anlagendeckung.

1.2.3 Auswertung von Bilanz und Gewinn- und Verlustrechnung

> Das Verhältnis von Eigenkapital und Anlagevermögen nennt man Anlagendeckung I.

Anlagendeckung I

$$2001: \frac{\text{Eigenkapital}}{\text{Anlagevermögen}} \times 100 = \frac{423.500}{639.680} \times 100 = 66\,\%$$

$$2000: \frac{\text{Eigenkapital}}{\text{Anlagevermögen}} \times 100 = \frac{289.500}{470.272} \times 100 = 62\,\%$$

$$1999: \frac{\text{Eigenkapital}}{\text{Anlagevermögen}} \times 100 = \frac{203.900}{425.773} \times 100 = 48\,\%$$

> Eine klassische betriebswirtschaftliche Regel besagt, dass das Anlagevermögen durch Eigenkapital gedeckt sein sollte.

Betriebswirtschaftliche Regel

Dies ist im Beispiel in keinem Jahr der Fall. Jedoch bessert sich das Verhältnis von Jahr zu Jahr.

Wenn das Eigenkapital zur Finanzierung des Anlagevermögens nicht ausreicht, sollte der Fremdfinanzierungsanteil aus langfristigen Mitteln bestehen.

> Das Verhältnis von Eigenkapital und langfristigem Fremdkapital zum Anlagevermögen nennt man Anlagendeckung II.

Anlagendeckung II

$$2001: \frac{\text{Eigenkapital + langfr. Fremdkapital}}{\text{Anlagevermögen}} \times 100 = \frac{741.358}{639.680} \times 100 = 116\,\%$$

$$2000: \frac{\text{Eigenkapital + langfr. Fremdkapital}}{\text{Anlagevermögen}} \times 100 = \frac{576.129}{470.272} \times 100 = 123\,\%$$

$$1999: \frac{\text{Eigenkapital + langfr. Fremdkapital}}{\text{Anlagevermögen}} \times 100 = \frac{475.883}{425.773} \times 100 = 112\,\%$$

Die Finanzierungsregel wird im Beispiel in jedem Jahr erfüllt.

> Wichtige Aufschlüsse über die Liquidität (Zahlungsbereitschaft) des Unternehmens gibt eine Gegenüberstellung des Umlaufvermögens und der kurzfristigen Verbindlichkeiten.

Zahlungsbereitschaft

$$2001: \frac{\text{Umlaufvermögen}}{\text{kurzfristige Verbindlichkeiten}} \times 100 = \frac{599.288}{497.610} \times 100 = 120\,\%$$

$$2000: \frac{\text{Umlaufvermögen}}{\text{kurzfristige Verbindlichkeiten}} \times 100 = \frac{523.161}{417.304} \times 100 = 125\,\%$$

$$1999: \frac{\text{Umlaufvermögen}}{\text{kurzfristige Verbindlichkeiten}} \times 100 = \frac{507.476}{457.366} \times 100 = 111\,\%$$

Sind die kurzfristigen Verbindlichkeiten höher als die liquiden Mittel erster, zweiter und dritter Ordnung (= Umlaufvermögen), so ist die Liquidität insgesamt unzureichend. Im Beispiel ist dies in keinem Jahr der Fall.

Zusätzliche Reserve

Übersteigen dagegen die liquiden Mittel erster, zweiter und dritter Ordnung die kurzfristigen Verbindlichkeiten, so ergibt sich eine zusätzliche Reserve für die Zahlungsbereitschaft. Diese darf allerdings nicht zu einer Überfinanzierung führen, die die Kapitalrentabilität schmälert.

Richtschnur

> Als betriebswirtschaftliche Richtschnur ist eine Deckung der kurzfristigen Verbindlichkeiten mit flüssigen Mitteln erster, zweiter und dritter Ordnung in Höhe von mindestens 100 % empfehlenswert.

Im Beispiel ist dies in allen Jahren der Fall.

Auswertung der Gewinn- und Verlustrechnung

Gliederungsschema

> Auch bei der Gewinn- und Verlustrechnung empfiehlt sich ein Gliederungsschema, das sich an den betriebswirtschaftlichen Auswertungserfordernissen orientiert, so wie es in Abschnitt 1.2.3.2 „Aufbereitung des Jahresabschlusses für die betriebswirtschaftliche Auswertung" dargestellt wurde. Dabei erscheint es – ähnlich wie bei der Bilanzauswertung – zweckmäßig, sowohl die absoluten Zahlen als auch entsprechende Verhältniszahlen darzustellen. So können die einzelnen Aufwandsposten in Prozent der Betriebsleistung betrachtet werden. Auch bei der Gewinn- und Verlustrechnung zeigt der Vergleich über mehrere Jahre interessante Entwicklungstendenzen auf.

Das Beispiel in Abbildung 63 zeigt die entsprechenden Möglichkeiten auf.

In diesem Beispiel ergeben sich im Zeitablauf auffallende Veränderungen bei den Posten Materialaufwand, Miete und Pacht sowie Abschreibungen. Das Beispiel zeigt ferner deutlich, wie man den „steuerlichen" Gewinn laut G+V bereinigen muss, um zum echten „betrieblichen" Gewinn zu kommen.

Bereinigung

Neben der Bereinigung von außerordentlichen und betriebsfremden Aufwendungen und Erträgen müssen die kalkulatorischen Kosten in Abzug gebracht werden. Im Beispiel wird deutlich, dass der betriebliche Gewinn wesentlich niedriger ist als der steuerliche Gewinn.

Hinsichtlich weiterer Auswertungsmöglichkeiten der Zahlen der G+V darf auch auf die in Abschnitt 1.1.4.5 „Ergebnisse der Buchführung per EDV" dargestellte betriebswirtschaftliche Auswertung (Unternehmensspiegel) hingewiesen werden.

Die Auswertung der G+V bringt oftmals noch aufschlussreichere Ergebnisse als die Bilanzanalyse.

1.2.3 Auswertung von Bilanz und Gewinn- und Verlustrechnung

Gliederungsschema zur Auswertung einer Gewinn- und Verlustrechnung

		2001	%	2000	%	1999	%
	Umsatzerlöse	1.850.800		1.427.400		1.601.300	
−	Erlösschmälerungen	35.000		27.600		51.500	
+	außerordentliche Erträge	15.500		10.900		12.600	
+	betriebsfremde Erträge	12.000		10.700		9.800	
	Gesamt-Erlöse	1.843.300		1.421.400		1.572.200	
−	außerordentliche Erträge	15.500		10.900		12.600	
−	betriebsfremde Erträge	12.000		10.700		9.800	
	Betriebsleistung	1.815.800	100	1.399.800	100	1.549.800	100
−	Materialaufwand (Roh-, Hilfs- und Betriebsstoffe)	452.800	24,9	420.700	30,1	406.400	26,2
−	Löhne und Gehälter	627.400	34,6	479.300	34,2	541.800	35,0
−	Gesetzliche Sozialabgaben und soziale Aufwendungen	119.800	6,6	89.600	6,4	101.360	6,5
−	Strom, Gas, Wasser	24.800	1,4	21.400	1,5	21.950	1,4
−	Porto, Telekommunikation	11.661	0,6	4.990	0,4	7.910	0,5
−	Bürobedarf	3.763	0,2	2.166	0,2	3.212	0,2
−	Miete, Pacht	21.000	1,2	3.869	0,3	3.400	0,2
−	Werbe- und Repräsentationskosten	16.500	0,9	7.850	0,6	10.260	0,7
−	Fahrzeugkosten	52.240	2,9	40.150	2,9	38.760	2,5

− betriebliche Steuern, Gebühren, Versicherungen	26.300	1,4	19.775	1,4	23.900	1,5
− Abschreibungen	158.850	8,7	82.050	5,9	98.900	6,4
− Zinsen	31.200	1,7	27.300	1,9	29.700	1,9
− sonstige betriebliche Aufwendungen	63.500	3,5	51.200	3,7	58.700	3,8
− außerordentliche Aufwendungen	7.800		8.050		7.200	
− betriebsfremde Aufwendungen	8.350		6.200		7.600	
+ außerordentliche Erträge	15.500		10.900		12.600	
+ betriebsfremde Erträge	12.000		10.700		9.800	
Gewinn laut Gewinn- und Verlustrechnung (steuerlicher Gewinn)	217.336	12,0	156.800	11,2	211.148	13,6
+ außerordentliche Aufwendungen	7.800		8.050		7.200	
+ betriebsfremde Aufwendungen	8.350		6.200		7.600	
− außerordentliche Erträge	15.500		10.900		12.600	
− betriebsfremde Erträge	12.000		10.700		9.800	
Bereinigter Betriebsgewinn	205.986	11,3	149.450	10,7	203.548	13,1
− Unternehmerlohn	72.000	4,0	72.000	5,1	66.000	4,3
− Eigenkapitalzins	25.400	1,4	17.370	1,2	12.230	0,8
− sonstige kalkulatorische Kosten	14.500	0,8	12.000	0,9	10.500	0,7
Betrieblicher Gewinn	94.086	5,2	48.080	3,4	114.818	7,4

Abbildung 63

Gemeinsame Auswertung von Bilanz und Gewinn- und Verlustrechnung

Aus der Verknüpfung von Zahlen der Bilanz als Zeitpunktrechnung und der Gewinn- und Verlustrechnung als Zeitraumrechnung ergeben sich zusätzliche Aussagen für die Beurteilung eines Unternehmens.

So gibt beispielsweise der durchschnittliche Bestand an Außenständen bezogen auf die Umsatzerlöse des Betriebes die durchschnittliche Dauer der Außenstände an.

Außenstände

Auf der Grundlage der Zahlen im Beispiel ergibt sich:

2001: $\dfrac{\text{durchschnittliche Bestände an Forderungen aus Lieferungen und Leistungen}}{\text{Umsatzerlöse}} \times 360 = \dfrac{166.208}{1.850.800} \times 360 = 32,3 \text{ Tage}$

2000: $\dfrac{\text{durchschnittliche Bestände an Forderungen aus Lieferungen und Leistungen}}{\text{Umsatzerlöse}} \times 360 = \dfrac{219.340}{1.427.400} \times 360 = 55,3 \text{ Tage}$

1999: $\dfrac{\text{durchschnittliche Bestände an Forderungen aus Lieferungen und Leistungen}}{\text{Umsatzerlöse}} \times 360 = \dfrac{183.710}{1.601.300} \times 360 = 41,3 \text{ Tage}$

Besonders wichtige Kennzahlen aus der gemeinsamen Auswertung von Bilanz und Gewinn- und Verlustrechnung sind die Kennzahlen für die Rentabilität.
Bezieht man den Gewinn pro Jahr auf das Eigenkapital, so erhält man die Eigenkapitalrentabilität. Sie gibt an, mit wieviel Prozent sich das Eigenkapital im Betrieb verzinst.

Rentabilität

Eigenkapitalrentabilität

Auf der Grundlage des **steuerlichen Gewinns** ergeben sich im Beispiel folgende Werte:

2001: $\dfrac{\text{Gewinn}}{\text{Eigenkapital}} \times 100 = \dfrac{217.336}{423.500} \times 100 = 51\ \%$

2000: $\dfrac{\text{Gewinn}}{\text{Eigenkapital}} \times 100 = \dfrac{156.800}{289.500} \times 100 = 54\ \%$

1999: $\dfrac{\text{Gewinn}}{\text{Eigenkapital}} \times 100 = \dfrac{211.148}{203.900} \times 100 = 103\ \%$

Legt man der Berechnung den **betrieblichen Gewinn** zugrunde, so ergeben sich folgende Werte für die Eigenkapitalrentabilität:
2001: 22 %
2000: 17 %
1999: 56 %.

Bei der Ermittlung der Eigenkapitalrentabilität kann man auch anstelle des Eigenkapitals am Jahresende den Mittelwert aus dem Eigenkapital zu Beginn und zum Schluss des Jahres zugrunde legen.

Gesamtkapitalrentabilität

> Bezieht man den Gewinn und die Fremdkapitalzinsen eines Jahres auf das Gesamtkapital, so erhält man die Gesamtkapitalrentabilität. Sie gibt Auskunft über die Rentabilität des gesamten Kapitals, das im Betrieb investiert ist.

Auf der Basis des **steuerlichen Gewinns** ergeben sich im Beispiel folgende Ergebnisse:

$$2001: \frac{\text{Gewinn + Fremdkapitalzinsen}}{\text{Gesamtkapital}} \times 100 = \frac{217.336 + 31.200}{1.238.968} \times 100 = 20\,\%$$

$$2000: \frac{\text{Gewinn + Fremdkapitalzinsen}}{\text{Gesamtkapital}} \times 100 = \frac{156.800 + 27.300}{993.433} \times 100 = 19\,\%$$

$$1999: \frac{\text{Gewinn + Fremdkapitalzinsen}}{\text{Gesamtkapital}} \times 100 = \frac{211.148 + 29.700}{933.249} \times 100 = 26\,\%$$

Auf der Basis des **betrieblichen Gewinns** ergeben sich an Gesamtkapitalrendite:
2001: 10 %
2000: 8 %
1999: 15 %.

Umsatzrentabilität

> Bezieht man den Gewinn auf die Umsatzerlöse, so ergibt sich daraus die Umsatzrentabilität. Sie gibt an, wieviel Prozent Gewinn der Umsatz in einer Rechnungsperiode abwirft.

Im Beispiel ergibt sich auf der Basis des **steuerlichen Gewinns:**

$$2001: \frac{\text{Gewinn}}{\text{Umsatzerlöse}} \times 100 = \frac{217.336}{1.850.800} \times 100 = 12\,\%$$

$$2000: \frac{\text{Gewinn}}{\text{Umsatzerlöse}} \times 100 = \frac{156.800}{1.427.400} \times 100 = 11\,\%$$

$$1999: \frac{\text{Gewinn}}{\text{Umsatzerlöse}} \times 100 = \frac{211.148}{1.601.300} \times 100 = 13\,\%$$

Für den **betrieblichen Gewinn** ergibt sich folgende Umsatzrentabilität:
2001: 5 %
2000: 3 %
1999: 7 %.

1.2.3 Auswertung von Bilanz und Gewinn- und Verlustrechnung

Die aussagefähigeren Kennzahlen der Rentabilität sind für den Betriebsinhaber die auf der Basis des betrieblichen Gewinns errechneten, weil hier die außerordentlichen und betriebsfremden Aufwendungen und Erträge sowie die kalkulatorischen Kosten berücksichtigt sind.

Cash-flow
Die Kennzahl „Cash-flow", die ebenfalls aus dem Jahresabschluss abgeleitet wird, informiert über den Kassenzufluss (Liquiditätszufluss) während eines Geschäftsjahres. Sie zeigt auf, welche finanziellen Mittel für Investitionen, Tilgung von Verbindlichkeiten und Entnahmen bzw. Gewinnausschüttung (bei Kapitalgesellschaften) zur Verfügung stehen.

Cash-flow

Der Cash-flow ergibt sich aus dem Jahresüberschuss/Jahresfehlbetrag, vermehrt um die Aufwendungen, denen keine Auszahlungen gegenüberstehen, und vermindert um Erträge, denen keine Einzahlungen gegenüberstehen.

Definition

In der Praxis wird der Cash-flow für Handwerksbetriebe aus dem Jahresüberschuss/Jahresfehlbetrag und den Abschreibungen ermittelt.
Berechnung:

Handwerksbetrieb

Jahresüberschuss/Jahresfehlbetrag
+ Abschreibungen
―――――――――――――
= Cash-flow

Bei der Berechnung des Cash-flow muss man sich bewusst sein, dass diese Kennzahl nur Informationen über eine abgelaufene Periode vermittelt und deshalb ohne entsprechende Vorausberechnungen nicht dazu geeignet ist, zuverlässig auf den zukünftigen Kassenfluss zu schließen.

Für das Bilanzbeispiel ergeben sich folgende Cash-flow-Werte:

2001: Jahresüberschuss + Abschreibungen = 217.336 + 158.850 = 376.186
2000: Jahresüberschuss + Abschreibungen = 156.800 + 82.050 = 238.850
1999: Jahresüberschuss + Abschreibungen = 211.148 + 98.900 = 310.048

1.2.3.4 Auswertung von Zwischenabschlüssen

Die Auswertung von Zwischenabschlüssen erfolgt prinzipiell nach den gleichen Grundsätzen wie die Auswertung des Jahresabschlusses, wobei je nach Anlass für den Zwischenabschluss besondere Schwerpunkte gesetzt werden können.

Zwischenabschlüsse

Übungs- und Prüfungsfragen

1. Eine Bilanz ist
- ☐ a) die Gegenüberstellung des betrieblichen Vermögens auf der Aktivseite und des Kapitals auf der Passivseite.
- ☐ b) die Zusammenstellung des gesamten Vermögens und aller Verbindlichkeiten (Schulden) eines Unternehmers.
- ☐ c) der Ausweis aller betrieblichen Vermögensgegenstände ohne Verbindlichkeiten (Schulden).
- ☐ d) nur der Ausweis aller betrieblichen Verbindlichkeiten (Schulden).
- ☐ e) die Gegenüberstellung von Eigenkapital und Fremdkapital.

„Siehe Seite 98 des Textteils!"

2. Auf der Aktivseite der Bilanz teilt man ein in
- ☐ a) Anlagevermögen und Umlaufvermögen.
- ☐ b) Betriebsvermögen und Privatvermögen.
- ☐ c) Vermögen und Eigenkapital.
- ☐ d) Eigenkapital und Verbindlichkeiten (Schulden).
- ☐ e) Eigenkapital und Fremdkapital.

„Siehe Seite 99 des Textteils!"

3. Unter Aufwendungen im Sinne der Gewinn- und Verlustrechnung versteht man
- ☐ a) alle Ausgaben für den privaten Bereich des Betriebsinhabers.
- ☐ b) die Summe aller effektiven betrieblichen Aufwendungen.
- ☐ c) nur die Ausgaben für bezogene Vorleistungen.
- ☐ d) nur die Ausgaben für Einkommensteuer, Kirchensteuer und Vermögensteuer.
- ☐ e) alle privaten und betrieblichen Ausgaben.

„Siehe Seite 103 des Textteils!"

4. Unter Erträgen im Sinne der Gewinn- und Verlustrechnung versteht man
- ☐ a) alle Einnahmen aus privatem Wertbesitz.
- ☐ b) alle Einnahmen aus privater Geldanlage.
- ☐ c) die Privateinlagen.
- ☐ d) nur die Summe der Umsatzerlöse.
- ☐ e) die Summe aller Umsatzerlöse und sonstigen betrieblichen Erträge.

„Siehe Seite 104 des Textteils!"

5. Die Gewinnermittlung ist für den Betriebsinhaber im gesamten betrieblichen Rechnungswesen eine wichtige Aufgabe.

<u>**Aufgabe:**</u>
a) Beschreiben Sie die Gewinnermittlung nach Handelsrecht!
b) Beschreiben Sie die Gewinnermittlung nach Steuerrecht!

„Siehe Seite 104 des Textteils!"

6. Der erzielte Jahresüberschuss oder Jahresfehlbetrag bzw. Gewinn oder Verlust ergibt sich
- ☐ a) aus der Differenz zwischen Aufwendungen und Erträgen.
- ☐ b) nur aus der Differenz zwischen Vermögen und Verbindlichkeiten (Schulden).
- ☐ c) aus der Differenz zwischen Eigenkapital und Fremdkapital.
- ☐ d) aus der Differenz zwischen Umsatzerlösen und Privatentnahmen.

☐ e) aus der Differenz zwischen betrieblichen Erträgen und Eigenkapital.

„Siehe Seite 104 des Textteils!"

7. Welche Grundsätze sind bei der Bilanzierung zu beachten?

„Siehe Seite 110 des Textteils!"

8. Die Bewertung der Aktiva und Passiva spielt für die Ermittlung Ihres Gewinns letztendlich eine wichtige Rolle.

Aufgabe:

a) **Nennen und beschreiben Sie allgemeine Bewertungsgrundsätze!**
b) **Welche Wertansätze der Vermögensgegenstände und Schulden gelten für die Handelsbilanz?**
c) **Welche Wertansätze der Vermögensgegenstände und Schulden gelten für die Steuerbilanz?**

„Siehe Seite 113 ff. des Textteils!"

9. Was versteht man unter Bilanzkritik?
☐ a) Die regelmäßige Kritik des Steuerberaters an der Betriebsführung seines Mandanten.
☐ b) Die Kritik des Betriebsberaters der Handwerkskammer an den Bilanzen der Handwerker.
☐ c) Die kritische Auswertung und Beurteilung der Zahlen der Bilanz für innerbetriebliche Zwecke.
☐ d) Nur die kritische Kommentierung von Bilanzen in Wirtschaftsteilen der Tageszeitungen.
☐ e) Die Kritik der Bundesregierung an den Bilanzen bundeseigener Unternehmen.

„Siehe Seite 119 des Textteils!"

10. Schildern Sie Zweck und Inhalt der Bilanzanalyse!

„Siehe Seite 119 des Textteils!"

11. Um wichtige Informationen für Ihre betrieblichen Entscheidungen zu erhalten, wollen Sie Bilanz sowie Gewinn- und Verlustrechnung entsprechend auswerten.

Aufgabe: Schildern Sie ein Schema für die Aufbereitung einer Gewinn- und Verlustrechnung für die betriebswirtschaftliche Auswertung!

„Siehe Seite 123 des Textteils!"

12. Unter Vermögensstruktur versteht man insbesondere
☐ a) das Verhältnis von Privatvermögen zu Betriebsvermögen.
☐ b) das Verhältnis der Zahlungsmittel zu den Forderungen aus Lieferungen und Leistungen.
☐ c) das Verhältnis von Forderungen aus Lieferungen und Leistungen zu Verbindlichkeiten aus Lieferungen und Leistungen.
☐ d) das Verhältnis von Gesamtvermögen zu Gesamtschulden.
☐ e) das Verhältnis von Anlagevermögen zu Umlaufvermögen.

„Siehe Seite 126 des Textteils!"

13. Man spricht von Kapitalstruktur, wenn man insbesondere
☐ a) das Verhältnis von Privatkapital und Betriebskapital im Auge hat.

☐ b) die Forderungen aus Lieferungen und Leistungen und die Verbindlichkeiten aus Lieferungen und Leistungen einander gegenübergestellt.
☐ c) das Eigenkapital zum Fremdkapital ins Verhältnis setzt.
☐ d) die Zusammensetzung des Fremdkapitals beurteilt.
☐ e) die verschiedenen Anlageformen für Kapital gegenübergestellt.

„Siehe Seite 127 des Textteils!"

14. Was versteht man unter Liquidität?
☐ a) Das Verhältnis von Betriebsvermögen zu Kapitalvermögen.
☐ b) Das Verhältnis des Gesamtvermögens zu den Gesamtverbindlichkeiten.
☐ c) Die Auflösung eines Unternehmens.
☐ d) Den Grad der Zahlungsbereitschaft eines Unternehmens.
☐ e) Das Verhältnis von liquiden Mitteln 1. Ordnung zu liquiden Mitteln 2. Ordnung.

„Siehe Seite 129 des Textteils!"

15. Was sagt die Kennzahl „Cash-flow" aus und wie wird sie ermittelt?

„Siehe Seite 135 des Textteils!"

1.3 Kosten- und Leistungsrechnung

Vorbemerkung

Um sich auf dem Markt und gegenüber seinen Mitwettbewerbern behaupten zu können, muss jeder Betriebsinhaber in der Lage sein, die Preise für seine Produkte und Dienstleistungen kalkulieren zu können.

Vor allem bei größeren Aufträgen erwartet heute auch jeder private Auftraggeber eine solide und exakte Kalkulation (Kostenvoranschlag). Dies gilt auch für die immer häufiger üblichen „Komplettpreis-Angebote".

Kostenvoranschlag Komplett-Preis

Besonders wichtig sind verlässliche Kalkulationen auch dann, wenn sich ein Betrieb an öffentlichen Ausschreibungen beteiligt. Der Unternehmer muss dabei bedenken, dass er an sein Angebot gebunden ist und die Arbeiten ordnungsgemäß auszuführen hat.

Es gibt für die Kostenrechnung und Kalkulation des einzelnen Betriebes kein Einheitsschema, jedoch müssen generell die allgemeinen Grundlagen einer einwandfreien Kalkulation und Kostenrechnung beachtet werden. Eine sachgerechte Kostenrechnung und Kalkulation entscheidet heute mehr denn je, wie erfolgreich ein Betrieb sich auf dem Markt behaupten kann.

Gerade im Handwerk weisen Kostenrechnung und Kalkulationen vielfach noch erhebliche Fehler und Mängel auf.

Dazu zählen insbesondere die

- Kalkulation durch Schätzung
  Von Preisschätzungen muss dringend abgeraten werden, weil es dabei nicht möglich ist, alle wichtigen und für die Preisbildung ausschlaggebenden Faktoren zu berücksichtigen.

Preisschätzungen

- Übernahme von Konkurrenzpreisen
  Wer starr und unüberlegt die Preise für seine eigenen Produkte und Dienstleistungen am Angebot seiner Konkurrenten ausrichtet, läuft Gefahr, besondere Bedingungen des Betriebes und des Standortes völlig außer Acht zu lassen. Die Gefahr von Fehlkalkulationen ist dabei besonders hoch.

Konkurrenzpreise

- Übernahme von Kalkulationshilfen
  Für die Kalkulation entwickelte Hilfen oder Schemen können vom Handwerker nur angewandt werden, wenn er sie für die eigenen betrieblichen Verhältnisse nachgeprüft und ggf. entsprechend angepasst hat.

Kalkulationshilfen

1.3.1 Aufgaben und Gliederung der fachübergreifenden Kostenrechnung

1.3.1.1 Grundsätzliches zum Preisbegriff

In der Alltagssprache versteht man unter dem Preis die Geldsumme, die ein Käufer für eine Ware oder für eine Leistung im wirtschaftlichen Leben bezahlen muss.

Für den Betriebsinhaber spielen zwei Preise eine besondere Rolle:
- der Marktpreis

und
- der kalkulierte betriebliche Preis.

Marktpreis

Nach allgemeinen volkswirtschaftlichen Grundsätzen bestimmen Angebot und Nachfrage den Preis. Voraussetzung dafür sind ein funktionierender Wettbewerb und die umfassende Information der Anbieter und Nachfrager. Dann gibt es nur einen Preis für ein Gut und es gilt:
- Wenn das Angebot größer ist als die Nachfrage, dann sinkt der Preis.
- Wenn die Nachfrage größer ist als das Angebot, dann steigt der Preis.

Der Preis pendelt sich also nach dem wechselseitigen Spiel von Mengen- und Preisvorstellungen der Anbieter und der Nachfrager ein. Wo beide Gruppen sich treffen, bildet sich der Marktpreis (auch Gleichgewichtspreis genannt).

Die Bildung des Marktpreises

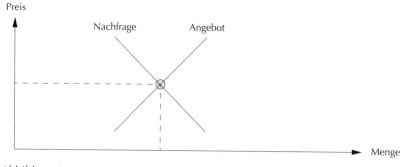

Abbildung 64

Betriebliche Preispolitik

Dieser Marktpreis ist für jeden Unternehmer eine Tatsache, die Auswirkungen auf seinen Betrieb und seine betriebliche Preispolitik haben muss.

Kalkulierter betrieblicher Preis

Ehe sich der einzelne Unternehmer dem Markt und seiner Preisbildung stellt, muss er zunächst unter Berücksichtigung der besonderen einzelbetrieblichen Gegebenheiten seinen betrieblichen Preis kalkulieren. Dabei sollte sich jeder Betriebsinhaber bewusst sein, dass der am Markt für die Lieferungen und Leistungen erzielte Preis nicht nur die Kosten decken soll. Er sollte auch für einen angemessenen Gewinn und ein angemessenes Einkommen ausreichen. Um diesen betrieblichen Preis zu ermitteln, sind eine genaue Kalkulation und Kostenrechnung erforderlich.

1.3.1.2 Aufgaben der Kostenrechnung

Aufgaben

Zentrale Aufgabe der Kostenrechnung ist die
- Erfassung
- Verteilung
- Zurechnung

1.3.1 Aufgaben und Gliederung der fachübergreifenden Kostenrechnung

der Kosten, die bei der Produktion und der Erbringung einer Dienstleistung entstehen.

Darüber hinaus hat die Kostenrechnung noch folgende Funktionen:
- Information
- Lieferung von Daten für die Unternehmensführung
- Prognose
- Kontrolle.

Einsatzmöglichkeiten

1.3.1.3 Gliederung und Begriffe der Kostenrechnung

Kosten sind der bewertete Verbrauch von Produktionsfaktoren (Rohstoffe, Arbeit und Kapital) und Dienstleistungen für die Erstellung und zum Absatz betrieblicher Leistungen und zur Aufrechterhaltung der betrieblichen Leistungsbereitschaft.

Kostenbegriff

Gliederung der Kostenrechnung

Die Kostenrechnung gliedert sich grundsätzlich in drei Bereiche:
- Kostenartenrechnung
- Kostenstellenrechnung
- Kostenträgerrechnung.

Bereiche

Die Kostenartenrechnung

Die Kostenartenrechnung gibt eine Antwort auf die Frage:
Welche Kosten sind in welcher Höhe angefallen?
Als wichtigste Kostenarten sind dabei im Handwerk im Allgemeinen zu unterscheiden:
- Materialkosten
- Personalkosten
- kalkulatorische Kosten.

Kostenarten

Materialkosten und Personalkosten sind effektive Kosten, denen tatsächliche Aufwendungen gegenüberstehen und die ihren Niederschlag in der Buchführung finden.

Effektive Kosten

Kalkulatorische Kosten werden in der Buchführung nicht erfasst, sie müssen auf andere Weise, meist statistisch, ermittelt werden.

Kalkulatorische Kosten

Darüber hinaus unterscheidet man zwischen

- Einzelkosten
  Darunter versteht man alle Kosten, die pro Einzelauftrag direkt ermittelt und zugerechnet werden können. Im Handwerksbetrieb sind dies vor allem die Material- und die Lohnkosten.

- Gemeinkosten
  Dies sind alle Kosten, die nicht direkt auf eine Leistung verrechnet werden können, aber zur Aufrechterhaltung des Betriebes insgesamt anfallen.

- Sonder(einzel)kosten
  Diese Kosten können direkt zugerechnet werden, sind jedoch keine Material- und Lohneinzelkosten.

Die Kosten lassen sich ferner trennen nach

- fixen Kosten
  Dies sind Kosten, die von der Beschäftigungslage bzw. der Leistung des Betriebes unabhängig sind.
- variablen Kosten
  Variable Kosten verändern sich mit zunehmender und abnehmender Beschäftigung, Leistung oder Ausbringung.

Die einzelnen Kostenarten

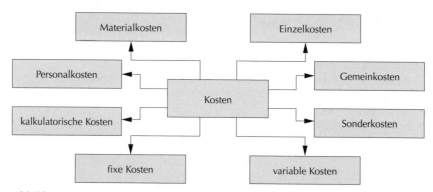

Abbildung 65

Die Kostenstellenrechnung

Verteilung der Kosten

Nach der Erfassung der Kostenarten müssen diese auf die Betriebsbereiche verteilt werden, in denen sie entstanden bzw. angefallen sind. Die Kostenstellenrechnung beantwortet also die Frage:
Wo sind die Kosten entstanden?

Kostenstellen

Dazu werden Kostenstellen gebildet. Sie stehen für die Orte im Betrieb, an denen Kosten beim betrieblichen Leistungsprozess entstehen. Die einzelnen Kostenstellen lassen sich nach funktionellen, räumlichen oder institutionellen Gesichtspunkten abgrenzen. Wie weit die Bildung von Kostenstellen dabei geht oder gehen soll, hängt vor allem von der jeweiligen Branche und den betrieblichen Gegebenheiten ab.

Die Kostenträgerrechnung

Kostenträger

Die Kostenträgerrechnung schließlich gibt die Antwort auf die Frage:
Wofür sind die Kosten entstanden?
Die einzelnen Kostenträger sind dabei die jeweiligen betrieblichen Leistungen (Güter oder Dienstleistungen), auf die die verursachten Kosten entfallen.

1.3.2 Kostenartenrechnung

1.3.2.1 Erfassungsmöglichkeiten der Kosten

Daten aus Buchführung und Jahresabschluss (effektive Kosten)
Eine ordnungsmäßige und sorgfältige Buchführung ist nicht nur aus steuerrechtlichen und gegebenenfalls aus handelsrechtlichen Gründen erforderlich. Sie ist auch die wichtigste und darum unentbehrlichste Grundlage für die Kostenrechnung und Kalkulation.

> Ohne genaue Buchführung gibt es keine genaue Kalkulation!

Deshalb ist es auch wichtig, bereits durch eine sinnvolle und möglichst weitgehende Gliederung der Kostenartenkonten bestmögliche Voraussetzungen für die kalkulatorische Auswertung zu schaffen.   *Gliederung*
Meistens können die entsprechenden Werte dann direkt aus der Buchführung in die Kostenrechnung und Kalkulation übernommen werden. Aufwendungen, die im Geschäftszeitraum in gleicher Höhe in die Kostenrechnung eingehen, werden auch Grundkosten oder effektive Kosten genannt. Darunter fallen in der Regel die Materialkosten, die Personalkosten und die Gemeinkosten.   *Grundkosten*
In einigen Fällen werden nicht die Werte der Buchführung übernommen, sondern es findet vorher eine Umbewertung statt. So gehen in die Kostenrechnung nicht die bilanziellen, sondern die kalkulatorischen Abschreibungen ein. Ferner müssen sachfremde und periodenfremde Kosten abgegrenzt werden.   *Umbewertung*
Ein weiterer Sonderfall sind Zusatzkosten. Auch sie können nicht direkt der Buchführung entnommen werden, sondern es findet vorher eine Neubewertung statt.   *Zusatzkosten*
Aufwendungen der Buchführung (vgl. zur Definition die Ausführungen in Abschnitt 1.2.1.3 „Gewinn- und Verlustrechnung") und Kosten der Kostenrechnung und Kalkulation (vgl. zur Definition die Ausführungen in Abschnitt 1.3.1.3 „Gliederung und Begriffe der Kostenrechnung") sind also nicht immer deckungsgleich. Ihre Beziehung lässt sich folgendermaßen darstellen:

Aufwand			
Neutraler Aufwand	Zweckaufwand		
	Grundkosten	Zusatzkosten	
	Kosten		

Abbildung 66

Neutraler Aufwand

> Neutraler Aufwand, das heißt Aufwand, dem keine Kosten gegenüberstehen, lässt sich in drei Gruppen einteilen:
> - betriebsfremder Aufwand wie Spenden
> - außerordentlicher Aufwand wie Feuer- oder Sturmschäden
> - periodenfremder Aufwand wie Steuernachzahlungen für frühere Jahre
> - bewertungsbedingter Aufwand wie die Differenz zwischen bilanzieller und kostenrechnungsmäßiger Abschreibung.
>
> Wichtige Zusatzkosten, die auch im Handwerksbetrieb vorkommen, sind:
> - die kalkulatorischen Kosten, insbesondere Unternehmerlohn und Wagniszuschläge
> - bewertungsbedingte Zusatzkosten als Differenz zwischen kostenrechnungsmäßiger und bilanzieller Abschreibung.

Verwertung sonstiger Unterlagen

Für Kostenrechnung und Kalkulation sind neben Buchführung und Jahresabschluss weitere wichtige Unterlagen:

Weitere Unterlagen

- Daten aus der direkten Erfassung, zum Beispiel über Materialentnahmescheine, Lohnzettel, Arbeitszeiterfassungsbelege, Arbeits- und Auftragszettel, Inventurlisten und anderem.
- Daten aus der indirekten Erfassung, zum Beispiel Berechnung des Materialverbrauchs auf der Basis von Stücklisten oder von Erfahrungswerten, Kapazitätsberechnungen, Planungsberechnungen und anderem.

EDV

Auch für die Kostenrechnung spielt die EDV eine immer wichtigere Rolle. Auch für Klein- und Mittelbetriebe liegen zahlreiche geeignete und leicht bedienbare Standardsoftware-Programme vor. Vor allem wenn Schnittstellen zu anderen Programmen wie der Buchführung vorliegen, lassen sich die Basisdaten relativ einfach übertragen. Kostenrechnung mit Hilfe der EDV fördert die Aktualität, Flexibilität, Auswertbarkeit und Wirtschaftlichkeit.

Ansatz kalkulatorischer Kosten

> Die kalkulatorischen Kosten, denen überhaupt kein oder kein entsprechender Aufwand gegenübersteht, und die deshalb nicht oder nicht in der zu berechnenden Höhe in der Buchführung zu Buche schlagen, müssen in jeder Kostenrechnung und Kalkulation berücksichtigt werden. Ein Verzicht würde gleichzeitig den Verzicht auf einen Teil des Gegenwertes der Betriebsleistung bedeuten.
>
> Zweck der kalkulatorischen Kosten ist somit, die Genauigkeit der Kostenrechnung und Kalkulation zu steigern.

1.3.2 Kostenartenrechnung

Die wichtigsten kalkulatorischen Kostenarten

Abbildung 67

Der kalkulatorische Unternehmer- oder Meisterlohn

Bei Einzelfirmen und Personengesellschaften erhält der Betriebsinhaber bzw. Gesellschafter kein als Aufwand abzugfähiges Gehalt. Um die echten Kosten eines Produktes oder einer Leistung ermitteln zu können, darf aber die Arbeitsleistung des Unternehmers nicht unberücksichtigt bleiben. Bei Kapitalgesellschaften stellt sich dieses Problem nicht, weil hier die mit der Geschäftsführung betrauten Personen so genannte Geschäftsführergehälter erhalten.

Geschäftsführergehalt

> Deshalb wird bei Einzelfirmen und Personengesellschaften ein kalkulatorischer Unternehmerlohn angesetzt, der in der Regel im Handwerksbetrieb dem Gehalt entspricht, das für einen Betriebsleiter oder Geschäftsführer mit den gleichen Aufgaben bezahlt werden müsste.

Bezüglich der Zurechenbarkeit des kalkulatorischen Unternehmerlohns sind zu unterscheiden:
- Der direkt verrechenbare Anteil für die unmittelbare Arbeit am Produkt bzw. für die Leistung in Form von Lohn- und Gehaltseinzelkosten
- Der indirekt verrechenbare Anteil für überwachende, disponierende und verwaltende Tätigkeit als Gemeinkostenlohn.

Verrechenbarkeit

> In gleicher Form ist für mithelfende Familienangehörige, die nicht als Lohn- oder Gehaltsempfänger geführt werden, ein kalkulatorisches Entgelt in Ansatz zu bringen.

Familienangehörige

Die kalkulatorischen Zinsen

Das im Betrieb investierte Fremdkapital muss zwangsläufig marktgerecht verzinst werden. Diese Zinsen schlagen als Aufwand zu Buche und gehen in die Kostenrechnung als Gemeinkosten ein.

> Bei dem im Betrieb investierten Eigenkapital ist zu bedenken, dass dies auch anderweitig angelegt werden könnte und damit eine entsprechende Verzinsung bringen würde. Deshalb wird für dieses Kapital im Rahmen der Kostenrechnung eine kalkulatorische Verzinsung in Ansatz gebracht.

Verzinsung des Eigenkapitals

Für die kalkulatorische Berücksichtigung des Eigenkapitals gibt es in der Praxis zwei Verfahren:

Verfahren

- Für das investierte Eigenkapital wird entsprechend der marktüblichen Zinsen ein kalkulatorischer Zinsaufwand berechnet, der zusätzlich zum Zinsaufwand für Fremdkapital in die Kostenrechnung eingesetzt wird.
- Man scheidet die Zinsen für Fremdkapital zunächst aus den Gemeinkosten aus, fasst Fremdkapital und Eigenkapital zu einer Summe, dem sog. betriebsnotwendigen Kapital, zusammen und bringt eine Verzinsung für dieses gesamte im Betrieb investierte Kapital in Ansatz.

Die kalkulatorische Miete

Wenn ein Einzelunternehmer oder Personengesellschafter private Räume für betriebliche Zwecke einsetzt, so entgehen ihm damit Mieterträge, die bei anderweitiger Verwendung der Räume zu erzielen wären. Bei Betrieben in fremden Räumen sind die Mietaufwendungen Grundkosten, die effektiv in die Kostenrechnung eingehen.

Ortsübliche Miete

> Bei Betrieben in eigenen Räumen ist es deshalb erforderlich, eine kalkulatorische Miete in Ansatz zu bringen. Berechnungsgrundlage ist im Allgemeinen die ortsübliche Miete für vergleichbare Räumlichkeiten.

Die kalkulatorische Abschreibung

Für die Abschreibungen im Rahmen der Bilanz sind die Bestimmungen des Steuerrechts maßgebend. Sie entsprechen aber nicht immer dem tatsächlichen Werteverzehr. Unterschiede zwischen bilanziellen und kalkulatorischen Abschreibungen können vor allem entstehen,

Werteverzehr

- weil nach dem Steuerrecht die Anschaffungskosten maßgeblich sind, während im Rahmen der Kalkulation die Substanzerhaltung angestrebt wird.
- weil unterschiedliche Zahlen für die Nutzungsdauer zugrunde gelegt werden.
- weil verschiedene Abschreibungsmethoden angewandt werden (zum Beispiel degressiv in der Bilanz und linear in der Kalkulation).

> Für kalkulatorische Zwecke muss die Abschreibung in Ansatz gebracht und gesondert berechnet werden, die der effektiven Abnutzung des entsprechenden Wirtschaftsgutes entspricht.

Die Ermittlung des richtigen Betrages ist allerdings nicht immer einfach, weil beispielsweise außergewöhnliche Preissteigerungen oder plötzlicher Totalverschleiß auftreten können.

Totalverschleiß

Kalkulatorische Wagnisse

Unternehmerrisiko

Spezielle Wagnisse

> Im Rahmen jeder betrieblichen Tätigkeit können Wagnisse auftreten, die zu Schäden und Verlusten führen. Das allgemeine Unternehmerwagnis (auch Unternehmerrisiko) wird über den Gewinn abgegolten. Die speziellen Wagnisse, zum Beispiel infolge von Fehlarbeiten, Beständeschwund, Forderungsverlusten, Entwicklungsfehlschlägen und Gewährleistungen sollten jedoch in jeder Kalkulation berücksichtigt werden.

In welcher Höhe entsprechende kalkulatorische Kosten angesetzt werden, hängt jeweils vom Produkt, der Leistung und den besonderen örtlichen Gegebenheiten ab. In der Praxis werden dann bestimmte v. H.-Sätze der entsprechenden Bezugsgrößen eingesetzt, zum Beispiel vom mittleren Forderungsbestand für die Forderungsverluste oder vom Warenumschlag für den Beständeschwund.

1.3.2.2 Trennung von Einzelkosten – Gemeinkosten – Sonderkosten

Es wurde bereits darauf hingewiesen, dass die Kosten nach
- Einzelkosten
- Gemeinkosten
- Sonderkosten

Kostenarten

unterschieden werden können.

Einzelkosten

> Wichtige Einzelkosten sind vor allem
> - Materialeinzelkosten und
> - Lohneinzelkosten.

Materialeinzelkosten

> Die Materialeinzelkosten lassen sich direkt auf das einzelne Produkt bzw. die einzelne Leistungseinheit zurechnen.
> Grundsätzlich ergeben sich die Materialeinzelkosten dadurch, dass der mengenmäßige Verbrauch an Material mit den entsprechenden Preisen multipliziert wird.

Materialien sind vor allem
- Rohstoffe, die als wesentliche Grundstoffe in ein Fertigprodukt eingehen.
- Hilfsstoffe, die zwar in das Fertigprodukt eingehen, dort aber keine wesentlichen Bestandteile sind (Klebstoffe, Farben u. Ä.).
- Betriebsstoffe, die nicht in das Produkt eingehen, sondern bei dessen Herstellung verbraucht werden (Treibstoffe, Schmierstoffe u. Ä.).

Materialien

Für die exakte Erfassung der verbrauchten Mengen liefern die Lagerbuchführung und das innerbetriebliche Belegwesen die entsprechenden Unterlagen. Solche Unterlagen sind beispielsweise Arbeits- und Auftragszettel, Auftragsbeschreibungen, Materialentnahmescheine und Stücklisten.

Erfassung

> Grundsätzlich gibt es je nach der Genauigkeit der zur Verfügung stehenden Unterlagen drei Verfahren zur Erfassung der Verbrauchsmengen:

Verfahren

- Die unmittelbare Feststellung durch laufende Fortschreibung des Materialverbrauchs; diese Methode ist zwar die arbeitsaufwändigste, jedoch auch die genaueste.

- Die mittelbare Erfassung durch Vergleich von Anfangs- und Endbestand, die sich jeweils aus der Inventur ergeben.
- Die Zugrundelegung eines einmal ermittelten Verbrauchs (Standardverbrauchs) für alle weiteren gleichartigen Produkte und Leistungen; verständlicherweise ist dabei die Gefahr von Ungenauigkeiten besonders groß.

> Gerade im Handwerk sind darüber hinaus bei der Verbrauchsermittlung folgende Besonderheiten zu beachten:

Zutaten
- Zutaten, „Neben"materialien und direkt verrechenbare Hilfsstoffe, die oft erhebliche Beträge ausmachen, müssen ebenfalls berücksichtigt werden. Hilfsstoffe sind direkt verrechenbar, wenn die verbrauchten Mengen beispielsweise anhand ganzer Originalpackungen festgestellt werden können.
Allerdings ist darauf zu achten, dass der Erfassungsaufwand nicht den Wert einzelner Stoffe übersteigt. Dies kann bei Kleinmaterialien wie Nägel, Schrauben, Dichtungen der Fall sein. Dann empfiehlt es sich, sie als Gemeinkosten zu behandeln (man spricht in diesem Zusammenhang von unechten Gemeinkosten) oder mittels Zuschlagssatz zu den Materialkosten zu verrechnen.

Verschnitt
- Auch der Verschnitt, der bei einer Arbeit anfallende Materialabfall und andere Bearbeitungsverluste müssen in die Berechnung des Materialverbrauchs einbezogen werden.
Solche Verluste sind abhängig von der Qualität der Werkstoffe, der Fertigungsmethode und der Qualifikation der Arbeitskräfte.
Der Anteil der Bearbeitungsverluste am Materialverbrauch kann einmal nach Erfahrungssätzen in Prozent geschätzt und dann den Materialmengen zugeschlagen werden.

Beispiel:

Materialverbrauch nach Belegen	500 kg
erfahrungsmäßiger Verlust 15 %	75 kg
Materialverbrauch für die Kalkulation	575 kg

Bearbeitungsverluste
Aussagefähigere Ergebnisse erhält man, wenn die Bearbeitungsverluste für das einzelne Produkt genau ermittelt werden können, etwa durch Vergleich von tatsächlichem Verbrauch und Soll-Verbrauch laut Materialliste und Konstruktionszeichnung:

Beispiel:

Materialbedarf laut Materialliste	5,2 m³
Tatsächlich verbrauchtes Material	5,6 m³

Materialmehrverbrauch gegenüber der Soll-Berechnung
= (5,6 m³ − 5,2 m³)/5,2 m³ × 100 = 7,7 %
Dieser Prozentsatz wird dann wiederum den Soll-Verbrauchsmengen zugeschlagen, um den tatsächlichen Materialverbrauch für die Kalkulation zu erhalten.

1.3.2 Kostenartenrechnung

Als Materialpreis können verschiedene Größen zum Ansatz kommen:

- Die Anschaffungskosten (zur Definition siehe Abschnitt 1.2.2.4 „Bestandsbewertung"), wenn die Materialien für einen konkreten Auftrag gekauft werden; die entsprechenden Angaben kann der Betriebsinhaber in der Regel den Rechnungen seiner Lieferanten entnehmen.
  Anschaffungskosten
- Der jeweils geltende Tagespreis, wenn sich die Materialien bereits auf Lager befinden.
  Tagespreis
- Betriebliche Einheitspreise bzw. Verrechnungspreise, wenn man unterstellen kann, dass alle Materialien vom Lager weg verarbeitet werden, und Preisänderungen sich nach oben und nach unten immer wieder ausgleichen.
  Verrechnungspreise

Grundsätzlich ist bei Materialpreisen von Preisen ohne Umsatzsteuer auszugehen.

Die Kostenrechnung und Kalkulation wird selbstverständlich auch dadurch beeinflusst, inwiefern der Betriebsinhaber die günstigsten Einkaufs- und Zahlungsmöglichkeiten optimal ausnutzt. Deshalb sind auch Lagerhaltung, Transport sowie die Ausnutzung von Skonti und Rabatten mit zu berücksichtigen.

Die Ermittlung der Materialeinzelkosten

Abbildung 68

Lohneinzelkosten

Die Lohnkosten sind grundsätzlich ein Teil der gesamten Personalkosten. Diese umfassen insgesamt
Personalkosten
- die Löhne
  - Fertigungslöhne
  - Hilfslöhne, auch Gemeinkostenlöhne genannt
- die Gehälter
- die Lohnzusatzkosten (auch Personalzusatzkosten genannt).

Personalkosten sind Einzelkosten, soweit sie unmittelbar für produkt- und leistungsbezogene Arbeit anfallen (auch produktive Personalkosten oder produktive Löhne genannt). Dies ist in der Regel nur bei den Löhnen der Fall; deshalb spricht man im Allgemeinen von den Lohneinzelkosten oder von Fertigungslöhnen und Herstellungslöhnen.
Fertigungslöhne

Die Lohneinzelkosten erhält man durch Multiplikation der geleisteten Arbeitsmenge mit dem Arbeitslohn (Arbeitspreis).

	Die geleistete Arbeitsmenge wird anhand der Lohn- und Gehaltsbuchführung sowie weiterer Unterlagen wie Gehaltslisten, Zeiterfassungsbelege, Lohnscheine erfasst und berechnet. Für die Abschätzung der für die einzelnen Arbeiten erforderlichen Arbeitszeiten werden ferner Erfahrungswerte aus der Vergangenheit mit einbezogen.
Arbeitsmenge	

Arbeitszeit: Die notwendige Arbeitszeit wird maßgeblich durch die gesamte Betriebsorganisation beeinflusst. Deshalb muss der Betriebsinhaber dabei stets auch Fragen der folgenden Art bedenken:

Fragenkatalog:
- Welche Arbeitsgänge – Produktion, Dienstleistung, Montage – fallen im Einzelnen an?
- Welche Qualifikationen sind bei den Arbeitskräften vorhanden und wie können diese beim jeweiligen Auftrag optimal eingesetzt werden?
- Wie können Arbeitskräfte und vorhandene Maschinen bei dem jeweiligen Auftrag optimal kombiniert werden?
- Welche Arbeiten müssen nach Zeitlohn und welche können nach Akkordlohn ausgeführt werden?
- Wie können Zeitverluste durch Arbeitswege und besonders ungünstige Umstände möglichst gering gehalten werden?

Teilarbeitszeiten: Kostenrechnung und Kalkulation lassen sich deutlich hinsichtlich ihrer Genauigkeit verbessern, wenn es dem Betriebsinhaber möglich ist, den gesamten Auftrag in mehrere Einzelabschnitte zu zerlegen und dafür die jeweiligen Teilarbeitszeiten festzulegen.

Effektivlohn: Für den Arbeitslohn (Stundenlohn) sind nicht die Tariflöhne, sondern die vom Betrieb tatsächlich gezahlten Stundenlöhne (der so genannte Effektivlohn) für die einzelnen Arbeitskräfte zugrunde zu legen.

Kalkulatorische Entgelte: Der kalkulatorische Unternehmerlohn und das kalkulatorische Entgelt für mitarbeitende Familienangehörige gehören ebenfalls zu den Lohneinzelkosten, soweit sie sich direkt auf ein Produkt und eine Leistung zurechnen lassen.

Ermittlung der Lohneinzelkosten

Abbildung 69

Die Lohneinzelkosten lassen sich auch dadurch ermitteln, dass von den gesamten Lohnkosten die Hilfslöhne bzw. Gemeinkostenlöhne abgezogen werden (siehe dazu auch folgender Abschnitt).

Exakte Ermittlung: In der Regel empfiehlt es sich für alle Handwerksbetriebe, die Lohnkosten auf der Basis der Arbeitszeiten und der Löhne exakt zu ermitteln. Aufgrund der besonderen Produktionsbedingungen werden vereinzelt noch

1.3.2 Kostenartenrechnung

die Lohneinzelkosten nicht eigens ermittelt. Sie können dann allerdings auch nicht unmittelbar in das Kalkulationsschema übernommen werden, sondern sind in ihrer Gesamtheit in einem einheitlichen Zuschlagssatz zusammenzufassen.

Gemeinkosten

> Die richtige Erfassung der Gemeinkosten und deren Verteilung und Verrechnung sind eine unabdingbare Voraussetzung für eine exakte Kostenrechnung und Kalkulation. Daher sollte jeder Betriebsinhaber seine Gemeinkosten stets im Einzelnen kennen.
>
> Zu den Gemeinkosten, die zur Aufrechterhaltung des Betriebes notwendig sind, gehören die unterschiedlichsten Posten. Ihre Anzahl und Bedeutung hängt auch von der Größe eines Betriebes sowie von seiner Tätigkeit ab.

Wichtige Gemeinkosten sind unter anderem:
- Hilfslöhne bzw. Gemeinkostenlöhne
- Arbeitgeberbeiträge zur Sozialversicherung
- Berufsgenossenschaftsbeiträge
- freiwillige soziale Leistungen
- sonstige Personalzusatzkosten
- Gemeinkostenmaterialien wie Hilfsstoffe, Verpackungsmaterial, Schmierstoffe, Öle, Fette, Treibstoffe, Heizungsmaterialien und andere
- Kosten für Strom, Gas, Wasser
- betriebliche Steuern (ohne Umsatzsteuer)
- Gebühren, Abgaben
- Beiträge, Umlagen, Versicherungen
- Miete, Pacht
- Porto, Telekommunikationsgebühren
- Büromaterial, Zeitungen, Zeitschriften
- Werbekosten, Repräsentationskosten, Reisekosten
- Kosten für Steuer- und Rechtsberatung
- Fremdreparaturen
- Fahrzeugkosten
- Zins- und Diskontaufwendungen
- kalkulatorische Kosten (beim kalkulatorischen Unternehmerlohn und beim kalkulatorischen Entgelt für mitarbeitende Familienangehörige nur der nicht direkt zurechenbare Anteil).

Wichtige Arten

> Hilfs- bzw. Gemeinkostenlöhne sind alle nicht direkt verrechenbaren Löhne, die für Arbeitszeiten anfallen, in denen nicht produktiv direkt am Werkstück gearbeitet wird.

Gemeinkostenlöhne

Dazu zählen nicht nur die Löhne für Fehltage (Entgeltfortzahlung im Krankheitsfall), Urlaubstage und Feiertage (bei Lehrlingen auch die Berufsschultage und Zeiten der überbetrieblichen Unterweisung), sondern auch Löhne, die bei Anwesenheit der Arbeitskräfte gezahlt werden müssen, ohne dass sie jedoch produktiv am Stück arbeiten, und somit nicht im Rahmen der produktiven Löhne verrechnet werden können. Zu berücksichtigen sind dabei auch Anteile des kalkulatorischen Unternehmerlohns und des kalkulatorischen Entgelts für mithelfende Familienangehörige, soweit sie sich auf solche nicht direkt auf das Werkstück oder die Leistung zurechenbare Tätigkeiten beziehen. Dabei ist man allerdings oft auf Schätzungen aufgrund eigener Beobachtungen angewiesen.

Für die Berechnung dieser „unproduktiven Löhne und Gehälter" bietet sich folgendes Schema an:

> **Schema für die Berechnung der Gemeinkostenlöhne (unproduktiven Löhne)**
>
> Nichtanwesenheitslöhne (Arbeitsstunden × Stundenlöhne für Feiertage, Urlaubs- und Krankheitstage, sonstige gesetzliche und tarifliche Ausfalltage, Schulbesuch usw.)
> + nicht direkt verrechenbare Anwesenheitslöhne (unproduktive Arbeitsstunden und Lohnkosten, die nicht direkt auf einzelne Kundenaufträge verrechnet werden können, wie Reinigung, Be- und Entladungsarbeiten, eigene Reparaturen oder eigene Aufträge und dergleichen)
> + Gehälter für kaufmännisches und technisches Verwaltungspersonal
> + Gehälter für Verkäufer
> + unproduktiver Anteil des Unternehmerlohns
> + unproduktiver Anteil des kalkulatorischen Entgelts für mithelfende Familienangehörige (soweit nicht in der Buchführung enthalten)
>
> = nicht direkt verrechenbare oder unproduktive Löhne, auch Gemeinkostenlöhne genannt

Unterlagen

Wichtige Unterlagen für die Erfassung der Gemeinkosten sind in erster Linie
- die Buchführung mit dem Jahresabschluss
- statistische Aufzeichnungen aller Art
- der Betriebsabrechnungsbogen.

Abgrenzung

Bevor allerdings die Aufwendungen aus der Buchführung in die Gemeinkostenrechnung übernommen werden können, ist zunächst eine zeitliche und sachliche Abgrenzung und Bereinigung erforderlich. Dabei kann man nach folgendem Schema vorgehen:

1.3.2 Kostenartenrechnung

Schema zur Ermittlung der Gesamtgemeinkosten eines Betriebes

   Im jeweiligen Rechnungszeitraum tatsächlich bezahlte Gemeinkosten (ohne Gemeinkostenmaterialien und Gemeinkostenlöhne)
- bereits in der vorangegangenen entstandene, aber erst in dieser Rechnungsperiode bezahlte Gemeinkosten
+ noch nicht bezahlte Gemeinkosten dieser Rechnungsperiode

= zeitlich bereinigte Gemeinkostensumme
- betriebsfremde und außerordentliche Aufwendungen

= sachlich bereinigte Gemeinkostensumme
+ Gemeinkostenmaterialien
+ Gemeinkostenlöhne
+ kalkulatorische Kosten

= Gesamtgemeinkosten des Rechnungszeitraumes

Untergliederung der Gemeinkosten nach Verrechnungsgesichtspunkten

Materialeinzel- und Lohneinzelkosten lassen sich für jedes Produkt genau ermitteln. Der Betrieb muss jedoch bestrebt sein, alle durch den betrieblichen Leistungsprozess entstandenen Kosten (Selbstkosten des Betriebes) zu decken. Deshalb müssen auch die Gemeinkosten, die im Rahmen des gesamten Betriebes anfallen, hinzugerechnet werden. Um dies zu erreichen, werden die Gemeinkosten nach dem Verursachungsprinzip auf einer oder mehreren Bezugsgrundlagen verrechnet (zugeschlagen).

Selbstkosten

Das Verursachungsprinzip in der Kostenrechnung besagt, dass die Erfassung und Verrechnung der Kosten entsprechend der wirtschaftlichen Ursache-Wirkungs-Beziehungen erfolgen soll; das heißt, die Kosten müssen den Leistungen und Bereichen zugerechnet werden, die sie verursacht haben.

Verursachungsprinzip

Für die Gemeinkosten bedeutet das Verursachungsprinzip, dass sie soweit als möglich den betrieblichen Funktionsbereichen und Stellen zugeordnet werden sollen, an denen sie entstanden sind; beispielsweise Materialstellen, Fertigungsstellen, Verwaltungsstellen, Vertriebsstellen.

Zurechnungsmöglichkeiten der Gemeinkosten

Abbildung 70

Zu den **Materialgemeinkosten** gehören alle bei der Beschaffung, Prüfung, Lagerung und Abnahme des Materials anfallenden Kosten, also zum Beispiel
- Löhne, Gehälter und Personalzusatzkosten der im Einkauf, im Lager und bei der Prüfung tätigen Personen
- Abschreibung, Instandsetzung, Versicherungen, Heizungs- und Stromkosten im Zusammenhang mit Lagergebäuden und Einrichtungen.

Wichtige **Fertigungsgemeinkosten** sind
- Hilfslöhne
- Hilfsmaterialien
- Energiekosten u. Ä., die im Fertigungsbereich entstanden sind.

Zu den **Verwaltungsgemeinkosten** zählen unter anderem alle Kosten, die für
- Unternehmensleitung
- Rechnungswesen
- Registratur
- Kommunikation

anfallen.

Vertriebsgemeinkosten schließlich sind insbesondere
- die Gehälter des Vertriebspersonals
- Verpackungsmaterial
- allgemeine, nicht produktbezogene Werbung.

Verteilungsgrundlagen

Zu beachten ist bei der verursachungsgerechten Zuordnung der Gemeinkosten ferner die Wahl der richtigen **Verteilungsgrundlage**. Möglich sind
- Mengengrößen (zum Beispiel Anzahl der Beschäftigten)
- Zeitgrößen (zum Beispiel zeitliche Inanspruchnahme des Meisters für produktive und nicht direkt zurechenbare Tätigkeiten)
- physikalisch-technische Größen (zum Beispiel Raumfläche, Energieverbrauch)
- Wertgrößen (zum Beispiel Anschaffungskosten).

Sonderkosten

> Als Sonderkosten bezeichnet man Einzelkosten, die über Material- und Lohneinzelkosten hinausgehen. (Deshalb ist auch der Begriff Sondereinzelkosten gebräuchlich.) Sie werden, sofern sie auftreten, in der Kalkulation gesondert berechnet und verrechnet.

Sonderkosten

Zu unterscheiden sind dabei
- Sonderkosten der Fertigung
  Sie fallen beispielsweise an für Modelle, Entwürfe, Schablonen, Patente, Lizenzen und Spezialvorrichtungen.
- Sonderkosten des Vertriebs
  Darunter fallen alle pro Auftrag erfassbaren Vertriebskosten wie Provisionen, Frachten, Zölle und Transportverpackung.

1.3.2.3 Aufgliederung nach fixen und variablen Kosten

Für die Aufteilung der Kosten nach fixen und variablen Kosten ist die Abhängigkeit vom Beschäftigtenstand bzw. von Beschäftigungsschwankungen maßgeblich.

> Unter fixen Kosten versteht man allgemein die von der Beschäftigungslage des Betriebs (Auslastung) bzw. von der Leistung unabhängigen Kosten.

Fixe Kosten

Variable Kosten sind dagegen leistungsabhängig.

> Variable Kosten sind alle Einzelkosten, also
> - Materialeinzelkosten
> - Lohneinzelkosten
> - Sondereinzelkosten der Fertigung und des Vertriebs.
>
> Aber auch einzelne Gemeinkosten können zumindest teilweise variabel sein, zum Beispiel
> - abnutzungsbedingte Abschreibungen
>   oder
> - Energiekosten.
>
> Die variablen Kosten ändern sich allerdings nicht immer im gleichen Ausmaß oder Umfang wie die Beschäftigtenmenge. Sie können sich gegenüber der Beschäftigtenmenge sowohl proportional (gleiche Entwicklung) wie auch progressiv (die Kosten steigen stärker als die Beschäftigtenmenge) oder degressiv (die Kosten steigen weniger als die Beschäftigtenmenge) entwickeln.

Variable Kosten

Die meisten Gemeinkosten sind fixer Natur, das heißt sie fallen grundsätzlich immer zur Aufrechterhaltung der Betriebsbereitschaft an, wie beispielsweise Mieten. Der Anteil der fixen Kosten am jeweils produzierten Stück nimmt bei zunehmender Ausbringung ab und bei abnehmender Ausbringung steigt er.

Betriebsbereitschaft

1.3.3 Kostenstellenrechnung

1.3.3.1 Aufgaben der Kostenstellenrechnung und Aufbau eines einfachen Betriebsabrechnungsbogens

Auf die Aufgaben der Kostenstellenrechnung wurde bereits eingegangen (siehe Abschnitt 1.3.1.3 „Gliederung und Begriffe der Kostenrechnung"). Die Kostenstellenrechnung kann kontenmäßig aufgebaut sein. Überwiegend wird sie jedoch mit Hilfe eines Betriebsabrechnungsbogens durchgeführt.

> Der Betriebsabrechnungsbogen ist eine tabellarische Darstellung, in der waagrecht die Kostenstellen und senkrecht die Kostenarten, also Einzelkosten, Gemeinkosten und kalkulatorische Kosten, eingetragen sind.

Tabellarische Darstellung

Kostenarten-
katalog

Die Kostenarten richten sich in der Regel nach einem besonderen Kostenartenkatalog, der für den einzelnen Betrieb aufgestellt und bei Bedarf jeweils geändert und ergänzt wird. Ausgangspunkt für die Übernahme der Zahlen sind die Buchführung und statistische Aufzeichnungen.

Während früher die Erstellung eines Betriebsabrechnungsbogens manuell erfolgte, lassen sich heute alle damit zusammenhängenden Arbeiten zeit- und kostensparend per EDV durchführen.

Aufgaben

Über den Betriebsabrechnungsbogen können dann folgende Aufgaben ausgeführt werden:
- Verteilung der Gemeinkosten entsprechend ihres Ursache-Wirkungs-Zusammenhanges auf die entsprechenden Kostenstellen.
- Umlage der Kosten der allgemeinen Kostenstellen auf nachgelagerte Kostenstellen.
- Umlage der Kosten der Hilfskostenstellen auf die Hauptkostenstellen.
- Ermittlung von Zuschlagssätzen für jede Kostenstelle durch Gegenüberstellung von Gemein- und Einzelkosten.

(Vgl. dazu auch Abschnitt 1.3.3.5 „Beispiel eines einfachen Betriebsabrechnungsbogens".)

1.3.3.2 Begriff der Kostenstelle (Hauptkostenstelle, Hilfskostenstelle) und Bildung von Kostenstellen nach betrieblichen Erfordernissen

Kostenstelle

Die Bildung der Kostenstellen (zur Definition siehe auch Abschnitt 1.3.1.3 „Gliederung und Begriffe der Kostenrechnung") orientiert sich meistens an den betrieblichen Funktionen, also Material, Fertigung, Verwaltung und Vertrieb. Weitere Untergliederungen sind je nach Bedarf und nach der Größe eines Betriebes möglich.

Die Bildung von Kostenstellen nach betrieblichen Funktionen

Abbildung 71

1.3.3 Kostenstellenrechnung

Bei Bedarf können die Kostenstellen auch nach anderen Kriterien wie Verantwortungsbereiche oder räumliche Gesichtspunkte (Büro, Werkstatt) gebildet werden.

> Kostenstellen werden in
> - Hauptkostenstellen (auch Endkostenstellen genannt) und
> - Hilfskostenstellen (auch Vorkostenstellen genannt)
>
> unterteilt.

Hauptkostenstellen sind die betrieblichen Funktionsbereiche.
Zu den Hilfskostenstellen gehören
- allgemeine Hilfskostenstellen (zum Beispiel Energieversorgung, Fuhrpark, Kantine) und
- spezielle Hilfskostenstellen einzelner betrieblicher Funktionsbereiche (zum Beispiel Arbeitsvorbereitung, Lohnbüro u. Ä. im Bereich der Fertigung).

Hilfskostenstellen

Unterteilung der Kostenstellen

Abbildung 72

Je genauer und gegliederter die Bildung der Kostenstellen erfolgt, desto aussagefähiger wird die Kostenverrechnung. Allerdings ist immer zwischen höherem Aufwand und höherer Aussagefähigkeit abzuwägen.

Aussagefähigkeit

1.3.3.3 Zurechnung der Kosten auf Kostenstellen und Kostenstellenumlage

> Die sachgerechte Zurechnung bzw. Verteilung der Gemeinkosten auf die Kostenstellen (Haupt- und Hilfskostenstellen) erfolgt in der Regel nach so genannten Gemeinkostenschlüsseln.

Gemeinkostenschlüssel

So kann zum Beispiel aus den Lohn- und Gehaltslisten abgeleitet werden, welche Anteile der Gehaltszahlungen auf die Bereiche Material, Fertigung, Verwaltung und Vertrieb entfallen. Die anteiligen Mieten lassen sich nach den jeweiligen Flächenanteilen in m² ableiten. Für die Abschreibungen bietet das Anlagenverzeichnis für die Aufteilung nach den verschiedenen Bereichen eine gute Grundlage.

Unterlagen

Beispiel:
Mietaufwand insgesamt 20.000,00 EUR
Anteilige Räume nach betrieblichen Funktionsbereichen:
- Material: 100 m² (20 %)
- Fertigung: 300 m² (60 %)
- Verwaltung: 50 m² (10 %)
- Vertrieb: 50 m² (10 %)

Aufteilung des Mietaufwandes:

Material	Fertigung	Verwaltung	Vertrieb
4.000,00	12.000,00	2.000,00	2.000,00

Stufenleiterverfahren

In einem weiteren Schritt werden die Hilfskostenstellen ebenfalls nach bestimmten Schlüsseln auf die Hauptkostenstellen umgelegt. In der Praxis der Betriebsabrechnung wird dabei meist nach dem so genannten Stufenleiterverfahren vorgegangen.

Teilumlagen

Neben der Umlage der Hilfskostenstellen können manchmal auch Teilumlagen der Material- sowie der Verwaltungs- und Vertriebskostenstellen zweckmäßig sein.

Innerbetriebliche Leistungsverrechnung

Im Zusammenhang mit der Kostenumlage spricht man auch von der innerbetrieblichen Leistungsverrechnung.

Beispiel:
Gegeben sind folgende Kostenstellen:
- Hilfskostenstelle A: 1.400,00 EUR
- Hilfskostenstelle B: 2.200,00 EUR
- Hauptkostenstelle Material: 4.000,00 EUR
- Hauptkostenstelle Fertigung: 8.000,00 EUR
- Hauptkostenstelle Verwaltung: 2.500,00 EUR
- Hauptkostenstelle Vertrieb: 1.800,00 EUR

Der Verteilungsschlüssel für das Stufenleiterverfahren lautet:
- für Hilfskostenstelle A: 10 % auf Hilfskostenstelle B, 30 % auf Hauptkostenstelle Material und je 20 % auf die übrigen Hauptkostenstellen
- für Hilfskostenstelle B: je 25 % auf die einzelnen Hauptkostenstellen.

Hilfsk. A	Hilfsk. B	Material	Fertigung	Verwaltung	Vertrieb
1.400,00	2.200,00	4.000,00	8.000,00	2.500,00	1.800,00
	140,00	420,00	280,00	280,00	280,00
	2.340,00				
		585,00	585,00	585,00	585,00
Gesamtkosten		5.005,00	8.865,00	3.365,00	2.665,00

1.3.3.4 Ermittlung von Kostenverrechnungssätzen

Kostenverrechnungssätze (auch Kalkulationssätze genannt) sind erforderlich, um die Gemeinkosten nach dem Verursachungsprinzip auf die einzelnen Kostenträger verrechnen zu können. Entscheidend dafür ist die Wahl der richtigen Bezugsgröße. Es ist möglich, eine oder mehrere Bezugsgrundlagen zu wählen. Die Entscheidung darüber hängt im Einzelnen von der Art und Größe des jeweiligen Betriebes ab.

Kalkulationssätze

Als Bezugsgrundlage sind möglich:
- die Lohneinzelkosten
- die Materialeinzelkosten
- die Summe aus Material- und Lohneinzelkosten
- jeweils die Lohneinzelkosten und die Materialeinzelkosten
- jeweils die Lohneinzelkosten, die Materialeinzelkosten und die Herstellkosten
- Kostenstellen nach betrieblichen Funktionen.

Bezugsgrundlagen

Verrechnung der Gemeinkosten auf der Basis der Lohneinzelkosten

In diesem Fall arbeitet der Betrieb mit **einem** Gemeinkostenzuschlagssatz, der auf die produktiven Löhne bezogen wird. Dabei wird berechnet, wie viel Prozent die Gemeinkosten für einen bestimmten Zeitraum (in der Regel für ein Jahr) von den produktiven Löhnen (Lohneinzelkosten) für denselben Zeitraum betragen. Diese Methode ist im Handwerk aufgrund der in diesem Wirtschaftsbereich überdurchschnittlich hohen Lohnintensität nach wie vor am häufigsten anzutreffen.

Der errechnete Zuschlagssatz wird dann für jede auszuführende Arbeit angewandt.

Formel für die Berechnung des Gemeinkostenzuschlagssatzes auf der Basis der Lohneinzelkosten:

$$\text{Gemeinkostenzuschlagssatz} = \frac{\text{Gemeinkostensumme}}{\text{Lohneinzelkosten}} \times 100$$

Beispiel:

Jahressumme der produktiven Löhne	305.000,00 EUR
Jahressumme der Gemeinkosten	560.000,00 EUR

$$\text{Gemeinkostenzuschlagssatz} = \frac{560.000,00}{305.000,00} \times 100 = \underline{183,6\,\%}$$

Es ergibt sich also ein Gemeinkostenzuschlagssatz von rund 184 %, der in jeder Stückkostenkalkulation auf die dort errechneten Lohneinzelkosten aufgeschlagen wird.

Beispiel:

Stückkostenkalkulation auf Basis Lohneinzelkosten:

Materialkosten	6.500,00 EUR
+ Lohneinzelkosten (Stundenzahl × Stundenlohn)	3.500,00 EUR
+ 184 % Gemeinkosten auf Basis Lohneinzelkosten von 3.500,00 EUR	6.440,00 EUR
= Selbstkosten	16.440,00 EUR

Verrechnung der Gemeinkosten auf der Basis der Materialeinzelkosten

Materialintensive Betriebe

In materialintensiven Betrieben, in denen große Mengen Material eingesetzt werden und die Lohneinzelkosten demgegenüber verhältnismäßig gering sind, entstehen die Gemeinkosten auch zum überwiegenden Teil durch den Bezug des Materials sowie seine Lagerung und Beförderung. Sie werden deshalb auf der Basis Materialeinzelkosten verrechnet. Im Handwerk ist dieser Fall eher selten.

Der Zuschlagssatz wird berechnet, indem die Summe des Materialaufwands für das vergangene Geschäftsjahr zur Jahresgemeinkostensumme in Beziehung gesetzt wird.

Formel für die Berechnung des Gemeinkostenzuschlagssatzes auf Basis der Materialeinzelkosten:

Formel

$$\text{Gemeinkostenzuschlagssatz} = \frac{\text{Gemeinkostensumme}}{\text{Materialeinzelkosten}} \times 100$$

Beispiel:

Materialaufwand	320.000,00 EUR
Jahressumme der Gemeinkosten	280.000,00 EUR

$$\text{Gemeinkostenzuschlagssatz} = \frac{280.000,00}{320.000,00} \times 100 = 87,5\ \%$$

Es ergibt sich also ein Gemeinkostenzuschlagssatz von rund 88 %, der bei jeder Stückkostenkalkulation auf die dort errechneten Materialeinzelkosten aufgeschlagen wird.

Beispiel:

Stückkostenkalkulation auf Basis Materialeinzelkosten:

Materialeinzelkosten	5.600,00 EUR
+ Lohneinzelkosten	800,00 EUR
+ 88 % Gemeinkosten auf Basis Materialeinzelkosten in Höhe von 5.600,00 EUR	4.928,00 EUR
= Selbstkosten	11.328,00 EUR

Verrechnung der Gemeinkosten auf der Basis der Summe der Einzelkosten (Materialeinzel- und Lohneinzelkosten)

Die Berücksichtigung der Gemeinkosten auf der Basis nur einer Bezugsgrundlage liefert oft nur grobe Durchschnittswerte und birgt deshalb naturgemäß gewisse Risiken im Hinblick auf die Genauigkeit der Kostenverrechnung. Um diese zu mindern, können die Gemeinkosten nach der Entstehungsursache auf Lohneinzel- und Materialeinzelkosten zusammen verteilt werden.
Zur Berechnung des Zuschlagssatzes werden Jahresgemeinkostensumme und Einzelkostensumme zueinander in Beziehung gesetzt.

Formel für die Berechnung des Gemeinkostenzuschlagssatzes auf der Basis der gesamten Einzelkosten:

$$\text{Gemeinkostenzuschlagssatz} = \frac{\text{Gemeinkostensumme}}{\text{Summe der Einzelkosten}} \times 100$$

Beispiel:

Lohneinzelkosten	340.000,00 EUR
Materialeinzelkosten	680.000,00 EUR
Summe der Einzelkosten	1.020.000,00 EUR
Jahresgemeinkostensumme	460.000,00 EUR

$$\text{Gemeinkostenzuschlagssatz} = \frac{460.000,00}{1.020.000,00} \times 100 = 45,1\,\%$$

Es ergibt sich also ein Gemeinkostenzuschlagssatz von rund 45 %, der bei jeder Stückkostenkalkulation auf die dort errechneten Einzelkosten insgesamt aufgeschlagen wird.

Beispiel:
Stückkostenkalkulation auf Basis Summe der Einzelkosten:

Lohneinzelkosten	6.500,00 EUR
+ Materialeinzelkosten	3.500,00 EUR
= Summe der Einzelkosten	10.000,00 EUR
+ 45 % Gemeinkosten auf Basis Summe der Einzelkosten	4.500,00 EUR
= Selbstkosten	14.500,00 EUR

Verrechnung der Gemeinkosten auf der Basis von Lohneinzelkosten und Materialeinzelkosten

Verursachende Einzelkosten

Eine noch größere Genauigkeit lässt sich erzielen, wenn die Gemeinkosten entsprechend ihrer Zugehörigkeit und Abhängigkeit jeweils auf die verursachenden Einzelkosten verrechnet werden. Das heißt die materialabhängigen Gemeinkosten werden auf die Materialeinzelkosten und die lohn- bzw. personalabhängigen Gemeinkosten auf die Lohneinzelkosten bezogen.

Die Daten für eine solche Aufteilung lassen sich am besten und zweckmäßigsten aus dem Betriebsabrechnungsbogen gewinnen (vgl. dazu die Ausführungen in Abschnitt 1.3.3 „Kostenstellenrechnung").

Formel für die Berechnung des Gemeinkostenzuschlagssatzes auf Basis Lohneinzelkosten und Materialeinzelkosten:

$$\text{Zuschlagssatz lohnabhängige Gemeinkosten} = \frac{\text{Lohn- bzw. personalabhängige Gemeinkosten}}{\text{Lohneinzelkosten}} \times 100$$

$$\text{Zuschlagssatz materialabhängige Gemeinkosten} = \frac{\text{Materialabhängige Gemeinkosten}}{\text{Materialeinzelkosten}} \times 100$$

Beispiel:

Lohneinzelkosten	160.000,00 EUR
Lohnabhängige Gemeinkosten	220.000,00 EUR

$$\text{Zuschlagssatz lohnabhängige Gemeinkosten} = \frac{220.000,00}{160.000,00} = \underline{137,5\ \%}$$

Materialeinzelkosten	30.000,00 EUR
Materialabhängige Gemeinkosten	10.000,00 EUR

$$\text{Zuschlagssatz materialabhängige Gemeinkosten} = \frac{10.000,00}{30.000,00} = \underline{33,3\ \%}$$

Es ergibt sich also ein Gemeinkostenzuschlagssatz von rund 138 %, der auf die Lohneinzelkosten und ein Satz von rund 33 %, der auf die Materialeinzelkosten aufgeschlagen wird.

1.3.3 Kostenstellenrechnung

Beispiel:
Stückkostenkalkulation auf der Basis Lohneinzelkosten und Materialeinzelkosten:

Lohneinzelkosten	8.400,00 EUR
+ 138 % lohnabhängige Gemeinkosten von 8.400,00 EUR	11.592,00 EUR
+ Materialeinzelkosten	1.200,00 EUR
+ 33 % materialabhängige Gemeinkosten von 1.200,00 EUR	396,00 EUR
= Selbstkosten	21.588,00 EUR

Verrechnung der Gemeinkosten auf der Basis von Lohneinzelkosten, Materialeinzelkosten und Herstellkosten

Eine weitere, noch detailliertere Aufteilung kann erfolgen, indem man die materialabhängigen Gemeinkosten auf der Basis Materialeinzelkosten, die lohn- bzw. personalabhängigen Gemeinkosten auf der Basis Lohneinzelkosten und die Verwaltungs- und Vertriebsgemeinkosten auf der Basis Herstellkosten (= Summe aus den gesamten Material- und Lohn- bzw. Personalkosten sowie ggf. Sonderkosten) verrechnet.
Auch für diese Kostenverrechnung und Aufteilung ist ein Betriebsabrechnungsbogen zweckmäßig.

Detaillierte Aufteilung

Herstellkosten

Formel für die Berechnung des Gemeinkostenzuschlagssatzes auf Basis der Lohneinzelkosten, der Materialeinzelkosten und der Herstellkosten:

Lohnabhängige Gemeinkosten und materialabhängige Gemeinkosten werden wie im vorherigen Beispiel berechnet.

$$\text{Herstellabhängige Gemeinkosten} = \frac{\text{Verwaltungs- und Vertriebsgemeinkosten}}{\text{Herstellkosten}} \times 100$$

Beispiel:

Lohneinzelkosten	160.000,00 EUR
lohnabhängige Gemeinkosten	180.000,00 EUR

$$\text{Zuschlagssatz lohnabhängige Gemeinkosten} = \frac{180.000,00}{160.000,00} \times 100 = 112,5\ \%$$

Materialeinzelkosten	30.000,00 EUR
materialabhängige Gemeinkosten	5.000,00 EUR

$$\text{Zuschlagssatz materialabhängige Gemeinkosten} = \frac{5.000,00}{30.000,00} \times 100 = 16,7\ \%$$

Herstellkosten	375.000,00 EUR
herstellabhängige Gemeinkosten	45.000,00 EUR

$$\text{Zuschlagssatz herstellabhängige Gemeinkosten} = \frac{45.000,00}{375.000,00} \times 100 = 12,0\ \%$$

Es ergibt sich also ein Gemeinkostenzuschlagssatz von rund 113 %, der auf die Lohneinzelkosten, ein Satz von rund 17 %, der auf die Materialeinzelkosten und ein Satz von 12 %, der auf die Herstellkosten aufgeschlagen wird.

Beispiel:

Stückkostenkalkulation auf der Basis Lohneinzelkosten, Materialeinzelkosten und Herstellkosten:

Lohneinzelkosten	8.400,00 EUR
+ 113 % lohnabhängige Gemeinkosten von 8.400,00 EUR	9.492,00 EUR
+ Materialeinzelkosten	1.200,00 EUR
+ 17 % materialabhängige Gemeinkosten von 1.200,00 EUR	204,00 EUR
= Herstellkosten	19.296,00 EUR
+ 12 % herstellabhängige Gemeinkosten von 19.296,00 EUR	2.315,52 EUR
= Selbstkosten	21.611,52 EUR

Verrechnung auf Kostenstellen nach betrieblichen Funktionen

Besondere Gegebenheiten

In manchen Betrieben ergeben sich durch die Eigenart der Erzeugnisse oder durch Besonderheiten der Arbeitsmethoden sehr unterschiedliche Gemeinkostenanteile.

Beispiel:

Im Fleischerhandwerk entstehen durch die Wurstherstellung größere Gemeinkosten als durch das Fleischgeschäft.
In einem Tischlereibetrieb fallen durch die Maschinenarbeit wesentlich mehr Gemeinkosten an als durch die Handarbeit.

Handarbeit Maschinenarbeit Platzkostenrechnung

Diese Unterschiede in den einzelnen betrieblichen Funktionen oder Betriebsabteilungen sollten bei der Gemeinkostenverrechnung unbedingt berücksichtigt werden; beispielsweise dadurch, dass man sowohl einen Gemeinkostenzuschlagssatz für die Handarbeit wie auch einen Gemeinkostenzuschlagssatz für die Maschinenarbeit ermittelt. Man spricht in diesem Zusammenhang auch von Platzkostenrechnung. Sie erfordert allerdings auch eine umfassendere Untergliederung des betrieblichen Rechnungswesens. Auch hier liefert der Betriebsabrechnungsbogen die entsprechenden Daten.

1.3.3 Kostenstellenrechnung

Formel für die Berechnung des Gemeinkostenzuschlagssatzes unter getrennter Berücksichtigung der Gemeinkosten für Maschinenarbeit und der Gemeinkosten für Handarbeit:

$$\text{Maschinenarbeitabhängige Gemeinkosten} = \frac{\text{Gemeinkosten für Maschinenarbeit}}{\text{Lohnsumme für Maschinenarbeit}} \times 100$$

$$\text{Handarbeitabhängige Gemeinkosten} = \frac{\text{Gemeinkosten für Handarbeit}}{\text{Lohnsumme für Handarbeit}} \times 100$$

Beispiel:

Lohnkosten	180.000,00 EUR
(davon 50 % für Arbeit an den Maschinen)	
lohnabhängige Gemeinkosten	450.000,00 EUR
(davon 80 % für Arbeit an Maschinen)	

$$\text{Zuschlagssatz für maschinenarbeitabhängige Gemeinkosten} = \frac{360.000,00}{90.000,00} \times 100 = 400,0\ \%$$

$$\text{Zuschlagssatz für handarbeitabhängige Gemeinkosten} = \frac{90.000,00}{90.000,00} \times 100 = 100,0\ \%$$

Es ergibt sich also ein Zuschlag von 400 % auf maschinenarbeitabhängige Lohneinzelkosten und ein Zuschlag von 100 % auf Lohneinzelkosten, die der Handarbeit zuzurechnen sind.

Beispiel:

Stückkostenkalkulation bei Trennung nach Maschinenarbeit und Handarbeit:

Lohneinzelkosten für Maschinenarbeit	4.500,00 EUR
+ 400 % maschinenarbeitabhängige Gemeinkosten von 4.500,00 EUR	18.000,00 EUR
+ Lohneinzelkosten für Handarbeit	4.500,00 EUR
+ 100 % handarbeitabhängige Gemeinkosten von 4.500,00 EUR	4.500,00 EUR
= Selbstkosten	31.500,00 EUR

Kontrolle der Gemeinkostenzuschlagssätze

Die Gemeinkosten bleiben innerhalb eines Betriebes über längere Zeit hinweg nie genau gleich. Sie sind manchmal sogar erheblichen Schwankungen unterworfen.
Deshalb ist mindestens einmal jährlich die Neuberechnung der Gemeinkostenzuschlagssätze erforderlich. Bei wesentlichen Änderungen ist sogar eine viertel- oder halbjährliche Überprüfung und ggf. Neuberechnung der Gemeinkostenzuschlagssätze zu empfehlen. Auf keinen Fall dürfen sie ohne eingehendere Kontrolle über mehrere Jahre hinweg unverändert beibehalten werden.

Erhebliche Schwankungen

Neuberechnung

Kostenverrechnungssätze mit anderen Bezugsgrößen

Die Gesamtkosten einzelner Hauptkostenstellen und die Gesamtsumme aller Kosten können darüber hinaus noch zahlreichen anderen Bezugsgrößen gegenübergestellt werden. Angesichts des zunehmenden Maschineneinsatzes werden häufig so genannte Maschinenstundensätze gebildet.

Maschinenstundensatz

Der Maschinenstundensatz errechnet sich aus folgender Formel (wobei die abzuziehenden freien Tage je nach Branche und Betrieb unterschiedlich sein können):

$$\text{Maschinenstundensatz} = \frac{\text{Maschinenkosten}}{\text{Maschinenlaufzeit in Stunden}}$$

Maschinenkosten

Dabei werden als Maschinenkosten insbesondere berücksichtigt: Abschreibungen, Instandhaltungskosten, Raumkosten, Energiekosten, Zinsaufwendungen.

Maschinenlaufzeit

Die jährliche Maschinenlaufzeit ergibt sich aus folgender Formel:

Jährliche Maschinenlaufzeit = (Tage pro Jahr ./. Samstage, Sonntage, Feiertage ./. Betriebsurlaubstage ./. Leer- und Ausfalltage) × tägliche Laufzeit in Stunden

Je nach Eigenart und besonderer Bedeutung sowie zur Verfügung stehender und auswertbarer Statistiken sind in den verschiedenen Handwerkszweigen weitere Bezugsgrößen gebräuchlich:

Weitere Bezugsgrößen

- Zeit (vor allem in dienstleistungsorientierten Handwerksberufen) zur Berechnung der Kosten je Arbeitsstunde
- Gewicht (zum Beispiel in Fleischereien) zur Berechnung der Kosten je Kilogramm
- Fläche (zum Beispiel bei Malern, Tapezierern, Fliesenlegern) zur Berechnung der Kosten je m^2
- Rauminhalt (zum Beispiel bei den Bauhandwerken) zur Berechnung der Kosten je m^3.

Beispiel für die Aufbereitung kostenrechnerischer Unterlagen und die Berechnung des Gemeinkostenzuschlagssatzes

Für das nachfolgende Beispiel wird ein Betrieb gewählt, der nur mit einem betriebseinheitlichen Gemeinkostenzuschlagssatz auf Basis der Lohneinzelkosten rechnet.

1.3.3 Kostenstellenrechnung

Die Gewinn- und Verlustrechnung des Betriebes weist folgende Zahlen aus:

Aufwendungen	Gewinn- und Verlustrechnung		Erträge
Materialaufwand	270.000,00	Umsatzerlöse	800.000,00
Löhne und Gehälter	240.000,00	Außerordentliche	
Gesetzl. Sozialabgaben	50.000,00	Erträge	10.000,00
Abschreibungen	18.000,00		
Miete	60.000,00		
Werbekosten	15.000,00		
Beratungskosten	6.000,00		
Sonstige betriebliche Aufwendungen	45.000,00		
Außerordentliche Aufwendungen	3.500,00		
Betriebliche Steuern	15.000,00		
Jahresüberschuss (Gewinn)	87.500,00		
	810.000,00		810.000,00

Aufgabe:
Daraus sind die Gemeinkostensumme, die direkt zurechenbaren Löhne (Lohneinzelkosten) und der Gemeinkostenzuschlagssatz zu berechnen.

Dabei ist zu berücksichtigen:
- Von den ausgewiesenen Löhnen und Gehältern sind 40.000,00 EUR nicht direkt auf das Erzeugnis zurechenbar.
- Der kalkulatorische Unternehmerlohn beträgt 72.000,00 EUR; drei Viertel davon sind nicht direkt verrechenbar.
- Die kalkulatorische Abschreibung wurde mit 8.000,00 EUR berechnet und weicht damit von der steuerlichen ab.
- Das für die Eigenkapitalverzinsung (in Höhe von 8 %) maßgebliche Eigenkapital beträgt 150.000,00 EUR.

Lösung:

Berechnung der Gemeinkostensumme
Nach Ausscheidung des Materialaufwands und der direkt zurechenbaren Löhne, die im Rahmen der Kalkulation ja als Einzelkosten verrechnet werden, sowie unter Bereinigung der außerordentlichen und der betriebsfremden Aufwendungen und unter Berücksichtigung der kalkulatorischen Kosten ergibt sich folgende Gemeinkostensumme:

Bereinigungen

Nicht direkt verrechenbare Löhne	40.000,00 EUR
Gesetzliche Sozialabgaben	50.000,00 EUR
Miete	60.000,00 EUR
Betriebliche Steuern	15.000,00 EUR
Werbekosten	15.000,00 EUR
Beratungskosten	6.000,00 EUR
Sonstige Gemeinkosten	45.000,00 EUR
Kalkulatorische Abschreibungen	8.000,00 EUR
Nicht verrechenbarer Anteil des Unternehmerlohns	54.000,00 EUR

Kalkulatorische Eigenkapitalverzinsung
(8 % von 150.000,00 EUR)   12.000,00 EUR
Gemeinkostensumme   305.000,00 EUR

Berechnung des direkt zurechenbaren Lohns

Löhne und Gehälter laut G+V   240.000,00 EUR
− nicht direkt zurechenbarer Lohn   40.000,00 EUR
= direkt zurechenbarer Lohn laut G+V   200.000,00 EUR
+ direkt verrechenbarer Anteil des Unternehmerlohns   18.000,00 EUR
= gesamter direkt zurechenbarer Lohn
  (produktive Lohnsumme)   218.000,00 EUR

Berechnung des Gemeinkostenzuschlagssatzes auf Basis der Lohneinzelkosten

$$\text{Gemeinkostenzuschlagssatz} = \frac{\text{Jahresgemeinkostensumme}}{\text{Lohneinzelkosten (produktive Lohnsumme)}} \times 100$$

$$= \frac{305.000,00}{218.000,00} \times 100 = 139,9\,\%$$

Der als Beispiel gewählte Betrieb hat also künftig in allen Stückkostenkalkulationen auf die berechneten Lohneinzelkosten rund 140 % Gemeinkosten aufzuschlagen.

1.3.3.5 Beispiel eines einfachen Betriebsabrechnungsbogens

Die Zahlenwerte für den folgenden Betriebsabrechnungsbogen sind willkürlich gewählt. Die Hilfskostenstellen werden ebenfalls nach einem beliebigen Schlüssel auf die Hauptkostenstellen umgelegt.
Das Beispiel für den Betriebsabrechnungsbogen zeigt auch, wie auf seiner Basis die Zuschlagssätze für die einzelnen Gemeinkostenbereiche durch Gegenüberstellung der jeweiligen Gemeinkostensummen und der Materialeinzelkosten, der Lohneinzelkosten und der Herstellkosten ermittelt werden können (Reihe 16. im Beispiel Betriebsabrechnungsbogen).

Auswertungsmöglichkeiten

Gleichfalls aufgezeigt wird eine weitere Auswertungsmöglichkeit anhand des Betriebsabrechnungsbogens. Durch Gegenüberstellung der errechneten Ist-Zuschlagssätze und früher vorgegebener Soll-Zuschlagssätze können Über- und Unterdeckungen in den verschiedenen Bereichen als EUR-Betrag oder in Prozenten dargestellt werden (Reihe 19. im Beispiel Betriebsabrechnungsbogen).

Einsatzmöglichkeiten

Der Betriebsabrechnungsbogen ist deshalb auch ein wichtiges Instrument für
- Kostenkontrolle
- Kostenvergleiche
- Verlustquellenforschung.

1.3.3 Kostenstellenrechnung

Beispiel Betriebsabrechnungsbogen

Kostenarten \ Kostenstellen	Summe	Hilfs-kosten-stelle 1	Hilfs-kosten-stelle II	Material (Lager)	Fertigung	Verwal-tung	Vertrieb
1. Einzellöhne	80.000,00						
2. Einzelmaterial	120.000,00						
3. Unprod. Löhne	20.000,00	1.500,00	2.100,00	1.000,00	13.000,00	1.400,00	1.000,00
4. Ges. Sozialabg.	16.000,00	300,00	420,00	200,00	14.400,00	480,00	200,00
5. Gemeink. Material	9.000,00	700,00	800,00	1.000,00	5.000,00	1.000,00	500,00
6. Miete	20.000,00	1.300,00	1.700,00	2.000,00	5.000,00	8.000,00	2.000,00
7. Werbung	15.000,00	200,00	300,00	800,00	700,00	3.000,00	10.000,00
8. Unprod. kalkul. Unternehmerlohn	10.000,00	300,00	200,00	1.500,00	6.000,00	1.200,00	800,00
9. Kalk. Abschr.	6.000,00	500,00	500,00	1.000,00	3.000,00	800,00	200,00
10. Kalk. Zinsen	8.000,00	700,00	1.100,00	500,00	4.200,00	1.100,00	400,00
11. Summe Gemeinkosten	104.000,00	5.500,00	7.120,00	8.000,00	51.300,00	16.980,00	15.100,00
12. Umlage Hilfskostenstelle I			500,00	2.200,00	1.800,00	600,00	400,00
13. Umlage Hilfskostenstelle II				1.200,00	3.800,00	1.800,00	820,00
14. Summe Gemeinkosten (nach Umlage)	104.000,00			11.400,00	56.900,00	19.380,00	16.320,00
Ermittlung von Zuschlagssätzen							
15. Zuschlagsbasis – Materialeinzelkosten				120.000,00			
– Lohneinzelkosten					80.000,00		
– Herstellkosten						268.300,00	
16. Ist-Zuschlagssatz				9,5 %	71,1 %	7,2 %	6,1 %
17. Soll-Zuschlagssatz				8,0 %	75,0 %	7,0 %	6,5 %
18. Rechnerische Gemeinkosten (nach 17.)				9.600,00	60.000,00	18.800,00	17.400,00
19. Über- bzw. Unterdeckung in %				−1.800,00 −18,7 %	+3.100,00 +5,2 %	−580,00 −3,1 %	+1.080,00 +6,2 %

1.3.4 Kostenträgerrechnung

1.3.4.1 Begriff und Aufgaben der Kalkulation

Selbstkostenrechnung

> Im Rahmen der Kostenträgerrechnung wird generell ermittelt, wofür die Kosten anfallen. Dabei interessieren vor allem auch die Kosten einzelner produzierter oder verkaufter Einheiten. Sie zu ermitteln, ist die Aufgabe der Kostenträgerstückrechnung. Sie ermittelt die Selbstkosten und liefert damit wichtige Grundlagen für die Preisfindung.
> Statt Kostenträgerstückrechnung spricht man auch von Selbstkostenrechnung oder von Kalkulation.

1.3.4.2 Kalkulationsarten

> Man unterscheidet im Allgemeinen nach dem Zeitpunkt der Durchführung drei Arten der Kalkulation:
> - die Vorkalkulation
> - die Nachkalkulation
> - die Zwischen- und Begleitkalkulation.

Vorkalkulation

Angebotspreis

> Die Vorkalkulation findet vor der Erstellung der Betriebsleistung bzw. vor der Annahme eines Auftrages statt. Sie hat die Aufgabe, für ein einzelnes Stück oder eine einzelne Leistung die Selbstkosten und auf deren Grundlage den Angebotspreis zu berechnen.

Einzelfragen

Dabei stellen sich unter anderem folgende Fragen:
- Wie hoch ist der Preis für das Material, das ich benötige?
- Wieviel Arbeitszeit ist erforderlich?
- Welche Teile des Auftrages sind mit Maschinenarbeit, welche mit Handarbeit zu erledigen?
- Welcher Gemeinkostenzuschlag entspricht den betrieblichen Verhältnissen?
- Nach welcher Verrechnungsart sollen die Gemeinkosten aufgeschlagen werden?
- Welcher Gewinnzuschlag entspricht der Besonderheit des Auftrages und der jeweiligen betrieblichen Lage?

Erfahrungswerte

Bei der Beantwortung dieser Fragen spielen Erfahrungswerte aus der Vergangenheit eine wichtige Rolle. In die Vorkalkulation gehen deshalb oft die aus der Vergangenheit gewonnenen Ist-Werte als Durchschnitts- oder Erfahrungswerte ein. Sie müssen allerdings stets an zwischenzeitlich eingetretene Veränderungen angepasst, d. h. aktualisiert werden.

Unsicherheitsfaktoren

Dennoch bleibt bei der Vorkalkulation das Risiko, dass zahlreiche Unsicherheitsfaktoren wie Preisänderungen, Lohnsteigerungen, unerwartete Ausführungserschwernisse u. Ä. nicht exakt berücksichtigt werden können.

Nachkalkulation

Die Nachkalkulation findet nach Abschluss der Leistungserstellung auf der Basis der tatsächlich angefallenen Kosten pro Stück, pro Auftrag oder pro Abrechnungszeitraum statt.
Aufgabe und Zweck der Nachkalkulation sind in erster Linie: *Aufgaben*
- Kostenermittlung und Kostenkontrolle
- Ermittlung der Gewinnspanne
- Wirtschaftlichkeitskontrolle und Kontrolle der Vorkalkulation durch Gegenüberstellung der Ist- und Soll-Werte.

Dabei stellen sich unter anderem folgende Fragen: *Fragen*
- Welche Materialkosten sind bei den Arbeiten entstanden?
- Welche Lohnkosten sind angefallen?
- Welche Kosten ergaben sich aus der Maschinenarbeit?
- Welcher Gemeinkostenzuschlagssatz ist in Ansatz zu bringen?
- Welcher Reingewinn verbleibt nach Abzug der Selbstkosten vom Lieferpreis?

Aus diesen Überlegungen lässt sich eine allgemeine Formel für die Gewinnspannenberechnung in der Nachkalkulation ableiten:

Schema für die Gewinnspannenberechnung in der Nachkalkulation:
  Lieferpreis (ohne Umsatzsteuer)
− Materialeinzelkosten
− Lohneinzelkosten für Handarbeit und für Maschinenarbeit
− Gemeinkosten

= Gewinnspanne

Bei Betrieben, die zu Richtpreisen oder zu Festpreisen anbieten, wird eine Rückkalkulation vorgenommen, bei der die gegebenen Verkaufspreise um die Gewinnspanne vermindert werden, um so zu ermitteln, welcher Betrag zur Deckung der dem Betrieb entstehenden Kosten zur Verfügung steht. *Rückkalkulation*

Schema für die Rückkalkulation:
  Verkaufspreis (ohne Umsatzsteuer)
− Wagnis und Gewinn

= Betrag, der zur Deckung der Selbstkosten zur Verfügung steht

Der Betriebsinhaber erhält dann Ausgangsdaten für Fragen wie: *Fragen*
- Reicht die Arbeitskapazität, wenn ein derartiger Auftrag in einer vorgegebenen Zeit ausgeführt sein muss?
- Lohnen sich zusätzliche betriebliche Dispositionen, etwa Änderungen in der Organisation oder investive Maßnahmen und Neueinstellungen?

Zwischen- oder Begleitkalkulation

Bei Aufträgen, die sich über einen längeren Zeitraum hinweg erstrecken, ist es zweckmäßig, zwischen der Vorkalkulation und der Nachkalkulation eine oder mehrere Zwischenkalkulationen vorzunehmen.

Kontrollmöglichkeit

> So kann überprüft werden, ob die in der Vorkalkulation errechneten Soll-Kosten durch die aufgelaufenen Ist-Kosten eingehalten oder über- bzw. unterschritten werden. Mit diesen Informationen eröffnet die Zwischen- oder Begleitkalkulation die Möglichkeit für entsprechende betriebliche Dispositionen.

1.3.4.3 Kalkulationsmethoden

Je nach der Art, wie die Kosten in der Vorkalkulation den Produkten und Leistungen zugerechnet werden, unterscheidet man verschiedene Kalkulationsmethoden, nämlich
- die Zuschlagskalkulation
- die Divisionskalkulation.

Dabei sind auch ein Gewinn- und Wagniszuschlag sowie die Umsatzsteuer zu berücksichtigen.

Gewinn- und Wagniszuschlag bei der Kalkulation

Betriebs- und Marktrisiko

> Bei jeder Stückkalkulation wird auf die Selbstkosten ein Zuschlag für Gewinn und Wagnis berechnet. Dieser Zuschlag bedeutet für den Betrieb die Gegenleistung für die Übernahme des Betriebs- und Marktrisikos.

Er soll dem Betrieb auch die
- Bildung von Reserven
- Deckung von Verlusten
- Vornahme von Rationalisierungs- und Erweiterungsinvestitionen auf der Basis der Selbstfinanzierung

ermöglichen.

Bestimmungsfaktoren

Die Höhe des Gewinn- und Wagniszuschlagssatzes hängt unter anderem von folgenden Faktoren ab:
- Allgemeine wirtschaftliche Lage
  In Zeiten der Hochkonjunktur lässt sich ein höherer Zuschlag durchsetzen als in wirtschaftlich schwierigeren Zeiten.
- Örtliche Konkurrenzverhältnisse und allgemeine Wettbewerbssituation
  Bei hartem Wettbewerb lassen sich nur schwer hohe Gewinn- und Wagniszuschläge durchsetzen.
- Gesamtkostensituation des einzelnen Betriebes
  Ein Betrieb, der eine günstige Gesamtkostensituation gegenüber seinen Konkurrenten aufweist, kann leichter einen höheren Gewinn- und Wagniszuschlagssatz verrechnen.

Behandlung der Umsatzsteuer bei der Kalkulation

Die Umsatzsteuer nach dem Mehrwertsteuersystem ist erfolgsneutral und scheidet daher als Kostenfaktor in der Kalkulation aus. Sie wird lediglich am Ende der Kalkulation auf den errechneten Preis in Prozenten nach dem jeweils gültigen Mehrwertsteuersatz aufgerechnet.

Erfolgsneutral

Die überwälzte Umsatzsteuer geht allerdings nur bei privaten Endverbrauchern tatsächlich in den Preis ein und muss vom Käufer getragen werden. Gewerbliche Abnehmer können die überwälzte Umsatzsteuer ihrerseits wieder als Vorsteuer geltend machen.

Überwälzung

Vorsteuer

1.3.4.4 Divisionskalkulation

Die Divisionskalkulation kommt nur bei Serienfertigung oder bei einheitlichen Leistungen zur Anwendung.

Serienfertigung

Bei der Divisionskalkulation werden die vorausberechneten Gesamtkosten durch die Zahl der Erzeugnisse oder eine andere Bezugsgröße wie Zeit, Fläche und Gewicht dividiert (Stundenverrechnungssätze und Verrechnungssätze mit anderen Bezugsgrundlagen). Auf diese Weise werden sie zu gleichen Teilen auf die Einzelstücke umgelegt.

Man unterscheidet dabei
- die einstufige Divisionskalkulation.
  Hier werden alle Gesamtkosten auf die erzeugte Menge umgelegt. Die einstufige Divisionskalkulation ist nur geeignet, wenn sich bei dem jeweiligen Erzeugnis das Problem von Bestandsveränderungen nicht stellt.
- die mehrstufige Divisionskalkulation.
  Der Produktionsprozess läuft in mehreren Produktionsstufen ab, bzw. zwischen den einzelnen Stufen sind Lager mit wechselnden Beständen. Für diese einzelnen Stufen werden dann Kosten und Mengen in Beziehung gesetzt.

Verschiedene Divisionskalkulationen

Für die einstufige Divisionskalkulation lässt sich folgendes allgemeine Schema erstellen:

Schema für die Divisionskalkulation:
  Gesamtkosten/hergestellte Menge
= Selbstkosten
+ Gewinn- und Wagniszuschlag in % der Selbstkosten

= Angebotspreis ohne Umsatzsteuer
+ % Umsatzsteuer

= Angebotspreis einschließlich Umsatzsteuer

Die Äquivalenzziffernrechnung als Spezialform der Divisionskalkulation eignet sich als Kalkulationsmethode, wenn von einem Produkt mehrere Sorten hergestellt werden und für diese einzelnen Sorten jeweils der Preis

Äquivalenzziffernrechnung

Kuppelprodukte

kalkuliert werden soll. Dies ist beispielsweise im Nahrungsmittelhandwerk der Fall. Auch bei Kuppelprodukten, also Produkten, die aufgrund technischer Gegebenheiten bei der Herstellung gemeinsam anfallen, findet die Äquivalenzziffernrechnung Anwendung.

> Durch Äquivalenzziffern (man spricht auch von Gewichtungsziffern) werden die unterschiedlichen Sorten auf eine Basis umgerechnet, um für die Divisionskalkulation eine einheitliche Bezugsgröße zu erhalten. Dabei wird eine Sorte gleich 1 gesetzt. Die übrigen erhalten dann die Äquivalenzziffer, die ausdrückt, in welchem Verhältnis zur Richtsorte sie an der Kostenverursachung beteiligt sind.

Eine Kalkulation auf der Basis von Äquivalenzziffern orientiert sich dann an folgendem Schema:

> **Schema für die Äquivalenzziffernrechnung:**
>
> $$\frac{\text{Gesamtkosten}}{M_1 \times Ä_1 + M_2 \times Ä_2 + M_3 \times Ä_3 + \ldots} \times Ä_{1\,(2,\,3,\,\ldots)}$$
>
> = Selbstkosten für Sorte 1 (2, 3, ...)
> \+ Gewinn- und Wagniszuschlag in % der Selbstkosten
>
> = Angebotspreis ohne Umsatzsteuer für Sorte 1 (2, 3, ...)
> \+ % Umsatzsteuer
>
> = Angebotspreis einschließlich Umsatzsteuer für Sorte 1 (2, 3, ...)
>
> M = Menge
> Ä = Äquivalenzziffer
> 1, 2, 3 ... = verschiedene Sorten

1.3.4.5 Zuschlagskalkulation

Häufigste Methode im Handwerk

Die Zuschlagskalkulation eignet sich grundsätzlich für Produktion, Dienstleistung und Handel. Sie ist die Kalkulationsmethode, die im Handwerk am häufigsten Anwendung findet.
Bei diesem Verfahren werden die Kosten des Betriebes aufgegliedert in solche, die direkt auf die Leistungseinheit verrechnet werden können (Einzelkosten), und in solche, bei denen dies nur mittelbar oder indirekt möglich ist (Gemeinkosten).

1.3.4 Kostenträgerrechnung

Die Zuschlagskalkulation orientiert sich demnach an folgendem allgemeinen Schema:

Schema für die Zuschlagskalkulation:
   Materialeinzelkosten
+ Lohneinzelkosten
+ Gemeinkosten (in % der Einzelkosten)
+ Sondereinzelkosten

= Selbstkosten
+ Gewinn- und Wagniszuschlag in % der Selbstkosten

= Angebotspreis ohne Umsatzsteuer
+ % Umsatzsteuer

= Angebotspreis einschließlich Umsatzsteuer

Stundenverrechnungssatz-Ermittlung

Handwerksunternehmen, die vorwiegend im Dienstleistungsbereich tätig sind, bieten sozusagen Arbeitsstunden an. Der Preis für ihre Leistung ergibt sich aus der Anzahl der geleisteten Arbeitsstunden multipliziert mit einem Verrechnungssatz. Dieser Verrechnungssatz muss alle Kosten und einen Ausgleich für die Übernahme des Unternehmerrisikos enthalten (vgl. dazu auch Abschnitt 1.3.4.6 „Kalkulationsschema für die Zuschlagskalkulation"). *Verrechnungssatz*

Eine Sonderform der Zuschlagskalkulation ist die Indexrechnung. Sie wird beispielsweise im Kfz-Mechaniker-Handwerk angewandt. Die Materialeinzelkosten sind als Listenpreise vorgegeben. Gemeinkosten sowie Wagnis- und Gewinnzuschlag werden über eine Indexziffer den Bruttolöhnen zugeschlagen. *Indexrechnung Listenpreise*

Der Wert bzw. die Höhe dieser Indexziffer wird anhand der Ergebnisse der vorhergehenden Rechnungsperiode festgelegt.

Für eine Kalkulation mit Hilfe von Indexzahlen lässt sich folgendes Schema ableiten:

Schema für die Indexzahlenrechnung:
   Materialeinzelkosten nach Listenpreis
+ Bruttolöhne × Index

= Angebotspreis ohne Umsatzsteuer
+ % Umsatzsteuer

= Angebotspreis einschließlich Umsatzsteuer

Auf eine Stunde bezogen lassen sich damit wiederum Stundenverrechnungssätze ermitteln. *Stundenverrechnungssätze*

1.3.4.6 Kalkulationsschemen für die Zuschlagskalkulation

Bei der Zuschlagskalkulation können je nach betrieblicher Anforderung mehrere Kalkulationsschemen zur Anwendung kommen.

Vorkalkulation
Nachkalkulation

Für die Vorkalkulation werden dabei geplante Kosten eingesetzt, in die Nachkalkulation gehen die tatsächlichen Ist-Werte ein. Eine exakte Ermittlung der direkt verrechenbaren Einzelkosten ist dabei sehr wichtig, weil sich Fehler über die Zuschläge bis zum Angebotspreis fortsetzen.

Kalkulationsschema mit einem betriebseinheitlichen Gemeinkostenzuschlagssatz auf Basis Lohneinzelkosten

Hier gilt das bereits in Abschnitt 1.3.4.5 „Zuschlagskalkulation" dargestellte allgemeine Schema.

Kalkulationsschema mit mehreren Gemeinkostenzuschlagssätzen

Wenn der Betrieb die Gemeinkosten beispielsweise auf drei Kostenstellen aufteilt, aus denen drei verschiedene Gemeinkostenzuschlagssätze errechnet werden können, kommt folgendes Kalkulationsschema zur Anwendung:

```
  Materialeinzelkosten
+ % Gemeinkosten auf Materialeinzelkosten

= Materialkosten
+ Lohneinzelkosten
+ % Gemeinkosten auf Lohneinzelkosten
+ Sonderkosten der Fertigung

= Herstellkosten
+ % Verwaltungs- und Vertriebsgemeinkosten auf Herstellkosten
+ Sonderkosten des Vertriebs

= Selbstkosten
+ % Gewinn- und Wagniszuschlagssatz auf Selbstkosten

= Angebotspreis ohne Umsatzsteuer
+ % Umsatzsteuer

= Angebotspreis einschließlich Umsatzsteuer
```

Kalkulationsschema für die Berechnung von betrieblichen Stundenverrechnungssätzen

```
  Bruttostundenlohn (einschl. Zuschlägen und Zulagen) als Lohneinzelkosten
+ % Gemeinkosten auf Lohneinzelkosten

= Selbstkosten
+ % Gewinn- und Wagniszuschlagssatz auf Selbstkosten

= Stundenverrechnungssatz ohne Umsatzsteuer
+ % Umsatzsteuer

= Stundenverrechnungssatz einschließlich Umsatzsteuer
```

Der Stundenverrechnungssatz ist für eine geleistete Arbeitsstunde ohne Berücksichtigung von verbrauchten Materialien in Ansatz zu bringen.

Kalkulationsschema für Handelswaren

Einstandspreis + % Gemeinkosten auf Einstandspreis
= Selbstkosten + % Gewinn- und Wagniszuschlagssatz auf Selbstkosten
= Barverkaufspreis + % Verkaufszuschläge (Provision, Skonto, Rabatt)   auf Barverkaufspreis
= Verkaufspreis ohne Umsatzsteuer + % Umsatzsteuer
= Verkaufspreis einschließlich Umsatzsteuer

Der Einstandspreis wird dabei aus folgender Formel berechnet:
Listenpreis − Preisnachlässe + Bezugskosten = Einstandspreis

Einstandspreis

Bezüglich des Ansatzes der Rabatte und Skonti ist zu bedenken, dass der Betrieb diese gegenüber dem Kunden auf der Basis des Verkaufspreises gibt; das bedeutet, dass auf den Barverkaufspreis entsprechend folgender Formel aufgeschlagen werden muss:

$$\frac{\text{Rabatt oder Skonto in \%}}{100 - \text{Rabatt oder Skonto in \%}} \times 100$$

Berechnung des Rabattaufschlages

Will also der Betriebsinhaber auf den Verkaufspreis 2 % Rabatt einräumen, so muss er auf den Barverkaufspreis

$\frac{2}{98} \times 100 =$ (etwa 2,04 %) aufschlagen, um zum richtigen Verkaufspreis (ohne Umsatzsteuer) zu kommen.

In der Praxis des Handelsbetriebes werden die einzelnen prozentualen Zuschläge oft zusammengefasst. Dieser Gesamtzuschlag erstreckt sich auf den Unterschied zwischen Einstandspreis und Verkaufspreis (ohne Umsatzsteuer), der den Rohgewinn wiedergibt. Dabei sind zwei Varianten gebräuchlich:

$$\text{Kalkulationszuschlag} = \frac{\text{Verkaufspreis} - \text{Einstandspreis (Rohgewinn)}}{\text{Einstandspreis}} \times 100$$

Kalkulationszuschlag

$$\text{Handelsspanne} = \frac{\text{Verkaufspreis} - \text{Einstandspreis (Rohgewinn)}}{\text{Verkaufspreis (ohne Umsatzsteuer)}} \times 100$$

Handelsspanne

1.3.4.7 Beispiele zur Zuschlagskalkulation

Berechnung des Angebotspreises mit einem betriebseinheitlichen Gemeinkostenzuschlagssatz auf Basis der Lohneinzelkosten

Angaben:

Materialeinzelkosten		800,00 EUR
Arbeitszeit 20 Stunden, davon		
Betriebsinhaber	5 Stunden à 16,00 EUR	
1. Geselle	5 Stunden à 12,00 EUR	
2. Geselle	10 Stunden à 11,00 EUR	

Lösung:

Materialeinzelkosten			800,00 EUR
+ Lohneinzelkosten			
5 Meisterstunden	à 16,00 EUR	80,00 EUR	
5 Gesellenstunden	à 12,00 EUR	60,00 EUR	
10 Gesellenstunden	à 11,00 EUR	110,00 EUR	250,00 EUR
+ 140 % Gemeinkosten auf Lohneinzelkosten			350,00 EUR
= Selbstkosten			1.400,00 EUR
+ 10 % Gewinn- und Wagniszuschlag			140,00 EUR
= Angebotspreis ohne Umsatzsteuer			1.540,00 EUR
+ 16 % Umsatzsteuer			246,40 EUR
= Angebotspreis einschließlich Umsatzsteuer			__1.786,40 EUR__

Berechnung des Angebotspreises mit mehreren Zuschlagssätzen für die Gemeinkosten, nämlich auf Materialeinzelkosten, Lohneinzelkosten und Herstellkosten

Angaben:

Materialeinzelkosten		800,00 EUR
Arbeitszeit 18 Stunden, davon		
Betriebsinhaber	5 Stunden à 16,00 EUR	
Geselle	13 Stunden à 12,00 EUR	
Gemeinkostenzuschlagssatz auf Materialeinzelkosten		20 %
Gemeinkostenzuschlagssatz auf Lohneinzelkosten		80 %

Lösung:

Materialeinzelkosten			800,00 EUR
+ 20 % Gemeinkosten auf Materialeinzelkosten			160,00 EUR
= Materialkosten			960,00 EUR
+ Lohneinzelkosten			
5 Meisterstunden	à 16,00 EUR	80,00 EUR	
13 Gesellenstunden	à 12,00 EUR	156,00 EUR	236,00 EUR
+ 80 % Gemeinkosten auf Lohneinzelkosten			188,80 EUR
= Herstellkosten			1.384,80 EUR
+ 40 % Verwaltungs- und Vertriebsgemeinkosten auf Herstellkosten			553,92 EUR
= Selbstkosten			1.938,72 EUR

1.3.4 Kostenträgerrechnung

+ 10 % Gewinn- und Wagniszuschlag auf Selbstkosten	193,87 EUR
= Angebotspreis ohne Umsatzsteuer	2.132,59 EUR
+ 16 % Umsatzsteuer	341,21 EUR
= Angebotspreis einschließlich Umsatzsteuer	2.473,80 EUR

Berechnung des Angebotspreises für einen betrieblichen Stundenverrechnungssatz (der Betrieb arbeitet mit einem betriebseinheitlichen Gemeinkostenzuschlagssatz)

Angaben:

Stundenlohn	12,00 EUR
Gemeinkostenzuschlagssatz	140 %

Lösung:

Stundenlohn	12,00 EUR
+ 140 % Gemeinkosten auf Stundenlohn	16,80 EUR
= Selbstkosten	28,80 EUR
+ 10 % Gewinn- und Wagniszuschlag auf Selbstkosten	2,88 EUR
= Stundenverrechnungssatz ohne Umsatzsteuer	31,68 EUR
+ 16 % Umsatzsteuer	5,07 EUR
= Stundenverrechnungssatz einschließlich Umsatzsteuer	36,75 EUR

Berechnung des Angebotspreises für eine Handelsware

Angaben:

Einstandspreis	4.700,00 EUR
Gemeinkostenzuschlagssatz	18 %
Verkaufszuschläge (2 % Skonto, 3 % Rabatt)	5 %

Lösung:

Einstandspreis	4.700,00 EUR
+ 18 % Gemeinkosten auf Einstandspreis	846,00 EUR
= Selbstkosten	5.546,00 EUR
+ 10 % Gewinn- und Wagniszuschlag auf Selbstkosten	554,60 EUR
= Barverkaufspreis	6.100,60 EUR
+ 5,26 % Verkaufszuschläge (genau $\frac{5}{95}$)	321,08 EUR
= Verkaufspreis ohne Umsatzsteuer	6.421,68 EUR
+ 16 % Umsatzsteuer	1.027,47 EUR
= Verkaufspreis einschließlich Umsatzsteuer	7.449,15 EUR

Berechnung des Kalkulationszuschlags und der Handelsspanne

Angaben:
Werte des obigen Beispiels

Lösung:

$$\text{Kalkulationszuschlag} = \frac{\text{Verkaufspreis} - \text{Einstandspreis (Rohgewinn)}}{\text{Einstandspreis}} \times 100$$

$$= \frac{6.421{,}68 - 4.700{,}00}{4.700{,}00} \times 100$$

$$= \underline{36{,}63\ \%}$$

Auf den Einstandspreis müssen also im obigen Beispiel rund 37 % zugeschlagen werden, um zum Verkaufspreis ohne Umsatzsteuer zu kommen.

$$\text{Handelsspanne} = \frac{\text{Verkaufspreis} - \text{Einstandspreis (Rohgewinn)}}{\text{Verkaufspreis ohne Umsatzsteuer}} \times 100$$

$$= \frac{6.421{,}68 - 4.700{,}00}{6.421{,}68} \times 100$$

$$= \underline{26{,}81\ \%}$$

Die Handelsspanne vom Verkaufspreis ohne Umsatzsteuer beträgt im obigen Beispiel rund 27 %.

1.3.5 Erfolgsrechnung

1.3.5.1 Erlösrechnung

Das Gegenstück zur Kostenrechnung ist die Leistungs- bzw. Erlösrechnung (dieser Begriff ist heute gebräuchlicher). Dementsprechend lässt auch sie sich untergliedern in eine

Erlösrechnung
- Erlösartenrechnung
- Erlösstellenrechnung
- Erlösträgerrechnung.

Erlöse werden in der Regel durch den Verkauf von Erzeugnissen und Dienstleistungen erzielt.

> Die Erlösrechnung hat die Aufgabe, die gesamten Erlöse nach ihrer Art, Zuordnung zu Betriebsteilen sowie zu Produkten und Dienstleistungen darzustellen.

Erlösarten
Für den Handwerksbetrieb wichtige Erlösarten sind beispielsweise:
– Produkterlöse
– Leistungserlöse
– Arbeitserlöse.

Erlösstellen
Zu den Erlösstellen zählen:
– Produktarten
– Arten von Dienstleistungen
– Kunden und Kundengruppen.

Typische Erlösträger sind die einzelnen Güter und Leistungen, die vom Betrieb abgesetzt werden.

Aus der Verknüpfung von Kosten- und Erlösrechnung ergibt sich die Erfolgsrechnung.

1.3.5.2 Stückerfolgsrechnung

Die Stückrechnung hat die Aufgabe, den Betriebserfolg je Produkt- oder Leistungseinheit zu ermitteln. Hierzu werden die Stückkosten vom Stückerlös abgezogen.

1.3.5.3 Periodenerfolgsrechnung

Die Periodenrechnung hat die Aufgabe, den Betriebserfolg insgesamt oder nach Produkten und Leistungen für bestimmte Zeiträume (beispielsweise monatlich oder vierteljährlich) darzustellen. Hierzu werden die Kosten je Periode vom Erlös je Periode abgezogen.

1.3.6 Kostenrechnungssysteme

1.3.6.1 Übersicht

Systeme der Kostenrechnung

Kostenrechnungssysteme ergeben sich aus den Regeln für die Erfassung, Verteilung und Zurechnung der Kosten.
Sie kann nach zwei Kriterien erfolgen:
- Zeitbezug
  und
- Umfang.

Kostenrechnungssysteme

Nach dem Zeitbezug unterscheidet man:
- Istkostenrechnung
- Normalkostenrechnung
- Plankostenrechnung

Zeitbezug

Nach dem Umfang werden unterschieden:
- Vollkostenrechnung
- Teilkostenrechnung

Umfang

Kostenrechnungssysteme

Abbildung 73

1.3.6.2 Ist- und Plankostenrechnung

Istkostenrechnung

Istkosten

> Dabei werden die effektiv angefallenen Kosten eines Abrechnungszeitraums berücksichtigt und verrechnet. Die Istkostenrechnung ist damit vergangenheitsorientiert.

Sie dient der Nachkalkulation. Ein Nachteil besteht darin, dass einmalige Vorgänge und zufällige Schwankungen (beispielsweise bei den Rohstoffpreisen) das Ergebnis erheblich verzerren können und damit Vergleiche unterschiedlicher Abrechnungsperioden erschwert werden.

Normalkostenrechnung

Normalkosten

> Um Schwankungen wie bei der Istkostenrechnung auszuschalten, orientiert sich dieses Verfahren nicht an den aktuellen Istkosten, sondern an Durchschnittswerten aus der Vergangenheit.

Dabei können auch sich abzeichnende Entwicklungen berücksichtigt werden, so dass man aktualisierte Mittelwerte enthält. Formen der Normalkostenrechnung sind die
– starre Normalkostenrechnung, die nur für einen bestimmten Beschäftigungsstand Gültigkeit hat.
– flexible Normalkostenrechnung, die unterschiedliche Kapazitätsausnutzungen berücksichtigt.

Plankostenrechnung

Plankosten

> Plankosten haben Vorgabecharakter und werden aus der betrieblichen Planung abgeleitet.

Die Plankostenrechnung ist also zukunftsorientiert. Man kann unterscheiden:
– die starre Plankostenrechnung, bei der Beschäftigungsschwankungen nicht berücksichtigt werden.

- die flexible Plankostenrechnung, die an Beschäftigungsschwankungen angepasst werden kann.

1.3.6.3 Voll- und Teilkostenrechnung

Vollkostenrechnung

> Dieses Kostenrechnungssystem ist darauf ausgerichtet, alle anfallenden Kosten zu berücksichtigen und zu verteilen.

Beispiel:
Ein Zulieferbetrieb ist vertraglich verpflichtet, an einen Kunden 100 Teile zum Stückpreis von 11.000,00 EUR zu liefern. Seine Kapazitäten sind damit noch nicht voll ausgelastet. Ein anderes Unternehmen würde ihm weitere 20 Teile zum Preis von 8.000,00 EUR je Stück abnehmen. Die Gesamtkosten des Betriebes betragen derzeit 1.000.000,00 EUR (also pro Teil 10.000,00 EUR), 30 % der Kosten sind variabel, also pro Stück 3.000,00 EUR. Soll der Betriebsinhaber den zusätzlich möglichen Auftrag annehmen?

Die **Vollkostenrechnung** führt zu folgendem Ergebnis:

Ohne Zusatzauftrag		**Mit** Zusatzauftrag	
Gesamtumsatz	1.100.000,00 EUR	Gesamtumsatz	1.260.000,00 EUR
– Gesamtkosten	1.000.000,00 EUR	– Gesamtkosten	1.200.000,00 EUR
= Gewinn	100.000,00 EUR	= Gewinn	60.000,00 EUR

Aufgrund dieser Vollkostenrechnung wird der Betriebsinhaber zu dem Schluss gelangen, dass der zusätzliche Auftrag mit einem Verlust verbunden ist und zu einer Schmälerung des Gesamtgewinns führt. Unter diesen Voraussetzungen wird er den Auftrag in aller Regel ablehnen.

Teilkostenrechnung

> Im Rahmen dieses Systems wird nur ein Teil der Kosten, in der Regel die variablen oder die Einzelkosten, verrechnet.

Beispiel:
Eine **Teilkostenrechnung** ergibt für das obige Zahlenbeispiel folgendes Bild:

Ohne Zusatzauftrag		**Mit** Zusatzauftrag	
Umsatzerlöse	1.100.000,00 EUR	Umsatzerlöse	1.260.000,00 EUR
– variable Kosten	300.000,00 EUR	– variable Kosten	360.000,00 EUR
= Deckungsbeitrag	800.000,00 EUR	= Deckungsbeitrag	900.000,00 EUR
– fixe Kosten	700.000,00 EUR	– fixe Kosten	700.000,00 EUR
= betriebl. Gewinn	100.000,00 EUR	= betriebl. Gewinn	200.000,00 EUR

> Durch Übernahme des Zusatzauftrages kann der Betrieb bei gleich bleibenden Fixkosten seinen Gewinn sogar verdoppeln. Bei dem neu dazukommenden Auftrag sind ja nur noch die variablen Kosten zu decken. Der sie übersteigende Umsatzerlös kommt vollkommen dem Gewinn zugute.

1.3.6.4 Deckungsbeitragsrechnung

Die bislang dargestellten Kalkulationsmethoden gehen davon aus, dass

Ist-Kosten
Vollkostenrechnung

- die tatsächlich entstandenen Kosten (Ist-Kosten) verrechnet werden.
- alle angefallenen Kosten auch auf die einzelnen Kostenträger verteilt werden (Vollkostenrechnung).

Teilkostenrechnung

Deckungsbeitrag

> Bei der Kalkulation des Angebotspreises kann es im Einzelfall jedoch auch zweckmäßig sein, nur die variablen Kosten zu berücksichtigen und die fixen Kosten außer Ansatz zu lassen (Teilkostenrechnung).
> Der Deckungsbeitrag ist die Differenz zwischen dem Umsatzerlös und den variablen Kosten.
> Der Vorteil der Deckungsbeitragsrechnung besteht darin, dass man sich besser an die Marktverhältnisse anpassen kann. Solange nämlich der Absatzpreis über den variablen Kosten liegt, wird zumindest ein Teil der Fixkosten mit abgedeckt. Dieser Anteil würde durch die Nichtannahme so kalkulierter Aufträge ganz entfallen.

Die Deckungsbeitragsrechnung ist vor allem wichtig zur Beurteilung der Erfolgsentwicklung, wenn unter gleich bleibenden Bedingungen eine Leistungseinheit hinzukommt oder wegfällt.

> Die Deckungsbeitragsrechnung ist ein wichtiges Instrument, um die Gewinne des Betriebes langfristig zu sichern und zu steigern.

1.3.7 Anwendung der Kostenrechnung

1.3.7.1 Aufbereitung von Kostenrechnungsunterlagen und Ermittlung informativer Kostendaten für betriebswirtschaftliche Analysen

> Die Kostenrechnung als wichtiger Zweig des Rechnungswesens gibt wertvolle Anhaltspunkte für unternehmerische Dispositionen.

Dazu zählen insbesondere folgende Möglichkeiten:

Auswertung der Kostenrechnung

- Die Darstellung der Entwicklung einzelner Kostenarten anhand der Daten der Kostenrechnung (Kostenentwicklungsvergleiche).
- Die Gegenüberstellung verschiedener Kostenarten in Form von Verhältniszahlen, also etwa von Einzelkosten und Gemeinkosten, oder verschiedener Einzelkosten und Gemeinkosten untereinander oder im Verhältnis zur Bezugsbasis Gesamtkosten (Kostenstrukturvergleiche).

- Die detaillierte Analyse einzelner Kostenarten, beispielsweise die Zusammensetzung der Personalkosten.
- Die Gegenüberstellung von Kosten- und Leistungsdaten für ein Unternehmen insgesamt oder für einzelne Teilbereiche (Betriebsteile), etwa nach wichtigen Kostenstellen.

1.3.7.2 Kostenplanung

Aus der Analyse der kostenbeeinflussenden Faktoren für eine abgeschlossene Abrechnungsperiode ergeben sich auch wichtige Erkenntnisse für die Kostenbeeinflussung und Kostenplanung in der Zukunft.

Die Kostenplanung – auch Kostenprognose genannt – erfolgt für eine Planungsperiode; dies kann beispielsweise ein Monat, ein Vierteljahr, ein Halbjahr oder ein Jahr sein. Dazu wird für die einzelnen Kostenstellen die Planbeschäftigung (zum Beispiel Stückzahlen, Arbeitsstunden, Maschinenstunden) festgelegt. Sie ist dann die Basis für die Bestimmung der Planpreise und Planmengen für die benötigten Produktionsfaktoren (Arbeitskräfte, Maschinen, Materialien).

Kostenprognose

1.3.7.3 Kostenkontrolle

Für die Kostenkontrolle werden die tatsächlich entstandenen Kosten den geplanten Kosten gegenübergestellt (Soll-Ist-Vergleich). Somit lassen sich Abweichungen feststellen, die anschließend auf ihre Ursachen hin untersucht werden. Diese Suche nach Verlustquellen ist für den Betriebsinhaber eine wichtige und informative Aufgabe

Eine gezielte Kostenkontrolle ermöglicht es, Kostenüberschreitungen frühzeitig zu erkennen und kostendämpfende Maßnahmen rechtzeitig einzuleiten.
Der Betriebsabrechnungsbogen liefert dazu wichtige Unterlagen. Damit sind sowohl Zeitpunkt- wie auch Zeitraum- und kurzfristige Erfolgsrechnungen möglich.

Kostenüberschreitungen

Die im Betriebsabrechnungsbogen vorgenommene Kostenzusammenstellung bringt eine Übersicht über Kostenstruktur und Kostenstrukturentwicklung. Sie ermöglicht ferner Vergleiche hinsichtlich der Kostenarten und der Kostenstellen.
Diese Daten sind eine wichtige Basis für die Analyse kostenbeeinflussender Faktoren im gesamten Betrieb oder einzelnen Bereichen in der abgelaufenen Rechnungsperiode und eventuell weiteren vorangegangenen Jahren.

Kostenstruktur Kostenstrukturentwicklung

Wenn zum Beispiel der Anteil der Personalkosten an den Gesamtkosten von Jahr zu Jahr steigt, so kann dies unter anderem mit der Zusammensetzung der Arbeitskräfte oder auch der Produktivität des Betriebes im Verhältnis zu anderen vergleichbaren Betrieben zusammenhängen.

EDV-Programme	Sowohl für Kostenplanung wie auch für Kostenkontrolle gibt es geeignete EDV-Programme.

1.3.7.4 Entscheidungsunterstützung

Durch die Erfassung der Kosten in ihrer Struktur und nach ihrer Höhe sowie ihre Zurechnung auf Betriebsbereiche, Produkte und Dienstleistungen vermittelt die Kostenrechnung dem Betriebsinhaber wichtige Entscheidungsgrundlagen.

Leistungsprogramm

Auf der Basis der Ergebnisse der Kostenrechnung kann der Betriebsinhaber Einfluss auf das Leistungsprogramm seines Betriebes nehmen, indem er beispielsweise Produkte und Leistungen mit hohen Deckungsbeiträgen ausweitet und Verlustbringer möglicherweise einschränkt oder aus seinem Programm nimmt.

Entscheidungsdaten

> Die Kostenrechnung liefert die Daten zu Entscheidungen über Sachverhalte wie
> – Eigenfertigung oder Fremdbezug
> – Herausnahme von bestimmten Produkten und Dienstleistungen
> – Optimierung des Produkt- und Leistungsprogramms
> – Abbau von Kapazitätsengpässen.

Preispolitik

Preisuntergrenzen

> Im Vordergrund der betrieblichen Praxis steht zwar die kostenorientierte Preisbildung (zuzüglich eines Gewinn- und Wagniszuschlages). Aber die Kostenrechnung liefert dem Betriebsinhaber auch die notwendigen Informationen zur Ermittlung von Preisuntergrenzen beim Verkauf bzw. Preisobergrenzen beim Einkauf.

Kalkulatorischer Ausgleich

Ermittelte Preisuntergrenzen können im Einzelfall sogar noch unterschritten werden, wenn im Gesamtunternehmen auch Produkte hergestellt und vertrieben werden, die einen relativ hohen Deckungsbeitrag aufweisen.
Wenn negative Deckungsbeiträge bestimmter Produkte durch positive Deckungsbeiträge anderer Produkte ausgeglichen werden, dann spricht man auch von kalkulatorischem Ausgleich.

1.3.7.5 Gewinnschwellenanalyse

Gewinnschwelle

Für jeden Betrieb lässt sich der Punkt ausrechnen, ab dem er Gewinne erzielen kann. Dieser Punkt, der Kostendeckungspunkt, Gewinnschwelle oder auch „break-even-point" genannt wird, liegt dort, wo die Summe aus fixen und variablen Kosten gerade dem Umsatzerlös entspricht.
Der Kostendeckungspunkt lässt sich sowohl über eine Formel wie auch graphisch ableiten.

1.3.7 Anwendung der Kostenrechnung

Formel zur Ermittlung des Kostendeckungspunktes:

$$\text{Gewinnschwellenumsatz} = \frac{\text{Fixkosten}}{\text{Deckungsgrad}} \qquad \text{Deckungsgrad} = \frac{\text{Deckungsbeitrag}}{\text{Umsatzerlöse}}$$

Auf der Basis der Zahlen des Beispiels zur Vollkostenrechnung (ohne Zusatzauftrag) ergibt sich:

$$\text{Deckungsgrad} = \frac{800.000,00}{1.100.000,00}$$

Gewinnschwellenumsatz =

$$\frac{700.000,00}{\frac{800.000,00}{1.100.000,00}} = \frac{700.000,00}{800.000,00} \times 1.100.000,00 = \underline{962.500,00}$$

Daraus folgt, dass der Betrieb 962.500,00 EUR an Umsatz tätigen muss, um seine Gesamtkosten durch die Umsatzerlöse abzudecken. Ist der Umsatz niedriger, liegt der Betrieb im Verlustbereich.

Dieselbe Lösung ergibt sich bei der graphischen Darstellung:

Graphische Ermittlung der Gewinnschwelle

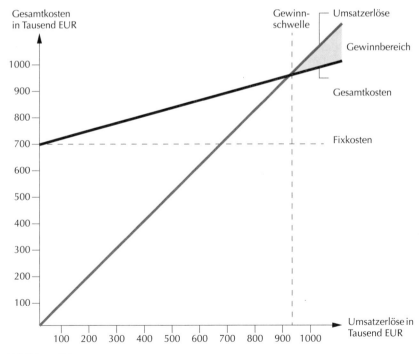

Abbildung 74

> Die Abbildung macht auch deutlich, dass ein zusätzlicher Auftrag, der durch den Umsatzerlös mehr als die variablen Kosten abdeckt, die Gewinnsituation verbessert.

Neue Gewinn-schwellen-berechnung

Es ist zu beachten, dass immer eine neue Gewinnschwellenberechnung erforderlich ist, sobald ein Auftrag die Gesamtkostensituation ändert.

Übungs- und Prüfungsfragen

1. Was versteht man unter Marktpreis?
- ☐ a) Jeden Preis im System einer Marktwirtschaft.
- ☐ b) Den Preis, der vom Hersteller empfohlen wird.
- ☐ c) Den Preis, der auf dem Produkt ausgezeichnet ist.
- ☐ d) Den Preis, der sich am freien Markt nach Angebot und Nachfrage bildet.
- ☐ e) Den Preis, der von der staatlichen Aufsichtsbehörde genehmigt wurde.

„Siehe Seite 140 des Textteils!"

2. Um sich auf dem Markt und gegen die Mitwettbewerber behaupten zu können, müssen Sie als Betriebsinhaber in der Lage sein, die Preise für Ihre Produkte und Dienstleistungen kalkulieren zu können.

Aufgabe: Was versteht man unter dem kalkulierten betrieblichen Preis?
- ☐ a) Den Preis, den alle Betriebe einer bestimmten Branche in gleicher Weise verlangen.
- ☐ b) Den Preis, den der einzelne Betrieb anhand seiner Kosten berechnet.
- ☐ c) Den betrieblich errechneten Preis, den man aber nie am Markt erzielen kann.
- ☐ d) Den vom Hersteller einer vorangegangenen Produktionsstufe empfohlenen Preis.
- ☐ e) Den vom Hersteller einer vorangegangenen Produktionsstufe verbindlich festgesetzten Preis.

„Siehe Seite 140 des Textteils!"

3. Warum braucht man in erster Linie eine Kostenrechnung und Kalkulation?
- ☐ a) Um einen kostengerechten Preis für eine betriebliche Leistung oder für ein vom Betrieb hergestelltes Produkt zu berechnen.
- ☐ b) Weil sie nach den Grundsätzen der ordnungsmäßigen Buchführung vorgeschrieben sind.
- ☐ c) Um den Jahresumsatz ermitteln zu können.
- ☐ d) Um eine staatliche Preiskontrolle durch die zuständigen Behörden zu ermöglichen.
- ☐ e) Um einen Betriebsabrechnungsbogen erstellen zu können.

„Siehe Seite 140 des Textteils!"

4. Welches ist die richtige Reihenfolge der zentralen Aufgaben der Kostenrechnung?
- ☐ a) Kosten zurechnen, Kosten erfassen, Kosten verteilen
- ☐ b) Kosten erfassen, Kosten zurechnen, Kosten verteilen
- ☐ c) Kosten zurechnen, Kosten verteilen, Kosten erfassen
- ☐ d) Kosten verteilen, Kosten zurechnen, Kosten erfassen
- ☐ e) Kosten erfassen, Kosten verteilen, Kosten zurechnen.

„Siehe Seite 140 des Textteils!"

1.3 Kosten- und Leistungsrechnung

5. In welche wichtigen Bereiche gliedert sich die Kostenrechnung?

„Siehe Seite 141 des Textteils!"

6. Direkt zu verrechnende Kosten sind in der Regel
- ☐ a) Kosten, die direkt auf das Einzelstück verrechnet werden.
- ☐ b) alle im Betrieb anfallenden Gemeinkosten.
- ☐ c) nur ein Teil der Gemeinkosten des Betriebes.
- ☐ d) nur die Lohnkosten, die direkt auf das Produkt verrechnet werden können.
- ☐ e) nur die Materialkosten, die direkt auf das Produkt verrechnet werden können.

„Siehe Seite 141 des Textteils!"

7. Als Betriebsinhaber müssen Sie für eine solide Kalkulation in der Lage sein, verschiedene Kostenarten unterscheiden zu können.

<u>Aufgabe:</u>
- a) Welche Kosten gehören zu den Einzelkosten?
- b) Welche Kosten gehören zu den Gemeinkosten?
- c) Welche Kosten gehören zu den Sonderkosten?

„Siehe Seite 141 des Textteils!"

8. Die „effektiven" Kosten ergeben sich in erster Linie aus
- ☐ a) Notizen des Betriebsinhabers.
- ☐ b) den Wochenlisten einzelner Arbeitskräfte.
- ☐ c) statistischen Aufschreibungen.
- ☐ d) den Zahlen der Buchführung.
- ☐ e) den Preislisten.

„Siehe Seite 141 des Textteils!"

9. Eine wichtige Voraussetzung für eine einzelbetriebliche Kostenrechnung und Kalkulation ist
- ☐ a) eine ordnungsmäßige Buchführung, die wichtige kostenrechnerische Daten liefert.
- ☐ b) die Schätzung der Preise für bestimmte Lieferungen und Leistungen.
- ☐ c) die Einbeziehung von Konkurrenzpreisen in die einzelbetrieblichen kostenrechnerischen Überlegungen.
- ☐ d) die Berücksichtigung von Unterangeboten bei der Vergabe öffentlicher Aufträge.
- ☐ e) die unveränderte Zugrundelegung von Kalkulationshilfen, die Vorlieferanten zur Verfügung stellen.

„Siehe Seite 143 des Textteils!"

10. Kalkulatorische Kosten bzw. Zusatzkosten sind
- ☐ a) Kosten, die bei einzelnen Aufträgen dem Betrieb zusätzlich entstehen.
- ☐ b) Kosten, die in einer Reihe von Dienstleistungsberufen zusätzlich entstehen.
- ☐ c) alle Kosten, die in der Kalkulation des Betriebes einzusetzen sind.
- ☐ d) Kosten, die nicht oder nicht in der zu berechnenden Höhe in der Buchführung zu Buche schlagen.
- ☐ e) Kosten, die sich aus den Aufwendungen der G+V ergeben.

„Siehe Seite 144 des Textteils!"

11. Welche der nachfolgenden Aussagen ist falsch?
- ☐ a) Der „produktive" Anteil des Meister- oder Unternehmerlohnes wird für Arbeiten, die der Betriebsinhaber selbst an der Einzelleistung bewirkt, angesetzt und als Lohnkosten verrechnet.
- ☐ b) Der nicht direkt zurechenbare Anteil des Meister- oder Unternehmerlohnes wird für die überwachende und disponierende Tätigkeit des Betriebsinhabers angesetzt und als Gemeinkosten verrechnet.
- ☐ c) Der kalkulatorische Meister- oder Unternehmerlohn braucht nicht berücksichtigt zu werden, weil die Arbeitsleistung des Betriebsinhabers über den Gewinn- und Wagniszuschlag abgegolten wird.
- ☐ d) Der kalkulatorische Meister- oder Unternehmerlohn richtet sich in seiner Höhe mindestens nach dem Gehalt, das für einen angestellten Meister bezahlt werden müsste.
- ☐ e) Der kalkulatorische Meister- oder Unternehmerlohn ist in jeder ordnungsmäßigen Kalkulation zu berücksichtigen.

„Siehe Seite 145 des Textteils!"

12. Als Betriebsinhaber wissen Sie, dass Sie zur Steigerung der Genauigkeit und Aussagefähigkeit Ihrer Kalkulation auch kalkulatorische Kosten berücksichten müssen.

Aufgabe:
a) Wofür und in welcher Form wird die kalkulatorische Verzinsung in Ansatz gebracht?
b) Wofür und in welcher Form muss die kalkulatorische Miete berechnet werden?
c) Wofür und in welcher Form geht die kalkulatorische Abschreibung in die Kalkulation ein?

„Siehe Seite 145 f. des Textteils!"

13. Durch Multiplikation des mengenmäßigen Verbrauchs an Material mit den entsprechenden Preisen erhält man in der Kalkulation die
- ☐ a) Materialgemeinkosten.
- ☐ b) Materialsonderkosten.
- ☐ c) Materialzusatzkosten.
- ☐ d) Materialeinzelkosten.
- ☐ e) Materialfixkosten.

„Siehe Seite 147 des Textteils!"

14. Die Berechnung der Materialeinzelkosten in der Kalkulation setzt voraus
- ☐ a) eine Materialmengenberechnung, die auch Nebenmaterialien einschließt.
- ☐ b) eine Lagerbuchführung über das gesamte Warenlager des Betriebes.
- ☐ c) eine ständige Überwachung des Materialbestandes durch einen Materialverwalter.
- ☐ d) eine fortlaufende Statistik über Preisveränderungen auf dem Beschaffungsmarkt.
- ☐ e) Preisempfehlungen der Vorlieferanten.

„Siehe Seite 147 des Textteils!"

15. Welche Preise können bei der Ermittlung der Materialeinzelkosten nicht in Ansatz gebracht werden?
- ☐ a) Die Einkaufspreise einschließlich Beschaffungskosten
- ☐ b) Die Tagespreise
- ☐ c) Gesondert berechnete betriebliche Einheitspreise
- ☐ d) Empfohlene Verkaufspreise der Vorlieferanten, die Gemeinkosten- und Gewinnbestandteile enthalten

☐ e) Die Materialpreise ohne Umsatzsteuer.

„Siehe Seite 149 des Textteils!"

16. Die Berechnung der Lohneinzelkosten für den Ansatz in der Angebotskalkulation erfolgt
☐ a) durch die Multiplikation von Arbeitszeit und Stundenlohn.
☐ b) durch Schätzung der Lohnkostenbestandteile.
☐ c) durch Übernahme von Lohnkostenzahlen aus der Buchführung.
☐ d) durch Zusammenzählen der direkt verrechenbaren und der nicht verrechenbaren Löhne.
☐ e) durch einen Zuschlag auf die Materialeinzelkosten.

„Siehe Seite 149 des Textteils!"

17. Welcher der nachstehenden Grundsätze ist falsch?
☐ a) Der Stundenlohn wird für kalkulatorische Zwecke nach den tatsächlichen Beträgen berechnet.
☐ b) Der Stundenlohn richtet sich nur nach den Tarifverträgen.
☐ c) Der Stundenlohn kann sich nach betrieblichen Durchschnittslohnsätzen richten.
☐ d) Für die direkte Mitarbeit des Betriebsinhabers wird der Stundenlohnsatz für Meister angesetzt.
☐ e) Der Stundenlohn wird für Meister und Gesellen getrennt berechnet.

„Siehe Seite 150 des Textteils!"

18. Da Ihr Betrieb deutlich mehr Personal- als Kapitaleinsatz erfordert, ist die genaue Erfassung der Lohnkosten für Sie besonders wichtig.

<u>Aufgabe:</u> **Stellen Sie das Schema für die Berechnung der Lohneinzelkosten dar!**

„Siehe Seite 150 des Textteils!"

19. Die richtige Erfassung, Verteilung und Verrechnung der Gemeinkosten ist
☐ a) für die Kalkulation unerheblich.
☐ b) in Klein- und Mittelbetrieben nur schwer möglich.
☐ c) eine wichtige Voraussetzung für die Ermittlung der Umsatzsteuerschuld.
☐ d) überflüssig, wenn Preisempfehlungen der Lieferanten gegeben sind.
☐ e) eine unabdingbare Voraussetzung für eine exakte Kalkulation.

„Siehe Seite 151 des Textteils!"

20. Nach welchen Kriterien werden fixe und variable Kosten unterschieden?

„Siehe Seite 155 des Textteils!"

21. Was versteht man unter Kostenstellenrechnung?
☐ a) Wenn alle Kosten nach Verteilungsschlüsseln auf Hilfskostenstellen umgelegt werden.
☐ b) Wenn alle Kosten nach Verteilungsschlüsseln auf betriebliche Kostenstellen umgelegt werden.
☐ c) Wenn nur die Einzelkosten auf betriebliche Kostenstellen umgelegt werden.
☐ d) Wenn nur die Gemeinkosten auf betriebliche Kostenstellen umgelegt werden.
☐ e) Wenn zu jeder Hauptkostenstelle mindestens zwei Hilfskostenstellen gebildet werden.

„Siehe Seite 155 des Textteils!"

22. Als Betriebsinhaber ist es für Sie wichtig zu wissen, wo in Ihrem Betrieb jeweils Kosten entstehen.

Aufgabe:
a) Welcher Zweig der Kostenrechnung beantwortet Ihnen diese Frage?
b) Nennen Sie wichtige Kostenstellen!
c) Was versteht man unter Gemeinkostenschlüsseln und wozu werden sie benötigt?

„Siehe Seite 155 ff. des Textteils!"

23. **Bringt die Verrechnung der Gemeinkosten auf Kostenstellen nach betrieblichen Funktionen Vorteile?**
- [ ] a) Ja, weil man den unterschiedlichen Gemeinkostenanteilen besser Rechnung tragen kann.
- [ ] b) Ja, weil die Gemeinkostenverrechnung dadurch rechentechnisch viel einfacher wird.
- [ ] c) Nein, weil eine so detaillierte Kostenverrechnung im Handwerksbetrieb wenig Nutzeffekt bringt.
- [ ] d) Nein, weil die für diese Kostenverrechnung notwendige Kostenerfassung im Kleinbetrieb nicht möglich ist.
- [ ] e) Nein, weil die Gemeinkosten in der Regel die unbedeutendsten Kostenkomponenten sind.

„Siehe Seite 156 des Textteils!"

24. **Die Gemeinkostenverteilung bzw. -verrechnung erfolgt**
- [ ] a) direkt ohne Bezug auf eine Kostengröße.
- [ ] b) in den meisten Handwerksbetrieben auf einer Bezugsgrundlage.
- [ ] c) im Handwerk immer auf zwei Bezugsgrundlagen.
- [ ] d) in den meisten Handwerksbetrieben pauschal in einem festen Betrag.
- [ ] e) im Handwerk immer über die Handelsspanne.

„Siehe Seite 159 des Textteils!"

25. **Bei der Verrechnung der Gemeinkosten auf der Basis der Lohneinzelkosten ergibt sich der betriebseinheitliche Zuschlagssatz wie folgt:**

- [ ] a) $\dfrac{\text{Gemeinkostenlöhne}}{\text{Lohneinzelkosten}} \times 100$

- [ ] b) $\dfrac{\text{Gemeinkostenlöhne}}{\text{Gemeinkostensumme}} \times 100$

- [ ] c) $\dfrac{\text{Gemeinkostensumme}}{\text{Gemeinkostenlöhne}} \times 100$

- [ ] d) $\dfrac{\text{Lohneinzelkosten}}{\text{Gemeinkostensumme}} \times 100$

- [ ] e) $\dfrac{\text{Gemeinkostensumme}}{\text{Lohneinzelkosten}} \times 100$

„Siehe Seite 159 des Textteils!"

1.3 Kosten- und Leistungsrechnung

26. Bei der Verrechnung der Gemeinkosten auf der Basis der Materialeinzelkosten errechnet sich der betriebseinheitliche Gemeinkostenzuschlagssatz wie folgt:

☐ a) $\dfrac{\text{Lohneinzelkosten}}{\text{Materialeinzelkosten}} \times 100$

☐ b) $\dfrac{\text{Materialeinzelkosten}}{\text{Gemeinkostensumme}} \times 100$

☐ c) $\dfrac{\text{Materialeinzelkosten}}{\text{kalkulatorische Kosten}} \times 100$

☐ d) $\dfrac{\text{Gemeinkostensumme}}{\text{Materialeinzelkosten}} \times 100$

☐ e) $\dfrac{\text{Materialeinzelkosten}}{\text{Herstellkosten}} \times 100$

„Siehe Seite 160 des Textteils!"

27. Bei der Verrechnung der Gemeinkosten auf der Basis der Summe aller Einzelkosten errechnet sich der betriebseinheitliche Gemeinkostenzuschlagssatz wie folgt:

☐ a) $\dfrac{\text{Materialeinzelkosten}}{\text{Summe der Einzelkosten}} \times 100$

☐ b) $\dfrac{\text{Lohneinzelkosten}}{\text{Summe der Einzelkosten}} \times 100$

☐ c) $\dfrac{\text{Gemeinkostenlöhne}}{\text{Gemeinkostensumme}} \times 100$

☐ d) $\dfrac{\text{Summe der Einzelkosten}}{\text{Gemeinkostensumme}} \times 100$

☐ e) $\dfrac{\text{Gemeinkostensumme}}{\text{Summe der Einzelkosten}} \times 100$

„Siehe Seite 161 des Textteils!"

28. Eine Kontrolle der Gemeinkostenzuschlagssätze ist, sofern keine außerordentlichen Ereignisse eintreten, im Regelfalle bei einem Handwerksbetrieb durchschnittlicher Größe notwendig
☐ a) täglich.
☐ b) wöchentlich.
☐ c) monatlich.
☐ d) halbjährlich.
☐ e) jährlich.

„Siehe Seite 165 des Textteils!"

29. Sie führen die Kostenstellenrechnung für Ihren Betrieb mittels eines Betriebsabrechnungsbogens durch.

Aufgabe: Beschreiben Sie die wichtigsten Aufgaben und den Aufbau eines Betriebsabrechnungsbogens!

„Siehe Seite 168 des Textteils!"

30. Der Betriebsabrechnungsbogen enthält in der Regel
- ☐ a) nur die kalkulatorischen Kosten oder Zusatzkosten.
- ☐ b) nur die Gemeinkosten.
- ☐ c) nur Kosten, denen tatsächliche Ausgaben gegenüberstehen.
- ☐ d) sämtliche Kosten der Kostenrechnung.
- ☐ e) vorwiegend die Einzelkosten.

„Siehe Seite 168 des Textteils!"

31. Um sich auf dem Markt und gegen die Mitwettbewerber behaupten zu können, müssen Sie als Betriebsinhaber mit den Grundlagen der Kalkulation vertraut sein.

Die Kalkulation hat in erster Linie die Aufgabe
- ☐ a) der Selbstkostenberechnung und der Preisermittlung.
- ☐ b) Unterlagen für die Steuerberechnung zu liefern.
- ☐ c) die Wirtschaftlichkeit des betrieblichen EDV-Einsatzes zu untersuchen.
- ☐ d) Preisempfehlungen für Betriebe der gleichen Branche zu ermöglichen.
- ☐ e) die Einhaltung von Richtpreisen zu kontrollieren.

„Siehe Seite 170 des Textteils!"

32. Die Vorkalkulation hat insbesondere die Aufgabe
- ☐ a) vorwiegend die Materialeinzelkosten vor Auftragsdurchführung zu berechnen.
- ☐ b) vorwiegend die Lohneinzelkosten vor Auftragsdurchführung zu berechnen.
- ☐ c) die Selbstkosten während der Auftragsdurchführung zu überwachen.
- ☐ d) Anhaltspunkte für Sonderkosten nach Auftragsdurchführung zu geben.
- ☐ e) die Selbstkosten und den Angebotspreis vor Auftragsdurchführung zu ermitteln.

„Siehe Seite 170 des Textteils!"

33. Die Nachkalkulation hat in erster Linie die Aufgabe
- ☐ a) die Selbstkosten und den Angebotspreis vor Auftragsdurchführung zu liefern.
- ☐ b) während der Auftragsdurchführung einen Überblick über die Kostenentwicklung zu geben.
- ☐ c) nach Auftragsdurchführung eine umfassende Kostenkontrolle zu ermöglichen.
- ☐ d) nach Auftragsdurchführung die anteiligen Kosten für Handarbeit zu ermitteln.
- ☐ e) nach Auftragsdurchführung die anteiligen Kosten für Maschinenarbeit zu ermitteln.

„Siehe Seite 171 des Textteils!"

34. Die Rückkalkulation dient
- ☐ a) der Ermittlung des Betrages, der bei Richtpreisen oder Festpreisen zur Deckung der dem Betrieb entstehenden Kosten zur Verfügung steht.
- ☐ b) der nachträglichen Berechnung der Gemeinkosten.
- ☐ c) der Berechnung der Umsatzsteuer in der Kalkulation.
- ☐ d) nur der Selbstkostenberechnung.
- ☐ e) nur der Lohnkostenberechnung.

„Siehe Seite 171 des Textteils!"

35. Der Gewinn- und Wagniszuschlag wird in der Kalkulation angesetzt
- ☐ a) als Entgelt für entgangene Zinsgewinne, wenn investiertes Kapital weniger Erträge bringt als andere Kapitalanlagen.
- ☐ b) als Gegenleistung für die Übernahme des Betriebs- und Marktrisikos.
- ☐ c) als Entgelt für die direkte Mitarbeit des Betriebsinhabers im Fertigungs- und Dienstleistungsprozess des Betriebes.

1.3 Kosten- und Leistungsrechnung

- ☐ d) als Entgelt für die Mitarbeit von Familienangehörigen im Betrieb, denen kein Lohn oder Gehalt bezahlt wird.
- ☐ e) als Entgelt für die Arbeit, die durch die Auszubildenden während des Jahres im Betrieb geleistet wird.

„Siehe Seite 172 des Textteils!"

36. Um sich auf dem Markt und gegen die Mitwettbewerber behaupten zu können, müssen Sie als Betriebsinhaber in der Lage sein, die Preise für Ihre Produkte und Dienstleistungen kalkulieren zu können.

<u>Aufgabe:</u> **Nennen und beschreiben Sie die einzelnen Kalkulationsmethoden!**

„Siehe Seite 172 ff. des Textteils!"

37. Welcher der nachfolgenden Grundsätze ist richtig?
Der Gewinn- und Wagniszuschlagssatz in der Kalkulation
- ☐ a) hängt von einer Reihe von Faktoren ab.
- ☐ b) muss in der Regel in der Hochkonjunktur niedrig sein.
- ☐ c) muss in Zeiten volkswirtschaftlicher Krisen zunehmen.
- ☐ d) ist für alle Betriebe und Branchen gesetzlich vorgeschrieben.
- ☐ e) wird für das Handwerk vom Deutschen Handwerksinstitut ermittelt.

„Siehe Seite 172 des Textteils!"

38. Welcher der nachfolgenden Grundsätze ist falsch?
- ☐ a) Die Umsatzsteuer ist bei im Gesetz von der Steuer befreiten Lieferungen und Leistungen in der Angebotspreisberechnung nicht zu berücksichtigen.
- ☐ b) Die Umsatzsteuer ist im Regelfalle bei der Angebotspreisberechnung mit derzeit 16 % auf den Preis ohne Umsatzsteuer aufzuschlagen.
- ☐ c) Die Umsatzsteuer ist in den Fällen, in denen das Gesetz den ermäßigten Steuersatz vorsieht, mit diesem auf den Preis ohne Steuer aufzuschlagen.
- ☐ d) Bei der Rechnungsstellung darf die Umsatzsteuer überhaupt nicht berücksichtigt werden.
- ☐ e) Die Umsatzsteuer ist erfolgsneutral und geht deshalb nicht in die Kalkulation ein.

„Siehe Seite 173 des Textteils!"

39. Welche Kalkulationsmethode kommt im Handwerk am häufigsten vor?
- ☐ a) Die Divisionskalkulation
- ☐ b) Die Zuschlagskalkulation
- ☐ c) Die Indexrechnung
- ☐ d) Die Deckungsbeitragsrechnung
- ☐ e) Die Grenzkostenrechnung.

„Siehe Seite 174 des Textteils!"

40. Bei der Zuschlagskalkulation werden die Kosten des Betriebes
- ☐ a) aufgegliedert in effektive und kalkulatorische Kosten.
- ☐ b) aufgegliedert in Einzelkosten und Gemeinkosten.
- ☐ c) nicht aufgegliedert, sondern einfach pauschal verrechnet.
- ☐ d) nur teilweise auf die Leistung verrechnet.
- ☐ e) aufgegliedert in fixe und variable Kosten.

„Siehe Seite 174 des Textteils!"

41. Entwickeln Sie das Kalkulationsschema für eine Stückkalkulation, in der die materialabhängigen Gemeinkosten auf Basis Materialeinzelkosten und die lohnabhängigen Gemeinkosten auf Basis Lohneinzelkosten verrechnet werden!

„Siehe Seite 176 des Textteils!"

42. Erläutern Sie das Kalkulationsschema für eine Stückkalkulation, bei der die Verrechnung der Gemeinkosten auf drei Bezugsgrundlagen erfolgt, nämlich Lohneinzelkosten, Materialeinzelkosten und Herstellkosten!

„Siehe Seite 176 des Textteils!"

43. Um sich auf dem Markt und gegen die Mitwettbewerber behaupten zu können, müssen Sie als Betriebsinhaber in der Lage sein, die Preise für Ihre Produkte und Dienstleistungen kalkulieren zu können.

Aufgabe: Stellen Sie die Berechnung des Angebotspreises für eine Handelsware dar!

„Siehe Seite 177 des Textteils!"

44. Nennen Sie wichtige Systeme der Kostenrechnung!

„Siehe Seite 181 des Textteils!"

45. Im Rahmen der Teilkostenrechnung werden in der Regel
- ☐ a) nur die fixen oder die Gemeinkosten verrechnet.
- ☐ b) nur die variablen oder die Gemeinkosten verrechnet.
- ☐ c) nur die Sonderkosten verrechnet.
- ☐ d) nur die variablen oder die Einzelkosten verrechnet.
- ☐ e) nur die fixen oder die Sonderkosten verrechnet.

„Siehe Seite 183 des Textteils!"

46. Sie sehen als Betriebsinhaber in der Deckungsbeitragsrechnung eine wichtige Entscheidungshilfe für Ihre Absatzpolitik.

Aufgabe: Schildern Sie die Grundsätze und Vorteile der Deckungsbeitragsrechnung!

„Siehe Seite 184 des Textteils!"

47. Schildern Sie Kostenplanung und Kostenkontrolle als konkrete Anwendungsbereiche der Kostenrechnung!

„Siehe Seite 185 des Textteils!"

48. In der Preisgestaltung sehen Sie als Betriebsinhaber auch ein wichtiges absatzförderndes Instrument.

Aufgabe: Welche Informationen und Möglichkeiten liefert Ihnen die Kostenrechnung für Ihre betriebliche Preispolitik?

„Siehe Seite 186 des Textteils!"

49. Die Gewinnschwelle ist für einen Betrieb dann erreicht, wenn
- ☐ a) die Summe der Einzelkosten dem Umsatzerlös entspricht.
- ☐ b) die Summe der Gemeinkosten dem Umsatzerlös entspricht.
- ☐ c) die Summe aus fixen und variablen Kosten dem Umsatzerlös entspricht.
- ☐ d) die fixen den variablen Kosten entsprechen.
- ☐ e) die Summe der kalkulatorischen Kosten dem Umsatzerlös entspricht.

„Siehe Seite 186 des Textteils!"

1.4 Controlling

1.4.1 Aufgaben und Ziele

Im Handwerksbetrieb liegt die Unternehmensführung zumeist in der Hand des Inhabers. Von wenigen Ausnahmen abgesehen, plant, steuert und kontrolliert er sämtliche Abläufe seiner Unternehmung.

Planung
Steuerung
Kontrolle

> Die Hauptaufgabe des Controllings in Handwerksbetrieben ist es, dem Inhaber für diese Tätigkeiten Informationen bereitzustellen. Mithilfe dieser Informationen ist er in der Lage, sämtliche Führungsbereiche (z.B. Einkauf, Produktion, Absatz usw.), miteinander abzustimmen (zu koordinieren).

Darüber hinaus sollen ihn diese Informationen dazu befähigen, notwendige Anpassungen an sich ändernde Umwelteinflüsse vorzunehmen und wichtige Neuerungen zu erkennen.

> Aufgaben des Controllings in Handwerksbetrieben:
> - Informationsbereitstellung
> - Abstimmung von Führungsbereichen
> - Anpassung an Umweltänderungen
> - Erkennung wichtiger Neuerungen.

Einzelaufgaben

> Das Ziel des Controllings in Handwerksbetrieben besteht darin, sämtliche Führungsbereiche (z.B. Beschaffung, Produktion, Absatz, Finanzen etc.) auf die Unternehmensziele hin auszurichten.

Ziel

Diese Unternehmensziele können sehr unterschiedlich sein. Weder Umsatz noch Gewinn sind als isolierte Ziele geeignet, einen Handwerksbetrieb über Generationen erfolgreich zu führen. Ein umfangreiches Zielbündel ist normalerweise in den meisten Betrieben anzutreffen. Neben monetären werden auch immer nicht monetäre Ziele verfolgt (siehe auch Abschnitt 2.6.1.1 „Arten betrieblicher Ziele"). Außerdem gilt es, auch Nebenbedingungen, wie z.B. eine ausreichende Liquidität, einzuhalten. Sollten diese nicht erfüllt sein, so kann es geschehen, dass der Betrieb in große Schwierigkeiten gerät.

> Controlling unterstützt den Inhaber bei der Zielbildung und -überwachung.
> Aus dem bisher Gesagten wird klar, dass man den Begriff Controlling nicht mit Kontrolle gleichsetzen darf. Unter Controlling ist vielmehr ein Prozess zu verstehen, der vergleichbar mit dem Führen eines Schiffes ist. Vereinfachend kann man sagen, dass Controlling die (Kenn-)Zahlen zur Verfügung stellen muss, mithilfe derer der Betrieb auf Kurs gehalten werden kann. Wird beispielsweise bei der Kennzahlenanalyse deutlich, dass Liquiditätsengpässe vorhanden sind, muss der Inhaber als Steuermann sofort geeignete Gegenmaßnahmen einleiten.

Es erscheint wichtig, darauf hinzuweisen, dass für das Controlling im Handwerksbetrieb kein großer finanzieller Aufwand nötig ist. Die meisten Zahlen und sonstigen Informationen sind in der Regel bereits im Unternehmen vorhanden. Ein Handwerksmeister, der seine betriebswirtschaftliche Auswertung bzw. sein Rechnungswesen regelmäßig beobachtet und sich betriebswirtschaftlich sowie fachlich auf dem Laufenden hält, kann ein hervorragender Controller sein.

Zahlen Informationen

1.4.2 Schwachstellenanalyse

In jedem Betrieb sind, unabhängig von seiner Größe, Schwachstellen vorhanden. Mithilfe der Schwachstellenanalyse gilt es, diese aufzuspüren und zu ihrer Beseitigung beizutragen.

Ist-Analyse

> Die Schwachstellenanalyse besteht aus drei Schritten (Phasen). Im ersten Schritt wird der gegenwärtige Zustand aufgenommen. Man spricht auch von einer Ist-Analyse. In ihr werden sämtliche betrieblichen Bereiche unter die Lupe genommen, nach Unstimmigkeiten sowie Fehlern durchsucht und schriftlich festgehalten.

Unternehmensbereiche

> Unternehmensbereiche, die der Schwachstellenanalyse unterworfen werden müssen:
> - Rechnungswesen
> - Kalkulation
> - Marketing
> - Organisation
> - Finanzwesen
> - Personalwesen
> - Planung.

Fehlersuche

Hilfreich bei der Fehlersuche können beispielsweise Checklisten, Betriebsvergleichszahlen und Merkblätter zur Stärken-/Schwächenanalyse (siehe auch Abschnitt 2.6.4 „Planungsinstrumente") sein. Sie sollen dem Betriebsinhaber erste Anhaltspunkte liefern, wo sich Fehlerquellen verbergen können. Bei genauerem Hinsehen treten dann meist betriebstypische Fehlerquellen zutage, die es ebenfalls zu beseitigen gilt.

Ursachenermittlung

> Im zweiten Schritt der Schwachstellenanalyse müssen die Ursachen für die aufgedeckten Missstände gesucht werden. Wie bei allen Analysen ist es hierbei äußerst wichtig, dass man versucht, die Lage wirklichkeitsgetreu zu betrachten. Diese Aufrichtigkeit gegenüber sich selbst und anderen kann zu einschneidenden Erkenntnissen führen. Andererseits war alle Mühe vergebens und niemandem ist damit geholfen, wenn man sich in die eigene Tasche lügt.

Beseitigung der Missstände

> In einem dritten und abschließenden Schritt werden die Unzulänglichkeiten den gefundenen Ursachen gegenübergestellt. Dies kann z.B. in Form einer bildlichen Übersicht erfolgen. Diese erleichtert die Entwicklung von Maßnahmen zur Beseitigung der Missstände.

Abbildung 75

Beispiel für eine Schwachstellenübersicht:

Schwachstelle	Ursache	Maßnahme
Buchführung ist nicht auf dem neuesten Stand.	Rechnungen werden nur einmal im Monat erfasst bzw. geschrieben.	Rechnungen werden ab sofort einmal pro Woche erfasst und geschrieben. Eine zusätzliche Bürohilfe wird auf Stundenbasis eingestellt und über die gewonnenen Skonti und geringeren Überziehungszinsen finanziert.
Kunden haben Mühe, die Reparaturwerkstatt zu finden.	Der Weg zur Werkstatt ist von der Straße aus nicht beschildert.	Aufstellen von Hinweisschildern mit Firmenlogo.
...	...	...

Abbildung 76

1.4.3 Kennzahlen, Kennzahlensysteme und Kennzahlenanalyse

1.4.3.1 Wesen und Arten von Kennzahlen

In jedem Unternehmen gibt es eine Reihe von Zahlen. Alle diese Zahlen haben einen gewissen Informationsgehalt. Da es unmöglich ist, alle Zahlen ständig zu beobachten und auszuwerten, hat es sich als sinnvoll herausgestellt, nur bestimmte Werte zu untersuchen.

> Diese Zahlen, die entweder bereits im Betrieb vorhanden sind oder erst noch ermittelt werden müssen, nennt man Kennzahlen. Zweck einer Kennzahl ist es, dem Betriebsinhaber möglichst gute Informationen über den Zustand seines Betriebes zu liefern.
> Kennzahlen lassen sich für fast jeden Betriebsbereich ermitteln. Sie sind darüber hinaus wichtiges Datenmaterial für die Planung, Steuerung und Kontrolle im Handwerksbetrieb. Weiterhin sind Kennzahlen auch Maßstabswerte für inner- und zwischenbetriebliche Vergleiche.

Zweck

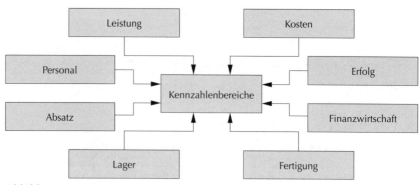
Abbildung 77

Absolute Zahlen

Es lassen sich grundsätzlich zwei Arten von Kennzahlen unterscheiden. Die erste Gruppe nennt man absolute Zahlen. Sie geben die genaue Größe wieder, wie z.B. Umsatz, Kontostand, Rechnungsbetrag, Bilanzgewinn, Produktionsmenge etc.

Diese Kennzahlenart hat jedoch den Nachteil, dass sie ab einer gewissen Größe schlecht überschaubar und handhabbar wird. Außerdem ist sie für Vergleiche nicht gut geeignet. Beispielsweise ist eine Umsatzsteigerung nur dann aussagekräftig, wenn sie ins Verhältnis mit dem dazu notwendigen Aufwand gesetzt wird.

Beispiel

Macht z.B. ein Handwerksbetrieb in einem Jahr einen Umsatz von 750.000 EUR und im darauf folgenden Jahr einen Umsatz von 900.000 EUR, so hat sich der absolute Umsatz um 20 % gesteigert. Waren aber zum Erreichen dieses Umsatzes anstatt 6 Mitarbeiter im ersten Jahr im zweiten Jahr 11 Mitarbeiter notwendig, so sank der Prokopfumsatz um ca. 35 %. Bei genauerem Hinsehen erkennt man, dass absolute Zahlen zu Vergleichen nicht gut geeignet sind.

Verhältniszahlen

Daher verwendet man für Vergleiche und bei großen Zahlen eine andere Kennzahlenart. Man nennt sie Verhältniszahlen. Sie geben an, wie eine Zahl im Verhältnis zu einer anderen Zahl steht. Beide Zahlen können die gleiche (z.B. EUR/EUR) oder unterschiedliche (z.B. EUR/Anzahl der Mitarbeiter; km/Std.) Benennung tragen.

Innerhalb der Verhältniszahlen gibt es drei verschiedene Arten:

Abbildung 78

Gliederungszahlen geben den Anteil einer Größe an einer Gesamtmenge an, z. B. den Anteil der Lohn- oder Materialkosten an den Herstellungskosten.
Beziehungszahlen geben über das Verhältnis zweier unterschiedlicher Größen Auskunft, z. B. Umsatz pro Mitarbeiter oder Rohertrag pro produktiver Stunde.
Indexzahlen geben an, wie sich zwei inhaltlich vergleichbare aber voneinander unabhängige Größen in einem Zeitraum entwickelt haben, z.B. Höhe der Lohnzusatzkosten 2000/Höhe der Lohnzusatzkosten 2001 oder Höhe der Lebenshaltungskosten 2000/Höhe der Lebenshaltungskosten 2001.

1.4.3.2 Kennzahlenanalyse in der Praxis

Personalwirtschaftliche Kennzahlen

Verhältnis der Bürokräfte zu den Gesellen bzw. der Angestellten zu den Arbeitern

$$\frac{\text{Bürokräfte}}{\text{Gesellen}} \times 100 = \ldots \% \text{ bzw. } \frac{\text{Angestellte}}{\text{Arbeiter}} \times 100 = \ldots \%$$

Kaufmännische und gewerbliche Kräfte

Aus diesen Kennzahlen erhält man einen Maßstab, ob im Verwaltungsbereich eine Über- oder Unterbesetzung besteht.

Verhältnis der einzelnen Berufsgruppen der Belegschaft zu den Gesamtbeschäftigten

$$\frac{\text{Einzelne Berufsgruppe}}{\text{Zahl der Gesamtbeschäftigten}} \times 100 = \ldots \%$$

Berufsgruppen

Aus dieser Kennzahl lässt sich im Vergleich mit anderen Betrieben schlussfolgern, ob in einzelnen Berufsgruppen Unter- oder Überbesetzungen vorherrschen.

Altersgruppen in Prozent der Arbeitskräfte

$$\frac{\text{Bestimmte Altersgruppe}}{\text{Gesamtarbeitskräfte}} \times 100 = \ldots \%$$

Altersgruppen

Diese Kennzahl informiert über die Altersstruktur der Arbeitskräfte und ermöglicht wichtige Schlussfolgerungen hinsichtlich der Personalpolitik. Sie ist ferner wichtig, um für den eigenen Betrieb zu ermitteln, wie er von altersabhängigen Gesetzes- und Tarifbestimmungen betroffen ist.

Personalkosten und Betriebsleistung

Verhältnis der Personalkosten zur Betriebsleistung

$$\frac{\text{Personalkosten}}{\text{Betriebsleistung}} \times 100 = \dots \%$$

> Diese Kennzahl gibt einen wichtigen Anhaltspunkt hinsichtlich des Personalkostenanteils an der Betriebsleistung.

Überstunden

Verhältnis von Überstunden zu geleisteten Gesamtarbeitsstunden

$$\frac{\text{geleistete Überstunden}}{\text{geleistete Gesamtarbeitsstunden}} \times 100 = \dots \%$$

> Diese Kennzahl informiert zum einen darüber, zu welchen Zeitpunkten besonders viele Überstunden anfallen. Zum anderen kann daraus abgeleitet werden, ob Neueinstellungen erforderlich werden.

Fluktuation

Personalbewegung

$$\frac{\text{Zu- und Abgänge an Arbeitskräften}}{\text{gesamte Arbeitskräfte}} \times 100 = \dots \%$$

> Diese Kennzahl informiert über die Fluktuation des Personals in einem Betrieb und lässt eventuell Rückschlüsse auf Betriebsklima u. Ä. zu.

Austrittsquote

Austrittsquote

$$\frac{\text{Kündigungen im Jahr}}{\text{durchschnittliche Zahl der Beschäftigten im Jahr}} \times 100 = \dots \%$$

> Die Austrittsquote als Teilbereich der Personalbewegung zeigt an, wie viel Prozent der Belegschaftsmitglieder im laufenden Jahr das Unternehmen verlassen haben.

Fehlzeitenquote

Fehlzeitenquote

$$\frac{\text{Fehlarbeitstage im Jahr}}{\text{mögliche Arbeitstage im Jahr}} \times 100 = \dots \%$$

> Die Fehlzeitenquote gibt ein interessantes Bild über die versäumten Arbeitstage im Verhältnis zu den möglichen Arbeitstagen.

Fertigungswirtschaftliche Kennzahlen

Verhältnis der nicht direkt verrechenbaren zu den direkt verrechenbaren Löhnen

$$\frac{\text{nicht direkt verrechenbare Löhne}}{\text{direkt verrechenbare Löhne}} \times 100 = \dots \%$$

Produktive und unproduktive Löhne

> Diese Kennzahl gibt unter anderem Aufschluss über den rationellen Einsatz der Arbeitskräfte.

Verhältnis der nicht direkt verrechenbaren Löhne zur Betriebsleistung

$$\frac{\text{nicht direkt verrechenbare Löhne}}{\text{Betriebsleistung}} \times 100 = \dots \%$$

Nicht direkt verrechenbarer Lohnanteil am Umsatz

> Diese Kennzahl gibt Aufschluss über den Anteil der nicht direkt verrechenbaren Löhne am Umsatz des Betriebes.

Verhältnis direkt verrechenbarer Löhne zur Betriebsleistung

$$\frac{\text{direkt verrechenbare Löhne}}{\text{Betriebsleistung}} \times 100 = \dots \%$$

Produktiver Lohnanteil am Umsatz

> Diese Kennzahl gibt Auskunft über den Anteil der direkt verrechenbaren Löhne am Umsatz des Betriebes.

Betriebsleistung pro Fertigungsarbeiter

$$\frac{\text{Betriebsleistung}}{\text{Zahl der Fertigungsarbeiter}} = \dots \text{ DM}$$

Umsatz pro Fertigungsarbeiter

> Diese Kennzahl gibt Aufschluss über den Umsatz pro Arbeitskraft im Bereich der Fertigung.

Verhältnis der effektiven Maschinenstunden zu den möglichen Maschinenstunden

$$\frac{\text{Maschinen-Iststunden}}{\text{Maschinen-Sollstunden}} \times 100 = \dots \%$$

Maschinenauslastung

> Mit dieser Kennzahl erhält man einen Überblick über die Maschinenauslastung.

Grad der Mechanisierung

Gesamtmaschinenwert je Fertigungsarbeiter

$$\frac{\text{Gesamtmaschinenwert}}{\text{Zahl der Fertigungsarbeiter}} = \ldots \text{DM}$$

> Diese Kennzahl gibt Aufschluss über den Grad der Mechanisierung, Technisierung und Rationalisierung eines Betriebes.

Dabei ist jedoch zu berücksichtigen, dass der Maschinenwert nicht nach steuerlichen Buchwerten, sondern nach Zeitwerten angesetzt wird.

Betriebsraum je Arbeiter

Betriebsraum je Fertigungsarbeiter

$$\frac{\text{Werkstattfläche}}{\text{Zahl der Fertigungsarbeiter}} = \ldots \text{m}^2$$

> Diese Kennzahl gibt insbesondere im Vergleich zu anderen Betrieben Aufschluss darüber, ob im einzelnen Betrieb die m²-Fläche für den Arbeitsbereich eines jeden Fertigungsarbeiters ausreichend ist.

Lagerwirtschaftliche Kennzahlen

Werkstoffkosten

Verhältnis der Werkstoffkosten (Materialkosten) zur Betriebsleistung

$$\frac{\text{Werkstoffkosten}}{\text{Betriebsleistung}} \times 100 = \ldots \%$$

> Der Anteil der Materialkosten am Umsatz ist eine wichtige Kennzahl. Man kann gerade im Vergleich zu anderen Betrieben aus der Kennzahl herauslesen, ob im Materialbereich des Betriebes Verlustquellen liegen.

Rabatte

Das Verhältnis von Rabatten und Kostenvergünstigungen zu den Werkstoffkosten (Materialkosten)

$$\frac{\text{Rabatte + Kostenvergünstigungen}}{\text{Werkstoffkosten}} \times 100 = \ldots \%$$

> Diese Kennzahl gibt bei der Überprüfung der günstigsten Einkaufsquelle interessante Hinweise.

Lagerumschlag

Lagerumschlagshäufigkeit

$$\frac{\text{Werkstoffkosten (Materialverbrauch)}}{\text{durchschnittlicher Lagerbestand}} = \ldots$$

> Diese Kennzahl gibt an, wie oft sich das Lager innerhalb eines bestimmten Zeitraumes umschlägt.

Lagerdauer

$$\frac{\text{durchschnittlicher Lagerbestand}}{\text{Werkstoffkosten (Materialverbrauch)}} \times 360 = \ldots \text{Tage}$$

Lagerdauer

Diese Kennzahl informiert darüber, wie lange sich das Material durchschnittlich im Lager befindet und ist für Dispositionen ebenso wie die Kennzahl zur Lagerumschlagshäufigkeit eine wichtige Grundlage.

Verwaltungs- und vertriebs(absatz)wirtschaftliche Kennzahlen

Verhältnis der Verwaltungskosten zur Betriebsleistung

$$\frac{\text{Verwaltungskosten}}{\text{Betriebsleistung}} \times 100 = \ldots \%$$

Verwaltungskosten

Die Kennzahl informiert über Über- oder Unterorganisation im Verwaltungsbereich.

Verhältnis der Vertriebskosten zur Betriebsleistung

$$\frac{\text{Vertriebskosten}}{\text{Betriebsleistung}} \times 100 = \ldots \%$$

Vertriebskosten

Diese Kennzahl gibt wichtige Hinweise zur Wirtschaftlichkeit im Vertriebssystem des Betriebes.

Auftragsgröße

$$\frac{\text{Betriebsleistung}}{\text{Zahl der Aufräge}} = \ldots \text{DM}$$

Auftragsgrößenstreuung

Diese Kennzahl informiert über die durchschnittliche Größe eines Auftrages.

Angebotserfolg

$$\frac{\text{Erteilte Aufträge (Stückzahl)}}{\text{Abgegebene Angebote (Stückzahl)}} \times 100 = \ldots \%$$

Angebotserfolg

Diese Kennzahl zeigt, wie erfolgreich der Betrieb mit seinen Angeboten bei den Kunden war.

Stammkunden

Anteil der Stammkunden

$$\frac{\text{alter Kundenbestand}}{\text{gesamter Kundenbestand}} \times 100 = \ldots \%$$

> Diese Kennzahl informiert über die Zusammensetzung und Entwicklung des Kundenstammes.

Finanzwirtschaftliche Kennzahlen

Anlagenintensität

Anlagenintensität

$$\frac{\text{Anlagevermögen}}{\text{Gesamtvermögen (laut Bilanzsumme)}} \times 100 = \ldots \%$$

> Die Anlagenintensität informiert über den Anteil des Anlagevermögens am Gesamtvermögen.

Umlaufintensität

Umlaufintensität

$$\frac{\text{Umlaufvermögen}}{\text{Gesamtvermögen}} \times 100 = \ldots \%$$

> Diese Kennzahl gibt den Anteil des Umlaufvermögens am Gesamtvermögen an.

Eigenkapitalintensität

Eigenkapitalintensität

$$\frac{\text{Eigenkapital}}{\text{Gesamtkapital}} \times 100 = \ldots \%$$

> Diese Kennzahl informiert über den Anteil des Eigenkapitals am Gesamtkapital.

Fremdkapitalintensität

Fremdkapitalintensität

$$\frac{\text{Fremdkapital}}{\text{Gesamtkapital}} \times 100 = \ldots \%$$

> Diese Kennzahl informiert über den Anteil des Fremdkapitals am Gesamtkapital.

Verschuldungsgrad

$$\frac{\text{Fremdkapital}}{\text{Eigenkapital}} \times 100 = \dots \%$$

Verschuldungsgrad

> Diese Kennzahl gibt Aufschluss darüber, in welchem Umfang ein Betrieb im Vergleich zum Eigenkapital auf fremde Mittel angewiesen ist.

Anlagendeckung I

$$\frac{\text{Eigenkapital}}{\text{Anlagevermögen}} \times 100 = \dots \%$$

Anlagendeckung I

> Diese Kennzahl informiert darüber, inwieweit das Anlagevermögen durch Eigenkapital gedeckt ist.

Anlagendeckung II

$$\frac{\text{Eigenkapital + langfristiges Fremdkapital}}{\text{Anlagevermögen}} \times 100 = \dots \%$$

Anlagendeckung II

> Diese Kennzahl gibt an, inwieweit das Anlagevermögen durch Eigenkapital und langfristiges Fremdkapital gedeckt ist.

Dauer der Außenstände

$$\frac{\text{Durchschnittliche Bestände an Forderungen aus Lieferungen und Leistungen}}{\text{Umsatzerlöse (Rechnungsausgang)}} \times 360 = \dots \text{ Tage}$$

Außenstände

> Diese Kennzahl ist wichtig für die Überwachung der Außenstände und die Organisation des betrieblichen Mahnwesens sowie für die Finanzierung des kurzfristigen Kapitalbedarfs.

Kapitalumschlag

$$\frac{\text{Betriebsleistung (Umsatz)}}{\text{Gesamtkapital}} = \dots$$

Kapitalumschlag

> Die Kennzahl gibt an, wie oft sich das Gesamtkapital im Jahr umschlägt.

Lieferantenverbindlichkeiten

Umschlagsdauer der Lieferantenverbindlichkeiten

$$\frac{\text{Durchschnittlicher Bestand an Verbindlichkeiten aus Lieferungen und Leistungen}}{\text{Bezogene Lieferungen und Leistungen (Rechnungseingang im Jahr)}} \times 360 = \ldots \text{ Tage}$$

> Diese Kennzahl gibt die durchschnittliche Inanspruchnahme des Zahlungsziels bei Lieferanten an.

Cash-flow

Cash-flow

Jahresüberschuss/Jahresfehlbetrag + Abschreibungen = ... EUR

> Der Cash-flow zeigt auf, welche finanziellen Mittel für Investitionen, Tilgung von Verbindlichkeiten und Entnahme bzw. Gewinnausschüttung zur Verfügung stehen.

Liquidität

Liquidität 1. Ordnung

$$\frac{\text{Zahlungsmittel (Kasse, Postbank, Bank, Wechsel, Scheck usw.)}}{\text{kurzfristige Verbindlichkeiten}} \times 100 = \ldots \%$$

Liquidität 2. Ordnung

$$\frac{\text{Zahlungsmittel + kurzfristige Forderungen}}{\text{kurzfristige Verbindlichkeiten}} \times 100 = \ldots \%$$

Liquidität 3. Ordnung

$$\frac{\text{Zahlungsmittel + kurzfristige Forderungen + Vorräte}}{\text{kurzfristige Verbindlichkeiten}} \times 100 = \ldots \%$$

> Die Liquiditätskennzahlen geben Auskunft darüber, in welchem Umfang der Betrieb seinen fälligen Verpflichtungen nachkommen kann.

Kennzahlen für die Rentabilität

Eigenkapitalrendite

Rentabilität des Eigenkapitals

$$\frac{\text{Gewinn pro Jahr}}{\text{Eigenkapital}} \times 100 = \ldots \%$$

> Die Eigenkapitalrentabilität gibt an, mit wie viel Prozent sich das Eigenkapital im Betrieb verzinst.

Rentabilität des Gesamtkapitals

$$\frac{\text{Gewinn + Fremdkapitalzinsen pro Jahr}}{\text{Gesamtkapital}} \times 100 = \ldots \%$$

Gesamtkapitalrendite

> Diese Kennzahl gibt Auskunft über die Rentabilität des gesamten Kapitals, das im Betrieb investiert ist. Je höher der Gewinn und je kleiner das Eigenkapital bzw. das Gesamtkapital ist, desto höher ist die Rentabilität des Eigenkapitals bzw. des Gesamtkapitals.

Umsatzrentabilität

$$\frac{\text{Gewinn pro Jahr}}{\text{Umsatzerlöse}} \times 100 = \ldots \%$$

Umsatzrentabilität

> Die Umsatzrentabilität zeigt auf, wie viel Gewinn der Umsatz in einer Rechnungsperiode abwirft. Die Umsatzrentabilität kann insgesamt als die wichtigste betriebswirtschaftliche Kennzahl angesehen werden.

Spezielle Kennzahlen für Sonderinformationen

In besonders gelagerten Fällen können notwendige Sonderinformationen durch die Bildung spezieller Kennzahlen ermittelt werden.

> Die Verwertbarkeit und Aussagefähigkeit der Kennzahlen erhöht sich, wenn man sie im Rahmen des innerbetrieblichen Vergleichs früheren Kennzahlen gegenüberstellt und im zwischenbetrieblichen Vergleich mit Branchenkennzahlen vergleicht.

Vergleiche

1.4.4 Budgetierung

> Aufgabe der Budgetierung ist es, Budgets zu erstellen und deren Einhaltung zu kontrollieren. Ein Budget ist ein kurzfristiger Plan, der die Verwendung von betrieblichen Mitteln festlegt. Budgets können sich auf die unterschiedlichsten Größen beziehen:
> Zählbare bzw. bewertbare Größen, auf die sich Budgets beziehen können:
> - Umsatz (Erlöse)
> - Kosten
> - Einnahmen
> - Ausgaben
> - Deckungsbeiträge
> - Produktionsmengen
> - Verkaufsmengen.
>
> Budgets werden für einen genau bestimmten Zeitraum vorgegeben.

Wichtige Größen

Zeitvorgaben

Abbildung 79

Hauptzweck

Die Aufstellung von langfristigen Budgets macht im Allgemeinen keinen Sinn, da es der Hauptzweck von Budgets ist, überschaubare Entwicklungen zu steuern und zu kontrollieren. Je kürzer ein Budgetintervall ist, desto öfter kann man kontrollieren, ob das Budget auch eingehalten wurde. Ist dies nicht der Fall, so müssen Maßnahmen ergriffen werden, dieser Entwicklung gegenzusteuern.

Grundsätzlich unterscheidet man zwei Arten von Budgets. Diejenigen, die nicht überschritten werden dürfen, nennt man Positivbudgets. Budgets, die mindestens erreicht, wenn nicht sogar überschritten werden sollen, heißen Negativbudgets. Kostenbudgets gehören der ersten Gruppe an; Umsatz, Deckungsbeiträge und Produktionsmengen zählen zur zweiten Gruppe.

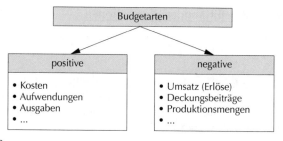
Abbildung 80

Über-/Unterschreitungen

Derjenige, der die Verantwortung für ein Budget hat, muss dafür Sorge tragen, dass es eingehalten wird. Im Falle einer Über- bzw. Unterschreitung muss er dem Betriebsinhaber Rechenschaft darüber ablegen, wie es dazu kam.

Leistungs- und Kostenvorgabe

Diese Art der Leistungs- oder Kostenvorgabe sollte allerdings nicht als ein Mittel zur Bestrafung des Mitarbeiters eingesetzt werden, sondern vielmehr zu seiner Motivation beitragen. Es erscheint verständlich, dass ein Mitarbeiter, der die Gelegenheit hat, einen Kostenbereich selbstständig zu steuern, motivierter an die Arbeit gehen wird. Die ihm übertragene Verantwortung und das Inaussichtstellen einer Belohnung bei Budgetunterschreitungen, werden sich positiv auf seine Arbeitszufriedenheit auswirken. Besonders motivierend kann es für einen Mitarbeiter sein, wenn er z.B. die Höhe und die Laufzeit eines Budgets beeinflussen kann.

1.4.4 Budgetierung

> Die Aufstellung und Überwachung von Budgets bieten die besondere Möglichkeit, viele unterschiedliche Betriebsbereiche kostenmäßig besser steuerbar zu gestalten. Durch den gewonnenen Überblick ist der Betriebsinhaber in der Lage, die Kostensituation besser abzuschätzen und eventuell nötige Lenkungsmaßnahmen frühzeitig zu ergreifen.

Steuerung der Kosten

Abbildung 81

Ein sehr gutes und einfaches Beispiel für ein Budget stellt das Haushaltsgeld dar. Am Monatsanfang wird festgelegt, welcher Betrag für Essen und Trinken im Monat ausgegeben werden darf. Derjenige, dem die Haushaltsführung obliegt, wird sich nun Gedanken darüber machen, wie viel und was er einkaufen wird. Bleibt bei sparsamer Haushaltsführung am Monatsende etwas in der Kasse, so kann z. B. eine Belohnung in Form eines gemeinsamen Restaurantbesuches erfolgen oder die Urlaubskasse aufgefüllt werden.

Beispiel Haushaltsführung

Dieses Beispiel, das jedermann geläufig ist, wird im Folgenden auf eine betriebliche Situation übertragen:

Beispiel für die Aufstellung eines betrieblichen Budgets:
In einem Elektroinstallationsbetrieb ist ein Mitarbeiter für die Annahme und Durchführung von Reparaturaufträgen von Heim-Elektrogeräten (z.B. Waschmaschinen, Herde, Küchengeräte etc.) zuständig. Sein Jahreslohn beträgt 28.000,00 EUR. Der Betriebsinhaber möchte erreichen, dass die Reparaturabteilung kostendeckend arbeitet. Um dies zu erreichen, stellt er für seinen Servicemitarbeiter folgendes Budget auf:

Beispiel für ein betriebliches Budget

Jahresentgelt (Bruttolohn inkl. Lohnzusatzkosten)		28.000,00 EUR
Gemeinkostenzuschlag (Verwaltung, sonstige betriebliche Kosten)	78 %	21.840,00 EUR
kostendeckender Umsatz ohne Material		49.840,00 EUR
durchschnittlicher Materialeinsatz pro Auftrag	35 %	17.444,00 EUR
kostendeckender Umsatz inkl. Material, ohne Ust.		67.284,00 EUR
kostendeckender Umsatz inkl. Material, inkl. Ust.		78.049,44 EUR

Das Jahresbudget für den Servicemitarbeiter beträgt, lediglich Kostendeckung unterstellt, 78.049,44 EUR. Das vierteljährlich zu erwirtschaftende Budget beläuft sich demnach auf 19.512,36 EUR. Daraus resultiert eine Monatsvorgabe von 6.504,12 EUR und ein Mindestwochenumsatz von 1.626,03 EUR.

Anreiz für Mitarbeiter

Durch diese Art der Budgetvorgabe kann dem Mitarbeiter ein Anreiz geboten werden, ein größeres Auftragsvolumen einzuwerben und abzuarbeiten. Der Mitarbeiter kann bei einer solchen objektiven Vorgabe leicht erkennen, dass er diese Zahlen erreichen muss, um seinen Arbeitsplatz für den Betriebsinhaber kostendeckend bzw. rentabel zu halten. Ein möglicher Anreiz für den Servicemitarbeiter mehr Aufträge einzuwerben, könnte beispielsweise darin liegen, dass er an den Umsätzen, die über dem Jahresbudget getätigt werden, prozentual beteiligt wird.

Übungs- und Prüfungsaufgaben

1. **Welche Hauptaufgaben hat das Controlling in Handwerksbetrieben?**

„Siehe Seite 197 des Textteils!"

2. **Ziel des Controllings in Handwerksbetrieben ist es,**
   - ☐ a) nur die Produktion des Betriebes auf die Unternehmensziele hin auszurichten.
   - ☐ b) Unternehmensziele zu bilden und den Mitarbeitern mitzuteilen.
   - ☐ c) Informationen über die Mitarbeiter zu erhalten.
   - ☐ d) alle Führungsbereiche auf die Unternehmensziele auszurichten.
   - ☐ e) den Jahresabschluss vor der Betriebsprüfung zu kontrollieren.

„Siehe Seite 197 des Textteils!"

3. **Controlling als Prozess bedeutet,**
   - ☐ a) dass die im Betrieb mitarbeitende Meisterfrau die Auftragszettel auf Vollständigkeit prüft.
   - ☐ b) dass Ist- und Sollwerte stets verglichen werden müssen und bei Abweichungen gegengesteuert werden muss.
   - ☐ c) dass niemand in laufende Betriebsabläufe eingreifen darf.
   - ☐ d) dass der Steuerberater für Kalkulationszwecke herangezogen wird.
   - ☐ e) dass nur die Arbeitszeiten der Mitarbeiter kontrolliert werden.

„Siehe Seite 198 des Textteils!"

4. **Erläutern Sie die drei Schritte der Schwachstellenanalyse.**

„Siehe Seite 199 des Textteils!"

5. **Welche Unternehmensbereiche müssen einer Schwachstellenanalyse unterworfen werden?**

„Siehe Seite 198 des Textteils!"

6. **Erklären Sie welche Hauptpunkte in einer graphischen Schwachstellenübersicht enthalten sein sollten?**

„Siehe Seite 199 des Textteils!"

7. **Beschreiben Sie wichtige Kennzahlenbereiche!**

„Siehe Seite 200 des Textteils!"

8. **Welche zwei Arten von Kennzahlen lassen sich grundsätzlich unterscheiden?**

„Siehe Seite 200 des Textteils!"

1.4 Controlling

9. Erläutern Sie wichtige Kennzahlen!
a) **Aus dem Bereich der Personalwirtschaft**
b) **Aus dem Bereich der Fertigungswirtschaft**

„Siehe Seiten 201, 203 des Textteils!"

10. Das Verhältnis der Werkstoffkosten zur Betriebsleistung ergibt sich aus folgender Formel:

☐ a) $\dfrac{\text{Betriebsleistung}}{\text{Werkstoffkosten}} \times 100$

☐ b) $\dfrac{\text{Betriebsleistung}}{\text{Werkstoffkosten}} : 100$

☐ c) $\dfrac{\text{Werkstoffkosten}}{\text{Betriebsleistung}} : 100$

☐ d) $\dfrac{\text{Werkstoffkosten}}{\text{Betriebsleistung}} \times 100$

☐ e) $\dfrac{\text{Werkstoffkosten} - \text{Betriebsleistung}}{\text{Betriebsleistung} - \text{Werkstoffkosten}} \times 100$

„Siehe Seite 204 des Textteils!"

11. Die durchschnittliche Lagerdauer des Materials im Betrieb ergibt sich aus folgender Kennzahl:

☐ a) $\dfrac{\text{Wareneingang}}{\text{Warenausgang}}$

☐ b) $\dfrac{\text{Warenausgang}}{\text{Warenbestand}}$

☐ c) $\dfrac{\text{Lagerbestand}}{\text{Werkstoffkosten (Materialverbrauch)}} \times 100$

☐ d) $\dfrac{\text{Lagerbestand}}{\text{Umsatzerlöse}} \times 360$

☐ e) $\dfrac{\text{durchschnittlicher Lagerbestand}}{\text{Werkstoffkosten (Materialverbrauch)}} \times 360$

„Siehe Seite 205 des Textteils!"

12. Die Anlagendeckung II ergibt sich aus folgender Formel:

☐ a) $\dfrac{\text{Eigenkapital}}{\text{Anlagevermögen}}$

☐ b) $\dfrac{\text{Eigenkapital + langfristiges Fremdkapital}}{\text{Anlagevermögen}} \times 100$

☐ c) $\dfrac{\text{Anlagevermögen}}{\text{langfristiges Fremdkapital}}$

☐ d) $\dfrac{\text{Fremdkapital}}{\text{Eigenkapital}}$

☐ e) $\dfrac{\text{Anlagevermögen}}{\text{kurzfristiges Fremdkapital}}$

„Siehe Seite 207 des Textteils!"

13. Die Umsatzrentabilität eines Unternehmens ergibt sich aus folgender Formel:

☐ a) $\dfrac{\text{Rohgewinn}}{\text{Umsatzerlöse}} \times 100$

☐ b) $\dfrac{\text{Gewinn}}{\text{Umsatzerlöse}} \times 100$

☐ c) $\dfrac{\text{betriebliches Eigenkapital}}{\text{Umsatzerlöse}} \times 100$

☐ d) $\dfrac{\text{Reinvermögen}}{\text{Umsatzerlöse}} \times 100$

☐ e) $\dfrac{\text{Gewinn + Fremdkapitalzinsen}}{\text{durchschnittliches Gesamtkapital}} \times 100$

„Siehe Seite 209 des Textteils!"

14. Welche Aufgabe hat die Budgetierung?

„Siehe Seite 209 des Textteils!"

15. Erklären Sie auf welche bewertbaren Größen sich ein Budget beziehen kann?

„Siehe Seite 209 des Textteils!"

16. Bei der Aufstellung von Budgets sollte man vor allem darauf achten,
- ☐ a) dass sie für einen genau bestimmten Zeitraum vorgegeben werden.
- ☐ b) dass sie möglichst zeitlich nicht begrenzt sind.
- ☐ c) dass für ein Budget möglichst viele Entscheidungsträger verantwortlich sind.
- ☐ d) dass sie so bemessen sind, dass eine Erfüllung des Vorgabewertes nicht möglich ist.
- ☐ e) dass sie von demjenigen aufgestellt werden sollen, der sie später auch einhalten muss.

„Siehe Seite 209 des Textteils!"

17. Erläutern Sie die zwei Budgetarten!

„Siehe Seite 210 des Textteils!"

18. Beschreiben Sie kurz den Budgetierungsprozess!

„Siehe Seite 211 des Textteils!"

19. Stellen Sie beispielhaft ein Jahres-, Monats- und Wochenbudget für einen Mitarbeiter der Reparaturabteilung eines Handwerksbetriebs auf!

„Siehe Seite 211 des Textteils!"

2 Handlungsfeld: Grundlagen wirtschaftlichen Handelns im Betrieb

2.1 Handwerk in Wirtschaft und Gesellschaft

2.1.1 Stellung des Handwerks in der Volkswirtschaft

2.1.1.1 Grundzüge der volkswirtschaftlichen Zusammenhänge

Bedürfnisse, Bedarf, Wirtschaft

Jeder Mensch hat Grundbedürfnisse zur Bewältigung seines Lebens. Neben den Mindestbedürfnissen an Nahrung, Kleidung und Wohnung entstanden je nach Kultur- und Entwicklungsstand der Menschen weitere Bedürfnisse wie Sicherheitsbedürfnisse, soziale Bedürfnisse, Wertschätzungsbedürfnisse und Entwicklungsbedürfnisse.

> Die Bedürfnisse des Menschen, die am Markt zu Nachfrage nach Gütern und Dienstleistungen führen, nennt man Bedarf. Die Herstellung und Verteilung von Gütern und Dienstleistungen bezeichnet man als Wirtschaft. Die Wirtschaft eines Landes (auch Volkswirtschaft genannt) stellt also Güter und Dienstleistungen zur Befriedigung der menschlichen Bedürfnisse her und übernimmt deren Verteilung.

Bedarf

Volkswirtschaft

Produktion

Die Grundlagen für die Gütererzeugung sind die Produktionsfaktoren Boden (Bodenfläche und Bodenschätze/Rohstoffe), Arbeit und Kapital.
Die Natur bietet uns die notwendigen Rohstoffe. Unter Kapital versteht man Sachkapital (Werkzeuge, Maschinen, Betriebsanlagen usw.)
Die Produktion von Gütern und Dienstleistungen geschieht dadurch, dass in einer Produktionsstätte (Betrieb) Arbeitskräfte, Maschinen, Gebäude und Rohstoffe eingesetzt werden. Das gesamte Sachkapital wird durch die „Produktion" abgenutzt und verliert an Wert. Zur Erhaltung und zur Steigerung der Leistungsfähigkeit des Wirtschaftens muss das Sachkapital immer wieder durch Investitionen erneuert und erweitert werden. Dies setzt eine laufende Kapitalbildung voraus. Kapital kann aber nur gebildet werden, wenn nicht das gesamte Brutto-Inlandprodukt verbraucht wird, sondern ein Teil davon über das Sparen wieder in die Investition fließt.

Produktionsfaktoren

Investitionen

Sparen

> Um die drei Produktionsfaktoren in bester Weise wirksam werden zu lassen, ist unternehmerisches Können erforderlich. Jedes Unternehmen ist also innerhalb der Volkswirtschaft eine Einheit, die durch die Verbindung der Produktionsfaktoren zur volkswirtschaftlichen Leistung beiträgt.

Unternehmerisches Können

Brutto-Inlandsprodukt

Entstehung

> Das Bruttoinlandsprodukt ist der Maßstab zur Erfassung der gesamtwirtschaftlichen Leistung. Es umfasst die in einem Wirtschaftsgebiet (beispielsweise Deutschland) in einem bestimmten Zeitraum erbrachten Güter und Dienstleistungen.

Wirtschaftswachstum   Durch Wirtschaftswachstum, das unter anderem durch mehr Leistung pro Arbeitskraft erreicht wird, wird das Inlandsprodukt erhöht.

Handwerk   Der Beitrag der verschiedenen Wirtschaftszweige zum Bruttoinlandsprodukt ist unterschiedlich. Das Handwerk ist mit rund 10,4 % beteiligt.

Verwendung

Abbildung 82

Privater Verbrauch
Investitionen

Der Anteil des privaten Verbrauchs am Inlandsprodukt dient der Steigerung des Lebensstandards. Ein weiterer, nicht verbrauchter Teil des Inlandsprodukts wird investiert (Kauf von Maschinen, Fabriken und Anlagen) und trägt dazu bei, die Produktion für die Zukunft zu erhalten und nach Möglichkeit zu steigern. Das vom Bürger gesparte Geldkapital wird also wieder teilweise in Sachkapital umgewandelt.

Staatsverbrauch

Außenbeitrag

Ein dritter Teil des Inlandsprodukts wird vom Staat für die Erfüllung seiner Aufgaben beansprucht. Ein vierter Teil wiederum wird exportiert. Werden davon die Importe abgezogen, so erhält man den Außenbeitrag. Abbildung 83 gibt eine Übersicht über die Verwendung des Brutto-Inlandsprodukts in Deutschland:

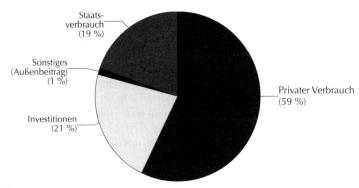

Abbildung 83

Geld und Währung

Früher funktionierte der Ablauf der Güterverteilung durch Tausch von Waren. Über den Tausch von Edelmetallen entstand zunächst Metallgeld, später entwickelte sich daraus das Papiergeld. Neben seiner Funktion als Tauschmittel hat das Geld als Recheneinheit und als Wertaufbewahrungsmittel Bedeutung.

Tausch
Metallgeld
Papiergeld

Abbildung 84

Am 1.1.1999 wurde mit der Europäischen Währungsunion begonnen. Die europäische Währungseinheit heißt für alle Länder, die der Währungsunion angehören, Euro. Der Euro ist auch in Deutschland seit 1.1.1999 die geltende Währung.

Europäische Währungsunion
Euro

Seit 1.1.2002 ist der Euro gesetzliches Zahlungsmittel in Form von Euro-Banknoten und -Münzen.

Unter Währung versteht man die Ordnung des Geldwesens innerhalb eines Landes oder eines Wirtschaftsgebietes sowie die Wertbeziehungen und den Zahlungsverkehr zu anderen Ländern.

Währung

Der Begriff Währung bezieht sich also sowohl auf eine volkswirtschaftliche Größe eines Landes oder eines Gebietes (Europäische Währungsunion) mit einheitlichem Geldwesen als auch auf das Verhältnis zu den Währungen anderer Länder.

Kaufkraft	Der Wert des Geldes spielt eine wichtige Rolle: Er beruht auf seiner Kaufkraft.

Die Kaufkraft wiederum hängt unter anderem davon ab, wie viel Geldvorrat dem Gütervorrat gegenübersteht. Der Geldvorrat soll dem Gütervorrat wertmäßig entsprechen. Bleibt die Warenmenge gleich und die Geldmenge steigt, lässt der Geldwert nach und man spricht von einer inflationären Entwicklung. Würde die Warenmenge gleich bleiben und die Geldmenge sinken, steigt die Kaufkraft des Geldes. Man spricht dann von einer deflatorischen Entwicklung.

Inflation	(siehe Absatz oben)
Europäische Zentralbank (EZB)	Mit Beginn der Europäischen Währungsunion hat die Europäische Zentralbank (EZB) in Frankfurt/Main die geldpolitische Verantwortung übernommen. Die nationalen Zentralbanken sind rechtlich eigenständige Untergliederungen der EZB und somit Bestandteil des Systems Europäischer Zentralbanken (ESZB). Die EZB ist verpflichtet, vorrangig das Ziel der Preisstabilität in Unabhängigkeit von den Regierungen zu verfolgen und für einen stabilen Euro zu sorgen. Sie setzt dabei auf eine vorausschauende Geldmengenstrategie, die auch der Fiskalpolitik und der Wirtschafts- und Tarifpolitik eine klare Orientierung gibt. Die EZB muss, um ihren Stabilitätsauftrag erfüllen zu können, die Unterstützung der Länderregierungen dabei haben.
Stabilitätspakt	Darauf haben sich die Teilnehmerländer des Euro in einem Stabilitätspakt geeinigt, der insbesondere darauf ausgerichtet ist, Haushaltsdisziplin und Schuldenbegrenzung in den einzelnen Ländern zu gewährleisten.
Instrumente der EZB	Die EZB hat selbst eigene Instrumente der Geldpolitik, um ihre Aufgaben und Ziele zu erreichen. Dazu gehören u.a.:

1. Die Durchführung von Offenmarktgeschäften zur Steuerung der Zinssätze, der Kontrolle der Liquiditätslage am Geldmarkt und der Signalisierung des geldpolitischen Kurses.
2. Die zur Verfügungstellung ständiger Fazilitäten (= Möglichkeit für die Inanspruchnahme sehr kurzfristiger Kredite), um rasch Liquidität bereitstellen oder vom Markt nehmen zu können.
3. Die Verpflichtung der Kreditinstitute zur Haltung von Mindestreserven auf Konten bei den nationalen Zentralbanken. Über den Einsatz aller Instrumente der EZB bestimmt der EZB-Rat.

2.1.1.2 Wirtschaftssysteme, Merkmale der sozialen Marktwirtschaft

Als Wirtschaftssystem oder Wirtschaftsordnung bezeichnet man den organisatorischen Aufbau und Ablauf einer Volkswirtschaft. Die zwei extremen Formen sind die freie Marktwirtschaft und die Planwirtschaft (Zentralverwaltungswirtschaft). Nach dem Zusammenbruch der östlichen Planwirtschaften kommen beide in ihrer Reinform allerdings nur noch selten vor. Weit größere Bedeutung haben die entsprechenden Abwandlungen zwischen beiden Formen.

Abbildung 85 gibt einen Überblick über die wichtigsten Wirtschaftssysteme:

Abbildung 85

Freie Marktwirtschaft

In der freien Marktwirtschaft vollziehen sich Herstellung, Verteilung und Verbrauch von Gütern und Leistungen überwiegend ohne Vorschriften und Maßnahmen des Staates. Der Preis wird durch Angebot und Nachfrage bestimmt.

Preisbildung

Wird mehr Ware angeboten als nachgefragt, zeigt der Preis eine sinkende Tendenz. Ist das Angebot dagegen bei einer großen Nachfrage gering, so steigt der Preis. Entscheidendes Merkmal der freien Marktwirtschaft ist der uneingeschränkte Wettbewerb, also die vollkommene Konkurrenz.

Uneingeschränkter Wettbewerb

Zentralverwaltungswirtschaft

Die Zentralverwaltungswirtschaft, auch gelenkte Wirtschaft genannt, ist dadurch gekennzeichnet, dass allein der Staat und nicht der Einzelne festlegt, was erzeugt wird und wie die erzeugten Güter zur Verteilung gelangen.

Planung

Der Staat bestimmt also durch Plan, was und wie viel hergestellt wird und nimmt somit Einfluss auf Preis-, Spar-, Lohn- und Eigentumspolitik. Dieses staatswirtschaftliche System lässt die persönliche Initiative und das freie Unternehmertum nicht wirksam werden.

Merkmale der sozialen Marktwirtschaft

Das in der Bundesrepublik praktizierte System der sozialen Marktwirtschaft geht davon aus, dass die Gemeinschaft und der Einzelne vor Auswüchsen in der Preisgestaltung und vor sozialen Unsicherheiten geschützt werden.

> Die soziale Marktwirtschaft enthält vorwiegend die Elemente der freien Marktwirtschaft, denen aber durch Gesetze und Einwirkungen des Staates, beispielsweise durch wettbewerbs- und durch sozialpolitische Maßnahmen, Grenzen gesetzt sind.

Wichtige Bestandteile

Freie Marktpreisbildung in möglichst vielen Bereichen, Freiheit der Berufswahl und Berufsausübung, freies Unternehmertum, privates Eigentum an Produktionsmitteln und Freiheit des selbstständigen wirtschaftlichen Handelns sind Wesensbestandteile der sozialen Marktwirtschaft.

Aufgaben der Wirtschaftspolitik

Es gibt vier zentrale Aufgaben der staatlichen Wirtschaftspolitik, die aus der folgenden Abbildung ersichtlich sind:

Abbildung 86

2.1.1.3 Einordnung des Handwerks in die Gesamtwirtschaft

Volkswirtschaftliche Aufgaben des Handwerks

<u>Entwicklungsgeschichtliche Betrachtung</u>

> Früher war es die alleinige wirtschaftliche Aufgabe des Handwerks, Güter herzustellen, die der Mensch zur Befriedigung der elementaren Lebensbedürfnisse – Nahrung, Wohnung und Bekleidung – benötigte.

Haushandwerk Berufshandwerk

Mit einfachen Hilfsmitteln, aus der Verbindung von Geist und manueller Geschicklichkeit, erfüllte zunächst das Haushandwerk und später das Berufshandwerk seine wirtschaftliche Aufgabe als Träger der gesamten Produktion von Gebrauchs- und Verbrauchsgütern.

Kulturelle Leistungen

Dank seiner wirtschaftlichen Leistungskraft hat sich das Handwerk im Laufe der Zeit zu Leistungen weiterentwickelt, die in den kulturellen Bauleistungen und im Städtebau des Mittel- und Spätmittelalters einen Höhepunkt fanden.

Technisierung

Die Technisierung und der daraus folgende Wandel in den Arten des Wirtschaftens ließen aus dem Handwerk heraus die industrielle Gütererzeugung entstehen, die heute überwiegt. Daher wurde das Handwerk aus einigen Bereichen der gewerblichen Produktion verdrängt.

Die aktuellen Aufgaben des Handwerks

> Heute kommen dem Handwerk durch das Entstehen neuer Werkstoffe, neuer Erfindungen, neuer Technologien und neuer Industriezweige zusätzliche volkswirtschaftliche Aufgaben zu. Viele industrielle Erzeugnisse (zum Beispiel sanitäre Einrichtungsgegenstände, Heizungsanlagen, Erzeugnisse der Elektroindustrie und andere) werden erst durch Leistungen des Handwerks (Montage) zu einem gebrauchsfähigen Wirtschaftsgut für den Letztverbraucher.

Abgesehen von einigen Arbeitsgebieten, auf denen die industrielle Massenproduktion und die handwerklichen Erzeugnisse im Wettbewerb stehen (zum Beispiel Bekleidungshandwerk – Bekleidungsindustrie), hat sich in unserer Volkswirtschaft zwischen Handwerk, Industrie und Dienstleistern als Trägern der gewerblichen Wirtschaft eine weitgehende volkswirtschaftlich wünschenswerte Arbeitsteilung vollzogen.

Arbeitsteilung

Die nachstehende Abbildung zeigt die wesentlichen volkswirtschaftlichen Aufgaben des Handwerks im Überblick:

Abbildung 87

> Die Nachfrage nach individueller Befriedigung der Bedürfnisse und somit nach Qualität, Maßarbeit und kreativen Leistungen ist groß. In der Deckung des gehobenen Bedarfs und der persönlichen Dienstleistungen sowie der individuellen Problemlösungen liegen die Stärke und die Zukunftschancen eines großen Teils der handwerklichen Leistungen und Produkte.

Leistungsstruktur des Handwerks

Das Handwerk ist nach der Industrie der zweitstärkste Wirtschaftsbereich unserer Volkswirtschaft. Die Leistungsstruktur ist vielseitig. Deshalb bezeichnet man das Handwerk auch als Deutschlands vielseitigsten Wirtschaftsbereich.

Leistungen des Gesamthandwerks

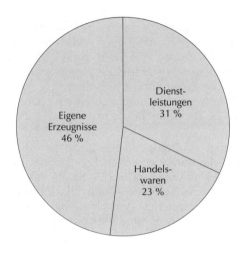

Abbildung 88

Abnehmergruppen

Vom Gesamtumsatz des Handwerks entfallen nach den wichtigsten Abnehmergruppen auf:
- private Haushalte   45 %.
- gewerbliche Wirtschaft   42 %.
- öffentliche Auftraggeber 13 %.

Die amtliche Statistik teilt die Aktivitäten des Handwerks nach Leistungsbereichen und wirtschaftlichen Funktionen wie folgt ein:

Abbildung 89

Konsumgüterhandwerke

Die Konsumgüterhandwerke werden in folgende Bereiche unterteilt:

Abbildung 90

Nahrungsmittelhandwerke

> Bei der Versorgung der Bevölkerung mit Nahrungsmitteln deckt das Handwerk trotz zunehmender Zahl an Brotfabriken, Wurstfabriken, Großbrauereien und Verbrauchermärkten einen erheblichen Teil des Bedarfs.

Wesentliche Bedarfsdeckung

Beispielsweise werden 65 % der Brot- und Backwaren vom Bäckerhandwerk erzeugt und zu mehr als der Hälfte auch selbst im persönlichen Verkehr mit dem Verbraucher abgesetzt. Vom gesamten Umsatz an Fleisch- und Wurstwaren entfallen 49 % auf das Fleischer-/Metzgerhandwerk. Diesen nach wie vor hohen Anteil verdanken die Nahrungsmittelhandwerke auch der Tatsache, dass hier alle individuellen Verzehrs- und Geschmackswünsche berücksichtigt werden und vor allem frische Ware von hoher Qualität angeboten wird.

Qualität und Frische

Bekleidung, Textil, Leder

> Zum individuellen Bekleidungsbedarf tragen nach wie vor die Bekleidungshandwerke bei.

Aus der Verbindung von handwerklicher Verarbeitung des Materials und schöpferischer Phantasie prägt diese Berufsgruppe zu einem erheblichen Teil die modische Linie unserer Zeit und kann daher von der Massenproduktion der Bekleidungsindustrie nie ganz verdrängt werden.

Modische Linie

Haushalts- und Wohnbedarf

> Die Innenraumgestaltung und -ausstattung bietet heute ein weites handwerkliches Betätigungsfeld.

Die hohen Ansprüche breiter Kreise der Bevölkerung an verbesserte Wohnverhältnisse lassen den Bedarf weiter steigen.

Wohnkomfort

Verkehrsbedarf

> Die in dieser Gruppe zusammengefassten Handwerke rund um das Kraftfahrzeug haben innerhalb der Konsumgüterhandwerke eine herausragende Stellung.

Das hohe Mobilitätsbedürfnis unserer Wirtschaft und Gesellschaft und der damit steigende Motorisierungsgrad waren dafür die wesentlichen Ursachen.

Mobilität

Körper- und Gesundheitspflege

> Den Handwerken dieses Bereiches eröffnen sich in der Regel gute Zukunftschancen. Der Bedarf an derart personenbezogenen Dienstleistungen ist groß.

Personenbezogene Dienstleistungen

Unterhaltungs- und Freizeitbedarf, persönlicher Bedarf

Die in dieser Gruppe zusammengefassten Handwerke sind sehr stark auf den privaten Verbrauch ausgerichtet.

Private Kunden

Entsprechend kommt dem privaten Kunden als Abnehmer eine große Bedeutung zu. Die Entwicklungsmöglichkeiten in diesem Bereich hängen sehr stark von den verfügbaren Einkommen, dem Wohlstandsniveau, dem Wertewandel und der wachsenden Freizeit ab.

Investitionsgüterhandwerke

Die wichtigsten Investitionsgüterhandwerke sind in der folgenden Abbildung im Überblick dargestellt.

Abbildung 91

Bau- und Ausbauhandwerke

Das Bau- und Ausbauhandwerk stellt nach wie vor eine der stärksten Gruppen (40 % des Gesamthandwerksumsatzes) mit einer Vielzahl von Berufen dar und beweist damit, dass das produzierende Handwerk noch eine verhältnismäßig große Rolle in unserer Wirtschaft spielt. Der Anteil des Handwerks am gesamten Bauvolumen beträgt mehr als 70 %.

Wohnungsbau
Gewerblicher Bau
Öffentlicher Bau

Sanierung
Modernisierung

Im Wohnungsbau leistet das Handwerk einen Anteil von 85 % der Arbeitsstunden des Bauhauptgewerbes, im gewerblichen Bau 60 %, im öffentlichen Hochbau 75 % und im Straßenbau 60 %. Ohne die Bauhandwerke sind also viele unserer Wirtschaftsbauten, Wohnungsbauten und Kulturbauten überhaupt nicht denkbar. In erheblichem Umfang sind die Bau- und Ausbauhandwerke im Bereich der Stadtsanierung, der Denkmalpflege sowie der Sanierung und Modernisierung von Gebäuden aller Art tätig.

Technische Investitionsgüterhandwerke

Zulieferer

Die technischen Investitionsgüterhandwerke liefern sowohl den Investitionsgüterproduzenten zu, produzieren eigene maschinelle Ausrüstungen und führen auch Montage-, Reparatur- und Wartungsarbeiten an Maschinen und Anlagen aus.

Auf dem Sektor der Zulieferungen ist ein großer struktureller Umbruch im Gange. Die Industrie verlagert Produktionsbetriebe ins Ausland und/oder lagert Zulieferungen ins preisgünstigere Ausland aus. Sie will eine kleinere Zahl an Zulieferern. Ferner verlangt sie Qualitätsmanagement und Zertifizierung von den handwerklichen Zulieferern. Die Industrie legt immer mehr Wert darauf, dass nicht nur Produkte, sondern in Kombination auch Dienstleistungen angeboten werden. Schließlich will die Industrie von den Zulieferern größere Betriebseinheiten. Trotz dieser großen Probleme für die Zulieferer aus dem Handwerk haben diese auch in der Zukunft wirtschaftliche Chancen, denn die großen Industriebetriebe gliedern in zunehmendem Umfang aus Kostengründen Teilbereiche ihrer Produktion aus (Verringerung der Fertigungstiefe) und übertragen diese auf Zulieferer. Die Chancen der Handwerksbetriebe liegen vor allem in Qualität, Spezialwissen, Preiswürdigkeit, Flexibilität, Kooperationsfähigkeit, Zuverlässigkeit und Termintreue.

Chancen

Dienstleistungen für die gewerbliche Wirtschaft

> Diejenigen Handwerksberufe, die als Dienstleister für die gewerbliche Wirtschaft tätig sind, haben sich in den letzten Jahren expansiv entwickelt.

Betriebe, Beschäftigte, Umsätze

Handwerksbetriebe

> Zurzeit gibt es in der gesamten Bundesrepublik rund 855.000 Handwerks- und handwerksähnliche Betriebe.

Beschäftigte

> Gegenwärtig werden im Handwerk in Deutschland ca. 5,65 Millionen Menschen beschäftigt.

Über die Betriebsgrößen nach der Zahl der Beschäftigten im Gesamthandwerk informiert die nachstehende Abbildung.

Abbildung 92

Umsätze

Der Gesamtumsatz des deutschen Handwerks betrug im Jahre 2001 rd. 510 Mrd. EUR. Er erreicht damit rund 35 % des Umsatzes der Industrie. Der Durchschnittsumsatz pro Betrieb beläuft sich auf rd. 596.500,00 EUR und je Beschäftigten auf rd. 90.300,00 EUR.

Investitionen

Das Handwerk investiert jährlich rd. 15,0 Mrd. EUR in seine Betriebe.

2.1.1.4 Strukturwandel und Zukunftsperspektiven des Handwerks

Hauptprobleme des Strukturwandels

Das deutsche Handwerk befindet sich in einem umfassenden technisch und wirtschaftlich bedingten Strukturwandel.

Hauptprobleme

Die Hauptprobleme des Handwerks sind:
- geringe Eigenkapitalausstattung
- unzureichende Ertragslage
- hohe Lohnzusatzkosten
- Zunahme der Schwarzarbeit, der organisierten Nachbarschaftshilfe und Heimwerkerarbeiten (Do-it-yourself)
- Verdrängungswettbewerb durch Verbraucher- und Baumärkte
- Verdrängungswettbewerb durch Industrie und Handel
- mangelnde Berücksichtigung der Belange der Kleinbetriebe in der Steuer- und Sozialpolitik
- die rasante technologische Entwicklung

2.1.1 Stellung des Handwerks in der Volkswirtschaft

- Wandel des Absatzmarktes für zahlreiche Handwerksbetriebe von einem Verkäufer- zu einem Käufermarkt
- Veränderung in der Bevölkerungsstruktur
- hoher Sättigungsgrad bei Gütern und Dienstleistungen des täglichen Bedarfs
- Deckung des Nachwuchs- und Fachkräftebedarfs
- Verkürzung der Arbeitszeit
- Konkurrenz aus Niedriglohnländern
- die Öffnung der osteuropäischen Märkte
- die weltweite Globalisierung der Märkte.

Maßnahmen zur Bewältigung des Strukturwandels

Zur Lösung der Hauptprobleme des Handwerks im technischen und wirtschaftlichen Strukturwandel und zur Bewältigung der Herausforderungen sind Maßnahmen vor allem in drei Bereichen notwendig:

Abbildung 93

Die Handwerksbetriebe müssen bereit sein,   Betriebe
- neue Produkte **und** Dienstleistungen anzubieten.
- bestehende Leistungsangebote ständig an sich ändernde Marktbedingungen und Zielgruppen anzupassen.
- neue Absatzwege und Absatzgebiete zu erschließen.
- EDV sowie Informations- und Kommunikationstechnologien konsequent in Werkstatt und Büro einzusetzen.
- die Bereitschaft zu Kooperationen zu steigern.
- sich noch stärker an den Anforderungen der Kundenwünsche und deren Bedarf zu orientieren.

Die Handwerksorganisationen (Handwerkskammern, Fachverbände, Innungen) müssen ihre Förderungsmaßnahmen, insbesondere Beratung, Informationsvermittlung, Nachwuchssicherung sowie Aus- und Fortbildung ausweiten. Zur Stärkung des Handwerks in der EU und zur Verstärkung der Exportaktivitäten generell sind außenwirtschaftliche Kontaktstellen und Messebeteiligungen wichtig.   Handwerksorganisationen

Besonders wichtig ist die Schaffung handwerks- und mittelstandsfreundlicher wirtschaftlicher Rahmenbedingungen durch den Staat, vor allem in der Steuer-, Wettbewerbs-, Sozial- und Bildungspolitik.   Rahmenbedingungen

Zukunftsperspektiven und Entwicklungschancen des Handwerks

Entwicklungschancen handwerklicher Betätigung

Günstige Entwicklungsmöglichkeiten eröffnen sich bei entsprechenden Rahmenbedingungen vor allem:
- bei der Befriedigung des individuellen Bedarfs
- bei Reparatur- und Dienstleistungen
- bei der fachkundigen Beratung
- bei Leistungen im zunehmenden Freizeitbereich
- bei der Qualität der Produkte
- durch den technischen Fortschritt
- durch das Entstehen neuer Marktnischen
- durch Kundennähe und Kundenorientierung
- durch Kooperationen zum Angebot von Komplettleistungen.

Industrie – Handwerk

In unserer modernen und hoch entwickelten Volkswirtschaft bestehen einerseits klare Schwerpunkte der Tätigkeit von Handwerk und Industrie, andererseits auch enge Verknüpfungen zwischen Industrie und Handwerk.

Abbildung 94

Abbildung 95

Arbeitsteilung

Die in einer hoch entwickelten Volkswirtschaft bestehende Arbeitsteilung hat in vielen Bereichen zu einer engen Zusammenarbeit zwischen Industrie und Handwerk geführt.

> Die Industrie erhält vom Handwerk insbesondere:
> - Bau- und Reparaturleistungen
> - Dienstleistungen aller Art
> - Spezialmaschinen und Werkzeuge
> - Modelle, Mess- und Prüfgeräte
> - Einzelteile.
>
> Das Handwerk erhält von der Industrie unter anderem:
> - Rohstoffe und Halbfabrikate
> - Maschinen und Fahrzeuge.

Industrie und Handwerk schließen sich also nicht aus, vielmehr lassen neue Industriezweige auch neue Handwerkszweige entstehen (zum Beispiel Kfz-Industrie – Kfz-Handwerk).

Neue Handwerkszweige

Auch bei den neuen Technologien liegen die Chancen und Schwerpunkte für die Handwerksbetriebe in der Zulieferung an die Industrie sowie bei Montage, Installation und Wartung. Aufgrund der neuen Technologien ändern sich allerdings Leistungsangebot, Produktionsstruktur und Maschinen sowie das damit verbundene Wissen sehr rasch. Die Mikroelektronik sowie die Neu- und Weiterentwicklung von Informations-, Nachrichten-, Datenverarbeitungs-, Regelungs- und Steuerungstechnik, die Telekommunikation, Pneumatik, Hydraulik und die neuen Werkstoffe ersetzen vielfach herkömmliche Produkte und Dienstleistungen, öffnen den Weg zur Entwicklung flexibler Fertigungs- und Leistungssysteme und führen zu Rationalisierung und Automation.

Neue Technologien

Zusätzliche Chancen bietet in Zukunft auch der Umweltschutz. Gerade die Klein- und Mittelbetriebe des Handwerks sind hier bewährte Problemlöser. Das Handwerk muss sich verstärkt als umweltfreundlicher Wirtschaftsbereich präsentieren.

Umweltschutz

> Das Handwerk hat gute Voraussetzungen, die Zukunft zu bestehen. Damit verbunden ist jedoch auch ein ständiger Wandel in weiten Teilen des Handwerks, der zu neuen Berufen und Tätigkeitsschwerpunkten sowie teilweise auch zu anderen Betriebsgrößen führen wird.

2.1.2 Gesellschaftliche und kulturelle Bedeutung des Handwerks

2.1.2.1 Gesellschaftliche Bedeutung des Handwerks

Die Industriewirtschaft und die technisierte Umwelt führen vielfach zu einer Art von Selbstentfremdung des Menschen und lassen gewisse Vermassungstendenzen erkennen. Diesen Tendenzen wirkt das Handwerk in besonderem Maße entgegen.

> Die Betätigung im Handwerk bildet die Grundlage vieler selbstständiger Existenzen. Eine Marktwirtschaft kann nur funktionieren, wenn es eine große Zahl von selbstständigen Gewerbetreibenden gibt.
> Gesellschaftspolitisch betrachtet ist es von großer Bedeutung, dass eine beachtliche Anzahl der im Handwerk beschäftigten Personen tätige Inhaber und Familienangehörige sind und dass in den alten Bundesländern mehr als die Hälfte aller Handwerker auf eigenem Grund und Boden arbeitet. Jährlich legen Tausende von Gesellen die Meisterprüfung ab, machen sich selbstständig und schaffen neue Arbeitsplätze. Sie zeigen damit ein erhebliches Maß an Initiative, Eigenverantwortung und Risikofreudigkeit. Die breite Streuung der Betriebe auf Stadt und Land führt zu einer gesunden und sozial ausgewogenen Struktur unserer Volkswirtschaft. Zahlreiche Handwerker engagieren sich in ehrenamtlichen Aktivitäten in nahezu allen Lebensbereichen unserer Gesellschaft.

Selbstständige Existenzen

Eigenverantwortung

Ehrenamtliche Aktivitäten

Das Handwerk leistet über seine ökonomischen Aufgaben hinaus einen wichtigen Beitrag zur Sicherheit und Weiterentwicklung der demokratischen Staats- und Gesellschaftsordnung.

2.1.2.2 Kulturelle Bedeutung des Handwerks

Aus der Kulturgeschichte des Handwerks

Kulturelle Bedeutung

> So lange es eine Geschichte des Handwerks gibt, gibt es auch eine Kulturgeschichte des Handwerks. Zu allen Zeiten hat sich das Handwerk als starker Träger der Kultur erwiesen. Handwerk gestaltet also Kultur und kulturelle Lebensräume und trägt zur Sicherung der kulturellen Identität einer Region genauso bei wie zur kulturellen Vielfältigkeit in der Formgebung.

Bedeutende Künstler sind aus dem Handwerk hervorgegangen. Handwerker waren die Erbauer der Dome oder berühmter Schlösser, Patrizierhäuser oder Gemeinschaftsbauten. Sie formten Fassaden und Giebel, schmiedeten kunstvolle Gitter, schufen formschöne Luxusmöbel, schlugen aus Stein oder gossen aus Erz unvergessliche Denkmäler.

Künstler und Handwerker

Auch wenn Idee und Entwurf vielfach von Künstlerhand stammten, waren es dennoch Handwerker, welche der Idee unvergängliche Formen zu geben vermochten. Die Blütezeit des Handwerks war auch eine Blütezeit der Kultur.

Handwerk als Kulturträger

Handwerklich technisches Können und künstlerische Betätigung gehen vielfach ineinander über. Alle Kultur setzt Arbeit voraus. Die Arbeitswerte werden dadurch zu Kulturgütern, dass sie zum Ausdruck ihrer Zeit werden.

Schöpferisch gestaltende Kraft

> Nur schöpferisch gestaltende Arbeit kann Kulturgüter erzeugen. Gerade aber der Handwerker ist mit der Planung, Vertiefung und Vollendung seines Werkes persönlich aufs tiefste verbunden. Seine Werke sind nicht Serien- oder Massenartikel, sondern persönliche Qualitätsarbeiten, an denen vielfach ein Stück seines Lebens hängt. Der Handwerker vermag jedoch nur das in sein Werk zu legen, was er selbst in sich trägt. Daher sind das hohe Niveau seiner handwerklichen Fähigkeiten und Kenntnisse (Gesellenprüfung, Meisterprüfung) und die schöpferisch gestaltende Kraft seiner Persönlichkeit entscheidend.

Formgebung

Zweifellos hat sich durch die Fortentwicklung der Technik auch manches in der Formgebung des Handwerks wesentlich geändert. Die Formgebung des gestaltenden Handwerks und deren kulturelle Bedeutung kann aber auch beim heutigen Zug zur industrialisierten Technik und zum industriellen Design für die weitere Entfaltung der Kultur unseres Volkes nicht hoch genug eingeschätzt werden. Die kulturelle Tradition und Leistung des Handwerks sind für die Weiterentwicklung unserer abendländischen Gesamtkultur unentbehrlich.

2.1.3 Aufbau, Struktur und Aufgaben der Handwerksorganisationen

2.1.3.1 Aufbau der Handwerksorganisationen

Fachliche und regionale Organisationen

Die Handwerksorganisation wird in zwei Gruppen eingeteilt.

Abbildung 96 Fach   Gebiet

Fachlich ist die Handwerksorganisation aufgebaut in:
- Innungen   freiwillig
- Landesinnungsverbände
- Bundesinnungsverbände.

Der regionale Aufbau erfolgt nach
- Kreishandwerkschaften
- Handwerkskammern.

Zur Interessenvertretung gemeinsamer Belange auf Landes- und Bundesebene haben Handwerkskammern und Fachverbände Arbeitsgemeinschaften bzw. gemeinsame Dachorganisationen gebildet.   *Dachorganisationen*

Beispiele für die Landesebene
- Zusammenschluss der bayerischen Landesinnungsverbände im „Gesamtverband des bayerischen Handwerks"
- Zusammenschluss der bayerischen Handwerkskammern in der „Arbeitsgemeinschaft der bayerischen Handwerkskammern"
- Zusammenschluss der Landesfachverbände und der Handwerkskammern Bayerns im „Bayerischen Handwerkstag".

Gleiche oder ähnliche „Landeshandwerksvertretungen" gibt es auch in anderen Bundesländern.   *Landeshandwerksvertretung*

Die Bundesebene

Alle deutschen Handwerkskammern bilden den „Deutschen Handwerkskammertag" (DHKT).   *DHKT*
Die Bundesinnungsverbände sind in der „Bundesvereinigung der Fachverbände des deutschen Handwerks" (BFH) zusammengefasst.   *BFH*
Die Spitzenorganisation des gesamten deutschen Handwerks ist der „Zentralverband des Deutschen Handwerks" (ZDH).   *ZDH*

Dem ZDH gehören die in der Bundesvereinigung der Fachverbände zusammengeschlossenen Bundesinnungsverbände und die im Deutschen Handwerkskammertag zusammengeschlossenen Handwerkskammern an.

Die Handwerksorganisation in Deutschland

Abbildung 97

2.1.3.2 Strukturen und Aufgaben der einzelnen Organisationen

Innung

Rechtsform

Körperschaft
öffentlichen
Rechts

> Die Innung ist der freiwillige Zusammenschluss von selbstständigen Handwerkern des gleichen Handwerks oder einander fachlich nahe stehender Handwerke. Auch Gewerbetreibende, die ein fachlich oder wirtschaftlich nahe stehendes handwerksähnliches Gewerbe ausüben, können Mitglied der Handwerksinnung werden, wenn die Satzung dies vorsieht. Sie ist eine Körperschaft des öffentlichen Rechts.

Aufgaben

Abbildung 98

Die Innungsversammlung

> Die Innungsversammlung ist das oberste Organ der Innung. Ihr obliegen insbesondere
> - alle Beschlüsse von vermögensrechtlicher Bedeutung (Beitragsordnung, Haushaltsplan, Jahresrechnung, Anlage des Innungsvermögens, Mietverträge, Anstellungsverträge usw.)
> - die Wahlen der Mitglieder des Vorstandes, der Ausschüsse, der Vertreter bei der Kreishandwerkerschaft und beim Landesinnungsverband sowie
> - die Beschlüsse über Satzungsänderung und Auflösung der Innung.

Oberstes Organ

Jedes Mitglied hat eine Stimme. Die Beschlüsse werden in der Regel mit einfacher Mehrheit gefasst. Für die Wahl des Obermeisters ist absolute Mehrheit erforderlich. Die Beschlüsse über vorzeitige Abberufung des Vorstands, über Satzungsänderungen und über Auflösung der Innung bedürfen einer qualifizierten Mehrheit.

Der Vorstand

> Dem Vorstand obliegt die Ausführung der Beschlüsse der Innungsversammlung sowie die Vertretung der Innung nach außen. Er setzt sich zusammen aus dem Obermeister und so vielen weiteren Mitgliedern wie die Satzung bestimmt.

Aufgabe und Zusammensetzung

Die Ausschüsse

> Die Innung kann für die Beratung und Erledigung wichtiger Angelegenheiten besondere Ausschüsse einsetzen. Die nachfolgend aufgeführten fünf Ausschüsse hat in der Regel jede Innung.

Ausschuss für Berufsbildung

- Der Ausschuss für Berufsbildung hat die Berufsausbildung der Lehrlinge zu fördern. Er soll insbesondere Vorschriften für die Berufsausbildung erarbeiten und zu Verfahren zur Untersagung des Einstellens und Ausbildens von Lehrlingen Stellung nehmen, soweit die Innung damit befasst ist. Der Vorsitzende des Ausschusses ist der Lehrlingswart.

Lehrlingswart
Schlichtung von Streitigkeiten

- Der Ausschuss zur Schlichtung von Streitigkeiten zwischen Ausbildenden und Auszubildenden hat in Streitfällen einen Schiedsspruch zu erlassen, sofern solche Verfahren keine anderweitige Erledigung finden.

Gesellenausschuss

- Der Gesellenausschuss wird von den bei den Innungsmitgliedern beschäftigten Gesellen gewählt und ist in der Innungsversammlung zu beteiligen, wenn es sich um berufsständische Angelegenheiten handelt.

Gesellenprüfungsausschuss

- Der Gesellenprüfungsausschuss hat die Gesellenprüfungen durchzuführen, sofern die Handwerkskammer der Innung die Ermächtigung hierzu erteilt hat.

Rechnungsprüfungsausschuss

- Der Rechnungsprüfungsausschuss hat die Kassenführung und die Jahresrechnung zu prüfen und über das Ergebnis der Innungsversammlung zu berichten, in der dem Vorstand Entlastung erteilt werden soll.

Beiträge

> Jedes Mitglied der Innung ist verpflichtet, den von der Innungsversammlung festgesetzten Beitrag zu bezahlen.

Haushaltsplan, Jahresrechnung

Die Beiträge sollen es der Innung ermöglichen, ihre Aufgaben zu erfüllen. Vor Beginn des Rechnungsjahres hat der Vorstand einen Haushaltsplan aufzustellen und der Innungsversammlung zur Annahme vorzulegen, in dem angegeben wird, welche Einnahmen die Innung im kommenden Geschäftsjahr erwartet und wie sie diese zu verwenden gedenkt. Nach Ablauf des Geschäftsjahres ist dann die Jahresrechnung aufzustellen und nachzuweisen, wie hoch die Einnahmen der Innung wirklich waren und dass sie entsprechend dem Haushaltsplan verwendet wurden.

Aufsicht

Die Aufsicht über die Innung führt die Handwerkskammer.

Kreishandwerkerschaft

Rechtsform

> Die Kreishandwerkerschaft setzt sich zusammen aus den Innungen, die im Bereich der Kreishandwerkerschaft (Stadt- und Landkreis) ihren Sitz haben. Sie ist eine Körperschaft des öffentlichen Rechts.

Aufgaben

Abbildung 99

Die Mitgliederversammlung

Die Mitgliederversammlung setzt sich aus den Vertretern der Mitgliedsinnungen zusammen. Jede Innung hat eine Stimme. Die Satzung kann bestimmen, dass den Handwerksinnungen entsprechend der Zahl ihrer Mitglieder bis zu höchstens zwei Zusatzstimmen zuerkannt werden.

Mitgliederversammlung

Der Vorstand

Der Vorstand setzt sich zusammen aus dem Kreishandwerksmeister, seinem Stellvertreter und so vielen weiteren Mitgliedern wie die Satzung bestimmt.

Kreishandwerksmeister

Die Ausschüsse

Diese können nach Bedarf von der Mitgliederversammlung eingesetzt werden.

Beiträge

Beiträge zur Kreishandwerkerschaft werden von den Mitgliedsinnungen nach dem von der Kreishandwerkerschaftsversammlung festgelegten Berechnungsmodus entrichtet.

Aufsicht

Die Aufsicht über die Kreishandwerkerschaft führt die Handwerkskammer.

Handwerkskammer

Rechtsform

> Die Handwerkskammer ist die gesetzliche Berufsstandsvertretung des Gesamthandwerks im Kammerbereich (zum Beispiel Regierungsbezirk). Ihr gehören kraft Gesetzes alle Unternehmer an, die berechtigterweise ein Handwerk oder ein handwerksähnliches Gewerbe im Kammerbereich selbstständig auf eigene Rechnung als stehendes Gewerbe betreiben, sowie deren Gesellen, andere Arbeitnehmer mit einer abgeschlossenen Berufsausbildung und Lehrlinge. Sie ist eine Körperschaft des öffentlichen Rechts.

Interessenvertretung des Gesamthandwerks

Aufgaben

Die Vielfalt der einzelnen Aufgaben der Handwerkskammer lassen sich in drei Hauptaufgabenbereiche zusammenfassen:

Abbildung 100

Interessenvertretung

> Oberste Aufgabe der Handwerkskammer ist die Vertretung und Förderung der wirtschaftlichen Interessen des Gesamthandwerks im Kammerbezirk.

Im Einzelnen sind unter anderem zu nennen:

Initiativen zur Gesetzgebung
Stellungnahmen
- Mitwirkung an Gesetzesinitiativen zur Schaffung handwerks- und mittelstandsgerechter Rahmenbedingungen
- Anhörung und Stellungnahmen zu Gesetzentwürfen und Gesetzesänderungen, insbesondere auf den Gebieten des Wirtschafts- und Gewerberechts, des Steuer- und Sozialrechts, des Berufsbildungsrechts sowie des Landesplanungs- und Baurechts. Die Handwerkskammer hat einen Rechtsanspruch darauf, dass sie in allen wichtigen das Handwerk und das handwerksähnliche Gewerbe berührenden Angelegenheiten gehört wird.
- Vorschläge zur Stadt- und Landesentwicklung, Regionalplanung, Umweltpolitik, Bau- und Auftragsvergabepolitik

Kontakte
- Kontakte zu Behörden und Parlamenten auf EU-, Bundes-, Landes- und kommunaler Ebene

Statistik
- Wirtschaftsbeobachtung, Statistik und Konjunkturberichterstattung

Öffentlichkeitsarbeit
- Öffentlichkeitsarbeit und Information (Verbindung zu Presse, Rundfunk und Fernsehen)
- Vertretung der Interessen in allen das Handwerk berührenden Fragen auf EU-, Bundes-, Landes- und kommunaler Ebene.

Handwerksförderung

> Die regionale und sektorale Handwerksförderung ist ein wesentlicher Bestandteil der Wirtschaftsförderung. Der Bereich der Handwerksförderung nimmt heute bei der Handwerkskammer den breitesten Raum ein. Sie ist damit ein wichtiges Dienstleistungsunternehmen für die Mitgliedsbetriebe.

Dienstleistung

Wichtige Bereiche sind unter anderem:

Berufliche Bildung
- Förderung der beruflichen Bildung durch Nachwuchswerbung
- Überbetriebliche Unterweisungsmaßnahmen für Lehrlinge

2.1.3 Aufbau, Struktur und Aufgaben der Handwerksorganisationen

- Fortbildungslehrgänge
- Meistervorbereitungskurse
- Maßnahmen zur Förderung der Unternehmensführung
- Fachvorträge usw.
- Die meisten Handwerkskammern unterhalten ein dichtes Netz von beruflichen Bildungszentren, Technologietransferstellen, Berufsbildungs- und Technologiezentren, Akademien des Handwerks, Informationsvermittlungsstellen, Betriebsbörsen, Ausbildungsplatzbörsen, gewerbefördernden Einrichtungen. — *Berufsbildungszentren*
- Beratung der Handwerksbetriebe (Rechtsberatung, betriebswirtschaftliche Beratung, EDV-Beratung, technische Beratung, Umweltschutzberatung, Formgebungsberatung, Exportberatung, EU-Beratung, Ausbildungsberatung (siehe auch Abschnitt 2.1.3.3 „Beratungsdienste der Handwerksorganisationen für die Mitgliedsbetriebe – Handwerksförderung"). — *Beratungsdienste*
- Förderung auf dem Gebiete der Finanzierung der Existenzgründung und Betriebsübernahme
- Förderung der Formgestaltung im Handwerk
- Förderung des Handwerks durch Beteiligungen an Messen und Ausstellungen — *Messewesen*
- Beteiligung bzw. Unterhaltung wirtschaftsfördernder Einrichtungen, wie Messegesellschaften, Buchstellen, Kreditgarantiegemeinschaften, Kapitalbeteiligungsgesellschaften, Handwerkerhof- und Gewerbehofgesellschaften, Technologiezentren — *Wirtschaftsfördernde Einrichtungen*
- Förderung der Handwerksbetriebe beim Zugang zum Internet — *Internet*
- Förderung des Handwerks durch Mitgliedschaft bei wirtschaftsfördernden Einrichtungen
- Förderung durch Beteiligung an wissenschaftlichen Einrichtungen (zum Beispiel Deutsches Handwerksinstitut e.V.) — *Wissenschaftliche Förderung*
- Förderung des Images des gesamten Handwerks durch geeignete Werbemaßnahmen (Öffentlichkeitsarbeit für das Handwerk).

<u>Selbstverwaltung</u>

> Die Selbstverwaltung ist ebenfalls ein wichtiges Aufgabengebiet der Handwerkskammer.

Hier sind als wesentliche Bereiche unter anderem zu nennen:

- Führung der Handwerksrolle und des Verzeichnisses des handwerksähnlichen Gewerbes
- die Bestellung und Vereidigung von Sachverständigen zur Erstellung von Gutachten über Waren, Leistungen und Preise von Handwerkern
- Aufsicht über Innungen und Kreishandwerkerschaften
- Regelung und Überwachung der Berufsausbildung nach dem Berufsbildungsgesetz und der Handwerksordnung
- Führung des Verzeichnisses über die Berufsausbildungsverhältnisse (Lehrlingsrolle)
- Erlass von Prüfungsordnungen
- organisatorische Durchführung der Meisterprüfungen

- Abnahme von Gesellenprüfungen bzw. Überwachung des Gesellenprüfungswesens
- Durchführung von Fortbildungs- und Umschulungsprüfungen
- Errichtung von Vermittlungsstellen zur Beilegung von Streitigkeiten zwischen selbstständigen Handwerkern und ihren Auftraggebern
- Ausstellung von Ursprungszeugnissen über in Handwerksbetrieben gefertigte Erzeugnisse
- Ausfertigung von anderen dem Wirtschaftsverkehr dienenden Bescheinigungen.

<u>Die Mitgliederversammlung (Vollversammlung)</u>

Die Vollversammlung ist das oberste Organ der Handwerkskammer.

Zusammensetzung
Sie setzt sich zusammen aus den gewählten Mitgliedern bzw. Vertretern des gesamten Handwerks und des handwerksähnlichen Gewerbes im Kammerbezirk. Die Mitglieder und ihre Stellvertreter werden aufgrund von Wahlvorschlägen (Wahllisten) in allgemeiner, gleicher und geheimer Wahl für eine Amtszeit von fünf Jahren gewählt. Eine Wiederwahl ist zulässig.

Wahlverfahren
Da zwei Drittel der Mitglieder der Vollversammlung selbstständige Unternehmer von Handwerksbetrieben bzw. handwerksähnlichen Betrieben und ein Drittel Gesellen oder andere Arbeitnehmer mit einer abgeschlossenen Berufsausbildung sein müssen, werden die Wahlvorschläge für diese zwei Gruppen getrennt eingereicht.
Jeder Wahlvorschlag muss von mindestens 100 Wahlberechtigten unterzeichnet sein und muss die Namen von so vielen Bewerbern enthalten als Mitglieder und Stellvertreter nach der Kammersatzung zu wählen sind.

Wählbarkeit
Von den selbstständigen Unternehmern ist wählbar, wer seit mindestens einem Jahr im Kammerbezirk selbstständig ein Handwerk oder ein handwerksähnliches Gewerbe betreibt, das aktive Wahlrecht hat, die Ausbildungsbefugnis für Lehrlinge hat und am Wahltag volljährig ist. Auch gesetzliche Vertreter der wahlberechtigten juristischen Personen und die vertretungsberechtigten Gesellschafter der wahlberechtigten Personengesellschaften sind unter bestimmten Voraussetzungen wählbar.
Die Wahl der Selbstständigen erfolgt durch alle selbstständigen Handwerker und selbstständigen Unternehmer des handwerksähnlichen Gewerbes im Kammerbezirk, die Wahl der Gesellen bzw. der anderen Arbeitnehmer mit einer abgeschlossenen Berufsausbildung durch diese Personengruppe. Ist nur ein Wahlvorschlag eingereicht und zugelassen, so gelten die darin aufgeführten Personen als gewählt, ohne dass es einer Wahlhandlung bedarf.

Der Vorstand

> Der Vorstand der Handwerkskammer setzt sich zusammen aus dem Vorsitzenden (Präsidenten), zwei Stellvertretern (Vizepräsidenten, von denen einer ein Geselle oder ein anderer Arbeitnehmer mit einer abgeschlossenen Berufsausbildung sein muss) und so vielen weiteren Vorstandsmitgliedern, wie die Satzung bestimmt. Auch von diesen weiteren Vorstandsmitgliedern, sind zwei Drittel Selbstständige und ein Drittel Arbeitnehmer. Präsident und Hauptgeschäftsführer vertreten die Kammer gerichtlich und außergerichtlich.

Präsident

Vertretung der Handwerkskammer

Die Ausschüsse

Die Ausschüsse werden je nach Bedarf von der Vollversammlung, der obligatorische Berufsbildungsausschuss (zur Regelung aller wichtigen Fragen der beruflichen Bildung) unter Mitwirkung der nach Landesrecht zuständigen Behörde errichtet.

Der Hauptgeschäftsführer

> Der Hauptgeschäftsführer führt die laufenden Verwaltungsgeschäfte der Handwerkskammer. Er wird dabei von den Bediensteten gemäß Geschäftsverteilungsplan unterstützt.

Beiträge

Beiträge zur Handwerkskammer muss jeder in der Handwerksrolle eingetragene selbstständige Handwerker bzw. jeder im Verzeichnis der handwerksähnlichen Betriebe Registrierte nach einem von der Vollversammlung beschlossenen und von der Aufsichtsbehörde (Wirtschaftsministerium) genehmigten Beitragsmaßstab entrichten. Der Jahresbeitrag setzt sich in der Regel zusammen aus einem Grundbeitrag und einem Zusatzbeitrag, der in einem bestimmten Prozentsatz des Gewerbeertrages bzw. des Gewinns aus Gewerbebetrieb besteht. Die Handwerkskammer kann auch Sonderbeiträge erheben.

Zusammensetzung

Sonderbeiträge

Aufsicht

Die Aufsicht über die Handwerkskammer führt die oberste Landesbehörde, das ist das jeweilige Landes-Wirtschaftsministerium.

Landesinnungsverband

Rechtsform

> Der Landesinnungsverband ist der freiwillige Zusammenschluss der Fachinnungen in einem Lande. Er ist eine juristische Person des Privatrechts.

Aufgaben

Abbildung 101

Die Verbandsversammlung
Die Verbandsversammlung setzt sich zusammen aus den Vertretern der Mitgliedsinnungen und soweit satzungsmäßig vorgesehen aus Einzelmitgliedern.

Der Vorstand
Landesinnungs-
meister

Vorsitzender des Vorstandes ist der Landesinnungsmeister.

Die Ausschüsse
Die Ausschüsse werden von der Verbandsversammlung eingesetzt (zum Beispiel Tarifausschuss).

Beiträge
Bemessungs-
grundlagen

Beiträge zum Landesinnungsverband entrichten die Mitgliedsinnungen entsprechend ihrer Mitgliederzahl oder nach anderen Bemessungsgrundlagen.

Bundesinnungsverband

Bundesinnungs-
meister

Der Bundesinnungsverband ist der freiwillige Zusammenschluss der Landesinnungsverbände, die für ein bestimmtes Handwerk bestehen. Er ist eine juristische Person des Privatrechts. Seine Hauptaufgabe ist die Vertretung der Interessen des speziellen Handwerks, für das er gebildet ist, auf der Bundesebene. Der Vorsitzende des Vorstandes heißt Bundesinnungsmeister. Im Übrigen gelten für ihn die Bestimmungen über den Landesinnungsverband entsprechend.

Sonstige Handwerksorganisationen

Handwerksjunioren
Organisations-
struktur

Der Verband der Junioren des Handwerks ist eine Nachwuchsorganisation, in der junge Handwerker bis zu einer Altersgrenze von 40 Jahren Mitglied werden können. Die Organisationsstruktur umfasst in der Regel die Kreis-, Landes- und Bundesebene. Die Dachorganisation ist der Bundesverband der Junioren des Handwerks e.V.

Abbildung 102

Vereine der Meister- bzw. Unternehmerfrauen im Handwerk

> Die Mitglieder der Vereinigungen der Meisterfrauen sind mitarbeitende Ehefrauen in Handwerksbetrieben oder selbstständige Meisterinnen im Handwerk. Die Vereine auf regionaler Ebene bilden in der Regel Landesverbände. Die Landesverbände sind Mitglieder im Bundesverband der Unternehmerfrauen im Handwerk e.V. Deutschland.

Mitglieder

Ziele und Aufgaben:
- Interessenvertretung der spezifischen Belange der Meisterfrauen
- auf die Bedürfnisse der Meisterfrauen zugeschnittene Bildungsmaßnahmen
- Vortragsveranstaltungen
- Studienreisen
- gesellschaftspolitisches Engagement für die Frauen im Handwerk
- Bindeglied zu den anderen Handwerksorganisationen.

Aufgaben

Gesellenvereinigungen

> Gesellenvereinigungen sind Zusammenschlüsse von Gesellen im Handwerk. Sie sind in der Regel nach örtlichen, beruflichen oder konfessionellen Zielsetzungen strukturiert.

Mitglieder

In erster Linie sind hier die Gesellenzusammenschlüsse des Kolpingwerks und der evangelischen Handwerkervereine zu nennen, die ihre Arbeit für die Mitglieder an Maßnahmen zur persönlichen und beruflichen Lebensbewältigung auf christlicher Grundlage orientieren. Einen breiten Raum der Tätigkeit nehmen Bildungsmaßnahmen ein.

Aufgaben

2.1.3.3 Beratungsdienste der Handwerksorganisationen für die Mitgliedsbetriebe – Handwerksförderung

Beratungsdienste als Teilbereiche der Handwerks- und Gewerbeförderung, Aufgaben und Träger der Handwerksförderung

Leistungsfähigkeit

> Die Gewerbe- und Handwerksförderung hat die Aufgabe, zur Erhaltung und Verbesserung des Leistungsstandes und der Leistungsfähigkeit des Handwerks beizutragen. Sie soll ferner betriebsgrößenbedingte Wettbewerbsnachteile ausgleichen. Sie gibt den Betrieben eine wichtige Hilfe zur Selbsthilfe.

Technische und wirtschaftliche Entwicklung

Die Notwendigkeit einer ständigen Anpassung der Betriebe an die technische und wirtschaftliche Entwicklung verlangt von Betriebsinhabern und Mitarbeitern:
- handwerkliches Können
- fachtheoretische Kenntnisse
- betriebswirtschaftliche Kenntnisse
- Handlungskompetenz.

Durch die Gewerbeförderung erhalten alle im Handwerk Tätigen Gelegenheit, ihre Kenntnisse fortlaufend zu erweitern. Die Handwerksbetriebe werden durch zahlreiche Förderungsmaßnahmen in die Lage versetzt, wettbewerbsfähig zu werden und zu bleiben.

Die wesentlichen Träger der Gewerbe- und Handwerksförderung sind:

Abbildung 103

Maßnahmen der Handwerksförderung

Einen Überblick über wichtige Maßnahmen der Gewerbeförderung gibt die folgende Abbildung:

2.1.3 Aufbau, Struktur und Aufgaben der Handwerksorganisationen

Abbildung 104

Bevor die Beratungsleistungen im Einzelnen dargestellt werden, sind noch zwei wichtige Bereiche der Handwerksförderung zu erwähnen.
- Messen, Ausstellungen, Sonderschauen

Messen

Messen und Ausstellungen sind Veranstaltungen mit wichtiger Barometer- und Signalfunktion. Sie gewinnen auch für das Handwerk durch die Öffnung zusätzlicher Märkte insbesondere in Europa zunehmend an Bedeutung.

Folgende Formen von Messeveranstaltungen sind für das Handwerk wichtig:

Abbildung 105

Die Leitmesse des deutschen Handwerks und größte Messe des Handwerks und der Zulieferindustrie auf der ganzen Welt ist die Internationale Handwerksmesse in München.

Internationale Handwerksmesse

Mit den Messeveranstaltungen sollen folgende Ziele erreicht werden:
- Absatzförderung für Produkte und Dienstleistungen der Handwerker
- Beschaffungs- und Einkaufsmöglichkeiten für das Handwerk
- Anbahnung internationaler Geschäftsbeziehungen und Kooperationen
- Informationsbörse für Handwerksbetriebe und Verbraucher
- Image- und Nachwuchswerbung für das Handwerk
- Förderung der Kooperation der Betriebe im Handwerk und zwischen Industrie und Handwerk
- Forum für Rahmenveranstaltungen wie Fachtagungen und Kongresse
- Forum für handwerkspolitische Dialoge.

Ziele

Handwerksforschung

- Wissenschaftliche Institute.

Zur wissenschaftlichen Untersuchung und Durchdringung der Handwerkswirtschaft und zur wissenschaftlichen Förderung des Handwerks wird handwerks- oder mittelstandsbezogene Forschung betrieben.

Die umfassendste Handwerksforschung erfolgt durch das Deutsche Handwerksinstitut.

Abbildung 106

Umsetzung

Die wissenschaftlichen Forschungsergebnisse werden ausgewertet und gewerbefördernden und handwerkspolitischen Entscheidungen und Maßnahmen zugrunde gelegt. Ferner werden zahlreiche Forschungsergebnisse des DHI zur Stärkung der Wettbewerbsfähigkeit in den Handwerksbetrieben umgesetzt.

Die einzelnen Forschungsinstitute des DHI sind:

Einzelne Forschungsinstitute

- Forschungsinstitut für Berufsbildung im Handwerk an der Universität zu Köln
- Seminar für Handwerkswesen an der Universität Göttingen
- Heinz-Piest-Institut für Handwerkstechnik an der Universität Hannover
- Institut für Technik der Betriebsführung im Handwerk, Karlsruhe
- Ludwig-Fröhler-Institut für Handwerkswissenschaften, Abteilung für Handwerkswirtschaft
- Ludwig-Fröhler-Institut für Handwerkswissenschaften, Abteilung für Handwerksrecht
- Institut für Kunststoffverarbeitung in Industrie und Handwerk an der Rheinisch-Westfälischen Hochschule Aachen e. V.

Beratungsangebote und Leistungen im Einzelnen

Abbildung 107

Betriebswirtschaftliche Beratung

Zur betriebswirtschaftlichen Beratung der Handwerksbetriebe bestehen bei allen Handwerkskammern überfachliche und bei zahlreichen Landes- und Bundesinnungsverbänden fachliche Betriebsberatungsstellen.

Organisationseigene Beratung

Die wichtigsten Aufgaben bzw. Beratungsgebiete sind:

Beratungsgebiete

- Unternehmensführung
- Existenzgründung und alle damit zusammenhängenden Fragen, wie zum Beispiel Rechtsform, Standortwahl, Finanzierung, Planung
- Betriebsübernahme/Nachfolgeregelung/Betriebsbörse
- Organisation des Rechnungswesens (Buchführung, Kostenrechnung, Auswertung, Controlling)
- Investitionen und Finanzierung, Finanzplanung, Kapitalbeschaffung, spezielle Finanzierungshilfen, Handwerksförderungsprogramme
- Marktanalysen, Marketing/Vertrieb
- Messebeteiligungen
- Kooperationsmöglichkeiten
- Personalwesen
- Arbeitsvorbereitung (REFA)
- Betriebsanalysen, Wirtschaftlichkeitsuntersuchungen, Rentabilitätsberechnungen, Verlustquellenforschung, Schwachstellenanalysen.

> In einer modernen Volkswirtschaft kann ein Handwerksbetrieb nur wettbewerbsfähig sein und bleiben, wenn er über eine gute betriebswirtschaftliche Organisation verfügt. Deshalb sollte sich der Betriebsinhaber bei Bedarf weitgehend von der betriebswirtschaftlichen Beratungsstelle seiner Berufsorganisation beraten lassen.

Auf dem Sektor der Betriebsberatung sind auch freiberufliche Berater tätig. Wichtige Beratungsgebiete sind:

Freiberufliche Beratung

- Existenzgründung
- Existenzaufbau
- Marketing
- Umweltschutz
- Energieeinsparung
- wirtschaftliche und organisatorische Probleme der Unternehmensführung
- Personalwesen.

Der Bundesminister für Wirtschaft und Technologie gewährt Zuschüsse für die Beratungskosten.

Zuschüsse

Über Einzelheiten der Auswahl des richtigen Beraters und der Förderungsvoraussetzungen sollte sich der Handwerksbetriebsinhaber vorab beim Betriebsberater der Handwerkskammer beraten lassen.

Technische Betriebsberatung

Die technische Betriebsberatung und die Technologietransferberatung wird von Handwerkskammern und Fachverbänden durchgeführt.

Abbildung 108

Nach verschiedenen Technologieberatungsprogrammen können auch freiberuflich tätige Unternehmensberater beauftragt werden. Wegen des Förderumfangs und des Antragsverfahrens sollten sich die Betriebsinhaber vor Erteilung des Beratungsauftrags mit dem technischen Betriebsberater der Handwerkskammer in Verbindung setzen.

EDV-Beratung

Abbildung 109

Beratung in Fragen der Außenwirtschaft

Träger

Die von den meisten Handwerkskammern betriebenen Exportberatungsstellen unterstützen in Zusammenarbeit mit verschiedenen Kontaktstellen im Ausland eine wachsende Zahl von exportwilligen und exportfähigen Handwerksbetrieben beim Absatz ihrer Produkte und Dienstleistungen auf ausländischen Märkten.

Abbildung 110

EU-Beratung

Abbildung 111

Informationsberatung, Informationsvermittlungsstellen
Der Bedarf an Kommunikation und Information nimmt auch im Handwerk laufend zu.

Informationsbedarf

Um den Handwerksbetrieben zu helfen, haben einzelne Handwerkskammern Informationsvermittlungsstellen geschaffen.

Abbildung 112

Umweltschutzberatung
Der Umweltschutz berührt den Handwerksbetrieb in zweifacher Hinsicht:
- als von Umweltschutzvorschriften Betroffener
- als Problemlöser bei der Umsetzung des Umweltschutzes.

Betroffener
Problemlöser

> Umweltschutzberater bei Handwerkskammern, Fachverbänden und staatlichen bzw. kommunalen Beratungsstellen beraten den Handwerker auf beiden genannten Gebieten. Sie unterstützen ferner Handwerksbetriebe bei der Teilnahme am EMAS (Umwelt-Management-System) und anderen Umweltprüfungen.

Beratung in Formgebung und Formgestaltung
Zur Hebung der kulturellen Leistungsfähigkeit des Handwerks und zur bestmöglichen Gestaltung von Handwerksprodukten tragen die Formgebungsberatungsstellen der Handwerksorganisationen, insbesondere der Handwerkskammern, bei.

Abbildung 113

Rechtsberatung

Die engmaschige Gesetzgebung hat einen großen Beratungsbedarf bei der Rechtsberatung entstehen lassen. Die Handwerksorganisationen (Handwerkskammern und Verbände) beraten ihre Mitglieder auf allen einschlägigen Rechtsgebieten.

Abbildung 114

Sonstige Beratungsbereiche

Beratung durch die Handwerksorganisationen erfolgt ferner durch die Ausbildungsberatung und die Fortbildungsberatung der Handwerkskammern. (Siehe auch Abschnitte 1.5.2.1 „Handwerkskammer als zuständige Stelle – Ausbildungsberater", 7.5.2 „Fortbildungsmöglichkeiten – Weiterbildungsberater" sowie 7.5.6 „Rechtliche Bestimmungen zur finanziellen Förderung der Berufsbildung, insbesondere der Fortbildung" in Band 3 der Neuen Handwerker-Fibel.)

2.1.3.4 Bezug der Handwerksorganisationen zu anderen Wirtschafts-, Arbeitgeber- und Arbeitnehmerorganisationen

Industrie- und Handelskammern

Die Industrie- und Handelskammern sind Körperschaften des öffentlichen Rechts. Ihr gehören alle Gewerbetreibenden (Schwerpunkt Industrie und Handel) im Kammerbezirk an, ausgenommen Handwerksbetriebe und Betriebe des handwerksähnlichen Gewerbes.

Aufgaben

Ihre Aufgaben beziehen sich auf die Wahrnehmung der Gesamtinteressen ihrer Mitglieder und die Förderung der gewerblichen Wirtschaft.

> Die Aufgaben der Industrie- und Handelskammern sind in einigen Bereichen in etwa mit denen der Handwerkskammern vergleichbar.

2.1.3 Aufbau, Struktur und Aufgaben der Handwerksorganisationen

Die Dachorganisation der Industrie- und Handelskammern auf Bundesebene ist der Deutsche Industrie- und Handelskammertag (DIHK).
Dachorganisation

Zwischen den Industrie- und Handelskammern und den Handwerkskammern gibt es zahlreiche Bezüge und Bereiche der Zusammenarbeit u. a. bei
Zusammenarbeit

- der Vertretung der Interessen der gesamten Wirtschaft regional und überregional
- Grundsatzfragen der Wirtschafts- und Mittelstandspolitik sowie der Bildungspolitik
- der regionalen Wirtschaftsförderung
- der Stadt- und Landesentwicklung
- der Regionalplanung
- der Öffentlichkeitsarbeit für die gesamte Wirtschaft
- der Schaffung von Infrastrukturmaßnahmen im Messewesen
- der Konzipierung von staatlichen Förderungsprogrammen für die Wirtschaft
- der Beteiligung an wirtschaftsfördernden Einrichtungen
- der Aus-, Fort- und Weiterbildung
- den beruflichen Aus- und Fortbildungsprüfungen
- der Abwicklung von Fragen des Sachverständigenwesens
- der Klärung von gewerbe- und handwerksrechtlichen Fragen.

Wirtschaftsverbände

Wirtschaftsverbände sind Vereinigungen von Unternehmen im gleichen fachlichen Wirtschaftszweig. Die Mitgliedschaft ist freiwillig.

Nach außen vertreten die Wirtschaftsverbände die gemeinsamen wirtschaftlichen Interessen ihrer Mitglieder gegenüber Staat, Gesellschaft und Öffentlichkeit sowie gegenüber anderen Wirtschaftszweigen. Nach innen fördern sie ihre Mitglieder insbesondere durch Beratung auf verschiedenen Gebieten.
Aufgaben

Die bedeutenden Verbände haben sich auf Bundesebene zu Dachorganisationen zusammengeschlossen. Die wichtigsten sind:
Dachorganisationen
- Bundesverband der Deutschen Industrie (BDI)
- Bundesvereinigung der Deutschen Arbeitgeberverbände (BDA).

Die vier wichtigsten Spitzenverbände der gesamten deutschen Wirtschaft sind:

Abbildung 115

Diese vier Spitzenverbände und einige andere relevante Spitzenverbände der Wirtschaft arbeiten im Gemeinschaftsausschuss der deutschen gewerblichen Wirtschaft zusammen.

„Gemeinschaftsausschuss"

> Der Gemeinschaftsausschuss hat die Aufgabe, wirtschaftspolitische Angelegenheiten von grundsätzlicher Bedeutung zu beraten, um gemeinsame Auffassungen aller Mitgliedsverbände und damit der unternehmerischen Wirtschaft als Ganzes einheitlich nach außen zu vertreten. Dabei hat auch das Handwerk durch die Mitgliedschaft des ZDH im „Gemeinschaftsausschuss" die Möglichkeit, seine wirtschaftspolitischen Vorstellungen einzubringen.

Arbeitgeberverbände

Aufgaben

> Arbeitgeberverbände sind freiwillige Zusammenschlüsse von Arbeitgebern zur Wahrnehmung gemeinsamer arbeitsrechtlicher und sozialpolitischer Interessen. Sie schließen Tarifverträge mit Tarifparteien (in der Regel mit den Gewerkschaften) ab.

Arbeitgeberverbände des Handwerks

Auf Landes- und Bundesebene gibt es Zusammenschlüsse der Arbeitgeberverbände. Der Zusammenschluss auf Bundesebene heißt „Bundesvereinigung der deutschen Arbeitgeberverbände". Die Arbeitgeberverbände des Handwerks sind Innungen, Landes- und Bundesinnungsverbände. Sie kooperieren teilweise mit den Arbeitgeberverbänden anderer Wirtschaftszweige und sind meist direkt oder indirekt über Vereinigungen von Fachverbänden des Handwerks auf Landes- oder Bundesebene Mitglied der Zusammenschlüsse der Arbeitgeberverbände.

Die Zusammenarbeit erstreckt sich insbesondere auf gemeinsame Interessen der Tarifpolitik, der Arbeitsbedingungen, der arbeitsrechtlichen und sozialpolitischen Gesetzgebung und damit zusammenhängender Beratungsleistungen.

Gewerkschaften

> Die Gewerkschaften sind Vereinigungen von Arbeitnehmern zur Verbesserung der wirtschaftlichen und sozialen Lebensbedingungen der Arbeitnehmer und dabei Interessenvertreter gegenüber Staat, Gesellschaft und Arbeitgebern. Die Mitgliedschaft ist freiwillig.

Aufgaben

Wichtige Aufgaben sind u.a.
- Einflussnahme auf die Wirtschafts-, Sozial- und Gesellschaftspolitik
- Erreichen günstiger Arbeitsbedingungen, Löhne und Gehälter für ihre Mitglieder durch Abschluss von Tarifverträgen
- Sicherung der Mitwirkungsrechte der Arbeitnehmer
- Beratung, Betreuung und Vertretung ihrer Mitglieder in sozial- und arbeitsrechtlichen Angelegenheiten
- Durchführung von Bildungsmaßnahmen.

Organisatorischer Aufbau

Die Gewerkschaften sind fachlich nach Einzelgewerkschaften organisiert. Die Einzelgewerkschaften bilden auf Bundesebene den Deutschen Gewerkschaftsbund (DGB) mit seinen Landesbezirken.

Daneben gibt es den Christlichen Gewerkschaftsbund (CGB) und den Deutschen Beamtenbund (DBB).

Zwischen den Gewerkschaften und den von ihnen entsandten Vertretern einerseits sowie den verschiedenen Handwerksorganisationen andererseits gibt es u. a. folgende wichtige Berührungspunkte bzw. Bereiche der Zusammenarbeit:
- Abschluss von Tarifverträgen
- Arbeitnehmermitwirkung in Einrichtungen der Selbstverwaltung der Wirtschaft und in den Trägern der Sozialversicherung sowie der Arbeitsverwaltung usw.
- bei der Erarbeitung von Ausbildungs- und Fortbildungsvorschriften
- bei der laufenden Arbeit in den Gremien der Handwerkskammern und beim Deutschen Handwerkskammertag
- in den Prüfungsausschüssen der Innungen und Handwerkskammern
- in Berufsschulbeiräten.

Übungs- und Prüfungsaufgaben

1. Wie wirken die volkswirtschaftlichen Produktionsfaktoren zusammen?

„Siehe Seite 217 des Textteils!"

2. Unter Bruttoinlandsprodukt versteht man
- ☐ a) alle in einem Wirtschaftsgebiet produzierten Güter und Dienstleistungen.
- ☐ b) alle Bar- und Sachleistungen der gesetzlichen Krankenversicherung.
- ☐ c) nur die Sachleistungen der gesetzlichen Krankenversicherung.
- ☐ d) alle Leistungen der gesetzlichen Sozialversicherungszweige.
- ☐ e) das Wirtschaftswachstum in einer Volkswirtschaft, bezogen auf die Leistungen pro Arbeitskraft.

„Siehe Seite 218 des Textteils!"

3. Was wissen Sie über die Verwendung des Bruttoinlandsprodukts?

„Siehe Seite 218 des Textteils!"

4. Unter Währung versteht man
- ☐ a) die Kaufkraft des Geldes, bezogen auf den Gütervorrat in einer Wirtschaft.
- ☐ b) das in einer Volkswirtschaft umlaufende Metallgeld.
- ☐ c) das in einer Volkswirtschaft umlaufende Papiergeld.
- ☐ d) die Ordnung des Geldwesens eines Landes oder eines Wirtschaftsgebietes sowie die Wertbeziehung zu dem anderer Länder.
- ☐ e) den geldlichen Bereich der Wirtschaftspolitik.

„Siehe Seite 219 des Textteils!"

5. Welche wichtigen Aufgaben hat die Europäische Zentralbank (EZB)?

„Siehe Seite 220 des Textteils!"

6. Wovon hängt die Kaufkraft des Geldes unter anderem ab?

„Siehe Seite 220 des Textteils!"

7. **Nennen Sie die wichtigsten geldpolitischen Instrumente der Europäischen Zentralbank (EZB)!**
„Siehe Seite 220 des Textteils!"

8. **Beschreiben Sie die wesentlichen Merkmale der Wirtschaftssysteme!**
„Siehe Seite 221 des Textteils!"

9. **Wesentliche Elemente einer sozialen Marktwirtschaft sind**
   - ☐ a) umfassende Investitionslenkung in allen Bereichen durch den Staat und die sonstigen Gebietskörperschaften öffentlichen Rechts.
   - ☐ b) weitgehende Verstaatlichung der Grundstoffgüterindustrie und geringes Eigentum an Produktionsmitteln.
   - ☐ c) Verstaatlichung des gesamten Bankensystems und eingehende Regelung der Zinspolitik durch die Bundesregierung.
   - ☐ d) weitgehende Einschränkung der Tarifautonomie der Sozialpartner sowie Lenkung der Berufswahl und Berufsausübung.
   - ☐ e) freie Marktpreisbildung, freies Unternehmertum und Freiheit des selbstständigen wirtschaftlichen Handelns.

   „Siehe Seite 221 des Textteils!"

10. **Die zentralen Aufgaben der staatlichen Wirtschaftspolitik in der sozialen Marktwirtschaft sind:**
    - ☐ a) Maßnahmen zum bestmöglichen Einsatz der Produktionsfaktoren Arbeit, Rohstoffe und Kapital.
    - ☐ b) Die Einrichtung von staatlichen Unternehmensberatungsstellen zur Förderung von Rationalisierungsmaßnahmen.
    - ☐ c) Die Verteilung des Sozialprodukts für Verbrauchs- und Investitionszwecke sowie für den Staatsverbrauch.
    - ☐ d) Die Erreichung von Vollbeschäftigung, Wirtschaftswachstum, Preisstabilität und außenwirtschaftlichem Gleichgewicht.
    - ☐ e) Einflussnahme auf Preisbildung, Lohn- und Tarifpolitik sowie auf die Führung großer Unternehmen.

    „Siehe Seite 222 des Textteils!"

11. **Welche volkswirtschaftlichen Aufgaben hat das Handwerk in erster Linie?**
    - ☐ a) Nur noch Facharbeiter für die Industrie auszubilden.
    - ☐ b) Den individuellen Bedarf an Gütern und Leistungen zu befriedigen.
    - ☐ c) Eine große Masse gleichförmiger Güter herzustellen, die dem täglichen Bedarf dienen.
    - ☐ d) Rohstoffe zu gewinnen und zu verarbeiten.
    - ☐ e) Der Industrie Vorleistungen zu erbringen.

    „Siehe Seite 223 des Textteils!"

12. **Innerhalb der Gesamtwirtschaft ist das Handwerk, gemessen an seinem Beitrag zum Gesamtergebnis der wirtschaftlichen Leistungen,**
    - ☐ a) der stärkste Wirtschaftszweig.
    - ☐ b) der zweitstärkste Wirtschaftszweig.
    - ☐ c) der drittstärkste Wirtschaftszweig.
    - ☐ d) der viertstärkste Wirtschaftszweig.
    - ☐ e) der fünftstärkste Wirtschaftszweig.

    „Siehe Seite 223 des Textteils!"

2.1 Handwerk in Wirtschaft und Gesellschaft

13. Nennen Sie Schwerpunkte der handwerklichen Leistungsstruktur!

„Siehe Seite 224 des Textteils!"

14. Nennen Sie die wichtigsten wirtschaftlichen Funktionen und Bereiche, in denen das Handwerk tätig ist!

„Siehe Seite 224 des Textteils!"

15. Der Gesamtumsatz des Handwerks betrug im Jahre 2001 in der gesamten Bundesrepublik
- ☐ a) rund 200 Mrd. EUR.
- ☐ b) rund 235 Mrd. EUR.
- ☐ c) rund 425 Mrd. EUR.
- ☐ d) rund 470 Mrd. EUR.
- ☐ e) rund 510 Mrd. EUR.

„Siehe Seite 228 des Textteils!"

16. Wo liegen heute die Hauptprobleme des Handwerks?

„Siehe Seite 228 des Textteils!"

17. Sie sind Inhaber eines Handwerksbetriebes und stellen in Ihrer Arbeit fortlaufend fest, wie sich die Strukturen unserer Wirtschaft im Allgemeinen und im Handwerk im Besonderen verändern. Um den Herausforderungen des technischen und wirtschaftlichen Strukturwandels zu begegnen, sind Maßnahmen zu dessen Bewältigung im Wesentlichen auf drei Aktionsfeldern notwendig.

<u>Aufgabe:</u> **Nennen Sie einige Maßnahmen, die Sie für erforderlich halten,**

a) **im Bereich der Handwerksbetriebe**
b) **durch die Handwerksorganisationen**
c) **durch den Staat!**

„Siehe Seite 229 des Textteils!"

18. Wo liegen in der Zukunft die günstigsten Entwicklungschancen für das Handwerk?

„Siehe Seite 230 des Textteils!"

19. Nennen Sie die Hauptgebiete der Tätigkeit von Handwerk und Industrie und schildern Sie die im Wege der Arbeitsteilung bestehenden Verknüpfungen von Handwerk und Industrie.

„Siehe Seite 230 des Textteils!"

20. Warum ist eine große Zahl von selbstständigen, eigenverantwortlich und wirtschaftlich unabhängig handelnden Handwerksunternehmern für das Funktionieren der Marktwirtschaft und für die Sicherung einer demokratischen Staats- und Gesellschaftsordnung so wichtig?

„Siehe Seite 231 des Textteils!"

21. Worin besteht der Beitrag des Handwerks zur Formgebung und zur Schaffung und Erhaltung von Kulturgütern?

„Siehe Seite 232 des Textteils!"

22. Als Inhaber eines Handwerksbetriebes wissen Sie, dass die Wahrnehmung und Vertretung der Interessen der Betriebe gegenüber der Politik, den Behörden, den gesellschaftlichen Gruppierungen und der Öffentlichkeit nur durch organisiertes Handeln in Handwerksorganisationen wirksam möglich ist. Deshalb wollen Sie sich einen Überblick über den Aufbau der Handwerksorganisationen verschaffen.

Aufgabe: Erstellen Sie eine Übersicht über den Aufbau der gesamten Handwerksorganisationen!

„Siehe Seite 233 des Textteils!"

23. Wie baut sich die fachliche Organisation auf?
- ☐ a) Innung, Kreishandwerkerschaft, Handwerkskammer
- ☐ b) Kreishandwerkerschaft, Handwerkskammer, Landesinnungsverband
- ☐ c) Innung, Landesinnungsverband, Zentralverband des Deutschen Handwerks
- ☐ d) Innung, Landesinnungsverband, Bundesinnungsverband
- ☐ e) Innung, Handwerkskammer, Deutscher Handwerkskammertag.

„Siehe Seite 233 des Textteils!"

24. Wie baut sich die regionale Organisation auf?
- ☐ a) Kreishandwerkerschaft, Landesinnungsverband, Bundesinnungsverband
- ☐ b) Innung, Handwerkskammer, Zentralverband des Deutschen Handwerks
- ☐ c) Kreishandwerkerschaft, Handwerkskammer
- ☐ d) Innung, Kreishandwerkerschaft, Handwerkskammer
- ☐ e) Innung, Landesinnungsverband, Bundesinnungsverband.

„Siehe Seite 233 des Textteils!"

25. Die oberste Spitzenorganisation des gesamten deutschen Handwerks nennt sich
- ☐ a) Gesamtverband des Deutschen Handwerks.
- ☐ b) Zentralverband des Deutschen Handwerks.
- ☐ c) Deutscher Handwerkstag.
- ☐ d) Bundesverband des Deutschen Handwerks.
- ☐ e) Deutscher Handwerkskammertag.

„Siehe Seite 233 des Textteils!"

26. Die Handwerksinnung ist
- ☐ a) der freiwillige Zusammenschluss von selbstständigen Handwerkern des gleichen Handwerks oder einander nahe stehender Handwerke in einem bestimmten Bereich.
- ☐ b) der zwangsweise Zusammenschluss von selbstständigen Handwerkern.
- ☐ c) der freiwillige Zusammenschluss von selbstständigen und unselbstständigen Handwerkern eines bestimmten Handwerks in einem bestimmten Bereich.
- ☐ d) der zwangsweise Zusammenschluss der unter c) genannten Handwerker.
- ☐ e) eine Einrichtung der gemeinsamen Selbsthilfe von Arbeitgebern und Arbeitnehmern.

„Siehe Seite 234 des Textteils!"

27. Welche Rechtsform hat die Handwerksinnung?
- ☐ a) Sie ist eine Handwerker-Genossenschaft.
- ☐ b) Sie ist ein nicht rechtsfähiger Verein.
- ☐ c) Sie ist ein im Vereinsregister eingetragener rechtsfähiger Verein.
- ☐ d) Sie ist eine Körperschaft des öffentlichen Rechts und als solche rechtsfähig.

☐ e) Sie ist eine Gesellschaft des bürgerlichen Rechts.

„Siehe Seite 234 des Textteils!"

28. Sie sind als Inhaber eines Handwerksbetriebes noch nicht Mitglied der zuständigen Innung. In einem Schreiben des Obermeisters wurden Sie aufgefordert, Mitglied der Innung zu werden. Bevor Sie eine Entscheidung über die Mitgliedschaft, die ja freiwillig ist, treffen, wollen Sie sich einen möglichst vollständigen Überblick darüber verschaffen, welche Aufgaben die Innung hat bzw. was sie für die Mitglieder tut.

<u>**Aufgabe:**</u> **Stellen Sie die Aufgaben der Innung dar!**

„Siehe Seite 235 des Textteils!"

29. Woher bekommt die Innung die finanziellen Mittel, die sie zur Erfüllung ihrer Aufgaben benötigt?
☐ a) Von den Innungsmitgliedern, die Beiträge an die Innung zahlen müssen.
☐ b) Von allen selbstständigen Handwerkern des gleichen Handwerks oder fachlich nahe stehender Handwerke.
☐ c) Von der Kreishandwerkerschaft.
☐ d) Von der Handwerkskammer.
☐ e) Vom Staat aus Gewerbeförderungsmitteln.

„Siehe Seite 236 des Textteils!"

30. Die Kreishandwerkerschaft ist
☐ a) der Zusammenschluss der Handwerksinnungen, die in einem Landkreis bestehen.
☐ b) der Zusammenschluss aller in einem bestimmten Landkreis ansässigen selbstständigen Handwerker.
☐ c) der Zusammenschluss einiger selbstständiger Handwerker zu einem Arbeitskreis.
☐ d) der Zusammenschluss von älteren Handwerksmeistern, die seit mehr als 25 Jahren selbstständig sind.
☐ e) der Zusammenschluss der Gesellen in einem Stadt- oder Landkreis.

„Siehe Seite 236 des Textteils!"

31. Welche Rechtsform hat die Kreishandwerkerschaft?
☐ a) Nicht rechtsfähiger Verein
☐ b) Personengesellschaft
☐ c) Kapitalgesellschaft
☐ d) Rechtsfähiger Verein
☐ e) Körperschaft des öffentlichen Rechts.

„Siehe Seite 236 des Textteils!"

32. Welches ist die wichtigste Aufgabe der Kreishandwerkerschaft?
☐ a) Durchführung von geselligen Veranstaltungen von Handwerkern
☐ b) Durchführung von Aufgaben der Handwerkskammer als deren Außenstelle
☐ c) Rechtsaufsicht über die Innungen
☐ d) Wahrung der Interessen des Gesamthandwerks im Kreishandwerkerschaftsbezirk
☐ e) Abschluss von Tarifverträgen.

„Siehe Seite 237 des Textteils!"

33. Die Handwerkskammer ist
- ☐ a) der freiwillige Zusammenschluss von selbstständigen Handwerkern in einem bestimmten Regierungsbezirk.
- ☐ b) die gesetzliche Berufsstandsvertretung des Gesamthandwerks im Kammerbezirk (zum Beispiel Regierungsbezirk).
- ☐ c) der freiwillige Zusammenschluss von selbstständigen und unselbstständigen Handwerkern im Kammerbereich.
- ☐ d) der zwangsweise Zusammenschluss von selbstständigen und unselbstständigen Handwerkern im Kammerbereich.
- ☐ e) der freiwillige Zusammenschluss der Arbeitnehmer im Regierungsbezirk.

„Siehe Seite 237 des Textteils!"

34. Die Handwerkskammer hat die Rechtsform
- ☐ a) einer juristischen Person des Privatrechts.
- ☐ b) eines nicht rechtsfähigen Vereins.
- ☐ c) einer BGB-Gesellschaft.
- ☐ d) einer Körperschaft des öffentlichen Rechts.
- ☐ e) einer Handwerkergenossenschaft.

„Siehe Seite 237 des Textteils!"

35. Sie haben als selbstständiger Handwerker einen Beitragsbescheid der Handwerkskammer erhalten. Es ist für Sie von Interesse zu wissen, wofür Sie diesen Pflichtbeitrag leisten, d.h. welche Aufgaben die Handwerkskammer grundsätzlich und für die einzelnen Mitglieder erfüllt.

Aufgabe: Stellen Sie dar, welches die drei Hauptaufgabenbereiche der Handwerkskammer sind!

„Siehe Seite 238 des Textteils!"

36. Nennen Sie die wichtigsten Tätigkeitsbereiche der Handwerkskammer als Dienstleistungsunternehmen (Handwerksförderung) für ihre Mitglieder!

„Siehe Seite 238 des Textteils!"

37. Auf welchen Gebieten wird die Handwerkskammer zur Vertretung der Interessen ihrer Mitglieder hauptsächlich tätig?

„Siehe Seite 238 des Textteils!"

38. Welche von den nachstehend aufgeführten Aufgaben gehören nicht zu den gesetzlichen Aufgaben der Handwerkskammer?
- ☐ a) Vertretung der Interessen des Gesamthandwerks im Kammerbereich
- ☐ b) Festsetzung von Preisen für handwerklich erzeugte Waren und für handwerkliche Dienstleistungen
- ☐ c) Beratung aller Handwerker des Kammerbereichs in allen mit dem Handwerk zusammenhängenden Fragen
- ☐ d) Bestellung und Vereidigung von Sachverständigen für die verschiedenen Handwerke
- ☐ e) Führung der Handwerksrolle und der Lehrlingsrolle.

„Siehe Seite 238 des Textteils!"

39. Welches ist das oberste Organ der Handwerkskammer?
- ☐ a) Der Präsident
- ☐ b) Der Hauptgeschäftsführer

- c) Präsident und Hauptgeschäftsführer zusammen
- d) Die Mitgliederversammlung (Vollversammlung)
- e) Der Gesamtvorstand.

„Siehe Seite 240 des Textteils!"

40. Sind in den wichtigsten Organen der Handwerkskammer auch die Handwerksgesellen vertreten?
- a) Nein, sie bestehen nur aus selbstständigen Handwerkern.
- b) Ja, die Gesellen sind mit 50 % in allen Organen vertreten.
- c) Ja, die Gesellen sind mit 20 % in allen Organen vertreten.
- d) Ja, ein Viertel der Mitglieder der Vollversammlung, des Vorstandes und des Präsidiums sind Gesellen.
- e) Ja, ein Drittel der Mitglieder der Vollversammlung, des Vorstandes und des Präsidiums sind Gesellen.

„Siehe Seite 240 des Textteils!"

41. Welches ist die wichtigste Finanzierungsquelle der Handwerkskammer für die Durchführung ihrer Aufgaben?
- a) Alle im Kammerbereich ansässigen selbstständigen und unselbstständigen Handwerker sind verpflichtet, an die Handwerkskammer Beiträge zu bezahlen.
- b) Alle in der Handwerksrolle und im Verzeichnis der handwerksähnlichen Gewerbe eingetragenen selbstständigen Handwerker sind verpflichtet, an die Handwerkskammer Beiträge zu bezahlen.
- c) Alle Innungen eines Kammerbereichs sind verpflichtet, einen Teil ihrer Einnahmen an die Handwerkskammer abzuführen.
- d) Alle benötigten Finanzmittel erhält die Handwerkskammer vom Staat aus Gewerbeförderungsmitteln.
- e) Alle Gemeinden des Kammerbereichs sind verpflichtet, einen Teil (10 %) der von ihnen erhobenen Gewerbesteuer an die Handwerkskammer abzuführen.

„Siehe Seite 241 des Textteils!"

42. Nennen Sie wichtige Aufgaben der Landes- und Bundesinnungsverbände!

„Siehe Seite 242 des Textteils!"

43. Aufgaben der Gewerbeförderung sind
- a) die Erhaltung und Verbesserung des Leistungsstandes und der Leistungsfähigkeit des Handwerks.
- b) nur die Maßnahmen zur Förderung der beruflichen Aus- und Fortbildung.
- c) vorwiegend Maßnahmen zur Förderung des Exports und außenwirtschaftlicher Kontakte.
- d) vorwiegend Maßnahmen zur Förderung der zwischenbetrieblichen Kooperation.
- e) Pflege von Gemeingeist und Berufsehre im Handwerk.

„Siehe Seite 244 des Textteils!"

44. Wichtigste Träger von Gewerbe- und Handwerksförderungsmaßnahmen sind
- a) die Handwerkskammern, Innungen und Verbände.
- b) nur die Handwerkskammern und die Innungen.
- c) in größtem Umfang der Bundesminister für Finanzen.
- d) in größtem Umfang der Bundesminister für Arbeit.
- e) vorwiegend die Gewerbeämter.

„Siehe Seite 244 des Textteils!"

45. Nennen Sie die wichtigsten Maßnahmen der Handwerksförderung!

„Siehe Seite 245 des Textteils!"

46. Welche Ziele werden mit der Durchführung von Messeveranstaltungen im Handwerk angestrebt?

„Siehe Seite 245 des Textteils!"

47. Das Handwerk wird wissenschaftlich gefördert
- ☐ a) durch alle Universitäten in der Bundesrepublik.
- ☐ b) durch alle Fachhochschulen in der Bundesrepublik.
- ☐ c) durch alle Fachakademien des Handwerks.
- ☐ d) in erster Linie durch das Deutsche Handwerksinstitut e. V.
- ☐ e) nur durch den Bundesminister für Bildung und Wissenschaft.

„Siehe Seite 246 des Textteils!"

48. Sie sind selbstständiger Handwerksmeister und haben die Erfahrung gemacht, dass zur Wahrnehmung der sachgerechten Leitungsfunktion eines modernen und erfolgreichen Handwerksbetriebes die Inanspruchnahme von Beratungsleistungen erforderlich ist. Die Beratungsangebote der Handwerksorganisationen sind neben freiberuflichen Beratungsleistungen, wie z.B. durch Steuerberater und Rechtsanwälte, für Sie die wichtigsten. Damit Sie diese Beratungsleistungen je nach Bedarf in bestmöglicher Weise beanspruchen können, verschaffen Sie sich einen Überblick.

<u>**Aufgabe:**</u> **Erstellen Sie eine Liste über die wichtigsten Beratungsleistungen der Handwerksorganisationen, die Sie in Anspruch nehmen können!**

„Siehe Seite 246 des Textteils!"

49. Nennen Sie die wichtigsten Beratungsangebote der betriebswirtschaftlichen Berater der Handwerkskammer!

„Siehe Seite 247 des Textteils!"

50. Welche Möglichkeiten bestehen für einen Handwerksbetrieb, freiberufliche Berater über die Handwerksorganisation in Anspruch zu nehmen?

„Siehe Seite 247 des Textteils!"

51. Welches sind die wichtigsten Organisationen der übrigen gewerblichen Wirtschaft und ihre Aufgaben?

„Siehe Seite 250 ff. des Textteils!"

52. Nennen Sie einige Gebiete, auf denen die Handwerksorganisationen mit den Organisationen der übrigen gewerblichen Wirtschaft zusammenarbeiten (Industrie- und Handelskammern, Wirtschaftsverbände, Arbeitgeberverbände)!

„Siehe Seite 251 f. des Textteils!"

53. Welche Aufgaben haben die Gewerkschaften?

„Siehe Seite 252 des Textteils!"

54. Wo gibt es Berührungspunkte und Felder der Zusammenarbeit zwischen den Handwerksorganisationen und den Gewerkschaften?

„Siehe Seite 253 des Textteils!"

2.2 Marketing

> Marketing bedeutet die Ausrichtung aller unternehmerischen Entscheidungen am Absatzmarkt. Diese konzentrieren sich insbesondere auf die tatsächlichen und möglichen Bedürfnisse der Kunden, die der einzelne Betrieb in Kaufentscheidungen für die eigenen Produkte und Dienstleistungen umwandeln muss.
> Marketing zu betreiben, bedeutet aktive Politik und nicht nur Reaktion auf den Markt.
> Ziel des Marketing ist unter anderem die Absatzsicherung für die Gegenwart und die Zukunft.

Begriff

Ziel

2.2.1 Konzeption des Marketing

Die dynamische Entwicklung der Märkte führt auch für den Handwerksbetrieb dazu, dass ständig Anpassungen und Innovationen vorgenommen werden müssen. Eine marktorientierte Unternehmensführung unter Berücksichtigung aktueller Entwicklungen und Tendenzen auf den für den Betrieb relevanten Märkten, ist die Basis für den nachhaltigen Unternehmenserfolg.

> Das Marketingkonzept bildet in diesem Zusammenhang die marktorientierte Stoßrichtung der Unternehmenspolitik. Die Koordination aller zusammenwirkenden Bereiche im Betrieb ist wichtig und für die Umsetzung eines Marketingkonzepts von grundlegender Bedeutung.

Marketingkonzept

Abbildung 116

2.2.2 Analyse des Absatz- und Beschaffungsmarktes

Marktwirtschaft

Im Wirtschaftssystem der Marktwirtschaft ist jede Unternehmung und somit auch jeder Handwerksbetrieb Teil des Marktes. Um erfolgreich zu sein, hat der Betriebsinhaber täglich eine Reihe bedeutender Entscheidungen zu treffen, die er ohne Kenntnis der Marktzusammenhänge und der dafür erforderlichen Informationen nicht treffen kann.

> Die wichtigsten Märkte, die es für den Handwerksbetrieb zu beobachten und zu analysieren gilt, sind der Absatzmarkt und der Beschaffungsmarkt.

Die folgenden Ausführungen beziehen sich schwerpunktmäßig auf die Untersuchung des Absatzmarktes. Der Beschaffungsmarkt wird hauptsächlich in Abschnitt 2.2.4 „Beschaffung" behandelt.

2.2.2.1 Methoden der Marktanalyse und Marktforschung

Marktanalyse

> Hauptziel der Marktanalyse und Marktforschung ist es, Handlungsalternativen für den Betriebsinhaber zu schaffen, die dazu beitragen die Unternehmensziele zu verwirklichen.

Die systematische Untersuchung und Beobachtung der Stellung eines Unternehmens im Marktgeschehen stellt eine wichtige Grundvoraussetzung für den nachhaltigen Erfolg dar. Somit kommt der Marktanalyse und der Marktforschung eine zentrale Bedeutung innerhalb des Bereiches Marketing zu und bildet die Grundlage aller Aktivitäten in diesem Bereich.

Marktforschung

> Die Marktforschung bildet die Grundlage für eine fundierte Marktanalyse. Die Marktanalyse als Zeitpunktbetrachtung ist die Basis für eine fortgesetzte Marktbeobachtung als Zeitraumbetrachtung.
> Nur dadurch ist sichergestellt, dass der Betriebsinhaber auf Chancen und Risiken rechtzeitig reagieren kann.

Die für den Handwerksbetrieb in diesem Bereich wichtigsten Elemente und Methoden werden im Weiteren dargestellt.

Informationsbeschaffung

Untersuchungsziel

Vor Beginn der Marktanalyse ist es wichtig, ein klares Untersuchungsziel festzulegen. Dieses bildet die Basis für eine gezielte, erfolgreiche Beschaffung der Informationen, die für die Erreichung der Unternehmensziele erforderlich sind.
Die Beschaffung der benötigten Informationen kann auf verschiedene Arten erfolgen.

2.2.2 Analyse des Absatz- und Beschaffungsmarktes

Abbildung 117

> Die Primärforschung beschäftigt sich mit der möglichst exakten Ermittlung von Meinungen, Einstellungen, Motiven und Wünschen der Kunden durch Befragungen und Beobachtungen.
> Die Sekundärforschung bezieht sich auf die Aufbereitung und Auswertung betriebsinterner und externer Daten.

Primärforschung

Sekundärforschung

Wichtige Informationsquellen der Sekundärforschung sind:

Informationsquellen

Interne Quellen:
- Kundenkarteien
- Angebotsstatistiken
- Auftragsstatistiken
- Umsatzstatistiken
- Reklamationsstatistiken
- Mitarbeiterberichte.

Externe Quellen:
- Informationen von Wirtschaftsverbänden (z.B. Handwerkskammern, Fachverbände etc.)
  - Konjunkturberichte *allgemeine Wirtschaftslage*
  - Betriebsvergleiche
  - Branchenstatistiken
  - Sonderumfragen
- Informationen wirtschaftswissenschaftlicher Institute
  - Ludwig-Fröhler-Institut für Handwerkswissenschaften, Abteilung für Handwerkswirtschaft
  - Institut für Handelsforschung
  - Deutsches Institut für Wirtschaftsforschung
  - Ifo-Institut
  - Gesellschaft für Konsumforschung (GfK)
- Informationen aus amtlichen Statistiken
  - Informationsmaterial des Statistischen Bundesamtes
  - Informationsmaterial der statistischen Landesämter und Gemeinden
  - Informationsmaterial der Bundes- und Landesministerien
  - Berichte der Deutschen Bundesbank und der Europäischen Zentralbank
  - Statistisches Jahrbuch für die Bundesrepublik Deutschland
- Informationen externer Dienstleister
  - Marktforschungsagenturen
  - Werbeagenturen
  - Kreditinstitute
  - Adressverlage etc.
- Fachliteratur, Zeitungen, Zeitschriften
- elektronische Medien
- Internet.

Informationsauswertung

Die Auswertung der gewonnenen Informationen bildet die Grundlage zu einer laufenden Marktbeobachtung. Die für den Handwerksbetrieb wichtigsten praktischen Anwendungen werden im Folgenden dargestellt.

2.2.2.2 Gegenstände der Marktanalyse und Marktforschung

Beurteilung der allgemeinen Marktsituation

Gesamtwirtschaftliche Lage

> Ein grundlegender Einflussfaktor für den einzelnen Betrieb ist die gesamtwirtschaftliche Lage.

Für den Betriebsinhaber ist es wichtig, die Auswirkungen von gesamtwirtschaftlichen Veränderungen für den eigenen Betrieb einschätzen zu können und entsprechend zu reagieren und zu handeln.

Volkswirtschaftliche Einflussgrößen

Wichtige volkswirtschaftliche Einflussgrößen sind unter anderem:
- Entwicklung der Inflationsrate
- Veränderung des Zinsniveaus
- Veränderung der privaten und staatlichen Konsumausgaben
- Entwicklung der Investitionsneigung
- Veränderung von Umweltschutzvorschriften
- Entwicklungen in der Rechtsprechung (z. B. Produkthaftung)
- Entwicklung der Wechselkurse
- Veränderungen durch die Einführung des Euro.

Beispiel: Bei steigenden Zinsen wird die Auftragslage für Handwerksbetriebe der Baubranche, wenn man nur diesen Einflussfaktor isoliert betrachten würde, eher rückläufig sein, weil die private und staatliche Investitionsneigung zurückgeht.

Informationsquellen

Wichtige Informationen zur Beurteilung der gesamtwirtschaftlichen Lage können den Konjunkturberichten der Handwerkskammern, aber auch der Tagespresse und dem Internet entnommen werden.

Ermittlung von Strukturdaten

> Die Ermittlung von Strukturdaten ist eine wichtige Grundlage zur Beurteilung zukünftiger Absatzpotenziale.

Angaben über die demographische Struktur eines bestimmten Absatzgebietes lassen erkennen, wie die Verbrauchergewohnheiten in der betreffenden Region einzuschätzen sind.

Wichtige Strukturdaten sind beispielsweise:
- Struktur des Familienstandes
- Struktur der Familiengröße
- Altersstruktur
- Geschlechtsstruktur.

Quelle für die Ermittlung von Strukturdaten sind amtliche Statistiken, aber auch Statistiken von Verbänden und Kammern.

Einbeziehung von Kaufkraftkennziffern

> Die Kaufkraft, d.h. der Geldbetrag der den Verbrauchern tatsächlich zur Verfügung steht, hat erhebliche Auswirkungen auf die Absatzchancen eines Handwerksbetriebes.

Kaufkraft

Die Kaufkraft ist regional sehr unterschiedlich ausgeprägt. Eine Messung erfolgt durch sog. Kaufkraftkennziffern. Setzt man die durchschnittliche Kaufkraft in der Bundesrepublik Deutschland = 100, so ist die Kaufkraft z.B. in einer Region mit der Kennziffer 110, um 10 % höher als im Bundesdurchschnitt. Umgekehrt ist sie beispielsweise um 20 % niedriger in einem Gebiet mit Kaufkraftkennziffer 80.

Messung

Beispiel:
Ein Handwerksbetrieb, der sich mit der Herstellung und dem Vertrieb hochwertiger Luxusartikel beschäftigt (z.B. Goldschmied), wird in einem Gebiet mit einer möglichst hohen Kaufkraftkennziffer bessere Absatzchancen vorfinden als in einer Region mit geringer Kaufkraftkennziffer.

Aufschluss über die regionale Kaufkrafthöhe geben sog. Kaufkraftkarten, die beispielsweise bei der Gesellschaft für Konsumforschung (GfK) in Nürnberg erhältlich sind.

Datenquelle

Auswertung von Kundendaten

> Neben der Kenntnis externer Daten ist die Auswertung der betriebsindividuellen Kundendaten für die Marktanalyse und Marktforschung von großer Bedeutung.

Abbildung 118

Ein besonderes Verfahren zur Ermittlung des Deckungsbeitrages für einzelne Produkte bzw. Produktgruppen ist die sog. ABC-Analyse.

ABC-Analyse

Beispiel:
Ein Handwerksbetrieb bietet schwerpunktmäßig vier Produkte an. Der Umsatz verteilt sich wie folgt auf die Produkte und die Zahl der Kunden:

Produkt	Umsatz	%-Anteil	Anzahl Kunden	%-Anteil
P 1	50.000,00	25 %	10	21,3 %
P 2	75.000,00	37,5 %	5	10,6 %
P 3	10.000,00	5 %	25	53,2 %
P 4	65.000,00	32,5 %	7	14,9 %
Gesamt	**200.000,00**	**100 %**	**47**	**100 %**

Das Beispiel dokumentiert folgende Situation:
- 70 % des Umsatzes werden durch die Produkte P 2 und P 4 erzielt; es werden jedoch mit diesen Produkten nur 25,5 % der Kunden angesprochen.
- 30 % des Umsatzes werden durch die Produkte P 1 und P 3 erzielt; hier werden jedoch 74,5 % der Kunden angesprochen.

Für den Beispielbetrieb zeigt sich einerseits eine Abhängigkeit von wenigen Kunden. Andererseits liegt aber auch gegenüber dem Markt ein Spezialisierungsvorteil bei den Produkten P 2 und P 4 vor, der von der Konkurrenz derzeit nicht erreicht wird.

Handlungsleitlinie

Handlungsleitlinie für diesen Betrieb könnte somit sein:
- intensive Betreuung der Kunden der Produkte P 2 und P 4 (VIP-Kunden)
- Sicherstellung einer hohen Servicebereitschaft gegenüber diesen Kunden (z. B. telefonische Erreichbarkeit)
- Untersuchung der Deckungsbeitragsanteile der Produkte P 2 und P 4 (Wird mit diesen Produkten auch ein angemessener Gewinn erzielt?)
- Prüfung der Möglichkeiten den Absatz der Produkte P 1 und P 3 bei den Kunden der Produkte P 2 und P 4 zu erhöhen.
- Förderung des Absatzes von Produkt P 3 (Ist dieses Produkt rentabel?).

Kunde

> Im Mittelpunkt des wirtschaftlichen Handelns steht der Kunde. Er bildet die Basis für eine erfolgreiche Marktforschung.

Kundenkartei

Grundlage für die erfolgreiche Kundenbetreuung ist das Anlegen einer Kundenkartei.

Folgende grundsätzliche Unterscheidung ist hierbei zu treffen:

Abbildung 119

Checkliste

Nachfolgende Checkliste stellt die wichtigsten allgemeinen Inhalte einer Kundenkartei dar:
- Name
- Anschrift
- Telefon, Telefax, E-Mail

- Geschlecht
- Geburtstag
- Familienstand
- Beruf
- persönliche Interessen
- Kunde seit ...
- Umsatz pro Jahr
- Umsatz im letzten Jahr
- letzter Kontakt am / Inhalt
- nächster Kontakt am / Inhalt
- Zahlungsmoral
- Gesprächsberichte.

Bei Gewerbekunden sollte die Checkliste um folgende Angaben ergänzt werden:
- Branche
- Betriebsgröße
- Lieferadresse
- Ansprechpartner
- Namen und sonstige Daten wichtiger Entscheider.

Eine EDV-Unterstützung ist bei der Anlage einer Kundenkartei zweckmäßig. Für die meisten Branchen gibt es heute Standardsoftware, die auch Auswertungen und Selektionen des Kundenbestandes nach wichtigen Kriterien ermöglicht (Beispiel: Suche alle Kunden, die jünger sind als 40 Jahre etc.). *EDV-Unterstützung*

Eine wichtige Rolle spielt auch die ständige Pflege der Aktualisierung der Kundenkartei. Veraltete Adressen, die Nennung falscher Ansprechpartner und vieles mehr kann zu Verärgerungen bei Kunden führen. *Aktualisierung*

2.2.2.3 Praktische Anwendung der Marktforschung im Handwerksbetrieb

Ermittlung des Marktvolumens

> Das Marktvolumen ist die Maßzahl für die Größe eines Marktes in einer bestimmten Region gemessen an der Höhe des Umsatzes.

Das Marktvolumen berechnet sich folgendermaßen:
Marktvolumen = Umsatz pro Kopf der Bevölkerung x Anzahl der Einwohner

Beispiel:
Der Umsatz pro Kopf der Bevölkerung in der Bundesrepublik Deutschland betrage in einem Handwerkszweig 150,00 EUR im Jahr. Eine Stadt mit 50.000 Einwohnern hat somit ein Marktvolumen von 7.500.000,00 EUR.

Die Betrachtung des Marktvolumens ist gegenwartsbezogen. Wichtig für die weitere Entwicklung des einzelnen Betriebes ist der Blick in die Zukunft.

Fragestellungen

Nachfolgende Fragestellungen sind hierbei zu untersuchen:
- Wie entwickelte sich der Umsatz der Branche in den letzten Jahren?
- Wie entwickelt sich der Umsatz der Branche voraussichtlich in den nächsten Jahren?
- Wie entwickelte sich das Produktionsvolumen der Branche in den letzten Jahren?
- Wie entwickelt sich das Produktionsvolumen voraussichtlich in den nächsten Jahren?
- Gibt es Möglichkeiten das Marktvolumen durch Produktinnovationen auszuweiten?

Ermittlung des Marktanteils

Marktanteil

Der Marktanteil ist die Maßzahl für den Anteil eines Betriebes am Marktvolumen in einer bestimmten Region gemessen an der Höhe des Umsatzes. Er gibt also das Umsatzvolumen eines Betriebes im Vergleich zum Marktvolumen an und gibt somit wichtige Aufschlüsse über die Stellung eines Unternehmens am Markt.

Der Marktanteil berechnet sich wie folgt:
Marktanteil in % = eigener Umsatz/Marktvolumen x 100

Beispiel:
Beträgt der Umsatz eines Handwerksbetriebes 750.000,00 EUR und das im Beispiel ermittelte Marktvolumen 7.500.000,00 EUR, so ergibt sich ein Marktanteil von 10 %.
Ebenso wie die Ermittlung des Marktvolumens ist die Berechnung des Marktanteils gegenwartsbezogen.

Zahl der Anbieter

Zur Einschätzung der Marktposition ist außerdem die Zahl der übrigen Anbieter zu berücksichtigen. Gibt es beispielsweise nur noch einen anderen Anbieter, der 90 % Marktanteil hätte, so wäre die Marktsituation wesentlich ungünstiger, als wenn es 20 weitere Anbieter gäbe, die sich den Markt nahezu zu gleichen Anteilen aufteilen.

Ermittlung des Marktbesetzungsfaktors

Marktbesetzungsfaktor

Der Marktbesetzungsfaktor zeigt auf, wie hoch der Anteil an Kunden einer Region gemessen an der Gesamtbevölkerung dieser Region ist. Er bietet somit ein wirksames Instrument zur Ermittlung möglicher versteckter Potenziale im Einzugsgebiet.

Der Marktbesetzungsfaktor wird folgendermaßen ermittelt:
Marktbesetzungsfaktor in % = Anzahl Kunden/Anzahl Einwohner x 100

Beispiel:
Beträgt die Anzahl der Kunden eines Handwerksbetriebes 500 und die Zahl der Einwohner seines entsprechenden Einzugsgebietes 50.000, so beträgt der Marktbesetzungsfaktor 1 %.

Die Ermittlung des Marktbesetzungsfaktors ist ebenso wie der Marktanteil und das Marktvolumen eine gegenwartsbezogene Zeitpunktbetrachtung.

Er zeigt an, welche Potenziale in einzelnen Regionen für den Handwerks- — Potenziale
betrieb noch vorhanden sind. Der Umsatz und abgesetzte Mengen des
einzelnen Betriebes bleiben hier unberücksichtigt.

2.2.2.4 Analyse der Wettbewerbssituation

In den vorangegangenen Ausführungen wurde deutlich, dass die volks-
und betriebswirtschaftlichen Rahmenbedingungen erheblichen Einfluss
auf die Stellung eines Handwerksbetriebes am Markt haben.

> Für den eigenen betrieblichen Erfolg ist jedoch in erster Linie der Be-
> trieb selbst verantwortlich. Aufbauend auf den Stärken eines Betrie- — Stärken und
> bes, die das Fundament bilden, gilt es individuelle Schwachstellen   Schwächen
> abzubauen, eigenständig am Markt aufzutreten und das eigene Un-
> ternehmen von den Mitbewerbern abzuheben.

Zur Ermittlung der eigenen Stärken und Schwächen, aber auch der der
Mitbewerber gibt es verschiedene Verfahren.

Abbildung 120

Selbsteinschätzung

> Bei diesem Verfahren gilt es den eigenen Handwerksbetrieb selbstkri-
> tisch zu analysieren. Der Betriebsinhaber hat die Aufgabe die Stärken
> und Schwächen seines Unternehmens zu erkennen und mit den
> Wettbewerbern zu vergleichen.

Nachfolgende Checkliste gibt einen Überblick hinsichtlich wichtiger — Checkliste
Vergleichsmaßstäbe:
- Betriebsgröße
- Qualifikation des Betriebsinhabers
- Qualifikation der Mitarbeiter
- Auftreten gegenüber den Kunden
- technische Ausstattung des Betriebes
- Art der Unternehmensführung
- Standort des Betriebes
- Produkt- bzw. Dienstleistungsangebot
- Ertragssituation
- Betriebsorganisation
- Öffentlichkeitsarbeit

- Werbung
- Zukunftschancen.

Diese Kriterien gilt es zu beurteilen im Vergleich zu den Wettbewerbern. Dabei wird es Bereiche geben, die besser, gleich gut oder schlechter eingeschätzt werden.

Beispiel:
Kommt der Betriebsinhaber zu der Einschätzung, dass sein Dienstleistungsangebot im Vergleich zu den Wettbewerbern besser ist, jedoch die Ertragssituation aufgrund einer verbesserungsbedürftigen Betriebsorganisation leidet, so wird sein zukünftiges Handeln schwerpunktmäßig in der Verbesserung der Betriebsabläufe zu finden sein.

Der Betriebsinhaber muss sein Handeln selbstkritisch auf den Abbau der erkannten Schwächen lenken und gleichzeitig die vorhandenen Stärken weiter ausbauen.

Befragungen

Unter einer Befragung versteht man eine systematische Erhebung, bei der Personen durch gezielte Fragen zu konkreten, für den Handwerksbetrieb verwertbaren Aussagen veranlasst werden sollen.
Die Befragung gilt als die wichtigste Methode der Informationsbeschaffung im Marketing.

Zielgruppenauswahl

Ein wichtiger Aspekt bei der Planung und Durchführung von Befragungen ist die Zielgruppenauswahl. Sie bestimmt welche Personen befragt werden sollen. Es ist zu beachten, dass die befragte Zielgruppe weitgehend mit der Zielgruppe des Handwerksbetriebes übereinstimmt.

Beispiel: Befragt werden sollen Frauen zwischen 20 und 50 Jahren, die über ein Familiennettoeinkommen von mehr als 15.000,00 EUR im Jahr verfügen und einem Angestelltenhaushalt angehören.

Befragungswege

Bei der Planung und Durchführung von Befragungen ist weiterhin festzulegen, auf welchem Weg die Zielgruppe befragt werden soll.

Abbildung 121

Vor- und Nachteile

Folgende Vor- und Nachteile treten bei den einzelnen Befragungsarten auf:

Vorteile der schriftlichen Befragung:
- gute Repräsentativität
- Möglichkeit komplexere Fragen zu stellen

- Angebot von Auswahlmöglichkeiten durch vorformulierte Antworten.

Nachteile der schriftlichen Befragung:
- teuere und aufwendige Methode
- geringe Rücklaufquote.

Vorteile der Passantenbefragung:
- relativ kostengünstige Methode
- Möglichkeit genaueren Nachfragens.

Nachteile der Passantenbefragung:
- geringe Repräsentativität
- Anwendung von Antwortalternativen schwierig.

Vorteile der telefonischen Befragung:
- relativ geringer Zeitaufwand
- hohe Repräsentativität.

Nachteile der telefonischen Befragung:
- Telefoninterviews werden häufig abgebrochen
- Anwendung von Antwortalternativen schwierig.

Welche der genannten Methoden den Bedürfnissen des einzelnen Handwerksbetriebes am besten entspricht, hat der Betriebsinhaber unter Berücksichtigung der genannten Vor- und Nachteile individuell zu entscheiden.

In der Praxis ergibt sich oftmals eine telefonunterstützte schriftliche Befragung als der geeignetste Weg.

Um eine möglichst hohe Rücklaufquote zu erhalten, können folgende Techniken die Bereitschaft zur Mitarbeit bei den Befragten erhöhen:

Rücklaufquote

- Beilegen eines frankierten Rückkuverts
- schriftliche Zusicherung von Anonymität und Vertraulichkeit
- Formulierung einfacher und klar strukturierter Fragen
- übersichtliche Gestaltung des Fragebogens
- Verwendung farbiger Fragebögen
- individuelle Gestaltung des Anschreibens
- Angebot einfacher Antwortalternativen
- telefonische Vorankündigung einer schriftlichen Befragung
- telefonische Nachfassaktion starten.

Eine Rücklaufquote bei einer schriftlichen Befragung zwischen 5 % und 20 % gilt trotz dieser unterstützenden Maßnahmen allgemein als Erfolg und ist bei einer ausreichend großen Stichprobe als repräsentativ zu betrachten.

Kundenbefragung

Marketing bedeutet kunden- und marktorientiertes Denken und Handeln. Aus diesem Grund ist die Befragung von Kunden für den Betriebsinhaber wichtig. Der Unternehmer muss genau wissen, was der Kunde denkt und will.

Kundenbefragung

Eine Kundenbefragung hat grundsätzlich zwei positive Aspekte. Einerseits erfährt der Betriebsinhaber die Wünsche seiner Kunden, zum anderen erkennt der Kunde, dass es dem Betrieb ernst damit ist, die Wünsche und Anregungen der Kunden zu erfahren und umzusetzen.

Beispiel:

Für eine Metzgerei könnte ein Fragebogen für eine schriftliche Kundenbefragung folgendes Aussehen haben:

Fragebogen

Sehr geehrte Frau Kundin, sehr geehrter Herr Kunde,

hervorragende Produktqualität und bestmöglicher Service sind unsere Ziele, um in Zukunft noch besser auf Ihre individuellen Kundenwünsche eingehen zu können.

Deshalb möchten wir Sie bitten, an unserer diesjährigen Kundenbefragung teilzunehmen und die wenigen nachfolgenden Fragen zu beantworten. Natürlich ist die Umfrage völlig anonym! Um Ihnen keine Kosten zu verursachen, haben wir ein Rückkuvert beigelegt, bei dem die Postgebühr vom Empfänger bezahlt wird.

Bitte kreuzen Sie nachfolgend die zutreffenden Antworten an.
Vielen Dank für Ihre Mitarbeit

1. Warum kaufen Sie in der Metzgerei Kalb ein?
   - Lage des Geschäftes ☐
   - Nähe zum Wohnort ☐
   - Gute Verkehrsanbindung ☐
   - Gute Parkmöglichkeiten ☐
   - Frische der Produkte ☐
   - Auswahl der Produkte ☐
   - Einkaufsatmosphäre ☐
   - Freundliche Bedienung ☐
   - Sonstiges ☐

2. Wie beurteilen Sie die Produktqualität der Metzgerei Kalb?

Fleischwaren

	sehr gut	gut	befriedigend	schlecht
• Rindfleisch	☐	☐	☐	☐
• Kalbfleisch	☐	☐	☐	☐
• Schweinefleisch	☐	☐	☐	☐
• Putenfleisch	☐	☐	☐	☐
• Sonstiges	☐	☐	☐	☐

Wurstwaren

	sehr gut	gut	befriedigend	schlecht
• Bierschinken	☐	☐	☐	☐
• Salami	☐	☐	☐	☐
• Leberwurst	☐	☐	☐	☐
• Sonstiges	☐	☐	☐	☐

3. Wie beurteilen Sie das Erscheinungsbild der Metzgerei Kalb?

	sehr gut	gut	befriedigend	schlecht
• Gebäude und Fassade	☐	☐	☐	☐
• Schaufenstergestaltung	☐	☐	☐	☐
• Ladeneinrichtung	☐	☐	☐	☐
• Warenpräsentation	☐	☐	☐	☐

4. Wie beurteilen Sie das Verkaufspersonal?

	sehr gut	gut	befriedigend	schlecht
• Freundlichkeit	☐	☐	☐	☐
• Höflichkeit	☐	☐	☐	☐
• Schnelligkeit	☐	☐	☐	☐
• Sauberkeit	☐	☐	☐	☐
• Fachkompetenz	☐	☐	☐	☐
• Erscheinungsbild	☐	☐	☐	☐

5. Welche Verbesserungsvorschläge haben Sie im Allgemeinen?

_____

_____

_____

_____

6. Statistische Angaben

Alter
Geschlecht
Familienstand
Zahl der Kinder
Wohnort

Umfragen in der Bevölkerung

Umfrage in der Bevölkerung

Die Ermittlung der Stellung eines Unternehmens am Markt in den Augen der Öffentlichkeit ist neben der Ermittlung der Kundenmeinung für einen Handwerksbetrieb wichtig.
Durch die Befragung der Bevölkerung kann vor allem das Image eines Betriebes untersucht werden. Ebenso können Meinungen zu Konkurrenzbetrieben ermittelt werden.

Beispiel:

Fragebogen

Für einen Betrieb des Elektrotechniker-Handwerks könnte ein Fragebogen folgendes Aussehen haben:

Guten Tag, wir führen eine Meinungsumfrage durch und Sie wurden zufällig aus dem Telefonbuch ausgewählt ...

1. Welche Elektrohandwerker und -betriebe hier aus der Umgebung kennen Sie, wenn auch nur dem Namen nach?
2. Jetzt geht es um den Einkauf verschiedener Elektroartikel und um Elektroinstallation. Sagen Sie mir bitte, welchen Betrieb Sie bevorzugen:
3. Sie haben Ihren Fernseher gekauft bei:
4. Wo lassen Sie Ihren Fernseher reparieren?
5. Sie lassen Elektroinstallationen machen von:
6. Sie lassen Anlagen reparieren bei:
7. Sie haben Ihre Waschmaschine gekauft bei:
8. Wo lassen Sie Ihre Waschmaschine reparieren?
9. Können Sie sich an die Werbung eines dieser Geschäfte erinnern?
   ☐ ja
   ☐ nein
   Wenn ja, wissen Sie auch noch welches oder welche Geschäfte da geworben haben?
10. Sie sagen, Sie kaufen bei der Fa.:_____(oben überwiegend genannt)
Wie beurteilen Sie dort:

	1	2	3	4	5
Auswahl	☐	☐	☐	☐	☐
Fachberatung	☐	☐	☐	☐	☐
Preise	☐	☐	☐	☐	☐
Freundlichkeit der Mitarbeiter	☐	☐	☐	☐	☐
Serviceleistungen	☐	☐	☐	☐	☐
Reparaturpreise	☐	☐	☐	☐	☐

1 = sehr gut; 2 = gut; 3 = weniger gut; 4 = schlecht; 5 = keine Angabe

> 11. Die Firma Elektro Watt möchte sich in Zukunft noch besser auf ihre Kunden einstellen. Was könnte bei der Firma Watt geändert oder verbessert werden, damit Sie persönlich lieber dort einkaufen würden?
> ☐ bin zufrieden ☐ kein Vorschlag ☐ unbekannt
> ☐ kenne ich, kaufe dort aber nicht
>
> Statistik:
> 12. Wo wohnen Sie? 1 in Stromstadt
>   2 außerhalb in _____
> 13. Wie alt sind Sie? 1 ☐ bis 20   2 ☐ 20–30   3 ☐ 30–50
>   4 ☐ über 50 Jahre
>
> ... vielen Dank für Ihre Mithilfe ...
>
> (aus Marketing im Elektroinstallateur-Handwerk, Hrsg. Institut für Handwerkswirtschaft, München)

Konkurrenzanalyse

Um die Stellung eines Handwerksbetriebes am Markt beurteilen zu können, ist auch die Analyse der Mitbewerber bzw. Konkurrenten notwendig.

> Hauptziel der Konkurrenzforschung ist die Ermittlung der Fähigkeiten, Stärken und Schwächen der derzeitigen und potenziellen Konkurrenten. Vor allem die Erforschung deren Kernkompetenzen ist von Bedeutung.

Konkurrenzforschung

Grundsätzlich gilt es festzulegen, welche Einzelinformationen über die Mitbewerber zu sammeln sind.

Folgende Daten sind in der Regel wichtig: *Wichtige Daten*
- Name, Anschrift
- Alter und Ausbildung des Betriebsinhabers und weiterer Führungskräfte
- Umsatz
- Mitarbeiterzahl
- Qualifikation der Mitarbeiter
- Produkt- und Leistungsprogramm (Sortimentsgestaltung, Qualität)
- Preise
- Arbeitstechniken und Maschinenausstattung
- Kundengruppen
- Absatzgebiet
- Marketing- und Vertriebsmethoden
- Stärken und Schwächen.

Der erste Schritt bei der Konkurrenzanalyse ist die Ermittlung der Mitbewerber. Zum einen sind dies Betriebe, die im gleichen Absatzgebiet gleiche oder ähnliche Produkte anbieten. Zum anderen sind aber auch Unternehmen zu beachten, die sog. Substitutionsgüter (Ersatzgüter) im Angebot haben.

Mitbewerber

Beispiel:
Ein Konkurrent eines Schreinerbetriebes bietet Kunststofftüren statt der vom Schreiner gefertigten Holztüren an.
Außerdem bieten manche Betriebe auch Produkte und Leistungen anderer Handwerkszweige an.

Beispiel:
Verkauf von Brot in der Metzgerei

Betriebsvergleich
Informationen können auch aus veröffentlichten Betriebsvergleichen gewonnen werden, soweit sie sich auf marketingrelevante Daten beziehen.

2.2.3 Marketingfunktionen und -instrumente auf der Absatzseite

Abbildung 122

2.2.3.1 Produkt- und Sortimentspolitik

Aufgabe

> Die Aufgabe der Produktpolitik ist es, ein an den Bedürfnissen der Nachfrager orientiertes Angebot zu konzipieren. Ihr Ziel ist es, sich durch die Schaffung eines bedarfsgerechten Güter- und Dienstleistungsangebotes positiv vom Angebot der Mitbewerber abzuheben.

Produkteigenschaften

Einem Produkt lassen sich grundsätzlich folgende Eigenschaften zuordnen:

Abbildung 123

Leistungsprogramm

Die Produktpolitik bildet die Basis für das Leistungsprogramm des Handwerksbetriebes. Aufgabe des Betriebsinhabers ist es, die Leistungsbereiche festzulegen. Hierbei ist in Haupt- und Nebenleistungen zu unterscheiden.

Beispiel:
Eine Bäckerei hat ihr Produktprogramm zusammenzustellen. Es gilt also zum Beispiel auszuwählen, welche Brotsorten angeboten werden. Bei der Überlegung der Sortimentsgestaltung ist hier beispielsweise festzulegen, ob auch Feinbackwaren angeboten werden sollen. Das Produkt- bzw. Sor-

timentsangebot bildet dann die Hauptleistung. Eine mögliche Nebenleistung wäre im Beispiel ein Lieferservice.

> Das Produkt- und Leistungsprogramm eines Handwerksbetriebes muss sich immer aktuell den Marktbedürfnissen anpassen.

Marktbedürfnisse

Ein Angebot, das die Kunden zu einem bestimmten Zeitpunkt attraktiv finden, kann bereits in kurzer Zeit seine Attraktivität verlieren. Aufgabe des Handwerksbetriebes ist es daher, sein Produkt- und Leistungsprogramm immer wieder zu überprüfen und entsprechend den technischen Veränderungen und den Marktbedürfnissen anzupassen. Möglichkeiten hierzu entstehen durch Produktinnovationen und Produktvariationen.

> Unter Produktinnovation versteht man die Entwicklung und Einführung neuer Produkte. Produktvariation nennt man die Veränderung und Anpassung bestehender Produkte.

Wie bereits erwähnt, sind auch Zusatz- bzw. Nebenleistungen Bestandteile des gesamten Leistungsprogramms und somit der Produktpolitik. Es geht dabei um Leistungen, die der Verkäufer seinem Abnehmer während und nach dem Kauf anbietet, um den Erwerb, Einsatz und Gebrauch eines Produkts oder einer Leistung zu ermöglichen bzw. zu erleichtern.

Wichtige Kundendienstleistungen sind beispielsweise

Kundendienstleistungen

- technische Leistungen
  - Installation
  - Wartung
  - Reparatur
  - Ersatzteilversorgung
- kaufmännische Kundendienstleistungen
  - Finanzierungsvermittlungen (Kredit, Leasing)
  - Zahlungserleichterungen (Teilzahlung)
- Transportleistungen
  - Abhol- und Auslieferungsdienst
- Entsorgungsleistungen
  - Mitnahme und sachgerechte Entsorgung alter Geräte, Materialien.

Für die Erbringung dieser Leistungen sind Mitarbeiter erforderlich, die über Zuverlässigkeit, Gewissenhaftigkeit, Schnelligkeit, Ideenreichtum sowie psychologisches und technisches Einfühlungsvermögen verfügen. Kundendienstleistungen kosten zwar Geld; sie sind jedoch wichtige Investitionen in Kunden, Produkte und Verfahren.

Anforderungen an Mitarbeiter

Kundendienstleistungen steigern die Kundenzufriedenheit, fördern die Marken- und Herstellertreue und helfen mit, einen engen und intensiven Kontakt zum Kunden aufzubauen und ihn zum Stammkunden zu machen. Sie sind so eine wichtige Voraussetzung für eine insgesamt erfolgreiche Produkt- und Leistungsgestaltung im weitesten Sinne. Vermehrt will der Kunde nicht nur das Produkt kaufen, sondern er verlangt eine komplette Problemlösung und besten Service.

Komplette Problemlösung

2.2.3.2 Preis- und Konditionenpolitik

> Gegenstand der Preispolitik ist die Bestimmung einer Preisforderung, die unter der jeweiligen Marktsituation (Preise der Mitbewerber) und den einzelbetrieblichen Daten aus der Kostenrechnung und Kalkulation den vorgegebenen Zielen (z. B. Gewinnerzielung) entspricht.

Preisbildung

Wichtige Einflussgrößen auf die Preisbildung im Handwerksbetrieb sind:

Interne Faktoren

Betriebliche Bestimmungsfaktoren der Preisbildung (interne Faktoren):
- Betriebsstandort
- Betriebsgröße
- Betriebsstruktur
- Produktionstechnik
- Produktqualität
- Kapazität
- Kapazitätsauslastung
- Kostenstruktur.

Externe Faktoren

Bestimmungsfaktoren des Marktes auf die Preisbildung (externe Faktoren):
- Marktgröße
- Marktzusammensetzung
- Konkurrenzsituation
- Konkurrenzverhalten
- Nachfrageverhalten.

Entscheidungssituationen

Folgende Entscheidungssituationen sind in einem Handwerksbetrieb für den Betriebsinhaber zu unterscheiden und sind Grundlage seines Handelns:

Abbildung 124

Verhaltensweisen

> Bei der monopolistischen Verhaltensweise geht der Betriebsinhaber davon aus, dass der Absatz seiner Güter und Dienstleistungen von den eigenen preispolitischen Maßnahmen und dem Käuferverhalten abhängig ist. Das Verhalten der Konkurrenten spielt keine Rolle.
> Die konkurrenzgebundene Verhaltensweise geht davon aus, dass der Absatz von Gütern und Dienstleistungen sowohl von der eigenen Preispolitik und dem Käuferverhalten als auch vom Verhalten der Konkurrenten und Mitbewerber abhängt.

Arten der Preisbildung

Abbildung 125

> Die kostenorientierte Preisbildung geht davon aus, dass der Preis hauptsächlich von den Kosten bestimmt wird, die das Leistungsprogramm verursacht.
> Die nachfrageorientierte Preisbildung basiert auf der Überlegung, dass die Bedarfsentwicklung durch den Grad der Marktsättigung und das Käuferverhalten bestimmt wird.
> Die konkurrenzorientierte Preisbildung legt die Annahme zugrunde, dass der Preis durch die Preisbildung der Konkurrenten und Mitbewerber bestimmt wird.

Anlässe der Preisbildung

Abbildung 126

Bei der erstmaligen Preisbildung ermittelt der Handwerksbetrieb den Preis für eine Leistung (Ware oder Dienstleistung).

Erstmalige Preisbildung

Beispiel:
Eine Bäckerei ermittelt den Preis für eine neue Brotsorte.

Bei der Preisänderung durch den Handwerksbetrieb ändert sich der Preis für ein bereits bestehendes Produkt aufgrund der Veränderung interner Faktoren.

Preisänderung

Beispiel:
Eine Bäckerei ändert den Preis für eine bereits im Sortiment vorhandene Brotsorte aufgrund von Veränderungen der internen Kostenstruktur.

Bei der Preisänderung durch die Konkurrenz hat der Handwerksbetrieb die Aufgabe, seine eigene Preispolitik zu überprüfen und gegebenenfalls anzupassen.

Konkurrenzverursachte Preisänderung

Beispiel:
Der Konkurrent einer Bäckerei verändert den Preis für eine Brotsorte, die auch vom eigenen Betrieb in gleicher oder ähnlicher Form angeboten wird.

Weitere Instrumente der Preisgestaltung

Abbildung 127

Rabatte

> Rabatte sind Preisnachlässe, die in Form von Preisabschlägen (Nominalrabatt) oder Mengenzugaben (Naturalrabatt) an Kunden gewährt werden.

Konditionen

> Konditionen in Form von Lieferungs- und Zahlungsbedingungen beeinflussen die Höhe und Struktur der Preise eines Handwerksbetriebes.

Abbildung 128

Bei den Zahlungsbedingungen ist im Besonderen zu beachten:

Abbildung 129

Im Rahmen der Konditionenpolitik gilt das Skonto als das wichtigste Instrument der Preisgestaltung und der Steuerung des Geldeinganges. Die Höhe des jeweiligen Abschlages richtet sich nach der vereinbarten Zahlungsweise.

2.2.3.3 Kommunikations- und Werbepolitik

> Die Kommunikationspolitik von Handwerksbetrieben beinhaltet alle Entscheidungen und Handlungen zur Gestaltung und Übermittlung von Informationen an Kunden oder potenzielle Kunden.

Abbildung 130

Werbung

Begriff und Ziele der Werbung

> Unter Werbung versteht man den Versuch, Kunden und Verbraucher durch Maßnahmen so zu beeinflussen, dass sie von sich aus in einer bestimmten Art und Weise handeln, beispielsweise ein bestimmtes Produkt des Betriebes erwerben.

Begriff

Jeder Handwerksbetrieb verfolgt mit seiner Werbung bestimmte Zielsetzungen:

- Einführung neuer Produkte und Dienstleistungen
- Erhaltung und Sicherung des Absatzes
- Erweiterung von Umsatz und Marktanteilen
- Ansprache bestimmter Zielgruppen
- Steigerung des Absatzes in verkaufsschwachen Gebieten
- Weckung neuen Bedarfs
- Steigerung des Bekanntheitsgrades.

Werbeziele

Für jeden Handwerksbetrieb hat die Werbung einen hohen Stellenwert. Nicht von ungefähr gilt der Satz „Wer nicht wirbt, der stirbt." Jeder Betrieb ist auf Kunden angewiesen. Er muss daher bestrebt sein, einen Kundenkreis zu erwerben, zu sichern und auszuweiten.

Abbildung 131

Arten der Werbung

Je nach Blickwinkel ergeben sich unterschiedliche Arten der Werbung. Hat man die jeweiligen Adressaten im Blick, so lassen sich unterscheiden:
- die direkte Werbung
  und
- die indirekte Werbung.

Von Direktwerbung spricht man, wenn der Werbeadressat, insbesondere der Endverbraucher ganz persönlich angesprochen wird. Diese Werbeart wird immer stärker eingesetzt.
Als indirekte Werbung dagegen werden allgemeine verkaufsfördernde Maßnahmen bezeichnet, vor allem solche der Produzenten gegenüber Händlern.

Darüber hinaus unterscheidet man grundsätzlich zwischen

Einzelwerbung
- Einzelwerbung
  und
Gemeinschafts-
werbung
- Gemeinschaftswerbung.

Einzelwerbung bedeutet, dass jeder Betrieb seine Werbeaktivitäten selbst organisiert bzw. für sich durch eine Agentur betreiben lässt.
Bei der Gemeinschaftswerbung dagegen schließen sich mehrere Unternehmen der gleichen Wirtschaftsstufe zur Durchführung gemeinsamer Werbemaßnahmen zusammen.

Eng verbunden damit sind
- die Verbundwerbung, bei der mehrere Unternehmen verschiedener Wirtschaftsstufen (z.B. Hersteller und Handwerker oder Händler) zusammenarbeiten und [Verbundwerbung]
- die Sammelwerbung als gemeinsame Aktivität beispielsweise aller Handwerker in einem Wohngebiet oder in einer Straße. [Sammelwerbung]

Werbewege und Werbemittel

> Die häufigsten Werbewege für den Handwerksbetrieb sind: [Werbewege]
> - Printmedien, also Druckerzeugnisse
> - Kontakte zur örtlichen Presse und deren PR-Berichte
> - die elektronischen Medien, also Fernsehen, Rundfunk, Kino, Video, CD-ROM, Internet
> - Medien der Außenwerbung wie Firmenfahrzeuge, Leuchtschriften etc.

Im Rahmen dieser Werbewege kommen jeweils spezifische Werbemittel zum Einsatz, wobei in einzelnen Fällen Werbeweg und Werbemittel nicht exakt zu trennen sind. [Werbemittel]

> Die wichtigsten Werbemittel sind
> - bei der gedruckten Werbung (Printwerbung): Anzeigen, Plakate, Beilagen, Prospekte, Kataloge, Handzettel, Werbebriefe, Adressbücher, Branchenfernsprechbücher [Gedruckte Werbung]
> - bei der elektronischen Werbung: Fernseh- und Rundfunkspots, Kinowerbung, Werbung im Internet [Elektronische Werbung]
> - bei der Außenwerbung: Litfaßsäulen, Anschlagtafeln, öffentliche Verkehrsmittel, Leuchtschriften, Firmenfahrzeuge, Banden bei Sportplätzen, Trikots, Sponsoring, Schaufenster, lebende Werkstätten, spezielle Werbeveranstaltungen. [Außenwerbung]

Für einzelne Werbemittel, die gerade auch im Handwerk von Bedeutung sind, sollte der Betriebsinhaber folgende Grundsätze und Anwendungsregeln beachten:

Anzeigenwerbung
Hier sind für den Handwerker, dessen Absatzgebiet zumeist regional und lokal begrenzt ist, insbesondere
- Lokalzeitungen und
- Anzeigenblätter
von Bedeutung. Bei branchenbezogenen Angeboten kommen auch Fachzeitschriften in Frage.

> Anzeigen sollen kurz, knapp, aber nicht zu klein und gut lesbar gestaltet sein. Wiederholte Anzeigen in gleicher Form, bei denen auch das Firmenzeichen und eventuell ein branchen- oder firmenspezifischer Slogan (Claim) besonders herausgestellt werden, prägen sich besser ein. [Anzeigengestaltung]

Werbebrief

Gestaltung

> Der Werbebrief muss klar, überzeugend, geschmackvoll und übersichtlich gestaltet sein und damit aus der Alltagspost hervorstechen, um die Kunden und Verbraucher direkt und gezielt ansprechen zu können. Trotz Internet hat der klassische Werbebrief im Rahmen der Direktwerbung und des Direktmarketings einen hohen Stellenwert.

Werbe- und Handzettel

Inhalte

> Werbe- und Handzettel dienen zur kurzen und sprachlich aufgelockerten Information über das Dienstleistungs- bzw. Warenangebot eines Betriebes, vor allem aber zum Hinweis auf besonders interessante oder Sonderangebote.

Verteilung

Neben der Auslage im Ladengeschäft selbst sollten Werbe- und Handzettel durch Verteilung von Hand zu Hand, in Form der Zeitungsbeilage oder als Infopost oder Postwurfsendung im Einzugsgebiet des Betriebes verteilt werden. Auf diese Weise können auch mögliche neue Kunden erreicht werden.

Prospekt

> Prospekte sind ausführlicher gestaltet als Werbe- und Handzettel und weisen oftmals auch bildliche Elemente auf.

Die Verbreitungswege für Prospekte sind dieselben wie für Werbe- und Handzettel.

Plakat

Inhalte

> Plakate werden einerseits in bestimmten Branchen als Motivplakate eingesetzt. Andererseits werden sie von den einzelnen Betrieben als so genannte Preisplakate genutzt, um insbesondere auf Sonderangebote aktuell hinweisen zu können.

Plakate eignen sich vor allem für das Schaufenster sowie für Litfaßsäulen, Werbetafeln und andere Werbeflächen.

Hörfunkwerbung, Kinowerbung, Internet

Unter den elektronischen Werbemitteln kommen für den Handwerksbetrieb vorrangig die Hörfunkwerbung, die Kinowerbung und die Werbung im Internet in Frage. Auch E-mails und SMS-Nachrichten werden zunehmend als Werbemedium eingesetzt.

Besonders interessant gerade für lokal und regional begrenzt orientierte Betriebe sind die lokalen Rundfunksender. Erfolg versprechend sind auch lokale Fernsehprogramme. Damit lassen sich Kunden vor Ort gezielt, schnell und preisgünstig ansprechen. Zunehmend mehr Handwerksbetriebe werben auch durch ihren Auftritt und ihre Präsenz im Internet.

Lokale Rundfunk- und Fernsehsender

Internet

Schaufenster

Schaufenster sind die Visitenkarte eines Betriebes und werden genutzt um das Angebot des Handwerksbetriebes optimal darzustellen. Insbesondere sind Schaufenster geeignet, erste Eindrücke über das Sortiment eines Geschäfts zu vermitteln und dessen Leistungsfähigkeit darzustellen.

Wichtige Grundsätze für die Gestaltung eines Schaufensters sind:
- Übersichtlichkeit
- Erzielung eines hohen Aufmerksamkeitswerts, zum Beispiel durch Gegensätze in Form und Farbe, Beleuchtung und Gestaltung eines Blickfangs
- Wechsel der ausgestellten Waren, eventuell entsprechend der jeweiligen Saison.

Schaufenstergestaltung

Handwerksbetriebe, die über keine Schaufenster verfügen, können ihre Waren auch in einem Schaukasten oder in einer Vitrine anbieten. Im Übrigen wirken die Verkaufs- und Arbeitsräume ebenfalls als Schaufenster. Es sollte deshalb in diesen Räumen u. a. auf besondere Sauberkeit und Ordnung geachtet werden.

Schaukasten

Leuchtreklame

Die Beleuchtung („ins rechte Licht setzen") spielt bei der Werbung insgesamt eine sehr wichtige Rolle. Besondere Effekte lassen sich hier durch die Beleuchtung des Firmenschildes bzw. des Firmenzeichens und durch die helle, indirekte Beleuchtung des Ladens sowie die gezielte Ausleuchtung von Waren im Schaufenster erreichen.

Beleuchtung

In der Praxis wird selten nur eines der genannten Werbemittel allein eingesetzt. Vielmehr lassen sich durch ein abgestimmtes Bündel verschiedener Werbemittel in der Regel bessere Erfolge erzielen.

Maßnahmenbündel

Werbegrundsätze

Jeder Betriebsinhaber sollte bei seinen Werbemaßnahmen vor allem auf drei wichtige Grundsätze achten.

Abbildung 132

Wirksamkeit bedeutet, dass die Werbung auch tatsächlich den beabsichtigten Zweck erreichen soll.
Nach dem Grundsatz der **Wahrheit** darf Werbung nicht irreführend sein und auch nicht gegen die guten Sitten verstoßen. Diese Anforderung wird nicht nur durch rechtliche Bestimmungen gestützt, sondern liegt auch im Eigeninteresse jedes Betriebsinhabers, da bei Verstößen sein guter Ruf auf dem Spiel stehen kann.

> Schon aus diesem Eigeninteresse muss darauf geachtet werden, dass alle in der Werbung zugesicherten Eigenschaften auch tatsächlich in den Lieferungen und Leistungen enthalten sind.

Wirtschaftlich ist eine Werbung dann, wenn sie zu einem messbaren Werbeerfolg führt. Der Erfolg durch Werbung lässt sich allerdings nur sehr schwer exakt sachlich und zeitlich abgrenzen.

Hilfsmaßstäbe sind:

- die Absatzentwicklung
- die Entwicklung des Marktanteils
- Daten aus Kundenbefragungen
- Werbewirksamkeitsmessungen.

Werbekosten

Wegen dieser Erfolgsmessprobleme verdienen die Kosten der Werbung besondere Aufmerksamkeit. Wichtige Anhaltspunkte über die Wirtschaftlichkeit der Werbung können sich bereits daraus ergeben, dass insbesondere in Branchen, die werbeintensiv sind, die Werbekosten des einzelnen Betriebes den durchschnittlichen Umfang vergleichbarer Betriebe nicht auf Dauer überschreiten.

<u>Werbeplanung</u>

> Angesichts der wachsenden Bedeutung der Werbung wird es immer wichtiger, diese systematisch zu planen; das heißt Werbewege und Werbemittel genau auf die Werbeziele auszurichten.

2.2.3 Marketingfunktionen und -instrumente auf der Absatzseite

Aufbau einer systematischen Werbeplanung

Abbildung 133

In der betrieblichen Praxis sind folgende Handlungsschritte durchzuführen:

Handlungsschritte

1. Festlegung des Werbeetats
   ⇩
2. Zusammensetzung wichtiger Markt- und Firmeninformationen
   ⇩
3. Entwicklung der Werbekonzeption
   ⇩
4. Gestaltung der Werbemittel
   ⇩
5. Erstellen des Mediaplanes
   ⇩
6. Werbeerfolgskontrolle

Verkaufsförderung

Unter Verkaufsförderung (Sales Promotion) versteht man Maßnahmen und Handlungen des Betriebsinhabers, mit denen Kunden und Verbraucher zum Erwerb von Gütern, Sach- oder Dienstleistungen veranlasst werden sollen.

Abbildung 134

Mittel der Verkaufsförderung

Wichtige Mittel der Verkaufsförderung sind:

Sachliche Mittel:
- Handzettel
- Hand- und Hilfsbücher
- Verkaufs- und Werbebriefe
- Informationsbroschüren
- Sonderdrucke aus Fachzeitschriften
- Argumentationshilfen
- Verkaufsmappen und CD-ROMs
- Musik- und Videocassetten
- Werbefilme
- Werbebriefe
- Bildschirmpräsentationen
- Werbeblätter
- Produktpräsentationen
- Messen und Ausstellungen
- Muster und Proben
- Modelle
- Hauszeitschriften
- Informationsdienste
- Internetportale.

Personenbezogene Mittel:
- Verkaufsschulungen
- Fachschulungen
- Vorführungen
- Sonderangebote
- Gutscheinaktionen
- Weiterempfehlungsaktionen
- Verkaufswettbewerbe.

Öffentlichkeitsarbeit

Image

> Der Begriff Öffentlichkeitsarbeit (Public Relations) fasst alle kommunikativen Maßnahmen und Handlungen eines Handwerksbetriebes zusammen, die geeignet sind das Ansehen und das Image eines Betriebes in der Öffentlichkeit zu steigern.

Im Gegensatz zu den Bereichen Werbung und Verkaufsförderung dient die Öffentlichkeitsarbeit nicht der unmittelbaren Umsatzsteigerung, sondern bereitet eine allgemein wohlwollende und vertrauensbildende Atmosphäre für die unternehmerischen Handlungen des Betriebes in der Öffentlichkeit und bei den Zielgruppen (z. B. Kunden).

Instrumente

Wichtige Instrumente der Öffentlichkeitsarbeit sind:
- Kontaktpflege zu den Medien
- Unterrichtung der Öffentlichkeit (z. B. Pressekonferenzen, Geschäftsberichte)
- Öffnung des Betriebes für die Öffentlichkeit (z. B. „Tag der offenen Tür")
- finanzielle Unterstützung öffentlicher Anliegen
- Herausgabe von Firmenzeitschriften
- Übernahme von Schirmherrschaften.

Abbildung 135

Durch eine erfolgreiche Öffentlichkeitsarbeit werden die Unternehmensziele positiv beeinflusst.

Beispiel:
Ein Handwerksbetrieb veranstaltet einen Tag der offenen Tür. Zu diesem Termin werden die Lieferanten, Kunden und potenziellen Kunden eingeladen.
Für eine erfolgreiche Gestaltung und Durchführung des Tages müssen sich die Mitarbeiter positiv mit „ihrem" Betrieb identifizieren. Kunden, potenzielle Kunden und Lieferanten sollen von der Leistungsfähigkeit des Betriebes und seiner Mitarbeiter überzeugt werden.

2.2.3.4 Vertriebspolitik

Die Vertriebspolitik beschäftigt sich mit Handlungen und Entscheidungen des Handwerksbetriebes, die die Art und Weise des Absatzes von Produkten und Dienstleistungen betreffen.

In Abgrenzung zu den Bereichen Werbung, Verkaufsförderung und Öffentlichkeitsarbeit, die alle den Vertrieb vorbereiten bzw. unterstützen, ist es Aufgabe des Vertriebs, Waren und Dienstleistungen zu verkaufen.

Aufgabe

Vertriebswege

Abbildung 136

Unter direktem Vertrieb versteht man den unmittelbaren Verkauf einer Sach- oder Dienstleistung direkt vom Handwerksbetrieb an den Verbraucher oder an Weiterverarbeiter (z.B. Zulieferungen an die Industrie) ohne Einschaltung von Zwischenhändlern oder Absatzmittlern.

Direkter Vertrieb

Unter indirektem Vertrieb versteht man den Verkauf einer Sach- oder Dienstleistung des Handwerksbetriebes über Zwischenhändler oder Absatzmittler. Dies können einerseits Großhändler sein, andererseits aber auch Einzelhändler, Handelsvertreter oder Makler.

Indirekter Vertrieb

Beim direkten Vertrieb hat der Handwerksbetrieb je nach Art seiner Tätigkeit eine Reihe von Aufgaben selbst vorzunehmen. Dies sind unter anderem:
- Festsetzung des Preises
- Festsetzung der Lieferbedingungen
- Beratung und Überzeugung des Käufers
- Präsentation und Erklärung der Leistung
- Bereithaltung der Ware
- Lieferung der Ware
- Installationen
- Verkaufsabschluss
- Inkasso.

Beim indirekten Vertrieb gehen einige Aufgaben auf die Absatzmittler über. Dies sind unter anderem:
- Gestaltung des Sortiments nach individuellen Kundenwünschen
- Angebotserstellung
- Verkauf der Ware
- Bereithaltung der Ware
- Lieferung der Ware.

Zusammenfassung

Zusammenfassend kann festgehalten werden, dass der direkte Absatz arbeits- und kostenintensiver ist, jedoch den großen Vorteil des unmittelbaren Kundenkontaktes hat.

Entscheidend für die Auswahl des Vertriebsweges im Handwerk ist die Art der Produkte oder Dienstleistungen, die ein Handwerksbetrieb anbietet.

Beispiel:
Verkauf von Brot in einer Bäckerei direkt an den Endverbraucher (direkter Vertrieb)
Verkauf von Türen einer Schreinerei über Großhändler (indirekter Vertrieb)

Vertriebsformen

Absatzorganisation

Die Wahl der Vertriebsform beschäftigt sich unabhängig vom Vertriebsweg mit Fragen der Absatzorganisation, sowohl in Bezug auf institutionelle als auch auf personelle Aspekte.

Personelle Fragen

Hinsichtlich des Personaleinsatzes muss geklärt werden, über wen die Geschäftskontakte abgewickelt werden sollen. Dies kann geschehen durch
- Betriebsinhaber
- Bedienungspersonal
- Außendienstmitarbeiter
- Zwischenhändler.

Neue Vertriebswege

Dabei sind im Einzelnen auch verschiedene Kombinationen denkbar. Eine besondere Form des Außendienstes stellen Vertriebswege wie die so genannten „rollenden Verkaufswagen" bzw. Servicemobile dar. Letztgenannte sind Kundendienstfahrzeuge, die mit bester Ausstattung und

2.2.3 Marketingfunktionen und -instrumente auf der Absatzseite

Besetzung in der Regel rund um die Uhr schnell benötigte Leistungen ausführen bzw. Sofortaufträge abwickeln.
Die institutionelle Regelung der Absatzorganisation betrifft zunächst die Frage, ob der Verkauf
- zentralisiert (über einen Betrieb oder ein Ladengeschäft) oder
- dezentralisiert (über Filialen)

erfolgen soll und wo der geeignete Standort dafür liegt.

Institutionelle Regelungen

Im Weiteren ist dann zu klären, wie Geschäfts- und Ladenräume unter absatzpolitischen Erwägungen eingerichtet werden sollen. Hier sind Faktoren von Bedeutung wie
- Raumausstattung
- Raumgestaltung
- Kassenanordnung
- Parkmöglichkeiten.

Geschäfts- und Ladenräume

Zu einer erfolgreichen Vertriebsorganisation gehört ferner geschultes Personal, das eine entsprechende Fachberatung durchführen kann. Eine systematische Verkaufsorganisation ist sowohl
- beim Absatz von selbst hergestellten Waren als auch
- bei ausschließlicher Handelstätigkeit notwendig.

Personal

Absatzorganisation und Vertriebseinrichtungen können branchenspezifisch so unterschiedlich sein, dass sie hier nicht im Detail behandelt werden können. Die Absatzorganisation eines Bauunternehmens ist beispielsweise völlig anders als die eines Bäckereibetriebes oder die eines Zulieferers an die Industrie.

Für den Absatz spielen heute Messen und Ausstellungen eine immer wichtigere Rolle. Sie sind hervorragende Möglichkeiten für Information und Anbahnung von Marktkontakten sowie für den direkten Verkauf.

Messen und Ausstellungen

Für den Einzelnen, vor allem kleineren Handwerksbetrieb eignen sich dazu insbesondere die Gemeinschaftsstände und Gemeinschaftsbeteiligungen, die oftmals auch öffentlich gefördert werden.
Wesentliche Fragen der Absatzorganisation und Vertriebseinrichtungen lassen sich wie folgt nochmals im Überblick zusammenfassen

Abbildung 137

Franchising

Eine Vertriebsform besonderer Art, die neben dem Handels- und Gaststättenbereich auch im Handwerk Anwendung findet, ist „Franchising".

> Unter Franchising versteht man ein Vertriebssysem für Waren und Dienstleistungen unter einem einheitlichen Marketingkonzept. Grundlage ist ein Vertrag zwischen Franchisegeber und Franchisenehmer, in dem die Rechte und Pflichten geregelt sind.

Franchisenehmer

Der **Franchisenehmer** ist im Handwerk als selbstständiger Handwerker im eigenen Namen und für eigene Rechnung tätig. Er hat das Recht und die Pflicht zur Nutzung des „Franchisepakets" gegen Entgelt.

Franchisegeber

Der **Franchisegeber** richtet zum Beispiel den Verkaufsraum ein, sorgt für ein einheitliches Marketing, liefert Werbemittel und Dekorationsmaterial, Produkte und Vorprodukte, gibt Richtlinien für die Verarbeitung und den Vertrieb. Er bietet Messedienste an und führt Verkaufsberatung und Personalschulung durch.
Ferner sorgt er für überregionale Werbe- und Absatzstrategien unter einheitlichem Zeichen.

Da sich ein selbstständiger Handwerksmeister als Franchisenehmer in eine weitgehende wirtschaftliche Abhängigkeit und langfristige Bindung mit erheblichen Risiken begibt, sollte er sich vor einer solchen Entscheidung gründlich beraten lassen und u. a. folgende Vor- und Nachteile beachten:

Vorteile

Vorteile:
- erleichterte Möglichkeit zur Selbstständigmachung für Existenzgründer
- sinnvolle Arbeitsteilung
- Teilhabe an der Marketingstrategie und am Know-how des Franchisegebers
- bessere Konditionen beim Einkauf
- Aufgabenentlastung bei Sortiments-, Preis- und Marketingpolitik
- Stärkung der Wettbewerbsfähigkeit
- weniger betriebliche Risiken
- laufender Erfahrungsaustausch mit Kollegen im Verbund.

Nachteile

Nachteile:
- Begrenzung der eigenen unternehmerischen Gestaltungs- und Dispositionsmöglichkeiten
- langfristige Vertragsbindung
- zu entrichtende Gebühren als Kosten
- Abhängigkeit von der Zuverlässigkeit des Franchisegebers.

> In der Regel führen Franchisesysteme zu einer Uniformierung von Waren- und Dienstleistungsangeboten und damit weg von den eigentlichen Stärken des Handwerks, die in der individuellen Leistung und Bedarfsdeckung liegen.

Verkaufsverhandlungen

> Verkaufsverhandlungen bzw. Verkaufsgespräche haben in erster Linie das Ziel, den Kunden im persönlichen Gespräch zum Kaufabschluss zu bewegen.

Ziel

Sie richten sich vielfach nach den in einer Branche üblichen Grundsätzen, müssen aber dennoch mit jedem Kunden individuell geführt werden. Wichtige Hilfsmittel dafür sind Prospekte und andere Unterlagen. Von Personen, die Verkaufsverhandlungen führen, sind dafür insbesondere
- Fachkenntnisse
- rechtliche Kenntnisse
- psychologisches Geschick

gefordert.

Personal

> Das Verkaufspersonal sollte für den richtigen Umgang mit dem Kunden, der selbst immer anspruchsvoller und kritischer wird, regelmäßig in den neuesten Verhandlungstechniken geschult werden.

Dazu gehören vor allem das Kennenlernen der verschiedenen Käufertypen und der Grundsätze der Verkaufspsychologie, das heißt wie man auf den Kunden eingeht und ihn, ohne dass er es aufdringlich findet, zu einem Kaufabschluss hinführen kann.

Verkaufspsychologie

2.2.3.5 Unternehmensleitbild und Unternehmenskultur

> Für ein attraktives Image des Betriebes ist dessen Erscheinungsbild eine wichtige Voraussetzung. Dabei kommt es nicht nur auf das Äußere des Betriebes an. Das Erscheinungsbild des Betriebes ist umfassender zu verstehen und bezieht sich sowohl auf den Betrieb wie auch auf die Produkte, Leistungen und Mitarbeiter. Die Außendarstellung muss vor allem kundenorientiert sein.

Kundenorientierung

Man spricht in diesem Zusammenhang von Corporate Identity (= Unternehmens- und Firmenidentität). Noch umfassender ist der Begriff Unternehmenskultur, zu der nicht nur eine zielgerichtete Gestaltung des äußeren Erscheinungsbildes, sondern auch bestimmte Einstellungen und Werthaltungen gehören. Weil Unternehmenskultur immer von Menschen bestimmt wird, kommt es beim Klein- und Mittelbetrieb auf die Persönlichkeitsprofile der Betriebsinhaber, der Führungskräfte und aller Mitarbeiter an. Die Unternehmenskultur muss heute u. a. ausgerichtet sein auf
- hohe Qualität
- Zuverlässigkeit
- Leistungsbereitschaft
- Kundenorientierung, Kundenfreundlichkeit
- Serviceleistungen.

Corporate Identity Unternehmenskultur

Wichtige betriebliche Leitgrundsätze (Unternehmensleitbild) sollten sich an folgenden Fragestellungen orientieren:
- Wer sind wir?

Leitgrundsätze

- Was sind wir?
- Wer sind unsere Partner und unsere Zielgruppen?
- Wer sind unsere Konkurrenten?
- Von wem wollen wir uns positiv abheben?
- Worin bestehen die besonderen Leistungen unseres Betriebes?
- Wo liegen unsere Stärken und Schwächen?
- Welches Image haben wir am Markt?
- Welche Ziele verfolgen wir und was müssen wir dafür tun?

Meisterbetrieb

Ein wesentlicher Bestandteil des Erscheinungsbildes eines Betriebes ist der Meisterstatus und die Bezeichnung „Meisterbetrieb" als Symbol für Qualität, handwerkliche Leistungsvielfalt, Fach- und Problemlösungskompetenz, qualifizierte, moderne, wirtschaftliche und effiziente Unternehmensführung. Diese Stärken muss der Betriebsinhaber zielgruppengerecht bei seinen potenziellen Privat- und Industriekunden sowie den öffentlichen Auftraggebern überzeugend zum Tragen bringen. Dann werden die Kunden bewusst Wert darauf legen, Produkte und Dienstleistungen von einem Meisterbetrieb zu erhalten.

Firmenzeichen

Eine wichtige Rolle für die Corporate Identity spielt das Firmenzeichen (Logo). Es sollte aus einem für Verbraucher und Kunden einprägsamen und unverwechselbaren Firmensymbol mit firmentypischem Schriftzug bestehen. Für die Gestaltung und optische Linie kommt es insbesondere auf Schriftart, Farben, Farbkombinationen und Raumaufteilung an.

Besondere Anforderungen an das Firmenzeichen

Abbildung 138

Einsatzmöglichkeiten

Zur raschen Durchsetzung und Bekanntmachung sollte das Firmenzeichen möglichst überall eingesetzt werden, so insbesondere
- am Betrieb und Geschäft sowie im Schaufenster
- auf der Kleidung der Beschäftigten
- auf Visitenkarten, Briefbogen, Briefumschlägen und Rechnungsformularen sowie Firmenstempeln
- auf Firmenfahrzeugen
- als Aufkleber auf den Produkten
- auf Verpackungen
- auf allen Werbematerialien wie Prospekten und Zeitungsanzeigen

- bei Messen und Ausstellungen
- auf Werbeartikeln
- im Internet.

Neuere Bestrebungen gehen dahin, auch für das gesamte Handwerk als Handwerks-Design ein einheitliches Gestaltungsmerkmal durchzusetzen, das von der Öffentlichkeit unverwechselbar mit dieser wichtigen Wirtschafts- und Gesellschaftsgruppe verbunden wird. Ein solches Zeichen für das Handwerk – für jeden Handwerksbetrieb, für jede Handwerksorganisation, für Handwerksprodukte und -dienstleistungen – ist das Handwerksachteck.

Handwerks-Design

2.2.3.6 Kundenorientierung und Kundenbehandlung

Kundenorientierung

> Das Verhalten und die Ansprüche der Kunden haben sich stark verändert. Deshalb ist die Ausrichtung aller marktrelevanten Maßnahmen eines Betriebes an den Wünschen, Bedürfnissen und Problemen des Kunden (Kundenorientierung) eine zentrale Aufgabe der Betriebsführung im Handwerk. In den vorangehenden Abschnitten wurden bereits zahlreiche Einzelfragen behandelt und auf eine Reihe von Kundengewinnungs- und Kundenbindungsinstrumenten hingewiesen. Der Kurs der Unternehmensleitung muss künftig vermehrt in Richtung Kunde ausgerichtet sein. Ein wichtiger Erfolgsfaktor ist die persönliche Beziehung zum Kunden. Bei ihm muss sich der Handwerksbetrieb präsentieren als zuverlässiger Dienstleister und Problemlöser: sachkundig, freundlich und kompetent.

Zentrale Aufgabe der Betriebsführung

Oberstes Ziel ist die Zufriedenheit des Kunden, die vor allem von folgenden Faktoren beeinflusst wird:
- Freundlichkeit
- Pünktlichkeit, Termintreue
- Zuverlässigkeit
- Fachwissen
- Qualität der Produkte und Leistungen, Produktberatung
- Service, kompetente Beratung und Problemlösung
- Kostenverbindlichkeit (Übereinstimmung von Angebot und Rechnung)
- optimales Preis-Leistungsverhältnis.

Einflussfaktoren

Kundenzufriedenheit führt zu Kundentreue. Deshalb muss die Betriebsführung in einem permanenten Prozess Kundenzufriedenheitsanalysen (Stärken- und Schwächenanalysen) durchführen und in periodischen Abständen auch das Instrument der Kundenbefragung (siehe auch Abschnitt 2.2.2.4 „Analyse der Wettbewerbssituation") einsetzen. Dabei und durch gezieltes Beschwerde- und Reklamationsannahme- und Erledigungssystem werden die Zufriedenheitsdefizite festgestellt, die in neue Strategien zum Abbau der Defizite und zur Verbesserung der Zufriedenheit münden müssen. Die Betriebsführung muss anschließend die erarbeiteten Maßnahmen umsetzen und die Ergebnisse kontrollieren.

Kundenbefragung

Personal-management

Unabdingbare Voraussetzung für die Umsetzung aller Ziele der Kundenorientierung ist ein kundenorientiertes Personalmanagement. Nur wenn **alle** Mitarbeiter eines Betriebes das Programm mittragen und täglich in der Berufsarbeit praktizieren, wird sich der gewünschte Erfolg einstellen. Speziell darauf ausgerichtete Mitarbeiterbesprechungen und Schulungen in Kundenorientierung und Service sind eine Daueraufgabe der Betriebsführung und für die Motivation der Mitarbeiter wichtig.

Leitsätze

Wichtige Leitsätze sind:
- mit Kompetenz überzeugen
- mit Information, Beratung und Leistung Kunden binden
- mit Kulanz Kunden behalten und
- mit Geschick abgesprungene Kunden zurückgewinnen.

Imagepflege

Image

Das Bild bzw. die Vorstellung, die Kunden und Öffentlichkeit von einem Betrieb haben, nennt man auch Image.

Erscheinungsbild
Umgang mit dem Kunden

Diese Einstellungen werden in der Regel durch persönliche Erfahrungen gewonnen und weiterentwickelt. Solche Erfahrungen wiederum hängen maßgeblich
- vom Erscheinungsbild des Handwerksbetriebes und
- vom direkten Umgang des Handwerkers und seiner Mitarbeiter mit dem Kunden ab.

Jeder selbstständige Handwerker und seine Mitarbeiter werben also für die Erhaltung und für die Erweiterung eines Betriebes durch ihre fachliche Leistung und durch ihr Verhalten gegenüber dem Kunden.

Dazu gehören insbesondere
- Kundendienst
- Kundenbetreuung
- qualifizierte fachliche Beratung.

Kein Handwerker sollte diesen Bereich vernachlässigen; denn heute gilt mehr denn je die Devise:

Kundenzufriedenheit

Zufriedene Kunden sind für einen Betrieb die beste Werbung (Mund-zu-Mund-Werbung).

Gerade für den Handwerker, der vielfach intensiven Kontakt zum Endverbraucher hat, kommt es deshalb besonders darauf an, zum Kunden eine gute Vertrauensbasis herzustellen.

Handwerksimage

Dabei prägt der einzelne Betrieb durch Erscheinungsbild und Umgang mit dem Kunden nicht nur sein eigenes Image, sondern zugleich das Image des gesamten Wirtschaftsbereichs Handwerk.

Betriebsinterne Voraussetzung für die Entwicklung eines guten Image ist insbesondere, dass sich die Mitarbeiter voll mit dem Betrieb und mit dem Firmenziel identifizieren. Dazu ist es notwendig, alle Mitarbeiter ständig so zu motivieren, dass ihre Gemeinsamkeit für das Unternehmen nach innen und außen demonstriert wird. *Motivation*

Kundenbehandlung
Für das richtige Verhalten von Betriebsinhaber, Gesellen und Lehrlingen sowie anderen Mitarbeitern lassen sich folgende Regeln aufstellen:

Am Telefon
- klar und deutlich sprechen
- stets Firmennamen und persönlichen Namen nennen sowie Grußformel (Guten Tag, Grüß Gott u. Ä.) verwenden
- Höflichkeit und Geduld zeigen, insbesondere den Sprechpartner ausreden lassen
- Mit dem Kunden bzw. Interessenten konkrete Vereinbarungen treffen, um ihm das Gefühl zu geben, dass seine Anliegen ernst genommen werden (zum Beispiel Terminvereinbarung, Zusenden von Prospekten, Beratung u. Ä.) bzw. Rückruf zusichern, falls dem Anliegen des Kunden nicht sofort entsprochen werden kann.

Am Telefon

Im Betrieb und Ladengeschäft
- sauber, gepflegt, korrekt und freundlich auftreten
- alle Kunden höflich begrüßen, soweit bekannt mit Namen
- Ausführlich und bereitwillig beraten, zum Beispiel anhand von Prospekten, Katalogen, Mustern oder ggf. der Gebrauchsanleitung gekaufter Produkte, Plänen, Skizzen und Zeichnungen; dem Kunden muss dabei immer das Gefühl vermittelt werden, dass man ihn auch als Laien ernst nimmt und seine Fragen für angebracht und berechtigt hält.
- Zusicherung geben, dass der Kunde sich bei Fragen jederzeit wieder an den Betrieb wenden kann.

Im Betrieb

Beim Kunden (zum Beispiel bei Arbeiten in Wohnungen, im Kundenbetrieb, auf Baustellen u. Ä.)
- pünktlich sein und vereinbarte Termine exakt einhalten (Verlässlichkeit); bei unerwarteter Verhinderung sofortige Benachrichtigung des Kunden mit dem Angebot von Ersatzterminen
- qualitativ einwandfreie und fachgerechte Auftragsdurchführung
- sauber und höflich auftreten (zum Beispiel Einschränkung von Musikhören, Rauchen, Trinken und nicht sachbezogenen Gesprächen)
- auf Sauberkeit und umweltgerechtes Verhalten bei der Arbeit achten (Beseitigung von Unrat, Materialresten und Verpackungsabfall mit entsprechender Entsorgung, besenreine Übergabe von Wohnungen u. Ä.).

Beim Kunden

Weitere empfehlenswerte Maßnahmen
- Sicherstellung der ständigen Erreichbarkeit für den Kunden, zum Beispiel durch Anrufbeantworter, Telefax, Mobilfunk, Kunden-Mail-Box
- Annahme und schnelle Ausführung auch von Kleinaufträgen (bei Zufriedenheit des Kunden folgen diesen oft größere Aufträge)

Zusätzliche Maßnahmen

- Jeder Reklamation sofort nachgehen und fehlerhafte Arbeit ohne Wenn und Aber ausbessern.
- Eine Kundenkartei bzw. Datenbank anlegen, um Kunden eventuell auch regelmäßig zum Geburtstag oder anderen Jubiläen gratulieren zu können, sowie sie über Sortimentsänderungen und Sonderangebote auf dem Laufenden zu halten (Kundenpflege), Treuebonus gewähren.
- Eine offensive Öffentlichkeitsarbeit, beispielsweise durch Tage der offenen Tür und Pressemeldungen, Kundenseminare und Erfa-Gruppenveranstaltungen mit Kunden durchführen.
- Kostenvoranschläge so klar und sorgfältig anfertigen, dass sie betragsmäßig auch eingehalten werden können; bei Betragsüberschreitungen Abweichungen verständlich begründen.
- vereinbarte Preise einhalten
- Dem Kunden Angebote, ggf. Kostenvoranschläge, Stundenverrechnungssatz und Rechnungen auf Verlangen ausführlich erläutern.

Abbildung 139

Verrechnungssatz für eine Handwerkerstunde

Nur wenige Kunden und auch nicht alle Mitarbeiter können ohne genauere Information nachvollziehen, wie der Verrechnungssatz für eine Handwerkerstunde zustande kommt. Deshalb gibt es auch vielfach bei der Bevölkerung ungerechtfertigte Vorurteile über angeblich zu hohe Preise gegenüber dem Handwerk.

Wie sich der durchschnittliche Verrechnungssatz für eine Handwerkerstunde zusammensetzt, kann der Betriebsinhaber seinen Kunden und Mitarbeitern gegenüber anhand des folgenden Schemas erläutern:

Schema für die Zusammensetzung des Verrechnungssatzes für eine Handwerkerstunde

Kostenart	Prozentualer Anteil am Verrechnungssatz	Betrag in EUR
Durchschnittlicher Bruttostundenverdienst eines männlichen Vollgesellen	38,6 %	15,00
Lohnzusatzkosten (Arbeitgeberanteile zur Renten-, Kranken-, Arbeitslosen- und Pflegeversicherung, Unfallversicherung, Entgeltfortzahlung im Krankheitsfall, Urlaubsentgelt, zusätzliches Urlaubsgeld, Entgelt für gesetzliche Feiertage, Fahrtkostenersatz, Schwerbehindertenabgabe, Weihnachtsgeld, Vermögensbildung und anderes)	28,0 %	10,90
Gemeinkosten (Betriebsräume, Fahrzeuge, Strom, Gas, Wasser, Heizung, Treibstoffe, Telekommunikation, Porto, Steuern, Gebühren, Abgaben, Beiträge, Versicherungen, Gehälter für die kaufmännische und technische Verwaltung, Büromaterial, Werbung, Rechts- und Steuerberatung, Zinsen und anderes)	23,4 %	9,10
Gewinn und Wagnis	10,0 %	3,89
Insgesamt	100,0 %	38,89
+ Gesetzliche Umsatzsteuer (16 %)		6,22
		45,11

Dabei sind bei den verschiedenen Handwerksbetrieben und Handwerkszweigen Abweichungen von Einzelansätzen und vom Durchschnittswert selbstverständlich.

Wichtige Merkmale für die äußere Produkt- und Leistungsgestaltung

Eine stark werbende Kraft geht auch von der Produkt- und Leistungsgestaltung, der äußeren Form und Ausstattung aus. Nicht nur die technische Ausstattung, sondern auch die „Aufmachung" der Produkte ist ein wichtiger absatzpolitischer Faktor.

> Bei der äußeren Produkt- und Leistungsgestaltung sind besonders wichtig:
> - Präsentation
> - Material
> - Farbe
> - Formgebung
> - Passform
> - Handhabung
> - Verpackung
> - Transportfähigkeit
> - Haltbarkeit.

Äußere Merkmale

2.2.4 Beschaffung

Aufgabe

Aufgabe der Beschaffung ist die Deckung des Bedarfs eines Betriebes an Gütern und Dienstleistungen, die für die Erreichung des Betriebszweckes benötigt werden.

Märkte

2.2.4.1 Beschaffungsmärkte, Beschaffungsplanung

Abbildung 140

Erkundung des Beschaffungsmarktes

Der Betrieb ist aufgrund der Verflechtung mit den verschiedenen Beschaffungsmärkten erheblich vom Marktgeschehen abhängig. Durch eine gute Einkaufsplanung müssen günstige Marktpositionen ausgenutzt werden. Sie ist für den nachhaltigen wirtschaftlichen Erfolg eines Betriebes von großer Bedeutung.

Einkaufsplanung

Systematische Informationsbeschaffung und eingehende Kenntnisse über die Verhältnisse auf den Beschaffungsmärkten sind für erfolgreiches betriebliches Handeln unabdingbar. Daher ist die fortlaufende Markterkundung und Marktbeobachtung für den Handwerksmeister eine wichtige Aufgabe.

Marktbeobachtung

Marktanalyse

Hinzu kommt in bestimmten Zeitabständen der Einsatz fundierter Marktanalysen.

Beschaffungsmarkterkundung

Die Beschaffungsmarkterkundung erstreckt sich vor allem auf folgende Gebiete:
- Preisentwicklung
- technische Neuerungen
- qualitative Veränderungen
- grundsätzliche Marktveränderungen
- Bezugsquellen
- Liefertermine
- Transportwege
- Liefer- und Zahlungskonditionen u.v.m.

Zweckmäßigerweise erfolgt die Beschaffungsmarkterkundung durch folgende Vorgehensweise:
- Materialsammlungen und Datenbanken über wichtige Marktdaten
- Information im Internet
- Informationen auf Messen und Ausstellungen
- Einholung von konkreten Angeboten

- karteimäßige bzw. EDV-gestützte Erfassung der wichtigsten Lieferanten
- Beschaffung von Mustern und Proben
- Auswertung von Veröffentlichungen verschiedenster Art.

Aus einer erfolgreichen Beschaffungsmarkterkundung ergibt sich dann die spezifische Einkaufsplanung des Handwerksbetriebes. Als Hilfsmittel können dabei zweckentsprechende Formulare bzw. Dateien und Unterlagensammlungen verwendet werden.

Spezifische Einkaufsplanung

Für eine erfolgreiche Unternehmensführung ist vor allem die Beschaffung von Informationen auf den verschiedensten Gebieten notwendig.

Beschaffungsobjekte

Abbildung 141

> Die Beschaffung sämtlicher Objekte sollte von dem Grundsatz getragen sein: „Schon im Einkauf liegt der Gewinn."

Aus diesem Grund gilt es für den Betriebsinhaber, Ausschau zu halten nach den günstigsten Beschaffungsobjekten und Bezugsquellen.

Dies geschieht vor allem durch:
- Preisvergleich
- Mengenvergleich
- Qualitätsvergleich
- Konditionenvergleich.

Informations- und Bezugsquellen

Wichtige Informationsquellen für die Erkundung des günstigsten Beschaffungsmarktes sind in erster Linie:
- Fachzeitschriften
- Wirtschaftsteil der Tageszeitungen
- Informationen der Berufsorganisationen
- Marktberichte
- Angebote
- Preislisten
- Datenbanken
- Kataloge
- Angebote im Internet usw.

Informationsquellen

In Branchen mit einem umfangreichen Beschaffungssortiment empfiehlt sich die Anlage eines Bezugsquellenkatalogs.

Bezugsquellenkatalog

Beschaffungsdispositionen

Bezugsmengen

Mengen-feststellung

> Die Bezugsmengen richten sich nach dem Bedarf an einzelnen Beschaffungsobjekten. Für die Mengenfeststellung ergeben sich unterschiedliche Methoden, die je nach den Beschaffungsobjekten ausgerichtet sind.

Auf die Personalbeschaffung und die Kapitalbeschaffung wird in den Abschnitten 2.4 „Personalwesen und Mitarbeiterführung" und 2.5 „Finanzierung" eingegangen.

Liefertermine

Termine

> Die Liefer- bzw. Bezugstermine sind so festzulegen, dass der pünktliche Einsatz der Beschaffungsobjekte gewährleistet ist und somit von der Beschaffungsseite her gesehen keine Störungen im Betriebsablauf auftreten.

2.2.4.2 Liefer- und Zahlungsbedingungen

> Besonderheiten der Lieferbedingungen ergeben sich aus der vertragsrechtlichen Gestaltung (zum Beispiel Kaufvertrag, Werkvertrag). Einzelnen Bedingungen kommt hierbei je nach Branche besondere Bedeutung zu (zum Beispiel Transport, Fracht).

Siehe dazu im Einzelnen Abschnitt 2.2.3.2 „Preis- und Konditionspolitik".

2.2.4.3 Material- und Rechnungskontrolle

Material-kontrolle

> Nach Eintreffen der beschafften Waren und Materialien im Betrieb ist eine Materialkontrolle erforderlich.

Diese bezieht sich im Besonderen auf
- Zahl
- Menge
- Qualität.

Rechnungs-kontrolle

Nach der Materialprüfung ist eine Rechnungskontrolle notwendig. Dabei werden die berechneten Positionen mit der eingegangenen Ware verglichen.
Die Durchführung einer Material- und Rechnungsprüfung ist erforderlich, um Rechtsnachteile zu vermeiden und Verluste zu verhindern.

2.2.4.4 Vorratshaltung und Lagerdisposition

> Die Vorratshaltung ist so abzustimmen, dass einerseits nur wirtschaftliche Niederstbestände auf Lager sind (Vermeidung einer zu hohen Kapitalbindung), andererseits aber Rohstoffe und Materialien in ausreichendem Maße vorhanden sind (Vermeidung der Behinderung von Fertigung und Leistungserstellung).

Wirtschaftliche Niederstbestände

Im Rahmen der Vorratshaltung ist dafür zu sorgen, dass die Vorratsgüter fachgerecht gelagert sind und entsprechende Vorkehrungen gegen Diebstahl getroffen sind.

Fachgerechte Lagerung

Die Lagertechnik (z. B. Regalsysteme, Stapeltechnik usw.) richtet sich nach den Anforderungen der Branche und der einzelnen Betriebsgröße.
Die Alternative zur Vorratshaltung bildet die so genannte „Just-in-time-Produktion". Hierbei wird die Lagerhaltung beinahe völlig abgebaut und durch genau abgestimmte Beziehungen zu Vorlieferanten und ein umfangreiches und zuverlässiges Transportwesen ersetzt. Die Just-in-time-Produktion ist jedoch nicht für alle Fertigungs- und Leistungsbereiche geeignet.

> Im Rahmen der Lagerhaltung ist auf eine ausreichende Kontrolle der Materialausgabe zu achten, um Verlustquellen wie Materialverschwendung und Diebstahl zu verhindern.

Kontrolle der Materialausgabe

Dazu bedarf es des Einsatzes entsprechender Formulare (zum Beispiel Materialentnahme- und Materialausgabescheine) und der Organisation der entsprechenden Arbeitsabläufe, die sich heute weitgehend per EDV erledigen lässt. Bei entsprechender Betriebsgröße erscheint es sinnvoll, eine Person mit der verantwortlichen Betreuung des Lagers zu beauftragen.

Übungs- und Prüfungsaufgaben

1. Was bedeutet Marketing?
- ☐ a) Den Versuch nur die Meinung der Verbraucher durch besondere Maßnahmen zu beeinflussen.
- ☐ b) Die eingehende Untersuchung des für einen Handwerksbetrieb räumlich abgegrenzten Marktes.
- ☐ c) Die eingehende Untersuchung des für einen Handwerksbetrieb sachlich abgegrenzten Marktes.
- ☐ d) Die laufende Beobachtung des Absatzmarktes.
- ☐ e) Die Ausrichtung aller unternehmerischen Entscheidungen am Absatzmarkt.

„Siehe Seite 261 des Textteils!"

2. Sie sind Inhaber eines Handwerksbetriebes und wollen im Hinblick auf die dynamische Entwicklung der Märkte für Ihren Betrieb ein Marketingkonzept entwickeln.

Die Basis für ein solches Konzept ist die Festlegung der wichtigsten Bereiche des Marketing.

Aufgabe: Stellen Sie die wichtigsten Bereiche des Marketing für Ihren Betrieb zusammen!

„Siehe Seite 261 des Textteils!"

3. **Beschreiben Sie wichtige Methoden der Marktanalyse und Marktforschung!**

„Siehe Seite 262 des Textteils!"

4. Als selbstständiger Handwerksmeister wissen Sie, dass die Untersuchung und Beobachtung der Stellung Ihres Betriebes im Marktgeschehen eine wichtige Grundvoraussetzung für den nachhaltigen Erfolg ist. Deshalb wollen Sie künftig systematische Marktanalyse betreiben. Dazu sind eine Reihe von Informationen erforderlich.

Aufgabe: Nennen Sie wichtige Methoden und Wege der Informationsbeschaffung für den genannten Zweck!

„Siehe Seite 262 des Textteils!"

5. **Wie werden Kaufkraftkennziffern in der Marktforschung eingesetzt?**

„Siehe Seite 265 des Textteils!"

6. Die Kundenbetreuung ist heutzutage eine wichtige Voraussetzung für eine erfolgreiche betriebliche Arbeit im Handwerk. Eine elementare Grundlage für die Kundenbetreuungsarbeit ist eine Kundenkartei oder Kundendatei, die alle bedeutsamen Daten über die Kunden enthalten muss. Als selbstständiger Handwerksmeister wollen Sie eine Kundendatei auf EDV-Basis aufbauen.

Aufgabe: Stellen Sie in einer Checkliste fest, welchen Inhalt die Kundendatei haben soll!

„Siehe Seite 265 des Textteils!"

7. **Was versteht man unter dem Marktvolumen?**

„Siehe Seite 267 des Textteils!"

8. Im Rahmen der Marktforschung wollen Sie als Inhaber eines Handwerksbetriebes feststellen, welchen Anteil Ihr Betrieb am Marktvolumen gemessen am Umsatz in Ihrer Region hat.

Aufgabe: Erläutern Sie, wie Sie bei der Ermittlung des Marktanteils für Ihren Betrieb vorgehen!

„Siehe Seite 268 des Textteils!"

9. **Warum sind bei der Ermittlung und Beurteilung des Marktanteils eines Handwerksbetriebes auch die Marktanteile der Mitbewerber zur Beurteilung der Marktsituation von Bedeutung?**

„Siehe Seite 268 des Textteils!"

10. Der Marktbesetzungsfaktor ist
    - ☐ a) eine Zeitpunktbetrachtung.
    - ☐ b) eine Zeitraumbetrachtung.
    - ☐ c) eine Zeitpunkt- und eine Zeitraumbetrachtung.

☐ d) zeitpunktunabhängig.
☐ e) zeitraumunabhängig.

„Siehe Seite 268 des Textteils!"

11. Sie wollen als Inhaber eines Handwerksbetriebes künftig den Kundenerwartungen besser entsprechen als bisher. Deshalb soll das Instrument der Kundenbefragung eingesetzt werden.

Aufgabe: Erklären Sie die 3 gebräuchlichen Wege der Kundenbefragung und nennen Sie die Vor- und Nachteile der Befragungsarten!

„Siehe Seite 270 des Textteils!"

12. Sie sind in einem Handwerksbetrieb mit Ladengeschäft als Meister angestellt und u.a. für den Bereich Kundenbetreuung zuständig. Vom Betriebsinhaber erhalten Sie den Auftrag, eine schriftliche Kundenbefragung durchzuführen. In Ausführung dieses Auftrages haben Sie zuerst einen entsprechenden Fragebogen zu erstellen und Ihrem Chef vorzulegen.

Aufgabe: Stellen Sie die wichtigsten Inhalte eines Fragebogens für die Kundenbefragung dar!

„Siehe Seite 271 des Textteils!"

13. Als Inhaber eines Handwerksbetriebes wollen Sie Ihre eigene Stellung am Markt, vor allem in Bezug auf Ihre unmittelbare Konkurrenz beurteilen. Im Wege einer durchzuführenden Konkurrenzanalyse sind die Fähigkeiten, Stärken und Schwächen Ihrer Konkurrenten zu ermitteln.

Aufgabe: Nennen Sie stichwortartig, welche Einzelinformationen über Ihre Konkurrenten für Sie in der Regel wichtig sind!

„Siehe Seite 275 des Textteils!"

14. Die wichtigsten Marketinginstrumente sind:
☐ a) Vertriebspolitik, Produktpolitik, Preispolitik, Kostenrechnung
☐ b) Buchhaltung, Kostenrechnung, Preispolitik, Kommunikationspolitik
☐ c) Werbepolitik, Verkaufsförderungspolitik, Personalpolitik, Vertriebspolitik
☐ d) Marktforschung, Konkurrenzbeobachtung, Kundenbefragung, Logistik
☐ e) Produktpolitik, Preispolitik, Kommunikationspolitik, Vertriebspolitik.

„Siehe Seite 276 des Textteils!"

15. Aufgabe der Produkt- und Sortimentspolitik ist es,
☐ a) ein an den Bedürfnissen der Anbieter orientiertes Angebot zu konzipieren.
☐ b) ein an den Bedürfnissen der Nachfrager orientiertes Angebot zu konzipieren.
☐ c) kostenorientierte Preisbildung vorzunehmen.
☐ d) ein an den Bedürfnissen der Mitbewerber orientiertes Angebot zu konzipieren.
☐ e) ein an den Bedürfnissen der Kostenrechnung orientiertes Angebot zu konzipieren.

„Siehe Seite 276 des Textteils!"

16. Sie wollen sich als Inhaber eines Handwerksbetriebes durch Schaffung eines bedarfsgerechten Güter- und Dienstleistungsangebots positiv vom Angebot der Mitbewerber abheben. Deshalb gestalten Sie das Marketinginstrument „Produkt- und Sortimentspolitik" neu. Neben bereits festgelegten Produkterneuerungen wollen Sie

Ihre Kundendienstleistungen als Bestandteil des gesamten Leistungsprogramms ausbauen.

Aufgabe:
a) Nennen Sie einige Kundendienstleistungen, die Sie anbieten wollen!
b) Begründen Sie kurz, über welche Eigenschaften Ihre Mitarbeiter bei Kundendienstleistungen verfügen müssen!

„Siehe Seite 277 des Textteils!"

17. Ein wichtiges Marketinginstrument ist für Sie als Inhaber eines Handwerksbetriebes die Preis- und Konditionenpolitik. Zwar stellen die betrieblichen Daten aus der Kostenrechnung und der Kalkulation die wichtigsten Bestimmungsfaktoren für die Preisbildung des Betriebes dar. Daneben müssen aber auch Bestimmungsfaktoren des Marktes, d.h. nachfrageorientierte und konkurrenzorientierte Gesichtspunkte berücksichtigt werden.

Aufgabe: Erläutern Sie wichtige Instrumente der Preisgestaltung im Rahmen der Preis- und Konditionenpolitik!

„Siehe Seite 280 des Textteils!"

18. **Lieferungs- und Zahlungsbedingungen**
☐ a) richten sich nach den Vorgaben der Handwerkskammer.
☐ b) werden einzelbetrieblich festgelegt.
☐ c) werden zwischen Betriebsinhaber und Betriebsrat vereinbart.
☐ d) sind vorrangig in Großbetrieben üblich.
☐ e) müssen von der Gewerbeaufsicht genehmigt werden.

„Siehe Seite 280 des Textteils!"

19. **Die wichtigsten Teilbereiche der Kommunikationspolitik sind:**
☐ a) Buchhaltung, Kostenrechnung, Werbung
☐ b) Öffentlichkeitsarbeit, Verkaufsförderung, Marktforschung
☐ c) Marktforschung, Werbung, Vertrieb
☐ d) Werbung, Verkaufsförderung, Öffentlichkeitsarbeit
☐ e) Betriebsorganisation, Öffentlichkeitsarbeit, Vertrieb.

„Siehe Seite 281 des Textteils!"

20. Sie sind Inhaber eines Handwerksbetriebes und wollen die Werbung für Ihre Produkte und Dienstleistungen verstärken. Bevor Sie das auf Ihren Betrieb speziell zugeschnittene Werbekonzept überarbeiten, sollen Sie sich mit den Zielen der Werbung grundsätzlich auseinander setzen.

Aufgabe: Erläutern Sie wichtige Ziele der Werbung!

„Siehe Seite 281 des Textteils!"

21. Sie sind in einem größeren Handwerksbetrieb für den Bereich Vertrieb, Marketing, Werbung zuständig. Ihr Chef beauftragt Sie, im Rahmen der Überprüfung und Neugestaltung des betrieblichen Werbekonzepts die wichtigsten Arten der Werbung zusammenzustellen, um anschließend über den Einsatz der für den Betrieb geeignetsten Werbemittel entscheiden zu können.

Aufgabe: Stellen Sie die wichtigsten Arten der Werbung zusammen!

„Siehe Seite 282 des Textteils!"

2.2 Marketing

22. Erklären Sie die wichtigsten Handlungsschritte einer erfolgreichen Werbeplanung!

„Siehe Seite 287 des Textteils!"

23. Nennen Sie die wichtigsten direkten und indirekten Mittel der Verkaufsförderung!

„Siehe Seite 287 des Textteils!"

24. Öffentlichkeitsarbeit dient
- ☐ a) der unmittelbaren Umsatzsteigerung.
- ☐ b) das Image des Handwerksbetriebes zu verbessern.
- ☐ c) der Bilanzanalyse.
- ☐ d) der Verbesserung der Sortimentsgestaltung.
- ☐ e) der Personalentwicklung.

„Siehe Seite 288 des Textteils!"

25. Beschreiben Sie kurz den Unterschied zwischen direktem und indirektem Vertrieb!

„Siehe Seite 289 des Textteils!"

26. Was versteht man unter Franchising?

„Siehe Seite 292 des Textteils!"

27. Nennen Sie wichtige Voraussetzungen des Handwerksmeisters und seiner Mitarbeiter zur Führung erfolgreicher Verkaufsverhandlungen!

„Siehe Seite 293 des Textteils!"

28. Sie sind Inhaber eines Handwerksbetriebes und haben die Erfahrung gemacht, dass heutzutage das äußere Erscheinungsbild des Betriebes im Sinne einer kundenorientierten Außendarstellung und das Unternehmensleitbild im Sinne einer Unternehmenskultur für den geschäftlichen Erfolg sehr wichtig sind.

Aufgabe:
a) An welchen Fragen sollten Sie Ihre betrieblichen Leitgrundsätze orientieren?
b) Warum ist der Meisterstatus ein wesentlicher Bestandteil des Erscheinungsbildes Ihres Betriebes?

„Siehe Seite 293 des Textteils!"

29. Sie wollen sich als junger Handwerksmeister demnächst selbstständig machen. Um sich Verbrauchern und Kunden bestmöglich und unverwechselbar einzuprägen, gestalten Sie ein Firmenzeichen und setzen es entsprechend ein.

Aufgabe:
a) Auf welche Effekte ist das Firmenzeichen auszurichten?
b) In welchen Bereichen sollten Sie das Firmenzeichen einsetzen, damit dessen Bekanntmachung und Durchsetzung möglichst rasch erfolgt?

„Siehe Seite 294 des Textteils!"

30. Sie sind Inhaber eines Handwerksbetriebes und stellen täglich fest, dass sich das Verhalten und die Ansprüche der Kunden laufend verändern. Deshalb wollen Sie das Marktverhalten Ihres Betriebes stärker an den Wünschen, Bedürfnissen und Problemen der Kunden ausrichten und die Kundenorientierung zu einer zentralen

Aufgabe der Betriebsführung machen, um ein Höchstmaß an Kundenzufriedenheit zu erreichen.

Aufgabe:
a) Durch welche Faktoren wird die Kundenzufriedenheit beeinflusst?
b) Welche Instrumente können zur stärkeren Kundenorientierung eingesetzt werden?
c) Nennen Sie stichwortartig 4 Leitsätze der Kundenorientierung!

„Siehe Seite 295 des Textteils!"

31. Sie stellen als Inhaber eines Handwerksbetriebes nicht zuletzt im Hinblick auf Beschwerden und Reklamationen von Kunden immer wieder fest, dass sich mancher Mitarbeiter des Betriebes im Umgang mit dem Kunden nicht richtig oder zumindest so verhält, dass es dem Image des Betriebes schadet. Deshalb halten Sie es für wichtig, diesen Themenbereich mit Ihren Mitarbeitern zu besprechen. Dabei wollen Sie ihnen eine Liste übergeben, aus der die wichtigsten Verhaltensregeln der Mitarbeiter im Umgang mit den Kunden hervorgehen.

Aufgabe: Listen Sie die wichtigsten Verhaltensregeln beim Umgang mit den Kunden in folgenden Bereichen auf:
a) **Am Telefon**
b) **im Betrieb**
c) **beim Kunden vor Ort!**

„Siehe Seite 297 des Textteils!"

32. **Wichtige äußere Merkmale für die Produkt- und Leistungsgestaltung im Handwerksbetrieb sind:**
☐ a) Preis und Form
☐ b) Funktionalität und Gestaltung
☐ c) Farbe und Form
☐ d) Unternehmensstruktur und Unternehmensleitbild
☐ e) Corporate Identity und Corporate Design.

„Siehe Seite 299 des Textteils!"

33. **Wie kann man bei der Erkundung des Beschaffungsmarktes vorgehen?**

„Siehe Seite 300 des Textteils!"

34. **Zur Feststellung der günstigen Beschaffungsobjekte ist vor allem notwendig**
☐ a) einen eigenen Einkäufer im Betrieb einzustellen.
☐ b) die Beschaffung einer Einkaufsgenossenschaft zu übertragen.
☐ c) sich über Rabatte und Sonderaktionen zu informieren.
☐ d) Preisvergleiche durchzuführen.
☐ e) Preis-, Mengen-, Konditionen-, Qualitätsvergleiche anzustellen.

„Siehe Seite 301 des Textteils!"

35. **Nennen Sie wichtige Liefer- und Zahlungsbedingungen!**

„Siehe Seite 302 des Textteils!"

2.3 Organisation

Unter dem Begriff Organisation versteht man den Prozess des organisatorischen Gestaltens des Aufbaus und der Abläufe in einem Handwerksbetrieb.
Ziel ist es, den Betriebsaufbau und die Betriebsabläufe bestmöglich zu gestalten.

Ziel

2.3.1 Ablauforganisation

Unter Ablauforganisation versteht man die räumliche, zeitliche und zielgerichtete Strukturierung von Arbeitsprozessen.

Die Ablauforganisation versucht Arbeitsprozesse bezüglich Arbeitsinhalt, Arbeitszeit und Arbeitszuordnung so zu kombinieren, dass rationell gewirtschaftet wird.
Ziel ist es, den Arbeitsablauf so zu gestalten, dass unter Berücksichtigung der bestmöglichen Auslastung aller Stellen, alle Objekte mit optimaler Geschwindigkeit den Betrieb durchlaufen.

Wichtige Leitsätze der Ablauforganisation und Ablaufplanung in einem Handwerksbetrieb sind:
- Ausrichtung der Abläufe an Regelfällen
- Anordnung der Arbeitsstationen entsprechend dem Arbeitsfluss
- Minimierung der Arbeitsstationen innerhalb des Arbeitsablaufs
- Minimierung der zu verrichtenden Tätigkeiten im Arbeitsablauf
- optimale Auswahl der Arbeitsmittel und Hilfsmittel
- bestmöglicher Einsatz des Personals
- dauernde Aufwands- und Leistungskontrolle (Soll-Ist-Abstimmung)
- Unabhängigkeit der Ablauforganisation von Personen.

Leitsätze

2.3.1.1 Prozessanalyse und Prozessgestaltung

Abbildung 142

Unter Prozessanalyse versteht man die Überlegung, wie Arbeitsprozesse aufgespalten werden können.
Unter Prozesssynthese versteht man die Überlegung, wie Arbeitsprozesse optimal kombiniert werden können.

Prozessanalyse

Prozesssynthese

Prozessanalyse

Beispiel:
Ein Betrieb beschäftigt zwei Gesellen und fertigt Inneneinrichtungen.

Folgende Arbeitsprozesse wären denkbar:
- Geselle A fertigt nur Tische und Stühle, während Geselle B sich auf die Herstellung von Einbauschränken spezialisiert.
- Die Gesellen A und B fertigen beide je nach Arbeitsanfall Stühle, Tische und Einbauschränke.

Nachfolgendes Schema zeigt die standardisierte Prozessanalyse nach REFA aus dem Bereich der Holzverarbeitung.

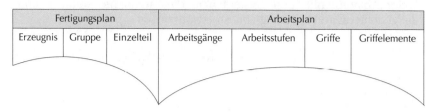

Abbildung 143

Mit vorstehendem Schema werden die gefertigten Produkte und die dafür erforderlichen Arbeitsgänge ersichtlich gemacht.

Prozesssynthese

Die Prozesssynthese erfolgt nach folgenden Prinzipien:
- Prinzip der inhaltlichen Verteilung: Welche Arbeitsgänge finden statt?
- Prinzip der personalen Arbeitsverteilung: Welche Person erledigt welche Arbeitsvorgänge?
- Prinzip der zeitlichen Verteilung: Wann findet welcher Arbeitsgang statt?
- Prinzip der räumlichen Verteilung: Wo findet welcher Arbeitsgang statt?

Die Arbeitsverteilung sollte grundsätzlich so erfolgen, dass eine optimale inhaltliche, personelle, zeitliche und räumliche Abstimmung gewährleistet ist.

2.3.1.2 Logistik

Unter Logistik versteht man eine Konzeption zur Koordination und Einordnung verschiedener Teilbereiche eines Handwerksbetriebes zur Steuerung des Güter- und Informationsflusses.

Der Aufbau eines effizienten Logistiksystems im Handwerksbetrieb bedarf der ganzheitlichen Betrachtung aller logistischen Aufgaben und deren Schnittstellen zu anderen betrieblichen und überbetrieblichen Systemen. Die Aufgaben der Logistik können nach den betrieblichen Funktionen eines Handwerksbetriebes gegliedert werden:

Abbildung 144

Wichtige organisatorische Bereiche der operativen Logistik in einem Handwerksbetrieb sind:
- Organisation des innerbetrieblichen und außerbetrieblichen Transports
- Organisation der Lagerhaltung
- Organisation der Vorratsdisposition
- Organisation der zeitlichen und terminlichen Abstimmungen.

Operative Logistik

Die Aufgaben der Logistik sind vom Handwerksbetrieb durch verschiedene Einrichtungen zu lösen.
Dies sind beispielsweise:
- Warenannahmen
- Fertigwarenlager
- Lager für Roh-, Hilfs- und Betriebsstoffe
- Verpackungsmateriallager
- Lager für Abfallstoffe
- Packereien
- Fahrzeuge.

Einrichtungen

2.3.1.3 Qualitätssicherung und Qualitätsmanagement (QM)

Begriffe

Unter Qualitätssicherung ist ein umfassender Begriff zu verstehen, der alle organisatorischen und technischen Maßnahmen zur Schaffung und Erhaltung eines hohen Qualitätsstandards einschließt.

Hoher Qualitätsstandard

Der Begriff Qualitätsmanagement wird verwendet, wenn strukturelle, organisatorische und wirtschaftliche Maßnahmen zur Qualitätssicherung aufeinander abgestimmt, eingesetzt werden. Qualitätsmanagement kann als Mittel zur optimalen Unternehmensführung bezeichnet werden.

Qualitätsmanagement ist damit der übergeordnete Begriff und bezeichnet die Gesamtheit aller qualitätsbezogenen Tätigkeiten und Zielsetzungen. Mit den organisatorischen Maßnahmen soll u.a. das Ziel erreicht werden, Fehler zu vermeiden, Qualität durch geregelte Abläufe zu produzieren und Missverständnisse zwischen Betrieb und Kunden oder zwischen den Mitarbeitern im Betrieb auszuräumen.

Qualitätsmanagement

Die Qualitätssicherung und das Qualitätsmanagement nehmen für das Handwerk neben zahlreichen zukunftssichernden Zielsetzungen auch aufgrund gesetzlicher Regelungen wie der Produkthaftpflicht und wachsenden Anforderungen von Kunden und Lieferanten eine immer bedeutendere Funktion ein. Während früher vorrangig das wachsame Auge des Meisters dafür sorgte, dass der Kunde mit dem Produkt zufrieden war, sind heute umfassende Qualitätsmanagementsysteme im Einsatz.

Aufbau eines Qualitätsmanagements

Die wichtigsten Schritte:

- schriftliche Formulierung der unternehmensspezifischen Qualitätspolitik durch den Betriebsinhaber oder die Geschäftsleitung
- Planung der Vorgehensweise bei der Einführung einschließlich Terminplanung
- Benennung eines Verantwortlichen für Ausarbeitung, Aufbau, Überwachung und Pflege des Systems und Rollenverteilung für die Übernahme von Detailaufgaben
- Analyse der bereits vorhandenen Qualitätssicherungsmaßnahmen
- Angleichung vorhandener Elemente und Ergänzung durch neue Maßnahmen
- Information und Schulung der Mitarbeiter vor und während der Einführungsphase
- ständige Überwachung, Anpassung und Verbesserung des Systems.

Qualitätsmanagement-Handbuch (QM-Handbuch) eines Unternehmens

Das Qualitätsmanagement-Handbuch enthält die Beschreibung des Qualitätssicherungssystems.

Folgendes ist dabei zu beachten:
- konkreter und umfassender Inhalt
- der Inhalt muss der betrieblichen Wirklichkeit exakt entsprechen
- transparente Darstellung des organisatorischen Aufbaus und des Ablaufs des Unternehmens
- Nennung personeller Verantwortlichkeiten, Zuständigkeiten und Qualifikationen.

Das Qualitätsmanagement-Handbuch enthält ferner Verfahrensanweisungen und Prozessbeschreibungen, in denen Vorgehensweisen und Zuständigkeiten **konkret** festgelegt sind. Ergänzend gibt es in der Regel Arbeitsanweisungen für einzelne Tätigkeiten und Formblätter, die die Dokumentation erleichtern.

Zertifizierung des Qualitätsmanagements

Erst wenn ein QM-System aufgebaut ist und im Betrieb praktiziert wird, kann man dies von einer externen Stelle, dem Zertifizierer, bestätigen lassen. Der Zertifizierung geht das Audit („Anhörung" bzw. die Überprüfung des Ist-Zustandes) voraus. Ist das Audit ohne Beanstandungen oder nach entsprechender Nachbesserung erfolgreich verlaufen, wird in einer Urkunde bestätigt, dass ein QM-System aufgebaut und eingeführt ist und erfolgreich angewandt wird.

Wer von der Trägergemeinschaft (TGA) zur Zertifizierung anerkannt ist, darf Betriebe nach DIN EN ISO 9001:2000 zertifizieren.

2.3.1 Ablauforganisation

Im Gegensatz zur Meisterprüfung, die in ihrer Funktion als Gütesiegel auf die Person abstellt, zielt die Zertifizierung auf den Betriebsablauf und die Leistungsabwicklung ab.
Die Norm DIN EN ISO 9001:2000 beschreibt, nach welchen Regeln die Entwicklung, die Produktion, die Montage, das Design und der Kundendienst und die Kundenorientierung zu organisieren sind. Hinzu kommen Bereiche wie die Erschließung neuer Bezugsquellen, das Eingehen von Kooperationen, der Einsatz innovativer Techniken, Qualifikation und Motivation des Personals, Arbeitssicherheit, Umweltmanagement, Kreditmanagement und Rating. Die Norm zwingt den Betrieb zu einer fortlaufenden Schwachstellenanalyse. Weitere QM-Normen sind ggfs. zu beachten.
Der Zentralverband des Deutschen Handwerks hat eine eigene Zertifizierungsstelle mit dem Namen „ZDH-Zert" eingerichtet. Ferner gibt es einige Zertifizierungsstellen bei Fachverbänden des Handwerks.

ISO 9001

„ZDH-Zert"

Kostensenkung, Kundenzufriedenheit, Zukunftssicherung

Der zeitliche Aufwand und die Kosten für den Aufbau eines Qualitätsmanagementsystems sind hoch. Gefordert wird der Unternehmer, aber gleichermaßen auch die Mitarbeiter. Die beste Organisation auf dem Papier ist nutzlos, wenn sie nicht von den Mitarbeitern in den Betrieben getragen und fortgeschrieben wird. Betriebsleitung und Mitarbeiter müssen also fortlaufend bisher praktizierte Verhaltens- und Arbeitsweisen überprüfen und verbesserte Abläufe und Verfahren im Betrieb umsetzen.

Ein funktionierendes Qualitätsmanagement trägt zur Senkung der Kosten bei. Der wirtschaftliche Erfolg ist messbar und umso größer, je zufriedener die Kunden sind. Um das Ziel der Kundenzufriedenheit zu erreichen, genügt eine sorgfältige Endprüfung alleine nicht. Zufriedenstellende Qualität ist das Resultat eines systematisch betriebenen Qualitätsmanagements, das sich über den gesamten Produktwerdegang erstreckt.

Senkung der Kosten
Kundenzufriedenheit

Qualitätssicherung und Qualitätsmanagement tragen dazu bei, die Zukunft des Unternehmens und des Handwerks in einem dauerhaften Entwicklungs- und Verbesserungsprozess zu sichern.

Zukunftssicherung

Umwelt-Management-System

Das EMAS (Eco-Management-Audit-Scheme) ist ein System zur Planung, Bewertung, laufenden Verbesserung, Steuerung und Kontrolle des betrieblichen Umweltschutzes. Alle Aktivitäten des betrieblichen Umweltschutzes werden geprüft, koordiniert und systematisiert. Die Teilnahme ist für den Handwerksbetrieb freiwillig.

Betrieblicher Umweltschutz

Die Handwerkskammern führen ein EMAS-Verzeichnis, in das die Betriebe eingetragen werden, die die Voraussetzungen erfüllen. Betriebe mit EMAS-Registrierung dürfen das EMAS-Logo verwenden.

EMAS-Verzeichnis

Der Nutzen des Umwelt-Management-Systems für den Betrieb besteht u. a.
- in der Verbesserung des betrieblichen Umweltschutzes

Betrieblicher Nutzen	• in der Möglichkeit, durch geeignete Umweltschutzmaßnahmen Kosten einzusparen (z. B. Energieeinsatz, Entsorgung) • im Marketingnutzen und Imagegewinn • das Haftungsrisiko zu mindern • Schwachstellen zu erkennen • die betriebliche Organisation zu verbessern • Produkte und Dienstleistungen zu verbessern • dem steigenden Umweltbewusstsein der Kunden zu entsprechen • die Mitverantwortung der Mitarbeiter zu erhöhen • durch Werbung mit dem EU-einheitlichen Zeichen das Image des Betriebes und die Wettbewerbsfähigkeit zu erhöhen.
Beratung Handwerkskammer	Informationen zur EMAS-Verordnung, zu Förderungsmöglichkeiten und zur notwendigen Beratung sollten zuerst beim Umweltschutzberater der zuständigen Handwerkskammer eingeholt werden. Dies gilt auch für die Teilnahme am Qualitätsverbund umweltbewusster Handwerksbetriebe (QuH), der ein eigenständiges Umweltmanagementsystem ist, das auf kleine und mittelgroße Handwerksbetriebe zugeschnitten ist.

2.3.1.4 Arbeitszeitmodelle

Flexibilität der Arbeitszeit	Unter Arbeitszeitmodellen versteht man verschiedene Formen flexibler Arbeitszeitregelungen.
	Durch den Einsatz von Arbeitszeitmodellen kann einerseits der Betrieb besser auf wechselnden qualitativen und mengenmäßigen Arbeitsanfall reagieren, andererseits tragen diese Regelungen zur Humanisierung der Arbeitswelt und zur Senkung von Fehlzeiten bei.

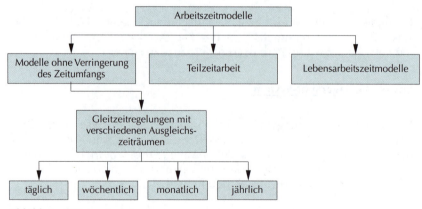

Abbildung 145

Gleitzeitmodelle	Gleitzeitregelungen geben den Mitarbeitern des Handwerksbetriebes innerhalb bestimmter Rahmenbedingungen die Möglichkeit, ihre Arbeitszeit

flexibel zu gestalten. Dabei gibt es Ausgleichszeiträume, innerhalb derer die Arbeitszeit wieder ausgeglichen sein sollte.

Außerdem ist auf die Einhaltung von täglichen Mindestarbeitszeiten zu achten.

Kernarbeitszeiten sind Zeiten, in denen der Mitarbeiter in jedem Fall seine Arbeitskraft zur Verfügung stellen muss. — Kernarbeitszeiten

> Eine Teilzeitregelung liegt vor, wenn zwischen Arbeitgeber und Arbeitnehmer eine kürzere als übliche wöchentliche, monatliche oder jährliche Arbeitszeit vereinbart ist. — Teilzeitarbeit

Beispiel:
Einsatz von Saisonarbeitern, geringfügig oder kurzzeitig Beschäftigten.

Eine weitere Form der Teilzeitarbeit ist das Job-sharing. Hier teilen sich in der Regel zwei Mitarbeiter eine Vollzeitstelle. — Job-sharing

Lebensarbeitszeitregelungen sehen vor, dass der Ausgleichszeitraum von Zeitguthaben auf die gesamte Lebensarbeitszeit ausgedehnt wird. — Lebensarbeitszeitmodelle
In der Praxis heißt das, dass der Arbeitnehmer über sein gesamtes Arbeitsleben Zeitgutschriften ansammeln kann, um dann früher in den Ruhestand zu gehen oder ab einem bestimmten Lebensalter nur noch Teilzeitarbeit verrichtet.

Einen Sonderfall eines Arbeitszeitmodells stellt der Einsatz von Zeitarbeitskräften dar. — Zeitarbeitskräfte
Hierbei werden Arbeitskräfte von Zeitarbeitsfirmen für einen bestimmten Zeitraum ausgeliehen. Zur Überbrückung kurzfristiger Arbeitsspitzen ist dies eine sinnvolle, zugleich aber auch teuere Ergänzung des Arbeitskräftepotenzials.

2.3.1.5 Gruppenorganisation

> Unter einer Gruppe versteht man mindestens zwei, in der Regel aber mehrere Mitarbeiter, die ein gemeinsames Arbeitsziel verfolgen und sich wechselseitig beeinflussen.
> Das Arbeitsverhalten der einzelnen Mitarbeiter der Gruppe wirkt sich unmittelbar auf das der anderen Gruppenmitglieder aus.

Vorteile der Gruppenorganisation: — Vorteile
- Mitglieder der Gruppe üben Druck aufeinander aus
- Gruppen denken ganzheitlicher
- Gruppen erkennen Probleme eher als Einzelpersonen
- Gruppen gleichen kurzfristige Leistungsausfälle aus
- Schutz des Einzelnen bei Misserfolgen.

Nachteile der Gruppenorganisation: — Nachteile
- Gruppe engt Kreativität des Einzelnen ein
- Entscheidungen werden in der Gruppe hinausgezögert
- keine klaren Verantwortlichkeiten in der Gruppe
- emotionale Konflikte innerhalb der Gruppe.

2.3.2 Verwaltungs- und Büroorganisation

Die effiziente Organisation der Verwaltungsarbeiten und eine rationelle Büroorganisation sind eine wichtige Voraussetzung für den Erfolg eines Handwerksbetriebes.

2.3.2.1 Ablageorganisation

Die Schriftgutablage oder auch Registratur genannt, ist die Aufbewahrungsstelle für alle wichtigen Unterlagen des Betriebes und Kopien des Schriftverkehrs. Häufig erfolgt die Ablage in Dateiform.

Aktenplan

Aus Gründen der Übersichtlichkeit der Aktenablage ist die Erstellung eines Aktenplanes zu empfehlen.

Aktenordnung

Die Aktenordnung in Papier- bzw. Dateiform kann folgendermaßen aufgebaut werden:

Abbildung 146

Organisation der Registratur

Abbildung 147

Organisation der Aktenablage

Abbildung 148

Daneben sind Kombinationen der genannten Aktenablagen möglich (zum Beispiel Alphanummernordnung und Nummern-Alphaordnung).
Bei der Alphanummernordnung werden alphabetische Gruppen gebildet und innerhalb dieser die dazugehörigen Akten nach Nummern gekennzeichnet. Bei der Nummern-Alphaordnung ist der Aufbau umgekehrt.

Kombinierte Systeme

> Für alle Organisationsformen der Aktenablage ist wichtig, dass eine gute Übersicht ein schnelles Auffinden der Schriftstücke gewährleistet.

Technische Lösung der Aktenordnung
- horizontale Anordnung
- vertikale Anordnung
- Ordnersystem
- Systeme durch Platz sparende EDV-unterstützte Speicherung, z. B. optische Archivierung.

Optische Archivierung

Organisationshilfsmittel in der Verwaltung

- Ablagesystem
- Planungsgeräte
- Brieföffner
- Briefsortierer
- Diktiergeräte
- Rechenmaschinen, Taschenrechner
- Textverarbeitungsgeräte
- Personal Computer (PC)
- Laptops
- Taschencomputer

Organisationshilfsmittel

- Scanner
- Drucker
- optische Archivierungssysteme
- Fotokopiergeräte
- Frankiergeräte
- PC-Frankierprogramme
- Adressiermaschinen
- Formulare
- Karteien
- Diagramme
- Terminuhren
- Terminmappen.

2.3.2.2 Schriftverkehr und Postbearbeitung

Geschäftsbrief

> Ein wichtiges Hilfsmittel für die Kommunikation eines Unternehmens mit seiner betrieblichen „Umwelt" ist auch in der Zeit moderner Kommunikationsmittel (zum Beispiel E-Mail) der Geschäftsbrief.

Durch den Geschäftsbrief werden wesentliche Sachverhalte schriftlich erfasst, festgehalten und weitergegeben. So gesehen ist er auch im rechtlichen Sinne oft ein wichtiges Beweismittel.

Visitenkarte des Unternehmens

Der Betriebsinhaber sollte sich immer wieder vor Augen führen, dass der Geschäftsbrief die Visitenkarte seines Unternehmens ist. Häufig werden durch den Geschäftsbrief das Bild und das Ansehen des Unternehmens bei Geschäftspartnern, Behörden und anderen Stellen geprägt.

Der Geschäftsbrief einer GmbH muss die Rechtsform, den Sitz der Gesellschaft, das Registergericht des Sitzes der Gesellschaft und die Nummer, unter der die Gesellschaft in das Handelsregister eingetragen ist, sowie den Geschäftsführer/die Geschäftsführerin mit dem Familiennamen und mindestens einem ausgeschriebenen Vornamen enthalten.

Korrespondenz

> Der Betriebsinhaber hat der auslaufenden Korrespondenz eine besondere Aufmerksamkeit zuzuwenden und sollte wichtige Gestaltungsmerkmale beachten.

Formale Gestaltung von Geschäftsbriefen

Übersichtlichkeit

> Jeder Geschäftsbrief soll in der äußeren Form sauber und übersichtlich sein.

Dies wird insbesondere durch den Einsatz von Schreibmaschinen oder PCs gewährleistet; handschriftliche Briefe kommen auch für einen selbstständigen Handwerksmeister nicht in Betracht.

Für Form, Größe, Einteilung und Beschriftung des Briefblattes gibt es DIN-Normen. Der formale Inhalt eines Geschäftsbriefes erstreckt sich im Wesentlichen auf folgende wichtige Punkte:

Formale Gestaltungsmerkmale

- Briefrand
- Briefkopf

- Anschrift des Empfängers
- Postanschrift des Absenders
- Raum für Eingangs- und Bearbeitungsvermerke des Empfängers
- Bezugszeichenzeile mit Leitwörtern (zum Beispiel Ihr Zeichen, Ihre Nachricht vom, Unser Zeichen, Datum)
- Betreffangabe (ohne Nennung des Wortes „Betreff")
- Straße, Hausnummer, ggf. Postfach, Postleitzahl, Ort
- Behandlungsvermerke (zum Beispiel „Eilt")
- Falt- und Lochmarken
- Anrede
- Brieftext
- Briefabschluss (Grußformel, Unterschrift)
- Anlagen- und Verteilvermerke
- Telefon, Telefax, Bankverbindungen, E-Mail und ggf. Internetadresse.

Bei der sprachlichen Gestaltung sollten folgende Grundsätze Berücksichtigung finden:

- kurze und klare Formulierungen
- Beginn eines neuen Absatzes bei jedem neuen Sachverhalt
- Vermeidung von Rechtschreibfehlern.

Sprache

Inhaltliche Gestaltung von Geschäftsbriefen

> Der fachliche Inhalt des Geschäftsbriefes richtet sich nach der jeweiligen Aufgabenstellung.

Fachlicher Inhalt

Für Unternehmen des Handwerks sind folgende Gebiete des Schriftverkehrs von besonderer Bedeutung:

- Briefe bei der Betriebsgründung (zum Beispiel Anmeldung bei Gewerbeamt, Handwerkskammer, Finanzamt)
- Schriftverkehr bei der Auftragsbeschaffung und bei Verträgen (zum Beispiel Werbebrief, Bestellung, Mängelrüge)
- Mahnbriefe (zum Beispiel bei Lieferungs- oder Zahlungsverzug)
- Briefe im Verkehr mit Banken (zum Beispiel Kreditantrag, Zahlungsverkehr, Auskunftsansuchen)
- Schriftverkehr mit dem Finanzamt (zum Beispiel Stundungsantrag)
- Briefe im Verkehr mit der Belegschaft (zum Beispiel Bewerbungsschreiben, Kündigungsschreiben).

Einsatz standardisierter Korrespondenz

> Zur Vereinfachung und Rationalisierung des Schriftverkehrs bei häufig wiederkehrenden gleichen oder ähnlichen Vorgängen ist die Anwendung standardisierter Korrespondenz zweckmäßig.
> Dazu wurden in der Geschäftspraxis Musterbriefe entwickelt, die der Handwerksmeister bei Bedarf einsetzen kann. Personal Computer bieten vielfältige Gestaltungsmöglichkeiten und erzeugen somit ein gutes Schriftbild und die Möglichkeit von Arbeitserleichterungen durch den Einsatz von Textbausteinen, Standardvorlagen, Serienbriefen u. Ä.

Musterbriefe

Textverarbeitung

2.3.2.3 Einsatz moderner Informations- und Kommunikationstechnologien

> Der Einsatz moderner Informations- und Kommunikationstechnologien ist für den Handwerksbetrieb ein wichtiger Erfolgsfaktor.

Telekommunikationsmittel

Telefon

> Das Telefon ist der verbreitetste und einer der ältesten Fernübertragungsdienste sowie das im Geschäftsbereich immer noch wichtigste Kommunikationsinstrument.

Maßgeschneiderte Anlagen

Durch maßgeschneiderte Anlagen (Integration von Nebenstellen, Anrufbeantwortern, Wähl- und Rückrufautomatik, Rufweiterschaltung, Zusammenschaltung zu Telefonkonferenzen etc.) kann das Telefon auf die individuellen Bedürfnisse des einzelnen Betriebes abgestimmt werden.

Es gibt ferner Telefondienste, die auch für Klein- und Mittelbetriebe im Einzelfall interessant sein können, wie den Service 130 oder den Service 180. Der Service 130 ermöglicht es dem Kunden, sich kostenlos zu informieren oder kostenlos zu bestellen. Beim Service 180 ist ein Betrieb unter einer Anschlussnummer für den Anrufer kostengünstig erreichbar.

ISDN

Durch das ISDN-Netz (Integrated Services Digital Network = dienstintegriertes digitales Netz) können über eine einzige Anschlussleitung gleichzeitig Sprache, Texte, Bilder und Daten in hoher Geschwindigkeit übertragen werden. Damit können in nur einem Netz alle Kommunikationsdienste integriert werden. Durch das Zusammenwirken von Telefon und Computer lassen sich weitere Nutzungsmöglichkeiten erreichen.

> Die mit den genannten Maßnahmen verbundenen Kosten stellen für Handwerksbetriebe mit hohem Kommunikationsbedarf eine lohnende Investition dar.

Telefax

> Telefax bietet die Möglichkeit, Vorlagen von Fernkopierern über das Telefonnetz an den vorgesehenen Empfänger zu übermitteln.

Am Markt sind Geräte erhältlich, die gleichzeitig als Telefon und Telefax genutzt werden können.
Verbindet man über ein Fax-Modem den PC mit dem Telefonnetz, so können direkt über den PC Telefaxe versandt werden.
Moderne Telefax-Geräte lassen sich außerdem zum automatischen Abrufen von Informationen einsetzen.

Internet

Faxversand ist auch unter bestimmten Voraussetzungen über das Internet möglich.

Mailbox-Dienste

In einer Art „elektronischem Briefkasten" können Nachrichten bereitgestellt und abgerufen werden.

Elektronischer Briefkasten

Online-Dienste

Die Kommunikationsmöglichkeiten durch Online-Dienste werden im Unterabschnitt „Nutzung des Internets im Handwerksbetrieb" behandelt.

Mobilfunk

Mobilfunk

Mobile Funknetze ermöglichen dem Benutzer eine drahtlose Telekommunikation sowohl innerhalb begrenzter Zonen als auch national und international. Der Mobiltelefondienst hat in den vergangenen Jahren eine sprunghafte Entwicklung genommen, die noch weiter verstärkt wird.

Die bekannteste Art des Mobilfunks ist das „Handy" (mobiles Telefon). Datenfähige Mobiltelefone gibt es nahezu von allen Herstellern mit umfangreichem Zubehör. Es bestehen zahlreiche Mobilfunknetze. Unter bestimmten Voraussetzungen können mit dem Handy SMS-Nachrichten und E-Mails verschickt und empfangen werden. Ferner kann per Handy das Internet genutzt werden, wenn die technischen Voraussetzungen hierfür gegeben sind.

Handy

Für Handwerksbetriebe, die ihre Dienstleistungen an wechselnden Einsatzorten erbringen, ergeben sich vielfältige Möglichkeiten verbesserter Kommunikationswege, sowohl zur sprachlichen Verständigung wie auch zur Datenübertragung.

Betriebsfunk/Bündelfunk

Der Bündelfunk ist eine preisgünstige Alternative für Betriebsinhaber, deren Unternehmen vorwiegend regional tätig ist und bei denen nur kurze Informationen auszutauschen sind. Bündelfunknetze decken in der Regel einen Umkreis von gut 50 Kilometern ab. Beim Bündelfunk fallen keine gesprächsabhängigen Kosten an, sondern lediglich ein fester Grundpreis pro Monat und Endgerät. Er kombiniert die Kostenvorteile von Betriebsfunksystemen mit dem Komfort und den Anwendungsmöglichkeiten von Mobiltelefonen.

Betriebsfunk

Die folgende Abbildung zeigt nochmals eine Übersicht über die wichtigsten Kommunikationsmittel für den Handwerksbetrieb.

Abbildung 149

Aufbau und Grundlagen eines EDV-Systems

Hardware

> Unter Hardware versteht man die zur Datenverarbeitung erforderlichen technischen Geräte und Bestandteile.

Dies sind im Wesentlichen:

Bestandteile

- der Rechner (PC)
- die Tastatur zur Eingabe von Daten und Befehlen, ergänzt um die Maus zur Steuerung über Symbole
- der Bildschirm zur Kontrolle der Eingaben und zur Darstellung der Ergebnisse
- der Drucker zur schriftlichen Wiedergabe der Ergebnisse

Für die Funktion eines PCs (Personal Computer) sind darüber hinaus folgende Bestandteile notwendig:

- die CPU (Central Processing Unit), als zentrale Recheneinheit, die sämtliche Rechenoperationen durchführt
- die Festplatte, die als Speichermedium eines PCs in der Regel fest eingebaut ist
- der RAM-Speicher (Random-Access-Memory), auch Arbeitsspeicher genannt, der zusammen mit der CPU den entscheidenden Faktor für die Leistung des PCs ergibt
- die Grafikkarte (Steckkarte zum Einbau in einen PC) zur Ausgabe der Benutzeroberfläche.

Als zusätzliche Speichermedien stehen zur Verfügung:

Speichermedien

- Disketten, für kleinere Datenmengen, wie einzelne Dokumente
- ZIP-Disketten, für mittlere Datenmengen
- CD-ROMs (Compact Disc – Read Only Memory), als schreibgeschützte Datenträger für größere Datenmengen, wie z. B. Anwendungsprogramme
- CDRW (Compact Disc – Re-Write), als beschreibbare Datenträger für den Austausch größerer Datenmengen
- DVDs (Digital Versatile Disc), als Datenträger für sehr große Datenmengen, wie z. B. Videofilme.

Als Standardgeräte für Speichermedien, sind heute in jedem PC mindestens ein Disketten-Laufwerk und ein CD-ROM-Laufwerk eingebaut. Für die Speicherung von Daten auf CDRWs sind CD-Brenner notwendig. Mithilfe dieser CD-Brenner können eigene Daten auf einen CD-Rohling (leere CD) geschrieben werden.

> In der betrieblichen Praxis werden heute fast ausschließlich PCs eingesetzt. Moderne PCs haben eine Leistungsfähigkeit, die noch vor wenigen Jahren nur von Großrechnern erreicht wurde.

Die Leistungsfähigkeit eines modernen PCs wird im Wesentlichen durch zwei Faktoren bestimmt.

2.3.2 Verwaltungs- und Büroorganisation

> Zum einen ist die Rechengeschwindigkeit der CPU ausschlaggebend. Diese wird durch die Hertz-Frequenzzahl angegeben. Bei den aktuellen PCs ist die Rechengeschwindigkeit zwischen 1 GHz (1 Gigahertz = 1000 Megahertz = 1 Millionen Hertz) und 2 GHz.

Geschwindigkeit

Die Hersteller der CPUs versprechen in naher Zukunft wesentlich höhere Geschwindigkeiten. Für die normalen Anwendungen in der betrieblichen Praxis sind die aktuellen PCs allerdings vollkommen ausreichend.

> Der andere ausschlaggebende Faktor für die Leistung eines PCs ist der Arbeitsspeicher (auch Hauptspeicher), der in der Regel zwischen 128 MB (1 MB = 1 Megabyte = rund 1 Millionen Bytes) bis 512 MB liegt. Der Arbeitsspeicher ist für die aktuell bearbeiteten Informationen relevant, d.h. je mehr Arbeitsspeicher, desto mehr Informationen können gleichzeitig von einem PC verarbeitet werden.

Arbeitsspeicher

Durch zu geringen Arbeitsspeicher entstehen Wartezeiten, die einen reibungslosen Ablauf eines Arbeitsprozesses behindern. In einigen Fällen kann dies auch dazu führen, dass der PC „abstürzt". In diesem Fall lässt der PC keine weitere Bearbeitung oder Eingabe zu. Dies kann im schlimmsten Fall zu Datenverlust führen, nicht gespeicherte Änderungen sind dann unwiederbringlich verloren.

Durch die Anforderungen der modernen Software ist ein PC sinnvollerweise mit einer Festplatte von mindestens 20 GB (1 Gigabyte = 1000 MB) Speicherkapazität ausgerüstet. PCs lassen sich heute auch so ausrüsten, dass Ton-, Radio- und TV-Wiedergabe sowie Datenübertragungen, Telefonieren und Videokonferenzen möglich sind. Man spricht dann von Multimedia-PCs.

Multimedia-PC

> Im Handwerk werden PCs teilweise einzeln eingesetzt. Sie können jedoch auch vernetzt werden. Hier spricht man dann von einem LAN (Local Area Network = Lokales Netzwerk).

Netzwerk

Um diese Vernetzung zu erreichen, sind Netzwerkkarten (Steckkarte für den PC mit einem Netzwerkanschluss) notwendig. Bei einem Netzwerk unterscheidet man ein Peer-to-Peer-Netzwerk (Anschluss zu Anschluss), bei dem ein PC über Kabel direkt mit einem anderen PC verbunden wird und der Verbindung aller PCs zu einem Server. Ein Server ist ein PC mit hoher Leistungskapazität, der zur Datenablage und Sicherung der Daten dient und die Verbindung der PCs untereinander gewährleistet. Diese Vernetzung erfolgt üblicherweise über Netzwerkkabel, kann aber auch über Funk erfolgen.

> Eine andere Art von PCs sind Notebooks und Laptops. Dies sind tragbare, netzunabhängige Rechner für den Einsatz unterwegs, die in ihrer Leistungsfähigkeit den stationären Geräten kaum nachstehen.

Notebook

Natürlich sind sämtliche Funktionen eines normalen PCs, wie z. B. der Netzwerkanschluss, auch bei einem mobilen Gerät verfügbar.

DAT-Bänder

Der Handwerksmeister sollte für eine ausreichende Sicherung der vorhandenen elektronischen Daten sorgen.

Für eine solche Sicherung gibt es neben den schon genannten Speichermedien auch die Möglichkeit Daten auf DAT-Bänder (Digital Audio Tape) zu sichern. Sämtliche Daten sollten wöchentlich auf diese Weise gesichert werden.

Bei der Wahl des Druckers stehen dem Handwerksbetrieb drei Alternativen zur Verfügung.

Drucker

Abbildung 150

Nadeldrucker werden heute meist nur noch eingesetzt um auf Durchschlagpapier zu drucken. Tintenstrahldrucker sind eine günstige Anschaffungsmöglichkeit, um auch Farbdrucke mit hoher Qualität auszudrucken. Für Massenausdrucke oder für viele Druckvorgänge in einem kurzen Zeitraum sind Laserdrucker vorzuziehen, da die Betriebskosten wie z.B. Toner wesentlich geringer sind. Auch die Druckgeschwindigkeit ist deutlich höher als bei einem Tintenstrahldrucker.

Scanner

Ein Scanner ermöglicht als Zusatzgerät die automatische Eingabe von Texten, Zeichnungen und Fotos durch Abtasten und Digitalisieren. Durch entsprechende Anwendungssoftware können als elektronische Daten vorliegende Texte bearbeitet werden.

Notepad

Notepads sind kleine elektronische Notizbücher, die keine Tastatur brauchen und mit kleinen Stiften beschrieben werden. Der Notepad-Computer kann diese Handschrift erkennen und weiterverarbeiten.

Software

Die Software besteht zum einen aus dem Betriebssystem, das zum Betrieb des PCs notwendig ist und zum anderen aus den Anwendungsprogrammen.

Windows

Zu den bekannten Betriebssystemen zählen die verschiedenen Varianten von Windows, Unix/Linux und MacOS.

Betriebssysteme wie Windows erleichtern durch Benutzeroberflächen die Arbeit durch Symbole, die per Maus oder Tastatur bedient werden können.

Bei der Vernetzung von PCs mit unterschiedlichen Betriebssystemen, wie z.B. Windows und MacOS kann es zu Problemen kommen. Deshalb ist auf die Kompatibilität der Betriebssysteme untereinander zu achten.

Die Anwendungssoftware dient der Lösung betriebswirtschaftlicher und technischer Probleme.

2.3.2 Verwaltungs- und Büroorganisation

Dabei ist zu unterscheiden zwischen:
- Standardprogrammen
- Branchenlösungen
- Individualprogrammen.

> Standardprogramme eignen sich insoweit, als sich die Anwendungsfälle in den einzelnen betrieblichen Teilbereichen ähnlich sind (Basisaufgaben). Viele Software-Hersteller bieten heute umfangreiche „Anwendungssoftware-Pakete" an, im Rahmen derer einzelne Anwendungsbereiche integriert und aufeinander abgestimmt sind.

Als häufigstes Software-Paket ist hier Microsoft-Office zu nennen. Hierin enthalten sind in der Regel eine Textverarbeitung (Winword), eine Tabellenkalkulation (Excel), ein Präsentationsprogramm (Power Point) und eine Datenbankanwendung (Access). Mit einer Tabellenkalkulation lassen sich z.B. Statistiken grafisch darstellen. Darüber hinaus sind in dem Office-Paket auch noch andere Anwendungen integriert, die z.B. zur Verwaltung interner Betriebsabläufe verwendet werden können. *Office-Paket*

Auf Individual- oder zumindest Branchenlösungen muss zurückgegriffen werden, wenn betriebliche oder branchenmäßige Besonderheiten vorliegen, die im Rahmen von Standardprogrammen nicht berücksichtigt und gelöst werden können, sondern maßgeschneiderte Programme erfordern. Dies ist vor allem im technischen Bereich der Fall.

> Für viele Handwerksberufe wurden bereits Branchenlösungen erarbeitet. Über die aktuellen Angebote informiert der alljährlich neu erscheinende Software-Katalog des Instituts für Technik der Betriebsführung im Handwerk. *Branchenlösungen*

Standardsoftware weist verständlicherweise gegenüber Branchen- oder Individuallösungen deutliche Kostenvorteile auf.

Besonders erwähnenswert sind die unterschiedlichen Software-Programme, die für die Datensicherung verantwortlich sein können. Diese können so konfiguriert werden, dass sie zu bestimmten Zeitpunkten automatisch die vorhandenen Daten auf ein separates Speichermedium sichern (Backup).

> Im Computerfachhandel sind PCs auch als Komplett-System mit Bildschirm und Drucker erhältlich. In diesem Fall sind die Geräte mit den notwendigen Software-Programmen bereits konfiguriert, sodass der Benutzer sich nicht um die Einzelheiten zu kümmern braucht. *Komplett-Systeme*

Durch die optimal aufeinander abgestimmte Hardware und Software sind dann die Voraussetzungen für die elektronische Verarbeitung von Daten nach dem Prinzip „Eingabe – Verarbeitung – Ausgabe" gegeben.

Unter Daten sind grundsätzlich Informationen zu verstehen wie *Daten*
- Zahlen (numerische Daten)
- Texte (alphabetische Daten)
- Kombinationen aus Zahlen und Texten (alphanumerische Daten).

Man unterscheidet ferner:
- Stammdaten
  Daten, die sich nicht oder nur selten verändern, wie Kunden- und Artikelliste
- Bewegungs- oder Änderungsdaten
  Daten, die sich von einer Abrechnungsperiode zur anderen verändern können, wie Preislisten
- Eingabedaten
  aktuelle Daten, die mit den Stamm- und Bewegungsdaten verknüpft werden, wie Bestellmengen
- Referenzdaten
  Daten, die regelmäßig auf andere Daten bezogen werden, wie Umsatzsteuersätze.

Einführung eines EDV-Systems im Handwerksbetrieb

Auch wenn die Anwendungsmöglichkeiten der EDV sich laufend verbessern und die Preise deutlich niedriger sind als noch vor wenigen Jahren, müssen bei der Einführung der EDV wichtige Punkte beachtet werden, um keine Fehlinvestitionen zu tätigen.

Problem- und Wirtschaftlichkeitsanalyse

> Der Entscheidung über den EDV-Einsatz sollte in jedem Fall eine sorgfältige Problem- und Wirtschaftlichkeitsanalyse vorausgehen. Sie sollte folgende Punkte enthalten:

Information

- Allgemeine Information
  - Fachzeitschriften und Prospekte sowie Broschüren von Computerherstellern und -händlern
  - Besuch von Messen, Vorträgen, Seminaren und anderen Informationsveranstaltungen
  - Unternehmensberater
  - Berufsorganisationen
  - Internet

Datenmengengerüst

- Analyse des Ist-Zustandes
  - Erfassung des betrieblichen Datenmengengerüstes (zum Beispiel Mitarbeiterzahl, Lohnarten, Kundenzahl, Lieferantenzahl, Sachkontenzahl, monatliche Eingangs- und Ausgangsrechnungen, Anzahl der Buchungen, Anzahl der Angebote, Lagerartikel, monatliche Lagerzugänge und -abgänge, Kostenstellen und anderes)
  - Erfassung der Arbeitsabläufe
  - Ermittlung von Schwachstellen im Betrieb

Pflichtenheft

- Entwurf einer Soll-Konzeption
  - Abfassung eines Pflichtenheftes (Zweck der EDV-Einführung, Anwendungsbereiche, Form und Inhalt der angestrebten Ergebnisse, Anforderungen an die Hardware, Anforderungen an das Betriebssystem, Anforderungen an die Anwendersoftware, künftige Datenmengen, Ausbaufähigkeit, Nebenbedingungen)

Angebote

- Ausschreibung
  - Einholung von Angeboten bei den in Frage kommenden EDV-Anbietern auf der Grundlage des Pflichtenheftes

- Vorführung einzelner EDV-Systeme
- Einholung von Referenzen
- Prüfung der Angebote/Kosten-Nutzen-Abwägung/Systementscheidung *Einmalige und laufende Kosten*
  - Kosten für Hardware einschließlich Lieferung und Installation sowie Software, Zubehör, Schulung, eventuell Programmanpassungen usw.
  - laufende Kosten (zum Beispiel Personalkosten, Verbrauchsmaterial)
  - direkt bewertbare Einsparungen durch die EDV (Rationalisierungseffekte)
  - nicht direkt bewertbarer EDV-Nutzen (zum Beispiel Informationsverbesserung, schnellere Angebotsabgaben, Verbesserung der Materialdisposition, schnellere Rechnungsstellung, Entscheidungen auf der Basis besserer betrieblicher Daten)
  - Vorhandensein geeigneter Anwendersoftware
  - Wartung und Service, Programmpflege
  - Qualität der Bedienungsunterlagen, Unterstützung bei Einarbeitung und Schulung
  - Kompatibilität mit anderen Anlagen, Ausbaufähigkeit des Systems
  - Benutzerfreundlichkeit
  - Vertragsgestaltung (zum Beispiel Liefertermin, Garantie, Zahlungsvereinbarungen, Zusicherung der im Pflichtenheft dargestellten Anforderungen, Rücktrittsmöglichkeit)
- Organisatorische Vorbereitung *Organisation*
  - geeignete Räumlichkeiten
  - personelle Voraussetzungen (Einführungsschulungen)
  - sachliche Voraussetzungen (Beleggestaltung, Stammdatenerfassung u.Ä.)
  - Information der Mitarbeiter
- Installierung *Installierung*
  - Testläufe
  - Dokumentation von Anlaufschwierigkeiten
  - Umsetzung.

Zu den Kosten der Einführung der EDV im Betrieb ist festzustellen, dass die Anschaffungskosten für Hardware in den letzten Jahren beträchtlich gesunken sind. Zudem sind hersteller- und händlerbedingt sowie regional oft sehr starke Preisunterschiede festzustellen.

> Zu den reinen Anschaffungskosten für die Geräte müssen hinzugerechnet werden: *Anschaffungskosten*
> - laufende Kosten wie Schulung, Wartung, Versicherung, Materialien
> - Beschaffung der Software und eventuell deren Installation.

> Im Zusammenhang mit der Finanzierung einer EDV-Anlage stellt sich dann die Frage, ob sie gekauft oder geleast werden soll.

Für diese Entscheidung sind vor allem folgende Faktoren von Bedeutung:
- Kapitalverfügbarkeit
- Liquiditätsbelastung
- steuerliche Wirkung.

Lebensdauer

Ferner muss bedacht werden, dass EDV-Anlagen in der Regel sehr schnell veralten und damit auch nur einen sehr geringen Wiederverkaufswert besitzen. Man geht heute gerade noch von einer technologischen Lebensdauer der PCs von höchstens drei Jahren aus. Dies entspricht auch der geltenden AfA-Frist.

Deshalb muss man sich beim Kauf einer EDV-Anlage darüber im Klaren sein, dass man den Typ über längere Zeit im Betrieb einsetzen wird.

> Ein Leasingvertrag bietet demgegenüber feste Laufzeiten sowie die Möglichkeit zur ständigen Systemerweiterung bzw. -erneuerung.

Wartungsverträge

Mit Leasingverträgen sind allerdings oftmals auch kostensteigernde Wartungsverträge verbunden. Die Wahl zwischen Leasing und Kauf besteht jedoch nicht generell. Im Billigbereich werden kaum Leasingverträge angeboten.

Zusammenfassung der verschiedenen Stufen zur Einführung der EDV im Handwerksbetrieb

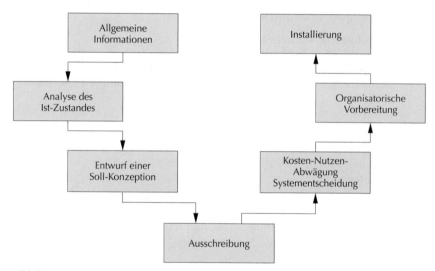

Abbildung 151

Beratung

> Um die für den jeweiligen Handwerksbetrieb geeignetste Lösung zu finden, ist eine ausführliche Beratung durch unabhängige Stellen unentbehrlich. Geeignete Beratung und Information gibt es beispielsweise durch die technischen, betriebswirtschaftlichen und EDV-Beratungsstellen der Handwerksorganisationen sowie durch freiberufliche Berater.

Der Betriebsinhaber sollte auch regelmäßig für sich entsprechende Artikel in seinen Fachzeitschriften auswerten.

EDV-Dienste aus einer Hand

Daneben bieten auch Spezialfirmen komplette Service-Konzepte für das gesamte Spektrum der EDV-Dienstleistungen aus einer Hand an (moderne Hardware, anwendungsgerechte Software, Software-Änderungsdienst usw.).

Anwendungsbereiche der EDV im Handwerksbetrieb

Die EDV kann sowohl
- im Büro wie auch
- in der Werkstatt

als Instrument der Rationalisierung eingesetzt werden.

Büro und Werkstatt

Mögliche Anwendungsbereiche auf dem Gebiet der **kaufmännischen Verwaltung**, also im Büro, sind unter anderem:
- Angebotserstellung, Kalkulation
- Auftragsbearbeitung
- Projektplanung, Projektüberwachung
- Fakturierung (Rechnungsausstellung, Verbuchung der Eingänge, Mahnwesen)
- Führung von Kunden-, Lieferanten-, Auftrags- und Bestellkarteien
- Lohn- und Gehaltsabrechnung
- Textverarbeitung und Schriftverkehr
- Anlagen- und Finanzbuchhaltung, Jahresabschluss, Kennzahlenauswertung, Betriebsvergleiche, Controlling, Liquiditätsplanung
- Steuervoranmeldungen
- Datenarchivierung
- Kommunikation (zum Beispiel Online-Dienste, Telefax, Internet)
- Abwicklung des Zahlungsverkehrs.

Kaufmännische Verwaltung

Im Rahmen der **technischen Verwaltung** lassen sich mit Hilfe der EDV vor allem durchführen:
- technische Berechnungen
- technische Zeichnungen
- Konstruktionen
- komplette Planerstellungen.

Technische Verwaltung

Auf den Einsatz computergesteuerter Maschinen im Bereich der Fertigung wird ferner in Abschnitt 2.3.4 „Einfluss der Automatisierung und anderer Technologien auf die Betriebsorganisation" näher eingegangen.

Computergesteuerte Maschinen

Möglichkeiten und Grenzen des EDV-Einsatzes im Handwerksbetrieb

Zu den Vorteilen, die mit dem Einsatz der EDV verbunden sind, gehören u.a.:
- Rationalisierungseffekte mit Kosten- und Personaleinsparungen
- geringere Fehlerquoten
- höheres Arbeitstempo
- weniger Schreibarbeiten (zum Beispiel durch einfachere Korrekturmöglichkeiten und Verwendung von Textbausteinen, Standard-Vorlagen und Serienbriefen)
- Platz sparendere Speicher- und Ablagemöglichkeiten
- rascherer Zugriff auf benötigte Daten
- zeitnahere Daten („Chefdaten") für betriebliche Dispositionen.

Vorteile

Multimedia

Unter Multimedia versteht man die Kombination unterschiedlicher Darstellungsmedien wie Text, Bilder, Grafiken, Sprache, Ton und Animationen.

Die Umsetzung von Multimedia-Anwendungen erfolgt auf der Basis entsprechender Hard- und Software.

Anwendungsgebiete

Wichtige Anwendungsgebiete für den Handwerksbetrieb sind:
- Präsentationen im Bereich der Werbung und Verkaufsförderung
  - Produktkataloge
  - Produktpräsentationen
  - Firmenpräsentationen
  - Servicehandbücher etc.
- Informationsgewinnung
- Dokumentationen
- Aus- und Weiterbildung
  - CBT-Systeme (Computer-Based-Training-Systems)
  - Übungslektionen mit Ergebniskontrolle
  - Lexika und Nachschlagewerke.

> Multimediale Anwendungen verbessern das Kommunikationsergebnis, die Informationsqualität und die Informationsdurchdringung.

Nutzung des Internets im Handwerksbetrieb

> Das Internet ist die Gesamtheit aller weltweit zusammengeschlossenen Computernetzwerke. Diese kommunizieren nach einem standardisierten Verfahren miteinander.

Backbones

Dazu gehören einerseits die dauernd über Standleitungen verbundenen Knotenrechner und Server, deren „Hauptverkehrsstrecken" und überregionalen Verbindungen Backbones (Rückgrat) genannt werden. Andererseits sind auch die Computer der Internetnutzer, die nur zeitweise, meist über Telefonleitungen verbunden sind, Teil des Internets.
In Europa nutzen derzeit bereits mehr als ein Drittel der Gesamtbevölkerung das Internet; 2004 sollen es bereits 60 Prozent sein.

Das ständige Netz

> Zum ständigen Netz gehören neben den Rechnern der Netzdienste und Provider (Zugangsanbieter) auch Computer von Universitäten, Behörden, sonstigen öffentlichen Einrichtungen und von mittleren und größeren Unternehmen.

Internetserver

Der rasche technische Fortschritt und der Preisverfall in der Telekommunikation führen immer mehr dazu, dass sich auch kleine Organisationseinheiten einen Internetserver leisten. Voraussetzung ist, neben bestimmter Hard- und Software, eine Standleitung, die in verschiedenen Bandbreiten (Übertragungsraten) von der Post gemietet werden kann. Somit fällt keine Zeitgebühr mehr an. Der große Vorteil liegt darin, dass rund um die Uhr von jedem Punkt der Welt per Festnetz-, Mobil- oder Satellitentelefon auf die Daten des Servers zugegriffen werden kann und Daten übermittelt werden können. Dies kann eine elektronische Nachricht (E-Mail) sein, ein Bild, ein Artikel, eine Bestellung oder einfach eine Suchabfrage an eine Datenbank.

Die temporär angeschlossenen Computer

> Der gewöhnliche Internetnutzer stellt die Verbindung zum Internet mit dem PC über ein Modem und das Telefonnetz her.
> Eine andere Möglichkeit der Verbindung erfolgt über den ISDN-Anschluss, dafür wird eine ISDN-Karte benötigt. Eine weitere, besonders schnelle Zugangsmöglichkeit, ist die DSL-Technik.

Der Internetnutzer ist dabei aber nicht nur einseitig Konsument, sondern er kann mit jedem Computer im Internet kommunizieren.

> Der Zugang zum Internet erfolgt gegen Gebühr über Online-Dienste (Internet Provider).

Online-Dienste

Sobald der Browser (Programm zur Navigation im WWW = WorldWide-Web) als zentrales Programm zur Nutzung des Internets gestartet wird, stellt der Computer automatisch über das Modem und die Telefonleitung eine Verbindung zum Internet-Provider her.

Browser

Dort befindet sich ein Server, der einerseits über eine leistungsfähige Standleitung an das Internet angeschlossen ist und andererseits über viele Modems den Kunden möglichst gleichzeitigen Zugang ermöglicht.

> Sobald die Verbindung hergestellt ist, kann der Internet-Benutzer zu bestimmten Homepages (= die erste Seite eines Angebots im WWW) navigieren.

Homepage

Über „Links" (engl. Bez. für Verbindung) werden Informationen eines anderen Computers auf den eigenen Bildschirm übertragen.
Bei einem interaktiven Link (Hyperlink) kann der Anwender durch Anklicken direkt zur entsprechenden Homepage gelangen.

Link

Für den Handwerksbetrieb bieten sich grundsätzlich folgende wichtige Anwendungs- bzw. Nutzungsmöglichkeiten:

- Darstellung des Handwerksbetriebes und seiner Produkte und Dienstleistungen durch Einrichtung eines eigenen Internet-Auftritts (Homepage und weitere Seiten) unter einer eigenen WWW-Adresse (Domain-Name, z. B. www.IhrBetriebsname.de).
- Nutzung des WWW-Dienstes des Internets als Informationsmedium zur Beschaffung von Daten und Informationen
- Nutzung des E-Mail-Dienstes des Internets für die Korrespondenz mit Kunden und Lieferanten
- Beschaffung von Mitarbeitern
- Teilnahme an öffentlichen Ausschreibungen
- Elektronischer Geschäftsverkehr (E-Commerce)

Nutzung

E-Commerce

Die wichtigsten Bereiche des E-Commerce sind:

- B2B (Business-to-Business)
  Funktionale B2B-Lösungen automatisieren die Geschäftsabläufe zwischen Anbietern und gewerblichen Käufern (wirtschaftliche Organisati-

B2B

onen). Sie umfassen die Abfrage von Informationen, die Produktbestellung mittels elektronischer Warenkörbe, die Rechnungsstellung sowie die Bezahlung durch digitale Zahlungssysteme und die Auslieferungsorganisation. Hier liegt derzeit der Schwerpunkt des E-Commerce.

B2C

- B2C (Business-to-Consumer)
  B2C bezeichnet den Vertriebsweg und die Kommunikation zwischen Unternehmen und Konsumenten.

C2C

- C2C (Consumer-to-Consumer)
  C2C bedeutet, dass Konsumenten direkt mit anderen Konsumenten in Kontakt treten. Ein Bereich der erst in jüngster Vergangenheit sehr populär wurde. Die zentrale Plattform für diese Geschäfte sind Online-Auktionshäuser.

B2A

- B2A (Business-to-Administration)
  B2A bezeichnet die Möglichkeiten mit Verwaltungsorganisationen in Verbindung zu treten. Ein Beispiel hierfür ist die Möglichkeit der Online-Steuererklärung bei den Finanzämtern.

Weitere Beispiele zur Nutzung des Internets und E-Commerce in der Praxis sind:

- Homebanking (Erledigung von Bankgeschäften über den PC)
- Buchung und Reservierung von Hotels und Verkehrsmitteln
- Abruf von Nachrichten und Informationen aus Datenbanken und Auskunftssystemen
- Suche nach Kooperationspartnern und Subunternehmern

> Zur Förderung der Anwendung von Informations- und Kommunikationstechnologien im Handwerk, sind die Handwerksorganisationen tätig.

Sie bieten u.a. folgende Spezialdatenbanken des Handwerks an, die über das Internet abgerufen werden können.

- Betriebsdatenbank: Informationen zur Leistungsfähigkeit von Betrieben in multimedialer Darstellung
- Kursdatenbank: Darstellung der Kursmaßnahmen und Seminare der Handwerksorganisationen incl. einer interaktiven Buchung per E-Mail
- Betriebsbörse: Angebot zum Kauf und Verkauf von Betrieben
- Ausbildungsbörse: Angebot von Lehrstellen bzw. Suche nach Ausbildungsplätzen.

handwerk.de

Die deutschen Handwerkskammern und die Zentralfachverbände tragen gemeinsam das zentrale Internetportal des deutschen Handwerks, handwerk.de. handwerk.de bietet gezielte und schnelle Informationen unter anderem aus den Bereichen Betriebsführung, Aus- und Weiterbildung sowie weiterführende Links zu den deutschen Handwerksorganisationen. Das Internetportal richtet sich insbesondere an Betriebsinhaber, Mitarbeiter, Auszubildende und Kunden des Handwerks. Außerdem enthält es Informationen und Angebote für alle, die am Handwerk interessiert sind. Besondere Angebote sind:

Angebote

- Die Handwerker-Suche, eine Datenbank, in der rund 300.000 Betriebe von interessierten Kunden gefunden werden können.
- Ein Web-Baukasten, mit dem Betriebe selbst eine Homepage gestalten können.

- Das Online-Büro mit elektronischer Aufgaben-, Adress- und Terminverwaltung. Der Nutzer erhält dazu auch eine eigene E-Mail-Adresse.
- Die Auftragsvermittlung über die Teilnahme an Ausschreibungen.

Zu handwerk.de gibt es eine Informationsbroschüre sowie ein Serviceheft und eine CD-ROM mit der aktuellen T-online-Zugangssoftware.

2.3.3 Aufbauorganisation

Die Aufbauorganisation umfasst die Gliederung des Handwerksbetriebes in Organisations- und Aktionseinheiten (Abteilungen und Stellen) bzw. Organisationsstrukturen und deren Koordination. — Begriff

2.3.3.1 Stellen- und Abteilungsbildung

Eine Stelle ist die kleinste organisatorisch festzulegende Einheit und grenzt aufgabenmäßig den Zuständigkeits- und Kompetenzbereich für eine bestimmte Person ab. Sie bestimmt somit unter Zusammenfassung von Teilaufgaben einen personenbezogenen Aufgabenkomplex zum Arbeitsbereich einer Person unter gleichzeitiger Regelung von Verantwortung und Zuständigkeiten. — Stelle

Während eine Stelle nicht örtlich fixiert ist, bezeichnet der Begriff Arbeitsplatz den Ort der Aufgabenerfüllung. — Arbeitsplatz

Mehrere Stellen werden zu einer Abteilung zusammengefasst. — Abteilung

2.3.3.2 Aufgabenanalyse und Aufgabensynthese

Abbildung 152

Unter Aufgabenanalyse versteht man die Aufgliederung der Aufgaben eines Unternehmens. — Aufgabenanalyse

Die Aufgabenanalyse kann erfolgen (dargestellt am Beispiel Metallbearbeitung):

Verrichtungs‑
prinzip
- nach dem Verrichtungsprinzip (das heißt welche Verrichtungen werden durchgeführt?)

Abbildung 153

Gliederung nach Objekten
- nach Art der Objekte

Abbildung 154

Arbeits- und Hilfsmittel
- nach den notwendigen Arbeits- und Hilfsmitteln

Abbildung 155

Rangfolge
- nach dem Rang

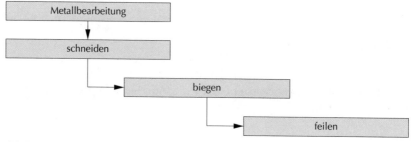

Abbildung 156

- nach der Phase   Phase

Abbildung 157

Aufgabensynthese

> Unter Aufgabensynthese versteht man die Zusammenfassung der durch die Aufgabenanalyse festgelegten Teilaufgaben eines Unternehmens.

Im Anschluss an die Aufgabenanalyse erfolgt die Aufgabensynthese nach folgenden Prinzipien:
- Prinzip des Verteilungszusammenhangs
  Verschiedene Aufgaben werden so auf einzelne Stellen verteilt, dass ein sinnvolles Konzept entsteht, das heißt Aufgaben, die zusammenhängen, müssen möglichst einer Stelle zugeordnet werden.
- Prinzip des Leitungszusammenhangs
  Bei der Stellenbildung muss deutlich werden, in welchem Über-, Unter- und Nebenordnungsverhältnis die verschiedenen Stellen untereinander sind (Kompetenzen, Verantwortung).
- Prinzip des Arbeitszusammenhangs
  Die Stellen müssen so gebildet werden, dass sie einen funktionsfähigen Arbeitsprozess ermöglichen.

Beispiel: Die Aufgabensynthese und Stellenbildung für die Stelle eines Lageristen in einem Handwerksbetrieb
- Beschreibung der Aufgaben (Aufgabensynthese nach dem Verteilungszusammenhang):
  Beratung des Einkäufers, Auspacken, Sortieren etc.
- Anforderungen:
  Beschreibung der geforderten Vorbildung, Kenntnisse, Fertigkeiten
- Instanzenbildung (Aufgabensynthese nach dem Leitungszusammenhang):
  Beschreibung der Einordnung der Stelle (Über- und Unterordnung).

2.3.3.3 Organisationsformen

Abbildung 158

Funktionale Organisation

In der funktionalen Organisation erfolgt die Gliederung nach betrieblichen Aufgaben verrichtungsorientiert. Unterhalb der Unternehmensführung wird die Arbeitsteilung nach Funktionen vorgenommen.

Abbildung 159

Vorteile:
- Nutzung von Spezialisierungsvorteilen
- hoher Informationsgrad der Unternehmensleitung über alle Unternehmensbereiche
- hohe Wirtschaftlichkeit durch geringe Gefahr von Doppelarbeiten.

Nachteile:
- Bereichsdenken und Ressortegoismus
- hoher Koordinationsbedarf bei der Unternehmensleitung.

Divisionale Organisation

Bei der divisionalen Organisation werden die Bereiche nach dem Objektprinzip gegliedert. Die Objektbereiche werden als Geschäftsbereiche, Sparten oder Divisions bezeichnet.

Ein Organisationsschema könnte für einen Handwerksbetrieb beispielhaft wie folgt aussehen:

Abbildung 160

Bei der divisionalen Organisation hat jede Sparte selbstständig mindestens für die Bereiche Produktion und Vertrieb zu sorgen. Die Zentralbereiche arbeiten entsprechend ihrer Aufgaben den einzelnen Sparten zu.

Vorteile:
- direkte Ergebnisverantwortung der einzelnen Sparten
- Entlastung der Unternehmensleitung
- geringerer Kommunikationsbedarf.

Nachteile:
- höhere Produktionskosten durch schlechtere Ausnutzung der Produktionsmittel
- Koordinationsschwierigkeiten zwischen den Sparten.

Teamorganisation

Unter einem Team versteht man eine Gruppe von Mitarbeitern, die sehr eng zusammenarbeiten. Teamarbeit ist in verschiedenen Aufbauorganisationsformen möglich.

Eigenschaften von Teams in Handwerksbetrieben sind:
- funktionsgegliederte kleine Arbeitsgruppe
- gemeinsame Zielsetzung innerhalb des Teams
- intensive arbeitsbedingte wechselseitige Beziehungen
- ausgeprägter Gemeinschaftsgeist
- starker Gruppenzusammenhalt.

Die Teamarbeit ist im Handwerk unabängig von der Aufbauorganisation sehr erfolgreich. Durch die Arbeit im Team entstehen soziale Bindungen der Teammitglieder, die sich positiv auf die Arbeitsergebnisse auswirken können.

Projektorganisation

> Von Projektorganisation spricht man, wenn eine Gruppe von Mitarbeitern (Projektteam) zeitlich befristet eine innovative Aufgabe bearbeitet, von der in der Regel der gesamte Handwerksbetrieb, mindestens jedoch mehrere Teile betroffen sind.

Beispiel:
- Entwicklung neuartiger Produkte
- Einführung eines neuen Arbeitszeitmodells
- Umstellung bestimmter Arbeitsvorgänge auf neue Technologien.

Ebenso wie die Teamorganisation ist die Projektorganisation unabhängig von der Aufbauorganisation. Sie ist eine effiziente Organisationsform für die Bewältigung übergreifender Aufgabenstellungen.

Projektmanagement — Für die erfolgreiche Durchführung eines Projektes ist das Projektmanagement von großer Bedeutung. Dieses regelt die organisatorische Gestaltung und die Einbindung des Projektes in die Gesamtorganisation des Handwerksbetriebes.

2.3.3.4 Organisationsentwicklung

> Organisationsentwicklung ist für den Handwerksbetrieb notwendig, um unterschiedlichsten internen und externen Veränderungen, die Auswirkungen auf die Ablauf- und Aufbauorganisation haben, Rechnung zu tragen.

Organisationsentwicklung sollte unter größtmöglicher Beteiligung der betroffenen Mitarbeiter betrieben werden.

Abbildung 161

Diese zweiseitige Zielsetzung ist nicht immer konfliktfrei zu verwirklichen. Durch die intensive Einbeziehung der Mitarbeiter als Betroffene in den Veränderungsprozess („Betroffene zu Beteiligten machen"), gelingt jedoch in den meisten Fällen ein positiver Entwicklungsprozess.

Geschäftsprozessoptimierung — Die Optimierung von Geschäftsprozessen durch eine fortschrittliche Entwicklung der Organisationsstrukturen und Organisationsabläufe stellt einen wichtigen Faktor für den nachhaltigen Erfolg eines Handwerksbetriebes dar.

2.3.4 Einfluss der Automatisierung und anderer Technologien auf die Betriebsorganisation

Die Entwicklung neuer Technologien, neuer Werkstoffe und neuer industrieller Vorprodukte sowie Veränderungen im Nachfrageverhalten der Verbraucher führen auch im Handwerksbetrieb ständig zu neuen Arbeitsabläufen, Arbeitsverfahren, Fertigungstechniken und zum Einsatz neuer Steuerungsmittel.

Wichtige Technologien, von denen das Handwerk berührt wird, sind:
- Mikroelektronik
- Roboter- und Sensortechnik
- Oberflächentechnik
- Informations- und Kommunikationstechnologien
- Bio- und Gentechnik
- Lasertechnik
- Werkstofftechnik
- Energietechnik
- Hydraulik und Pneumatik.

Technologiebereiche

Das Handwerk spielt sowohl als Erfinder und Entwickler wie auch als Anwender und Umsetzer neuer Verfahren und Techniken eine bedeutende Rolle.

Im Bereich der Betriebs- und Arbeitsorganisation führt dies zu folgenden Entwicklungen:
- weiter zunehmende Mechanisierung
- Einsatz von numerisch oder computergesteuerten Maschinen
- Einsatz elektronischer Mess- und Prüfgeräte.

Entwicklungen

2.3.4.1 Mechanisierung

Mechanisierung ist die Zusammenfassung gleichartiger Verrichtungen und Funktionen unter Zuhilfenahme des Einsatzes von technischen Hilfsmitteln (Maschinen) an bestimmten Arbeitsplätzen.

Die Tätigkeit des Menschen beschränkt sich dann vorwiegend auf Steuerungs- und Kontrollaufgaben.
Folgende Voraussetzungen sind für die Mechanisierung notwendig:
- konsequente Arbeitsvorbereitung
- sinnvolle Arbeitsplatzgestaltung
- Verwendung von Normteilen.

Voraussetzungen

2.3.4.2 Automatisierung

Von Automatisierung spricht man, wenn Steuerung und Kontrolle zunehmend von Maschinen übernommen werden. Dies ist mit Hilfe numerisch gesteuerter (rechnergesteuerter) Maschinen möglich.

Stufen der Automatisierung

Abbildung 162

NC-Maschinen:
Mit Hilfe von NC (Numerical-Controlled)-Maschinen werden Bewegungsabläufe durch digitale Informationen aus Datenträgern gesteuert.

CNC-Maschinen:
Mit Hilfe von CNC (Computer-Numerical-Controlled)-Maschinen werden Bewegungsabläufe durch direkt eingebaute Computer gesteuert.

Einsatzmöglichkeiten

Folgende Einsatzmöglichkeiten von CNC-Maschinen sind unter anderem denkbar:
- Metallbearbeitung und -verarbeitung (Fräsen, Bohren, Schneiden)
- Holzverarbeitung
- Backwaren- und Teigaufbereitung.

Computergesteuerte Maschinen eignen sich insbesondere auch für die Einzel- und Kleinserienfertigung.

Vorteile

Der Einsatz von CNC-Maschinen bietet folgende Vorteile:
- größere Genauigkeit
- höhere Flexibilität
- geringerer Ausschuss
- selbsttätige Arbeitsausführung
- kürzere Produktions- und Umrüstzeiten.

CAD:
Mit Hilfe von CAD (Computer Aided Design) lassen sich rechnerunterstützt Entwicklungs- und Konstruktionsarbeiten sowie technische Zeichnungen für neue Produkte ausführen.

CAM:
Als CAM (Computer Aided Manufacturing) bezeichnet man die Speicherung einer über CAD gestalteten Neuentwicklung auf einem Datenträger, der wiederum als Programm in den Rechner einer CNC-Maschine eingegeben wird. Diese führt dann die Arbeitsvorgänge zur Herstellung des geplanten Produktes aus.
Viele Zulieferbetriebe erhalten bereits von ihrem industriellen Auftraggeber maschinenlesbare Datenträger, die sie dann nur noch mit ihren Maschinen in Verbindung bringen müssen.

CAQ:
CAQ (Computer Aided Quality Assurance) ist eine computerunterstützte Qualitätssicherung und -kontrolle.

CIM:
Als CIM (Computer Integrated Manufacturing) bezeichnet man die Ergänzung von CAD und CAM durch CAQ.

Der Einsatz von Computern nimmt auch im Fertigungsbereich des Handwerks immer mehr zu. Vorrangig im Maschinen- und Werkzeugbau, aber auch für andere Handwerksberufe werden ständig neue Einsatzmöglichkeiten erschlossen. *(Computereinsatz)*

Auch der Einsatz elektronischer Mess- und Prüfgeräte, vor allem im Elektro- und Kfz-Bereich, nimmt zu. *(Elektronische Mess- und Prüfgeräte)*

> Der Einsatz computergesteuerter Technologien ist für viele Handwerksbetriebe inzwischen ein wesentlicher Faktor des wirtschaftlichen Erfolgs. Rationalisierung und Produktivitäts- bzw. Wirtschaftlichkeitssteigerung entstehen für den einzelnen Betrieb dann, wenn die Kosten der anzuschaffenden Maschinen und Anlagen, bezogen auf ihre Nutzungsdauer, kleiner sind als der zusätzliche Erfolg, der mit ihrer Hilfe erzielt werden kann.

(Produktivitäts- und Wirtschaftlichkeitssteigerung)

Neben neuen Chancen durch die Erhaltung und Erhöhung der Wettbewerbsfähigkeit beinhalten die neuen Techniken auch Risiken.
Die Risiken bestehen vor allem:
- in mangelndem oder hinter dem jeweiligen Stand liegendem Wissen und beruflichem Können
- in der Finanzierung neuer Maschinen und Geräte, die zudem immer rascher veralten und von Klein- und Mittelbetrieben nicht immer optimal ausgelastet werden können
- in der mangelnden Anpassung der Organisation und der Unternehmensführung.

> Die Handwerksorganisationen bieten dem Betriebsinhaber bei der Einführung neuer Technologien wesentliche Hilfestellungen.
> Eine besonders wichtige Rolle nehmen hierbei die Berufsbildungs- und Technologie-Zentren der Handwerksorganisationen ein, die einerseits im Rahmen der überbetrieblichen Lehrlingsunterweisung und andererseits im Rahmen von Fort- und Weiterbildungsveranstaltungen das erforderliche Wissen über die neuen Techniken vermitteln.
> Die betriebswirtschaftlichen und technischen Berater sowie spezielle Technologietransferberater der Handwerkskammern und der Fachverbände beraten die Betriebe bei der Umsetzung neuer Technologien.
> Die Beratung erfolgt sowohl auf betriebswirtschaftlichem Gebiet, weil die Anschaffungskosten der genannten Geräte relativ hoch sind, als auch im technischen Bereich durch eine auf den Einzelfall bezogene Anwendungshilfe in Form von Beratung, Information und Vermittlungsdiensten (Datenbanken).

(Berufsbildungs- und Technologiezentren)

(Beratungsangebot)

Wichtig sind auch entsprechende öffentliche Hilfen bei der Förderung des Technologietransfers. *(Öffentliche Hilfen)*

2.3.5 Zwischenbetriebliche Zusammenarbeit (Kooperation)

Aufgabendurchführung

Je nach den Kenntnissen des Betriebsinhabers, der Betriebsgröße und der Branche wird der Handwerksmeister einen Teil der Aufgaben auf Arbeitskräfte im Betrieb (zum Beispiel Betriebsleiter, Meisterfrau, Bürokräfte) übertragen (= Zusammenarbeit im Betrieb). Gerade die mitarbeitende Meisterfrau ist als „Co-Pilotin" des Betriebsinhabers in den Handwerksbetrieben das Rückgrat und die verantwortlich mitgestaltende Führungskraft des Betriebes.

Darüber hinaus besteht die Möglichkeit, bestimmte Aufgaben von zwischenbetrieblichen Einrichtungen durchführen zu lassen.

Kooperationen im Handwerk werden in der Zukunft in vielen Bereichen notwendig werden.

2.3.5.1 Möglichkeiten, Voraussetzungen und Schwerpunkte der zwischenbetrieblichen Zusammenarbeit

Freiwillige Zusammenarbeit

Unter zwischenbetrieblicher Kooperation versteht man die freiwillige Zusammenarbeit zwischen rechtlich selbstständigen Unternehmen. Wichtige Ziele der zwischenbetrieblichen Kooperation sind im Folgenden dargestellt.

Abbildung 163

Komplettangebote

Kooperationen sind vermehrt notwendig, um den Kundenerwartungen für gebündelte Handwerksleistungen als Komplettangebot „aus einer Hand" gerecht werden zu können (zum Beispiel im Bau- und Ausbaubereich, Gebäudemanagement).

2.3.5 Zwischenbetriebliche Zusammenarbeit (Kooperation)

Ein wichtiges Merkmal der betrieblichen Zusammenarbeit liegt darin, dass die wirtschaftliche Entscheidungsfreiheit der einzelnen Betriebe weitgehend erhalten bleibt.

Entscheidungsfreiheit

Die kooperierenden Betriebe ordnen sich nicht einer einheitlichen Leitung unter, sondern treffen nur zur Durchführung bestimmter Aufgaben gemeinsame Entscheidungen. Eine solche vertraglich geregelte Zusammenarbeit zwischen kleinen und mittleren Unternehmen ist vom Gesetzgeber im Gesetz gegen Wettbewerbsbeschränkungen (GWB) ausdrücklich erlaubt worden, sofern sie sich nicht auf reine Preisabsprachen bezieht.

Die wichtigsten Voraussetzungen für eine erfolgreiche Kooperation sind:
- gegenseitiges Vertrauen der Kooperationsmitglieder (richtiges Team)
- fachliche Qualifikation der Kooperationspartner
- klare Vorgaben für die Kooperationsbereiche
- klare Spielregeln für die Partner
- zweckentsprechende Rechtsform, klare Vertragsvereinbarungen
- klare Haftungsregelung
- reibungslose verwaltungsmäßige Abwicklung (Kooperationsmanagement).

Wichtigste Voraussetzungen

Eine zwischenbetriebliche Kooperation erfolgt insbesondere in folgenden Bereichen:
- Beschaffung
- Produktion
- Dienstleistungen
- Vertrieb
- Marketing
- Verwaltung
- Finanzierung
- Forschung und Entwicklung
- Rechnungswesen
- EDV.

Schwerpunkte

Die Förderung der Kooperation ist eine wesentliche Aufgabe der Handwerksorganisationen.
Angesichts der fortschreitenden wirtschaftlichen Integration in Europa gewinnt auch die Kooperation mit ausländischen Partnern an Bedeutung.

Förderung der Kooperation

2.3.5.2 Formen der Kooperation

Grundsätzlich unterscheidet man zwischen horizontaler und vertikaler Kooperation.

Horizontale Kooperation

Vertikale Kooperation

Unter horizontaler (branchengleicher) Kooperation versteht man die Zusammenarbeit von gleich gearteten Kapazitäten mehrerer Unternehmen mit dem Ziel, größere Aufträge durchführen zu können.
Unter vertikaler Kooperation versteht man die Zusammenfügung mehrerer Unternehmen unterschiedlicher Fertigungsstufen mit dem Ziel, Aufträge durchführen zu können, die mehrere Fertigungsstufen umfassen.

Beispiele für vertikale Kooperationen sind:
- Generalunternehmen, die die Erstellung von kompletten Bauprojekten vornehmen
- Subunternehmen, die Teilfunktionen bei der Durchführung von Bauprojekten im Auftrag eines Generalunternehmers übernehmen
- Kombinationen beider Kooperationsformen.

Abbildung 164

Die wichtigsten Formen und Einrichtungen der Kooperation sind im Einzelnen:

Beschaffungssektor

Leistungserstellung

- Auf dem Sektor der Beschaffung mit dem Ziel, durch den Einkauf größerer Mengen günstigere Konditionen und Preise zu erhalten:
Einkaufsgenossenschaften, Kreditgenossenschaften und Einkaufsgemeinschaften.
- Auf dem Gebiet der Leistungserstellung zur Verbesserung der Produktionsverhältnisse (Schaffung optimaler Betriebsgrößen):
Einschaltung von Subunternehmen (Fremdfertigung und Fremdleistung), Bildung von Arbeitsgemeinschaften zur Durchführung größerer Aufträge, Leistungsgemeinschaften, Zulieferverträge, Errichtung von Handwerkerhöfen, Gewerbeparks und Gründerzentren.
Leistungsgemeinschaften bieten insbesondere im Bau- und Ausbaubereich den Kunden verschiedenartige Handwerksleistungen nach dem Grundsatz „Alles aus einer Hand" an, und zwar sowohl kostengünstige Formen des Bauens als auch Komfortlösungen. Dadurch kann den Kundenwünschen besser entsprochen werden.

Dienstleistungen rund um das Gebäude aus einer Hand (Facility Management) fordert der Markt in zunehmendem Maße, die durch Kooperation von Handwerksbetrieben erbracht werden können. Vor allem Betriebe des Elektro-, Sanitär-, Heizungs-, Klima- und baunahen Handwerks sowie der Gebäudereinigung sind hier gefordert. Einen Überblick über die wichtigsten Geschäftsfelder gibt die nachstehende Abbildung

Dienstleistungen rund um das Gebäude

Abbildung 165

Weitere Kooperationen können eingegangen werden zum gemeinsamen Einsatz von teuren Fertigungs-, Mess- und Prüfungseinrichtungen (bessere Auslastung, Verbesserung der Kosten-Nutzen-Relation).

- Im Bereich des Vertriebs zur Schaffung kostengünstiger Vertriebsorganisationen und zum Aufbau einer stärkeren Marktposition: Verkaufsgenossenschaften, Vertriebsgesellschaften, Ladengemeinschaften, Handwerkermärkte, Kundendienst, Montage, Einführung von Neuheiten, einheitliche Marketingkonzeptionen oder Marketinggesellschaften, örtliche oder überregionale Werbegemeinschaften, Messekooperationen.

Vertrieb

- Auf dem Gebiet der Verwaltung zur Erhöhung der Wirtschaftlichkeit: Buchstellen, Rechenzentren, Betriebsberater, Steuerberater, Erfahrungsaustauschgruppen, Qualitätszirkel usw.

Verwaltung

Von besonderem Vorteil für die Beteiligten ist der systematische zwischenbetriebliche Erfahrungsaustausch.

Die nachstehende Abbildung zeigt die wichtigsten Kooperationseinrichtungen in den einzelnen Aufgabenbereichen zusammenfassend im Überblick.

Abbildung 166

Wandel

> Sowohl die Organisationsformen als auch die Methoden der zwischenbetrieblichen Kooperation sind einem ständigen Wandel unterworfen und müssen daher laufend den veränderten Gegebenheiten wirtschaftlicher und technischer Art angepasst werden.

2.3.5.3 Zusammenarbeit mit Heimwerkern

Im Hinblick auf den ständig zunehmenden Umfang der Heimwerkerbewegung stellt sich für einige Handwerksberufe auch die Frage nach der Zusammenarbeit mit den Heimwerkern bzw. nach einer Betreuung von Eigenleistungen.

Der jährliche Umfang des so genannten „Do-it-yourself" wird auf über 50 Mrd. EUR geschätzt und erreicht damit ein beträchtliches Marktvolumen. Am meisten betroffen sind die Bereiche Bau und Ausbau.

Argumente für Zusammenarbeit

Für eine arbeitsteilige Zusammenarbeit von Handwerkern und Heimwerkern sprechen folgende Argumente:
- Das beträchtliche Marktvolumen läuft ohne Zusammenarbeit ganz am Handwerk vorbei.
- Eine Zusammenarbeit eröffnet Chancen zu zusätzlichen Materiallieferungen.
- Über eine intensive Beratung können weitere Aufträge erreicht werden.
- Die Zusammenarbeit ermöglicht im Interesse des Kunden die Gewährleistung von Sicherheit und die Vermeidung von Bauschäden.

Argumente gegen Zusammenarbeit

Gegen eine Zusammenarbeit sprechen folgende Argumente:
- Durch die Zusammenarbeit erhält das „Do-it-yourself" eventuell weiteren Auftrieb.
- Infolge „Do-it-yourself" gehen mehr Aufträge verloren, als durch eine Zusammenarbeit zusätzlich gewonnen werden.

- Mit Beratungsleistungen oder anderen Teilleistungen können oft keine kostendeckenden Einnahmen erzielt werden.
- Es besteht die Gefahr, dass der Heimwerker nur die Beratungsleistungen in Anspruch nimmt, Materialien jedoch in Baumärkten kauft.

Eine allgemein gültige Empfehlung für oder gegen eine Zusammenarbeit kann nicht gegeben werden. Die Situation muss jeweils entsprechend dem Handwerkszweig, dem Handwerksbetrieb und dem Standort beurteilt werden.

> Betriebe und Handwerksorganisationen müssen in Zukunft in der Öffentlichkeit verstärkt darauf hinweisen, dass nur der ausgebildete Handwerker fachgerechte und qualitativ hochwertige Arbeit leisten kann. Laienarbeit führt oft zu Pfuscherei, bringt Gefahren mit sich und kann letztlich sehr teuer werden.

Vorteile der qualifizierten Handwerksleistung

Übungs- und Prüfungsaufgaben

1. Der starke Wettbewerb zwingt Sie als Inhaber eines Handwerksbetriebes, die Betriebsabläufe bestmöglich zu gestalten, d.h. die Arbeitsprozesse hinsichtlich Arbeitsinhalt, Arbeitszeit und Arbeitszuordnung so zu kombinieren, dass rationell gewirtschaftet wird. Um dieses Ziel zu erreichen, wollen Sie im Rahmen der Betriebsorganisation die Ablaufplanung und Ablauforganisation verbessern.

Aufgabe: Erklären Sie die wichtigsten Leitsätze der Ablaufplanung und Ablauforganisation, an denen Sie Ihre Arbeit ausrichten!

„Siehe Seite 309 des Textteils!"

2. **Die Ablauforganisation besteht aus**
   - ☐ a) Prozessanalyse und Prozesssynthese.
   - ☐ b) Aufgabenanalyse und Aufgabensynthese.
   - ☐ c) Aufbauorganisation und Organisationsentwicklung.
   - ☐ d) funktionaler und divisionaler Organisation.
   - ☐ e) Teamorganisaiton und Projektorganisation.

„Siehe Seite 309 des Textteils!"

3. **Erläutern Sie wichtige logistische Aufgaben und Bereiche für den Handwerksbetrieb!**

„Siehe Seite 310 des Textteils!"

4. **Was versteht man unter Qualitätssicherung?**

„Siehe Seite 311 des Textteils!"

5. Um die Zukunftschancen Ihres Handwerksbetriebes zu verbessern, das Unternehmen nachhaltig zu sichern sowie alle qualitätsbezogenen Zielsetzungen und Tätigkeiten bestmöglich umzusetzen, wollen Sie ein Qualitätsmanagementsystem einführen.

Aufgabe: Erläutern Sie die wichtigsten Schritte wie Sie beim Aufbau des Qualitätsmanagements vorgehen!

„Siehe Seite 312 des Textteils!"

6. **Wer ist zur Zertifizierung des Qualitätsmanagements eines Unternehmens berechtigt?**
   ☐ a) nur die jeweilige Innung
   ☐ b) nur die jeweilige Kreishandwerkerschaft
   ☐ c) von der Trägergemeinschaft (TGA) anerkannte Stellen
   ☐ d) die Handwerkerhöfe
   ☐ e) nur der TÜV.

   „Siehe Seite 312 des Textteils!"

7. **Welche betrieblichen Vorteile können durch ein Qualitätsmanagementsystem erreicht werden?**

   „Siehe Seite 313 des Textteils!"

8. **Beschreiben Sie den Nutzen des Umwelt-Management-Systems für einen Handwerksbetrieb!**

   „Siehe Seite 313 des Textteils!"

9. Sie sind Inhaber eines Handwerksbetriebes und haben zur Zeit mit Ihren Mitarbeitern feste tägliche und wöchentliche Arbeitszeiten festgelegt. Um künftig in Ihrem Betrieb besser auf den qualitativ und mengenmäßig wechselnden Arbeitsanfall reagieren zu können und um auch den Wünschen Ihrer Arbeitnehmer auf mehr Flexibilität bei der Arbeitszeit entgegenzukommen, wollen Sie die Einführung von flexiblen Arbeitszeitregelungen prüfen.

   Aufgabe: Stellen Sie die drei für einen Handwerksbetrieb in der Regel in Frage kommenden Arbeitszeitmodelle kurz dar!

   „Siehe Seite 314 des Textteils!"

10. Von Kollegen haben Sie als selbstständiger Handwerksmeister gehört, dass in Ihrem Handwerkszweig im Rahmen der betrieblichen Ablauforganisation vermehrt die Gruppenorganisation zum Tragen kommt. Das bedeutet, dass zwei oder mehrere Mitarbeiter gemeinsam einen Auftrag erledigen bzw. eine Arbeit ausführen. Sie prüfen, ob die Form der Gruppenorganisation für Ihren Betrieb sinnvoll ist.

    Aufgabe: Erklären Sie die Vor- und Nachteile der Gruppenorganisation!

    „Siehe Seite 315 des Textteils!"

11. Als Inhaber eines Handwerksbetriebes wissen Sie aus eigener Erfahrung, dass eine mangelhafte Schriftgut- bzw. Aktenablage im Rahmen der Verwaltungs- und Büroorganisation unwirtschaftlich ist, weil der Zeitaufwand durch langes Suchen unnötige Kosten verursacht und zu Verzögerungen führt. Aus diesem Grunde wollen Sie die Übersichtlichkeit der Aktenablage verbessern und die Aktenordnung systematisieren.

    Aufgabe: Stellen Sie kurz dar, wie die Aktenordung übersichtlich aufgebaut werden kann, unabhängig von der technischen Lösung (z.B. EDV)!

    „Siehe Seite 316 des Textteils!"

12. **Nennen Sie wichtige Kriterien für die formale und inhaltliche Gestaltung von Geschäftsbriefen!**

    „Siehe Seite 318 des Textteils!"

2.3 Organisation

13. Bietet die Anwendung von Musterbriefen Vorteile?
- ☐ a) Ja, Musterbriefe können als Drucksache versandt werden.
- ☐ b) Ja, damit Mitarbeiter des Betriebes von Routinebriefen entlastet werden.
- ☐ c) Nein, Musterbriefe sollten nicht verwendet werden, weil sie zu schematisch sind.
- ☐ d) Nein, Musterbriefe werden von Empfängern als unpersönlich empfunden.
- ☐ e) Nein, weil die Kosten für die Entwicklung von Musterbriefen zu hoch sind.

„Siehe Seite 319 des Textteils!"

14. Der Einsatz moderner Informations- und Kommunikationstechnologien wird auch für Handwerksbetriebe immer wichtiger. Sie haben als selbstständiger Handwerksmeister zwar schon verschiedene Telekommunikationsmittel im Einsatz, wollen sich aber nunmehr einen Überblick über alle für einen Handwerksbetrieb in Frage kommenden Kommunikationsmittel verschaffen, um festzustellen, in welchen Bereichen in Ihrem Betrieb noch weitere Einsatzmöglichkeiten bestehen.

Aufgabe: Erstellen Sie eine Liste über die im Handwerksbetrieb in Frage kommenden Telekommunikationsmittel!

„Siehe Seite 321 des Textteils!"

15. Sie beabsichtigen als junger Handwerksmeister einen Betrieb zu gründen. Dabei wollen Sie auch ein EDV-System einrichten. Bevor Sie sich mit den notwendigen Schritten zum Aufbau und der praktischen Einführung befassen, wollen Sie feststellen, für welche Anwendungsbereiche ein EDV-System im Handwerksbetrieb zum Einsatz kommen kann.

Aufgabe: Erläutern Sie die wichtigsten Anwendungsbereiche
a) auf dem Gebiet der kaufmännischen Verwaltung!
b) auf dem Sektor der technischen Verwaltung!

„Siehe Seite 329 des Textteils!"

16. Wozu dient eine Diskette?
- ☐ a) zum Diktieren
- ☐ b) zur Datenspeicherung
- ☐ c) zur Steuerung
- ☐ d) zur Herstellung der Kompatibilität
- ☐ e) zur Umsetzung in die Maschinensprache.

„Siehe Seite 322 des Textteils!"

17. Mobil einsetzbare Computer nennt man
- ☐ a) Laserdrucker
- ☐ b) CD-ROM
- ☐ c) Scanner
- ☐ d) Notebook
- ☐ e) Mobile Rechner.

„Siehe Seite 323 des Textteils!"

18. Erklären Sie kurz den Begriff Netzwerk und erläutern Sie seine Bedeutung für den Handwerksbetrieb!

„Siehe Seite 323 des Textteils!"

19. Erläutern Sie wichtige Punkte, die der Handwerksbetrieb bei der Einführung eines EDV-Systems beachten muss und wie man dabei vorgehen soll!

„Siehe Seite 326 des Textteils!"

20. Als Inhaber eines Handwerksbetriebes wollen Sie prüfen, welche Möglichkeiten bestehen, das Internet für betriebliche Zwecke zu nutzen.

Aufgabe: Beschreiben Sie, auf welchen Gebieten Sie als Handwerksbetrieb das Internet nutzen können und erläutern Sie kurz die wichtigsten Bereiche des E-Commerce!

„Siehe Seiten 331, 332 des Textteils!"

21. Die Aufbauorganisation besteht aus
- a) Marketing und Vertrieb.
- b) Beschaffung und Vertrieb.
- c) Prozessanalyse und Prozesssynthese.
- d) Teamorganisation und Projektorganisation.
- e) Aufgabenanalyse und Aufgabensynthese.

„Siehe Seite 333 des Textteils!"

22. Erklären Sie kurz die divisionale Aufbauorganisation anhand eines selbst gewählten praktischen Beispiels!

„Siehe Seite 336 des Textteils!"

23. Warum kann die Projektorganisation unabhängig von der Aufbauorganisation in einem Handwerksbetrieb hilfreich sein?

„Siehe Seite 338 des Textteils!"

24. Die Organisationsentwicklung hat im Allgemeinen die Aufgabe
- a) den EDV-Einsatz auszubauen.
- b) die Geschäftsprozesse zu optimieren.
- c) die Projektorganisation einzuführen.
- d) die Teamorganisation einzuführen.
- e) das Betriebsklima zu verbessern.

„Siehe Seite 338 des Textteils!"

25. Was versteht man unter Mechanisierung?

„Siehe Seite 339 des Textteils!"

26. Beschreiben Sie anhand eines selbst gewählten Beispiels die Einsatzmöglichkeiten von CAD und CAM in einem Handwerksbetrieb!

„Siehe Seite 340 des Textteils!"

27. Zwischenbetriebliche Zusammenarbeit ist
- a) im Bereich des Handwerks überall selbstverständlich.
- b) im Handwerk wirtschaftlich uninteressant.
- c) im Bereich des Handwerks in der Zukunft noch notwendiger.
- d) im Handwerk kaum möglich, weil zwischenbetriebliche Einrichtungen fehlen.
- e) dem Handwerker aus Konkurrenzgründen nicht zu empfehlen.

„Siehe Seite 342 des Textteils!"

2.3 Organisation

28. Zur Verbesserung der Wettbewerbsfähigkeit Ihres Betriebes im weitesten Sinne wollen Sie feststellen, welche Zielsetzungen durch zwischenbetriebliche Zusammenarbeit (Kooperation) erreicht werden können und in welchen Bereichen Kooperation erfolgen kann.

Aufgabe:
a) **Nennen Sie wichtige Ziele der zwischenbetrieblichen Zusammenarbeit!**
b) **Stellen Sie fest, in welchen Bereichen zwischenbetriebliche Kooperation erfolgen kann!**

„Siehe Seite 342 des Textteils!"

29. Welche wichtigen Voraussetzungen sollten für eine erfolgreiche Kooperation gegeben sein?

„Siehe Seite 343 des Textteils!"

30. Sie sind Inhaber eines Handwerksbetriebes und haben sich entschlossen, soweit als betriebswirtschaftlich zweckmäßig, durch Ausschöpfung möglicher zwischenbetrieblicher Kooperationen die Gesamtorganisation Ihres Betriebes zu verbessern. Zur Vorbereitung Ihrer Entscheidungen wollen Sie zunächst feststellen, welche Formen der zwischenbetrieblichen Zusammenarbeit es für einen Handwerksbetrieb gibt und welche Kooperationseinrichtungen für eine solche Zusammenarbeit in Frage kommen.

Aufgabe: Stellen Sie die wichtigsten Formen und Einrichtungen der zwischenbetrieblichen Zusammenarbeit dar!

„Siehe Seite 344 des Textteils!"

31. Erläutern Sie wichtige Teilbereiche des Facility Managements!

„Siehe Seite 345 des Textteils!"

2.4 Personalwesen und Mitarbeiterführung

Das Personalwesen hat sich in den vergangenen Jahrzehnten zu einem der bedeutendsten Gebiete der Betriebswirtschaftslehre entwickelt.

Personalwirtschaft

Der Begriff des Personalwesens wird oft gleichgesetzt mit den Begriffen Personalwirtschaft und Personalmanagement.

Ziel

Ziel des Personalwesens ist es, menschliche Arbeitskraft in qualitativer, quantitativer, räumlicher und zeitlicher Hinsicht für die Verwirklichung der Ziele des Handwerksbetriebes zur Verfügung zu stellen.

Abbildung 167

2.4.1 Personalplanung

Die Personalplanung hat die Aufgabe Entscheidungen in personellen Angelegenheiten vorzubereiten, um das Ziel der Bereitstellung der erforderlichen personellen Kapazitäten für den Handwerksbetrieb zu erreichen.

Die Personalplanung muss, um alle Notwendigkeiten zu berücksichtigen, auf Beschaffung von Arbeitskräften, Arbeitskräfteeinsatz sowie die Planung der Ausbildung und Fortbildung ausgerichtet sein.

2.4.1.1 Personalbedarfsermittlung

Ermittlung des Personalbedarfs

Die Personalbedarfsermittlung bezieht sich auf die Analyse des Personalbedarfs des Handwerksbetriebes und leitet daraus den Stellenplan ab.

Analyse des Personalbedarfs

Abbildung 168

Quantitative Personalbedarfsanalyse

Die quantitative Personalbedarfsanalyse beschäftigt sich mit der Fragestellung wie viele Mitarbeiter zu einem bestimmten Zeitpunkt an einem bestimmten Ort dem Handwerksbetrieb zur Verfügung stehen sollen.

Anzahl der Mitarbeiter

Folgende interne und externe Einflussfaktoren sollten hierbei Berücksichtigung finden:

Einflussfaktoren

interne Faktoren:
- Arbeitsorganisation
- Absatzplanung und Auftragslage
- erwartete Personalfluktuation
- Betriebszweck
- Betriebsgröße
- Betriebsausstattung
- Qualitätsanforderungen.

externe Faktoren:
- gesamtwirtschaftliche Entwicklung
- wirtschaftliche Entwicklung des Handwerkszweiges
- technologische Entwicklungen
- strukturelle Entwicklungen
- Angebot am Arbeitsmarkt.

Unter Berücksichtigung der genannten Faktoren kann der Handwerksbetrieb den Brutto-Personalbedarf und den Netto-Personalbedarf ermitteln:

Bruttopersonalbedarf = Anzahl der Mitarbeiter, die voraussichtlich zur Bewältigung der Aufgaben bzw. Aufträge des Handwerksbetriebes erforderlich sind

Nettopersonalbedarf = Bruttopersonalbedarf – Personalbestand zum Planungszeitpunkt

Qualitative Personalbedarfsanalyse

Die qualitative Personalbedarfsermittlung beschäftigt sich mit der Fragestellung, welche Qualifikation die zu einem bestimmten Zeitpunkt an einem bestimmten Ort benötigten Arbeitskräfte des Handwerksbetriebes aufweisen müssen.

Qualifikation der Mitarbeiter

Arbeits-
anforderungen

Hierzu sind die derzeitigen und zukünftigen Arbeitsanforderungen zu definieren und daraus die erforderliche Qualifikation der Arbeitskräfte zu ermitteln.

Abbildung 169

Stellenplan

Der Stellenplan ist eine Zusammenstellung der im Betrieb bestehenden und geplanten Stellen. Er ist das Ergebnis der Personalbedarfsermittlung und bildet die Grundlage für die Erstellung von Stellenbeschreibungen.

Stellenbeschreibung

Aufgabenprofil

Stellen entstehen aus der Zusammenfassung einzelner Teilaufgaben zu einer von einer Person überschaubaren und bewältigbaren Aufgabe. Grundlage der Stellenbeschreibung ist somit das Aufgabenprofil.

Inhalt

Inhalt der Stellenbeschreibung ist unter anderem:
- sachliche Beschreibung der Tätigkeiten und Aufgaben
- organisatorische Eingliederung der Stelle
- spezifische Leistungsanforderungen
- personelle Anforderungen an den Stelleninhaber
- Kompetenzen des Stelleninhabers
- Vertretungsregelung.

2.4.1.2 Personalbeschaffung und Personalauswahl

Personalbeschaffung und Personalauswahl sind wichtige Erfolgskriterien für den nachhaltigen Erfolg des Handwerksbetriebes.

Personalbeschaffung

Die Personalbeschaffung hat die Aufgabe die Ergebnisse der Personalbedarfsanalyse umzusetzen und die erforderlichen Arbeitskräfte des Handwerksbetriebes zu beschaffen.

Möglichkeiten

Folgende wichtige Möglichkeiten der Personalbeschaffung ergeben sich für den Handwerksbetrieb:
- betriebseigene Ausbildung von Fachkräften
- interne Beschaffung des Personals durch Versetzung eines bereits vorhandenen Mitarbeiters

2.4.1 Personalplanung _____ 355

- externe Besetzung der Stelle durch Neueinstellung eines Mitarbeiters
- Beschaffung des Personals durch Personalleasing oder Zeitarbeitsfirmen.

Vorteile der internen Personalbeschaffung: *Interne Personalbeschaffung*
- geringe Personalbeschaffungskosten
- Stelle ist kurzfristig besetzbar
- Bewerber verfügt über Kenntnisse der Betriebszusammenhänge
- Eignung des Bewerbers besser beurteilbar.

Vorteile der externen Personalbeschaffung: *Externe Personalbeschaffung*
- Personalbedarf des Handwerksbetriebes ist insgesamt gedeckt (bei interner Umsetzung entsteht in der Regel an anderer Stelle eine Lücke)
- externer Bewerber bringt neue Ideen und Arbeitsmethoden in den Handwerksbetrieb
- Bewerberauswahl kann objektiver erfolgen
- Bewerber geht die Aufgabe unbelasteter an.

Vorteile von Personalleasing oder Arbeitskräftebeschaffung über Zeitarbeitsfirmen: *Personalleasing*
- erhöhter Personalbedarf ist kurzfristig überbrückbar
- einfachere Abwicklung bei Nichteignung des Bewerbers.

Personalauswahl

> Die Personalauswahl ist die Entscheidung über die Besetzung einer freien Stelle im Handwerksbetrieb.

Folgende Grundsätze sind bei der Ausschreibung und Bearbeitung von Bewerbungen besonders zu beachten: *Bearbeitung von Bewerbungen*
- Erstellung eines klaren Anforderungsprofils
  - klare Darlegung der sachlichen und persönlichen Anforderungen
  - keine übertriebenen Forderungen stellen
- attraktive, zielgruppengerechte, werbliche Gestaltung
- rasche Bearbeitung von Bewerbungen
  - unter Umständen Versand von Zwischenbescheiden
  - Rücksendung der Unterlagen von nicht zum Zuge gekommenen Bewerbern
  - keine Abwertung von Bewerbern, die nicht angenommen wurden
- diskrete Behandlung von Bewerbungen.

Die nachstehende Abbildung enthält die wichtigsten Unterlagen zur Beurteilung von Stellenbewerbern:

Abbildung 170

Weitere Entscheidungshilfen

Weitere Entscheidungshilfen zur Personalauswahl können sein:
- Beurteilung der Handschrift durch graphologische Gutachten
- Einsatz verschiedener Eignungstests
  - fachbezogene Tests
  - psychologische Tests
- Beratung bzw. Vermittlung durch Personal- und Unternehmensberater
- persönlicher Eindruck im Vorstellungsgespräch
- Assessment-Center.

2.4.1.3 Personaleinsatz und Personalerhaltung

> Im Anschluss an die Personalbeschaffung und die Personalauswahl ist der optimale Einsatz des Personals und seine Erhaltung für den Erfolg des Handwerksbetriebes von zentraler Bedeutung.

Personaleinsatz

> Aufgabe des Personaleinsatzes ist es, die vorhandenen und gewonnenen Arbeitskräfte optimal auf die vorhandenen Stellen zu verteilen.

Abbildung 171

Leistungsmerkmale

Der technische Wandel hat für den arbeitenden Menschen Veränderungen gebracht. In den meisten Bereichen sind die körperlichen Anforderungen an die Arbeitskraft durch gezielten Maschinen- und Geräteeinsatz geringer geworden. Die Anforderungen an die geistigen Fähigkeiten sind dagegen vor allem im Handwerk durch die Ausführung individueller und verantwortungsvoller Tätigkeiten sowie durch den Einsatz neuer Techniken enorm gewachsen.

Körperliche und geistige Anforderungen

Ebenso ist durch erhöhtes Arbeitstempo, verursacht durch Produktivitätsfortschritt und Arbeitszeitverkürzungen, die psychische und nervliche Belastung stärker geworden. In diesem Zusammenhang sind zusätzliche Aufgaben in der Menschenführung entstanden. Ferner sind wissenschaftliche Disziplinen wie Arbeitsmedizin und Arbeitspsychologie auf die Förderung der Arbeitsbedingungen und eines guten Betriebsklimas ausgerichtet.

Arbeitspsychologie

Ziel des Personaleinsatzes ist es, die Arbeitsbedingungen so zu gestalten, dass der für den Betrieb bestmögliche Erfolg verwirklicht werden kann.

Gestaltung der Arbeitsbedingungen

Leistungsvoraussetzungen

Zu unterscheiden sind folgende Faktoren:
- äußere Voraussetzungen
- innere Voraussetzungen.

Arbeitsleistungsfaktoren

Äußere Voraussetzungen

Wichtige äußere Bestimmungsfaktoren für die Arbeitsleistung sind:
- Einsatz und Gestaltung technischer Hilfsmittel
- Einsatz und Gestaltung von Maschinen und Werkzeugen
- Gestaltung und Ausstattung des Arbeitsplatzes
- Gestaltung und Ausstattung des Arbeitsraumes (Platzangebot, Lärmbelastung, Beleuchtung, Klimaführung, Farbgestaltung usw.)
- innerbetriebliche Organisation
- Verhältnis zwischen Vorgesetzten und Mitarbeitern (Betriebsklima).

Äußere Bestimmungsfaktoren

Innere Voraussetzungen

Die Abbildung zeigt die wichtigsten inneren Bestimmungsfaktoren zur Erbringung guter Arbeitsleistung:

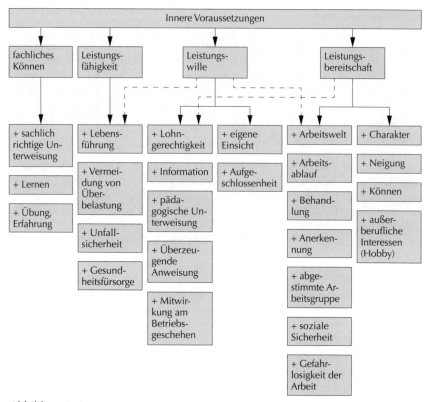

Abbildung 172

Wie die obige Abbildung zeigt, hängt die Arbeitsleistung in erster Linie vom fachlichen Können, der Leistungsfähigkeit, dem Leistungswillen und der Leistungsbereitschaft ab.

Leistungsfähigkeit

Unter **Leistungsfähigkeit** versteht man in diesem Sinne die durch die körperliche Verfassung und vorhandene Fertigkeiten bestimmte mögliche Höchstleistung.

Leistungswille
Leistungsbereitschaft

Leistungswille ist der bewusste Beitrag zum Arbeitserfolg.
Leistungsbereitschaft umfasst Faktoren, die vom Gefühl gesteuert werden und wird vor allem durch Leistungsanerkennung gefördert.

Ursachen für mangelnde Leistungsbereitschaft sind:
- Verstimmungen und Verärgerungen
- beginnende Krankheit
- häusliche Sorgen
- finanzielle Notlage usw.

> Die wichtigste Aufgabe des Personaleinsatzes ist die Abstimmung aller Leistungsvoraussetzungen.

Leistungsförderung

Folgende Faktoren können die Leistung des Mitarbeiters fördern:
- Leistungsgerechte und marktgerechte Entlohnung
- Schaffung humaner Arbeitsbedingungen
- Sinnfindung und Sinnverwirklichung in der betrieblichen Arbeit
- Identifikation mit den Arbeitsinhalten
- Identifikation mit dem Betrieb
- Leistungsanerkennung durch den Vorgesetzten bzw. Betriebsinhaber.

Faktoren der Leistungsförderung

Personalerhaltung

Die Personalerhaltung beinhaltet alle Maßnahmen, die notwendig sind, das vorhandene Personal an den Betrieb zu binden.

Mögliche Maßnahmen sind:
- markt- und leistungsgerechte Entlohnung der Mitarbeiter
- Schaffung eines angenehmen Betriebs- und Arbeitsklimas
- Möglichkeiten der Selbstentfaltung der Mitarbeiter
- Zugeständnis von größtmöglicher Selbstständigkeit der Mitarbeiter
- Einbindung der Mitarbeiter in betriebliche Entscheidungsprozesse usw.

Maßnahmen

Die Personalerhaltung ist für den Handwerksbetrieb von großer Bedeutung, um einerseits Kosten für die Neubesetzung von Arbeitsstellen und Einarbeitung zu vermeiden und andererseits ein angenehmes Betriebsklima zu erhalten.

2.4.1.4 Personalentwicklung

Unter Personalentwicklung versteht man die Maßnahmen, die auf die Entwicklung und die Verbesserung der Leistungsbereitschaft und Leistungsfähigkeit förderungswilliger und förderungswürdiger Mitarbeiter des Handwerksbetriebes abzielen.

Inhalte der Personalentwicklung im Handwerksbetrieb können sein:
- Vermittlung und Weiterentwicklung von fachlichem Wissen und Können, Bereitschaft zur lebenslangen Weiterbildung
- Informationsvermittlung zur internen Organisation des Handwerksbetriebes und seiner Einbettung in die Arbeitsumwelt
- Veränderungen im Verhalten des Mitarbeiters hinsichtlich seiner Einstellung und Motivation
- Veränderungen im Verhalten des Mitarbeiters hinsichtlich des zwischenmenschlichen Kontaktes innerhalb des Betriebes und in dessen Umfeld.

Inhalte

Arten der Personalentwicklung sind:
- Berufsausbildung im dualen Berufsausbildungssystem
- berufsbegleitende Fortbildung
- berufsverändernde Fortbildung.

Arten

Bedeutung — Personalentwicklungsmaßnahmen haben auch im Bereich des Handwerks einen hohen Stellenwert.
Besonders im Hinblick auf den hohen Fachkräftebedarf im Handwerk haben Personalentwicklungsmaßnahmen ebenso große Bedeutung, wie die Entwicklung individueller Karrierepläne, die den Mitarbeitern Perspektiven und Entwicklungsmöglichkeiten aufzeigen.

Ziel — Ziel ist es, die Attraktivität des Betriebes für den Mitarbeiter deutlich zu machen und zu erhalten.

2.4.2 Personalverwaltung

Unter Personalverwaltung ist die Zusammenfassung aller administrativen Maßnahmen in Bezug auf das Personal des Handwerksbetriebes zu verstehen.

Aufgabengebiete — Wichtige Aufgabengebiete im Bereich der Personalverwaltung sind:

- Führung der Personalakten
- Führung von Personalstatistiken
    - Stundenstatistiken
    - Leistungsstatistiken
    - Lohn- und Gehaltsstatistiken
    - Beschäftigungsstatistik
    - Fehlzeitenstatistik
    - Fluktuationsstatistik (Zu- und Abgangsstatistik)
- Anwendung der Regelungen des Sozialrechts- und des Arbeitsrechts
- Anwendung der Regelungen von Betriebsvereinbarungen
- Bearbeitung von Mitarbeiteranträgen
- Abwicklung von Lohn- und Gehaltszahlungen
- Kontrollmaßnahmen im Personalbereich.

2.4.2.1 Personalaktenführung

Personaldatenbank — Die Personalakte enthält Informationen verschiedener Art über den Arbeitnehmer. Sie wird heute oftmals durch eine innerhalb des Personalinformationssystems geführte Datenbank ersetzt.

Inhalte — Wichtige Inhalte der Personalakte sind:

- Bewerbungsschreiben
- Personalbogen
- Zeugnisse von allgemein bildenden Schulen
- Zeugnisse von berufsbildenden Schulen
- Arbeitszeugnisse
- Arbeitsvertrag

- Mitteilungen über Versetzungen und Beförderungen
- Gehaltsentwicklung
- Beurteilungen
- Fehlzeiten (Krankheit, Urlaub)
- Meldungen über Änderungen im persönlichen Bereich.

> Der Inhalt der Personalakte ist so zu gestalten, dass ein möglichst objektives Bild über die Person und die Leistungen des Mitarbeiters besteht. Nach dem Betriebsverfassungsgesetz hat der Arbeitnehmer das Recht Einblick in die Personalakte zu nehmen.

Recht auf Einblick

Bei der Personalaktenführung sind im Besonderen die Bestimmungen des Bundesdatenschutzgesetzes (BDSG) zu beachten. Dieses erlaubt die Speicherung und ggf. auch Übertragung personenbezogener Daten des Arbeitnehmers im Rahmen der Zweckbestimmung des Arbeitsverhältnisses, solange schutzwürdige Belange des Betroffenen nicht beeinträchtigt werden.

Datenschutz

2.4.2.2 Zeugniserteilung

> Das Arbeitszeugnis ist eine dem Arbeitnehmer bzw. Auszubildenden in der Regel nach Beendigung des Arbeitsverhältnisses oder Berufsausbildungsverhältnisses auszustellende Urkunde.

Arbeitszeugnis

Abbildung 173

Der Arbeitnehmer hat beim qualifizierten Zeugnis einen Anspruch auf wohlwollende, aber den Tatsachen entsprechende Beurteilung seiner Leistungen.
Daher haben sich durch die betriebliche Übung Formulierungen entwickelt, die häufig in Zeugnissen Anwendung finden.

Formulierungs-
beispiele

Beispiele für Formulierungen zur Leistung eines Mitarbeiters:

„erfüllte die Anforderungen stets zur vollen Zufriedenheit"	sehr gute Leistungen
„erfüllte die Anforderungen zur vollen Zufriedenheit"	gute Leistungen
„erfüllte die Anforderungen zur Zufriedenheit"	durchschnittliche Leistungen
„hat sich bemüht, den Anforderungen gerecht zu werden"	unterdurchschnittliche bzw. nicht zufrieden stellende Leistungen

(Siehe auch Abschnitt 3.3.4.7 „Arbeitspapiere – Arbeitszeugnis – Ausgleichsquittung" in Band 2)

2.4.2.3 Lohn- und Gehaltsabrechnung

Aufgabe

Die Lohnabrechnung hat zum einen die umfassende Aufgabe, die Arbeitsentgelte sowie die gesetzlichen, tariflichen und freiwilligen Abzüge aller Arbeitnehmer im Betrieb zu erfassen, zu berechnen bzw. abzurechnen sowie deren sachgerechte Verbuchung zu ermöglichen. Zum anderen sind die Lohn- und Gehaltsansprüche für jeden Arbeitnehmer in einem Zeitraum (in der Regel 1 Monat) brutto und netto festzustellen.

Unterlagen

Die insgesamt für alle Arbeitnehmer zu ermittelnden Bruttolöhne, die Lohnsteuer, Gesamtsozialversicherungsbeiträge sowie die tariflichen und freiwilligen Abzüge sind ferner die Grundlage für Lohnsteuerbescheinigungen, Lohnsteueranmeldung und -abführung, für Anmeldung und Abführung der Beiträge zur Kranken-, Pflege-, Renten- und Arbeitslosenversicherung, für Nachweise und Bezahlung der Berufsgenossenschaftsbeiträge, Bezahlung von Beträgen im Rahmen von vermögenswirksamen Leistungen, Lohnpfändungen usw.

Abrechnungstechniken

Die Lohnabrechnung erfolgt in der Regel in organisatorischer Verbindung mit der Buchführung; es ist für jeden Arbeitnehmer ein Lohn- bzw. Gehaltskonto zu führen.
Techniken der Lohnabrechnung sind:
- Durchschreibeverfahren
- EDV-gestützte Abrechnungssysteme.

Die verschiedenen Techniken sollten vor allem für den Arbeitnehmer wichtige Informationen wie Lohn- bzw. Gehaltshöhe und Zusammensetzung der Abzüge ermöglichen.

Lohnkonto

Das für jeden Arbeitnehmer zu führende Lohnkonto beinhaltet persönliche Stammdaten des Arbeitnehmers, die sich in der Regel wenig verändern, und Bewegungsdaten, die für die einzelne Lohnabrechnung des Arbeitnehmers die entscheidende Grundlage bilden.

2.4.2 Personalverwaltung

Personalstammdaten sind:
- Personalnummer
- Name
- Vorname
- Geburtsdatum
- Anschrift
- Familienstand
- Religionsbekenntnis
- Berufsfunktion im Betrieb
- Beschäftigt seit
- Aussteller der Lohnsteuerkarte und deren Nummer
- Finanzamt
- Steuerklasse
- Lohnsteuerfreibetrag lt. Lohnsteuerkarte
- Krankenkasse
- Stundenlohn oder Monatsgehalt
- Überstundenzulage in %
- Feiertagszulage in %
- Zusätzliches Urlaubsgeld

Personalstammdaten

Abrechnungsunterlagen
Wichtige Unterlagen für die Lohnabrechnung sind:
- Tagesarbeitszettel
- Wochenarbeitszettel
- Laufkarten
- Lohn- und Akkordscheine
- Arbeitszeitkarten
- Belege der Zeiterfassung per EDV usw.

Wichtige Unterlagen

Das nachfolgende einfache Schema informiert über wichtige Positionen und die Vorgehensweise bei der Lohn- und Gehaltsabrechnung für den einzelnen Arbeitnehmer.

Schema für Lohn- und Gehaltsabrechnung

Lohn- und Gehaltsabrechnung

Name	Personalnummer
Zeitraum (z.B. Monat)	

Steuer- und sozialversicherungspflichtige Bezüge:
Monatliches Entgelt (Gehalt/Lohn)
+ Zuschläge
+ Zulagen
+ Überstundenvergütung
+ Vermögenswirksame Leistungen/Arbeitgeber
+ Urlaubsgeld/Weihnachtsgeld
+ Sonstige steuer- und sozialversicherungspflichtige Bezüge

= Zwischensumme
+ Sachbezüge

= Bruttobezüge insgesamt
./. Abzüge:
   Lohnsteuer[1]
   Kirchensteuer[1]
   Solidaritätszuschlag[1]

Arbeitnehmeranteile zur:
Krankenversicherung[2)]
Pflegeversicherung[2)]
Rentenversicherung[2)]
Arbeitslosenversicherung[2)]
Vermögenswirksame Leistungen (Arbeitnehmeranteil)

= Nettogehalt
+ Steuerfreie Bezüge
./. Persönliche Abzüge (z.B. Gewerkschaftsbeitrag, Lohnpfändungsbetrag)
= Auszuzahlender Betrag

Erläuterung: [1)] = Ansatz erfolgt auf der Basis der Steuertabelle; vor Anwendung der Tabelle ist ein ggfs. in der Lohnsteuerkarte eingetragener Lohnsteuerfreibetrag von den Bruttobezügen abzuziehen.
[2)] = Ansatz ergibt sich unter Anwendung der Beitragstabelle

Zahlungsmodalitäten

Abbildung 174

Bargeldlose Zahlung

> In der Regel erfolgt die Auszahlung im Rahmen der bargeldlosen Zahlung.

Zahlungsrhythmus

Abbildung 175

Monatliche Abrechnung und Zahlung

Bei Angestellten ist die monatliche Gehaltsabrechnung und -zahlung üblich.
Bei den übrigen Arbeitnehmern war es früher üblich, die Lohnabrechnung und -zahlung wöchentlich vorzunehmen; im Interesse der Vereinfachung führen die meisten Handwerksbetriebe nur noch monatliche Lohnabrechnungen und -zahlungen durch.

2.4.3 Entlohnung

Der Begriff Entlohnung oder Arbeitsentgelt fasst alle aus nichtselbstständiger Arbeit erzielten Einkünfte zusammen. Grundlage für die Entlohnung ist der Arbeits- oder Dienstvertrag.

Arbeitsentgelt

2.4.3.1 Zeiterfassung

Abbildung 176

Die Zeiterfassung kann im Handwerksbetrieb u. a. erfolgen mittels:
- Schätzung aufgrund von Erfahrungswerten
- Manuelle Erfassung durch Arbeitszettel
- EDV-unterstützte Zeiterfassung durch moderne Zeiterfassungssysteme.

Methoden

2.4.3.2 Arbeitsbewertung

Die Arbeitsbewertung ermittelt die Schwierigkeit der Arbeit. Diese wird durch die unterschiedlichen Anforderungen an den Arbeitsplätzen oder bei einzelnen Arbeitsvorgängen bestimmt.

Anforderungsanalyse

Nur in bestimmten Berufen lassen sich Normal- und Standardleistungen erfassen und messen.
In Berufen, in denen dies nicht möglich ist, spielt die Arbeitsbewertung eine große Rolle.
Mit Hilfe eines Punkteschemas wird hierbei ausgehend von einem Tariflohn (Ecklohn) unter anderem Folgendes bewertet und gewichtet:
- Arbeitsanforderungen
- Arbeitsschwierigkeiten
- fachliches Können
- Belastung
- Verantwortung
- Umgebungseinflüsse.

Vorgehen

Unter Berücksichtigung der sich ergebenden Wertsummen können dann Lohnstufen festgelegt werden, die ein leistungsgerechtes Lohnschema ergeben.
Der Gewichtung der verschiedenen Faktoren kommt hierbei besondere Bedeutung zu.
In kleineren Handwerksbetrieben richtet sich die Lohnhöhe häufig nach der Ausbildung sowie den allgemeinen und besonderen Berufserfahrun-

Lohnstufen

gen und Leistungen des Mitarbeiters. Die Entlohnung wird dabei nach der Zeiteinheit, meist in Stunden, festgelegt.

Marktgerechte Entlohnung

Um die Fluktuation (Betriebswechsel der Arbeitskräfte) in einem Betrieb möglichst klein zu halten, ist es von Bedeutung, Vergleiche anzustellen, wie dieselbe Stelle oder Art der Tätigkeit in anderen Betrieben entlohnt wird (marktgerechte Entlohnung).

2.4.3.3 Lohn- und Gehaltsgefüge

Lohnschema

Nachfolgendes Schema zeigt beispielhaft eine Möglichkeit der groben Einordnung von Tätigkeiten in ein Lohnschema:

Lohngruppen

Lohngruppe 1: einfachste Tätigkeiten, können ohne jegliche Ausbildung nach kurzer Einarbeitung ausgeführt werden

Lohngruppe 2: einfache Arbeiten, die eine geringe Sach- und Arbeitskompetenz erfordern

Lohngruppe 3: Arbeiten, die ein systematisches Anlernen bis zu sechs Monaten erfordern

Lohngruppe 4: Arbeiten, die eine abgeschlossene Anlernausbildung verlangen

Lohngruppe 5: Arbeiten, die eine abgeschlossene Berufsausbildung verlangen

Lohngruppe 6: Arbeiten, die eine abgeschlossene Berufsausbildung und besondere Fertigkeiten oder langjährige Erfahrung erfordern

Lohngruppe 7: Besonders schwierige und hochwertige Facharbeiten, die über die Ausbildung hinaus hohe Anforderungen an Selbstständigkeit und Verantwortungsbewusstsein stellen

Lohngruppe 8: Hochwertigste Facharbeiten, die meisterliches Können erfordern.

2.4.3.4 Lohnformen

Folgende Anforderungen sind an ein Lohnsystem zu stellen:
- Lohngerechtigkeit
- Vorteilhaftigkeit für das Unternehmen
- Angemessenheit hinsichtlich der Besonderheiten der einzelbetrieblichen Leistung und Fertigung (Art der Fertigung, Arbeitsablauf usw.).

Arbeits- und Leistungsbewertung

Voraussetzung hierfür ist eine zwecksentsprechende Arbeits- und Leistungsbewertung.

Nachfolgende Abbildung zeigt die wichtigsten Lohnformen im Überblick:

2.4.3 Entlohnung

Abbildung 177

Zeitlohn

Der Zeitlohn geht von der Dauer der Arbeitszeit ohne Rücksicht auf die dabei geleistete Arbeit aus.

Vorteile des Zeitlohns:
- sorgfältige Arbeitsausführung
- Einfachheit der Lohnberechnung und -verrechnung.

Nachteile des Zeitlohns:
- geringere Produktivität
- höhere Stückkosten
- fehlender Anreiz zu größerer Arbeitsleistung
- strengere Überwachung der Arbeitskräfte erforderlich.

Leistungslohn

Der Leistungslohn bezieht sich auf die Anzahl der geleisteten Arbeitsmenge (Stückgeldakkord) oder auf eine bestimmte, durch Zeitstudien ermittelte Vorgabezeit für eine bestimmte Arbeitsmenge, in welcher die Arbeit verrichtet sein muss (Stückzeitakkord).

Der Lohnbetrag je Leistungseinheit bleibt in der Regel gleich, weshalb der Lohn im gleichen Umfang steigt.

Vorteile des Leistungslohns sind:
- höhere Produktivität
- geringere Stückkosten
- Anreiz zu größerer Arbeitsleistung
- geringere Überwachung erforderlich.

Nachteile des Leistungslohns sind:
- oftmals weniger sorgfältige Arbeitsausführung
- schwierigere Lohnberechnung und -verrechnung.

Prämienlohn

> Der Prämienlohn nimmt eine Mittelstellung zwischen Zeitlohn und Leistungslohn ein. Zusätzlich zum Zeitlohn erhält der Arbeitnehmer eine Prämie für quantitative oder qualitative Mehrleistungen.
> Beim Prämienlohn steigt das Lohnniveau über das Zeitlohnniveau, jedoch in geringerem Umfang als die zusätzliche Leistung.

In der betrieblichen Praxis wurde eine Vielzahl von Prämienlohnsystemen entwickelt.

2.4.4 Mitarbeiterführung

Kompetenz

> Unter Mitarbeiterführung versteht man im Allgemeinen die psychologische und soziale Kompetenz einer Person im Umgang mit Menschen.

2.4.4.1 Grundlagen einer aufgabenbezogenen Menschenführung

Voraussetzungen für eine Führungskraft

Die Eignung eines Menschen zur Führungskraft hängt von seinen persönlichen Voraussetzungen und Anlagen ab. Notwendige Voraussetzungen zur Eignung als Führungskraft sind:
- Selbstdisziplin
- Autorität als Person
- Vertrauen
- Überzeugungskraft
- Kontaktfähigkeit
- Entscheidungskraft
- Fähigkeit der Unterdrückung impulsiver Launen und Stimmungen
- Fähigkeit, Sorgen und Nöte von Mitarbeitern anzuhören und brauchbare Ratschläge zu geben.

Wichtig ist, dass die Führungskraft klare Weisungen innerhalb der Zuständigkeitsbereiche trifft.

Abbildung 178

Kommando

- Kommando
  - knappste Art der Weisung
  - ohne Begründung und Höflichkeitsform
  - mit erhobener Stimme

Auftrag

- Auftrag
  - Gegenstück zum Kommando
  - wird mit Begründung und Höflichkeitsform erteilt

- der Beauftragte übernimmt für die Erledigung des Auftrages Verantwortung und entwickelt Eigeninitiative
  - der Mitarbeiter wird vom Objekt zum denkenden Subjekt
  - häufigste Form der Weisung
- Anweisung
  - Mittelweg zwischen Kommando und Auftrag.   *Anweisung*

Der Einsatz der aufgezeigten Möglichkeiten hängt von verschiedenen Faktoren ab:
- Art der zu verrichtenden Tätigkeit, bei Richtarbeiten eines Hauses zum Beispiel ist das Kommando unerlässlich   *Einsatzmöglichkeiten*
- Ton, in dem die jeweilige Weisung erteilt wird
- Zeitpunkt der Erteilung der Weisung
- Mentalität des Menschen, der angewiesen wird.

> Zusammenfassend kann festgehalten werden, dass der Auftrag die geeignetste Form der Weisung darstellt, im Handwerk situationsgebunden aber dennoch Anweisung oder Kommando zum Einsatz kommen können und manchmal auch müssen.

Menschenführung sollte sich nicht allein von den Eigenschaften des Führenden ableiten. In vielen Fällen beeinflussen sich Führungskraft und Mitarbeiter – abhängig von der jeweiligen Situation – gegenseitig.

2.4.4.2 Führungsstile und Führungsmittel

> Der Führungsstil bezeichnet die Art und Weise des Umgangs von Vorgesetzten mit Mitarbeitern.

Führungsstile

> Das Hauptkriterium für die Unterscheidung der Führungsstile zeigt sich im Grad der Einbeziehung der Mitarbeiter in den Entscheidungsprozess.   *Kriterien*

Die Abbildung zeigt die grundsätzlich zu unterscheidenden Führungsstile im Überblick:

Abbildung 179

Der autoritäre Führungsstil

Vereinfachend kann der autoritäre Führungsstil mit folgenden Merkmalen beschrieben werden:

- alleinige Anweisungs- und Entscheidungskompetenz des Vorgesetzten
- die Mitarbeiter können die Anweisungen nur akzeptieren und ausführen
- Einsatz der legitimierten Macht des Vorgesetzten
- Kontrolle des Vorgesetzten, ob die Anweisungen ausgeführt sind, ohne Ankündigung
- keine Delegation vom Vorgesetzten an die Mitarbeiter.

Der demokratische bzw. partnerschaftliche Führungsstil

Dieser Führungsstil beinhaltet im Wesentlichen:

- Beteiligung der Mitarbeiter an Entscheidungen
- Verlagerung bestimmter Entscheidungen auf die Mitarbeiter
- Selbstkontrolle des Mitarbeiters statt Fremdkontrolle
- der Vorgesetzte beteiligt sich an den Handlungen der Gruppe
- zeitgerechte Autorität zum Zwecke der gemeinsamen Aufgabenerfüllung.

Der Gleichgültigkeitsstil

Wichtige Merkmale des Gleichgültigkeitsstils sind:

- weitgehende Freiheit der Mitarbeiter bei Entscheidungen
- Selbstständigkeit der Mitarbeiter bei der Durchführung von Aufträgen
- Informationen durch den Vorgesetzten nur auf Verlangen der Mitarbeiter.

Der Gleichgültigkeitsstil spielt in der betrieblichen Praxis eine untergeordnete Rolle.

> Bei einer Abwägung der Führungsstile stellt man fest, dass der demokratische bzw. partnerschaftliche Führungsstil den heutigen Verhältnissen und Anforderungen am besten gerecht wird, weil er Eigenverantwortung und Motivation der Mitarbeiter stärkt.

Je nach der Art des Betriebes, nach der Situation und nach den Aufgaben, die zu erfüllen sind, können auch die Elemente einzelner Führungsstile kombiniert und in abgewandelter Form angewendet werden.

Grundregeln der Mitarbeiterbehandlung

Nachfolgende Abbildung zeigt die von einer internationalen Forschungsgruppe aufgestellten Grundregeln zur Behandlung von Mitarbeitern:

2.4.4 Mitarbeiterführung

Grundregeln

Abbildung 180

Grundsätze der Menschenführung

Verschiedene internationale Gremien und Wissenschaftler haben Grundsätze der Menschenführung aufgestellt. Nachfolgende Aufzählung stellt die wichtigsten kurz dar:

Grundsätze

- Menschliche Behandlung
  Jede Führungskraft sollte die Achtung und den Glauben an den Mitmenschen nicht verlieren, den Mitarbeiter auch als Mensch akzeptieren und nicht nur als Produktionsfaktor betrachten.

- Persönlichkeit des Chefs
  Die Persönlichkeit des Chefs hängt von dessen menschlichen und fachlichen Eigenschaften ab, wobei im Verhältnis zu den Mitarbeitern die menschliche Seite im Vordergrund steht.

- Sachaufgabe – Atmosphäre
  Der Blick des Vorgesetzten richtet sich nach der Sachaufgabe aus, der Mitarbeiter dagegen erlebt vorrangig die Atmosphäre, in der er arbeitet.

- Geben und Nehmen
  Die Anstrengung bringt dem Menschen dann echte Befriedigung, wenn es sich um ein erstrebenswertes Ziel handelt. Will man von anderen etwas verlangen, so muss man auch bereit sein, ihnen etwas zu geben.

- Der richtige Mann/die richtige Frau muss am richtigen Platz stehen.
  Jede Arbeitskraft soll ihren Fähigkeiten entsprechend eingesetzt werden.

- Selbstständigkeit
  Jeder Mitarbeiter muss einen Bereich selbstständigen Handelns haben, in dem er allein zuständig ist und über den nur er seinem Vorgesetzten Rechenschaft schuldet. Die Selbstständigkeit ist meist Grundlage für Verantwortungsbewusstsein und Initiative.

- Fehlerkritik
  Die Kritik bei Fehlern sollte stets sachlich sein und den Fehler kritisieren, nicht den Menschen.

- Disziplin durch Information
  Diszipliniert sein heißt, sich in die betrieblichen Abläufe einzufügen und einzuordnen. Dies setzt voraus, dass der Vorgesetzte den Mitarbeiter umfassend informiert.

- Teamprinzip
  Die Überzeugungskraft des Vorgesetzten ist dann am größten, wenn es ihm gelingt, ein Team zu schaffen, in dem sich jeder wohl fühlt. Das Teamprinzip eignet sich hervorragend zur Pflege zwischenmenschlicher Beziehungen.

Personalführung und Motivation erhalten einen immer höheren Stellenwert. Dies erfordert verstärkt Weiterbildung des Betriebsinhabers und des Führungspersonals.
(Siehe auch Abschnitt 2.5.4.5 „Managementkonzepte für Berufsausbildung und Menschenführung" und Abschnitt 2.5.5 „Einsatz und Gestaltung von Führungsmitteln" in Band 3)

Maßnahmen zur Konfliktlösung

Lösung menschlicher Schwierigkeiten

Bei der Lösung menschlicher Schwierigkeiten kann man folgende Wege gehen:

Die Aussprache

Eine gegenseitige Aussprache wird fast immer die richtige Ebene für die Beseitigung von Schwierigkeiten sein.

Regeln

Dabei ist Folgendes zu beachten:
- Wahl des richtigen und günstigen Zeitpunkts
- Wahl der angemessenen räumlichen Umgebung (zum Beispiel nicht zwischen Tür und Angel)
- die Aussprache sollte nach Möglichkeit unter vier Augen stattfinden
- der Vorgesetzte sollte Bereitschaft zum Zuhören zeigen
- während der Aussprache sollten keine Nebenbeschäftigungen durchgeführt werden (zum Beispiel Unterschreiben der Post).

Der Erfolg der Aussprache hängt wesentlich davon ab, dass man dem Mitarbeiter gegenüber freundlich auftritt und ihm die Befangenheit nimmt.

Die 5-Stufen-Methode zur Beseitigung menschlicher Schwierigkeiten

Die folgende Abbildung zeigt eine zweckmäßige Vorgehensweise zur Beseitigung zwischenmenschlicher Schwierigkeiten:

Methoden der Konfliktlösung

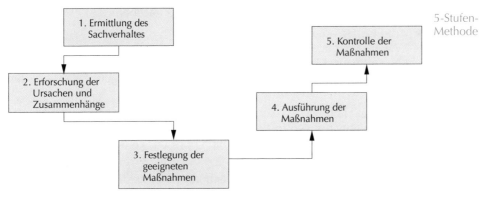

5-Stufen-Methode

Abbildung 181

(Siehe auch Abschnitte 6.3.1 „Konfliktbegriff" bis 6.3.8 „Ablauf von Konfliktgesprächen" in Band 3).

2.4.4.3 Betriebsklima

Unter Betriebsklima versteht man, vereinfacht ausgedrückt, das zwischenmenschliche Verhältnis der Mitarbeiter untereinander und zu dem jeweiligen Vorgesetzen. In diesem Zusammenhang spricht man heute häufig von „human relations".

Qualität des betrieblichen Zusammenlebens

Die zentrale Frage bei jeder Maßnahme zur Verbesserung des Betriebsklimas stellt sich wie folgt:
Wie kann es gelingen, bei den einzelnen Mitarbeitern innerhalb des Betriebs
- ein Zusammengehörigkeitsgefühl
- einen kollegialen Stil
- die bestmögliche Leistung
- Vertrauen und Verantwortungsgefühl
zu erreichen?

Zentrale Frage

Nachstehend werden einige Faktoren aufgeführt, die geeignet sind, das Betriebsklima zu beeinflussen und die für den Betriebsinhaber Leitfaden sein können, das Betriebsklima zu verbessern:

Faktoren zur Förderung des Betriebsklimas

- Eignung – Anforderung
Welche Anforderungen werden an den einzelnen Mitarbeiter an dem entsprechenden Arbeitsplatz gestellt, und wie geeignet ist der Mitarbeiter, um diese Anforderungen zu erfüllen?

- Mitarbeiter – Vorgesetzter
Was erwartet ein Mitarbeiter in Bezug auf Führungsstil von seinem Vorgesetzten, und in welcher Weise entspricht der Vorgesetzte diesen Erwartungen?
Was erwartet der Vorgesetzte von seinem Mitarbeiter, und wie verhält sich dieser ihm gegenüber?

- Arbeit – Arbeitsplatz
  Welche Arbeiten muss ein Mitarbeiter verrichten, und sind die Voraussetzungen am entsprechenden Arbeitsplatz gegeben?
- Arbeitsplatz – Zuständigkeit
  Welche Kompetenzen sind mit einer Arbeitsstelle verbunden, und welche sollte ein Mitarbeiter zur bestmöglichen Erfüllung seiner Aufgaben besitzen? Ergeben sich Kompetenzüberschneidungen zwischen den einzelnen Arbeitsplätzen?
- Leistung – Lohn
  Welche Erwartungen in Bezug auf die Lohnhöhe sind vom Mitarbeiter an eine bestimmte Leistung geknüpft (leistungsgerechter Lohn)?
- Einzelner – Gruppe
  Welchen Einfluss hat die Arbeitsmoral einer bestimmten Gruppe auf den Einzelnen und umgekehrt?
- Mitarbeiter – Autorität
  Welche Autorität besitzt ein Vorgesetzter bei den Mitarbeitern, und welche sollte er besitzen?
- Gruppe – Gruppenführer
  Wird zum Beispiel der Ausbildungsleiter, also die von der Geschäftsleitung als Gruppenführer eingesetzte Person, auch von der Gruppe der Auszubildenden als Führungsperson angenommen?
- Kreativität – Freiheitsspielraum
  Ist der Freiheitsspielraum so groß, dass der Mitarbeiter eigene schöpferische Gedanken zum Nutzen des Betriebes entwickeln kann? Dieser Bereich ist heute sehr wichtig, weil bei vielen Mitarbeitern die Möglichkeiten zur Selbstverwirklichung die Bindung an den Betrieb fördern.

2.4.4.4 Betriebliches Sozialwesen

Abbildung 182

Betriebliche Sozialleistungen

Bedeutung

Umfang und Höhe der betrieblichen Sozialleistungen beeinflussen das Leistungsverhalten der Arbeitnehmer, das Betriebsklima, den Betriebswechsel und die Stellung des Betriebs am Arbeitsmarkt.

Arten

Als wichtigste betriebliche Sozialleistungen sind zu nennen:
- Essenszuschüsse
- Arbeitskleidung
- Beschaffung oder Vermietung preisgünstiger Wohnungen

- betriebliche Altersversorgung
- Fahrtkostenersatz
- Weihnachtsgeld
- Urlaubsgeld
- Weiterbildungsangebote
- Betriebsfeiern
- Zuwendungen für bestimmte Anlässe (zum Beispiel Jubiläumsgeschenke).

Arbeitssicherheit, Unfallschutz, Gesundheitsschutz

> Ausreichende Sicherheit und Unfallschutz am Arbeitsplatz wirken positiv auf Arbeitsleistung und Personalkosten.

Positive Wirkungen

Eine wichtige Rolle spielen die Unfallverhütungsvorschriften der Berufsgenossenschaften mit folgenden Zielsetzungen:
- Verhütung des Eintritts von Schäden
- Verhütung von Berufskrankheiten.

Unfallverhütung

Die Aufsichtsbeamten der Berufsgenossenschaften haben folgende Aufgaben:
- Aufsicht über die Einhaltung der Unfallverhütungsvorschriften
- Beratung der Betriebe und der Arbeitnehmer, um Unfällen vorzubeugen.

Berufsgenossenschaften

Bezüglich näherer Einzelheiten darf auf den Abschnitt 3.4.6.7 „Unfallverhütung" im Band 2 verwiesen werden.
(Ferner siehe auch Abschnitt 3.3.8 „Arbeitsschutz" in Band 2).

Übungs- und Prüfungsaufgaben

1. Erläutern Sie das Hauptziel des Personalwesens bzw. des Personalmanagements!

„Siehe Seite 352 des Textteils!"

2. In einem mittelgroßen Handwerksbetrieb sind Sie für das betriebliche Personalwesen zuständig. Daher wissen Sie, dass die menschliche Arbeitskraft gerade im Handwerk eine entscheidende Rolle spielt und die Basis für den nachhaltigen betrieblichen Erfolg bildet.

Aufgabe: Stellen Sie den Produktionsfaktor menschliche Arbeitskraft in seinen verschiedenen notwendigen Verfügbarkeiten für den Handwerksbetrieb dar!

„Siehe Seite 352 des Textteils!"

3. Die Personalplanung hat als zentrale Aufgabe
- ☐ a) die Bereitstellung der erforderlichen personellen Kapazitäten zu erreichen.
- ☐ b) eine Zusammenfassung der Stellenbeschreibungen zu erstellen.
- ☐ c) Stellenpläne und Stellenbeschreibungen zu entwickeln.
- ☐ d) die Personalauswahl und den Personaleinsatz zu verbessern.
- ☐ e) Assessment-Center zur Personalauswahl durchzuführen.

„Siehe Seite 352 des Textteils!"

4. Die Analyse des Personalbedarfs stellt für den Handwerksbetrieb eine wichtige Voraussetzung für eine erfolgreiche Personalversorgung dar. Als Inhaber des Betriebes beschäftigen Sie sich mit diesem Thema und wissen, dass es hierbei sowohl qualitative als auch quantitative Faktoren zu berücksichtigen gilt.

Aufgabe: Erklären Sie kurz den Unterschied zwischen qualitativer und quantitativer Personalbedarfsanalyse und nennen Sie jeweils in diesem Zusammenhang wichtige Einflussfaktoren!

„Siehe Seite 353 des Textteils!"

5. Unter einem Stellenplan versteht man
- ☐ a) eine Zusammenstellung der Aufgabenprofile eines Handwerksbetriebes.
- ☐ b) eine Zusammenstellung aller im Betrieb bestehenden und geplanten Stellen.
- ☐ c) eine Zusammenfassung von Stellenbeschreibungen.
- ☐ d) die Gegenüberstellung von Brutto- und Nettopersonalbedarf.
- ☐ e) ein betriebliches Personalauswahlverfahren.

„Siehe Seite 354 des Textteils!"

6. Erklären Sie die wichtigsten Inhalte einer Stellenbeschreibung!

„Siehe Seite 354 des Textteils!"

7. Personalbeschaffung und Personalauswahl sind wichtige Erfolgsfaktoren für einen Handwerksbetrieb. Als angestellter Meister in einem größeren Betrieb sind Sie unter anderem für diese Aufgabengebiete zuständig.

Aufgabe: Stellen Sie die wichtigsten Vor- und Nachteile interner und externer Personalbeschaffung zusammen und nennen Sie wichtige Gesichtspunkte, die im Rahmen der Personalauswahl bei der Bearbeitung von Bewerbungen zu beachten sind.

„Siehe Seite 354 des Textteils!"

8. Bestimmungsfaktoren für den Personaleinsatz sind:
- ☐ a) Bruttopersonalbedarf und Nettopersonalbedarf
- ☐ b) Maßnahmen der Personalentwicklung
- ☐ c) interne und externe Personalbeschaffung
- ☐ d) Leistungsmerkmale, Leistungsvoraussetzungen und Leistungsförderung
- ☐ e) Personalaktenführung und Personalverwaltung.

„Siehe Seite 356 des Textteils!"

9. Welche äußeren Faktoren im Betrieb beeinflussen hauptsächlich die Arbeitsleistung?
- ☐ a) die Höhe des Essenszuschusses an die Arbeitnehmer
- ☐ b) die Höhe des Urlaubsgeldes an die Arbeitnehmer
- ☐ c) Dauer und Zeitpunkt des Jahresurlaubs des Arbeitnehmers
- ☐ d) technische Hilfsmittel, Gestaltung von Arbeitsplatz und -raum
- ☐ e) Anlagen und Fertigkeiten des Arbeitnehmers.

„Siehe Seite 357 des Textteils!"

10. Welche Maßnahmen bestimmen die Leistungsförderung?

„Siehe Seite 359 des Textteils!"

2.4 Personalwesen und Mitarbeiterführung

11. Was versteht man unter Personalentwicklung?

„Siehe Seite 359 des Textteils!"

12. Als Inhaber eines Handwerksbetriebes haben Sie sich auch um die Personalaktenführung zu kümmern.

Aufgabe: Stellen Sie die wichtigsten Inhalte einer Personalakte dar!

„Siehe Seite 360 des Textteils!"

13. Als Inhaber eines Handwerksbetriebes müssen Sie leider zur Kenntnis nehmen, dass einer Ihrer besten Mitarbeiter gekündigt hat. Sie stellen diesem Mitrabeiter ein Arbeitszeugnis aus und wollen darin auch seine sehr guten Leistungen der letzten Jahre entsprechend würdigen.

Aufgabe: Stellen Sie dar, wie sich ein einfaches Zeugnis von einem qualifizierten Zeugnis unterscheidet und erläutern Sie eine geeignete und übliche Formulierung, um die sehr guten Leistungen Ihres Mitarbeiters zu würdigen!

„Siehe Seite 361 des Textteils!"

14. Wie können im Handwerksbetrieb durch die Gestaltung des Lohnabrechnungszeitraumes und unter Würdigung der Interessen der Mitarbeiter am besten Kosten eingespart werden?
- ☐ a) durch tägliche Lohnabrechnung und Lohnzahlung
- ☐ b) durch wöchentliche Lohnabrechnung und tägliche Abschlagzahlungen
- ☐ c) durch wöchentliche Lohnabrechnung und Lohnzahlung
- ☐ d) durch monatliche Lohnabrechnungen und wöchentliche Abschlagzahlungen
- ☐ e) durch monatliche Lohnabrechnungen und Lohnzahlungen.

„Siehe Seite 362 des Textteils!"

15. Als Inhaber eines Handwerksbetriebes nehmen Sie die Gehaltseinstufungen Ihrer Mitarbeiter selbst vor. In letzter Zeit häufen sich die Beschwerden, dass das Lohn- und Gehaltsgefüge im Betrieb nicht stimme. Deshalb wollen Sie eine Bewertung der im Betrieb anfallenden Tätigkeiten vornehmen und Ihr Lohn- und Gehaltsgefüge überprüfen.

Aufgabe: Welche Faktoren spielen bei der Arbeitsbewertung eine wichtige Rolle und wie sieht ein einfaches Lohnschema unter grober Einordnung der unterschiedlichen Tätigkeiten aus?

„Siehe Seite 365 des Textteils!"

16. Der Leistungslohn
- ☐ a) bezieht sich auf die geleistete Arbeitsmenge oder Vorgabezeit.
- ☐ b) bewirkt, dass der Lohnbetrag pro Leistungseinheit stärker steigt als die Arbeitsleistung.
- ☐ c) bewirkt, dass der Lohnbetrag langsamer steigt als die Arbeitsleistung.
- ☐ d) beinhaltet die Entlohnung für die geleistete Arbeit je Zeiteinheit.
- ☐ e) beinhaltet die Gewährung von Leistungszuschlägen zusätzlich zum Zeitlohn.

„Siehe Seite 367 des Textteils!"

17. Unter Prämienlohn versteht man:
- ☐ a) eine Entlohnung auf der Basis der pro Zeiteinheit erbrachten Leistung.
- ☐ b) ein Lohnsystem, bei dem zusätzlich zum Zeitlohn Prämien gezahlt werden.
- ☐ c) ein Lohnsystem, das ausschließlich auf geleisteter Arbeitsmenge aufbaut.
- ☐ d) ein Lohnsystem, das auf einer bestimmten Vorgabezeit für eine Arbeitsmenge aufbaut.
- ☐ e) ein Lohnsystem, das sich nach der Dauer der Betriebszugehörigkeit richtet.

„Siehe Seite 368 des Textteils!"

18. Welches sind die wichtigsten persönlichen Voraussetzungen eines Menschen hinsichtlich seiner Eignung als Führungskraft?

„Siehe Seite 368 des Textteils!"

19. Als junger Handwerksmeister treten Sie in einen seit vielen Jahren inhabergeführten Handwerksbetrieb ein. Sie stellen fest, dass der autoritäre Führungsstil des Betriebsinhabers vor allem bei den jüngeren Mitarbeitern in den meisten Fällen nicht zu den gewünschten Leistungsergebnissen führt. Sie nehmen sich daher vor, mit Ihrem Chef ein Gespräch über das Thema Führungsstile zu führen.

Aufgabe: Erläutern Sie die wichtigsten Führungsstile und deren Inhalte und beurteilen Sie deren Eignung in zwei selbst gewählten beispielhaften Arbeitssituationen!

„Siehe Seite 369 des Textteils!"

20. Bei der Lösung menschlicher Schwierigkeiten sollte man
- ☐ a) eine Aussprache vor allen Mitgliedern der Abteilung oder des Arbeitsteams herbeiführen.
- ☐ b) die Aussprache nach Möglichkeit unter vier Augen vollziehen.
- ☐ c) die Aussprache nach Möglichkeit in die Arbeitspause legen.
- ☐ d) die Aussprache im unteren Bereich der Tagesleistungskurve durchführen.
- ☐ e) darauf bedacht sein, nichts zu unternehmen, damit sich die Sache von selbst erledigt.

„Siehe Seite 372 des Textteils!"

21. Eine wirksame Methode zur Lösung menschlicher Schwierigkeiten bildet die Konfliktbearbeitung und Konfliktlösung. Da auch Sie innerhalb Ihrer Arbeitsgruppe immer wieder Konflikte verspüren, möchten Sie sich in diesem Bereich um eine besonders strukturierte und geeignete Vorgehensweise bemühen.

Aufgabe: Erklären Sie eine zweckmäßige Vorgehensweise zur Beseitigung menschlicher Schwierigkeiten und zur Konfliktlösung!

„Siehe Seite 372 des Textteils!"

22. Erläutern Sie wichtige Faktoren zur Förderung des Betriebsklimas!

„Siehe Seite 373 des Textteils!"

23. Sie sind Inhaber eines mittelgroßen Handwerksbetriebes. Bei der Beobachtung des Personalwechsels Ihres Betriebes bemerken Sie, dass immer wieder wertvolle Mitarbeiter zu größeren Betrieben gehen. Diese Mitarbeiter nennen mehrfach die besseren Sozialleistungen in größeren Betriebseinheiten als Beweggrund für den Wechsel. Um die Situation zu verbessern, wollen Sie die betrieblichen Sozialleistungen in Ihrem Betrieb verbessern.

Aufgabe: Erklären Sie die wichtigsten Ziele des betrieblichen Sozialwesens und stellen Sie, bevor Sie Entscheidungen treffen, die wichtigsten betrieblichen Sozialleistungen zusammen, die für einen Handwerksbetrieb in Frage kommen können!

„Siehe Seite 374 des Textteils!"

24. Welchen betrieblichen Zwecken dienen die Unfallverhütungsvorschriften?

„Siehe Seite 375 des Textteils!"

2.5 Finanzierung

2.5.1 Begriff und Aufgaben der Finanzierung

Jeder Betrieb braucht zur Erreichung des geplanten Betriebszwecks Kapital.

> Unter Finanzierung versteht man nicht nur die Kapitalbeschaffung und Kapitalrückzahlung, sondern neben dem richtigen Einsatz des Kapitals alle sonstigen betrieblichen Dispositionen, die der finanziellen Leistungsbereitschaft eines Betriebes dienen.
> Die zentrale Aufgabe der Finanzierung ist, alle benötigten Mittel bereitzustellen und die Liquidität (Zahlungsfähigkeit) eines Unternehmens zu erhalten.

Zentrale Aufgabe

2.5.2 Grundlagen der Investitions-, Finanz- und Liquiditätsplanung

Sowohl die Investitionsplanung als auch die Finanzplanung sind wichtige Bestandteile und somit Teilpläne der gesamten strategischen Unternehmensplanung. Sie ergibt sich ihrerseits wieder aus vorgelagerten Teilplänen aus den verschiedenen Betriebsbereichen, vor allem aus Produktions-, Dienstleistungs- und Absatzplänen.

Teilpläne der gesamten Unternehmensplanung

2.5.2.1 Investitionsplanung

Allen Investitionsentscheidungen geht eine entsprechende Investitionsplanung voraus.

> Der Investitionsplan beinhaltet die kurz-, mittel- und langfristigen Investitionen in kostenmäßiger Hinsicht für einen bestimmten Zeitraum.

Grundlage dafür sind zum einen die betrieblichen Erfordernisse und zum anderen die Ergebnisse der Investitionsrechnung, mit deren Hilfe die Vorteilhaftigkeit einer Investition oder mehrerer Alternativen beurteilt wird. Geht man vom Investitionsvolumen einer Periode aus, so ergibt sich die in der nachfolgenden Abbildung dargestellte Gliederung für die Investitionsplanung.

Investitionsrechnung

Abbildung 183

Aufgrund dieser Grobeinteilung kann der individuelle Investitionsplan erstellt werden.

Positionen — Die wichtigsten Positionen eines Investitionsplanes sind je nach den Investitionsanlässen:
- Beschaffung eines Grundstückes
- Bauliche Investitionen: Neubauten, Umbauten, Erweiterungen, Renovierungen, Einbauten, Installationen
- Maschinen und Werkzeuge
- Betriebs- und Geschäftsausstattung
- Ladeneinrichtung
- Büromöbel, Büromaschinen, Büromaterial
- Hard- und Software für die EDV
- Telekommunikationsmittel
- Kraftfahrzeuge
- Mietvorauszahlung, Mietkaution.

2.5.2.2 Finanz- bzw. Liquiditätsplanung

Teilplan — Der Finanzplan dient vorrangig der Liquiditätsplanung und Erhaltung der Zahlungsbereitschaft eines Unternehmens. Er ist ein wichtiges Teilgebiet der gesamten Unternehmensplanung. Einerseits basiert er auf vorgelagerten betrieblichen Planungsbereichen wie Produktions- und Absatzplänen. Andererseits beeinflusst der Finanzplan die Teilpläne anderer Planungsbereiche. Aufgrund dieser Abhängigkeiten ist der Finanzplan nur im Verbund mit dem Gesamtplanungsprozess durchführbar.

Kurz-, mittel- und langfristige Finanzpläne

Aufgabe — Der Finanzplan hat die Aufgabe, einen reibungslosen Betriebs- und Geschäftsablauf, von der finanziellen Seite her gesehen, zu gewährleisten. Zu diesem Zweck werden alle Einnahmen und Ausgaben geplant. Der Finanzplan beinhaltet zukunftsbezogene Berechnungen.

Planungszeitraum — Der Finanzplan wird für eine bestimmte Zeitspanne (Planungszeitraum) erstellt. Je nach Dauer des Planungszeitraumes unterscheidet man zwischen kurz-, mittel- und langfristigen Finanzplänen:
- kurzfristig = bis zu 1 Jahr
- mittelfristig = 1–5 Jahre
- langfristig = mehr als 5 Jahre.

Feinplanung

Grobplanung — Für kurzfristige Finanzpläne ist wegen des höheren Sicherheitsgrades der eingearbeiteten Informationen eine Feinplanung möglich. Langfristige Finanzpläne weisen hingegen wegen der bestehenden Unsicherheit in der Regel nur eine Grobstruktur auf.

Planungsgrundsätze — Folgende Grundsätze sollten, soweit möglich, beachtet werden:
- Vollständigkeit
- Termingenauigkeit
- Betragsgenauigkeit.

Vorgehen bei der Aufstellung eines Liquiditätsplanes

> Die Liquiditätsplanung besteht aus einer Einnahmen- und Ausgabenplanung für einen bestimmten Zeitraum.

Auf der Einnahmenseite sind, bezogen auf den jeweiligen Planungszeitraum, unter anderem im Wesentlichen zu berücksichtigen: *Einnahmenseite*
- Stand der Zahlungsmittel zu Beginn der Planungsperiode
- Summe der in der Planungsperiode voraussichtlich eingehenden alten und neu entstehenden Forderungen auf der Basis der Umsatzerlöse
- eingehende Wechsel, Schecks und Überweisungen in der Planungsperiode
- Einnahmen aufgrund laufender Leistungs- und Lieferungsverträge in der Planungsperiode
- Zinsen
- Mieten
- Aufnahme von Krediten
- Einlagen aus Privatvermögen
- Sonstige Einnahmen.

Auf der Ausgabenseite sind unter anderem im vorgesehenen Planungszeitraum von besonderer Bedeutung: *Ausgabenseite*
- Löhne und Gehälter
- Lohnzusatzkosten
- Waren- und Materialeinkauf
- betriebliche Steuern und Abgaben
- Marketing, Vertrieb, Werbung
- Gebühren, Beiträge, Versicherungen
- Fremdleistungen
- Reparaturen
- Energiekosten
- Miete, Pacht
- Zins- und Tilgungsbeträge für Kredite und Darlehen
- Fälligkeit von Wechseln
- Investitionen
- Privatentnahmen.

Auf der Grundlage der obigen Einnahmen- und Ausgabenpositionen lässt sich folgendes vereinfachtes Schema für einen kurzfristigen Liquiditätsplan erstellen:

Liquiditätsplan für die Zeit vom ... bis ...

	Planungszeitraum					
	1. Monat		2. Monat		3. Monat	
	Soll	Ist	Soll	Ist	Soll	Ist
A. Bestand an flüssigen Mitteln + freie Kredite						
= Summe flüssiger Mittel						
B. Einnahmen: 1. Forderungseingänge bzw. Umsatzerlöse 2. Eingehende Wechsel, Schecks, Überweisungen 3. Besondere Einnahmen aus Leistungs- und Lieferverträgen 4. Zinsen 5. Mieten 6. Aufnahme von Krediten 7. Einlagen aus Privatvermögen 8. Sonstige Einnahmen						
= Summe der Einnahmen						
C. Ausgaben: 1. Löhne und Gehälter 2. Lohnzusatzkosten 3. Waren- und Materialeinkauf 4. Betriebliche Steuern und Abgaben 5. Gebühren, Beiträge, Versicherungen 6. Marketing, Vertrieb, Werbung 7. Fremdleistungen 8. Reparaturen 9. Energiekosten 10. Miete, Pacht 11. Zins- und Tilgungsbeträge für Kredite 12. Fälligkeit von Wechseln 13. Investitionen 14. Privatentnahmen						
= Summe der Ausgaben						
D. Ergebnis Flüssige Mittel + Einnahmen ./. Ausgaben						
= Überdeckung (+) Unterdeckung (./.)						

Um bei etwaigen Einnahmeausfällen oder nicht voraussehbaren Mehrausgaben keine Störung im finanziellen Ablauf eintreten zu lassen, sollte in jedem Fall noch eine Liquiditätsreserve (Zahlungsreserve) in Form einer Kreditausschöpfungsmöglichkeit (Kontokorrentkredit) vorhanden sein.

Zahlungsreserve

Den im Liquiditätsplan in Ansatz gebrachten Planungssollzahlen sind am Ende der Planungsperiode die Istzahlen gegenüberzustellen.
Aus den Abweichungen ergeben sich brauchbare Hinweise und Korrekturmöglichkeiten für eine noch größere Genauigkeit künftiger Pläne.

Soll-Ist-Vergleich

2.5.3 Investitions- und Finanzierungsanlässe im Handwerksbetrieb

Abbildung 184

2.5.4 Arten der Finanzierung

Kapitalherkunft

Abbildung 185

Kapitalbildung

Abbildung 186

2.5.4.1 Eigenfinanzierung

Eigene Mittel

> Unter Eigenfinanzierung versteht man den Einsatz von Mitteln des Privatvermögens für betriebliche Zwecke.

Die Ansammlung des Kapitals kann erfolgt sein durch Sparen, Erbschaft, Heirat und Schenkung.

Jeder gut finanzierte Betrieb sollte über eine vertretbare Eigenkapitalbasis verfügen, da diese die persönliche Kreditwürdigkeit und die sachliche Kreditfähigkeit erhöht. Daher ist es für einen jungen Handwerker empfehlenswert zu sparen, um sich einen finanziellen Grundstock für eine spätere Betriebsgründung zu schaffen.

Beteiligungsfinanzierung

Eine besondere Art der Eigenfinanzierung bzw. der Zuführung von Eigenkapital durch Kapitaleinlagen von vorhandenen oder neu hinzukommenden Gesellschaftern ist die Beteiligungsfinanzierung. Sie kommt nur für größere Handwerksbetriebe in Frage.

2.5.4.2 Selbstfinanzierung

Sparen im Betrieb

> Bei der Selbstfinanzierung erfolgt die Kapitalbildung durch „Sparen im Betrieb" bzw. dadurch, dass der Betrieb die Mittel selbst aus erzielten und nicht entnommenen bzw. nicht ausgeschütteten Gewinnen aufbringt.

Die zur Selbstfinanzierung zur Verfügung stehenden Mittel errechnen sich wie folgt:

Selbstfinanzierungsquote

   Gewinn
+ Abschreibungen (Abschreibungserlöse!)
− Privatentnahmen
− Gewinnausschüttungen
= Selbstfinanzierungsmittel (zur Selbstfinanzierung zur Verfügung stehender Betrag).

Die Selbstfinanzierung hat gegenüber der Fremdfinanzierung den Vorteil, dass keine periodischen Zins- und Tilgungsleistungen anfallen und die Liquiditätslage somit positiv beeinflusst wird.

Die Selbstfinanzierung ist die volkswirtschaftlich wünschenswerteste Finanzierungsart. Sie wird erheblich von der staatlichen Steuerpolitik beeinflusst.

Zu beachten ist, dass die Selbstfinanzierung nicht zur Überfinanzierung führt, da das brachliegende Kapital dann die Rentabilität schmälern würde.

2.5.4.3 Fremdfinanzierung

> Unter Fremdfinanzierung versteht man die Geld- und Kapitalbeschaffung von dritter Seite in Form von Krediten.

Kreditbeschaffung

Das Fremdkapital verursacht Zahlungsverpflichtungen für Verzinsung und Rückzahlung (Tilgung). Die gezahlten Zinsen mindern – als steuerlich abzugsfähige Betriebsausgaben – den Gewinn.
Für Fremdkapital müssen in der Regel Sicherheiten gegeben werden.

2.5.4.4 Kreditarten als Mittel der Fremdfinanzierung

Nach der Laufzeit können Kreditarten wie folgt eingeteilt werden:

Laufzeit

- Kurzfristige Kredite: Laufzeit bis zu einem Jahr
- Mittelfristige Kredite: Laufzeit bis zu fünf Jahren
- Langfristige Kredite: Laufzeit von mehr als fünf Jahren.

Die für den Handwerksbetrieb wichtigsten Kreditarten ergeben sich aus folgender Abbildung:

Abbildung 187

Kontokorrentkredit

> Der Kontokorrentkredit ist ein Kredit in laufender Rechnung, ist kurzfristig und dient dem Betrieb als Liquiditätsstütze zur Aufrechterhaltung der betrieblichen Zahlungsbereitschaft und zur Finanzierung wesentlicher Teile des Umlaufvermögens (zum Beispiel Waren- und Materialbestand, Forderungen).

Kredit in laufender Rechnung

Je nach Bedarf kann der Kontokorrentkredit in wechselndem Umfang bis zur vereinbarten Höchstgrenze in Anspruch genommen werden; der jeweils in Anspruch genommene Kreditbetrag muss verzinst werden.

Höchstgrenze

Die Kosten für den Kontokorrentkredit belaufen sich je nach allgemeinem Zinsniveau auf ca. 8 bis 12 % und beinhalten verschiedene Positionen (Zinsen, eventuell anfallende Überziehungszinsen, Kreditprovisionen, sofern diese nicht bereits im Sollzins enthalten sind, Umsatzprovisionen, verschiedene Auslagen usw.).

Kosten

Grundlage für den laufenden Kredit ist ein Kontokorrentkreditvertrag mit der Hausbank.

Der Kontokorrentkredit hat in der Regel die größte Bedeutung für den Handwerksbetrieb.

Lieferantenkredit

Eingeräumte Zahlungsziele

Der Lieferantenkredit ist ein kurzfristiger Kredit. Er besteht darin, dass man die von den Lieferanten eingeräumten Zahlungsziele bei der Beschaffung von Waren, Materialien und Leistungen ausnutzt und an den Lieferanten erst nach Ablauf des Zahlungsziels oder manchmal auch später zahlt.

Kosten

Der Lieferantenkredit verursacht wie alle Kredite Kosten, weil Lieferanten im Falle der Bezahlung innerhalb einer bestimmten Frist in der Regel Skontoabzug gewähren.
Je häufiger sich die Verbindlichkeiten aus Lieferungen und Leistungen im Jahr „umschlagen", desto größer ist der finanzielle Vorteil, der durch Skontoabzug entsteht.

Skontoabzug

Verzicht auf Skontoabzug bedeutet hoher Zinsaufwand bzw. entgangener Gewinn.

Der Zusammenhang wird im folgenden Beispiel deutlich:
Wir kaufen Ware zum Rechnungsbetrag von 10.000,00 EUR, zahlbar innerhalb von 10 Tagen mit 3 % Skonto oder nach 30 Tagen ohne Abzug.
Die Bezahlung am 10. Tag durch Überziehung des Bankkontos erbringt einen Skontoabzug in Höhe von 300,00 EUR.

Die Inanspruchnahme des Kontokorrentkredits ergibt folgenden Zinsaufwand:

$$\text{Zinsaufwand} = \frac{\text{Überweisungsbetrag} \times \text{Zinssatz} \times \text{Anzahl der Tage}}{100 \times 360 \text{ Tage}}$$

Bei einem Zinssatz von 12 % ergibt sich somit:

$$= \frac{9.700,00 \times 12 \times 20}{36.000} = \underline{\underline{64,67 \text{ EUR}}}$$

Die Einsparung beträgt im Beispiel somit 235,33 EUR.

Das Beispiel zeigt, dass es durchaus vorteilhaft sein kann, zur Ausnutzung eines Skontoabzugs einen kurzfristigen Bankkredit aufzunehmen, nämlich dann, wenn die Kreditkosten innerhalb eines bestimmten Zeitraums geringer sind als die durch Skontoabzug erzielten Erträge.

Wechselkredit

Handelswechsel Finanzwechsel

Man unterscheidet nach der Verwendung zwischen
- Handels- und Warenwechseln, die der Finanzierung von Waren und Materialien dienen, und
- Finanzwechseln, die reine Kreditgeschäfte darstellen.

Die Banken kaufen in erster Linie Handelswechsel an.

Man unterscheidet beim Wechselkredit:
- Diskontkredit
  Ankauf von Kundenwechseln
- Akzeptkredit
  Betrieb zieht Wechsel auf seine Bank, die ihn akzeptiert.

Kundenanzahlungskredit

> Der Kreditvorgang beim Kundenanzahlungskredit besteht darin, dass der Kunde bezahlt, bevor der die Zahlung empfangende Unternehmer die Leistung abschließend ausgeführt hat.

Anzahlungen

In verschiedenen Branchen ist es üblich, dass Kunden vor oder während der Auftragsdurchführung Anzahlungen bzw. Vorauszahlungen im Wege der Vorfinanzierung zu leisten haben.

Darlehen

> Das Darlehen ist ein mittel- oder langfristiger Kredit mit festgelegten Zins- und Tilgungsraten.

Zins- und Tilgungsraten

Wichtig ist, dass die Laufzeit des Darlehens sorgfältig geprüft und je nach Verwendung der Darlehensmittel festgelegt wird.

> Man unterscheidet im Wesentlichen folgende Darlehensformen:

Formen

- Festdarlehen bzw. Kündigungsdarlehen

> Hier werden die Darlehensmittel am Ende der vereinbarten Laufzeit oder nach Ablauf der Kündigungsfrist getilgt.

Die Mittel stehen aber dem Betriebsinhaber während der gesamten Laufzeit in vollem Umfange zur Verfügung.
Er hat in dieser Zeit nur die Zinszahlungen zu leisten.

- Abzahlungs- bzw. Ratendarlehen
Die Rückzahlung des Darlehens erfolgt während der gesamten Darlehenslaufzeit in gleich bleibenden Raten. Die Zinszahlungen verringern sich aber während der Laufzeit des Darlehens, da die Zinsen nur noch von der jeweiligen Restschuld zu zahlen sind.

> Der Gesamtbetrag der Zahlungen sinkt also durch die reduzierten Zinsbeträge während der Darlehenslaufzeit.

- Annuitätendarlehen

> Hier bleibt der zu leistende Kapitaldienst während der gesamten Darlehenslaufzeit gleich hoch.

Durch die anteiligen Tilgungsraten reduziert sich die Darlehensrestschuld. Es fallen dadurch laufend niedrigere Zinsen an. Somit erhöht sich die Tilgungsrate entsprechend.

Außerplanmäßige Tilgungen

Während der Darlehenslaufzeit sind außerplanmäßige Tilgungen üblicherweise nur möglich, wenn dies im Darlehensvertrag vereinbart wurde.

Vorfälligkeitsentschädigung

Fehlt eine solche Vereinbarung und der Betriebsinhaber will trotzdem vorzeitig zurückzahlen, fällt in der Regel für die Sonderrückzahlung eine Vorfälligkeitsentschädigung der Bank an.

Hinsichtlich der in bestimmten Fällen anwendbaren gesetzlichen Kündigungsmöglichkeiten sollte sich der Darlehensnehmer im Bedarfsfalle beraten lassen.

Als Finanzierungskosten können bei allen Darlehensformen je nach Konditionen anfallen:
Zinsen, Disagio bzw. Abgeld (Unterschiedsbetrag zwischen dem Nennbetrag des Darlehens und dem tatsächlich an den Darlehensnehmer ausgezahlten Verfügungsbetrag), Provisionen, sonstige Gebühren.

Zinsen

Die Höhe der Zinsen richtet sich nach den im Darlehensvertrag getroffenen Vereinbarungen.

2.5.4.5 Kreditsicherheiten

Personalkredite
Realkredite

Reine Personalkredite werden nur in geringem Umfang gewährt. In der Regel sind für Kredite Kreditsicherheiten zu stellen. Man spricht dann von Realkrediten.

Zweck der Sicherheiten

Kreditsicherheiten haben den Zweck, den Kreditgeber im Falle einer Insolvenz des Betriebes oder einer Abwicklung aus sonstigen Gründen aus den Sicherheiten zu befriedigen.

Wegen rechtlicher Einzelheiten der nachfolgend aufgeführten Kreditsicherheiten wird auf die Abschnitte 3.1.3.1 „Allgemeines Vertragsrecht" und 3.1.4 „Sachenrecht" im Band 2 verwiesen.

2.5.4 Arten der Finanzierung   391

Abbildung 188

Grundpfandrechte

> Die wichtigsten Grundpfandrechte sind die Hypothek und die Grundschuld.

Grundschuld
Hypothek

Beide Arten von Grundpfandrechten werden ins Grundbuch eingetragen. Für die Bestellung ist die notarielle Beurkundung erforderlich.
Die Grund- und Hypothekenschulden müssen werthaltig sein, das heißt durch die realen Werte des Pfandobjektes gedeckt sein.
Die meisten Kreditgeber beleihen Grundstücke in der Regel nur bis zu 50 % des Verkehrswertes. Ausnahmen sind jedoch möglich.

Verpfändung von beweglichen Sachen und Rechten

Zur Absicherung von Krediten können bewegliche Sachen und Rechte verpfändet werden. Häufig geschieht dies in der Praxis mit Wertpapieren.

Sicherungsübereignung

> Sicherheit für Kredite kann auch geleistet werden durch die Sicherungsübereignung von Maschinen und Einrichtungsgegenständen.

Notwendig hierbei ist der Abschluss eines Sicherungsübereignungsvertrages zwischen Kreditgeber und Kreditnehmer. In diesem Vertrag müssen alle Gegenstände einzeln aufgeführt sein.
Dem Kreditgeber wird durch den Vertrag das Eigentum an den Sicherungsgegenständen übertragen. Gleichzeitig bleibt das Sicherungsgut im unmit-

Vertrag

telbaren Besitz des Kreditnehmers, der dieses weiter benutzen kann, um überhaupt den Kredit zurückzahlen zu können.

Abtretung von Forderungen

Zession

> Sicherheit für Kredite kann geleistet werden durch Abtretung einer Forderung an einen Dritten (Zession).

In diesem Zusammenhang wird in der Regel eine so genannte „Mantelzession" vorgenommen, wodurch die Bank ein Recht auf die Gesamtforderungen oder einen Teil der Gesamtforderungen erwirbt.

Lebensversicherungen

> Zur Sicherung von Krediten können auch Lebensversicherungen herangezogen werden.

Risikolebens- und Kapitalversicherungen

Folgende Formen kommen zur Kreditabsicherung in Frage:
- Risikolebensversicherungen (Ablebensversicherungen)
  Die Sicherheit bezieht sich auf das Ableben des Kreditnehmers.
- Kapitallebensversicherungen
  Die Sicherheit bezieht sich auf den so genannten Rückkaufswert (einbezahlte Prämien, Gewinnanteile und Zinsen abzüglich Risiko) bzw. die Ablaufleistung.

Bürgschaft

> Kredite können auch durch Bürgschaften abgesichert werden.

Selbstschuldnerische Bürgschaft

Grundsätzlich sind zwei Arten von Bürgschaften zu unterscheiden:
- Bürgschaft mit Einrede der Vorausklage
- selbstschuldnerische Bürgschaft.

Die selbstschuldnerische Bürgschaft spielt in der Praxis die bedeutendere Rolle. In jedem Fall sind für die Sicherung von Krediten die Vermögens- und Einkommensverhältnisse des Bürgen von Bedeutung.

2.5.4.6 Bedeutung der Bankverbindung

Für jede Kreditgewährung ist es wichtig, eine gute Bankverbindung (Hausbank) zu haben. Im Laufe der Zeit entsteht ein wichtiges Vertrauensverhältnis. Dennoch wird die Kreditgewährung immer von der persönlichen und wirtschaftlichen Kreditwürdigkeit (Bonität) des Antragstellers abhängen.

Kreditwürdigkeit

Die persönliche Kreditwürdigkeit hängt unter anderem ab vom Fleiß, fachlicher Tüchtigkeit, Zuverlässigkeit, Sparsamkeit und persönlichem Ansehen.

Die wirtschaftliche Kreditwürdigkeit wird abgeleitet von den geordneten betrieblichen Verhältnissen, von der Ertragslage, von der Branche, von der Marktstellung des Betriebes und von der Angemessenheit des Vorhabens, das durch den Kredit mitfinanziert werden soll.

2.5.4.7 Leasing

Eine weitere bedeutende Finanzierungsart ist das Leasing.

Begriff

> Beim Leasing werden Gebäude, Maschinen, Werkzeuge, Betriebs- und Geschäftseinrichtungen, EDV-Anlagen, Fahrzeuge usw. von Leasinggesellschaften oder direkt vom Produzenten einzelnen Unternehmen gegen Vergütung (Zahlung in Raten) zum Gebrauch bzw. zur Nutzung überlassen. Die Leasingverträge können auch Wartung und Service einschließen.

Nutzungsüberlassung gegen Vergütung

Rechtsgrundlagen

Grundlage des Leasinggeschäftes ist immer ein Vertrag zwischen Leasinggeber („Überlasser") und Leasingnehmer, der seiner Rechtsnatur nach als Mietvertrag einzustufen ist, aber in seiner Ausgestaltung je nach Einzelbedingungen erheblich von den Grundsätzen des Mietvertragsrechts nach BGB abweichen kann (Bandbreite vom normalen Mietvertrag bis zum verdeckten Ratenkaufvertrag).

Leasingvertrag

Mögliche Gestaltungen von Leasingverträgen

> Grundsätzlich wird das Leasingobjekt nach Ablauf der Grundmietzeit vom Leasingnehmer an die Leasinggesellschaft zurückgegeben. In vielen Fällen wird dem Leasingnehmer jedoch ein Anrecht (Option) eingeräumt, die Nutzung des Leasinggegenstandes nach Ablauf der Grundmietzeit fortzusetzen.

Gestaltungsmöglichkeiten

Folgende Varianten werden praktiziert:
- Kaufoption
  Dem Leasingnehmer wird das Recht eingeräumt, den Leasinggegenstand nach Ablauf der Grundmietzeit zum Restwert zu kaufen.
- Mietoption
  Dem Leasingnehmer wird das Recht eingeräumt, die Mietzeit des Gegenstandes zu verlängern.

Kaufoption

Mietoption

Vorteile des Leasings aus finanzwirtschaftlicher Sicht
- Ein entscheidender Vorteil des Leasings besteht darin, dass die Nutzung des Leasinggegenstandes sofort möglich ist, die Zahlungen dagegen werden auf die betriebswirtschaftlich sinnvolle Nutzungsdauer verteilt.
- Leasing schont die Kreditfähigkeit durch Freihalten der Sicherheiten für andere Anschaffungen.
- Die Beschaffung von Investitionsgegenständen auf der Basis eines Leasingvertrages erscheint insbesondere dann sinnvoll, wenn das notwendige Kapital nicht oder nur zu sehr ungünstigen Bedingungen aufgenommen werden kann bzw. die Liquidität des Betriebes geschont werden soll.

Vorteile

- Darüber hinaus können steuerliche Überlegungen für das Leasing maßgebend sein, da die Leasingraten umgehend steuermindernd als Betriebsausgaben abgesetzt werden können.
- Außerdem kann Leasing dann vorteilhaft sein, wenn Gegenstände beschafft werden sollen, die technisch schnell veralten, oder wenn besondere Maschinen oder Geräte nur für die Durchführung seltener Aufträge benötigt werden.

Nachteile des Leasing aus finanzwirtschaftlicher Sicht

Nachteile

- Die Summe der anfallenden Leasingraten übersteigt die Anschaffungskosten des Leasingobjektes. Die Kosten betragen in der Regel etwa 130 % des Kaufpreises.
- Außerdem engt das Leasing den Unternehmer in seiner Dispositionsfreiheit ein und führt ihn in eine rechtliche und wirtschaftliche Abhängigkeit zum Leasinggeber.

2.5.4.8 Factoring

Eine auch im Handwerk zunehmende Finanzierungsart ist das „Factoring".

Verkauf von Forderungen

> Factoring bedeutet den Verkauf von Außenständen (Kundenforderungen = Forderungen aus Lieferungen und Leistungen) an ein spezialisiertes Finanzierungsinstitut (Factor).

Dieses Factoringinstitut übernimmt das Mahnwesen und den Einzug der Forderungen, in manchen Fällen auch den Teil der Buchführung, der sich auf die Außenstände bezieht (Debitorenbuchführung).
Es zahlt 70 % bis 90 % der verkauften Kundenforderungen zunächst in Form eines Vorschusses nach Abzug einer bestimmten Vergütung für Gebühren, Risiko und Zinsen sofort an den Betrieb aus.
Dabei bestehen in der Praxis unterschiedliche Möglichkeiten der Vertragsausführung.

Vorteile des Factoring

- Verbesserung der Liquidität
- Möglichkeit der Skontierung von Lieferantenrechnungen; Nutzung von Sonderrabatten im Einkauf
- Erweiterung des Kreditrahmens
- Vereinfachung des Inkasso- und Mahnwesens
- Steuervorteile

Nachteile des Factoring

- mögliche Belastung der Kundenbeziehungen durch Einschaltung des Factors
- Factoring ist teurer als die Finanzierung mittels eines Bankkredits.

Forfaitierung

Zunehmende Bedeutung hat das Exportfactoring, auch Forfaitierung genannt. Hier werden Wechsel oder Forderungen bei Vorliegen guter Sicherheiten ohne Rückgriff auf den Exporteur durch Spezialinstitute aufgekauft. Der Verkäufer befreit sich dabei vom Risiko und verbessert seine Zahlungsfähigkeit durch Umwandlung der Forderung in bares Geld.

2.5.4.9 Spezielle Finanzierungshilfen für den Handwerksbetrieb

Bund und Länder fördern aus volkswirtschaftlichen Gründen Handwerksbetriebe durch Gewährung von speziellen öffentlichen Finanzierungshilfen.

Öffentliche Finanzierungshilfen

Abbildung 189

Kreditprogramme, Mittelstandskreditprogramme, Eigenkapitalhilfe

> Zur Förderung der Selbstständigmachung im Handwerk sowie zur Förderung bestehender Betriebe gibt es auf Bundes- und Landesebene eine Vielzahl von Existenzgründungs-, Handwerks- und Mittelstandskreditprogrammen, die sich durch günstige Zins- und Tilgungskonditionen auszeichnen.

Die wichtigsten Programmbereiche und Einzelprogramme sind u.a.:
- Förderung von Existenzgründungen
  - ERP-Eigenkapitalhilfeprogramm
  - ERP-Existenzgründungsprogramm
  - DtA(Deutsche Ausgleichsbank)-Existenzgründungsprogramm
  - DtA-Startgeld
- Förderung von Investitionen
  - steuerliche Hilfen wie Investitionszulage, Sonderabschreibungen und Ansparabschreibungen
  - regionalpolitische Hilfen
  - weitere Mittelstandsprogramme wie verschiedene Varianten des KfW-Mittelstandsprogramms
- Umweltprogramme, Energieeinsparung, Erneuerbare Energien
  - ERP-Umwelt- und Energiesparprogramm
  - DtA-Umweltprogramm
  - KfW-Umweltprogramm
- Bürgschaften
  - Bürgschaften der Bürgschaftsbanken
  - DtA-Bürgschaftsprogramm
  - Bürgschaften des Bundes und der Länder
- Forschung und Innovation
  - Zuschüsse
  - Kredite
  - Beteiligungskapital für innovative Unternehmen
- Chancen- und Beteiligungskapital
- Messen, Außenwirtschaftliche Hilfen
  - Messeförderung, Export, Auslandsinvestitionen

Kreditprogramme

Förderprogramme

- Schulung, Beratung, Qualifizierung
  - Unternehmensberatung für KMU
  - Förderung von Schulungs- und Informationsveranstaltungen
  - Innovationsmanagement
- Arbeitsmarktpolitische Hilfen
  - Eingliederungszuschüsse
  - Leistungen zur Förderung einer selbstständigen Tätigkeit.

Für Betriebe in den neuen Bundesländern gibt es teilweise besondere Maßnahmen und besondere Konditionen. Die Bundesländer haben zum Teil noch ergänzende Programme wie Mittelstandskreditprogramme.

Existenzaufbaupläne

Die berufsständisch orientierten Versicherungsgesellschaften und Banken haben in Zusammenarbeit mit den Handwerksorganisationen und dem Bundesverband Junioren des Handwerks besondere Existenzaufbaupläne entwickelt, die im Wesentlichen aus einer Kombination von Ansparverträgen, zinsgünstigen Krediten und angemessenem Versicherungsschutz bestehen. Nähere Auskünfte erteilen die entsprechenden Versicherungen und Banken.

> Es ist empfehlenswert, dass sich Interessenten für die genannten und alle anderen Finanzierungshilfen mit den Betriebsberatungsstellen der Handwerkskammern oder mit ihren Hausbanken in Verbindung setzen. Hier wird über Voraussetzungen und Antragswege sowie Konditionen beraten.

Aufgaben der Kreditgarantiegemeinschaften bzw. Bürgschaftsbanken

> Da viele Handwerker gerade bei der Geschäftsgründung oder bei späteren Betriebserweiterungen keine banküblichen Sicherheiten leisten können, hat das Handwerk in Zusammenarbeit mit dem Staat und den Banken Selbsthilfeeinrichtungen in Form der Kreditgarantiegemeinschaften des Handwerks geschaffen.

Kreditgarantiegemeinschaften bestehen in allen Bundesländern, sie haben jedoch zum Teil folgende abweichende Bezeichnungen:
- in Baden-Württemberg, Nordrhein-Westfalen, Niedersachsen, Schleswig-Holstein, Berlin, Hessen, Bremen und allen neuen Bundesländern: „Bürgschaftsbank"
- in Hamburg: „Bürgschaftsgemeinschaft"
- im Saarland: „Bürgschaftsgesellschaft"

Ausfallbürgschaften

> Die Kreditgarantiegemeinschaft oder Bürgschaftsbank gewährt selbst keine Kredite, sondern übernimmt Ausfallbürgschaften für mittel- und langfristige Kredite an Handwerksbetriebe, denen bankmäßig ausreichende Sicherheiten nicht in dem erforderlichen Maße zur Verfügung stehen.

Verbürgt werden können Kredite bis zu einer Obergrenze von 750.000,00 EUR für die Finanzierung von Investitionen, Geschäftsübernahmen, Vorratshaltung und Betriebsmittelbedarf.

Höchstbetrag 80 %

Die Bürgschaft wird bis maximal 80 % des Kreditbetrages übernommen.

> Antragsberechtigt sind alle Handwerker, die in der Handwerksrolle einer Handwerkskammer eingetragen sind oder das Recht auf Eintragung nachweisen.

Antragsberechtigung

Darüber hinaus muss der Kreditnehmer wirtschaftlich und persönlich kreditwürdig sein und nach der gesamten betriebswirtschaftlichen Lage die Gewähr dafür bieten, dass sein Betrieb existenz- und wettbewerbsfähig ist oder durch einen verbürgten Kredit werden kann. Das betriebliche Rechnungswesen muss überdies geordnet sein und jederzeit eine Überprüfung der Vermögens-, Finanz- und Ertragslage ermöglichen.

Kreditwürdigkeit

> Ein entsprechender Antrag auf Übernahme der Bürgschaft ist in der Regel über die Hausbank an die Kreditgarantiegemeinschaft zu richten.

Antragsweg

Die Handwerkskammer nimmt gutachtlich Stellung.

Aufgaben der Kapitalbeteiligungsgesellschaften

Zur Förderung von Handwerks- und Gewerbebetrieben auf dem Gebiet der Finanzierung bestehen Kapitalbeteiligungsgesellschaften.

> Die Kapitalbeteiligungsgesellschaften sollen Unternehmern des Handwerks die Kapitalbeschaffung auf der Basis der Beteiligung zu tragbaren Bedingungen ermöglichen.

Diese Form der Beteiligungsfinanzierung kommt insbesondere für größere Handwerksbetriebe in Frage. Über nähere Einzelheiten erteilen die Betriebsberatungsstellen der Handwerkskammern Auskunft.

Beteiligungsfinanzierung

2.5.5 Kapitalbedarfsermittlung, Finanzierungsplan, Finanzierungsregeln

2.5.5.1 Kapitalbedarfsrechnung

Bei jedem Finanzierungsanlass ist auf der Grundlage eines Investitionsplanes eine Kapitalbedarfsrechnung aufzustellen.

> Die Kapitalbedarfsrechnung hat den Zweck der vollständigen Erfassung und Berechnung des Gesamtkapitalbedarfs.

Gesamtkapitalbedarf

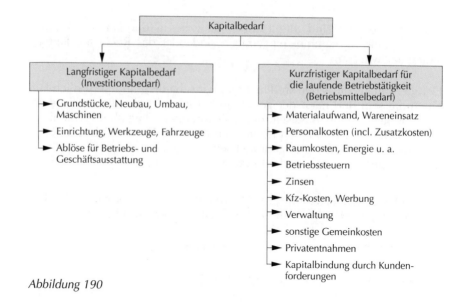

Abbildung 190

Lang- und kurzfristiger Bedarf

Aus der Abbildung wird deutlich, welche Teile des Betriebsvermögens nach betriebswirtschaftlichen Grundsätzen in der Regel langfristig und welche Teile kurzfristig zu finanzieren sind. (Siehe auch Finanzierungsregeln unter Abschnitt 2.5.5.4 „Betriebswirtschaftliche Finanzierungsregeln".)

Langfristiger Kapitalbedarf (Investitionsbedarf)

Langfristiger Bedarf

Zum langfristigen Kapitalbedarf (Investitionsbedarf) gehören insbesondere:
- Grundstücksbeschaffung, bauliche und maschinelle Investitionen
- Beschaffung von Einrichtungsgegenständen und Werkzeugen sowie Fahrzeugen
- bei Betriebsübernahmen Ablöse für Betriebs- und Geschäftsausstattungen, Fahrzeuge, Material und Waren sowie Firmenwert
- Sonstige (zum Beispiel Mietkaution).

Kurzfristiger Kapitalbedarf für die laufende Betriebstätigkeit (auch Betriebsmittelbedarf genannt)

Kurzfristiger Kapitalbedarf

Bei der Ermittlung des kurzfristigen Kapitalbedarfs für mehrere Monate sind insbesondere zu erfassen:
- Materialaufwand und Wareneinsatz
- Personal- und Personalzusatzkosten
- Raumkosten, Energiekosten, Versicherungen, Gebühren, Beiträge, Porto, Telekommunikationskosten
- Reparaturen
- Steuerzahlungen (Betriebssteuern), Buchführung, Steuerberatung
- Zinsen für Fremdkapital
- Kfz-Kosten, Reisekosten, Werbung
- Verwaltungskosten und sonstige Gemeinkosten
- Kapitalbindung durch Kundenanforderungen
- Privatentnahmen.

2.5.5.2 Finanzierungsplan

Der Gesamtkapitalbedarf muss durch die Gesamtfinanzierung gedeckt sein. Für die Gesamtfinanzierung wird daher bei jedem Vorhaben ein Finanzierungsplan erstellt, der hauptsächlich nachfolgende Positionen enthält:
- Eigenfinanzierung (eigene Mittel und Eigenleistungen)
- langfristige Fremdmittel (Darlehen aus Handwerkskreditprogrammen und sonstigen Förderprogrammen, Darlehen der Hausbank, Versicherungsdarlehen, Verwandtendarlehen)
- kurzfristige Fremdmittel (Lieferantenkredit, Wechselkredit, Kontokorrentkredit der Hausbank).

Gesamtfinanzierung

Bei Aufnahme von Fremdkapital muss eine Berechnung des Kapitaldienstes vorgenommen werden.

2.5.5.3 Kapitaldienst und Kapitaldienstgrenze

Als Kapitaldienst für ein Vorhaben bezeichnet man die zusätzlich entstehenden jährlichen Zins- und Tilgungsleistungen.

Kapitaldienst

Um die betriebswirtschaftliche Vertretbarkeit eines Vorhabens und dessen Finanzierung abschließend beurteilen zu können, ist eine Berechnung des in den kommenden Jahren zusätzlich entstehenden Kapitaldienstes erforderlich. Dabei werden die Zinszahlungen und die Tilgungsleistungen berechnet und entsprechend der Laufzeit der Kredite aufgeteilt.

Kapitaldienstgrenze

Der ermittelte Kapitaldienst des Planungszeitraumes muss der vertretbaren Kapitaldienstgrenze gegenübergestellt werden.

> Vereinfacht lässt sich die Kapitaldienstgrenze bei einem Einzelunternehmen und einer Personengesellschaft wie folgt berechnen:
>
> Voraussichtlicher Umsatz
> + Sonstige ordentliche Erträge
> − Betriebliche Gesamtaufwendungen (ohne Abschreibungen)
> − Ersatzinvestitionen
> − Einkommensteuerzahlungen
> − Sonderausgaben
> − Sonstige Privatentnahmen
>
> = Kapitaldienstgrenze

Sicherheitsreserve

Sowohl bei der Ermittlung des Kapitalbedarfs und der Erstellung des Finanzierungsplans als auch bei der Kapitaldienst- und Kapitaldienstgrenzberechnung empfiehlt es sich, eine Sicherheitsreserve für unvorhersehbare Veränderungen vorzusehen.

2.5.5.4 Betriebswirtschaftliche Finanzierungsregeln

Folgende Finanzierungsregeln sind zu beachten:

Finanzierungsregeln

- Kurzfristige Investitionen sind mit kurzfristigen Mitteln zu finanzieren (zum Beispiel Warenbeschaffung mit Kontokorrentkredit).
- Langfristige Investitionen sind mit langfristigen Mitteln zu finanzieren (zum Beispiel Neubau eines Betriebsgebäudes mit langfristigen Darlehen).
- Die Laufzeit des Fremdkapitals sollte bei Investitionen in etwa der Nutzungsdauer der anzuschaffenden Gegenstände entsprechen.
- Das Anlagevermögen sollte durch Eigenkapital und langfristiges Fremdkapital finanziert werden.
- Die für den Einzelbetrieb errechnete, betriebswirtschaftlich noch vertretbare Kapitaldienstgrenze darf nicht überschritten werden.

Durch Berücksichtigung dieser Finanzierungsregeln kann eine stabile, die Zahlungsbereitschaft des Betriebes erhaltende Finanzierung erreicht werden, die auch notwendige Verschuldungs- und Kapitaldienstgrenzen beachtet.

Abbildung 191

2.5.6 Beratungs- und Informationsmöglichkeiten in Finanzierungsfragen

Jeder Handwerker sollte sich bei allen wichtigen Fragen der Finanzierung sachkundig beraten lassen.

Die wichtigsten Informations- und Beratungsstellen sind:
- die Betriebsberater der Handwerkskammern bzw. der Fachverbände
- freiberufliche Unternehmensberater
- die Hausbank
- berufsständisch orientierte Versicherungsgesellschaften.

Beratung
Information

2.5.7 Zahlungsverkehr

Abbildung 192

Konto-
verbindung

Bargeldsparende und bargeldlose Zahlungen erfordern zur Abwicklung eine Kontoverbindung bei einer Bank, einer Sparkasse oder der Postbank. Die Postbank ist Nachfolgerin des früheren Postgirodienstes. Insbesondere hinsichtlich der technischen Abwicklung des Zahlungsverkehrs bestehen zwischen den einzelnen Bankinstituten keine großen Unterschiede mehr. Ein oder mehrere Bankkonten sind heute für jeden Betrieb zur Erledigung des Zahlungsverkehrs, also zur Abwicklung des Geldzugangs wie des Geldabgangs unerlässlich.

Die folgende Abbildung stellt die wesentlichen Vorgänge dar, wie Geld auf das Konto zufließt bzw. vom Konto abfließt.

Abbildung 193

2.5.7.1 Barzahlung

Inhalt der Barzahlung

> Unter Barzahlung versteht man die persönliche Übergabe von Hart- und Papiergeld, das heißt die „Zahlung von Hand zu Hand".

Die Barzahlung findet in der Regel nur Anwendung, wenn es sich um kleinere Beträge handelt.

Folgendes ist zu beachten:

Regeln

- Erstellung von Rechnungs- und Zahlungsbelegen auch für Kleinstbeträge, um die Ordnungsmäßigkeit der Buchführung zu erhalten.
- Anschaffung einer Registrierkasse zur Aufzeichnung der Zahlungsvorgänge bei Ladengeschäften

Quittung

- Leistung von Zahlungen nur an Berechtigte (Inkassovollmacht); der Überbringer einer Quittung gilt nach dem Gesetz als ermächtigt (Beweismittel).
- Genereller Annahmezwang für Banknoten; für Münzen nur bis zu einem festgelegten Umfang.

Möglichkeiten der Barzahlung

Durch die in der folgenden Abbildung dargestellten Möglichkeiten kann Bargeld empfangen bzw. übersandt werden.

Abbildung 194

Postnachnahme

> Die Postnachnahme ist eine Postsendung, welche dem Empfänger nur gegen Bezahlung des angegebenen Betrages ausgehändigt wird.

Postnachnahme

Dabei wird der einzukassierende Betrag dem Absender nach Abzug der Versandspesen zurückgesandt. Der Handwerker wird daher zweckmäßigerweise den einzuziehenden Rechnungsbetrag um die Einzugsspesen erhöhen.
Per Nachnahme können Postsendungen (Brief, Postkarte, Warenprobe, Geschäftspapiere usw.) ebenso versandt werden wie Paketsendungen. Ferner kann die Nachnahme zum Einzug von Forderungen eingesetzt werden.

Nachteile der Barzahlung
Nachteile der Barzahlung sind:
- Gefahr des Verlierens bringt Unsicherheit in die Barzahlung
- zeitraubend
- unbequem
- teilweise sehr teuer.

Die Barzahlung verliert im Geschäftsleben gegenüber den vielfältigen Möglichkeiten der bargeldlosen Zahlung immer mehr an Bedeutung.

2.5.7.2 Bargeldsparende Zahlung

Bei der bargeldsparenden Zahlungsweise wird der Zahlungsvorgang zum Teil durch Barzahlung und zum Teil über ein Bankkonto abgewickelt.

Abbildung 195

2.5.7.3 Bargeldlose Zahlung

Die folgende Abbildung zeigt die wichtigsten Möglichkeiten der bargeldlosen Zahlung.

Abbildung 196

Zahlung durch Banküberweisung

Umbuchung von Konto zu Konto

> Die Banküberweisung ist vollkommen bargeldlos und vollzieht sich von Konto zu Konto.

Die Zahlung ist mit der Gutschrift auf dem Konto des Empfängers zu leisten. Die Überweisung erfolgt in der Weise, dass der Schuldner einen Überweisungsvordruck (erhältlich für den Kontoinhaber bei der Hausbank) ausschreibt und an seine Hausbank gibt. Die Hausbank überweist den Betrag an die Bank des Zahlungsempfängers, die ihrerseits ihren Kunden mittels Kontoauszug über den Geldeingang informiert.

Für bestimmte Beträge, die in regelmäßigen Abständen zu überweisen sind, können so genannte **Daueraufträge** eingerichtet werden.

Dauerauftrag

Zahlungsanweisung

Sowohl zur bargeldsparenden wie auch zur bargeldlosen Zahlung eignet sich die Zahlungsanweisung bei der Postbank, die vom Empfänger nach Vorgabe des Absenders entweder wie ein Bar- oder wie ein Verrechnungsscheck verwendet werden kann. Dieses Verfahren kommt vor allem dann zur Anwendung, wenn vom Zahlungsempfänger keine Kontoverbindung bekannt ist.

Zahlung durch Lastschriftverfahren

> Bei diesem Verfahren wird der „Geldeinzug" mittels Lastschrift bewerkstelligt. Im Gegensatz zur Überweisung wird der Zahlungsvorgang vom Zahlungsempfänger ausgelöst.

Voraussetzung hierfür ist allerdings eine Einverständniserklärung des Zahlungspflichtigen.

Es gibt zwei Arten von Lastschriftverfahren:
- das Abbuchungsauftragsverfahren
- das Einzugsermächtigungsverfahren

Beim **Abbuchungsauftragsverfahren** gibt der Zahlungspflichtige seiner Bank den Auftrag, die von einem genau bezeichneten Zahlungsempfänger ausgestellten Lastschriften zu Lasten seines Kontos einzulösen.

Beim **Einzugsermächtigungsverfahren** erteilt der Zahlungspflichtige dem Zahlungsempfänger schriftlich eine Ermächtigung, auf ihn Lastschriften zu ziehen. Dieses Zahlungsverfahren eignet sich insbesondere für regelmäßig wiederkehrende Zahlungen wie z. B. Versicherungsprämien, Gebühren usw. Das Einzugsermächtigungsverfahren kommt in der Praxis häufiger vor als das Abbuchungsverfahren.

Abbuchungsauftragsverfahren

Einzugsermächtigungsverfahren

Zahlung durch Bankscheck

Definition des Schecks

> Der Scheck ist eine schriftliche Anweisung des Kontoinhabers an sein Kreditinstitut, eine bestimmte Summe aus dem Guthaben des Antragstellers auszubezahlen.

Begriff

Voraussetzung für den Scheckverkehr ist also ein Guthaben bei einem Kreditinstitut. Dieses Guthaben entsteht durch Zahlungseingänge oder auch dadurch, dass die Bank nach eingehender Prüfung der Verhältnisse des Antragstellers diesem einen verfügbaren laufenden Kredit in bestimmter Höhe einräumt.

Bankguthaben oder Kredit

Gesetzliche Bestandteile des Schecks

Die gesetzlichen Bestandteile des Schecks ergeben sich aus folgender Abbildung:

Abbildung 197

Ausfüllen des Schecks

> Da der Scheck ein Wertpapier ist, ist seine Ausfüllung an bestimmte Formen gebunden. Der Scheck muss für seine Gültigkeit die gesetzlichen Bestandteile aufweisen.

Gültigkeit

Die Scheckvordrucke erhält der Kontoinhaber von der Bank.

Scheckvordrucke

Scheckarten

Die nachstehende Abbildung gibt einen Überblick über die wichtigsten Scheckarten:

Abbildung 198

Barscheck:

Abhebung in bar

Beim Barscheck kann der Scheckinhaber das Geld bei der bezogenen Bank sofort in bar abheben.

Ein Barscheck kann zu einem Verrechnungsscheck gemacht werden durch Querschrift auf der Vorderseite „Nur zur Verrechnung".

Verrechnungsscheck:

Gutschrift

Der Verrechnungsscheck trägt auf der Vorderseite quer die Aufschrift „Nur zur Verrechnung".
Der Gegenwert des Verrechnungsschecks kann nur auf dem Konto des Einreichers gutgeschrieben werden.

Inhaberscheck:

Übergabe

Der Inhaberscheck trägt den Zusatz „oder Überbringer".

Die Übertragung erfolgt durch bloße Übergabe. Der Bezogene ist berechtigt, aber nicht verpflichtet, die Berechtigung des Vorzeigers zu prüfen.
Wird ein Inhaberscheck giriert (übertragen), so kann der Empfänger des Schecks bei nicht erfolgter Zahlung seine Vormänner haftbar machen. Der Inhaberscheck wird dadurch aber keinesfalls in einen Orderscheck umgewandelt.

Orderscheck:

Zahlungsempfänger

Ein Orderscheck liegt vor, wenn mit oder ohne den Zusatz „oder Order" ein bestimmter Zahlungsempfänger genannt ist.

Ein Orderscheck ist durch Indossament übertragbar. Der Bezogene (Bank) ist verpflichtet, die formelle Berechtigung des Vorlegers zu prüfen.
Jeder Scheck ist bei Sicht zahlbar. Er kann jederzeit weitergegeben werden. Da der Scheck jedoch ein kurzfristiges bargeldloses Zahlungsmittel ist, soll er möglichst bei Erhalt zur Gutschrift auf das eigene Konto bei der Bank eingereicht werden.

Scheckverlust

> Verliert der Aussteller einen Scheck, so hat er sofort seine Bank telefonisch von dem Verlust zu verständigen und aus Sicherheitsgründen schriftlich zu bestätigen, damit diese den Scheck sperren kann.

Wird der Scheck von einer anderen Person verloren, so hat diese sofort den Aussteller zu verständigen, damit er das Notwendige veranlassen kann.
Wenn der Scheck „zur Verrechnung" gestellt ist, ist ein Missbrauch nur in geringerem Umfange möglich.

Vorteile des Scheckverkehrs
- Bequemlichkeit
  Der Kontoinhaber hat lediglich den Scheck auszuschreiben, das Weitere erledigt die Bank.
- Geringe Kosten
  Die Versendung des Schecks kann in einem Brief erfolgen.
- Sicherheit
  Die Verwendung des Schecks ist vor allem beim Verrechnungsscheck sicher, weil Missbrauch nur in geringem Umfang möglich ist und ein Geldverlust durch Diebstahl oder Zählfehler nicht eintreten kann.
- Finanzieller Spielraum
  Wird eine Zahlung statt mit einer Überweisung oder einem Abbuchungsauftrag innerhalb einer Zahlungsfrist mit Scheck getätigt, der erst einige Tage später auf dem Konto des Zahlers belastet wird, gewinnt man einige Tage finanziellen Spielraum und kann Kreditbedarf und Zinsaufwand senken.

Folgende Grundregeln sollten bei der Verwendung von Schecks beachtet werden:

> Es darf kein ungedeckter Scheck ausgestellt werden.

Deckung

Auf dem Konto muss ein Guthaben vorhanden sein oder aber der eingeräumte Kredit muss größer sein als die zu leistende Zahlung. Wer ungedeckte Schecks ausstellt, macht sich strafbar.
Über jeden Zugang und Abgang erteilt die Bank dem Kontoinhaber genaue Auskunft (Erstellung von Kontoauszügen durch die Bank). In der Regel erfolgt vierteljährliche Abrechnung der Zinsen und Spesen.

> Schecks sollten nur von Ausstellern als Zahlung angenommen werden, die persönlich als kreditfähig und kreditwürdig bekannt sind.

Kreditwürdigkeit

Im Zweifel sollte man sich fernmündlich bei der Bank über die Deckung des vorgelegten Schecks erkundigen, bevor dieser in Zahlung genommen wird.

> Entgegengenommene Schecks sollen baldmöglichst bei der Bank eingereicht werden.

Nach Ablauf der Einlösungsfrist (Inland: 8 Tage) verliert der Scheckinhaber seine Auszahlungsansprüche bzw. die Bank ist nicht mehr verpflichtet, den Scheck einzulösen.
Bezahlungen mittels Scheck quittiert man zweckmäßigerweise mit dem Zusatz „vorbehaltlich der Einlösung".
Mit dem Wegfall der Einlösungsgarantie der Banken für einen bestimmten Geldbetrag per Eurocheque ab 1.1.2002 verliert dieser in Verbindung mit der ec-Karte seine bisherige Bedeutung als europaweites Zahlungsmittel und als Beschaffungsmittel für Bargeld. Die Ausstellung von Eurocheques ist zwar weiterhin möglich, es entfällt jedoch die Einlösungsgarantie. Dies führt zu einem Akzeptanzverlust dieses Zahlungsmittels.
Der Stellenwert der Zahlung mit ec-Karte wird durch diese Regelung weiter erhöht.

Zahlung mit ec-Karte

Die ec-Karte in Verbindung mit der persönlichen Geheimzahl (PIN-Nummer) bietet für den Karteninhaber grundsätzlich folgende Nutzungsmöglichkeiten:

- Abhebung von Bargeld an in- und ausländischen Geldautomaten, die mit dem ec- und/oder Maestro-Zeichen gekennzeichnet sind.
- Bargeldlose Zahlung an durch ec- und/oder Maestro-Zeichen gekennzeichneten automatisierten Kassen im In- und Ausland. Im Rahmen des elektronischen Lastschriftverfahrens kann in vielen Geschäften ohne PIN gegen Unterschrift bezahlt werden.

Die bargeldlose Zahlung mit der ec-Karte ist im Rahmen des persönlichen Verfügungsrahmens gegeben.
Die ec-Karte ist mit besonderer Sorgfalt aufzubewahren, die PIN-Nummer sollte keiner anderen Person bekannt werden.
Bei Verlust der ec-Karte oder missbräuchlichen Verfügungen ist unverzüglich die kontoführende Bank oder der zentrale Sperrannahmedienst zu benachrichtigen.

Zahlung mit Kreditkarten

> Eine weitere Form des bargeldlosen Zahlungsverkehrs ist die Verwendung von Kreditkarten. Mit der Kreditkarte kann man bargeldlose Zahlungen in verschiedenen Bereichen leisten und sich selbst Bargeld beschaffen.

Vorteile

Die Kreditkarte bietet folgende Vorteile:
- geringes Verlustrisiko
- erhöhte Zahlungsfähigkeit
- Bargeldservice

- Geldautomatenservice
- zusätzliche Serviceleistungen wie zum Beispiel Versicherungsleistungen bei Bezahlung mit der Karte sowie Dienstleistungen in den Bereichen Reisen, Sport- und Kulturereignisse u. a.
- bequeme Zahlungsabwicklung
- Zinsvorteil durch spätere Wertstellung auf dem Bankkonto.

Abbildung 199

Neben den genannten Universalkreditkarten gibt es Spezialkreditkarten, die von Unternehmen, Verbänden u. Ä. angeboten werden, die aber mit den herkömmlichen Kreditkartenunternehmen zusammenarbeiten (zum Beispiel ADAC, Bahn-Card etc.). Man spricht dabei vom so genannten Co-Branding. — *Spezialkreditkarten*

Geschäfte (Vertragsunternehmen) erhalten von den Kreditkarten-Emittenten nicht den gesamten Rechnungsbetrag vergütet, sondern werden mit dem Abzug einer Provision belastet. Dies bringt eine Schmälerung der Gewinnspanne mit sich. — *Abrechnung* / *Abzug*

Dieser Tatsache sollte sich der Betriebsinhaber bewusst sein, wenn er sich als Vertragspartner einem Kreditkarteninstitut anschließen will. Oftmals wird dies auch für den Handwerksmeister bereits heute und noch stärker in Zukunft aus Wettbewerbsgründen unumgänglich sein. Umfragen zeigen, dass die Verwendung und Akzeptanz von Kreditkarten umsatzsteigernde psychologische Effekte beim Verbraucher auslöst.

Zahlung mit Kundenkarten

> Kundenkarten eröffnen dem Unternehmen die Vorteile der bargeldlosen Zahlung und zusätzlich das Angebot spezifischer Serviceleistungen (z. B. Kultur, Sport, Reisen).

Zahlreiche Unternehmen versuchen ihre Kunden über Kundenkarten stärker an sich zu binden. — *Kundenbindung*

Zahlung mit elektronischer Geldbörse

> Bei der elektronischen Geldbörse (Geldkarte) als „Kleingeldersatz" handelt es sich um einen Mikrochip, mit dem ec-Karten, Bankkarten oder Kundenkarten zusätzlich ausgestattet werden.

Die Geldkarte mit dem Chip wird bei dem Ladeterminal der Bank mit bis zu 200 EUR aufgeladen. Die gespeicherte Summe kann in beliebig vielen Teilbeträgen „abgerufen" werden, d. h., es wird im Geschäft oder an Automaten ohne Geheimzahl und ohne Unterschrift bezahlt. Voraussetzung ist — *Ladeterminal*

Geldkarten-Terminal

das Vorhandensein eines Geldkarten-Terminals oder einer geldkartentauglichen Kasse im Geschäft.
Der Geschäftsinhaber (Geldempfänger), der diesem System angeschlossen ist, erhält alle auf dieser Basis bezahlten Beträge eines Tages in einer Summe abzüglich einer Gebühr auf seinem Konto gutgeschrieben. Mit der Geldkarte ist eine schnelle Abwicklung des Kaufvorgangs bzw. Zahlungsvorgangs, zusätzlicher Kundenservice und das Ziel der Kundenbindung verbunden.
Ein europaweiter Einsatz der Geldkarte wird angestrebt.

Zahlung mittels moderner Datenübertragung bzw. Kommunikationstechnik

Belegloser Zahlungsverkehr

> Mit Hilfe der EDV bzw. moderner Kommunikationstechniken lässt sich der Zahlungsverkehr vollkommen beleglos abwickeln.

Homebanking Electronic-Banking

Die Erledigung von Bankgeschäften und die Kontoführung per PC ist heute unabhängig von den Öffnungszeiten der Banken auch grundsätzlich für jeden Handwerker möglich und kann von jedem vorgenommen werden, der im Betrieb oder zu Hause über einen Online-Anschluss verfügt. Man nennt dieses Verfahren auch Homebanking bzw. Electronic-Banking. Homebanking ermöglicht u. a. den Abruf des Kontostandes und der Kontoauszüge, die Vornahme von Überweisungen und das Bestellen von Vordrucken. Meist werden auch bereits weitere Nutzungsmöglichkeiten wie Einrichten von Daueraufträgen, Wertpapiergeschäfte, Informationen über aktuelle Preise für Devisen und Sorten, Anlegen von Festgeldern oder Erwerb von Sparbriefen angeboten. Über geeignete spezielle Software kann der Verkehr mit der eigenen Bank zudem einfach und bequem gestaltet werden. Selbstverständlich erfordert Homebanking eine strenge Einhaltung der Sicherungsmechanismen. Insbesondere darf das persönliche Kennwort Dritten nicht zugänglich gemacht werden. Banken verlangen in der Regel bei dieser Art der Zahlungsabwicklung deutlich geringere Kontoführungsgebühren.
Bei umfangreicherem Zahlungsverkehr können die betrieblichen Daten auch auf einem Datenträger oder durch Datenfernübertragung der Bank zur weiteren Bearbeitung übergeben werden.
Zahlreiche Banken ermöglichen es darüber hinaus, Kontoabfragen, Überweisungen, Einrichtung von Daueraufträgen und Bestellung von Zah-

Telefon-Banking

lungsvordrucken telefonisch zu erledigen (Telefon-Banking).

Zahlung durch Wechsel

> Der Wechsel ist ein Dokument (eine Urkunde), in dem sich jemand verpflichtet oder in dem jemand verpflichtet wird, zu einem bestimmten Zeitpunkt an einem bestimmten Ort eine bestimmte Summe Geld zu bezahlen.

Zahlungs-, Kredit- und Sicherungsmittel

Nach der wirtschaftlichen Funktion ist der Wechsel ein Zahlungsmittel und ein Kreditmittel. Er kann in Form eines Depotwechsels auch als Sicherung dienen, da der Schuldner durch die „Wechselstrenge" verpflichtet wird, das Geld am Verfalltag zu bezahlen.

Wechselarten

Nach Zahlungsversprechen bzw. Zahlungsanweisung unterscheidet man den „eigenen Wechsel" (Sola-Wechsel) und den „gezogenen Wechsel" (Tratte).

> Der eigene Wechsel (Sola-Wechsel) ist das unbedingte Versprechen des Wechselausstellers, eine bestimmte Geldsumme zu einem bestimmten Zeitpunkt und an einem bestimmten Ort zu bezahlen.
> Der gezogene Wechsel (Tratte), der in der Praxis häufiger vorkommt, ist eine unbedingte Anweisung an einen anderen, eine bestimmte Geldsumme zu einem bestimmten Zeitpunkt und an einem bestimmten Ort zu bezahlen.

Eigener Wechsel

Gezogener Wechsel

Überblick

Abbildung 200

Wechselannahme

> Durch die Unterschrift des Bezogenen wird beim gezogenen Wechsel aus der Zahlungsaufforderung des Schuldners eine Zahlungsverpflichtung (Akzept).

Akzept

Der Bezogene wird zum Hauptschuldner. Er kann jedoch die Annahme des Wechsels auf einen Teil der Wechselsumme beschränken.
Die Unterschrift ist quer über den linken Rand des Wechsels zu schreiben.

Verwendungsmöglichkeiten des Wechsels

Abbildung 201

Weitergabe des Wechsels als Zahlungsmittel

> Der Wechsel kann vom Wechselnehmer als Zahlungsmittel durch Übertragungsvermerk weitergegeben werden.

Der Übertragungsvermerk (Indossament) wird auf der Rückseite des Wechsels angebracht. Reicht die Rückseite für mehrere Wechselvermerke nicht aus, so klebt man ein Verlängerungsstück an den Wechsel (Allonge). Um die Zugehörigkeit der Allonge zu einem bestimmten Wechsel zu sichern, setzt man auf der Vorderseite der Allonge folgende Daten ein:

- Wechselsumme
- Verfall
- Zahlungsort
- Name des Bezogenen
- Name des Ausstellers.

Der Weitergabevermerk heißt Indossament. Man unterscheidet folgende Arten:

Abbildung 202

> Jeder Übertragende (Vormann) haftet dem späteren Besitzer (Nachmann) für die Zahlung und erhöht damit die Sicherheit des Wechsels.

Wechselverkauf (Diskontierung)

> Der Wechselinhaber kann den Wechsel vor seiner Fälligkeit an seine Bank verkaufen und kommt so rasch in den Besitz des Gegenwertes.

Obwohl hier ein Kaufvertrag über den Wechsel vorliegt, handelt es sich letztlich um eine Kreditbeziehung zwischen dem Einreicher des Wechsels und dem Kreditinstitut. Man spricht auch von Diskontkredit.

Diskontkredit

> Die Bank berechnet hierfür Zinsen (Diskont) vom Verkaufstage bis zum Verfalltage sowie Provision und Spesen.

Aufbewahrung bis zum Verfalltag

> Es besteht auch die Möglichkeit, den Wechsel bis zum Verfalltag liegen zu lassen und beim Bezogenen dann vorzulegen.

Man verzichtet dann jedoch auf die Möglichkeit, sich vergleichsweise günstiges Fremdkapital zu beschaffen (Wechselkredit).

Wechseleinlösung

> Der letzte Inhaber des Wechsels ist berechtigt, am Verfalltage den Wechsel zur Bezahlung dem Bezogenen vorzulegen oder vorlegen zu lassen.

Für den Wechsel sind verschiedene Verfallzeiten möglich:

Abbildung 203

Der bezahlte Wechsel ist auf der Rückseite zu quittieren und dem Bezogenen auszuhändigen.

Quittieren

Für den Bezogenen empfiehlt es sich, den Wechsel bei seiner Bank zahlbar zu stellen (Zahlstellen- oder Domizilwechsel). In diesem Fall muss er die Bank verständigen, den Wechsel einzulösen.

Zahlbarstellung

Ebenso kann die Post (Postauftrag) die Einlösung des Wechsels vornehmen.

Wird der Wechsel am Verfalltag von einem fremden Inhaber zur Bezahlung vorgelegt, so ist zu prüfen, ob der Vorzeiger auch berechtigter Inhaber des Wechsels ist.

Die Wechselverbindlichkeit ist eine Holverbindlichkeit, der Wechsel muss daher am Verfalltag oder spätestens zwei Werktage darauf dem Bezogenen zur Zahlung vorgelegt werden.

414

Die Abbildung zeigt nochmals die Stufen des Wechselverkehrs in der Zusammenfassung:

Abbildung 204

Störungen im Wechselverlauf

Wechselprolongation

Verlängerung

> Unter Wechselprolongation versteht man die Verlängerung der Laufzeit des Wechsels, wenn der Bezogene am Verfalltag den Wechsel nicht bezahlen kann und sich mit dem Inhaber des Wechsels auf die genannte Verlängerung einigt.

Im Fall der Wechselprolongation wird der Wechsel neu ausgestellt.

Wechselprotest

Wechselprotest

> Unter Wechselprotest versteht man die Erhebung von Protest mittels einer amtlich beglaubigten Urkunde durch den Inhaber des Wechsels, sofern der Bezogene am Verfalltag nicht bezahlt und der Wechsel nicht verlängert wird oder der Wechsel nicht angenommen wird.

Der Protest wird spätestens am zweiten Werktag nach dem Verfall durch einen Notar oder Gerichtsbeamten aufgenommen.
Mit dem Protest kann der Wechselinhaber von jedem seiner Vormänner oder dem Aussteller Bezahlung der Wechselverbindlichkeit und Erstattung der Auslagen verlangen.

Benachrichtigungspflicht

Benachrichtigung

> Der Inhaber eines zu Protest gegangenen Wechsels muss seinen Vormann und den Aussteller innerhalb von vier Werktagen von der Nichteinlösung oder Nichtannahme benachrichtigen.

Die weiteren Vormänner haben die Pflicht, in rückwärtiger Reihenfolge die Benachrichtigung innerhalb von zwei Tagen vorzunehmen und die Anschriften der bereits Benachrichtigten anzugeben.

Rückgriff (Regress)

> Unter Regress versteht man die Inanspruchnahme der Vormänner wegen Erfüllung der wechselmäßigen Forderung, die vom Bezogenen nicht erlangt worden ist.

Folgende Positionen ergeben im Wesentlichen die wechselmäßige Forderung:
- Wechselsumme
- Protestkosten
- Zinsen ab dem Verfalltag
- Provisionen usw.

Diese Rückrechnung kann jedem Vormann oder dem Aussteller aufgemacht werden. Vor dem Verfalltage kann das Rückgriffsrecht nur dann ausgeübt werden, wenn der Bezogene zahlungsunfähig geworden ist.

Rückrechnung

Wechselmahnbescheid/Wechselprozess

> Kann durch Regress keine Bezahlung des Wechsels erlangt werden, so hat der Gläubiger die Möglichkeit, entweder Antrag auf Wechselmahnbescheid zu stellen oder die Wechselklage einzureichen.

Der Wechselmahnbescheid enthält die Aufforderung, innerhalb von zwei Wochen nach Zustellung die Verbindlichkeit zu begleichen oder Widerspruch gegen den Wechselmahnbescheid zu erheben.
Bei Widerspruch gegen den Wechselmahnbescheid wird vom Gläubiger Klage im Rahmen des Wechselprozesses eingereicht.

Wechselmahnbescheid

Wechselprozess

Begleicht der Schuldner die Wechselforderung nicht, und erhebt er keinen Widerspruch, so wird auf der Grundlage des Wechselmahnbescheids vom Gericht ein Vollstreckungsbescheid erlassen.
Der Wechselprozess verläuft sehr rasch. Schon nach 24 Stunden kann der Gläubiger Urteil und Vollstreckungsbescheid in Händen halten.
Die in der Wechselordnung vorgesehene Wechselstrenge schließt die sonst möglichen Einreden aus (zum Beispiel Bestreiten der Rechtmäßigkeit der Forderung).

Vollstreckungsbescheid

Folgende Verjährungsfristen sind zu beachten:
- Wechselverjährung
  3 Jahre vom Verfalltage gerechnet
- Rückgriffsansprüche des Wechselinhabers gegen Vormänner
  1 Jahr vom Tage der Protesterhebung an gerechnet
- Ansprüche unter Indossanten
  6 Monate vom Tage der Protesterhebung an gerechnet.

Verjährungsfristen

Die folgende Abbildung zeigt die Störungen im Wechselverlauf nochmals in der Zusammenfassung:

Abbildung 205

Besondere Hinweise für den Umgang mit Wechseln

Abbildung 206

Übungs- und Prüfungsaufgaben

1. **Welches ist die zentrale Aufgabe der Finanzierung?**

   „Siehe Seite 381 des Textteils!"

2. **Erläutern Sie die wichtigsten Positionen, die bei der Erstellung eines Investitionsplanes zu berücksichtigen sind!**

   „Siehe Seite 381 des Textteils!"

3. **Erläutern Sie die Aufgaben der Finanzplanung!**

   „Siehe Seite 382 des Textteils!"

4. **Welche Bedeutung hat der Finanzplan im Verbund mit der Gesamtplanung eines Betriebes?**

   „Siehe Seite 382 des Textteils!"

5. Sie sind Inhaber eines Handwerksbetriebes und wollen dafür Sorge tragen, dass die Zahlungsbereitschaft Ihres Betriebes stets gegeben ist. Um dieses Ziel zu erreichen, wollen Sie künftig eine systematische Finanz- und Liquiditätsplanung betreiben.

   Aufgabe: Stellen Sie zusammen, welche wichtigen Positionen Ihr Finanzplan enthalten soll!

   „Siehe Seite 383 des Textteils!"

6. **Erstellen Sie einen Finanzplan für einen Handwerksbetrieb!**

   „Siehe Seite 384 des Textteils!"

7. **Erklären Sie die wichtigsten Investitions- und Finanzierungsanlässe im Handwerksbetrieb!**

   „Siehe Seite 385 des Textteils!"

8. **Von Eigenfinanzierung spricht man, wenn**
   - ☐ a) Investitionen durch Einzug betrieblicher Kundenforderungen finanziert werden.
   - ☐ b) der Kapitalbedarf durch „Sparen im Betrieb" gedeckt wird.
   - ☐ c) das Anlagevermögen, statt auf Kredit- oder Eigenkapitalbasis finanziert, gemietet wird.
   - ☐ d) Investitionen durch Ausnutzung von Lieferantenkrediten finanziert werden.
   - ☐ e) Privatvermögen und Eigenleistungen für betriebliche Finanzierungszwecke eingesetzt werden.

   „Siehe Seite 386 des Textteils!"

9. Die Selbstfinanzierung, also im Wesentlichen die Kapitalbildung durch im Betrieb erzielte und nicht entnommene Gewinne, sollte für jeden Handwerksbetrieb ein erstrebenswertes finanzpolitisches Ziel sein. Deshalb wollen Sie für Ihren Handwerksbetrieb die Selbstfinanzierungsquote jährlich errechnen.

   Aufgabe: Erläutern Sie, wie Sie die zur Selbstfinanzierung zur Verfügung stehenden Mittel errechnen können!

   „Siehe Seite 386 des Textteils!"

10. Als Inhaber eines Handwerksbetriebes sind Sie zur Finanzierung der Investitionen und der Betriebsabläufe auch auf die Aufnahme von Krediten angewiesen. Um die jeweils für den Zweck der Verwendung angemessene Kreditart einzusetzen, wollen Sie sich einen Überblick über die für den Handwerksbetrieb wichtigsten Kreditarten verschaffen.

Aufgabe: Beschreiben Sie kurz die wichtigsten Kreditarten, die im Rahmen der Fremdfinanzierung für Ihren Betrieb in Frage kommen!

„Siehe Seite 387 des Textteils!"

11. Welches sind die wichtigsten kurzfristigen Kreditarten?
☐ a) Kontokorrentkredit, Wechselkredit und Lieferantenkredit
☐ b) Darlehen der Hausbank
☐ c) Verwandtendarlehen
☐ d) Kredite nach Handwerkskreditprogramm
☐ e) durch Kreditgarantiegemeinschaft verbürgte Kredite.

„Siehe Seite 387 des Textteils!"

12. Sie sind selbstständiger Handwerksmeister. Ihre Lieferanten bieten Ihnen im Rahmen der Zahlungsbedingungen an, bei Zahlung der Rechnungen innerhalb einer bestimmten Frist (z.B. 10 Tage) ab Rechnungsstellung 3 % Skonto vom Rechnungsbetrag abzuziehen. Sie sind aber im Hinblick auf die laufenden betrieblichen Einnahmen nicht immer in der Lage, diese Skontierungsmöglichkeiten auszuschöpfen, würden dies aber gerne tun. Andererseits haben Sie Ihren Kontokorrentkredit bei der Bank nie voll ausgeschöpft.

Aufgabe:
a) Prüfen Sie, ob es für Sie von Vorteil ist, zur Ausnutzung der Skontoabzugsmöglichkeiten von den Lieferantenrechnungen einen Bankkredit aufzunehmen!
b) Welche Berechnung ist dabei notwendig?
c) Begründen Sie Ihr Ergebnis!

„Siehe Seite 388 des Textteils!"

13. Erläutern Sie die Unterschiede zwischen Festdarlehen, Abzahlungsdarlehen und Annuitätendarlehen!

„Siehe Seite 389 des Textteils!"

14. Welche Finanzierungskosten fallen bei Aufnahme eines Darlehens je nach Darlehensform an?

„Siehe Seite 390 des Textteils!"

15. Zur Finanzierung des Kaufs von neuen Maschinen müssen Sie als Betriebsinhaber von Ihrer Hausbank ein Darlehen aufnehmen. Die Bank verlangt von Ihnen für das beantragte Darlehen Sicherheiten.

Aufgabe: Stellen Sie zusammen, welche banküblichen Sicherheiten Sie der Bank anbieten können!

„Siehe Seite 391 des Textteils!"

16. Welche Bedeutung hat eine gute Verbindung zu einem Kreditinstitut für den Handwerksbetrieb?

„Siehe Seite 392 des Textteils!"

2.5 Finanzierung

17. Man spricht von „Leasing", wenn
☐ a) ein Betrieb in erster Linie seinen gesamten Fuhrpark mietet.
☐ b) Geschäftseinrichtungsgegenstände gekauft und sofort bar bezahlt werden.
☐ c) Geschäftseinrichtungsgegenstände auf Kredit gekauft werden.
☐ d) ein Unternehmen Maschinen, Werkzeuge und Geschäftseinrichtungen mietet.
☐ e) ein Betrieb den Kunden ein Zahlungsziel einräumt.
„Siehe Seite 393 des Textteils!"

18. Wegen der Ausweitung des Geschäftsvolumens müssen Sie für Ihren Handwerksbetrieb 2 Fahrzeuge anschaffen. Sie haben gehört, dass eine Reihe betrieblicher Investitionen, so auch Fahrzeuge, vermehrt statt auf Kreditbasis auf der Grundlage des Leasinggeschäfts finanziert werden. Bevor Sie eine Entscheidung über die Art der Finanzierung Ihrer Anschaffung treffen, wollen Sie sich grundsätzlich über die Vor- und Nachteile des Leasing aus finanzwirtschaftlicher Sicht informieren.

Aufgabe: Stellen Sie die Vor- und Nachteile des Leasing zusammen!
„Siehe Seite 393 des Textteils!"

19. Erklären Sie die Vor- und Nachteile des Factoring!
„Siehe Seite 394 des Textteils!"

20. Im Zuge einer erheblichen Vergrößerung Ihres Handwerksbetriebes planen Sie den Neubau eines Betriebsgebäudes und die Anschaffung weiterer Maschinen. Nach Erstellung eines Investitionsplanes und einer Kapitalbedarfsrechnung sind Sie dabei einen Finanzierungsplan zu erstellen, der die Gesamtfinanzierung sicherzustellen hat. Sie haben gehört, dass es für die Finanzierung solcher Vorhaben für Handwerksbetriebe unter bestimmten Voraussetzungen öffentliche Finanzierungshilfen, insbesondere durch Kreditprogramme mit günstigen Zins- und Tilgungskonditionen gibt.

Aufgabe: Erkundigen Sie sich und stellen Sie die wichtigsten öffentlichen Finanzierungshilfen zusammen!
„Siehe Seite 395 des Textteils!"

21. An wen sollten Sie sich als Handwerksmeister wegen der Beratung über spezielle Finanzierungshilfen für das Handwerk wenden?
„Siehe Seite 396 des Textteils!"

22. Man spricht von Handwerkskreditprogrammen, wenn
☐ a) Banken Handwerksbetrieben Kredite zu besonders günstigen Zinsen gewähren.
☐ b) Landeshandwerksvertretungen Richtlinien für Kredite an Handwerksbetriebe erlassen.
☐ c) die Handwerkskammer an Handwerksunternehmen direkt Kreditmittel ausreicht.
☐ d) Handwerksinnungen ihren Mitgliedern Kredite für Investitionen gewähren.
☐ e) Bund und Länder zinsgünstige Kreditmittel zur Förderung des Handwerks zur Verfügung stellen.
„Siehe Seite 395 des Textteils!"

23. Welches sind die Aufgaben der Kreditgarantiegemeinschaft des Handwerks oder der Bürgschaftsbank bzw. der Bürgschaftsgesellschaft?
☐ a) Sie gewährt an Handwerksunternehmen zinsgünstige Kredite.
☐ b) Sie gibt Zinszuschüsse für Investitionskredite.

☐ c) Sie übernimmt Ausfallbürgschaften für Kredite, die Handwerksbetrieben gewährt werden.
☐ d) Sie garantiert Handwerksbetrieben bestimmte Kreditlinien zur Finanzierung der Materialvorräte.
☐ e) Sie wickelt Kreditprogramme von Bund und Ländern ab.

„Siehe Seite 396 des Textteils!"

24. Eine Bürgschaft kann bei der Kreditgarantiegemeinschaft des Handwerks oder Bürgschaftsbank bzw. der Bürgschaftsgesellschaft beantragen,
☐ a) wer in einem Handwerksbetrieb beschäftigt ist.
☐ b) wer in die Handwerksrolle der Handwerkskammer eingetragen ist oder werden kann.
☐ c) wer die Sonderprüfung zur Betriebsgründung mit Erfolg abgelegt hat.
☐ d) wer neben der Meisterprüfung auch die Prüfung als Bürokaufmann nachweisen kann.
☐ e) wer die Gesellenprüfung nachweist und außerdem betriebswirtschaftlich geschult wurde.

„Siehe Seite 397 des Textteils!"

25. Welche Aufgaben haben die Kapitalbeteiligungsgesellschaften im Handwerk?
☐ a) Sie übernehmen alle mit der Kapitalbeschaffung anfallenden Aufgaben.
☐ b) Sie gewähren den Handwerksbetrieben zinsgünstige Kredite bis zu 100.000,00 EUR.
☐ c) Sie ermöglichen Handwerksbetrieben die Kapitalbeschaffung auf der Basis der Beteiligung.
☐ d) Sie beraten die Unternehmer im Handwerk bei der Geldanlage im privaten Bereich.
☐ e) Sie übernehmen für selbstständige Handwerker Bürgschaften gegenüber Banken.

„Siehe Seite 397 des Textteils!"

26. Welchen Zweck hat die Kapitalbedarfsrechnung?
☐ a) Sie dient der Übersicht über die eigenen Ersparnisse.
☐ b) Sie ist eine Aufstellung über das notwendige Fremdkapital.
☐ c) Sie dient der vollständigen Erfassung des Gesamtkapitalbedarfs.
☐ d) Sie beinhaltet eine Berechnung des Zinses für das Fremdkapital.
☐ e) Sie dient ausschließlich der Erfassung des Kapitalbedarfs für die Betriebstätigkeit.

„Siehe Seite 397 des Textteils!"

27. Was versteht man unter kurzfristigem Kapitalbedarf?
☐ a) Den Kapitalbedarf für maschinelle Investitionen.
☐ b) Den Kapitalbedarf für betriebliche Bauvorhaben.
☐ c) Den Kapitalbedarf für Rationalisierungsinvestitionen.
☐ d) Den Kapitalbedarf, der bei Ausscheiden eines Gesellschafters entsteht.
☐ e) Den Kapitalbedarf zur Deckung laufender Kosten eines Betriebes.

„Siehe Seite 398 des Textteils!"

28. Welche Teile des Betriebsvermögens sind nach betriebswirtschaftlichen Grundsätzen langfristig und welche Teile kurzfristig zu finanzieren?

„Siehe Seite 398 des Textteils!"

2.5 Finanzierung

29. Erläutern Sie, welche wichtigen Punkte ein Finanzierungsplan enthalten muss!
„Siehe Seite 399 des Textteils!"

30. Unter Kapitaldienst versteht man aus betrieblicher Sicht
- ☐ a) die Kreditbearbeitungsgebühren der Bank bei Aufnahme von Fremdkapital.
- ☐ b) die Zins- und Tilgungsleistungen für aufgenommene Kredite und Darlehen.
- ☐ c) nur die Zinszahlungen für aufgenommene Kredite.
- ☐ d) ausschließlich die Tilgungsleistungen für aufgenommene Darlehen.
- ☐ e) alle bei der Beschaffung von Fremdkapital anfallenden Ausgaben.

„Siehe Seite 399 des Textteils!"

31. Sie wollen als Inhaber eines Handwerksbetriebes erhebliche Investitionen durchführen. Den Investitionsplan, die Kapitalbedarfsrechnung und den Finanzierungsplan haben Sie für das Vorhaben erstellt. Damit Sie die betriebswirtschaftliche Vertretbarkeit und die finanzielle Tragbarkeit des Vorhabens und der Finanzierung abschließend beurteilen können, ist die Berechnung des in den kommenden Jahren zusätzlich entstehenden Kapitaldienstes (Zins- und Tilgungsleistungen) und der vertretbaren Kapitaldienstgrenze erforderlich.

Aufgabe: Stellen Sie in einfacher Form dar, wie Sie den Kapitaldienst und die Kapitaldienstgrenze berechnen können!
„Siehe Seite 399 des Textteils!"

32. Erläutern Sie die betriebswirtschaftlichen Finanzierungsregeln, die im Handwerksbetrieb zu beachten sind!
„Siehe Seite 400 des Textteils!"

33. Wo kann sich der Handwerksmeister in Finanzierungsfragen beraten lassen?
„Siehe Seite 401 des Textteils!"

34. Beschreiben Sie die drei Grundformen des Zahlungsverkehrs!
„Siehe Seite 401 des Textteils!"

35. Erläutern Sie die Barzahlungsmöglichkeiten!
„Siehe Seite 402 des Textteils!"

36. Welche Möglichkeiten der bargeldsparenden Zahlung gibt es?
„Siehe Seite 403 des Textteils!"

37. Welche Formen der bargeldlosen Zahlung gibt es?
„Siehe Seite 404 des Textteils!"

38. Welche Möglichkeiten der Banküberweisung kommen für den Handwerksbetrieb in Frage?
„Siehe Seite 404 des Textteils!"

39. Die Zahlung von einem Kontoinhaber an einen Nichtkontoinhaber kann erfolgen mittels
- ☐ a) Überweisungszettel
- ☐ b) Zahlschein

☐ c) Dauerauftrag
☐ d) Zahlungsanweisung
☐ e) Überweisungsauftrag.

„Siehe Seite 404 des Textteils!"

40. Erklären Sie die Scheckarten, die für Sie als Inhaber eines Handwerksbetriebs in Frage kommen können!

„Siehe Seite 406 des Textteils!"

41. Was sollten Sie als Scheckaussteller beim Verlust eines Schecks unternehmen?
☐ a) Den Scheck umgehend widerrufen.
☐ b) Dem Empfänger sofort einen neuen Scheck übersenden.
☐ c) Zuerst das Fundbüro in der Umgebung benachrichtigen.
☐ d) Die Bank vom Verlust verständigen, damit diese den Scheck sperren kann.
☐ e) Sofort Scheckprotest beim Notar erheben.

„Siehe Seite 407 des Textteils!"

42. Was hat der Inhaber einer ec-Karte zu veranlassen, wenn er diese verloren hat?
☐ a) Er hat unverzüglich die Sperrannahmestelle bei der Europäischen Zentralbank zu benachrichtigen.
☐ b) Er hat unverzüglich die Hauptkasse bei der Deutschen Bundesbank zu benachrichtigen.
☐ c) Er hat unverzüglich das Bundesaufsichtsamt für das Kreditwesen zu benachrichtigen.
☐ d) Er hat unverzüglich den Zentralen Sperrannahmedienst bei der für den Sitz der Bank zuständigen Polizeidienststelle zu benachrichtigen.
☐ e) Er hat unverzüglich die kontoführende Bank oder den Zentralen Sperrannahmedienst zu benachrichtigen.

„Siehe Seite 408 des Textteils!"

43. Welche Grundregeln sollten bei der Verwendung von Schecks beachtet werden?

„Siehe Seite 407 des Textteils!"

44. Erläutern Sie, welche Vorteile die Zahlung mit einer Kreditkarte bietet!

„Siehe Seite 408 des Textteils!"

45. Welche möglichen Konsequenzen können sich für einen Handwerksbetrieb aus der zunehmenden Verbreitung von Kreditkarten ergeben?

„Siehe Seite 409 des Textteils!"

46. Erläutern Sie wie die elektronische Geldbörse (Geldkarte) verwendet werden kann!

„Siehe Seite 409 des Textteils!"

2.5 Finanzierung 423

47. Sie sind Inhaber eines modernen Handwerksbetriebes und wollen prüfen, wie Sie Zahlungen und den weitergehenden Bankverkehr auf der Grundlage moderner Datenübertragungen bzw. Kommunikationstechnik künftig abwickeln können.

Aufgabe: Geben Sie an, welche Möglichkeiten im Rahmen des Einsatzes des PC, Homebanking bzw. Electronicbanking und Telefonbanking für Ihren Betrieb bestehen!

„Siehe Seite 410 des Textteils!"

48. Ein Wechsel ist
- ☐ a) ein Kredit- und Zahlungsmittel.
- ☐ b) nur ein Kreditmittel.
- ☐ c) nur ein Zahlungsmittel.
- ☐ d) rechtlich gesehen dasselbe wie ein Scheck.
- ☐ e) ein Geldersatzmittel, das vom Zahlungsempfänger wie Bargeld angenommen werden muss.

„Siehe Seite 410 des Textteils!"

49. In der Praxis des Kredit- und Zahlungsverkehrs
- ☐ a) kommt der eigene Wechsel häufiger vor.
- ☐ b) kommt der gezogene Wechsel häufiger vor.
- ☐ c) kommen beide etwa in gleicher Häufigkeit vor.
- ☐ d) kommen beide immer seltener vor.
- ☐ e) eignen sich beide nur bei größeren Geschäften.

„Siehe Seite 411 des Textteils!"

50. Wie kann ein Wechsel vom Betrieb weiterverwendet werden?
- ☐ a) Durch Weitergabe, durch Wechselverkauf oder durch Aufbewahrung bis zum Verfalltag.
- ☐ b) Nur durch Diskontierung bei der Bank, mit der der Bezogene arbeitet.
- ☐ c) Nur durch Aufbewahrung bis zum Verfalltag des Wechsels.
- ☐ d) Nur durch Weitergabe des Wechsels.
- ☐ e) Durch Umtausch in einen Bar- und Verrechnungsscheck.

„Siehe Seite 412 des Textteils!"

51. Was sollten Sie beim Umgang mit Wechseln beachten?

„Siehe Seite 416 des Textteils!"

2.6 Planung

2.6.1 Unternehmenszielsystem und Unternehmensplanung

2.6.1.1 Arten betrieblicher Ziele

Wirtschaftliche Ziele

In einem Handwerksbetrieb gibt es viele Ziele, die verfolgt werden. Sie beziehen sich z. B. auf Umsatz, Gewinn, Deckungsbeiträge, Kosten, Liquidität, Investitionen usw. Man nennt sie erwerbswirtschaftliche Ziele des Betriebes. Ihnen stehen nicht erwerbswirtschaftliche Ziele wie z. B. das Streben nach Anerkennung durch die Umwelt oder die Wahrung der Familientradition gegenüber.

nicht monetäre Ziele
Monetäre Ziele

> Letztere lassen sich nicht mit Geld bewerten. Sie werden daher als nicht monetäre Ziele bezeichnet. Umsatz, Gewinn oder Deckungsbeiträge lassen sich hingegen in Geldeinheiten beziffern. Man spricht daher von monetären Zielen.

Abbildung 207

Alle diese Ziele können nicht unabhängig von einander betrachtet werden. Beispielsweise wird die Erhöhung der Umweltverträglichkeit der Produktion meist mit erheblichen Kosten verbunden sein. Die getätigten Investitionen wirken sich unmittelbar auf die Liquidität und indirekt auf den Jahresgewinn aus usw.

2.6.1.2 Gliederung des Unternehmenszielsystems

Unternehmenszielsystem

> Es wird deutlich, dass man nicht von einem einzigen betrieblichen Ziel ausgehen kann, sondern besser von einem vielschichtigen Zielsystem sprechen muss. Dieses Unternehmenszielsystem gliedert sich in Ober- und Unterziele.

Oberziele

Die Oberziele werden vom Betriebsinhaber festgesetzt. Sie lassen sich nicht in konkrete Zahlen fassen, sondern geben nur die „grobe Marschrichtung" vor. Diese nicht operationalen Ziele müssen, um umsetzbar zu werden, in operationale, d. h. direkt ausführbare Unterziele aufgeteilt werden. Diese enthalten genaue Angaben darüber was und wie viel von wem bis wann zu erledigen ist.

Oft kommt es vor, dass mehrere Unterziele zu Zwischenzielen zusammengefasst werden. Dies kann z.B. dann notwendig werden, wenn (zu) viele einzelne Tätigkeiten verrichtet werden müssen, um ein gewünschtes Ergebnis zu erhalten. Es kann beispielsweise Ziel eines Schreinermeisters sein, den Gewinn aus dem Innenausbaugeschäft zu erhöhen (Oberziel). Hierzu ist es nötig, mehr Baustellen fertig zu stellen und abzurechnen (Zwischenziele). Um mehr Aufträge zu erhalten, müssen unterschiedliche und/oder vermehrte Werbemaßnahmen getätigt werden (Unterziele).

Unterziele
Zwischenziele

Abbildung 208

2.6.1.3 Aufgaben der Unternehmensplanung

> Ziele lassen sich umso leichter und genauer erreichen, je exakter im Voraus geplant wurde.

Bereits eine alte Erkenntnis sagt, dass sich derjenige nicht wundern muss, der nirgendwo ankommt, wenn er nicht weiß, wo er hin will. Dies gilt im privaten wie im geschäftlichen Bereich. Unternehmerische Tätigkeiten und Entscheidungen bedürfen einer überaus sorgfältigen Planung. Oft hängen von diesen Entscheidungen das Wohlergehen der Unternehmerfamilie sowie das der Mitarbeiter ab.

> Planung lässt sich als ein Prozess definieren, der im Voraus zukünftige Entwicklungen gedanklich vorwegnimmt. Das Ergebnis von Planungen sind Pläne, mit deren Hilfe an die Umsetzung der geplanten Vorhaben herangegangen werden kann.

Planung

Pläne

> Der Planungsprozess kann als geschlossenes System betrachtet werden. Die während der Planung erstellten Pläne dienen der Steuerung des Unternehmens. Am Ende der Plandurchführung steht die Kontrolle, in welcher die erreichten Resultate mit den geplanten Ergebnissen verglichen werden. Wird eine Planabweichung festgestellt, so wird dies zum Anlass genommen, neue Planungen durchzuführen. Diese werden dann anhand neu erstellter Pläne umgesetzt und die Ergebnisse werden erneut mit den Planvorgaben verglichen. Dieser Regelkreis wiederholt sich so lange bis die gewünschten Resultate vorliegen.

Planungsprozess

Regelkreis

Planung, Steuerung und Kontrolle als Regelkreis

Abbildung 209

Unternehmensplanung

Aufgabe der Unternehmensplanung ist es, für das gesamte Unternehmen Pläne zu entwerfen. Hierbei kommt es besonders darauf an, sämtliche Einflussfaktoren, welche die Planumsetzung gefährden könnten, zu berücksichtigen.

Planbestandteile

Ein Plan sollte folgende Hauptbestandteile umfassen:

Ziele:	was soll bis wann erledigt werden?
Grundannahmen:	unter welchen (Rahmen-)Bedingungen soll etwas getan werden?
Problemstellung:	warum soll etwas getan werden?
Maßnahmen:	wie soll es getan werden?
(Hilfs-)Mittel:	womit soll es getan werden?
Zeit:	bis wann soll es erledigt sein?
Personen:	wer soll was tun?
Ergebnisse:	welches Resultat soll erreicht werden?

Chefsache

Gerade im Handwerk erscheint es besonders wichtig, darauf hinzuweisen, dass die Planaufstellung in der Regel dem Betriebsinhaber obliegt. Planerstellungen, die Unterziele betreffen, können im Einzelfall an Mitarbeiter delegiert werden. Der Betriebsinhaber hat folglich die Richtlinienkompetenz der Unternehmensplanung.

Auf die Einrichtung einer Stabstelle zur Unternehmensplanung, wie sie in größeren Betrieben häufig angetroffen wird, kann bei der überwiegenden Mehrzahl der Handwerksbetriebe verzichtet werden.

Regelmäßige Planung

Trotzdem ist es von großer Bedeutung, dass regelmäßig und langfristig geplant wird. Eine Entlastung im Tagesgeschäft lässt sich oftmals durch eine gute Planung erreichen. Unterbleibt die Planung, so wird man wahrscheinlich niemals die gewünschten Resultate erzielen können.

2.6.1.4 Zeithorizont der Unternehmensplanung

Abhängig vom Planungshorizont unterscheidet man kurzfristige und langfristige Planungen. Erstere werden operative Planungen genannt. Sie werden für maximal ein Jahr aufgestellt. Letzere bezeichnet man als strategische Planungen. Sie sollen eine Vorausschau auf die kommenden Jahre ermöglichen.

Da im Handwerk grundsätzlich relativ kurze Planungszeiträume anzunehmen sind, kann man von einer zusätzlichen Unterscheidung der Planungszeiträume absehen. Taktische Planungen, die einen mittelfristigen

Zeitraum von einem bis vier Jahren abdecken, können in die strategischen Planungen aufgenommen werden.

Gegenüberstellung von operativer und strategischer Planung

	operative Planung	strategisch/taktische Planung
Planungszeitraum	kürzer als ein Jahr	länger als ein Jahr
Planungsgrößen	Produktionsmengen Terminierung Personaleinsatz kurzfristige und mittelfristige Liquidität Deckungsbeiträge Jahresumsatz, -gewinn Werbemaßnahmen ...	Unternehmensgrundsätze Produktpalette langfristiger Personalbedarf Sicherung der Zahlungsfähigkeit Erfolgsfaktoren Investitionen Nachfolge-/Übergabe ...
Planungsmerkmale	sofort umsetzbar konkrete Handlungsanweisungen detailliert und vollständig mengenmäßige Ausrichtung	nicht sofort umsetzbar Auflistung von Handlungszielen und -absichten nicht bis ins Detail ausformuliert; nicht vollständig qualitative Ausrichtung

Abbildung 210

2.6.2 Planungsbereiche und deren Abstimmung

Planung bezieht sich auf unterschiedliche betriebliche Bereiche. Die wichtigsten sind in der folgenden Abbildung zu sehen.

Beschaffung
- Material
- Maschinen
- Gebäude
- Informationen

Produktion
- Mengen
- Zeiten
- Verfahren

Absatz
- Sortiment
- Preise
- Marktauftritt

Finanzen
- Kapitalbedarf
- Kapitalstruktur
- Liquidität

Investitionen
- Wirtschaftlichkeit
- Rentabilität

Personal
- Anzahl
- Arbeitszeiten
- Entlohnung

Abbildung 211

Alle diese Bereiche stehen miteinander in engen Beziehungen. Beispielsweise ist ohne finanzielle Mittel weder die Gründung noch die Fortführung eines laufenden Betriebs denkbar. Ebenso müssen Material und Personal in ausreichenden Mengen bereitgehalten werden. Werden eine oder mehrere dieser Voraussetzungen nicht erfüllt, so wirkt sich dies sofort auf die anderen betrieblichen Bereiche aus.

Arten betrieblicher Pläne

Es ist daher unerlässlich, dass Beschaffungs-, Produktions- und Absatzpläne aufgestellt werden. Diese müssen dann in der Finanz- und Liquiditätsplanung berücksichtigt werden. Umgekehrt gesehen müssen natürlich auch die finanziellen Mittel bei den Planungen der übrigen Bereiche beachtet werden.

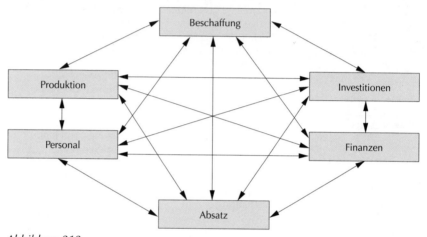

Abbildung 212

Planabstimmung

Bildlich gesprochen kann man sich vorstellen, dass jede Kreuzung der Pfeile in der obigen Abbildung einen Abstimmungsbedarf erzeugt. Hieraus wird ersichtlich, dass es selbst in kleinen Betrieben enormer Anstrengungen bedarf, sämtliche Pläne miteinander zu koordinieren.

Stellt sich z.B. heraus, dass der Kapitalbedarf für eine Baustelle wegen des hohen Materialeinsatzes nicht finanziert werden kann, so müsste der Auftrag abgelehnt werden. Soll der Auftrag jedoch trotzdem angenommen werden, um z.B. die Mitarbeiter nicht entlassen zu müssen, so sollte ein neuer Plan zur Kapitalbeschaffung aufgestellt und mit der Bank abgestimmt werden. So lässt sich möglicherweise auch die Zahlung von zusätzlichen Überziehungszinsen an die Bank vermeiden.

Vernetzte Planung

Diese Beispiele zeigen, dass in der Praxis aufgrund einer Vielzahl von nicht oder nur schwer vorhersehbaren Einflüssen die Pläne stets miteinander abgestimmt werden müssen. Isolierte Planänderungen in einem Bereich haben Folgen für andere Bereiche. Nur durch eine sofortige (sukzessive) Abstimmung der Teilpläne können eventuell weit reichende negative Auswirkungen auf den Betrieb vermieden werden.

2.6.3 Planungsphasen

Damit die Planung ihre Hauptaufgaben
- Sicherung des Unternehmenserfolges
- Verbesserter Umgang mit Risiken
- Vereinfachung von Problemstellungen und
- Schaffung eines Flexibilitätsspielraumes

erfüllen kann, sollte sie nach einem relativ festen Schema ablaufen. Dadurch wird am ehesten sichergestellt, dass nichts vergessen wird und alle vorhandenen Möglichkeiten ausgeschöpft werden.

Hauptaufgaben der Planung

Es erscheint wichtig zu erwähnen, dass der gesamte Planungsprozess schriftlich dokumentiert werden sollte.

Schriftform

Dies erleichtert die Fehlersuche bei Feststellung von Zielabweichungen erheblich. Auch wenn es auf den ersten Blick mühsam erscheint, über wichtige Details „Buch zu führen", sollte nicht übersehen werden, dass die Beseitigung von Planungsfehlern nur so exakt möglich ist.

Das Planungsschema gliedert sich in sechs Phasen oder Teilschritte.

Abbildung 213

In der ersten Phase sind die **Ziele** zu **formulieren,** die durch die Planung und ihre Durchführung erreicht werden sollen. Diese Ziele müssen sich an den Unternehmenszielen orientieren. Ihre Erreichung sollte zur Verwirklichung der vom Betriebsinhaber gesetzten Unternehmensziele beitragen.

Zielformulierung

Insbesondere umfasst dieser Teilschritt eine Realisierbarkeitsprüfung. In ihr muss festgestellt werden, ob das Vorhaben überhaupt machbar ist. Außerdem müssen mögliche Konflikte mit anderen Unternehmenszielen berücksichtigt werden. Im Konfliktfall kann es notwendig werden, die Priorität einzelner Unternehmensziele neu festzusetzen.

Problemstellung

> Im nächsten Teilschritt – der **Problemstellung** – muss das zu lösende Problem klar analysiert werden. Hierzu empfiehlt es sich, das Problem in viele kleine, lösbare Teilprobleme aufzugliedern und gegenüber anderen Problemstellungen abzugrenzen.

Damit erreicht man eine Problemkonzentration und -reduktion, durch die selbst große Probleme eher lösbar werden. Meist wird der Blick auf die Ursachen einer Problemstellung durch einige wenige, unlösbar erscheinende Sachverhalte versperrt. Mittels der Aufgliederung des Problems werden komplexe Zusammenhänge in kleine, zu bewältigende Teilgebiete aufgeteilt.

Alternativensuche

> Bei der **Alternativensuche** kommt es darauf an, Problemlösungen zu finden. Es kann sich hierbei um eine oder mehrere Lösungsideen handeln.

Grundsätzlich ist es besser, mehrere Lösungsansätze zu haben. In dieser Lösungsvielfalt liegt ein großes Kreativitätspotenzial. Oft kommt man so auf Lösungen, die man mit der erstbesten Lösungsmöglichkeit nicht gefunden hätte. Am Ende dieser Phase müssen die gefundenen Alternativen genau beschrieben, geordnet und auf ihre Realisierbarkeit hin geprüft werden. Nicht realisierbare Alternativen werden verworfen und finden keine weitere Berücksichtigung.

Prognose

> Jede ermittelte und grundsätzlich realisierbare Lösungsalternative hat andere **Auswirkungen,** die möglichst genau **vorhergesagt** werden müssen. Hierbei kommt es besonders darauf an, zeitliche, finanzielle und personelle Auswirkungen der Lösungsumsetzung zu prognostizieren. Diese Prognose muss auch in Hinsicht auf den Grad der Zielerreichung sehr genau sein.

Alternativenbewertung

> Die genannten vier Variablen (Zeit, Geld, Personal und Zielerreichungsgrad), bilden die Grundlage für die **Bewertung der Alternativen.**

Eine Rangfolge der Alternativen lässt sich beispielsweise über den angestrebten Zielerreichungsgrad herbeiführen. Die Alternative, die den größten Beitrag zur Zielerreichung beiträgt, erhält die höchste Priorität, wenn die anderen Variablen keinen Engpass darstellen. Sind mehrere Lösungsansätze gleichwertig in ihrem Zielerreichungsgrad, so können die anderen drei Faktoren (Zeit, Geld und Personal) für die Auswahl einer Alternative ausschlaggebend sein. Dann gilt es, ein betriebliches Bewertungssystem zu entwickeln, welches den anzutreffenden Gegebenheiten und Präferenzen des Betriebsinhabers entspricht.

Die **Entscheidung,** welche der Alternativen umgesetzt werden soll, liegt letztendlich immer beim Betriebsinhaber. Er entscheidet, ob der Grad der Zielerreichung oder vielleicht doch die Berücksichtigung der finanziellen Lage den Ausschlag für die eine oder die andere Problemlösung gibt.

Entscheidung

Nach der Entscheidung wird die ausgewählte Alternative **verwirklicht.** Die Realisierung wird mit den in der Planung erstellten Plänen gesteuert. An die Realisation schließt sich die Kontrolle an. In ihr werden die erreichten Ergebnisse mit den geplanten verglichen.
Werden Abweichungen festgestellt, so bieten diese Ergebnisse die Grundlage für eine Wiederaufnahme der Planungsphasen.

Realisierung

2.6.3 Planungsinstrumente

Je nachdem in welcher Planungsphase man sich befindet, stehen unterschiedliche Planungsinstrumente zur Verfügung. Sie sollen den Planungsprozess für den Planenden vereinfachen.

Planungsphasen	Planungsinstrumente
Problemanalyse	ABC-Analyse Stärken-/Schwächenanalyse
Suche von Alternativen	Benchmarking Brainstorming
Vorhersage und Bewertung	K.o.-Kriterien Kosten-/Nutzenanalyse

Abbildung 214

2.6.3.1 ABC-Analyse

Die ABC-Analyse kann in verschiedenen Bereichen eingesetzt werden. In allen Anwendungssituationen ist ihr Aufbau jedoch gleich.

ABC-Analyse

Die ABC-Analyse beruht auf einer Dreiteilung. Der erste Teil (A) umfasst alle Elemente, die besonders wichtig, wertvoll oder dringend sind. Im zweiten Teil (B) finden sich alle Elemente, die weniger wichtig oder wertvoll und nicht sehr dringend sind. In den dritten Teil (C) wird alles eingeordnet, was unwichtig, nebensächlich und absolut nicht dringend ist.
Grundsätzlich gilt, dass alle Elemente, die sich in A befinden, Chefsache sind. Sie sind dringend und wichtig oder leisten einen hohen Deckungsbeitrag. B-Angelegenheiten sollten zwar vom Chef überwacht bzw. veranlasst werden, sie müssen aber von anderen ausgeführt werden. Durch diese Delegation kann sich der Betriebsinhaber zeitlich entlasten und anderen wichtigeren Aufgaben zuwenden. Alle Dinge, die als C eingestuft werden, können bis zu ihrer Erledigung warten oder sofort der Ablage P (= Papierkorb) zugeführt werden.

Dreiteilung

„A"

„B"

„C"

Beispiele

Mithilfe der ABC-Analyse kann der Betriebsinhaber z.B. seine eigene Zeit einteilen (planen). Er muss hierfür entscheiden, welche Tätigkeiten am dringendsten und wichtigsten sind. Oder er versucht beispielsweise, seine Kunden zu klassifizieren. A-Kunden sind meist wenige, aber gute Kunden. Oftmals sorgen zwei oder drei Kunden für 30 bis 40 Prozent des Umsatzes. Aber auch in der Lagerhaltung lässt sich die ABC-Analyse einsetzen. Der Bezug teurer und knapper Materialien und Waren muss ständig überwacht werden. Billige und kurzfristig verfügbare Lagerposten können entweder in ausreichenden Mengen gelagert oder jederzeit nachbestellt werden.

Betriebs-Check

Die ABC-Analyse versetzt den Betriebsinhaber in die Lage, den Betriebsablauf unter Kosten- und Zeitaspekten gründlich zu untersuchen. Am Ende der Analyse wird klar erkennbar, für welche Tätigkeiten, Personen oder Produkte genaue Pläne erstellt werden müssen bzw. wo in der Vergangenheit Fehler gemacht wurden.

Beispiel:

Soviel Prozent der Kundschaft erzeugen soviel Prozent des Umsatzes

Abbildung 215

Aus diesem Beispiel kann entnommen werden, dass man sich um A-Kunden besonders kümmern muss. Springt einer aus dieser Kundengruppe ab, so schlägt sich dies im Umsatz überproportional nieder.

2.6.3.2 Stärken-/Schwächenanalyse

> Ziel der Stärken-/Schwächenanalyse ist es herauszubekommen, wie der eigene Betrieb im Vergleich zum direkten Mitbewerber hinsichtlich der Produkte, Dienstleistungen und sonstigen betrieblichen Erfolgsfaktoren dasteht. Der Betriebsinhaber macht sich hierfür eigene Gedanken oder er kann auf Veröffentlichungen der Handwerksorganisation zurückgreifen (z.B. Betriebsvergleichszahlen, Stärken-/Schwächenanalysen). Wichtig erscheint es hierbei, dass die eigene Lage realistisch eingeschätzt wird und besonders übertriebene Schönungen der Wirklichkeit unterbleiben. Am Ende der Analyse kann erkannt werden, in welchen Bereichen Nachholbedarf gegenüber der Konkurrenz vorhanden ist und wo Vorteile bestehen.

Wettbewerbsanalyse

Wirklichkeitstreue

In der Praxis von Handwerksbetrieben erweist es sich im Anschluss daran meist als sinnvoll, die Stärken auszubauen und so zu versuchen, die Schwächen auszugleichen.
Durch die Stärken-/Schwächenanalyse kann also der externe Stand des Betriebes beurteilt werden. Im Ergebnis führt dies in der Regel zu erheblichem Verbesserungs- und damit Planungsbedarf.

Stärken stärken

2.6.3.3 Benchmarking

> Das Benchmarking (dt. „Vergleich mit dem Klassenbesten") ist ein Instrument der Wettbewerbsanalyse und der Stärken-/Schwächenanalyse ähnlich. Nur vergleicht sich der Betrieb hierbei nicht mit der direkten Konkurrenz, sondern mit den jeweiligen Besten eines Gewerbes.

Aus dem Benchmarking kann man Ideen ableiten, die Alternativen zur betrieblichen Praxis darstellen. Oft kann man sich bei den Besten gute Anregungen für den eigenen Betrieb abschauen.

Lernen von den Besten

2.6.3.4 Brainstorming

> Das Brainstorming ist eine weit verbreitete und leistungsfähige Methode zur Alternativensuche. In einer Gruppe von Mitarbeitern macht man sich gemeinsam Gedanken zu einem Thema. Wichtig ist hierbei, dass jeder seine Ideen frei vorbringen kann und dass er von den anderen nicht kritisiert wird.

Ideensammlung

Jeder kann den Gedanken des anderen aufnehmen und weiterentwickeln. Ziel des Verfahrens ist es, einen regelrechten „Ideenhagel" zu bekommen. Am Ende der Sitzung sollen die Ergebnisse schriftlich festgehalten werden, damit der Sturm nicht genauso schnell wieder verflogen ist wie er kam.

Ideen aufschreiben

2.6.3.5 K.o.-Kriterien

Mindestvoraussetzungen

> Gegen Ende des Planungsprozesses müssen die gefundenen Alternativen bewertet werden. Zu diesem Zweck empfiehlt es sich, so genannte K.o.-Kriterien zu benennen. Diese geben an, welche Mindestvoraussetzungen durch die Alternativen zu erfüllen sind.
> Mögliche K.o.-Kriterien können sein:
> - Ist die Alternative technisch durchführbar?
> - Kann das Problem durch die Alternative gelöst werden?
> - Ist genug Kapital vorhanden, um die Alternative finanzieren zu können?
> - Kann die Alternative den Mitarbeitern „schmackhaft" gemacht werden?

Erfüllt eine Alternative eine oder mehrere der oben genannten Kriterien nicht, so scheidet sie als Lösungsweg aus.

2.6.3.6 Kosten-/Nutzenanalyse

Kosten-/Nutzenvergleich

> Mithilfe der Kosten-/Nutzenanalyse werden zukünftige Auswirkungen von geplanten Maßnahmen beurteilbar und vergleichbar gemacht. Zunächst müssen sämtliche absehbaren Kosten aller Alternativen vorhergesagt werden.

Da dies in der Regel nicht exakt möglich sein wird, müssen genaue Schätzungen abgegeben werden. Bei diesen Schätzungen können Veröffentlichungen der Handwerksorganisation oder auch die Betriebsberater der Handwerkskammern und Fachverbände eventuell behilflich sein.

Beste Lösung

> In einer Übersicht werden dann für jede Alternative Kosten und Nutzen gegenübergestellt. Diejenige Alternative wird gewählt, die das beste Kosten-/Nutzenverhältnis bietet. Durch dieses Vorgehen wird vermieden, dass eine vermeintlich billige Lösung ausgesucht wird, die aber keinen großen Nutzen bietet.

2.6.4 Kontrolle

Ergebnisvergleich

Die Aufstellung von Plänen bedeutet nicht, dass die darin enthaltenen Ziele auch tatsächlich erreicht werden. Daher ist es nötig, die erreichten mit den geplanten Ergebnissen zu vergleichen.

> Kontrolle wird als Vergleich von Plan- und Istwerten definiert.

Planabweichungen

Durch die Analyse der negativen Abweichungen können wichtige Erkenntnisse gewonnen werden, die für die Zukunft nutzbringend sind. Auch positive Planabweichungen sollten analysiert werden. Aus ihnen lassen sich eventuell noch gewinnbringendere Schlüsse ziehen.

2.6.4 Kontrolle

> Kontrollen sollten nicht nur am Ende des Durchführungsprozesses vorgenommen werden, sondern sie sollten ihn möglichst begleiten (z.B. permanente Inventur, Baufortschrittskontrolle, Toleranzmessungen etc.). Dadurch kann rechtzeitig korrigierend eingegriffen werden.

Abweichungen können grundsätzlich zwei verschiedene Gründe haben. Zum einen kann es sich um Planungsfehler handeln. Dies wird z.B. dann der Fall sein, wenn die Planung auf ungenauen Daten beruht oder Risiken/Chancen nicht in erforderlichem Umfang berücksichtigt wurden. Zum anderen können Umsetzungsfehler gemacht worden sein. Hier ist beispielsweise an die mangelhafte Ausführung eines Auftrages oder das Vergessen eines Planbestandteils zu denken.

Planungsfehler

Umsetzungsfehler

Ursachen für Planabweichungen	
Planungsfehler	**Umsetzungsfehler**
• ungenügende oder falsche Daten • ungenaue oder nachlässige Kalkulation • falsche Abschätzung von Risiken und Chancen • ...	• mangelhafte Auftragsausführung • Nichtausführung von Planbestandteilen • Materialverschwendung • ...

Abbildung 216

> Die Ergebniskontrolle ist Chefsache. Abweichungen und deren Ursachen sollten mit den Mitarbeitern, die für Planung und Durchführung zuständig waren, besprochen werden.

Ergebniskontrolle

Abhängig von den Abweichungsursachen sind zu ihrer Beseitigung unterschiedliche Maßnahmen zu treffen. Am Ende der Kontrollphase muss durch die Aufstellung neuer Pläne versucht werden, die Abweichungen zu beseitigen. Das bedeutet, dass der Planungsregelkreis, wie er in Abschnitt 2.6.1.3 „Aufgaben der Unternehmensplanung" beschrieben wurde, wieder von vorne beginnt.

Mängelbeseitigung

Zusammenfassend lässt sich feststellen:

> Planung und Kontrolle sind untrennbar miteinander verbunden. Wer plant, ohne die Ergebnisse zu kontrollieren, kann sich die Planung sparen. Wer eine Kontrolle durchführen will, muss vorher geplant haben, denn Kontrolle ohne Planung ist nicht möglich.

Verhältnis von Planung und Kontrolle

> Kontrolle bietet die Chance, aus den Fehlern der Vergangenheit für die Zukunft zu lernen.

2.6.5 Risikovorsorge

Risiken

> Jede unternehmerische Tätigkeit ist Risiken unterworfen. Diese zu erkennen und möglichst gering zu halten, ist Aufgabe der Risikovorsorge.

Die Risikovorsorge gliedert sich in zwei Punkte. Zuerst müssen die möglichen Risiken analysiert und danach Schritte zur Absicherung der Risiken unternommen werden.

2.6.5.1 Analyse der Risiken

Die Risikovorsorge ist Aufgabe des Betriebsinhabers. Er muss sich über mögliche Gefahrenquellen informieren.

Risikoarten

> Bedrohungen für den Betrieb können von außen (externe Risiken) oder innen (interne Risiken) kommen.

Auf die externen Risiken hat der Handwerksbetrieb meist keine direkten Einflussmöglichkeiten. Sie sind sozusagen „fremdverschuldet". Interne Risiken hingegen sind in den meisten Fällen „hausgemacht".

Überblick über externe und interne Risiken	
externe Risiken	**interne Risiken**
• Konjunkturschwankungen • Arbeitsmarktlage • Änderung des Zinsniveaus • Lohnpolitik • Steuerpolitik • Umweltgesetzgebung • Naturgewalten (Feuer, Hagel, Sturm, Hochwasser etc.)	• Materialengpass • Produktionsausfall • Veraltung der Maschinen • Mitarbeiterfluktuation • mangelhafte Produktqualität • Haftungsrisiken • ungenügende Produktpalette • Lücken im Informationssystem • Liquiditätsengpass • fehlende Übergabe-/Nachfolgeplanung

Abbildung 217

Die in der obigen Abbildung aufgeführten Risiken sind nur einige wichtige Beispiele. Im betrieblichen Alltag gibt es eine nahezu unüberschaubare Vielzahl.

2.6.5.2 Absicherung der Risiken

Gegenüber den externen Risiken ist der Handwerksbetrieb bis auf einige Ausnahmen relativ machtlos.

Externe Risiken

Im Falle von Naturgewalten, persönlichem Missgeschick, personenbezogenen Wechselfällen des Lebens sowie gesetzlich vorgeschriebenen Haftungspflichten des Betriebsinhabers u.a. bestehen Möglichkeiten der Risikoabsicherung. Durch den Abschluss von Versicherungen kann sich der Handwerksbetrieb im Schadensfall vor den Folgen schützen.

Versicherungen

Versicherungen zur Abdeckung von Risiken		
Personen-versicherungen	**Sach-versicherungen**	**Schadens-versicherungen**
• Unfallversicherung • Lebensversicherung • Krankenversicherung • Privathaftpflicht-versicherung	• Einbruchdiebstahl-versicherung • Gebäudeversicherung/ Feuerversicherung	• Kfz-Versicherung • Betriebshaftpflicht-versicherung • Produkthaftpflicht-versicherung • Betriebsunterbrechungs-versicherung

Abbildung 218

(Siehe auch Abschnitt 2.7.5.15 „Risikovorsorge – Versicherungsschutz" bei der Existenzgründung).

Hinsichtlich der internen Risiken ist der Betriebsinhaber bei der Risikoabsicherung auf sich alleine gestellt. Er muss geeignete Maßnahmen ergreifen, um möglichen Gefahren vorzubeugen. Hierbei kann ihn ein ausgereiftes Planungs- und Frühwarnsystem unterstützen. Grundlage beider Systeme bildet ein funktionierendes Informationssystem, welches über aktuelle Zahlen aus dem Rechnungswesen, der Produktion, Beschaffung und dem Verkauf verfügen muss. Sobald diese aktuellen Informationen nicht zur Verfügung stehen, kann keine zuverlässige Risikovorsorge mehr betrieben werden. Der Betrieb wird somit zum Spielball der Zufälle und Irrtümer.

Interne Risiken

Planungs- und Frühwarnsystem

Übungs- und Prüfungsaufgaben

1. Wie unterscheiden sich monetäre von nicht monetären Zielen im Rahmen des Unternehmenszielsystems? Nennen Sie zu jeder Gruppe zwei Beispiele!

„Siehe Seite 424 des Textteils!"

2. Erstellen Sie an einem selbst gewählten Beispiel eine Zielhierarchie für einen Handwerksbetrieb bei der betrieblichen Planung!

„Siehe Seite 424 des Textteils!"

3. Unternehmensziele, die sich direkt ausführen lassen, nennt man
   - ☐ a) Oberziele.
   - ☐ b) Zwischenziele.
   - ☐ c) operationale Ziele.
   - ☐ d) nicht operationale Ziele.
   - ☐ e) Gewinnziele.

„Siehe Seite 424 des Textteils!"

4. Der gesamte betriebliche Planungsprozess kann gegliedert werden in
   - ☐ a) Planung, Abweichung, Kontrolle.
   - ☐ b) Durchführung, Planung, Analyse.
   - ☐ c) Steuerung, Durchführung, Controlling.
   - ☐ d) Beschaffung, Produktion, Kontrolle.
   - ☐ e) Planung, Steuerung, Kontrolle.

„Siehe Seite 426 des Textteils!"

5. Erstellen Sie für einen Betrieb einen groben Produktions- oder Durchführungsplan, der die wichtigsten Planbestandteile enthält!

„Siehe Seite 426 des Textteils!"

6. Warum ist die Planung gerade im Handwerksbetrieb so wichtig?

„Siehe Seite 426 des Textteils!"

7. Stellen Sie die Hauptunterschiede von operativer und strategischer Planung gegenüber!

„Siehe Seite 427 des Textteils!"

8. Sie sind Inhaber eines Handwerksbetriebes. Um den Unternehmenserfolg für die Zukunft nachhaltig zu sichern, wollen Sie die Planungsvorgänge in Ihrem Betrieb durch Systematisierung der Planungsbereiche und deren gegenseitige Abstimmung verbessern.

<u>Aufgabe:</u>
a) Stellen Sie die sechs wichtigsten Bereiche betrieblicher Planung dar!
b) Erläutern Sie, wie die gegenseitige Abstimmung der Planungsbereiche erfolgen kann!

„Siehe Seite 427 des Textteils!"

2.6 Planung

9. Die Absatzplanung eines Handwerksbetriebes sollte sich vor allem auf folgende drei Bereiche erstrecken:
- ☐ a) Material, Arbeitszeiten, Sortiment
- ☐ b) Sortiment, Preise, Marktauftritt
- ☐ c) Sortiment, Produktionsverfahren, Kapitalbedarf
- ☐ d) Liquidität, Preise, Wirtschaftlichkeit
- ☐ e) Marktauftritt, Entlohnung, Preise.

„Siehe Seite 427 des Textteils!"

10. Warum ist eine Vernetzung der Planungsbereiche im Betrieb notwendig?

„Siehe Seite 428 des Textteils!"

11. Welches ist keine Hauptaufgabe der Planung?
- ☐ a) Vereinfachung von Problemstellungen
- ☐ b) Verbesserter Umgang mit Risiken
- ☐ c) Schaffung eines Flexibilitätsspielraumes
- ☐ d) Die Einzelbeschaffung eines Betriebsfahrzeuges
- ☐ e) Sicherung des Unternehmenserfolges.

„Siehe Seite 429 des Textteils!"

12. Sie sind selbstständiger Handwerksmeister und streben an, den gesamten betrieblichen Planungsprozess zu verbessern, um auch in der Zukunft wettbewerbsfähig zu bleiben. Zu diesem Zweck wollen Sie den gesamten Planungsprozess schriftlich dokumentieren.

<u>Aufgabe:</u>
a) Erstellen Sie ein Planungsschema, das die sechs wichtigsten Phasen bzw. Teilschritte enthält!
b) Nennen Sie mögliche Planungsinstrumente, mit denen Sie den Planungsprozess vereinfachen können!

„Siehe Seite 429, 431 des Textteils!"

13. Beschreiben Sie den Aufbau der ABC-Analyse als Instrument der Planung!

„Siehe Seite 431 des Textteils!"

14. Jeder Handwerksbetrieb hat unterschiedliche Kunden. Mit der ABC-Analyse ist es möglich, diese verschiedenen Umsatzgruppen zuzuordnen. Führen Sie für einen Betrieb eine solche Kundenanalyse durch!

„Siehe Seite 432 des Textteils!"

15. Die Ergebnisse einer Stärken-/Schwächenanalyse sind so auszulegen, dass
- ☐ a) lediglich die Schwächen so schnell und gründlich wie möglich beseitigt werden.
- ☐ b) die Schwächen weiter ausgebaut und die Stärken abgebaut werden.
- ☐ c) die Schwächen bei gleichzeitigem Abbau der Stärken beseitigt werden.
- ☐ d) die Stärken so lange ausgebaut werden bis sie sich ins Gegenteil verkehren.
- ☐ e) die Stärken ausgebaut werden, um damit zu versuchen, die Schwächen auszugleichen.

„Siehe Seite 433 des Textteils!"

16. Als Inhaber eines Handwerksbetriebes wollen Sie Brainstorming als Planungsinstrument einsetzen.

Aufgabe: Beschreiben Sie kurz, wie Brainstorming mit Ihren Mitarbeitern bzw. einer Gruppe von Mitarbeitern ablaufen kann!

„Siehe Seite 433 des Textteils!"

17. Im Rahmen der betrieblichen Planung spielt die Kosten-/Nutzenanalyse eine wichtige Rolle. Als Betriebsinhaber wollen Sie den Einsatz dieses Planungsinstruments näher untersuchen.

Aufgabe: Erklären Sie, welche Aufgabe die Kosten-/Nutzenanalyse bei der betrieblichen Planung hat und wie man dabei vorgehen soll!

„Siehe Seite 434 des Textteils!"

18. Erläutern Sie, wie die betriebliche Planung kontrolliert werden kann!

„Siehe Seite 434 des Textteils!"

19. Beschreiben Sie anhand von Beispielen mögliche Planungs- und Umsetzungsfehler!

„Siehe Seite 435 des Textteils!"

20. Sie sind selbstständiger Handwerksmeister und stellen fest, dass die unternehmerischen Risiken laufend zunehmen. Deshalb wollen Sie für Ihren Betrieb eine gründliche Analyse über möglichst viele Risiken vornehmen und durch umfassende Maßnahmen zur Abdeckung von Risiken entsprechende Risikovorsorge treffen!

Aufgabe:

a) **Stellen Sie die wichtigsten internen und externen Risiken für Ihren Betrieb zusammen!**
b) **Erläutern Sie wichtige Versicherungsarten, durch die Sie Risiken abdecken können!**

„Siehe Seiten 436, 437 des Textteils!"

2.7 Gründung

Vorbemerkung

Die Betriebsgründung oder die Betriebsübernahme ist für den Handwerksmeister in der Regel der umfassendste „praktische Fall" der konkreten Anwendung betriebswirtschaftlichen und rechtskundlichen Wissens und der Nachweis seiner Handlungskompetenz sowie seiner unternehmerischen Qualifikation.

„Praktischer Fall"

In der Neuen Handwerker-Fibel sind die einzelnen betriebswirtschaftlichen Handlungsfelder und Fachgebiete in Band 1 und das Handlungsfeld rechtliche und steuerliche Grundlagen in Band 2 ausführlich dargestellt worden. Deshalb wird der Schwerpunkt im Kapitel „Gründung" bei der praktischen Umsetzung gelegt. Das heißt, dass hier insbesondere anhand von Handlungsanleitungen und Checklisten dargestellt wird, wie der Betriebsgründer bzw. Betriebsübernehmer bei der Planung, Durchführung und Kontrolle der Betriebsgründung oder Betriebsübernahme vorzugehen hat.

Handlungsanleitungen Checklisten
Planung, Durchführung, Kontrolle

Dabei werden gründungsspezifische Wissensgebiete, soweit sie nicht schon in den vorangegangenen Kapiteln behandelt wurden, im Kapitel „Gründung" dargestellt. Im Übrigen wird, sofern erforderlich, auf die einschlägigen Kapitel in Band 1 und Band 2 verwiesen.

2.7.1 Unternehmenskonzept

2.7.1.1 Persönliche Voraussetzungen für die berufliche Selbstständigkeit

Jeder Existenzgründer sollte sich, bevor er den Schritt in die Selbstständigkeit wagt, folgende selbstkritische Fragen stellen:

Selbstkritische Fragen

- Was sind meine Motive für die berufliche Selbstständigkeit?
- Bin ich der Typ, der risikofreudig ist oder bin ich einer, der eher den Weg der größeren Sicherheit sucht?
- Habe ich die persönliche Stärke in eigener Verantwortung auch in kritischen Lagen kühlen Kopf zu bewahren, nicht zu resignieren und optimistisch zu sein?
- Verfüge ich über eine überdurchschnittliche psychische und körperliche Belastbarkeit?
- Bin ich bereit, ein Arbeitspensum zu leisten, das über dem Normalmaß eines Berufstätigen liegt?
- Kann ich auf lieb gewonnene Hobbys und auf Freizeit zumindest auf Zeit verzichten?
- Ist der Schritt in die Selbstständigkeit auch mit dem Ehepartner abgesprochen?
- Bin ich kontaktfreudig, kreativ und durchsetzungsfähig?
- Habe ich die notwendigen Führungseigenschaften?

- Reichen Berufsausbildung, Prüfungen, Berufserfahrung sowie Fertigkeiten und Kenntnisse aus, um der angestrebten beruflichen Selbstständigkeit gerecht zu werden?
- Habe ich alle Voraussetzungen für die Gewerbeausübungsberechtigung?

2.7.1.2 Leitbild

Verhaltenskodex

Der Existenzgründer hat sich die Frage zu stellen, wie er als Unternehmer handeln will. Er stellt einen Verhaltenskodex für sich und seine Mitarbeiter auf. Das Leitbild ist somit Teil seiner Unternehmensplanung, seiner Unternehmensgrundsätze und seiner Unternehmensphilosophie. Es ist sowohl nach innen als auch nach außen gerichtet.

Interne Ausrichtung

Die interne Ausrichtung bezieht sich in erster Linie auf den Umgang mit den Mitarbeitern, die ein Zusammengehörigkeitsgefühl, eine Identifizierung mit dem Betrieb und eine hohe Motivationsfunktion zum Ziel haben.

Externe Ausrichtung

Nach außen betrachtet, muss das Leitbild des Betriebes auf ein positives Erscheinungsbild ausgerichtet sein, wobei das tatsächliche Handeln auch dem entsprechen muss, was vorgegeben wird. Im Handwerksbetrieb wird die Leistung in erster Linie von Menschen bestimmt. Deshalb kommt es entscheidend auf die Persönlichkeitsprofile des Betriebsinhabers und seiner Mitarbeiter an.

Abbildung 219

Meisterbetrieb

Der Existenzgründer mit Meisterprüfung sollte sich von folgenden Grundsätzen des Meisterstatus bzw. modernen Meistersymbols leiten lassen:
- Qualität
- handwerkliche Leistungsvielfalt
- Fach- und Problemlösungskompetenz
- effiziente Unternehmensführung.

2.7.1 *Unternehmenskonzept*

Das oberste Leitbild muss heute für einen erfolgreichen Existenzgründer die Kundenorientierung und Kundenbehandlung sein, denn die Ansprüche der Kunden haben sich sehr stark verändert.

Kundenorientierung

„In meinem Betrieb ist der Kunde König." Dieser Leitsatz ist täglich im Betriebsablauf umzusetzen.

Wie kann ich Kunden gewinnen und zufrieden stellen?

Dies kann geschehen durch:
- Freundlichkeit
- Pünktlichkeit
- Termintreue
- Zuverlässigkeit
- Fachwissen
- Qualität der Produkte und Leistungen
- Service, kompetente Beratung und Problemlösung
- Kostenverbindlichkeit
- bestmögliches Preis-Leistungs-Verhältnis.

Kundenzufriedenheit

Nur wenn alle Mitarbeiter dieses Leitbild mittragen und täglich in der Berufsarbeit praktizieren, wird der Betrieb erfolgreich sein. Nur dann kann folgender Leitsatz umgesetzt werden: „Mit Kompetenz überzeugen."

Mit Kompetenz überzeugen

Siehe auch Abschnitte 2.2.3.5 „Unternehmensleitbild und Unternehmenskultur" und 2.2.3.6 „Kundenorientierung und Kundenbehandlung"!

2.7.1.3 Produkt- und Leistungsprogramm

Die betrieblichen Tätigkeitsbereiche beziehen sich im Handwerksbetrieb auf die Ausübung eines oder mehrerer Vollhandwerke oder Teilbereiche in anderen Handwerken im Rahmen der Bestimmungen der Handwerksordnung. Anhand des oder der Berufsbilder werden die vorgesehenen Arbeitsgebiete zusammengestellt.

Tätigkeitsbereiche

Dabei ist zu beachten, dass auch Zusatz- bzw. Nebenleistungen zu den Produkten oder Hauptleistungen Bestandteile des gesamten Leistungsprogramms sind. Es geht dabei um Leistungen, die der Verkäufer seinem Abnehmer während und nach dem Kauf oder der Hauptleistung anbietet, um den Erwerb, Einsatz und Gebrauch des Produktes oder einer Leistung zu ermöglichen und zu erleichtern. In nahezu allen Handwerkszweigen sind Kundendienstleistungen von hohem Stellenwert. Anhand folgender Übersicht soll der Existenzgründer sein geplantes Produkt- und Leistungsprogramm konzipieren.

Zusatz- und Nebenleistungen

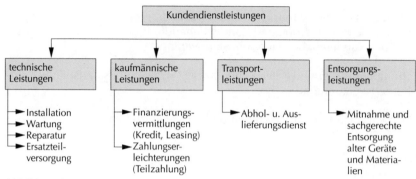

Abbildung 220

Kundendienstleistungen steigern die Kundenzufriedenheit, fördern die Marken- und Herstellertreue und helfen mit, einen engen und intensiven Kontakt zum Kunden aufzubauen und ihn zum Stammkunden zu machen. Sie sind eine wichtige Voraussetzung für eine insgesamt erfolgreiche Produkt- und Leistungsgestaltung im weitesten Sinne. Vermehrt will der Kunde nicht nur das Produkt kaufen, sondern er verlangt eine komplette Problemlösung und besten Service.

Komplette Problemlösung

Siehe auch Abschnitt 2.2.3.1 „Produkt- und Sortimentspolitik"!

2.7.1.4 Zielgruppen, Kundenstruktur

> Im Rahmen des Unternehmenskonzepts muss sich der Existenzgründer überlegen, welche Zielgruppen er mit seinen Produkten und Leistungen als Kunden gewinnen will.
> Dabei hat er sich u.a. folgende Fragen zu stellen:

Zielgruppenmerkmale

- Sollen öffentliche Auftraggeber gewonnen werden?
- Will ich vorwiegend Privatpersonen als Kunden?
- Will ich gewerbliche Abnehmer ansprechen?
- Welche Personen, gegliedert nach Alter, Geschlecht, Familienstand, Zahl der Kinder sind interessant?
- Welche Einkommensgruppen und welche Berufszugehörigkeiten will ich ansprechen?
- Welche Einstellungen und Verhaltensweisen von Menschen (z.B. Umwelt- und Gesundheitsbewusstsein, anspruchsvolle oder genügsame Lebensweise) sind für mein Angebot an Produkten und Dienstleistungen von Bedeutung?
- Wie will ich die von mir bevorzugten Zielgruppen ansprechen?

2.7.2 Markt- und Standortanalyse

Absatzmarkt

> Die Marktanalyse soll sich hier nur auf den Absatzmarkt beziehen. Dabei müssen die Chancen und Risiken der Betriebsgründung auf dem Absatzmarkt beurteilt werden.

2.7.2.1 Absatzgebiete und Absatzmöglichkeiten

Abbildung 221

Folgende Informationsquellen stehen für die Beschaffung der Fakten für die Beurteilung insbesondere zur Verfügung:

Informationsquellen

- Informationen von Innungen, Verbänden und Handwerkskammern
- Konjunkturberichte
- Branchenstatistiken
- allgemeine Umfrageergebnisse und spezielle Kundenbefragungen
- Veröffentlichungen wissenschaftlicher Institute
- Veröffentlichungen der Gesellschaft für Konsumforschung (GfK)
- Informationen aus amtlichen Statistiken von allen Ebenen
- Marktforschungsagenturen
- Werbeagenturen
- Kreditinstitute
- Zeitungen, Zeitschriften, Literatur, elektronische Medien.

Handlungsanleitungen für die Vorgehensweise zu den in der obigen Abbildung enthaltenen Analyse- und Beurteilungsbereichen sind insbesondere in den Abschnitten 2.2.2 „Analyse des Absatz- und Beschaffungsmarktes", 2.2.2.2 „Gegenstände der Marktanalyse und Marktforschung", 2.2.2.3 „Praktische Anwendung der Marktforschung im Handwerksbetrieb" und 2.2.2.4 „Analyse der Wettbewerbssituation" dargestellt.

Handlungsanleitungen

Eine gründliche Marktanalyse sowie eine genaue Prüfung aller Fakten für die Beurteilung der Absatzgebiete und Absatzmöglichkeiten sind wichtige Voraussetzungen für eine erfolgreiche Gründung und eine gute weitere Zukunftsentwicklung eines Handwerksbetriebes.

2.7.2.2 Standortfaktoren

Von der richtigen Standortwahl und der voraussichtlichen Standortentwicklung hängt in den meisten Handwerkszweigen der langfristige wirtschaftliche Erfolg ab.

Optimaler Standort

Die Wahl des günstigsten Standorts bezeichnet man als optimalen Standort.

Abbildung 222

Beschaffungsbezogene Faktoren

Als beschaffungsbezogene Standortfaktoren sind zu prüfen:

- Grundstücke, Erschließungsbedingungen, Gewerbeflächenangebot
- Betriebseinrichtung
- Fremddienste, Zulieferer
- Arbeitskräfte
- finanzielle Mittel
- Materialbeschaffung
- Energieversorgung
- Beschaffungskonkurrenz
- staatliche Leistungen
- Ver- und Entsorgungsmöglichkeiten.

Produktionsbezogene Faktoren

Produktionsbezogene Standortfaktoren sind:

- soziale und politische Rahmenbedingungen
- ökologische Rahmenbedingungen
- technologische Bedingungen.

Absatzorientierte Faktoren

Absatzorientierte Standortfaktoren sind:

- Kundennähe
- Kaufkraft der Kunden
- Kundenpotenzial
- Verbrauchergewohnheiten
- Absatzkonkurrenz und Wettbewerbssituation
- Verkehrsverbindungen (öffentliche Wege, Straßen, Parkmöglichkeiten, Beleuchtungsanlagen).

„Weiche Standortfaktoren"

Hinzu kommen die so genannten „weichen" Standortfaktoren, wie z.B. persönliche, freizeitbezogene und kulturelle Angebote an einem Ort.

2.7.2.3 Standortvergleich, Standortbeurteilung

> Für die abschließende Beurteilung des Standortes müssen die Standortfaktoren verglichen und je nach Handwerkszweig, in dem der Betrieb gegründet werden soll, entsprechend gewichtet werden.

Besonders zu berücksichtigen ist, dass es staatliche Regelungen gibt, die die Standortwahl begrenzen können.

Jede Errichtung eines Betriebes bedarf der Zustimmung der öffentlichen Hand. Hinsichtlich der Genehmigung zur Errichtung eines Betriebes können erhebliche Einschränkungen durch Gesetze und Verordnungen bestehen, die sich auf ganze Wirtschaftszweige oder aber auf eine ganz bestimmte Art eines Betriebes erstrecken. — Gesetzliche Beschränkungen

Neben den Bestimmungen der Länder und Gemeinden sind insbesondere zu nennen:
- Bauplanungsrecht nach dem Baugesetzbuch und der Baunutzungsverordnung (Bauleitplan, Flächennutzungsplan und Bebauungsplan) — Bauplanungsrecht
- Arbeitsstättenverordnung
- Gewerbeordnung
- Bundesimmissionsschutzgesetz (Umweltschutz).

> Die Raumordnung und die regionale Wirtschaftspolitik sind für die Standortwahl von besonderer Bedeutung. Vermehrt setzen Kommunen und Regionen entsprechende Instrumente ein, die der Existenzgründer für sich nutzen kann.

Abbildung 223

2.7.3 Rechtsfragen bei der Gründung

2.7.3.1 Handwerks-, Handels- und Steuerrecht

Handwerksrecht
Wer einen Handwerksbetrieb gründen will, muss die handwerksrechtlichen Voraussetzungen für die Eintragung in die Handwerksrolle erfüllen.

Abbildung 224

Die meisten Existenzgründer im Handwerk haben die Meisterprüfung abgelegt.

Nähere Einzelheiten siehe Abschnitt 3.2.1.2 „Eintragung in die Handwerksrolle (einschließlich der Anlagen A und B zur Handwerksordnung sowie verwandte Handwerke)" in Band 2!

Handelsrecht

Vor der Betriebsgründung sind u. a. folgende handelsrechtliche Fragen zu klären:

Handelsregister

Kaufmannseigenschaft

1. Erfordert meine selbstständige Tätigkeit einen in kaufmännischer Weise eingerichteten Geschäftsbetrieb?
2. Muss ich meinen Betrieb ins Handelsregister eintragen lassen?
3. Welche rechtlichen Folgen hat die Eintragung ins Handelsregister im Bezug auf die Kaufmannseigenschaft, das Firmenrecht usw.?
4. Welche Formvorschriften gelten ggf. für das Eintragungsverfahren?
5. Welche Kosten entstehen bei der Eintragung ins Handelsregister?

Bei diesen Fragen sollte sich der Existenzgründer eingehend beraten lassen.

Nähere Einzelheiten siehe Abschnitt 3.2.2 Handels- und Gesellschaftsrecht in Band 2!

Steuerrecht

Steuerberater

Um die optimalen steuerlichen Voraussetzungen zu schaffen und um allen Steuerpflichten nachzukommen, sollte der Existenzgründer rechtzeitig mit einem Steuerberater zusammenarbeiten.

2.7.3 Rechtsfragen bei der Gründung

Abbildung 225

Es ist ein Betriebsfragebogen für das Finanzamt auszufüllen. Danach wird eine Steuernummer zugeteilt.	Betriebsfragebogen

Folgende Voranmeldungen bzw. Erklärungen sowie Vorauszahlungen fallen von Anfang an oder nach einer gewissen Anlaufzeit in der Regel an:
- Umsatzsteuervoranmeldungen
- Lohnsteueranmeldungen
- Umsatzsteuervorauszahlungen
- Lohnsteuervorauszahlungen
- Einkommensteuervorauszahlungen (plus Solidaritätszuschlag)
- Gewerbesteuervorauszahlungen
- ggf. Körperschaftsteuervorauszahlungen.

Voranmeldungen Vorauszahlungen

Um Nachteile zu vermeiden, ist dafür Sorge zu tragen, dass die finanziellen Mittel zu den Zahlungsterminen auch in ausreichendem Umfange verfügbar sind.

(Siehe auch Kapitel 3.5 Steuern in Band 2!)

2.7.3.2 Bau-, umweltschutz- und abfallrechtliche Vorschriften

Baurecht

Bei jedem Neubau, Umbau, jeder Nutzungsänderung oder bei jedem Abbruch baulicher Anlagen ist grundsätzlich die baurechtliche Genehmigungsfähigkeit, deren mögliche Beschränkung sowie ggf. zu erwartende Auflagen mit der örtlichen Baubehörde abzuklären.	Genehmigungsfähigkeit

Wichtige Vorgaben bauplanungs- und bauordnungsrechtlicher Art für alle genannten Vorhaben sind:
- das Baugesetzbuch
- die Baunutzungsverordnung
- Bauordnungen der Länder
- Bauleitpläne
- Flächennutzungspläne
- Bebauungspläne

Rechtliche Vorgaben

Nach dem Baugesetzbuch und der Baunutzungsverordnung sind für die Ordnung der städtebaulichen Entwicklung Bauleitpläne zu erstellen.

Bauleitplan

Flächen-nutzungsplan

Der Flächennutzungsplan, der für das gesamte Gemeindegebiet aufgestellt wird, teilt das Gemeindegebiet in unterschiedliche Nutzungsbereiche wie Verkehr, Gewerbe, Wohnen usw. auf.

Bebauungsplan

Daraus werden die Bebauungspläne entwickelt. Je nach dem Umfang der bauplanerischen Festlegungen unterscheidet man zwischen einfachen und qualifizierten Bebauungsplänen.

> Bei der Aufstellung der Bebauungspläne ist die in der Baunutzungsverordnung vorgesehene Gliederung der Bau- bzw. Nutzungsgebiete zugrunde zu legen.

Die wichtigsten Arten der baulichen Nutzungsgebiete sind:
- Reines Wohngebiet (WR)
- Allgemeines Wohngebiet (WA)
- Besonderes Wohngebiet (WB)
- Dorfgebiet (MD)
- Mischgebiet (MI)
- Kerngebiet (MK)
- Gewerbegebiet (GE)
- Industriegebiet (GI)

Aus dieser Gliederung lässt sich die grundsätzliche Zulässigkeit von Handwerksbetrieben ableiten. Die Genehmigung der Vorhaben von Handwerksbetrieben hängt darüber hinaus von der Einholung verschiedener Stellungnahmen (z.B. Gewerbeaufsichtsämter, Umweltschutzämter, Ämter für Arbeitsschutz, Wasserwirtschaftsamt usw.) durch die Baugenehmigungsbehörde ab.

Einwendungen

Inhaber von Handwerksbetrieben haben bereits bei der Aufstellung von Flächennutzungsplänen und Bebauungsplänen die Möglichkeit, Einwendungen bei den zuständigen Behörden zu erheben, wenn ihr Betriebsgrundstück durch die Aufstellung oder Änderung eines Flächennutzungs- oder Bebauungsplanes betroffen ist. Unter Umständen würden durch unterlassene Einwendungen die erforderlichen Rechtsmittel versperrt.

Bauantrag

> Bei allen beschriebenen Vorhaben (Errichtung, Änderung, Nutzungsänderung, Abbruch baulicher Anlagen) hat der Betriebsinhaber einen schriftlichen Bauantrag bei der Gemeinde zu stellen. Zuständig ist die Gemeinde, in deren Gebiet das Vorhaben liegt. Dem Bauantrag sind die einschlägigen Unterlagen beizufügen, worüber die Bauplanungs- bzw. Genehmigungsbehörde Auskunft gibt.

Baugenehmigung

Nach Zustellung der Baugenehmigung sind erteilte Auflagen genau zu prüfen und, um deren für den Bauherrn eventuell nachteilige Rechtskraft zu verhindern, dagegen Rechtsmittel einzulegen.

In einzelnen Bundesländern erlauben die Bauordnungen unter bestimmten Voraussetzungen genehmigungsfreies Bauen.

Umweltschutzrecht – Immissionsschutz

Zur Vorbeugung und zum Schutz vor schädlichen Umwelteinwirkungen müssen Handwerksbetriebe die immissionsschutzrechtlichen Vorschriften (Bundesimmissionsschutzgesetz als zentrales bundeseinheitliches Vorschriftensystem und andere) beachten. Von Bedeutung sind ferner die Technischen Anleitungen zum Schutz gegen Lärm und Vermeidung von Gerüchen und Luftverunreinigungen (TA-Lärm, TA-Luft).
In diesem Zusammenhang sind die Einwirkungen eines Betriebsgrundstücks auf die Nachbargrundstücke hinsichtlich erheblicher Nachteile oder Belästigungen zu prüfen. Darüber hinaus ist es von Bedeutung, ob erhebliche Gefahren, Belästigungen oder Nachteile für die Nachbarschaft oder die Allgemeinheit entstehen können.

Immissionsschutz

TA-Lärm
TA-Luft

Das Bundesimmissionsschutzgesetz unterscheidet grundsätzlich zwischen genehmigungsbedürftigen und nicht genehmigungsbedürftigen Anlagen.

Abbildung 226

Die Einsatzstoffe müssen umweltverträglich sein. Bei wassergefährdenden oder brennbaren Einsatzstoffen sind sachgerechte Lagerung, Verwendung, Sicherheit und Entsorgung zu gewährleisten.

Einsatzstoffe

Im Abwasserbereich sind u.a. Grenzwerte und Einleitungsvorschriften zu beachten. Informationen sind bei der Gemeinde oder beim Landratsamt zu erhalten.

Abwasser

Für den Lärmbereich gibt es je nach Gebietsart, in dem der Betrieb seinen Standort hat, Grenzwerte bzw. Richtwerte.

Lärm

Schließlich sind hinsichtlich der Belastungen von Umgebungsluft z.B. durch Staub oder Abgas Grenzen gesetzt, die zu beachten sind.

Luftschadstoffe

Bei Missachtung von Vorschriften oder behördlichen Anordnungen kann der Betrieb der Anlage ganz oder teilweise untersagt werden.

- Wichtige Ansprechpartner für den Existenzgründer sind hier die Umweltschutzberater der Handwerkskammern.

Umweltschutzberater

Abfallrecht

Der Betriebsinhaber hat dafür zu sorgen, dass Abfälle
- soweit möglich vermieden
- stofflich verwertet und
- sachgerecht entsorgt werden.

> Von großer Bedeutung ist, dass die Betriebe nach den entsprechenden gesetzlichen Regelungen (Kreislaufwirtschafts- und Abfallgesetz) für viele Bereiche vor allem der Entsorgung (z.B. Altöle, Sondermüll) und für eine geordnete Abfallwirtschaft (Wiederverwertung) selbst erhebliche Leistungen erbringen müssen. Es muss deshalb geprüft werden, in welchem Umfang und in welcher Entfernung diese entsprechenden Entsorgungseinrichtungen bzw. Entsorgungsfachbetriebe zur Verfügung stehen.

Auf die Sonderregelungen zur Vermeidung und Wiederverwertung von Abfällen im Verpackungsbereich wird ergänzend hingewiesen.

Abfallberater

Auskünfte kann der Existenzgründer beim Gewerbeabfallberater (Landratsamt) oder beim Umweltschutzberater der Handwerkskammer erhalten.

2.7.3.3 Arbeitsstättenverordnung

Diese Verordnung regelt die Anforderungen an Arbeitsstätten im Interesse des Arbeits- und Betriebsschutzes.

Abbildung 227

2.7.3.4 Arbeitssicherheit, Unfall- und Gesundheitsschutz

Hier sind insbesondere zu beachten:
- das Arbeitssicherheitsgesetz
- die Unfallverhütungsvorschriften der für den Handwerkszweig zuständigen Berufsgenossenschaft
- alle Vorschriften über den Gesundheitsschutz.

(Siehe auch Abschnitt 2.4.4.4 „Betriebliches Sozialwesen" in diesem Band und Abschnitt 3.3.8 „Arbeitsschutz" in Band 2.)

2.7.4 Wahl der Rechtsform

Abbildung 228

Bei der Entscheidung über die Rechtsform hat der Existenzgründer folgende zentrale Fragen zu stellen: Zentrale Fragen

1. In welcher Form sind die handwerksrechtlichen Voraussetzungen gegeben?
2. Ist eine Eintragung ins Handelsregister erforderlich oder möglich?
3. Welche Formvorschriften sind zu beachten?
4. Welche Kosten fallen an?
5. Wie soll die Eigen- und Fremdfinanzierung erfolgen?
6. Gründe ich das Unternehmen allein oder mit einer oder mehreren weiteren Personen?
7. Wie soll die Haftung geregelt werden?
8. Wie soll eine Risikobegrenzung oder Risikoverteilung erfolgen?
9. Wie soll die Geschäftsführung bzw. Vertretung geregelt werden und will ich allein das „Sagen" haben?
10. Welche Gewinn- und Verlustverteilung wird für zweckmäßig angesehen?
11. Welche Firmierung wird angestrebt?
12. Welche steuerlichen Gesichtspunkte sind interessant?
13. Soll bereits eine mögliche Nachfolgeregelung berücksichtigt werden?

(Siehe auch Abschnitt 3.2.2 „Handels- und Gesellschaftsrecht" in Band 2)

2.7.5 Planung der Gründung

2.7.5.1 Betriebsgröße

Abbildung 229

2.7.5.2 Betriebsräume

Technische Fragen

Bei der Planung der Betriebsräume geht es in erster Linie um technische Fragen, die sich von Handwerkszweig zu Handwerkszweig sehr stark unterscheiden.

Aufgrund der in den verschiedenen Handwerkszweigen sehr unterschiedlichen Ausprägungen können die nachfolgenden Ausführungen lediglich grundsätzlichen Charakter haben. Jedem Betriebsgründer wird empfohlen, sich vor Durchführung solcher Vorhaben mit dem technischen Betriebsberater der Handwerkskammer oder des Fachverbandes in Verbindung zu setzen.

> Grundsätzlich müssen die Werkstatträume betriebsgerecht geplant werden.
> Im Einzelnen wird die Planung von nachfolgenden Faktoren beeinflusst:

Schwerpunkte der Planung

- Grundstückszuschnitt
- Verkehrslage
- Nachbarschaft
- Bauvorschriften
- sonstige örtliche behördliche Vorschriften
- Raumanordnung und Raumfolge
- Lichtverhältnisse
- raumklimatische Gegebenheiten
- Transportmittel
- Maschinen- und Geräteaufstellungsplan
- Betriebsablauf
- Bewegungs-, Verkehrs- und Abstellflächen.

Darüber hinaus muss die Betriebsstätte so angelegt sein, dass die Betriebsräume rationell genutzt werden können und die Instandhaltung der Gebäude möglichst geringe Kosten verursacht. *Nutzung*

Die Bauplanung sollte so gestaltet sein, dass eine Erweiterung der Betriebsräume entsprechend der Betriebsgrößenentwicklung jederzeit mit möglichst geringen Kosten durchführbar ist. *Erweiterung*

2.7.5.3 Betriebseinrichtung, Geschäftseinrichtung, Büro

Bei der Planung der Betriebs- und Geschäftseinrichtung ist die Beachtung folgender Gesichtspunkte u. a. zweckmäßig:

- Nur die erforderlichen Maschinen und Werkzeuge beschaffen, die bei den geplanten betrieblichen Tätigkeiten, der beabsichtigten Betriebsgröße und der Zahl der Mitarbeiter erforderlich sind. *Maschinen*
- Betriebsnotwendige Fahrzeuge nach Funktionalität und Wirtschaftlichkeit auswählen. *Fahrzeuge*
- Organisatorisch richtige Anordnung der Maschinen und Geräte, damit kurze Arbeitswege und Platz und Kraft sparende Arbeitsabläufe gewährleistet sind. *Anordnung*

Das Büro des geplanten Betriebes muss eine moderne und zweckmäßige Organisation aufweisen. *Büroorganisation*

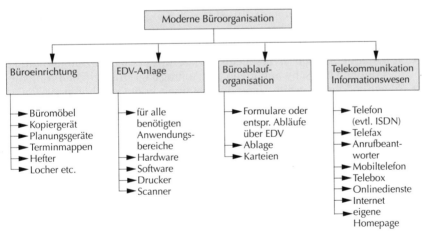

Abbildung 230

(Siehe auch Abschnitt 2.3.2 „Verwaltungs- und Büroorganisation").

2.7.5.4 Personalbedarf, Personalbeschaffung

Personalbedarf

Betätigungs-felder Anforderungs-profil

Der Personalbedarf ergibt sich aus dem Leitbild, dem Unternehmensziel, dem geplanten Produkt- und Leistungsprogramm sowie aus den beabsichtigten Betätigungsfeldern (Arbeitsaufgaben, Arbeitsinhalte). Daraus leitet man ein Anforderungsprofil ab, das folgende Punkte enthalten sollte:

- fachliche Qualifikation (Ausbildung, Berufspraxis)
- Einsatzbereitschaft
- Belastbarkeit
- Zuverlässigkeit
- Bereitschaft zur Teamarbeit
- Eignung für einen kundenorientierten Arbeitseinsatz
- äußeres Erscheinungsbild
- Kontaktfreudigkeit.

Bei der mengenmäßigen Ermittlung des Personalbedarfs sollte man behutsam vorgehen, denn Personal- und Personalzusatzkosten sind im Handwerksbetrieb in der Regel der größte Kostenfaktor.

Personalbeschaffung

Wichtige Grundsätze

Um ein hohes Maß an Beweglichkeit zu erreichen sowie Kosten und Risiko im Personalbereich so niedrig wie möglich zu halten, sind folgende Grundsätze bei der Personalbeschaffung zu berücksichtigen:

- Vollzeitbeschäftigte verursachen höhere Kosten als Teilzeitbeschäftigte und bringen bei Schwankungen der Auftragslage zusätzliche Probleme.
- Soweit möglich Aushilfs- bzw. Teilzeitarbeitskräfte beschäftigen.
- Sofern möglich, freie Mitarbeiter oder Subunternehmerleistungen einsetzen.
- Die Beschäftigungsmöglichkeit von Zeit- oder Leiharbeitskräften prüfen.
- Förderungsmaßnahmen der Arbeitsverwaltung bei Einstellung von Arbeitslosen in Erwägung ziehen.
- Einen schriftlichen Arbeitsvertrag abschließen.
- Gesetzliche Möglichkeiten von befristeten Arbeitsverträgen ausloten und ggf. umsetzen.
- Arbeitsrechtliche Schutzvorschriften und deren betriebliche Konsequenzen für den Betrieb bei späterem Anwachsen der Betriebsgröße in die Entscheidungen mit einbeziehen (z.B. Kündigungs-, Schwerbehinderten- und Mutterschutz).
- Nachwuchs und Nachfolge rechtzeitig sichern.

(Hinsichtlich weiterer Gesichtspunkte der Personalplanung und der Instrumente der Personalbeschaffung siehe Abschnitt 2.4.1 „Personalplanung").

2.7.5.5 Organisationsabläufe, Organisationsformen

Für den erfolgreichen Start eines Betriebes ist es wichtig, für die Aufbau- und Ablauforganisation ein schlüssiges Konzept zu erarbeiten.
Um Wiederholungen zu vermeiden, wird auf die Abschnitte 2.3.1 „Ablauforganisation" und 2.3.3 „Aufbauorganisation" verwiesen.

Konzept für Aufbau- und Ablauforganisation

2.7.5.6 Investitionsplan

> Bevor die Entscheidung über die zur Gründung des Betriebes vorgesehenen Investitionen gefällt wird, ist ein Investitionsplan zu erstellen. Dafür sind die möglichst exakten Kosten für alle in Frage kommenden Investitionen zu ermitteln und zusammenzustellen.

Es kann nach folgender Checkliste vorgegangen werden:

Checkliste

- Beschaffung eines Grundstückes
- bauliche Investitionen: Neubauten, Umbauten, Erweiterungen, Renovierungen, Einbauten, Installationen
- Maschinen und Werkzeuge
- Betriebs- und Geschäftsausstattung
- Ladeneinrichtung
- Büromöbel, Büromaschinen, Büromaterial
- Hard- und Software für die EDV
- Telekommunikationsmittel
- Kraftfahrzeuge
- Mietvorauszahlung, Mietkaution.

> Die ermittelten Beträge des Investitionsplanes finden nach getroffener Investitionsentscheidung Eingang in die Kapitalbedarfsrechnung, auch Kapitalbedarfsplan genannt.

2.7.5.7 Kapitalbedarfsrechnung

> Zur Ermittlung des Gesamtkapitalbedarfs für die Betriebsgründung ist eine Kapitalbedarfsrechnung aufzustellen. Sie enthält sowohl den langfristigen Kapitalbedarf (Investitionsbedarf) als auch den kurzfristigen Kapitalbedarf.

Investitionsbedarf

Letzterer bezieht sich sowohl auf das Waren- und Materiallager als auch auf die zur Finanzierung der laufenden Betriebstätigkeit für einen festgelegten Zeitraum erforderlichen Betriebsmittel (Betriebsmittelbedarf). Der für die Berechnung des Betriebsmittelbedarfs zugrunde zu legende Anlaufzeitraum ist zu schätzen.

Betriebsmittelbedarf

Schema

Bei der Ermittlung des Betriebsmittelbedarfs kann nach folgendem Schema vorgegangen werden:

---

1. Schätzung bzw. Planung der Vorbereitungszeit

Vorbereitungszeit für die Gründung	...... Monate
Zeitraum zwischen Betriebsbeginn und Zahlungseingang	...... Monate
= Anlaufzeit	...... Monate

Anlaufzeit

2. Berechnung der Anlaufkosten einschl. Privatentnahmen pro Monat

Gesamtkosten (wie z.B. Personalkosten, Sachkosten, Zinsen, Raumkosten usw.) pro Monat	.... EUR
+ Privatentnahmen pro Monat	.... EUR
= Anlaufkosten pro Monat	.... EUR

Anlaufkosten

3. Berechnung des Betriebsmittelbedarfs

Anlaufzeit in Monaten x Anlaufkosten pro Monat
= Betriebsmittelbedarf

Betriebsmittel-
bedarf

Abbildung 231

2.7.5 Planung der Gründung

Statt der Berechnung nach Monaten kann auch hinsichtlich der Zeiteinheit nach Tagen gerechnet werden.

Schema für eine Kapitalbedarfsrechnung

                                  EUR

Investitionen (einzeln oder Gesamtsumme gemäß Investitionsplan)

Grundstück
Gebäude bzw. bauliche Maßnahmen
(Neubauten, Umbauten, Renovierungen, Einbauten, Installationen)
Maschinen und Werkzeuge
Betriebsausstattung
Geschäftsausstattung
Büroeinrichtung
EDV-Anlage
Telekommunikationsmittel
Kraftfahrzeuge
Mietkaution

= Kapitalbedarf für Investitionen:
Grundausstattung für Material und Waren
(Materialeinsatz pro Jahr geteilt durch Umschlag des Materiallagers im Jahr)

= Kapitalbedarf für Material- und Warenbestand:
Betriebsmittelbedarf lt. Sonderberechnung
(siehe oben)

= Kapitalbedarf zur Vorfinanzierung betrieblicher Kosten, privater Ausgaben sowie der Vorfinanzierung der Außenstände:

= **Gesamtkapitalbedarf**

Abbildung 232

Für die Berechnung des Betriebsmittelbedarfs als Teil der Gesamtkapitalbedarfsrechnung kommen noch andere, mehr in Einzelheiten gehende Berechnungsmethoden zur Anwendung, die hier nicht dargestellt werden können. Jeder Existenzgründer sollte sich hier vom Betriebsberater oder Existenzgründungsberater der Handwerkskammer beraten lassen. Diesen stehen in der Regel auch handwerkszweigbezogenes Zahlenmaterial z.B. aus Betriebsvergleichen und andere Erfahrungswerte zur Verfügung.

Berechnungsmethoden

Beratung

2.7.5.8 Finanzierungsplan

Der für die Betriebsgründung ermittelte Gesamtkapitalbedarf muss durch eine Gesamtfinanzierung gedeckt sein. Unter Berücksichtigung der betriebswirtschaftlichen Finanzierungsregeln (siehe Abschnitt 2.5.5.4 „Betriebswirtschaftliche Finanzierungsregeln"), der Arten der Finanzierung (siehe Abschnitt 2.5.4 „Arten der Finanzierung"), der Kreditsicherheiten (siehe Abschnitt 2.5.4.5 „Kreditsicherheiten") und unter Einbeziehung aller speziellen Finanzierungshilfen, insbesondere für die Betriebsgründung (siehe 2.5.4.9 „Spezielle Finanzierungshilfen für den Handwerksbetrieb") ist ein Finanzierungsplan nach folgendem Schema zu erstellen.

Schema für einen Finanzierungsplan

Eigene Mittel:

Ersparnisse	.... EUR	
Eigenleistungen	.... EUR	
= Eigenfinanzierung		.... EUR

Langfristige Fremdmittel:

Darlehen der Hausbank	.... EUR	
Verwandtendarlehen	.... EUR	
Versicherungsdarlehen	.... EUR	
Darlehen aus Handwerkskreditprogrammen und Programmen zur Existenzgründung	.... EUR	
= Langfristige Fremdfinanzierung		.... EUR

Kurzfristige Fremdmittel:

Kontokorrentkredit der Hausbank	.... EUR	
Lieferantenkredit	.... EUR	
Wechselkredit	.... EUR	
= Kurzfristige Fremdfinanzierung		.... EUR
= Gesamtfinanzierung		.... EUR

Abbildung 233

Der Gesamtkapitalbedarf muss immer durch die Gesamtfinanzierung gedeckt sein.

2.7.5.9 Ermittlung des Kapitaldienstes

Für die Ermittlung des Kapitaldienstes sind die Zins- und Tilgungsleistungen für das aufgenommene Fremdkapital zu berechnen. Dabei werden die Zinszahlungen und die Tilgungsleistungen für das Fremdkapital berechnet und entsprechend der Laufzeit der Kredite aufgeteilt.

Zins- und Tilgungsleistungen

Schema für die Kapitaldienstberechnung

Art der Fremd-mittel	auf-genom-mener Betrag	1. Jahr			2. Jahr			3. Jahr			usw.
		Zins	Tilgung	Gesamt	Zins	Tilgung	Gesamt	Zins	Tilgung	Gesamt	
Gesamter Kapital-dienst											

Abbildung 234

2.7.5.10 Öffentliche Finanzhilfen für die Existenzgründung

Im Interesse der Regeneration unserer Volkswirtschaft durch Neugründungen von Betrieben und zur Schaffung neuer Arbeitsplätze fördern Bund und Länder durch öffentliche Finanzierungshilfen Existenzgründungen.

Siehe im einzelnen Abschnitt 2.5.4.9 „Spezielle Finanzierungshilfen für den Handwerksbetrieb".

Günstige Konditionen

Alle öffentlichen Kreditprogramme zur Förderung der Existenzgründung zeichnen sich durch günstige Zins- und Tilgungskonditionen aus.

Antragsverfahren

Die Anträge auf Existenzgründungsdarlehen sind **vor** Investitionsbeginn bei den Kreditinstituten zu stellen.

Antragsunterlagen

Dem Kreditantrag sind in der Regel die in der nachstehenden Abbildung aufgeführten Unterlagen beizufügen.

Abbildung 235

Die zuständige Handwerkskammer muss in der Regel zum Existenzgründungsvorhaben gutachtlich Stellung nehmen. Es empfiehlt sich aus diesem Grund auch im Hinblick auf eine umfassende Existenzgründungsberatung rechtzeitig mit dem Betriebsberater der Handwerkskammer Kontakt aufzunehmen.

2.7.5.11 Kosten-, Umsatz- und Gewinnplanung, Rentabilitätsvorschau

Notwendiges Mindesteinkommen für den Existenzgründer/betrieblicher Kassenzufluss

Der künftige Betrieb des Existenzgründers muss so viel „abwerfen", dass sowohl seine privaten Ausgaben als berechnetes Minimum für Lebensunterhalt, Wohnung, soziale Absicherung und die Zahlung von Steuern einerseits und ein ausreichender finanzieller Zufluss für eine erfolgreiche **betriebliche** Entwicklung andererseits gewährleistet sind. Die privaten Ausgaben bzw. Privatentnahmen lassen sich nach folgendem Schema ermitteln:

Private Ausgaben

Betrieblicher Zufluss

	EUR pro Jahr
Lebensunterhalt	....
Krankenversicherung	....
Pflegeversicherung	....
Rentenversicherung	....
Lebensversicherung	....
Unfallversicherung	....
Miete	....
Personensteuern	....
Privatentnahmen pro Jahr	================

Privatentnahmen

Abbildung 236

Ein Betrag von jährlich etwa 30.000,00 EUR sollte nach den Erfahrungen hierfür mindestens zur Verfügung stehen.
Es reicht aber allein nicht aus, dass der Betrieb nur die notwendigen Privatentnahmen erwirtschaftet, sondern der betriebliche „Kassenzufluss" sollte darüber hinaus auch Mittel beinhalten, die für Zinsen, Tilgung von Verbindlichkeiten und Investitionen zur Verfügung stehen.
Die sich so ergebende Größe nennt man „erweiterter Cash-flow".

Berechnungsschema:

Schema

	EUR pro Jahr
Privatentnahmen	....
+ Tilgung	....
+ Zinsen	....
= Notwendiger erweiterter Cash-flow	================

Notwendiger erweiterter Cash-flow

Abbildung 237

Um die so errechnete Zielgröße zu erreichen, muss ein bestimmter Umsatz bzw. eine entsprechende Wertschöpfung erreicht werden. Im weiteren Vorgehen sind im Zuge der Kostenplanung und der Umsatzplanung weitere Berechnungen notwendig.

Kostenplan

Personalkosten

Berechnung der Personalkosten:	
Lohnkosten (Stundenlohn x 165 Std.) pro Monat x 12 Monate =	.... EUR
+ Weihnachtsgeld, Urlaubsgeld	.... EUR
+ vermögenswirksame Leistungen	.... EUR
= Jahresbruttolohn	.... EUR
+ Gesetzliche Sozialabgaben (ca. 21 % des Bruttolohnes)	.... EUR
+ freiwillige Sozialleistungen	.... EUR
= Personalkosten für einen Gesellen (pro Jahr)	.... EUR
	==========
Soll der Mitarbeiter ein Monatsgehalt erhalten, ergibt sich folgender Berechnungsvorgang:	
Monatsgehalt x 12 Monate	.... EUR
+ Weihnachtsgeld, Urlaubsgeld	.... EUR
+ Gesetzliche Sozialabgaben (ca. 21 %)	.... EUR
+ freiwillige Sozialleistungen	.... EUR
= Personalkosten für einen Angestellten (pro Jahr)	.... EUR
	==========

Berechnung der Sachgemeinkosten

Berechnung der Sachgemeinkosten	
Miete, Pacht	.... EUR
Energiekosten	.... EUR
betriebliche Versicherungen	.... EUR
betriebliche Steuern	.... EUR
Kfz-Kosten	.... EUR
Werbung	.... EUR
Reisekosten	.... EUR
Instandhaltungskosten	.... EUR
Bürobedarf	.... EUR
Sonstige Kosten	.... EUR
= Summe der Sachgemeinkosten pro Jahr	.... EUR
	==========

Abbildung 238

Umsatzplanung, Berechnung des Mindestumsatzes

Wenn man die nach dem obigen Schema errechneten Personal- und Sachkosten zusammenzählt und den erweiterten Cash-flow dazu addiert, erhält man die Wertschöpfung des Betriebes, die dem Rohgewinn entspricht:

2.7.5 Planung der Gründung

	EUR pro Jahr
Erweiterter Cash-flow	....
+ Personalkosten	....
+ Sachgemeinkosten	....
= Wertschöpfung	....

Wertschöpfung

Der Planumsatz bzw. Mindestumsatz ergibt sich, wenn man zur errechneten Wertschöpfung den Materialverbrauch dazuzählt:

	EUR pro Jahr
Wertschöpfung	....
+ Materialverbrauch (in % vom Umsatz)	....
= Mindestumsatz	....

Mindestumsatz

Um zu erfahren, wie hoch der Materialverbrauch in % vom Umsatz im konkreten Betriebsgründungsfall in einem bestimmten Handwerkszweig ist, wendet man sich an den Betriebsberater der Handwerkskammer, an den Steuerberater oder an das Finanzamt.
Diesbezügliche Durchschnittswerte werden vor allem durch Betriebsvergleiche ermittelt.

Materialverbrauch in % vom Umsatz

Die vorstehend beschriebenen Einzelschritte der Kosten- und Umsatzplanung mit dem Ziel der Errechnung des Mindestumsatzes lassen sich in **einem** Schema wie folgt zusammenfassen:

Gesamtberechnungsschema

	EUR pro Jahr
Privatentnahmen pro Jahr	....
+ Zinsen	....
+ Abschreibungen/Tilgung	....
= erweiterter Cash-Flow	....
+ Personalkosten	....
+ Sachgemeinkosten	....
= Wertschöpfung	....
+ Materialverbrauch in % vom Umsatz	....
= notwendiger Mindestumsatz	....

Notwendiger Mindestumsatz

Abbildung 239

Realisierbarkeitsprüfung

Wenn der **notwendige** Mindestumsatz als Plangröße berechnet ist, muss geprüft werden, ob dieser unter Zugrundelegung von Erfahrungswerten in dem konkreten Handwerkszweig und auf der Grundlage der zum Existenzgründungsfall vorgenommenen Markt- und Standortanalyse sowie des beabsichtigten Produkt- und Leistungsprogramms erreicht werden kann.

Folgende Unterlagen sollten zur Prüfung der Planzahlen herangezogen werden:
1. Kennzahlen aus Betriebsvergleichen, die in zahlreichen Handwerksberufen durchgeführt werden, so u. a. Betriebsleistung (Umsatz) pro Beschäftigten, Wertschöpfung pro Beschäftigten
2. Durchschnittlicher Materialverbrauch bzw. Materialeinsatz in Prozenten vom Umsatz
3. Üblicher Stundenverrechnungssatz in dem Handwerkszweig
4. Kostenstrukturkennzahlen.

Erreichbarer Umsatz

Der **erreichbare** Mindestumsatz kann nach folgendem Schema berechnet werden:

	EUR pro Jahr
Insgesamt verrechenbare (produktive) Arbeitsstunden des Betriebes auf der Basis der geplanten Arbeitskräfte x am Markt erreichbarer Stundenverrechnungssatz in EUR	
= Lohnerlöse bzw. Lohnumsatz + Materialerlöse bzw Materialumsatz	....
= Erreichbarer Umsatz	==============

Abbildung 240

Deckung

Im Anschluss an diese Berechnung kann festgestellt werden, ob der **errechnete Mindestumsatz** durch den **erreichbaren Umsatz** gedeckt ist, was im Einzelfall zutreffend sein sollte.

Gewinnplan, Rentabilitätsvorschau

Auf der Grundlage der in den obigen Rechnungen ermittelten Zahlen wird der Gewinnplan bzw. die Rentabilitätsvorschau erstellt. Diese Rentabilitätsvorschau muss auch der finanzierenden Bank und zu eventuellen gutachtlichen Stellungnahmen vorgelegt werden.

2.7.5 Planung der Gründung

Schema für eine Rentabilitätsvorschau:

	EUR pro Jahr
Umsatz	....
./. Materialverbrauch	....
= Rohgewinn I	....
./. Personalkosten	....
= Rohgewinn II	....
./. Sachgemeinkosten	....
= Erweiterter Cash-flow	....
./. Zinsen	....
= Cash-flow	....
./. Abschreibungen	....
= Reingewinn	============

Abbildung 241

Im obigen Berechnungsschema werden die Tilgungen für Verbindlichkeiten nicht berücksichtigt, da sie gewinnneutral sind. Die angesetzten Abschreibungen werden auf der Grundlage der betriebsgewöhnlichen Nutzungsdauer in Jahren in einem Prozentsatz von der Investitionssumme berechnet (Beispiel: Investitionssumme 100.000,00 EUR, betriebsgewöhnliche Nutzungsdauer 10 Jahre, Abschreibungssatz somit 10 %; Abschreibung pro Jahr 10.000,00 EUR).

Tilgungen Abschreibungen

Die Kosten-, Umsatz- und Gewinnplanung ist die wichtigste betriebswirtschaftliche Berechnung für jeden Existenzgründer. Deshalb sollte er sich dabei eingehend beraten lassen. Als Berater kommen hierfür insbesondere die Betriebsberater der Handwerkskammern oder der Landesinnungsverbände, Steuerberater und freiberuflich tätige Unternehmensberater in Frage.

Wichtigste betriebswirtschaftliche Berechnung

2.7.5.12 Finanz- bzw. Liquiditätsplan

Der Existenzgründer muss vorrangig darauf achten, dass die Zahlungsbereitschaft und die Zahlungsfähigkeit seines Betriebes immer gegeben ist. Dazu braucht er ein Kontrollinstrument in Form eines Liquiditätsplanes. Im Liquiditätsplan werden die im Planungszeitraum voraussichtlich anfallenden Einnahmen und Ausgaben eingetragen. Nach Ablauf des Planungszeitraums werden die Sollbeträge mit den Istbeträgen verglichen. Aus den Abweichungen ergeben sich brauchbare Hinweise auf die Verbesserung der Genauigkeit der Planung für künftige Planungsperioden.

Kontrollinstrument

Planung der Einnahmen und Ausgaben

Zahlungsreserve Bei der Liquiditätsplanung sollte immer darauf geachtet werden, dass eine Liquiditätsreserve (Zahlungsreserve) in Form einer Kreditausschöpfungsmöglichkeit gegeben ist.

Im Übrigen können die in der folgenden Abbildung aufgeführten Maßnahmen zur Verhinderung oder Beseitigung von Unterdeckungen führen.

Abbildung 242

Liquiditätsplan Im Abschnitt 2.5.2.2 „Finanz- bzw. Liquiditätsplanung" ist eine Handlungsanleitung für die Aufstellung eines Liquiditätsplanes dargestellt. Ebenso ist dort ein Schema für einen Liquiditätsplan abgedruckt.

2.7.5.13 Einrichtung des betrieblichen Rechnungswesens

Ein geordnetes, auf die einzelbetrieblichen Verhältnisse abgestelltes Rechnungswesen ist eine unabdingbare Voraussetzung für eine erfolgreiche Betriebsführung des Existenzgründers. Deshalb sollte er vor Betriebsbeginn für die Einrichtung einer ordnungsgemäßen Buchführung, einer sachgerechten Kostenrechnung und Kalkulation und ggf. eines funktionsfähigen Controllings Sorge tragen. Dabei ist darauf zu achten, dass das Rechnungswesen den gesetzlichen Anforderungen entspricht und dem Existenzgründer über seine Auswertung stets die zur Planung, Steuerung und Kontrolle notwendigen Chefdaten liefert.

Chefdaten

Buchführung und Jahresabschluss

Vorgehensweise Folgendes Vorgehen ist zweckmäßig:
- Gesetzliche Vorschriften zu Buchführung und Jahresabschluss beachten.
- Aufbewahrungspflichten für Bücher, Datenträger, Belege und Geschäftsbriefe beachten.
- Anforderungsprofile an Inhalt und Gliederung der Buchführung für den zu gründenden Betrieb festlegen.
- Entscheidung für das System der Buchführung (in der Regel doppelte Buchführung) treffen.
- Entscheidung für die Verfahrenstechnik der Buchführung (z.B. EDV) herbeiführen.
- Anforderungen an die Auswertbarkeit des Zahlenmaterials festlegen.
- Entscheidung treffen, ob die Buchführungsarbeiten im eigenen Betrieb oder extern durchgeführt werden sollen.

- Inventar und Eröffnungsbilanz erstellen.
- Belegorganisation festlegen.

Bei den obigen Arbeiten ist es sinnvoll, den Steuerberater einzuschalten. *Steuerberater*

Zu weiteren Einzelheiten siehe auch Abschnitte 1.1 „Buchführung" und 1.2 „Jahresabschluss und Grundzüge der Auswertung".

Kostenrechnung und Kalkulation

> Eine auf den zu gründenden Betrieb abgestellte Kostenrechnung und eine in dem jeweiligen Handwerkszweig übliche Kalkulationsmethode ist für die Kostenplanung, Kostenerfassung, Kostenverrechnung, Kostenkontrolle und die Angebotspreisberechnung dringend erforderlich.

Sie entscheidet in erheblichem Umfang, wie erfolgreich sich der Betrieb auf dem Markt behaupten kann.

> Wichtige Schritte sind für den Existenzgründer bei der Einrichtung der Kostenrechnung und Kalkulation:

Wichtige Schritte

- Gliederung der Kostenrechnung vornehmen.
- Aufbereitung der Ausgangswerte aus dem Kostenplan und der Rentabilitätsvorschau für kostenrechnerische Zwecke durchführen.
- Ggf. Kostenstellen für die Kostenstellenrechnung festlegen.
- Für die Kalkulationsmethode im Rahmen der Kostenträgerrechnung entscheiden.
- Art und Gliederung der Angebotspreisberechnung festlegen (Kalkulationsschemen).
- Ermittlung des Stundenverrechnungssatzes für Handarbeit und Maschinenarbeit (dabei ist zum Zeitpunkt der Betriebsgründung von den Zahlen des Kostenplans und der Rentabilitätsvorschau auszugehen) vornehmen.
- Zeiterfassungssystem entwickeln und umsetzen.

Zu weiteren Einzelheiten siehe Abschnitt 1.3 „Kosten- und Leistungsrechnung!"

2.7.5.14 Einrichtung eines EDV-Systems

> Die EDV ist heute Bestandteil jeder fortschrittlichen Betriebsorganisation. Der Existenzgründer kann bei der Einrichtung eines EDV-Systems wie folgt vorgehen:

Vorgehensweise

- Anwendungsbereiche zum Einsatz der EDV für den Betrieb festlegen und ein entsprechendes Konzept entwickeln
- Datenmengen ermitteln
- Pflichtenheft erstellen
- Angebote bei EDV-Anbietern einholen
- Angebote unter Kosten-/Nutzungsabwägung und Systementscheidung prüfen

- Hardware und Software beschaffen
- Wartungskosten einbeziehen
- Personalschulungen vornehmen.

Weitere Einzelheiten

Zu weiteren Einzelheiten siehe auch Abschnitt 2.3.2.3 „Einsatz moderner Informations- und Kommunikationstechnologien – Einführung eines EDV-Systems im Handwerksbetrieb!"

2.7.5.15 Risikovorsorge – Versicherungsschutz

Persönliche Risiken

Betriebliche Risiken

Mit der Selbstständigmachung verlässt der Existenzgründer das soziale Netz als Arbeitnehmer, das ihn für verschiedene Lebensrisiken abgesichert hat. Diese muss er nun selbst durch Abschluss geeigneter Versicherungen abdecken.
Hinzu kommen betriebliche Risiken, die abzusichern sind.

Abbildung 243

Für die Abdeckung der persönlichen Risiken des Existenzgründers kommen die in der folgenden Abbildung enthaltenen Versicherungen in Frage.

Abbildung 244

Wichtige Versicherungen für die Abdeckung betrieblicher Risiken gehen aus der nachstehenden Abbildung hervor.

Abbildung 245

Die Versorgungswerke des Handwerks bieten zusammen mit den berufsständischen Versicherungsunternehmen sachgerechten und kostengünstigen Versicherungsschutz an.

Versorgungswerke

2.7.5.16 Formalitäten bei der Gründung und Anmeldungen

Bei der Gründung eines Betriebes sind eine Reihe von Anmeldungen und deren Formalitäten zu beachten.

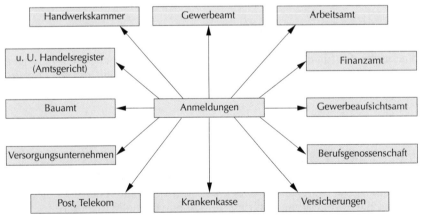

Abbildung 246

Erläuterungen:

- Handwerkskammer: Bei der Ausübung eines Handwerks ist die Eintragung in die Handwerksrolle erforderlich (siehe auch Abschnitt 3.2.1 „Handwerks- und Gewerberecht" in Band 2), bei Tätigwerden in einem handwerksähnlichen Gewerbe in das Verzeichnis der handwerksähn-

lichen Berufe. Der Existenzgründer erhält von der Handwerkskammer eine Handwerkskarte oder eine Gewerbekarte.
- Handelsregister (Amtsgericht): Diese Anmeldung ist nur erforderlich für die Eintragung ins Handelsregister (siehe Abschnitt 3.2.2.3 „Handelsregister" in Band 2).
- Gewerbeamt: Dieses Amt registriert die Gewebeanmeldung und informiert andere Institutionen.
- Arbeitsamt: Wenn im Betrieb Arbeitnehmer beschäftigt werden, erhält er eine Betriebsnummer.
- Finanzamt: Es wird dem Existenzgründer nach Ausfüllen eines Betriebsfragebogens eine Steuernummer zugeteilt (siehe auch Abschnitt 2.7.3.1 „Handwerks-, Handels- und Steuerrecht").
- Gewerbeaufsichtsamt: Dem Gewerbeaufsichtsamt obliegt die Überwachung der Arbeitsschutzgesetze.
- Berufsgenossenschaft: Die Berufsgenossenschaften sind für die Pflichtversicherung der Arbeitnehmer in der Unfallversicherung und je nach Satzung auch für die Pflicht- und freiwillige Versicherung der selbstständigen Unternehmer und für den Unfallschutz zuständig.
- Versicherungen: Hier muss für rechtzeitigen Versicherungsschutz gesorgt werden (siehe Abschnitt 2.7.5.15 „Risikovorsorge-Versicherungsschutz").
- Krankenkasse: Die versicherungspflichtigen Arbeitnehmer sind bei einer gesetzlichen Krankenversicherung zu melden.
- Post, Telefon: Telefonanschlüsse und ggf. Postfach sind zu beantragen.
- Versorgungsunternehmen: Je nach Bedarf sind Lieferverträge für Strom, Gas, Wasser und Entsorgungsverträge für Abwasser und Müll abzuschließen.
- Bauamt: Planungen für gewerbliche Um- und Neubauten oder Nutzungsänderungen sind **rechtzeitig** zu beantragen bzw. abzustimmen.

2.7.6 Einführung am Markt

Nachdem die für die Betriebsgründung bisher besprochenen Planungen durchgeführt und alle Vorbereitungen getroffen sind, gilt es nun den Betrieb am Markt einzuführen und dauerhaft zu platzieren.

2.7.6.1 Geschäftseröffnung

> Unter Geschäftseröffnung versteht man den Zeitpunkt des Beginns der Produktion sowie der Dienstleistung und die Aufnahme der Betriebsbereitschaft. Der Start des Betriebes wird umso erfolgreicher verlaufen, je besser die Vorbereitungen für diesen Tag bewerkstelligt werden.

Terminwahl

Eröffnungstag

Kostenplan

Der Termin sollte so gewählt werden, dass er nicht mit anderen wichtigen Ereignissen im betrieblichen Umfeld zusammenfällt. Die Informations- und Werbeaktivitäten für den Eröffnungstag müssen rechtzeitig gestartet werden. Die Mitarbeiter müssen auf diesen Tag vorbereitet werden. Die Erstellung eines Kostenplanes für die Eröffnungsveranstaltung, sofern eine solche stattfindet, ist empfehlenswert. Alle äußeren organisatorischen Vorbereitungen müssen perfekt sein, damit die beabsichtigte positive Wirkung nach außen erreicht wird.

2.7.6 Einführung am Markt

In einem Geschäftseröffnungsaktionsblatt sollen die für die künftigen Kunden und die Öffentlichkeit wichtigsten und interessantesten Ziele und Leistungen des Betriebes herausgestellt werden.

Aktionsblatt zur Geschäftseröffnung

Abbildung 247

Nähere Einzelheiten siehe Abschnitte 2.7.1 „Unternehmenskonzept" und 2.2 „Marketing".

2.7.6.2 Marketingmaßnahmen, Werbung, Öffentlichkeitsarbeit

Marketingmaßnahmen

In der Einführungsphase des neuen Betriebes am Markt sind die Marketinginstrumente gezielt einzusetzen, um Kunden zu gewinnen. Diese müssen von der Kompetenz des Betriebes überzeugt werden.

Abbildung 248

Das Produkt- und Leistungsprogramm muss ein an den Bedürfnissen des Kunden orientiertes Angebot gewährleisten, das sich möglichst positiv vom Angebot der Mitbewerber abhebt.
Ein guter Kundendienst ist zunehmend eine wichtige Voraussetzung für die Kaufentscheidung und die Auftragserteilung seitens des Kunden. Wer zusätzlich zu seinem Produkt- und Leistungsangebot Nebenleistungen auf technischem (z.B. Installation, Wartung, Reparatur) und kaufmännischem Gebiet (z.B. Finanzierungsvermittlungen, Zahlungserleichterungen) sowie

Produkt- und Leistungsprogramm

Kundendienst

Transport- und Entsorgungsleistungen bietet, hat einen Vorsprung bei der Kundengewinnung. Vermehrt erwartet der Kunde nicht nur ein gutes Produkt, sondern er verlangt eine komplette Problemlösung und besten Service.

Preis- und Konditionenpolitik

In der Einführungsphase sollte der Betrieb bei der Preis- und Konditionenpolitik einen vernünftigen Kompromiss zwischen kostenorientierter, nachfrageorientierter und konkurrenzorientierter Preisbildung finden. Ein niedriger Preis allein ist für den Kunden nicht das einzige Entscheidungskriterium für den Kauf. Deshalb muss der Kunde von der Qualität, vom Zusatznutzen und den Zusatzleistungen überzeugt werden. Keinesfalls sollte der Existenzgründer mit Niedrigpreisen operieren, die kostenrechnerisch nicht zu verantworten sind.

Unternehmensleitbild

Das Unternehmensleitbild, das Erscheinungsbild und die Leitsätze des Umgangs des Handwerkers mit dem Kunden sind in der Vertriebspolitik und in der Werbung dem Kunden gegenüber angemessen herauszustellen. (Siehe insbesondere Abschnitte 2.2.3.5 „Unternehmensleitbild und Unternehmenskultur" und 2.2.3.6 „Kundenorientierung und Kundenbehandlung").

„Marketing-Mix"

Die Marketinginstrumente sind nicht isoliert, sondern kombiniert in einem „Marketing-Mix" einzusetzen.

Werbung

Zielgruppenorientierung

Die Werbung muss in der Einführungsphase des Betriebes auf die festgelegten Zielgruppen ausgerichtet sein und zwar im Bezug auf ihre Zusammensetzung und ihre speziellen Bedürfnisse in einem bestimmten räumlichen Gebiet.

Die Werbewege und Werbemittel in einem Handwerksbetrieb sind sehr umfangreich. Sie sind im Abschnitt 2.2.3.3 „Kommunikations- und Werbepolitik" umfassend dargestellt.

Der Einsatz der Werbemittel hängt auch von der Art des Handwerkszweiges ab, in dem der Betrieb tätig ist.

Werbemittel

In der Phase der Markteinführung des gegründeten Betriebes sind insbesondere folgende Werbemittel empfehlenswert:

- Anzeigen in Tageszeitungen und regionalen Anzeigenblättern
- Aufnahme in die Adressbuchwerbung, z.B. „Gelbe Seiten"
- Werbebrief an ausgewählte Adressaten
- Wurfsendungen, Handzettel
- Prospekte
- Visitenkarten
- Plakatwerbung
- Schaufenstergestaltung (bei Betrieben mit Ladengeschäft)
- Kinowerbung
- Werbung in Verkehrsmitteln
- Radio- und Fernsehwerbung bei Lokalsendern
- Telefonwerbung
- Werbung über Online-Dienste wie Internet
- Web-Auftritt im Internet
- Werbegeschenke

- Werbung durch Beschriftung der Firmenfahrzeuge
- Firmenzeichen
- Herausstellung des „Meisterbetriebs"
- Werbung mit dem äußeren Erscheinungsbild des Betriebes
- Außenwerbung am Betriebsgebäude
- Baustellenschilder, sofern einschlägig
- Beteiligungen an Ausstellungen und Messen.

Öffentlichkeitsarbeit

Über eine gezielte Öffentlichkeitsarbeit kann auch der Handwerksbetrieb sein Image in der Öffentlichkeit aufbauen bzw. steigern. Dies kann durch Kontaktpflege zu den Medien, insbesondere zu den Tageszeitungen erreicht werden. Durch redaktionelle Beiträge gibt die Tagespresse aktuelle Informationen aus dem Wirtschaftsleben an ihren Leserkreis. Im Zusammenhang mit der Geschäftseröffnung ist es empfehlenswert, eine Pressemitteilung an die Tagespresse zu senden. Sollte eine Veranstaltung am Betriebseröffnungstag abgehalten werden, ist es wichtig, die Lokalpresse einzuladen.

Kontakte zu den Medien

Pressemitteilung

2.7.7 Betriebsübernahme, Betriebsbeteiligung

Nach einschlägigen Schätzungen stehen in den nächsten Jahren in der Bundesrepublik Deutschland aus Altersgründen der Betriebsinhaber ca. 200 000 Handwerksbetriebe zur Übergabe an. Aus volkswirtschaftlichen und arbeitsmarktpolitischen Gründen sollten die Betriebe und ihre Arbeitsplätze unbedingt erhalten bleiben. Dieses Ziel kann nur erreicht werden, wenn möglichst viele junge Handwerksmeister, die selbstständig werden wollen, einen bestehenden Handwerksbetrieb übernehmen oder eine Beteiligung oder Partnerschaft anstreben.
Bei der Übergabe bzw. Übernahme eines Handwerksbetriebes bestehen in finanzieller Hinsicht unterschiedliche Interessenlagen zwischen Übergebern und Übernehmern. Der Übergeber versucht ein Optimum an finanziellen Einnahmen zu erzielen, um aus dem Erlös der Betriebsübergabe seine Altersversorgung sicherzustellen, während der Übernehmer darauf zu achten hat, dass die finanziellen Übernahmebedingungen für ihn betriebswirtschaftlich tragbar sind und der zu übernehmende Betrieb auf lange Sicht eine tragfähige und sichere Existenz bieten wird.

Generationswechsel

Unterschiedliche Interessenlagen

Die Ausführungen dieses Abschnitts 2.7.7 „Betriebsübernahme, Betriebsbeteiligung" werden sich in erster Linie auf die Betriebsübernahme aus der Sicht des jungen Handwerksmeisters und nicht aus der Sicht des Betriebsübergebers beziehen, denn junge Handwerker, die die Meisterprüfung anstreben, sind potenzielle Bewerber für die Funktion des Übernehmers. Dennoch wird im folgenden Abschnitt kurz darauf hingewiesen, welche Problemkreise auch für den Übergeber zur Lösung anstehen.

Sicht des Übernehmers

2.7.7.1 Betriebsübergabe aus der Sicht des Übergebers

Vorsorge für Todesfall

Jeder Betriebsinhaber sollte grundsätzlich für den Fall des plötzlichen Todes die Nachfolge des Betriebes durch Testament oder Erbvertrag sichern.

Altersgründe

Die Übergabe des Betriebes aus Altersgründen sollte mehrere Jahre vor dem beabsichtigten Zeitpunkt geplant werden. Dabei steht die zentrale Frage im Vordergrund, ob der Betrieb an einen Familienangehörigen, an einen Mitarbeiter oder an einen außenstehenden Nachfolger übergeben werden soll.

Sicht des Übergebers

Unabhängig davon, gilt es eine Reihe schwieriger Probleme zu lösen, so u.a.:
- Form der Übergabe – Vertragsgestaltungen
- erbrechtliche Fragen (bei Weitergabe innerhalb der Familie) bzw. Schenkungsrecht
- Einbindung des Nachfolgers durch Beteiligung
- Verkaufspreis (Angemessenheit)
- Verkauf auf Raten
- Verkauf auf Rentenbasis
- Angemessenheit des Pachtzinses (evtl. Wertsicherungsklausel), Vertragslaufzeit bei Verpachtung
- optimale steuerliche Gestaltung
- Absicherung der Altersversorgung
- Freistellung von betrieblichen Verpflichtungen.

2.7.7.2 Vor- und Nachteile der Selbstständigmachung durch Betriebsübernahme

Kritische Prüfung

Der junge Handwerksmeister sollte sich in jedem Falle eines Angebots zur Übernahme eines bestehenden Betriebes sehr kritisch mit allen Einzelheiten auseinander setzen. Nicht jeder angebotene Betrieb ist wettbewerbsfähig und das Geld wert, das dafür verlangt wird. Eine sehr eingehende Beratung ist dringend zu empfehlen.

Grundsätzlich bietet eine Betriebsübernahme Vor- und Nachteile gegenüber der Neugründung.

Abbildung 249

Abbildung 250

2.7.7.3 Formen der Betriebsübernahme

Es gibt folgende Grundformen der Betriebsübernahme:
- Kauf gegen einmalige Zahlung des gesamten Kaufpreises
- Kauf auf der Basis von Ratenzahlung
- Kauf auf Rentenbasis
- Übernahme auf der Basis eines Pachtvertrages
- Übernahme innerhalb der Familie im Wege der Erbfolge mit oder ohne Auflagen
- Übernahme auf der Grundlage der Schenkung ohne Gegenleistung
- Übernahme durch Schenkung unter Auflagen (z.B. Rentenzahlung an Eltern, Ausgleichszahlungen an Geschwister)
- Übernahme auf der Basis der Beteiligung.

Grundformen

Welche Form im Einzelfall zur Anwendung kommt, hängt von den jeweiligen Gegebenheiten ab. Für jeden Fall der Betriebsübernahme gibt es aber unterschiedliche Formen- und Gestaltungsmöglichkeiten, die sorgfältig geprüft, argumentativ abgewogen und unter Einschaltung von Beratungsleistungen entschieden werden müssen. Die dafür wichtigen Kriterien ergeben sich aus den nachstehenden Ausführungen in den einzelnen Abschnitten.

Unterschiedliche Formen- und Gestaltungsmöglichkeiten

2.7.7.4 Analyse der vergangenen und künftigen Entwicklung des Betriebes

Der Erwerber eines Betriebes sollte möglichst viele und umfassende Informationen über die Entwicklung des Betriebes in den vergangenen Jahren und über den aktuellen Zustand der betrieblichen Gegebenheiten einholen. Daran hat sich eine Analyse der künftigen Entwicklungsmöglichkeiten anzuschließen.

Umfassende Informationen

Aktueller Zustand des Betriebes

Abbildung 251

Erläuterungen:

Gründe für die Abgabe des Betriebes:
Hier ist sorgfältig zu ermitteln, ob Alters-, Gesundheits- oder sonstige persönliche Beweggründe tatsächlich auch zutreffen oder ob wirtschaftliche Probleme des Betriebes die tatsächlichen Gründe für die Abgabe des Betriebes sind.

Vorhandene Bausubstanz der Betriebsräume:
Die Betriebsräume sollten in funktionsfähigem, ordentlichem Bauzustand sein und eine langfristige Entwicklung des Betriebes ermöglichen.

Technischer Stand der Betriebseinrichtung:
Funktionsfähigkeit und technischer Stand sind unter dem Aspekt des Leistungsprogramms zu prüfen.

Qualifikation und Sicherung der Mitarbeiter:
Die Qualifikation der Mitarbeiter sollte den gegenwärtigen und künftigen Anforderungsprofilen entsprechen. Werden die Mitarbeiter auch nach der Betriebsübernahme bleiben?

Ökologische Altlasten:
Es ist zu prüfen, ob das Betriebsgrundstück mit Schadstoffen oder anderen ökologischen Altlasten belastet ist.

Standort und Standortsicherung:
Hier steht folgende zentrale Frage im Mittelpunkt: Ist der Standort für die kommenden Jahre optimal und kann er langfristig gesichert werden? Stimmen die Infrastruktur, die Verkehrsanbindung, die Parkmöglichkeiten usw.?

Stellung des Betriebes am Markt:
Hier ist festzustellen, welche Stellung der Betrieb am regionalen und ggf. sektoralen Markt hat und wie wettbewerbsfähig er ist.

Zusammensetzung der Kundenstruktur:
Wichtige Fragen: Wie setzt sich der vorhandene Kundenstamm aus regionaler Sicht, nach Kaufkraft, Alter usw. zusammen? Welche Möglichkeiten bestehen, den vorhandenen Kundenstamm zu erhalten und auszubauen?

Leistungsprogramm des Betriebes:
Ist das Leistungsprogramm marktgerecht und wettbewerbsfähig und entspricht es den Marketingstrategien des Übernehmers?

Aktuelle Ertragslage des Betriebes:
Zu prüfen ist, ob die Ertragskraft des Betriebes im, über oder unter dem Branchendurchschnitt liegt.

Analyse der bisherigen Entwicklung des Betriebes

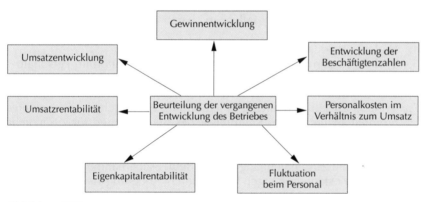

Abbildung 252

Für die Beurteilung der oben aufgezeigten Entwicklungskriterien hat sich der Betriebsübernehmer die Jahresabschlüsse (Bilanzen, Gewinn- und Verlustrechnungen usw.) des Betriebes der letzten 3 Jahre vorlegen zu lassen. Dadurch kann er sich ein Bild über die betriebswirtschaftlichen Fakten und Entwicklungstendenzen machen. Wenn diese Zahlen noch mit Zahlen aus Betriebsvergleichen des betreffenden Handwerkszweiges verglichen werden, erhält man zusätzliche Aufschlüsse darüber, wie der Betrieb im Vergleich zum Durchschnitt der Branche liegt.

Bilanzen
Gewinn- und Verlustrechnungen

Künftige Entwicklung des Betriebes

Umsatz-, Kosten- und Gewinnerwartung

Entscheidend für die Betriebsübernahme ist nicht allein die bisherige Umsatz- und Gewinnentwicklung, sondern die künftig zu erwartenden Umsätze und Gewinne. Es ist daher die Frage zu stellen, ob sich auf Grund der künftigen Umsatz- und Kostenentwicklung und deren Veränderungen die Ertragslage konstant bleibt, sich verbessert oder sich verschlechtert.

Auf der Basis des Zahlenmaterials des Betriebes aus der bisherigen Entwicklung müssen die voraussichtlichen künftigen Entwicklungslinien erarbeitet werden. Dabei sind je nach Art und Form der Betriebsübernahme zu erwartende Veränderungen zu berechnen bzw. zu schätzen.

Zentrale Fragen

Folgende Abklärungen sind im Wesentlichen erforderlich:
1. Welche Kostensteigerungen ergeben sich künftig auf Grund vorzunehmender zusätzlicher Investitionen (höhere Abschreibungen)?
2. Welche zusätzlichen Kosten ergeben sich, wenn im Gegensatz zu bisher künftig Mieten für Geschäftsräume anfallen?
3. Welche Aufwendungen fallen an, wenn der Betrieb auf Pachtbasis übernommen wird?
4. Welche Personalkosten fallen zusätzlich an?
5. Welche Kosten verursacht eine eventuelle Fluktuation im Personalbestand?
6. Fallen zusätzliche Kosten für die Einhaltung gesetzlicher Auflagen an?
7. Welche Zinsaufwendungen fallen künftig zusätzlich für die anteilige Fremdfinanzierung des Kaufpreises des Betriebes und für zusätzliche Investitionen an?
8. Welche Kosten fallen zusätzlich für besondere Marketing- und Werbeaktionen im Zusammenhang mit der Betriebsübernahme und später an?
9. Welche Kostenerhöhungen treten durch Änderung des Produktions- bzw. Leistungsprogramms ein?
10. Welche Umsatzrückgänge sind durch das „Abspringen" von Kunden des bisherigen Betriebes zu erwarten?
11. Sind Umsatzrückgänge durch Ausscheiden von Teilen des Personals zu befürchten?
12. Welche Umsatzsteigerungen werden voraussichtlich durch Änderung des Leistungsprogramms, durch veränderte Marketingstrategien, stärkere Kundenorientierung und Gewinnung neuer Kunden eintreten?

2.7.7 Betriebsübernahme, Betriebsbeteiligung

Anhand der durch die Prüfung und Beantwortung obiger Fragen gewonnenen Zahlen ist nun die Gewinn- und Verlustrechnung des Betriebsübergebers zu korrigieren. Die so entstehende Zahlenübersicht (Planzahlen) ergibt die Rentabilitätsvorschau bzw. Gewinnplanung für den Betriebsübernehmer, die die wichtigste Grundlage für seine Entscheidungen zur Übernahme des Betriebes darstellt.

Rentabilitätsvorschau

Bei der Berechnung kann man nach folgendem Schema, das je nach der Zahl der notwendigen Korrekturen entsprechend den obigen zwölf Fragen untergliedert werden kann, vorgehen. Die „Korrekturen" können ggf. auch in Nebenrechnungen erfolgen. (Siehe auch Abschnitt 2.7.5.11 „Kosten-, Umsatz- und Gewinnplanung, Rentabilitätsvorschau".)

Schema Gewinnplanung bzw. Rentabilitätsvorschau für den Betriebsübernehmer		
	Durchschnittszahlen des zu übernehmenden Betriebes der letzten drei Jahre	Geplante Zahlen für das erste Geschäftsjahr des Betriebsübernehmers
	EUR	EUR
Umsatz ./. Materialverbrauch	....	....
= Rohgewinn I ./. Personalkosten	....	....
= Rohgewinn II ./. Sachgemeinkosten	....	....
= erweiterter Cash-flow ./. Zinsen	....	....
= Cash-flow ./. Abschreibungen	....	....
= Reingewinn	....	....

Abbildung 253

2.7.7.5 Betrieblicher Bestandsschutz

In der Regel haben bestehende Betriebe Bestandsschutz, wenn sie mit rechtskräftiger Genehmigung auf der Basis der damals geltenden Bau- und Immissionsgesetze errichtet wurden.
Der Bestandsschutz eines bestehenden Betriebes geht aber nicht immer automatisch auf den Erwerber über. Es gibt Fälle, bei denen der bisherige Betrieb über den Bestandsschutz nur noch geduldet wurde. Auch können notwendige Veränderungen und Erweiterungen am gegebenen Standort des Betriebes nach dem aktuell geltenden Baurecht nicht mehr genehmigungsfähig sein.

Beim Erwerb eines Betriebes sollten im Vorfeld alle drei Formen, nämlich der planungsrechtliche, der baurechtliche und der gewerberechtliche Bestandsschutz genau geprüft und geklärt werden.

Abklärungen mit der örtlichen Baubehörde

Wenn Neu-, An- oder Umbauten am Betriebsgebäude beabsichtigt sind, so muss dies vorher mit der Baubehörde der Gemeinde abgeklärt werden. Dort kann man die Genehmigungsfähigkeit, die Auflagen und Beschränkungen in Erfahrung bringen. Eine Nutzungsänderung muss ebenfalls baurechtlich genehmigt werden, wenn für die neue Nutzung andere Anforderungen gelten.

Werden Erweiterungsmöglichkeiten in der Zukunft ins Auge gefasst, sind Flächennutzungs- und Bebauungsplan zu beachten.
(Siehe auch Abschnitt 2.7.2.3 „Standortvergleich, Standortbeurteilung" und 2.7.3.2 „Bau-, umweltschutz- und abfallrechtliche Vorschriften")
Nach zugestellter Baugenehmigung sind erteilte Auflagen sorgfältig zu prüfen und, falls notwendig, durch die Einlegung von Rechtsmitteln anzugreifen.

2.7.7.6 Betriebsbewertung – Kriterien der Kaufpreisermittlung

Bei den unentgeltlichen Betriebsübergabeformen spielt der Wert des Unternehmens nur eine untergeordnete Rolle (Ausnahme: Steuer). Dagegen ist beim Erwerb eines Betriebes durch Kauf oder pachtweise Übernahme der Unternehmens- bzw. Betriebswert eine entscheidende Größe. Zur Wertermittlung gibt es kein Verfahren, das betriebswirtschaftlich völlig problemlos und unumstritten ist. Hinzu kommt, dass die Interessenlage von Übergeber und Übernehmer hinsichtlich der Wert- und Preisvorstellungen sehr unterschiedlich ist. Der Übergeber hat im Hinblick auf seine „Lebenssituation und sein Lebenswerk" meist überhöhte Wertvorstellungen und will mit dem Verkaufserlös oder den Pacht- oder Rentenzahlungen in der Regel seine Altersversorgung sichern. Der Nachfolger dagegen wird sich nüchtern an den tatsächlichen Werten der Betriebsräume, Maschinen und Einrichtungsgegenstände orientieren; ferner an seinen Finanzierungsmöglichkeiten, an der Tragbarkeit der finanziellen Belastungen und an der Möglichkeit, eine sichere und langfristige Existenzgrundlage für sich und seine Familie auf der Grundlage erzielbarer und ausreichender Gewinne schaffen zu können.

Wertermittlungsverfahren

Substanzwert Firmenwert

> Die für die Wertermittlung eines Handwerksbetriebes maßgeblichen und in der Praxis angewandten Verfahren basieren auf den Grundlagen des Substanz- und Ertragswertverfahrens. Der gesamte Unternehmenswert und somit der Kaufpreis für den Betrieb setzt sich aus der Kombination von zwei Bestandteilen zusammen, nämlich dem Substanzwert und dem Firmenwert. Für die Durchführung der Betriebsbewertung werden insbesondere die in der nachstehenden Abbildung aufgeführten Unterlagen herangezogen.

2.7.7 Betriebsübernahme, Betriebsbeteiligung

Abbildung 254

Ermittlung des Substanzwertes

Zur Ermittlung des Substanzwertes werden alle Vermögensgegenstände zusammengestellt.

Betriebsgrundstück (soweit Erwerb gegeben)	.... EUR
Betriebsgebäude	.... EUR
Maschinen, Werkzeuge	.... EUR
Fahrzeuge	.... EUR
Betriebs- und Geschäftsausstattung	.... EUR
Waren- und Materiallager	.... EUR
= Substanzwert	.... EUR

Abbildung 255

Die Vermögensgegenstände werden nicht zu den Buchwerten nach Handels- oder Steuerrecht angesetzt, sondern zum Verkehrswert. Welcher Verkehrswert marktgerecht ist, kann durch technische Betriebsberater der Handwerkskammer oder des Landesinnungsverbandes oder vereidigte Sachverständige festgestellt werden. Für die Wertermittlung bei Grundstücken erhält man Auskünfte bei der zuständigen Kommune, bei Gebäuden

Verkehrswert
Gutachten

auch von Banken. Auch für die Wertermittlung von Gebäuden können besondere Sachverständige beigezogen werden.

Teile des Umlaufvermögens, wie z.B. Forderungen, werden in der Regel vom Betriebserwerber nicht übernommen. Das Gleiche gilt für die Übernahme von Verbindlichkeiten, es sei denn, letztere (z.B. Bankdarlehen) können zu attraktiven Bedingungen übernommen werden.

Ermittlung des Firmenwertes

Abbildung 256

Alle diese Faktoren bedeuten im Regelfall, dass ein gut funktionierendes Unternehmen einen über den Substanzwert hinausgehenden zusätzlichen Wert, der in erster Linie in seiner Ertragskraft liegt, darstellt.

Formel zur Ermittlung des Firmenwertes

In der Praxis hat sich unabhängig von anderen komplizierteren betriebswirtschaftlichen Unternehmensbewertungsmethoden die folgende, relativ einfache Formel zur Ermittlung des Firmenwertes herausgebildet, die bei Betriebsübernahme im Handwerk am häufigsten angewendet wird:

> Firmenwert = Plangewinn (EUR) ./. kalkulator. Unternehmerlohn
> (EUR) x Wertfaktor

Abbildung 257

Plangewinn

Kalkulatorischer Unternehmerlohn

Der in der Formel enthaltene Plangewinn ist dem unter Abschnitt 2.7.7.4 „Analyse der vergangenen und künftigen Entwicklung des Betriebes" aufgeführten Schema „Gewinnplanung und Rentabilitätsvorschau" (Abbildung 253) zu entnehmen. Der kalkulatorische Unternehmerlohn ist mit dem geschätzten Gehalt, das für einen Betriebsleiter oder Geschäftsführer für den zu übernehmenden Betrieb bezahlt werden müsste, anzusetzen.

2.7.7 Betriebsübernahme, Betriebsbeteiligung

Der in der Formel anzusetzende Wertfaktor hängt insbesondere von den Zukunftsaussichten der Branche, vom Standort des Betriebes, vom Einfluss des bisherigen Betriebsinhabers, von der Abhängigkeit des Betriebes von einzelnen Kunden und vom Innovationsgrad des Produkt- und Leistungsprogramms ab. Je nach Branche und gegebenen einzelbetrieblichen Verhältnissen liegt dieser Faktor im Handwerk zwischen 0 und 4.

Wertfaktor

Berechnung des Kaufpreises
Der Kaufpreis ergibt sich aus der Addition des Substanzwertes und des Firmenwertes:

```
  Substanzwert         .................. EUR
+ Firmenwert           .................. EUR

= Kaufpreis            .................. EUR
==========================================
```

Abbildung 258

Beispiel: Die Vorarbeiten und Vorberechnungen ergeben folgende Zahlen:

Betriebsgrundstück	50.000,00 EUR
Betriebsgebäude	100.000,00 EUR
Maschinen, Werkzeuge	100.000,00 EUR
Fahrzeuge	30.000,00 EUR
Betriebs- und Geschäftsausstattung	10.000,00 EUR
Materiallager	20.000,00 EUR
Errechneter Plangewinn lt. Rentabilitätsvorschau	150.000,00 EUR
Kalkulatorischer Unternehmerlohn	70.000,00 EUR
Wertfaktor	2

Der Kaufpreis errechnet sich wie folgt:

1. Berechnung des Substanzwertes

Substanzwert

Betriebsgrundstück	50.000,00 EUR
Betriebsgebäude	100.000,00 EUR
Maschinen, Werkzeuge	100.000,00 EUR
Fahrzeuge	30.000,00 EUR
Betriebs- und Geschäftsausstattung	10.000,00 EUR
Materiallager	20.000,00 EUR
= Substanzwert	310.000,00 EUR

Firmenwert

2. Berechnung des Firmenwertes

Plangewinn	150.000,00 EUR
./. kalkulatorischer Unternehmerlohn	70.000,00 EUR
= Betriebsgewinn	80.000,00 EUR
80.000,00 x Wertfaktor 2 (= Firmenwert)	160.000,00 EUR

Kaufpreis

3. Berechnung des Kaufpreises

Substanzwert	310.000,00 EUR
Firmenwert	160.000,00 EUR
Kaufpreis	470.000,00 EUR

2.7.7.7 Gestaltung der Verträge bei den häufigsten Formen der Betriebsübernahme

Kauf des Betriebes

Der Kauf des Betriebes schafft klare Eigentumsverhältnisse und bringt in der Regel für die Folgezeit die geringsten Probleme. Wenn Einigung über den angemessenen Kaufpreis erzielt ist, muss im Kaufvertrag die Zahlungsweise geregelt werden.

Zahlungs-
modalitäten

Abbildung 259

Pachtweise Betriebsübernahme

> Der Vorteil für den Betriebsübernehmer liegt vor allem darin, dass er einen geringeren Kapitalbedarf hat und der Pachtzins steuerlich als Betriebsausgabe abzugsfähig ist.

Pachtvertrag

Um das bei der Pacht gegebene Konfliktpotential zwischen Verpächter und Pächter in vertretbaren Grenzen zu halten, kommt es wesentlich auf klare Regelungen im Pachtvertrag an.

Abbildung 260

Kauf und Miete

Eine weitere denkbare Form der Betriebsübernahme ist der Kauf der Maschinen, Einrichtungsgegenstände und des Materiallagers bei gleichzeitiger Anmietung der Betriebsräume beim bisherigen Betriebsinhaber. Die Freiheit des Übernehmers in seinen betrieblichen Entscheidungen ist in diesem Falle nur durch die Abhängigkeit im Rahmen des Mietvertrages eingeschränkt.

Anmietung der Betriebsräume

Erbfolge, Schenkung

Abbildung 261

Bei diesen Betriebsübernahmen handelt es sich fast ausschließlich um Vorgänge innerhalb der Familie (z. B. Vater/Sohn, Vater/Tochter).

Bei Betriebsübernahmen im Wege der Schenkung und der Erbschaft sind vor allem die steuerlichen Fragen, die hier vorrangig sind, vorher abzuklären.

Steuerfragen

2.7.7.8 Gesetzliche und vertragliche Pflichten

Im Zusammenhang mit der Betriebsübernahme ergeben sich vielfältige gesetzliche und vertragliche Pflichten sowie Haftungsrisiken.

Abbildung 262

Haftung nach HGB Haftungsbeschränkung

Ist das übernommene Unternehmen im Handelsregister eingetragen und wird der Firmenname vom Erwerber fortgeführt, haftet er für alle im Betrieb begründeten Verbindlichkeiten des Vorgängers. Ein Haftungsausschluss kann in diesem Falle vertraglich vereinbart werden. Er ist jedoch nur wirksam, wenn der Haftungsausschluss im Handelsregister eingetragen und bekannt gemacht oder den einzelnen Gläubigern ausdrücklich mitgeteilt worden ist.

Haftungsregelung ohne Fortführung des Firmennamens

Ist das übernommene Unternehmen unter **neuem** Namen (also ohne Fortführung des alten Firmennamens) im Handelsregister eingetragen, haftet der Nachfolger für frühere Schulden nur, wenn die Haftung vertraglich besonders vereinbart und die Übernahme der Verbindlichkeiten vom Erwerber in handelsüblicher Weise bekannt gemacht worden ist.

Haftung für betriebliche Steuern

Nach der Abgabenordnung (§ 75) haftet der Betriebsübernehmer bei Kauf, Erbschaft oder Schenkung für alle betrieblichen Steuern und Steuerabzugsbeträge des Vorgängers, die seit dem Beginn des letzten, vor der Übernahme liegenden Kalenderjahres entstanden sind.

Die Haftung bezieht sich z.B. auf Gewerbesteuer, Umsatzsteuer, Lohnsteuer, Kfz-Steuer, nicht jedoch auf Personensteuern (z.B. Einkommensteuer). Die Haftung für Steuern kann vertraglich nicht ausgeschlossen werden. Sie beschränkt sich auf das übernommene Betriebsvermögen.

> Beim Betriebsübergang tritt der Erwerber in alle bestehenden Rechte und Pflichten aus den Arbeitsverhältnissen der bisher im Betrieb beschäftigten Arbeitnehmer ein (§ 613a BGB).

Arbeitsverhältnisse

Das bedeutet in der Praxis, dass die Arbeitnehmer ihre bisher erworbenen Rechte wie z.B. übertarifliche Entlohnung, Sonderzahlungen, eventuell zusätzlichen Urlaub behalten. Kündigungen von Arbeitsverhältnissen anlässlich des Betriebsübergangs sind unwirksam (Kündigungsschutz).
Diese Regelung ist zwingend und kann nicht durch Vereinbarung zwischen Veräußerer und Erwerber ausgeschlossen oder eingeschränkt werden.
Der bisherige Arbeitgeber oder der neue Inhaber hat die von einem Betriebsübergang betroffenen Arbeitnehmer <u>vor</u> dem Übergang in Textform zu unterrichten über

Gesetzliche Unterrichtungspflicht

- den Zeitpunkt oder den geplanten Zeitpunkt des Übergangs
- den Grund für den Übegang
- die rechtlichen, wirtschaftlichen und sozialen Folgen des Übergangs für die Arbeitnehmer und
- die hinsichtlich der Arbeitnehmer in Aussicht genommenen Maßnahmen.

Der Arbeitnehmer kann dem Übergang des Arbeitsverhältnisses innerhalb eines Monats nach Zugang der Unterrichtung schriftlich widersprechen. Der Widerspruch kann gegenüber dem bisherigen Arbeitgeber oder dem neuen Inhaber erklärt werden.

Gesetzliches Widerspruchsrecht

Auf weitere mögliche Pflichten in gegebenen Einzelfällen (siehe Abbildung 262) wird hingewiesen.

2.7.7.9 Finanzierung der Betriebsübernahme

Im Bezug auf alle grundsätzlichen Fragen der Investitionsplanung, Kapitalbedarfsrechnung, Finanzierungsplan, Kapitaldienstermittlung, Finanz- und Liquiditätsplan darf auf die Ausführungen in den Abschnitten 2.7.5.6 bis 2.7.5.12 im Kapitel Gründung und auf das gesamte Kapitel 2.5 „Finanzierung" verwiesen werden. Die dort dargestellten Grundsätze gelten, soweit das Kapitel 2.7.7 „Betriebsübernahme, Betriebsbeteiligung" keine übernahmespezifischen Besonderheiten enthält, entsprechend.

2.7.7.10 Förderungsmaßnahmen zur Betriebsübernahme

> Die zahlreichen Förderungsprogramme und Förderungsmöglichkeiten für Existenzgründungen (siehe Abschnitte 2.7.5.10 „Öffentliche Finanzhilfen für die Existenzgründung" sowie 2.5.4.9 „Spezielle Finanzierungshilfen für den Handwerksbetrieb" gelten grundsätzlich auch für die Finanzierung von Betriebsübernahmen.

Förderungsmaßnahmen

Erfolgt eine Betriebsübernahme innerhalb der Familie, kann die Förderfähigkeit eingeschränkt sein, wenn finanzielle Leistungen im Zuge der Übernahme an Eltern oder Schwiegereltern geleistet werden. Ausgleichszahlungen an Geschwister und Neuinvestitionen für Maschinen usw., die im Zuge der Betriebsübernahme anfallen, können in der Regel gefördert werden. Da die Förderkonditionen bei den Landesprogrammen unter-

Übernahme innerhalb der Familie

schiedlich sein können, empfiehlt sich eine Information bzw. Beratung beim Betriebsberater der Handwerkskammer, und zwar **vor** Beginn des Vorhabens. Außerdem werden die Förderkonditionen immer wieder geändert.

2.7.7.11 Formalitäten bei der Betriebsübernahme

Änderungsmeldungen

Wie bei der Neugründung sind auch bei der Betriebsübernahme eine Reihe von Formalitäten zu beachten und Änderungsmeldungen vorzunehmen.

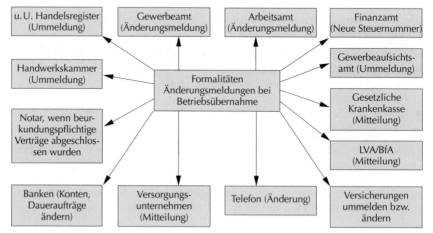

Abbildung 263

2.7.7.12 Betriebsbeteiligung

Der Weg in die berufliche Selbstständigkeit im Handwerk kann im Wesentlichen in folgenden Formen gegangen werden:

Abbildung 264

Grundsätze

Für alle aufgeführten Formen gilt es, die wichtigen Fragen zu klären und die dargestellten Grundsätze und Handlungsweisen zu beachten, die in den obigen Ausführungen zur Gründung bzw. zur Betriebsübernahme dargestellt wurden. Im Bezug auf die Gründung eines Betriebes mit einem oder mehreren Partnern, die Beteiligung an einem bestehenden Betrieb sowie hinsichtlich der schrittweisen Betriebsübergabe auf der Basis einer übergangsweisen Betriebsbeteiligung gibt es weitere Gesichtspunkte zu beachten. Die am häufigsten angewandten Beteiligungsformen werden kurz dargestellt.

Berufliche Selbstständigkeit auf der Basis der Partnerschaft

Bei der Entscheidung, ob die berufliche Selbstständigkeit allein als Einzelunternehmer oder in Partnerschaft angestrebt wird, sind verschiedene Vor- und Nachteile abzuwägen.

Für eine alleinige Betriebsgründung als Einzelunternehmer sprechen u. a. *Vorteile des Einzelunternehmers*
- Freiheit in allen Entscheidungen
- eigenverantwortliches Handeln
- alleinige Führungskompetenz
- alleiniges Vertretungsrecht
- Gewinn steht ausschließlich dem Inhaber zu
- keine Abhängigkeit von Partnern
- kein Risiko aus der Partnerschaft mit Gesellschaftern.

Demgegenüber trägt der Einzelunternehmer allein das volle Risiko für die gesamte selbstständige Tätigkeit; die Entwicklung des Betriebes hängt von seinem persönlichen Einsatz an Arbeit und Kapital ab. Er ist für alle Leitungsfunktionen allein zuständig.

Abbildung 265

Von der sorgfältigen Prüfung und Auswahl des oder der Partner hängt es entscheidend ab, ob der gemeinsame Betrieb erfolgreich sein wird oder in einem Misserfolg endet. *Auswahl des Partners*
Folgende wichtige Fragen sind zu stellen und kritisch zu beantworten:

1. Passen die Partner von ihrer menschlichen Grundstruktur zusammen?
2. Stimmen die „Chemie" und die „Wellenlänge"?
3. Haben sie den uneingeschränkten Willen zur sachlichen Zusammenarbeit?
4. Ist das notwendige gegenseitige Vertrauen vorhanden?
5. Haben sie in ähnliche Strukturen in ihrem Lebensstil?
6. Verfügen sie in etwa über die gleiche berufliche Einsatzbereitschaft?

7. Welche gemeinsamen strategischen Ziele verfolgen die Partner mit dem gemeinsamen Betrieb?
8. Stimmen ihre Vorstellungen für eine langfristige Entwicklung und gegenseitige Bindung überein?
9. Welche Leistungen bringen die Partner in den Betrieb ein (Arbeitsleistung, Erfahrungen, Beziehungen, Eigenkapital)?
10. Welche Aufgaben werden von den einzelnen Partnern im Betrieb übernommen?
11. Welche Arbeitsteilung ist vorgesehen?
12. Wie soll die Arbeitszeit der Partner geregelt sein?
13. Kann oder will ein Partner auch in anderen Bereichen (z.B. Nebentätigkeit) arbeiten?
14. Wie sind die Kompetenzen der Partner zu regeln?
15. Wie erfolgen die Gewinnverteilung und die Privatentnahmen?
16. Sollen die Ehefrauen der Partner im Betrieb mitarbeiten und passen diese auch persönlich und menschlich zusammen?
17. Welche Regelungen sind für den Krankheitsfall eines Partners vorgesehen?
18. Welche Regelungen sollen Platz greifen im Falle des Todes oder Ausscheidens eines Partners aus dem Betrieb?
19. Sind durch Ehevertrag oder Testament die Risiken für das Weiterbestehen des Betriebs eingegrenzt?
20. Welche Rechtsform ist für den gemeinsamen Betrieb vorgesehen und welche Regelungen soll der Gesellschaftsvertrag vorsehen?

Formen der Beteiligung, Rechtsformen

> Die Beteiligung an einem Betrieb kann unabhängig davon, ob es sich um eine Neugründung von Partnern, die Beteiligung an einem bestehenden Unternehmen oder um eine schrittweise Einbindung des Nachfolgers im Zuge der Übernahme handelt, in unterschiedlichen Rechtsformen erfolgen.

Abbildung 266

Zentrale Fragen — Die zentralen Fragen, die bei der Wahl der Rechtsform im Zusammenhang mit einer Beteiligung zu stellen sind, gehen aus Abschnitt 2.7.4 „Wahl der Rechtsform" und aus Abschnitt 3.2.2 „Handels- und Gesellschaftsrecht" in Band 2 hervor.

Bei der Wahl der Rechtsform ist dringend eine besondere steuerliche Beratung zu empfehlen. *Steuerliche Beratung*

Wie bereits erwähnt, kann die Betriebsübernahme auch in Form einer Beteiligung auf Zeit erfolgen, um einen schrittweisen Übergang vom Übergeber zum Übernehmer zu erreichen.

Abbildung 267

Grundsätzlich können im Zuge einer schrittweisen Betriebsübernahme alle oben aufgeführten Rechtsformen in Frage kommen. Eine Sonderform der Beteiligung des Übernehmers stellt die Betriebsaufspaltung dar. Der Betrieb des Übergebers (Besitzunternehmen) verpachtet alle oder einen Teil der Wirtschaftsgüter (z. B. Grundstücke, Gebäude, Maschinen) an eine zu gründende Betriebs-GmbH, an der der Übernehmer beteiligt ist. Diese Betriebs-GmbH führt die eigentliche Tätigkeit des Betriebes aus. Bei dieser Lösung werden also zwei Unternehmensformen miteinander kombiniert. Je nach Einzelfall können in der Zeitabfolge unterschiedliche Beteiligungsverhältnisse an beiden Unternehmensformen praktiziert und am Ende der Übergabephase dann alle Anteile sowohl an dem Besitzunternehmen als auch an der Betriebs-GmbH an den Übernehmer übertragen werden. *Betriebsaufspaltung* *Kombination von Unternehmensformen*

2.7.8 Beratungsleistungen zur Betriebsgründung und Betriebsübernahme, Lehrgänge, Literatur

2.7.8.1 Möglichkeiten der Inanspruchnahme von Beratungsleistungen

Vor dem Schritt in die Selbstständigkeit ist es von besonderer Wichtigkeit, dass sich der Existenzgründer auf allen Gebieten gründlich beraten lässt. *Gründliche Beratung*

Nur dadurch lassen sich existenzgefährdende Fehler der Betriebsgründung und Betriebsübernahme verhindern. Dazu stehen die Existenzgründungsberater und Betriebsberater der Handwerksorganisationen oder freiberufliche Berater zur Verfügung. Grundsätzlich darf im Bezug auf die möglichen Beratungsleistungen auf den Abschnitt 2.1.3.3 „Beratungsdienste der Handwerksorganisationen für die Mitgliedsbetriebe" verwiesen werden.

Abbildung 268

Kostenlose und kostenpflichtige Beratung

Jeder Existenzgründer sollte sich zuerst an den Existenzgründungsberater oder betriebswirtschaftlichen Berater der Handwerkskammer wenden. Dort erfährt er auch, welche Beratungsleistungen kostenlos sind und welche Kosten verursachen.

2.7.8.2 Lehrgänge für Gründung und Übernahme

Die Handwerkskammern und auch andere Handwerksorganisationen bieten für Existenzgründer und Betriebsübernehmer, die ihr Wissen weiter vertiefen wollen, zahlreiche Kurse und Lehrgänge zur Fortbildung in Einzelbereichen an. Die zwei wichtigsten Lehrgänge für Existenzgründer und Betriebsübernehmer sind:
- Existenzgründungslehrgang
- Lehrgang „Betriebsübergabe – Betriebsübernahme"

Existenzgründung Betriebsübernahme

2.7.8.3 Fachliteratur zur Existenzgründung und Betriebsübernahme

Für den Bereich der Existenzgründung und Betriebsübernahme gibt es umfangreiche vertiefende praxisnahe Literatur, die von Wissenschaftlern und Praktikern entwickelt wurde.

Beispielhaft werden genannt:
- Broschüren einzelner Handwerkskammern oder Arbeitsgemeinschaften der Handwerkskammern zur Selbstständigmachung im Handwerk (z.B. „Selbstständig im Handwerk – Wegweiser zum Erfolg" der Arbeitsgemeinschaften der Handwerkskammern in Baden-Württemberg und Bayern).
- Broschüren einzelner Handwerkskammern oder Arbeitsgemeinschaften der Handwerkskammern zum Thema „Betriebsübergabe – Betriebsübernahme".
- Broschüre „Betriebsnachfolge" des Instituts für Technik der Betriebsführung im Handwerk, Karlsruhe.
- Broschüre „Ausgewählte Problembereiche der Betriebsübergabe/-nachfolge des Ludwig-Fröhler-Instituts für Handwerkswissenschaften, Abteilung für Handwerkswirtschaft.
- Jährlich erscheinendes Sonderheft des „handwerk magazin" – Leitfaden für Existenzgründer.
- Broschüre des Sparkassen-Kunden-Services „Selbstständig und erfolgreich sein" – Ein Leitfaden für Existenzgründer.
- „Checkliste des Sparkassen-Kunden-Services für Existenzgründer" – eine Planungshilfe zur Unternehmensgründung
- Broschüre „Unternehmensnachfolge planen und realisieren" des Bundesverbandes der Deutschen Raiffeisenbanken.
- Broschüre „Checkliste für Existenzgründer des Bundesverbandes der Junioren des Handwerks, des handwerk magazin und einer berufsständischen Versicherungsgruppe".
- Informationsbroschüren der Wirtschaftsminister der Länder.
- Angebote von Unterlagen durch Banken oder Handwerksorganisationen im Internet.

Internet

2.7.9 Mitgliedschaft bei Berufsorganisationen

Interessen-vertretung des Handwerks

Innung Handwerks-kammer

„Wer in der Demokratie nicht präsent ist, hat schon verloren" heißt eine Erfahrungsweisheit. Wir haben eine Wirtschafts- und Gesellschaftsordnung mit unterschiedlichsten Strukturen und sehr differenzierten Interessen. Die Wahrnehmung und Vertretung gleich oder ähnlich gelagerter Interessen ist nur durch gemeinsames organisiertes Handeln in und durch Interessenvertretungsorgane möglich. Für die Interessenvertretung des Handwerks gibt es fachliche und regionale Handwerksorganisationen. Die beiden wichtigsten Basisorganisationen, in denen der einzelne Handwerksbetriebsinhaber nach der Handwerksordnung Mitglied sein kann oder muss, sind die Innung und die Handwerkskammer. Die Mitgliedschaft bei der Handwerkskammer ist Pflicht, die bei der Innung freiwillig.

Junioren des Handwerks

Da die Innung die wichtigste fachlich orientierte Handwerksorganisation ist, sollte jeder selbstständige Handwerker Mitglied sein. Auch die Mitgliedschaft beim Verband der Junioren des Handwerks ist jedem jungen Handwerker zu empfehlen.

Hinsichtlich des Aufbaus, der Aufgaben, der Arbeit, der Strukturen, der Vorteile und des Nutzens der einzelnen Organisationsstellen des Handwerks siehe Abschnitt 2.1.3 „Aufbau, Struktur und Aufgaben der Handwerksorganisationen".

Übungs- und Prüfungsaufgaben

1. Sie haben als junger Handwerker die Absicht, einen eigenen Betrieb zu gründen. Bevor Sie Ihre Entscheidung treffen, wollen Sie selbstkritisch prüfen, ob Sie die persönlichen Eigenschaften haben, um als Selbstständiger erfolgreich zu werden.

Aufgabe: Geben Sie an, welche selbstkritischen Fragen Sie sich dabei stellen!

„Siehe Seite 441 des Textteils!"

2. Als Existenzgründer machen Sie sich Gedanken über Ihr Unternehmensleitbild.

Aufgabe: Nennen Sie wichtige Elemente, die Sie berücksichtigen sollten!

„Siehe Seite 442 des Textteils!"

3. Sie legen bei der Planung Ihrer Betriebsgründung in Ihrem Beruf das Produkt- und Leistungsprogramm fest. Im Zuge der zunehmenden Kundenorientierung in allen Bereichen der Wirtschaft und im Hinblick auf ein beabsichtigtes Höchstmaß an Kundenzufriedenheit wollen Sie die wichtigsten Kundendienstleistungen auflisten.

Aufgabe: Erläutern Sie die wichtigsten Kundendienstleistungen!

„Siehe Seite 444 des Textteils!"

2.7 Gründung

4. Im Rahmen des Unternehmenskonzepts müssen Sie sich als Existenzgründer überlegen, welche Zielgruppen von Kunden Sie mit Ihren Produkten und Leistungen gewinnen wollen.

Aufgabe: Welche zentralen Fragen müssen Sie sich dabei stellen?

„Siehe Seite 444 des Textteils!"

5. Im Rahmen der Vorbereitung Ihrer Existenzgründung prüfen Sie, welche Absatzmöglichkeiten und Absatzgebiete für Ihren Betrieb erreichbar sind.

Aufgabe:
a) Welche Informationsquellen stehen Ihnen dabei zur Verfügung?
b) Nennen Sie die wichtigsten Kriterien der Absatzbeurteilung!

„Siehe Seite 445 des Textteils!"

6. Bei der beabsichtigten Gründung Ihres Betriebes haben Sie im Bezug auf die Wahl des günstigsten Standorts eine Reihe von Standortfaktoren zu prüfen und entsprechend zu gewichten.

Aufgabe:
a) Beschreiben Sie die drei wichtigsten Standortfaktorenbereiche!
b) Nennen Sie einige gesetzliche und kommunale Regelungen, die die Standortwahl begrenzen!

„Siehe Seite 446 des Textteils!"

7. **Ein wichtiges Instrument kommunaler Wirtschaftsförderung ist**
☐ a) die Gewerbeflächenpolitik.
☐ b) die öffentliche Sicherheit.
☐ c) das kulturelle Angebot.
☐ d) die örtliche Marktregulierung.
☐ e) die Festlegung der Preise für handwerkliche Leistungen durch die Gemeinde- oder Stadtverwaltung.

„Siehe Seite 447 des Textteils!"

8. Im Zuge der Planung Ihrer Betriebsgründung haben Sie eine Reihe von Rechtsfragen auf verschiedenen Rechtsgebieten zu klären.

Aufgabe: Welche wichtigen Abklärungen sind notwendig:
a) **Auf dem Sektor des Handwerksrechts?**
b) **Im Bereich des Handelsrechts?**
c) **Auf steuerlichem Gebiet?**
d) **Auf dem Gebiet des Bau-, Umweltschutz- und Abfallrechts?**

„Siehe Seite 447 des Textteils!"

9. **Die Arbeitsstättenverordnung regelt**
☐ a) die höchstzulässige Arbeitszeit für die Mitarbeiter.
☐ b) die höchstzulässige Arbeitszeit für minderjährige Lehrlinge.
☐ c) die räumlichen Anforderungen an die Arbeitsstätte.
☐ d) die Versicherungspflicht der Arbeitnehmer in der Arbeitslosenversicherung.

☐ e) die Versicherungspflicht der Arbeitnehmer in der betrieblichen Unfallversicherung.

„Siehe Seite 452 des Textteils!"

10. Welche Rechtsformen kommen bei der Betriebsgründung eines Handwerksbetriebes in Frage?
☐ a) Nur Genossenschaften
☐ b) Nichtsrechtsfähige Vereine
☐ c) Nur rechtsfähige Vereine
☐ d) Einzelunternehmen und Gesellschaften
☐ e) Körperschaften des öffentlichen Rechts.

„Siehe Seite 453 des Textteils!"

11. Die Entscheidung über die Rechtsform hat für den Existenzgründer eine wichtige Bedeutung.

Aufgabe: Welche zentralen Fragen hat er sich hier zu stellen?

„Siehe Seite 453 des Textteils!"

12. Bei der Planung zur Gründung eines Handwerksbetriebes haben Sie die Betriebsgröße festzulegen.

Aufgabe: Welche Maßstäbe sind bei der Bestimmung der Betriebsgröße zugrunde zu legen?

„Siehe Seite 454 des Textteils!"

13. Sie haben als Existenzgründer die zweckentsprechenden Betriebsräume für Ihren Betrieb zu planen.

Aufgabe: Erläutern Sie welche Faktoren Sie dabei beachten sollten!

„Siehe Seite 454 des Textteils!"

14. Für den selbstständigen Handwerksmeister ist eine moderne, zweckentsprechende Büroorganisation unbedingt erforderlich.

Aufgabe: Beschreiben Sie die grundsätzlichen Anforderungen an die Büroeinrichtung, die EDV-Anlage, die Büroablauforganisation, die Telekommunikation und das Informationswesen für den zu gründenden Betrieb!

„Siehe Seite 455 des Textteils!"

15. Eine gründliche Ermittlung des Personalbedarfs und die anschließende Personalbeschaffung sind wichtige Voraussetzungen dafür, dass die Gründung eines Handwerksbetriebes erfolgreich sein wird.

Aufgabe:
a) Woran ist der Personalbedarf zu orientieren?
b) Nennen Sie ferner wichtige Anforderungsprofile an die künftigen Mitarbeiter!
c) Welche Grundsätze sollten Sie bei der Personalbeschaffung beachten?

„Siehe Seite 456 des Textteils!"

2.7 Gründung

16. Bevor die Entscheidung über die zur Gründung des Betriebes vorgesehenen Investitionen von Ihnen gefällt wird, haben Sie einen Investitionsplan zu erstellen.

Aufgabe: Welche Positionen enthält der Investitionsplan in der Regel?

„Siehe Seite 457 des Textteils!"

17. Im Anschluss an den Investitionsplan und die Berechnung des Betriebsmittelbedarfs sowie vor der Anfertigung des Finanzierungsplanes ist der Gesamtkapitalbedarf für den zu gründenden Betrieb zu ermitteln. Dazu ist eine Kapitalbedarfsrechnung aufzustellen, die sowohl den Investitionsbedarf (längerfristiger Kapitalbedarf) als auch den Betriebsmittelbedarf (kurzfristiger Kapitalbedarf) enthält.

Aufgabe: Beschreiben Sie die wichtigsten Positionen der Kapitalbedarfsrechnung!

„Siehe Seite 457 des Textteils!"

18. Um eine gesicherte Finanzierung des neu zu gründenden Betriebes sicherzustellen, ist ein Finanzierungsplan aufzustellen, der den Gesamtkapitalbedarf deckt.

Aufgabe: Stellen Sie fest, welche Gliederungspunkte ein Finanzierungsplan bei der Betriebsgründung in der Regel enthalten muss!

„Siehe Seite 460 des Textteils!"

19. Für die im Zusammenhang mit der Betriebsgründung aufgenommenen Kredite und Darlehen sind vom Betrieb künftig Zins- und Tilgungsleistungen aufzubringen.

Aufgabe: Erläutern Sie, wie Sie bei der Berechnung des Kapitaldienstes vorgehen!

„Siehe Seite 461 des Textteils!"

20. Bei der Gründung von selbstständigen Existenzen gewähren Bund und Länder Finanzierungshilfen, die sich durch günstige Zins- und Tilgungskonditionen auszeichnen. Sie wollen prüfen, ob solche Finanzierungshilfen für Ihre Betriebsgründung zum Tragen kommen können.

Aufgabe:
a) Welches sind die wichtigsten Förderprogramme zur Existenzgründung?
b) Stellen Sie die wichtigsten Unterlagen zusammen, die bei Beantragung öffentlicher Finanzierungshilfen vorgelegt werden müssen!

„Siehe Seite 462 des Textteils!"

21. Sie beabsichtigen, sich als Handwerksmeister selbstständig zu machen. Dabei gehen Sie von der Mindestvoraussetzung aus, dass der zu gründende Betrieb für Ihre privaten Ausgaben, wie Lebensunterhalt, Wohnung, soziale Absicherung und Zahlung von Steuern, auch in der Anfangsphase mindestens so viel „abwerfen" muss wie Ihre jetzige Tätigkeit als Arbeitnehmer. Um dies feststellen zu können, müssen Sie einerseits die privaten Ausgaben summieren und dem voraussichtlich für diesen Zweck zur Verfügung stehenden „betrieblichen Kassenzufluss" gegenüberstellen.

Aufgabe: Erklären Sie, wie Sie im Einzelnen vorgehen, um zum gewünschten Ergebnis zu kommen!

„Siehe Seite 463 des Textteils!"

22. Für den von Ihnen zu gründenden Betrieb müssen, um letztlich das erfolgreiche und dauerhafte betriebliche Wirtschaften im Sinne der gewünschten Zielgrößen zu erreichen bzw. dies beurteilen zu können, entsprechende Berechnungen für die

Kostenplanung, Wertschöpfung, Umsatzplanung (Mindestumsatz), Gewinnplanung und Rentabilitätsvorschau vorgenommen werden.

Aufgabe: Folgende Fragen leiten Sie zu den notwendigen Berechnungsvorgängen:
a) Welche wichtigen Hauptpositionen muss ein Kostenplan enthalten?
b) Wie werden die Wertschöpfung und der notwendige sowie der erreichbare Mindestumsatz berechnet?
c) Erläutern Sie das Schema für einen Gewinnplan bzw. eine Rentabilitätsvorschau!

„Siehe Seite 464 des Textteils!"

23. Bei der Planung Ihres Betriebes müssen Sie vorrangig darauf achten, dass die Zahlungsfähigkeit immer gegeben ist. Dazu braucht man als Planungs- und Kontrollinstrument einen Finanz- und Liquiditätsplan, um rechtzeitig Maßnahmen zur Beseitigung von Unterdeckungen treffen zu können.

Aufgabe:
a) Geben Sie an, wie so ein Finanz- und Liquiditätsplan aussieht!
b) Erläutern Sie Maßnahmen zur Beseitigung von Unterdeckungen beim Liquiditätsplan!

„Siehe Seite 467 des Textteils!"

24. Ein zweckmäßiges Rechnungswesen ist eine unabdingbare Voraussetzung für eine erfolgreiche Betriebsführung des Existenzgründers. Das Rechnungswesen muss einerseits den gesetzlichen Anforderungen entsprechen und andererseits dem Existenzgründer über seine Auswertung stets die zur Planung, Steuerung und Kontrolle notwendigen Chefdaten liefern.

Aufgabe:
a) Erklären Sie, wie Sie bei der Einrichtung der Buchführung und des Rahmens für den Jahresabschluss vorgehen!
b) Welche Schritte sind bei der Einrichtung von Kostenrechnung und Kalkulation wichtig?

„Siehe Seite 468 des Textteils!"

25. Die EDV ist auch für den Betriebsgründer ein unabdingbarer Bestandteil jeder fortschrittlichen Betriebsorganisation.

Aufgabe: Erklären Sie, wie Sie bei der Einrichtung eines EDV-Systems vorgehen!

„Siehe Seite 469 des Textteils!"

26. Mit der Selbstständigmachung verlassen Sie als Existenzgründer das soziale Netz, das Sie bisher für verschiedene personenbezogene Lebensrisiken abgesichert hat. Ferner müssen Sie für eine Reihe von Risiken des betrieblichen Bereichs Vorsorge treffen.

Aufgabe:
a) Stellen Sie die wichtigsten Versicherungsarten zusammen, die für die Risikoabsicherung in Ihrem privaten Bereich zweckmäßig sind!
b) Nennen Sie wichtige Versicherungsarten, die für die Abdeckung betrieblicher Risiken in Frage kommen!

„Siehe Seite 470 des Textteils!"

2.7 Gründung

27. Bei der Gründung Ihres Betriebes haben Sie verschiedene Anmeldungen bei Ämtern und anderen Einrichtungen vorzunehmen.

Aufgabe: Erläutern Sie die wichtigsten Anmeldungen!

„Siehe Seite 471 des Textteils!"

28. Sie haben alle wesentlichen Vorbereitungen für die Betriebsgründung getroffen. Nunmehr steht der Tag der Geschäftseröffnung bevor.

Aufgabe: Erläutern Sie, wie Sie diesen Tag vorbereiten, damit eine positive Wirkung nach außen erreicht wird!

„Siehe Seite 472 des Textteils!"

29. Am Geschäftseröffnungstag wollen Sie als Existenzgründer Ihre künftigen Kunden und die Öffentlichkeit über die wichtigsten Ziele, Produkte und Leistungen des Betriebs informieren. Dazu ist es zweckmäßig, ein Aktionsblatt zur Geschäftseröffnung zu erstellen.

Aufgabe: Beschreiben Sie kurz die wichtigsten Inhalte eines solchen Aktionsblattes!

„Siehe Seite 473 des Textteils!"

30. In der Einführungsphase Ihres neu gegründeten Betriebes am Markt sind geeignete Marketingmaßnahmen gezielt einzusetzen, um Kunden zu gewinnen.

Aufgabe: Stellen Sie für Ihren Betrieb die wichtigsten Marketinginstrumente für die Einführungsphase zusammen!

„Siehe Seite 473 des Textteils!"

31. Sie haben einen Handwerksbetrieb gegründet und wollen nun in der Einführungsphase am Markt eine zielgruppenorientierte, auf ein bestimmtes räumliches Gebiet abgestellte Werbung durchführen.

Aufgabe: Beschreiben Sie kurz die wichtigsten Werbemittel, die Sie in der Einführungsphase einsetzen werden!

„Siehe Seite 474 des Textteils!"

32. Ein Inhaber eines Handwerksbetriebes will in absehbarer Zeit seinen Betrieb aus Altersgründen an einen geeigneten Nachfolger übergeben.

Aufgabe: Welche Punkte hat er bei der Planung der Betriebsübergabe zu beachten?

„Siehe Seite 476 des Textteils!"

33. Sie sind ein junger Handwerksmeister, der sich selbstständig machen will. Dabei haben Sie grundsätzlich die Möglichkeit, entweder einen Handwerksbetrieb neu zu gründen oder einen schon bestehenden Betrieb zu übernehmen. Um Ihre Entscheidung für den einen oder anderen Fall zu treffen, ist es notwendig, die Vor- und Nachteile einer Betriebsübernahme gegeneinander abzuwägen.

Aufgabe: Stellen Sie für Ihre Entscheidung die Vor- und Nachteile einer Betriebsübernahme zusammen!

„Siehe Seite 476 des Textteils!"

34. Als junger Handwerksmeister haben Sie für sich die Entscheidung getroffen, das Ziel der beruflichen Selbstständigkeit auf dem Weg einer Betriebsübernahme zu verwirklichen.

Aufgabe: Geben Sie an, welche Grundformen der Betriebsübernahme es gibt!

„Siehe Seite 477 des Textteils!"

35. Der Inhaber eines Handwerksbetriebes will seinen Betrieb aus Altersgründen abgeben. Er bietet Ihnen als jungem Handwerksmeister den Betrieb zur Übernahme an. Sie wollen sich möglichst umfassend über die vergangene Entwicklung, den aktuellen Zustand sowie die künftigen Entwicklungsmöglichkeiten des Betriebes informieren.

Aufgabe:
a) Nennen Sie die wichtigsten Kriterien für die Beurteilung der bisherigen Entwicklung des Betriebes in den letzten Jahren!
b) Beschreiben Sie die Kriterien, nach denen Sie den aktuellen Zustand des Betriebes beurteilen!
c) Welche Fragen haben Sie bei der Beurteilung der künftigen Entwicklung des zu übernehmenden Betriebes zu klären und welche Berechnungen sollten Sie konkret vornehmen?
d) Erstellen Sie anhand eines Schemas eine Gewinnplanung bzw. Rentabilitätsvorschau zur Beurteilung der Zukunftsentwicklung des Betriebes!

„Siehe Seite 479 ff. des Textteils!"

36. Wer ist für die Abklärung bzw. Genehmigung von Neu-, An- und Umbauten zuständig, die im Zuge einer Betriebsübernahme vorgenommen werden?
☐ a) Die Innung
☐ b) Die Handwerkskammer
☐ c) Die Industrie- und Handelskammer
☐ d) Das zuständige Gewerbeamt bei der Gemeinde
☐ e) Die Baubehörde der Gemeinde.

„Siehe Seite 482 des Textteils!"

37. Welche Aussage ist zutreffend?
☐ a) Der Bestandsschutz eines bestehenden Betriebes geht nicht immer auf den Erwerber über.
☐ b) Der Bestandsschutz eines bestehenden Betriebes geht immer auf den Erwerber über.
☐ c) Der Bestandsschutz eines bestehenden Betriebes gilt für den Erwerber nur, wenn er von der Innung genehmigt wird.
☐ d) Der Bestandsschutz eines bestehenden Betriebes gilt für den Erwerber nur, wenn er von der Handwerkskammer genehmigt wird.
☐ e) Der Bestandsschutz eines bestehenden Betriebes gilt für den Erwerber nur, wenn er vom zuständigen Landeswirtschaftsministerium genehmigt wird.

„Siehe Seite 481 des Textteils!"

38. Als junger Handwerksmeister haben Sie die Absicht, einen Ihnen zur Übernahme angebotenen Handwerksbetrieb durch Kauf zu erwerben. Damit Ihr Vorhaben finanziell tragbar ist und die Möglichkeit eröffnet wird, eine sichere, langfristige Existenzgrundlage für Sie und Ihre Familie zu schaffen, muss der Kaufpreis des Betriebes angemessen sein. Der Wertermittlung des Betriebes kommt somit eine zentrale

2.7 Gründung

Bedeutung zu. Für die Durchführung der Bewertung und die Kaufpreisermittlung sind eine Reihe von Unterlagen notwendig.

Aufgabe: Wie gehen Sie bei der Wertermittlung und Kaufpreisberechnung vor?
a) Nennen Sie die wichtigsten Unterlagen, die für die Bewertung erforderlich sind!
b) Geben Sie an, wie der Substanzwert des Betriebes ermittelt wird!
c) Erläutern Sie, auf welchen Faktoren der Firmenwert beruht und wie er berechnet wird!
d) Erklären Sie, wie sich der Kaufpreis des zu übernehmenden Betriebes ergibt!

„Siehe Seite 483 ff. des Textteils!"

39. Sie befinden sich als Betriebsübernehmer, nachdem Einigkeit über den Kaufpreis besteht, in Verhandlungen über die Zahlungsmodalitäten des Kaufpreises.

Aufgabe: Erläutern Sie die geläufigsten Zahlungsmöglichkeiten!

„Siehe Seite 486 des Textteils!"

40. Als jungem Handwerksmeister liegt Ihnen ein Angebot vor, einen Handwerksbetrieb pachtweise zu übernehmen. Sie wollen das Angebot annehmen.

Aufgabe: Erläutern Sie, auf welche wichtigen Regelungsinhalte Sie beim Abschluss des Pachtvertrages achten sollten?

„Siehe Seite 486 des Textteils!"

41. Nachdem Sie Ihre Meisterprüfung mit Erfolg bestanden haben, will Ihnen Ihr Vater seinen Handwerksbetrieb übergeben. Es handelt sich also um eine Betriebsübergabe innerhalb der Familie. Dabei sind unterschiedliche Gestaltungsformen denkbar.

Aufgabe: Nennen Sie zwei der geläufigen Standardformen bei der Betriebsübergabe innerhalb der Familie!

„Siehe Seite 487 des Textteils!"

42. Im Rahmen der Übernahme eines Handwerksbetriebes haben Sie als Übernehmer auch die Frage zu prüfen, inwieweit sich für Sie gesetzliche und vertragliche Pflichten sowie Haftungskriterien ergeben.

Aufgabe: Stellen Sie dar, welche diesbezüglichen Pflichten und Risiken für Sie als Übernehmer bestehen!

„Siehe Seite 488 des Textteils!"

43. Wer fördert Betriebsübernahmen durch finanzielle Zuwendungen bzw. zinsgünstige Kredite in erster Linie?
- [ ] a) Die Handwerksinnungen
- [ ] b) Die Handwerkskammern
- [ ] c) Die Gemeinde- und Stadtverwaltungen
- [ ] d) Der Bund und die Länder
- [ ] e) Die Handwerksförderungsinstitute.

„Siehe Seite 489 des Textteils!"

44. Sie haben als junger Handwerksmeister einen Betrieb übernommen. Dabei sind mehrere Formalitäten, Mitteilungen und Änderungsmeldungen an Behörden und sonstige Einrichtungen erforderlich.

Aufgabe: Erläutern Sie die notwendigen Formalitäten, Mitteilungen und Meldungen!

„Siehe Seite 490 des Textteils!"

45. Im Rahmen Ihrer beruflichen Lebensplanung haben Sie sich vorgenommen, selbstständig tätig zu werden. Dabei beziehen Sie in Ihre Überlegungen auch die Frage ein, ob Sie diesen Weg allein oder zusammen mit einem Partner gehen wollen. Deshalb sind die Vor- und Nachteile der Tätigkeit als Einzelunternehmer oder in Partnerschaft gegeneinander abzuwägen.

Aufgabe: Stellen Sie fest:
a) **Die Vorteile der alleinigen Betriebsgründung als Einzelunternehmer!**
b) **Die Vorteile einer partnerschaftlichen betrieblichen Tätigkeit!**

„Siehe Seite 491 des Textteils!"

46. Im Zusammenhang mit der Planung der Gründung eines Handwerksbetriebes haben Sie sich entschieden, die berufliche Selbstständigkeit nicht allein als Einzelunternehmer, sondern in Partnerschaft mit einem Berufskollegen umzusetzen. Es ist Ihnen klar, dass die sorgfältige Prüfung und Auswahl des Partners eine wichtige Voraussetzung dafür ist, ob der gemeinsame Betrieb erfolgreich sein wird oder in einem Misserfolg endet.

Aufgabe: Erläutern Sie die wichtigsten Fragen, die bei der Auswahl des Partners zu stellen sind!

„Siehe Seite 491 des Textteils!"

47. Nach bestandener Meisterprüfung wollen Sie sich im Zuge Ihrer beruflichen Lebensplanung selbstständig machen. Sie haben die Absicht, keinen neuen Betrieb zu gründen, sondern sich an einem bestehenden Betrieb zu beteiligen. Nunmehr liegt Ihnen ein entsprechendes Angebot eines Kollegen vor.

Aufgabe: Welche Rechtsformen können für die Beteiligung in Frage kommen?

„Siehe Seite 492 des Textteils!"

48. Um existenzgefährdende Fehler bei der Betriebsgründung oder Betriebsübernahme zu vermeiden, wollen Sie sich als Handwerksmeister gründlich beraten lassen.

Aufgabe: Erklären Sie, welche speziellen Beratungsangebote Sie für die Betriebsgründung oder Betriebsübernahme in Anspruch nehmen können!

„Siehe Seite 494 des Textteils!"

49. **Bei welchem Bildungsträger ist es am zweckmäßigsten, spezielle Kurse oder Lehrgänge für die Betriebsgründung oder Betriebsübernahme im Handwerk zu besuchen?**
☐ a) Beim zuständigen Gewerbeamt
☐ b) Bei der zuständigen Handwerkskammer
☐ c) Beim Gewerbeaufsichtsamt
☐ d) Bei der Volkshochschule
☐ e) Bei der Steuerberaterkammer.

„Siehe Seite 495 des Textteils!"

Lösungen

zu den Übungs- und Prüfungsaufgaben

1 Handlungsfeld: Grundlagen des Rechnungswesens und Controllings

1.1 Buchführung

1. d)	6. –	11. –	16. –	21. c)	26. –	31. e)
2. b)	7. c)	12. –	17. d)	22. b)	27. e)	32. –
3. –	8. a)	13. a)	18. –	23. a)	28. –	33. a)
4. b)	9. b)	14. –	19. a)	24. –	29. c)	34. –
5. d)	10. –	15. b)	20. –	25. b)	30. a)	

1.2 Jahresabschluss und Grundzüge der Auswertung

1. a)	4. e)	7. –	10. –	13. c)
2. a)	5. –	8. –	11. –	14. d)
3. b)	6. a)	9. c)	12. e)	15.–

1.3 Kosten- und Leistungsrechnung

1. d)	8. d)	15. d)	22. –	29. –	36. –	43. –
2. b)	9. a)	16. a)	23. a)	30. d)	37. a)	44. –
3. a)	10. d)	17. b)	24. b)	31. a)	38. d)	45. d)
4. e)	11. c)	18. –	25. e)	32. e)	39. b)	46. –
5. –	12. –	19. e)	26. d)	33. c)	40. b)	47. –
6. a)	13. d)	20. –	27. e)	34. a)	41. –	48. –
7. –	14. a)	21. b)	28. e)	35. b)	42. –	49. c)

1.4 Controlling

1. –	4. –	7. –	10. d)	13. b)	16. a)	19. –
2. d)	5. –	8. –	11. e)	14. –	17. –	
3. b)	6. –	9. –	12. b)	15. –	18. –	

2 Handlungsfeld: Grundlagen wirtschaftlichen Handelns im Betrieb

2.1 Das Handwerk in Wirtschaft und Gesellschaft

1. –	10. d)	19. –	28. –	37. –	46. –
2. a)	11. b)	20. –	29. a)	38. b)	47. d)
3. –	12. b)	21. –	30. a)	39. d)	48. –
4. d)	13. –	22. –	31. e)	40. e)	49. –
5. –	14. –	23. d)	32. d)	41. b)	50. –
6. –	15. e)	24. c)	33. b)	42. –	51. –
7. –	16. –	25. b)	34. d)	43. a)	52. –
8. –	17. –	26. a)	35. –	44. a)	53. –
9. e)	18. –	27. d)	36. –	45. –	54. –

2.2 Marketing

1. e)	6. –	11. –	16. –	21. –	26. –	31. –
2. –	7. –	12. –	17. –	22. –	27. –	32. c)
3. –	8. –	13. –	18. b)	23. –	28. –	33. –
4. –	9. –	14. e)	19. d)	24. b)	29. –	34. e)
5. –	10. a)	15. b)	20. –	25. –	30. –	35. –

2.3 Organisation

1. –	6. c)	11. –	16. b)	21. e)	26. –	31. –
2. a)	7. –	12. –	17. d)	22. –	27. c)	
3. –	8. –	13. b)	18. e)	23. –	28. –	
4. –	9. –	14. –	19. –	24. b)	29. –	
5. –	10. –	15. –	20. –	25. –	30. –	

2.4 Personalwesen und Mitarbeiterführung

1. –	5. b)	9. d)	13. –	17. b)	21. –
2. –	6. –	10. –	14. e)	18. –	22. –
3. a)	7. –	11. –	15. –	19. –	23. –
4. –	8. d)	12. –	16. a)	20. b)	24. –

2.5 Finanzierung

1. –	10. –	19. –	28. –	37. –	46. –	
2. –	11. a)	20. –	29. –	38. –	47. –	
3. –	12. –	21. –	30. b)	39. d)	48. a)	
4. –	13. –	22. e)	31. –	40. –	49. b)	
5. –	14. –	23. c)	32. –	41. d)	50. a)	
6. –	15. –	24. b)	33. –	42. e)	51. –	
7. –	16. –	25. c)	34. –	43. –		
8. e)	17. d)	26. c)	35. –	44. –		
9. –	18. –	27. e)	36. –	45. –		

Lösungen _____ 507

2.6 Planung

1. –	4. e)	7. –	10. –	13. –	16. –	19. –
2. –	5. –	8. –	11. d)	14. –	17. –	20. –
3. c)	6. –	9. b)	12. –	15. e)	18. –	

2.7 Gründung

1. –	10. d)	19. –	28. –	37. a)	46. –
2. –	11. –	20. –	29. –	38. –	47. –
3. –	12. –	21. –	30. –	39. –	48. –
4. –	13. –	22. –	31. –	40. –	49. b)
5. –	14. –	23. –	32. –	41. –	
6. –	15. –	24. –	33. –	42. –	
7. a)	16. –	25. –	34. –	43. d)	
8. –	17. –	26. –	35. –	44. –	
9. c)	18. –	27. –	36. e)	45. –	

A

Abbuchungsauftragsverfahren 405
ABC-Analyse 265, 431
Abfallberater 452
Abfallwirtschaft 452
Abgeleitete Buchführungspflicht 26
Ablageorganisation 316
Ablauforganisation 309
Abschlussbuchungen 59, 83
Abschlussübersicht 60
Abschreibungen 55, 113
Absicherung der Risiken 437
Absolute Zahlen 200
Abteilungsbildung 333
Abzahlungsdarlehen 389
Aktenablage 317
Aktenordnung 316
Aktionsblatt zur Geschäftseröffnung 473
Aktiva 99
Aktive Rechnungsabgrenzung 58
Aktivierungsgebot 111
Aktivierungsverbot 111
Aktivierungswahlrecht 111
Aktivkonten 34, 40
Aktivtausch 35
Akzept 411
Akzeptkredit 389
Alphanummernordnung 317
Alternativensuche 430
Amerikanische Buchführung 62, 64
Amerikanisches Journal 64
Analyse der bisherigen Entwicklung des Betriebes 479
Analyse des Betriebes 477
Analyse kostenbeeinflussender Faktoren 185
Anforderungsprofil 355
Angebot 140
Angebotserfolg 205
Angebotspreis 170
Anhang 96
Anlagendeckung I 129, 207
Anlagendeckung II 129, 207
Anlagenintensität 126, 206
Anlagevermögen 99, 122
Anlaufkosten 458
Anmeldungen 471
Annuitätendarlehen 389
Anschaffungskosten 111, 149
Anweisung 369
Anwendung der Kostenrechnung 184
Anwendungsbereiche der EDV 329
Anzeigengestaltung 283
Anzeigenwerbung 283
Äquivalenzziffernrechnung 173
Arbeit 217
Arbeitgeberverbände 252
Arbeits- und Leistungsbewertung 366

Arbeitsbedingungen 357
Arbeitsbewertung 365
Arbeitsergebnisse 337
Arbeitsleistungsfaktoren 357
Arbeitsmedizin 357
Arbeitspsychologie 357
Arbeitssicherheit 375
Arbeitssicherheitsgesetz 452
Arbeitsstättenverordnung 452
Arbeitsteilung 223
Arbeitsverteilung 310
Arbeitszeiterfassungsbelege 144
Arbeitszeitmodelle 314
Arbeitszeitverkürzungen 357
Arbeitszeugnis 361
Arten der Finanzierung 385
Arten der Preisbildung 279
Arten der Werbung 282
Audit 312
Aufbau der Handwerksorganisation 233
Aufbauorganisation 333
Aufbewahrung 26
Aufbewahrungsfristen 31
Aufgaben 242
Aufgaben der Kostenrechnung 140
Aufgaben der Kreishandwerkerschaft 237
Aufgaben der Wirtschaftspolitik 222
Aufgaben des Handwerks 223
Aufgabenanalyse 333
Aufgabensynthese 335
Aufsicht 236, 237, 239, 241
Auftrag 368
Auftragsgröße 205
Auftragszettel 144
Aufwand 103
Aufwandskonten 34, 40
Aufzeichnungen 28
Aufzeichnungserleichterungen 29
Aufzeichnungspflichten 54
Ausbildungsberater 250
Auseinandersetzungsbilanz 103
Ausfallbürgschaften 396
Ausgaben 103
Ausgliederung von Buchführungsarbeiten 69
Ausschuss für Berufsbildung 236
Ausschuss zur Schlichtung von Streitigkeiten 236
Ausschüsse 236, 237, 241, 242
Außenbeitrag 218
Außenfinanzierung 385
Außenwerbung 283
Außenwirtschaft 248
Außenwirtschaftliches Gleichgewicht 222
Außerordentlicher Aufwand 144
Aussprache 372
Ausstellungen 239, 291
Austrittsquote 202
Auswertung der Bilanz 123

Auswertung der Gewinn- und Verlustrechnung 130
Auswertung von Bilanz und Gewinn- und Verlustrechnung 133
Auswertung von Zwischenabschlüssen 135
Automatikbuchungen 69
Automatisierung 339
Autoritärer Führungsstil 370
Autorität 374
Autotelefon 321

B
B2A 332
B2B 331
B2C 332
Backbones 330
Back-up 324
Bankscheck 405
Banküberweisung 404
Bankverbindung 392
Bargeldlose Zahlung 401, 404
Barscheck 406
Barzahlung 402
Bauplanungsrecht 447
Baurecht 449
Bedarf 217
Bedarfsdeckung 225
Bedürfnisse 217
Befragungen 270
Befragungswege 270
Begleitkalkulation 172
Beispiel eines Betriebsabrechnungsbogens 168
Beispiel für eine Bilanzanalyse 123
Beispiel zur Deckungsbeitragsrechnung 184
Beispiel zur doppelten Buchführung 78
Beispiele zur Zuschlagskalkulation 178
Beiträge 236, 237, 241, 242
Belege 46
Belegloser Zahlungsverkehr 410
Belegpflicht 28
Belegprinzip 30
Benchmarking 433
Beratung 401
Beratungsbereiche 246, 250
Beratungsdienste 239
Beratungsdienste der Handwerksorganisationen 244
Beratungsleistungen zur Betriebsgründung und Betriebsübernahme 493
Berechnung des Kaufpreises 485
Berechnung des Materialaufwands 56
Bereinigter Betriebsgewinn 122
Berufsbild 443
Berufsbildungs- und Technologiezentren 341
Berufsbildungszentren 239
Berufsgenossenschaften 375, 452
Berufshandwerk 222

Beschaffung 300
Beschaffungsmärkte 300
Beschaffungsmarkterkundung 300
Beschaffungsobjekte 301
Beschäftigtenzahlen 227
Bestandskonten 34, 40
Bestandsverzeichnis 50
Besteuerungsgrundlagen 26
Beteiligungsfinanzierung 386
Betriebliche Einheitspreise 149
Betrieblicher Bestandsschutz 481
Betrieblicher Gewinn 122
Betrieblicher Preis 140
Betrieblicher Umweltschutz 313
Betriebliches Planungsnetz 428
Betriebliches Sozialwesen 374
Betriebsabrechnungsbogen 155, 156, 168, 185
Betriebsberatung 247
Betriebsbeteiligung 475
Betriebsbewertung 482
Betriebsbörsen 239
Betriebs-Check 432
Betriebseinrichtung 455
Betriebsfragebogen 449
Betriebsfremder Aufwand 144
Betriebsfunk 321
Betriebsgröße 227, 454
Betriebsklima 373
Betriebsleistung 122
Betriebsmittelbedarf 398, 457
Betriebsräume 454
Betriebsstoffe 147
Betriebsübergabe 476
Betriebsübernahme 475, 477
Betriebsvergleich 276
Betriebsvermögensvergleich 105
Betriebswirtschaftliche Auswertung 72, 73
Betriebswirtschaftliche Beratung 247
Betriebswirtschaftliche Statistik 23
Betriebszahlen 227
Bewegungsbilanz 74
Bewegungsdaten 326
Bewerbungsunterlagen 356
Bewertung 26
Bewertungsbedingte Zusatzkosten 144
Bewertungsbegriffe 110
Bewertungsgrundsätze 112
Bewertungskontinuität 112
Bewertungsmaßstäbe 110
Bewertungsvorschriften 110
Beziehungszahlen 201
Bezugsmengen 302
Bezugsquellen 301
Bezugsquellenkatalog 301
Bezugsquellennachweis 248
BFH 233
Bilanz 100

Bilanzanalyse 119
Bilanzansätze 26
Bilanzarten 101
Bilanzidentität 110, 112
Bilanzierungsgrundsätze 110, 122
Bilanzklarheit 110
Bilanzkontinuität 110
Bilanzkritik 119
Bilanzmindestinhalt 96
Bilanzübersicht 60
Bilanzverkürzung 35
Bilanzverlängerung 35
Bilanzwahrheit 110
Blankoindossament 412
Bonität 392
Börsenkurs 111
Brainstorming 433
Briefabschluss 319
Briefkopf 318
Briefrand 318
Brieftext 319
Bruttoaufzeichnung 29
Bruttoinlandsprodukt 218
Bruttoinvestition 381
Bruttoverbuchung 54
Bücherarten 63
Buchführung 24, 468
Buchführung auf EDV-Basis 62, 68
Buchführung und Jahresabschluss 23
Buchführungsmethoden 62
Buchführungspflicht 26
Buchführungssysteme 33
Buchführungsvorschriften 25
Buchgeld 219
Buchstellen 70
Buchung 34
Buchung bei Rechnungsausgang 54
Buchung bei Rechnungseingang 54
Buchungen bei der Umsatzsteuer 54
Buchungsregeln 46
Buchungssätze 47, 81
Buchwert 56
Budget 209
Budgetarten 210
Budgetaufstellung 211
Budgetierung 209
Budgetierungsprozess 211
Budgetkontrolle 211
Bündelfunk 321
Bundesinnungsmeister 242
Bundesinnungsverband 242
Bundesverband der Deutschen Industrie (BDI) 251
Bundesvereinigung der Deutschen Arbeitgeberverbände (BDA) 251
Bürgschaft 392
Bürgschaftsbanken 396
Büroorganisation 455

C

C2C 332
CAD 340
CAM 340
CAQ 340, 341
Cash-flow 135, 208
CE-Kennzeichnung von Produkten nach EG-Richtlinien 248
Chancen des Handwerks 227, 230, 231
Christlicher Gewerkschaftsbund (CGB) 253
CIM 340, 341
CNC 340
Controlling 197
Corporate Identity 293
CPU 322

D

Darlehen 389
Darlehensformen 389
DAT-Bänder 324
Daten 325
Datenausgabe 69
Datenaustausch 249
Datenbanken 249, 301, 341
Datenträger 31
Datenverarbeitung außer Haus 71
DATEV-Kontenrahmen 41
Dauerauftrag 404
Deckungsbeitrag 184
Deckungsbeitragsrechnung 184
Demokratischer bzw. partnerschaftlicher Führungsstil 370
Denkmalpflege 233
Design 232, 250, 295
Deutscher Gewerkschaftsbund (DGB) 252
DHKT 233
Dienstleistungen 227
Diskontierung 412
Diskontkredit 389, 413
Divisionale Organisation 336
Divisionskalkulation 173
Do-it-yourself 346
Doppelte Buchführung 34
Durchschreibebuchführung 62, 66
DVD 322

E

ec-Karte 408
EDV 329
EDV-Anlage 327
EDV-Beratung 248
EDV-Einführung 326
EDV-Einsatz 326
EDV-Nutzen 327
EDV-System 469
Effektive Kosten 141, 143
Effektivlohn 150
Eigener Wechsel 411

Eigenfinanzierung 386
Eigenkapital 99, 106, 122
Eigenkapitalhilfe 395
Eigenkapitalintensität 127, 206
Eigenkapitalkonto 60
Eigenkapitalrendite 208
Eigenkapitalrentabilität 133
Einfache Buchführung 33
Eingabedaten 326
Einkaufsplanung 300
Einnahmen 103
Einstandspreis 177
Einstufige Divisionskalkulation 173
Eintragung in die Handwerksrolle 447
Einzelbetrieblicher Vergleich 23
Einzelbewertung 112
Einzelkosten 141, 147, 174
Einzelwerbung 282
Einzugsermächtigungsverfahren 405
Elektronische Datenverarbeitung 34
Elektronische Geldbörse 409
Elektronische Werbung 283
Elektronischer Briefkasten 321
E-Mail 331
EMAS 249
EMAS-Verordnung 314
Endkostenstellen 157
Entlohnung 365
Entscheidung 431
Entscheidungsunterstützung 186
Erbfolge 487
Erfolgskonten 34, 40
Erfolgsrechnung 180
Erleichterungen bei der Aufzeichnungspflicht 32
Erleichterungen bei der Lohnabrechnung 30
Erlösrechnung 180
Erlösschmälerungen 53
Ermittlung des Marktanteils 268
Eröffnungsbilanz 25
Eröffnungstag 472
Ersatzinvestition 381
Erscheinungsbild 293
Ertrag 103
Ertragskonten 34, 40
Ertragswirtschaftliche Bilanzanalyse 120
Erweiterter Cash-flow 463
Erweiterungsinvestition 381
EU 238
EU-Beratung 249
Euro 219, 249
Europäische Währungsunion 219
Europäische Zentralbank (EZB) 220
Excel 325
Existenzaufbau-Finanzierungsmodelle 462
Existenzaufbaupläne 396
Existenzgründung 247
Exportberatungsstellen 248

Exportkataloge 248

F
Fachkontenrahmen 41
Fachliche Organisation 233
Fachliches Können 358
Fachliteratur zur Existenzgründung und Betriebsübernahme 495
Fachtagungen 245
Facility Management 345
Factoring 394
Fehlersuche 198
Fehlzeitenquote 202
Fertigungsgemeinkosten 154
Fertigungslöhne 149
Fertigungswirtschaftliche Kennzahlen 203
Festdarlehen 389
Finanz- bzw. Liquiditätsplanung 382
Finanzierung 381
Finanzierung der Betriebsübernahme 489
Finanzierungsanlässe 385
Finanzierungsplan 399, 460
Finanzierungsregeln 400
Finanzplan 382
Finanzwirtschaft 381
Finanzwirtschaftliche Bilanzanalyse 120
Finanzwirtschaftliche Kennzahlen 206
Firmenwert 111, 482
Firmenzeichen 294
Fixe Kosten 142, 155
Förderung der beruflichen Bildung 238
Forderungsabtretung 392
Förderungsmaßnahmen zur Betriebsübernahme 489
Forfaitierung 394
Formalitäten bei der Betriebsübernahme 490
Formalitäten bei der Gründung 471
Formen der Beteiligung 492
Formgebung 232, 249
Formgebungsberatung 249
Formgestaltung 249
Forschungsergebnisse 246
Forschungsinstitute des DHI 246
Fragebogen 274
Franchising 292
Freiberufliche Beratung 247
Freie Marktwirtschaft 220, 221
Fremdfinanzierung 387
Fremdkapital 99
Fremdkapitalintensität 127, 206
Führungskraft 368
Führungsstil 369
Funktionale Organisation 336

G
Gegenbuchung 34
Geld 219
Geldformen 219

Gemeinkosten 141, 150, 159, 174
Gemeinkostenlöhne 151
Gemeinkostenschlüssel 157
Gemeinschaftskontenrahmen 41
Gemeinschaftsrechenzentren 70
Gemeinschaftswerbung 282
Gemischte Geschäftsvorfälle 35
Generalunternehmen 344
Geordnete Buchung 30
Geringwertige Wirtschaftsgüter 52
Gesamtkapitalbedarf 397
Gesamtkapitalrendite 209
Gesamtkapitalrentabilität 134, 209
Gesamtkostenverfahren 105
Gesamtübersicht Handwerksorganisation 234
Geschäftsbrief 318
Geschäftseröffnung 472
Gesellenausschuss 236
Gesellenprüfung 240
Gesellenprüfungsausschuss 236
Gesellenvereinigungen 243
Gesellschaftspolitische Bedeutung des Handwerks 231
Gesetzliche und vertragliche Pflichten 488
Gesundheitsschutz 375, 452
Gewerkschaften 252
Gewinn 104
Gewinn- und Verlustrechnung 103, 104
Gewinn- und Wagniszuschlag 172
Gewinnplan 466
Gewinnschwelle 186
Gewinnspanne 171
Gezogener Wechsel 411
Gleichgültigkeitsstil 370
Gleitzeitmodelle 314
Gliederungsvorschriften 100
Gliederungszahlen 201
Große Kapitalgesellschaften 98
Grundbuch 391
Grundbücher 63
Grundkosten 143
Grundpfandrechte 391
Grundregeln der Mitarbeiterbehandlung 371
Grundsätze der Menschenführung 371
Grundsätze ordnungsmäßiger Buchführung 25, 41, 64, 68, 105
Grundsätze ordnungsmäßiger DV-gestützter Buchführungssysteme 68
Grundschuld 391
Gründung 441
Gründungsbilanz 103
Gruppe 374
Gruppenführer 374
Gruppenorganisation 315

H
Habensaldo 51
Halbbare Zahlung 401
Handarbeitabhängige Gemeinkosten 165
Handelsbilanz 110
Handelsrecht 448
Handelsrechtliche Bewertungsvorschriften 110
Handelsregister 448
Handelsspanne 177
Handlungsanleitungen 445
Handlungsorientierte Kundenbeeinflussung 287
Handwerk 230
Handwerks-Design 295
Handwerksförderung 238, 244
Handwerksforschung 246
Handwerksjunioren 242
Handwerkskammer 237, 471
Handwerksorganisation 229
Handwerksrecht 447
Handwerksrolle 239
Handy 321
Hauptaufgaben der Handwerkskammer 238
Hauptbuch 64
Hauptgeschäftsführer 241
Hauptkostenstellen 157
Hauptprobleme des Handwerks 228
Haushandwerk 222
Heimwerkerbewegung 346
Herstellkosten 163
Herstellungskosten 111
Hilfsbücher 63
Hilfskostenstellen 157
Hilfsstoffe 147
Homebanking 410
Hörfunkwerbung 284
Hyperlink 331
Hypothek 391

I
Ideensammlung 433
Image 296
Imagepflege 296
Indexrechnung 175
Indexzahlen 201
Indossament 412
Industrie 230
Industrie- und Handelskammern 250
Information 401
Informations- und Kommunikationstechnologien 320
Informationsauswertung 264
Informationsberatung 249
Informationsquellen 263, 445
Informationstechnologien 229
Informationsvermittlungsstellen 249
Inhaberscheck 406
Inlandsprodukt 217, 218
Innenfinanzierung 385

Innerbetriebliche Leistungsverrechnung 158
Innung 234
Innungsversammlung 235
Instrumente der Preisgestaltung 280
Instrumente der regionalen Wirtschaftsförderung 447
Interessenvertretung 237, 238
Internationale Geschäftsbeziehungen 245
Internationale Handwerksmesse 245
Internet 284, 285
Internet Provider 331
Internet Server 330
Inventar 23, 25
Inventur 49, 148
Inventurlisten 144
Inventurvereinfachungsverfahren 50
Investitionen 217, 228
Investitions-, Finanz- und Liquiditätsplanung 381
Investitionsbedarf 398, 457
Investitionsgüterhandwerke 226
Investitionsplan 457
Investitionsplanung 381
ISDN 320
ISDN-Anschluss 331
ISDN-Karte 71, 331
ISO 9001 312
Istkosten 184
Istkostenrechnung 181, 182

J

Jahresabgrenzung 57
Jahresabschluss 25, 60, 96, 468
Jahresfehlbetrag 60, 104
Jahresrechnung der Innung 236
Jahresüberschuss 60, 104
Job-sharing 315
Journal 64
Just-in-time Produktion 303

K

K.o.-Kriterien 434
Kalkulation 23, 170
Kalkulation durch Schätzung 139
Kalkulationsarten 170
Kalkulationsmethoden 172
Kalkulationsschemen 175
Kalkulationszuschlag 177
Kalkulatorische Abschreibung 146
Kalkulatorische Kosten 141, 144
Kalkulatorische Miete 146
Kalkulatorische Wagnisse 146
Kalkulatorische Zinsen 145
Kalkulatorischer Ausgleich 186
Kalkulatorischer Unternehmerlohn 145
Kalkulatorisches Entgelt für mitarbeitende Familienangehörige 150
Kameralistische Buchführung 33

Kapital 99, 217
Kapitalbedarf 398
Kapitalbedarfsrechnung 397, 457, 459
Kapitalbeschaffung 381
Kapitalbeteiligungsgesellschaften 397
Kapitalbildung 385
Kapitaldienst 399
Kapitaldienstermittlung 399, 461
Kapitaldienstgrenze 400
Kapitalgesellschaften 96
Kapitalherkunft 385
Kapitalstruktur 127
Kapitalumschlag 207
Kassenausgaben 30
Kassenbuch 64
Kasseneinnahmen 30
Kauf 487
Kauf des Betriebes 486
Kaufkraft des Geldes 220
Kaufkraftkennziffern 265
Kaufleute 96
Kaufmannseigenschaft 448
Kaufoption 393
Kennzahlen 199
Kennzahlen für die Rentabilität 208
Kennzahlenanalyse 199, 201
Kennzahlensysteme 199
Kinowerbung 284
Kleine Kapitalgesellschaft 97, 100
Kleinunternehmerregelung 29
Kolpingsfamilie 243
Kombinierte Bestands- und Erfolgsrechnung 34
Kommando 368
Kommunikationspolitik 281
Kommunikationstechnologien 229
Kompetenz 443
Komplettangebote 342
Komplette Problemlösung 444, 474
Komplettpreisangebote 139
Konfliktlösung 372
Kongresse 245
Konkurrenzanalyse 275
Konsumgüterhandwerke 224
Kontenarten 40
Konteneröffnung 46
Kontenform 105
Kontenplan 45
Kontenrahmen 41
Konto 39, 99
Kontokorrentbuch 64
Kontokorrentkredit 387
Kontrolle 141, 197, 426, 434
Kooperation 245, 342
Kooperationsformen 344
Körperschaft öffentlichen Rechts 234, 236, 237
Kosten-/Nutzen-Analyse 434

Stichwortverzeichnis

Kostenartenrechnung 141
Kostendeckungspunkt 186
Kostenentwicklungsvergleich 184
Kostenkontrolle 168, 185
Kostenplan 464
Kostenplanung 185
Kostenrechnung 23
Kostenrechnung per EDV 144
Kostenrechnung und Kalkulation 469
Kostenrechnungssysteme 181
Kostenstellen 142, 157
Kostenstellenrechnung 141, 142, 155
Kostenstrukturvergleiche 184
Kostenträgerrechnung 141, 142
Kostenvergleiche 168
Kostenverrechnungssätze 159, 166
Kostenvoranschläge 298
Kreativität 374
Kreditarten 387
Kreditbeschaffung 387
Kreditgarantiegemeinschaften 396
Kreditkarten 408
Kreditkartenorganisation 409
Kreditprogramme 395
Kreditsicherheiten 390
Kreditwürdigkeit 397
Kreishandwerkerschaft 236
Kreishandwerksmeister 237
Kulturelle Bedeutung des Handwerks 232
Kunden- und Lieferantenbuch 64
Kundenanzahlungskredit 389
Kundenbefragung 295
Kundenbehandlung 295, 443
Kundenbetreuung 296
Kundendaten 265
Kundendienst 296, 473
Kundendienstfahrzeuge 290
Kundendienstleistungen 277, 443
Kundenkartei 266, 298
Kundenkarten 409
Kundenorientiertes Personalmanagement 296
Kundenorientierung 293, 295, 443
Kundenstruktur 444
Kundenzufriedenheit 313, 443
Kündigungsdarlehen 389
Künftige Betriebsentwicklung 480
Kuppelprodukte 174
Kurzfristige Erfolgsrechnung 74

L

Lagebericht 96, 97
Lagerdauer 205
Lagerhaltung 303
Lagertechnik 303
Lagerumschlag 204
Lagerumschlagshäufigkeit 204
Lagerwirtschaftliche Kennzahlen 204

LAN 323
Landesentwicklung 238
Landeshandwerksvertretung 233
Landesinnungsmeister 242
Landesinnungsverband 241
Lastschriftverfahren 404
Laufende Inventur 50
Leasing 393
Leasinggeber 393
Leasingnehmer 393
Leasingraten 394
Leasing-Vertrag 393
Lebensarbeitszeitmodelle 315
Lebensversicherung 392
Lehrgänge für Gründung und Übernahme 495
Lehrlingsrolle 239
Lehrlingswart 236
Leistungsbereitschaft 358
Leistungsfähigkeit 358
Leistungsförderung 359
Leistungslohn 367
Leistungsmerkmale 357
Leistungsprogramm 186
Leistungsschwerpunkte 224
Leistungsstruktur des Handwerks 223
Leistungswille 358
Leitbild 442
Leuchtreklame 285
Lieferantenkredit 388
Lieferantenkonti 52
Liefertermine 302
Lieferungsbedingungen 280, 302
Link 331
Liquidität 129, 208, 381
Liquidität 1. Ordnung 208
Liquidität 2. Ordnung 208
Liquidität 3. Ordnung 208
Liquiditätsplan 467
Liquiditätsrechnung 74
Logistik 310
Lohn- und Gehaltsabrechnung 362
Lohn- und Gehaltsgefüge 366
Lohnbuch 64
Lohneinzelkosten 149, 159
Lohnformen 366, 367
Lohngerechtigkeit 366
Lohngruppen 366
Lohnkonto 29, 30
Lohnschema 365, 366
Lohnstufen 365
Lohnzettel 144

M

Mailbox-Dienste 321
Marketing 261
Marketingbereiche 261
Marketinginstrumente 276, 473

Marketingkonzept 261
Marketingmaßnahmen 473
Marketing-Mix 474
Markt- und Absatzbeurteilung 445
Markt- und Standortanalyse 444
Marktanalyse 262, 264, 300
Marktbeobachtung 300
Marktbesetzungsfaktor 268
Markteinführung 472
Marktforschung 262, 264
Marktpreis 111, 139, 140
Marktsituation 264
Marktvolumen 267
Marktwirtschaft 221
Maschinenarbeitsabhängige Gemeinkosten 165
Maschinenauslastung 203
Maschinenkosten 166
Maschinenlaufzeit 166
Maschinenstundensatz 166
Materialaufwand 56
Materialeinzelkosten 147, 160
Materialentnahmescheine 144
Materialgemeinkosten 154
Materialkontrolle 302
Materialkosten 141
Materialpreis 149
Materialverbrauch 56
Mechanisierung 339
Mehrstufige Divisionskalkulation 173
Meisterbetrieb 294
Meisterfrauen 243
Meisterprüfung 239
Meisterstatus 294
Menschenführung 368, 369, 371
Messen 239, 245, 248, 291
Messeveranstaltungen 245
Metallgeld 219
Miete 487
Mietoption 393
Mindestumsatz 465
Mitarbeiter 373
Mitarbeiterbehandlung 370
Mitarbeiterführung 368
Mitgliederversammlung 237
Mitgliederversammlung (Vollversammlung) 237, 240
Mittelgroße Kapitalgesellschaften 97
Mittelstandskreditprogramme 395
Mobilfunk 321
Modernisierung 226
Motivation 297
Multimedia 329
Mund-zu-Mund-Werbung 296

N

Nachfolgeregelung 247
Nachkalkulation 171

Nachteile der Barzahlung 403
NC 340
Nebenbücher 63
Netzwerk 323
Neue Technologien 231, 339
Neutraler Aufwand 104, 144
Neutraler Ertrag 104
Normalkostenrechnung 181, 182
Nummern-Alphaordnung 317
Nutzungsdauer 393

O

Offenlegung 97
Öffentliche Finanzhilfen für die Existenzgründung 462
Öffentlichkeitsarbeit 238, 288, 298, 475
Office-Paket 325
Online-Dienste 321
Operative Planung 426
Optimaler Standort 446
Orderscheck 406
Ordnungsmäßigkeit der Buchführung 25, 30, 41, 64, 105
Organe der Innung 236
Organisation 309
Organisationsabläufe 457
Organisationseigene Beratung 247
Organisationsentwicklung 338
Organisationsformen 336, 457
Organisationshilfsmittel in der Verwaltung 317
Organisationsschema 336, 337
Originäre Buchführungspflicht 26

P

Pachtweise Betriebsübernahme 486
Passiva 99
Passive Rechnungsabgrenzung 58
Passivkonten 34, 40
Passivtausch 35
Periodenerfolgsrechnung 181
Permanente Inventur 50
Personalaktenführung 360
Personalauswahl 355, 356
Personalbedarf 456
Personalbedarfsanalyse 353
Personalbedarfsermittlung 352
Personalbeschaffung 354, 456
Personalbewegung 202
Personaleinsatz 356
Personalentwicklung 359
Personalerhaltung 359
Personalkosten 141
Personalkredite 390
Personalleasing 355
Personalmanagement 296
Personalplanung 352
Personalverwaltung 360

Stichwortverzeichnis 517

Personalwesen 352
Personalwirtschaftliche Kennzahlen 201
Personenkonten 40
Persönliche Voraussetzungen für die
    Selbstständigkeit 441
Pflichtenheft 326
Plakat 284
Planabweichungen 434
Planbestandteile 426
Plankostenrechnung 181, 182
Planung 197, 424, 426
Planungsbereiche 427
Planungsfehler 435
Planungsinstrumente 431
Planungsphasen 428
Planungsprozess 425
Planungsrechnung 23
Planwirtschaft 221
Postbank 402
Postbearbeitung 318
Postnachnahme 403
Power Point 325
Prämienlohn 368
Präsident 241
Preis 139, 221
Preis- und Konditionenpolitik 278, 474
Preisbildung 221, 278, 279
Preispolitik 186
Preisstabilität 222
Preisuntergrenzen 186
Pressemitteilung 475
Printwerbung 283
Private Ausgaben 463
Privater Verbrauch 218
Privatkonto 52
Probebilanz 61
Problem- und Wirtschaftlichkeitsanalyse 326
Produkt- und Leistungsprogramm 443, 473
Produkt- und Sortimentspolitik 276
Produktinnovationen 248
Produktionsfaktoren 217
Produktive Löhne 203
Prognose 430
Projektmanagement 338
Projektorganisation 338
Prospekt 284
Prozessanalyse 309, 310
Prozesssynthese 309, 310
Prüfung 97, 98

Q
Qualitätsmanagement 311
Qualitätsmanagement-Handbuch 312
Qualitätssicherung 311
Qualitätszirkel 345

R
Rahmenbedingungen 229

RAM-Speicher 322
Rating 313
Rationalisierungsinvestition 381
Raumausstattung 291
Raumgestaltung 291
Realisierbarkeitsprüfung 466
Realisierung 431
Realkredit 390
Rechenzentren 70
Rechnungsabgrenzungen 25, 58
Rechnungskontrolle 302
Rechnungsprüfungsausschuss 236
Rechnungswesen 23, 468
Rechtsberatung 250
Rechtsform 234, 236, 237, 241, 453
Rechtsfragen bei der Gründung 447
REFA 310
Referenzdaten 326
Regionale Organisation 233
Registratur 316
Regress 415
Reklamation 298
Rentabilität 133, 208
Rentabilitätsvorschau 481
Restaurierung 233
Risikoarten 436
Risikovorsorge 436, 470
Rohertrag 122
Rohgewinn 177
Rohstoffe 147, 217
Rückkalkulation 171
Rücklagen 59
Rückstellungen 25, 58, 119

S
Sachkapital 217
Sachkonten 40
Saldierung 59
Saldo 51
Sammelwerbung 283
Sanierung 226
Scanner 324
Schaufenster 285
Schaukasten 285
Scheck 405
Scheckarten 406
Scheckverkehr 405
Scheckverlust 407
Schema für die Äquivalenzziffernrechnung
    174
Schema für die Aufbereitung einer einfachen
    G+V für die betriebswirtschaftliche
    Auswertung 123
Schema für die Auswertung der Bilanz 123
Schema für die Berechnung der Gemein-
    kostenlöhne 152
Schema für die Divisionskalkulation 173

Schema für die Gewinnberechnung in der Nachkalkulation 171
Schema für die Gliederung der Bilanz 100
Schema für die Gliederung der G+V 105
Schema für die Indexzahlenrechnung 175
Schema für die Rückkalkulation 171
Schema zur Ermittlung der Gesamtgemeinkosten 153
Schenkung 487
Schriftgutablage 316
Schriftlicher Arbeitsvertrag 456
Schriftverkehr 318
Schulung 293
Schwachstellenanalyse 198, 199
Schwachstellenübersicht 199
Selbstfinanzierung 386
Selbstfinanzierungsquote 386
Selbstkosten 170
Selbstschuldnerische Bürgschaft 392
Selbstständigmachung durch Betriebsübernahme 476
Selbstverwaltung 239
Server 323
Serviceleistungen 293
Servicemobile 290
Servicerechenzentren 70
Sicherheitsreserve 400
Sicherungsübereignung 391
Sinnfindung 359
Sinnverwirklichung 359
Skontoabzug 388
Sola-Wechsel 411
Sollsaldo 51
Sonderbeitrag 241
Sonderbilanzen 103
Sonderkosten 141, 154
Sonderkosten der Fertigung 154
Sonderkosten des Vertriebs 154
Soziale Marktwirtschaft 220, 221, 222
Sozialleistungen 374
Sozialprodukt 217, 218
Sparen 217
Spitzenverbände der Gesamtwirtschaft 251
Staatsverbrauch 218
Stabilitätspakt 220
Staffelform 105
Stammdaten 326
Standortbeurteilung 447
Standortfaktoren 446
Standortvergleich 447
Stärken-Schwächen-Analyse 269, 433
Stelle 333
Stellenbeschreibung 354
Stellenplan 354
Steuerberater 448, 469
Steuerbilanz 103, 110
Steuerkanzlei 70
Steuerlicher Gewinn 122

Steuerung 197, 426
Steuerzahllast 55
Stichtagsinventur 50
Stille Rücklagen 118
Strategische Planung 426
Strukturdaten 264
Strukturwandel 228
Stückerfolgsrechnung 181
Stücklisten 144
Stufenleiterverfahren 158
Stundenverrechnungssätze 173, 175
Stundenverrechnungssatz-Ermittlung 175
Substanzwert 482
Subunternehmen 344
Summen- und Saldenliste 72
Summenbilanz 61
Systeme der Kostenrechnung 181

T

Tagespreis 149
TA-Lärm 451
TA-Luft 451
Tariflohn 365
Tätigkeitsbereiche 443
Tausch 219
Teamorganisation 337
Technische Betriebsberatung 247
Technisierung 222
Technologie 339
Technologiebereiche 339
Technologietransfer 341
Technologietransferberatung 247
Teilkostenrechnung 181, 183, 184
Teilwert 112
Teilzeitarbeit 315
Teilzeitkräfte 456
Telefax 320
Telefon 297, 320
Telefon-Banking 410
Telekommunikation 246
Telekommunikationsmittel 320
Textverarbeitung 319
Tratte 411

U

Übernahme von Kalkulationshilfen 139
Übernahme von Konkurrenzpreisen 139
Überschussrechnung 104
Umbewertung 143
Umbuchungen 51, 83
Umfrage in der Bevölkerung 274
Umgang mit dem Kunden 296, 474
Umlaufintensität 126, 206
Umlaufvermögen 99, 122
Umsatz-, Kosten- und Gewinnentwicklung 480
Umsätze 228
Umsatzkostenverfahren 105

Umsatzplanung 464
Umsatzrentabilität 134, 209
Umsatzsteuer 28, 54, 173
Umwandlungsbilanz 103
Umwelt-Management-System 313
Umweltschutz 225, 231, 249, 313
Umweltschutzberater 451
Umweltschutzberatung 249
Umweltschutzrecht 451
Unfallschutz 375
Unternehmensbereiche 198
Unternehmensführung 247, 336
Unternehmenskonzept 441
Unternehmenskultur 293
Unternehmensleitbild 293, 474
Unternehmensplanung 425
Unternehmensziele 197
Unternehmenszielsystem 424
Unternehmerfrauen 243
Urlaubsgeld 375
Ursprungszeugnisse 240

V
Variable Kosten 142, 155
Verbandsversammlung 242
Verbindlichkeiten an Finanzamt für
 Umsatzsteuer 54
Verbundwerbung 283
Vereinfachungen der Aufzeichnungspflicht
 29
Verfahrenstechniken der doppelten
 Buchführung 62
Verhaltensregeln im Umgang mit Kunden
 298
Verhältniszahlen 200
Verjährungsfristen 415
Verkaufsförderung 287
Verkaufsgespräche 293
Verkaufsorganisation 291
Verkaufspersonal 291
Verkaufspsychologie 293
Verkaufsverhandlungen 293
Verkaufswagen 290
Verkehrswert 483
Verlust 104
Verlustquellenforschung 168
Vermittlungsstellen 240
Vermögen 99
Vermögenskonten 40
Vermögensstruktur 125
Vernetzte Planung 428
Verpfändung von Sachen 391
Verrechnungspreise 149
Verrechnungssatz 298
Verrechnungsscheck 406
Verrichtungsprinzip 334
Verschnitt 148
Verschuldungsgrad 207

Versicherungen 437
Versicherungsschutz 470
Versorgungswerke 471
Verstöße gegen die GoB 32
Vertriebsformen 290
Vertriebsgemeinkosten 154
Vertriebspolitik 289
Vertriebswege 289, 290
Verursachungsprinzip in der Kostenrechnung
 153
Verwaltungs- und Büroorganisation 316
Verwaltungs- und vertriebs(absatz)wirtschaft-
 liche Kennzahlen 205
Verwaltungsgemeinkosten 154
Volkswirtschaft 217
Volkswirtschaftliche Aufgaben des
 Handwerks 222
Vollbeschäftigung 222
Vollindossament 412
Vollkommene Konkurrenz 221
Vollkostenrechnung 181, 183, 184
Vollstreckungsbescheid 415
Vollzeitkräfte 456
Voranmeldungen 449
Vorauszahlungen 449
Vorbereitende Abschlussbuchungen 55
Vorfälligkeitsentschädigung 390
Vorgesetzter 373
Vorkalkulation 170
Vorkontierung 48
Vorkostenstellen 157
Vorräte 99
Vorratshaltung 303
Vorsichtsprinzip 112
Vorstand 235, 237, 241, 242
Vorsteuer 53, 54
Vorsteuerkonto 53

W
Wählbarkeit 240
Wahlverfahren 240
Währung 219
Warenausgang 28
Warenausgangsbuch 27
Wareneingangsbuch 27
Wareneinsatz 56
Wechsel 410
Wechselannahme 411
Wechselarten 411
Wechseldiskontierung 412
Wechseleinlösung 413
Wechselkredit 388
Wechselmahnbescheid 415
Wechselprolongation 414
Wechselprotest 414
Wechselprozess 415
Wechselstrenge 415
Wechselverfallzeiten 413

Wechselverjährung 415
Wechselverkauf 412
Wechselweitergabe 412
Weihnachtsgeld 375
Weiterbildungsberater 250
Werbe- und Handzettel 284
Werbeadressaten 286
Werbebrief 284
Werbeerfolg 286
Werbeetat 286
Werbekosten 286
Werbemittel 283, 474
Werbeplanung 286
Werbewege 283, 474
Werbeziele 281
Werbung 281, 474
Werkstoffkosten 204
Wertansätze 113
Wertschöpfung 465
Wettbewerb 221
Wirtschaft 217
Wirtschaftliche Funktionen des Handwerks 224
Wirtschaftsberichterstattung 238
Wirtschaftspolitik 222
Wirtschaftssysteme 220, 221
Wirtschaftsverbände 251
Wirtschaftswachstum 218, 222
Wissenschaftliche Förderung 239
Wissenschaftliche Institute 246

Z

Zahlung mittels moderner Datenübertragung 410
Zahlungsanweisung 404
Zahlungsbedingungen 281
Zahlungsbereitschaft 129

Zahlungsfähigkeit 381
Zahlungsreserve 385
Zahlungsrhythmus 364
Zahlungsverkehr 401
ZDH 233
ZDH-Zert 313
Zeiterfassung 365
Zeitkräfte 456
Zeitlohn 367
Zeitverschobene Inventur 50
Zentralverwaltungswirtschaft 220, 221
Zertifizierung 312
Zession 392
Zeugniserteilung 361
Zielbildung 197
Zielüberwachung 197
Zins- und Tilgungsleistungen 461
Zinsen 387, 390, 395
ZIP-Disketten 322
Zivilrecht 250
Zollvorschriften 248
Zukunftschancen für das Handwerk 231
Zukunftsperspektiven 230
Zukunftsperspektiven des Handwerks 228
Zukunftssicherung 313
Zulieferer 226
Zulieferfragen 248
Zusatzangaben 96
Zusatzkosten 143
Zuschlagskalkulation 174
Zuschüsse 247
Zwischenbetriebliche Zusammenarbeit 342
Zwischenbetrieblicher Vergleich 23
Zwischenbilanz 61
Zwischenkalkulation 172